Lorentini Matteo

SOCIETÀ E COSTUME

PANORAMA DI STORIA SOCIALE E TECNOLOGICA

I primi volumi della collezione:

Volume primo:
M. A. Levi, *La Grecia antica*

Volume secondo:
M. A. Levi, *Roma antica*

Volume terzo:
C. G. Mor, *L'Italia barbarica*

Volume quarto:
A. Viscardi - G. Barni, *L'Italia nell'età comunale*

Volume quinto:
F. Cognasso, *L'Italia nel Rinascimento*

Volume sesto:
F. Valsecchi, *L'Italia nel Sei e Settecento*

Volume settimo:
O. Barié, *L'Italia nell'Ottocento*

COORDINAMENTO GENERALE A CURA DI MARIO ATTILIO LEVI

ANTONIO VISCARDI
GIANLUIGI BARNI

L'ITALIA NELL'ETÀ COMUNALE

UNIONE TIPOGRAFICO-EDITRICE TORINESE

© 1966 - Unione Tipografico-Editrice Torinese, corso Raffaello 28 - 10125 Torino
ISBN 88-02-01665-8
Novalito, via Sordevolo 7 - 10154 Torino - 1980

PREMESSA

Due sole parole di prefazione, semplicemente per avvertire il lettore che la prima parte, Società, vita, cultura, *è stata composta dal* prof. Viscardi; *e la seconda,* Scienza e tecnica, diritto ed economia, viaggi e scoperte, *dal* prof. Barni. *Il capitolo* La casa e l'arredo *è stato redatto dal* prof. Rosci.

Gli autori hanno lavorato di concerto, autonomamente, svolgendo la trattazione secondo lo schema stabilito dal Direttore della Collana.

Le fonti utilizzate sono in parte diverse, e in ogni modo indagate con occhio diverso, al fine di riconoscere i diversi e anzi multiformi aspetti della vita sociale, culturale, economica dell'Italia comunale.

Qualche tema o problema considerato nella prima parte, ricompare nella seconda; non si tratta, però di ripetizioni o di doppioni; bensì d'integrazioni necessarie.

A. V.

INDICE

Parte prima. — SOCIETÀ, VITA, CULTURA.

Capitolo primo. — Società e vita di Firenze al principio del secolo XIV secondo le indicazioni di Giovanni Villani . . . . *Pag.* 3

Capitolo secondo. — Nobili e magnati, *milites* e *boni homines* alle origini del Comune . . . . » 15

Capitolo terzo. — I mercanti e gli esordi dell'industrialismo capitalistico. Cultura e spiritualità dell'alta borghesia mercantile . . . . » 45

Capitolo quarto. — Gli artigiani . . . . » 95

Capitolo quinto. — I notai, l'*ars dictandi* e la tradizione scolastica, letteraria e giuridica . . . . » 113

Capitolo sesto. — I medici . . . . » 179
    Igiene e dietetica.

Capitolo settimo. — La cortesia e la società comunale italiana . . . . . » 215

Capitolo ottavo. — Abbigliamento, arredamento, vitto . . . . » 273

Capitolo nono. — La casa e l'arredo . . . . » 319

Capitolo decimo. — Spettacoli e giochi . . . . » 343

Capitolo undecimo. — Le confraternite . . . . » 387

Parte seconda. — SCIENZA E TECNICA, DIRITTO ED ECONOMIA, VIAGGI E SCOPERTE.

Capitolo primo. — Classi sociali . . . . *Pag.* 419

    Cittadini, rustici, schiavi, *milites* e negozianti. - La donna. - La successione della donna. - La donna e l'adulterio. - Il concubinaggio. - Prostituzione e pubblica moralità. - Gli Ebrei. - Gli studenti.

Capitolo secondo. — La città . . . . » 471

    Norme di polizia urbana. - La vita nella città. - Gli ospedali. - Le cattedrali. - Il villaggio. - I rustici. - Pascoli, boschi e nuove coltivazioni. - Caccia e pesca. - Il nuovo paesaggio.

Capitolo terzo. — Lo Stato . . . . » 533

    Il regno e l'ordinamento centrale. - La capitale, il *palatium* e la cancelleria. - La « camera » e le finanze. - L'assemblea del regno. - L'ordinamento periferico. — La campagna. - L'ordinamento finanziario. - L'Italia meridionale. - L'ordine amministrativo centralizzato. - Parlamenti. - Ordinamenti provinciali. - La finanza e l'ordinamento militare. - Gli ordinamenti locali. - Federico II nell'Italia meridionale. - Il Comune. - Le Crociate come elemento di sviluppo della società. - L'assemblea comunale. - La lotta contro i signori e le affrancazioni dei servi. - I consoli. - Il podestà. - Le arti nel Comune. - Roma. - Venezia. - Diritto e legge. - Lo statuto, legge comunale. - Gli ordinamenti comunali e l'economia. - Chiesa e Stato.

Capitolo quarto. — Vita associativa . . . . » 645

    Corporazioni.

Capitolo quinto. — I viaggi . . . . » 667

    Viaggi e pellegrinaggi. - Le strade dei pellegrini. - I commercianti viaggiatori. - Permessi e salvacondotti. - Navi, nazionalità e bandiera. - Le strade. - I fiumi. - I viaggi all'Oriente ed al Catai. - I viaggi per mare. - Le navi del Nord e quelle del Mediterraneo. - Lo sviluppo tecnico nell'arte del navigare. - Il timone. - La bussola. - Le carte nautiche. - Norme di sicurezza per le navi. - Costo e condizioni di viaggio. - Fondaci e alberghi.

Capitolo sesto. — Scienza e tecnica. . . . . » 727

    Agricoltura. - Il mulino. - Il cavallo come mezzo di lavoro. - L'aratro. - Le nuove colture. - Gli animali nelle campagne. - La pastorizia. - L'acqua, nuova fonte di energia. - La metallurgia. - Le miniere. - Il vetro. - La ceramica. -- Industrie tessili. - La seta. - Il lino. - La lana. - Edilizia. - Matematica. - Chimica. - Medicina.

Capitolo settimo. — Moneta . . . . *Pag.* 827

    La monetazione dell'argento. La lira. - La svalutazione. - La moneta grossa. - La monetazione aurea. - Poteri d'acquisto e costo del danaro. - Costo della vita. - Salari e costi. - Monete, pesi e misure.

Capitolo ottavo. — Eserciti, flotte e battaglie . . . . » 857

    Eserciti, flotte e battaglie. - Le armi. - La battaglia. - Scontri navali. - Compagnie di ventura.

Indice dei nomi . . . . » 887

TAVOLE

Iniziale miniata di una pagina del *Trattato dei vizi e delle virtù*, tradotto da Zucchero Bencivenni. Firenze, Biblioteca Nazionale (Fot. Pineider) *Pag.* 81

Il cosiddetto « cavaliere inginocchiato », raffigurante il conte di Acquariva. Bari, Museo del Castello (Fot. Stuhler) . . . . » 177

Cofanetto nuziale veneziano del sec. XV. Venezia, Museo Correr (Fot. del Museo) . . . . » 305

Cortile del castello di Gioia del Colle (Fot. Stuhler) . . . . » 337

Allegoria della Musica; rilievo del Battistero di Pisa (Fot. E.P.T. Pisa) . » 369

Riccio del pastorale di S. Bonifacio; avorio del sec. XI. Fulda, Tesoro della Cattedrale (Fot. Marburg) . . . . » 465

Picchiotto bronzeo del sec. XIII. Troia, Cattedrale (Fot. Stuhler) . . . » 561

Tazza battesimale di Federico Barbarossa. Berlino, Museo del Castello (Fot. Marburg) . . . . » 609

Vestizione e consacrazione di un sacerdote. Scena della vita di S. Eldrado. Novalesa, Cappella di S. Eldrado (Fot. Centro di studi arch. e art. del Piemonte) . . . . » 657

La fuga in Egitto; capitello del sec. XIII. Aosta, Chiesa di S. Orso (Fot. Rast) . . . . » 721

PARTE PRIMA SOCIETÀ, VITA, CULTURA

Capitolo primo SOCIETÀ E VITA DI FIRENZE AL PRINCIPIO DEL SECOLO XIV SECONDO LE INDICAZIONI DI GIOVANNI VILLANI

Un'esatta raffigurazione della società e della vita di Firenze — e cioè del maggior Comune italiano del basso Medioevo — alla fine del secolo XIII e al principio del secolo XIV ci consentono i dati che Giovanni Villani ha diligentemente raccolto ed esposto nei capitoli 92, 93, 94 del Libro XI della sua Cronica. Son dati che, in conseguenza di alcune impostazioni del Sombart furono riguardate con sospetto, ma di cui non sembra più lecito, dopo i recenti rigorosi studi del Fiumi (1) revocare in dubbio l'attendibilità; anche se qualche elemento possa esigere correzioni o aggiunte o più precise determinazioni: il quadro generale che dalle indicazioni del Villani risulta sembra rispecchiare fedelmente e vivamente l'autentica realtà; e anzi può essere assunto come *specimen* di tutto il mondo comunale italiano alla fine del Medioevo.

Nel capitolo 94 sono i dati che consentono di rappresentare nettamente la composizione della società fiorentina alla fine del XIII secolo, e di riconoscere il tenore di vita della popolazione di Firenze.

Il contado e distretto di Firenze intorno al 1280 contavano, afferma il Villani, circa ottantamila abitanti; nella città « stimavasi di avere in Firenze da novantamila bocche, fra uomini, femmine, fanciulli, per l'avviso del pane che bisognava continuo alla città »; c'erano inoltre continui — stabilmente — nella città « millecinquecento uomini forestieri e viandanti e soldati »; nelle cifre indicate non sono compresi i « cittadini religiosi o frati e monache rinchiusi », computati a parte. Quanto alle nascite, « troviamo dal piovano che battezzava i fanciulli (perocchè ogni maschio che si battezzava in Giovanni, per averne il novero, metteva una fava nera e per ogni femmina una fava bianca) che erano l'anno di questi tempi dalle cinquantacinque alle sessanta centinaia, annoverando più il sesso mascolino che il femminino da trecento in cinquecento per anno ».

Venticinquemila erano i cittadini « dai quindici anni infino ai settanta » in grado di portar l'armi, tra i quali erano millecinquecento « i cittadini nobili e potenti che sodavano per grandi al Comune ». Settantacinque erano allora i cavalieri di corredo; mentre « innanzi che fosse fatto il secondo popolo che regge al presente, erano i cavalieri più di duecentocinquanta, che poichè il popolo fu, i grandi non ebbeno stato nè signorie come prima e più pochi si facevano cavalieri ».

---

(1) *La demografia fiorentina nelle pagine di G. Villani; Economia e vita privata dei Fiorentini nelle rilevazioni statistiche di G. Villani;* « Archivio Storico Italiano », CVIII (1950), pagg. 78-158; CXI (1953), pagg. 207-41.

Personificazione
della città di Firenze.
Miniatura del secolo XIV
dal *Panegirico in lode
di re Roberto di Napoli*
di Convenevole da Prato.
Firenze, Biblioteca Nazionale
(Fot. della Biblioteca).

« Le botteghe dell'arte della lana erano dugento e più e facevano da settanta in ottantamila panni che valevano da uno milioni e dugento migliaia di fiorini d'oro, che bene il terzo rimaneva nella terra per ovraggio, senza il guadagno dei lanaioli per detto ovraggio e vivevane più di trentamila persone », un terzo, dunque, della popolazione fiorentina.

Trent'anni prima le botteghe erano trecento circa e « facevano per anno più di cento migliaia di panni, ma erano più grossi e della metà valuta, perocchè allora non ci entrava e non sapeano lavorare lana d'Inghilterra come hanno fatto poi ».

I fondachi dell'arte di Calimala de' panni franceschi e oltremontani erano circa venti, « che faceano venire per anno più di diecimila panni, di valuta di trecento migliaia di fiorini d'oro, che tutti si vendevano in Firenze, sanza quelli che mandavano fuori di Firenze ».

I banchi dei cambiatori erano circa ottanta; la moneta d'oro che si batteva era circa trecentocinquantamila fiorini d'oro, qualvolta si raggiungeva la cifra di quattrocentomila fiorini; di moneta « di denari da quattro piccoli l'uno » si battevano ogni anno circa ventimila libbre.

I giudici erano circa ottanta; i notai circa seicento; medici, fisici, cerusici circa sessanta; le botteghe di speziali circa cento.

Mercatanti e merciai erano in grande numero; « da non potersi stimare » « le botteghe dei calzolai, pianellai, zoccolai »; più di trecento « quelli che andavano fuori di Firenze a negoziare »; molti i maestri di più mestieri e di legname; centoquarantasei i forni.

Dalle indicazioni della gabella della macinatura ricava il Villani che « ogni dì bisognava alla città dentro centoquaranta moggia di grano... non contando che la maggior parte dei ricchi nobili agiati cittadini con loro famiglie stavano quattro mesi in contado »; in ogni modo, « nell'anno 1280, che era la città in felice stato »; occorrevano circa ottocento moggia la settimana. Dalle entrate delle gabelle delle porte — e cioè del dazio — si riconosce che entravano ogni anno in Firenze centocinquemila cogna di vino; si consumavano inoltre quattromila tra buoi e vitelli, sessantamila castroni e pecore, ventimila capre e becchi, trentamila porci. Nel mese di luglio entravano dalla porta S. Frediano quattromila some di poponi, che tutti si distribuivano nella città.

Le chiese, nella città e nei borghi, contando le badie e le chiese dei frati religiosi, erano centodieci, tra le quali cinquantasette parrocchie, cinque badie con due priori e circa ottanta monaci, venticinque monasteri di monache con circa cinquecento donne, dieci regole di frati, trenta spedali con più di mille letti per allogare i poveri e gli infermi; da duecentocinquanta a trecento i cappellani preti.

I fanciulli e le fanciulle « che stavano a leggere » (cioè nelle prime scuole, dove si apprendeva appunto a leggere e a scrivere) da otto a diecimila; i fanciulli che stavano « ad imparare l'abbaco e l'algorismo » da mille a milleduecento; e quelli che stavano « ad apprendere la grammatica e la loica (e cioè i corsi del Trivio, grammatica — il latino — e dialettica) da cinquecentocinquanta a seicento ».

A riconoscere pienamente gli aspetti e i modi della vita economica di Firenze alla fine del secolo XIII servono poi in modo mirabile le notizie che sull'« Entrata » e la « Spesa » del Comune di Firenze il Villani registra diligentissimamente nei capitoli 92 e 93; e specialmente le indicazioni sulle entrate. Infatti se pure interessa molto conoscere quanto spendeva Firenze per l'amministrazione del Comune, molto di più importa conoscere la misura delle entrate costituite essenzialmente dalle gabelle — imposte indirette — che il Comune riscuoteva; e rendono l'immagine esatta della complessa vita economica della città.

Incomincia il Villani osservando che « il Comune di Firenze di sue rendite assise — e cioè di balzelli o di imposizioni dirette — ha piccola entrata, ma reggevasi in questi tempi per gabelle; e quando bisognava, come dicemmo addietro al cominciamento della guerra di Messer Martino (della Scala) si reggeva per prestanze — prestiti — e imposte sopra le ricchezze dei mercatanti e d'altri similari cittadini ».

Fonte principale dell'entrata eran dunque le gabelle, che il Villani rileva con estrema diligenza dai registri del Comune, dichiarando che il loro ammontare annuo era di trecentomila fiorini d'oro, talora più talora meno, secondo il tempo. Nemmeno il re Roberto di Napoli, osserva il Villani, ha tanto d'entrata, e nemmeno i re di Sicilia e d'Aragona!

Passiamo ora in rassegna le singole voci:

Gabelle delle porte di mercantanzie e vittuaglie e cose che entravano nella città	fiorini d'oro	90.200
Gabella del vino al minuto	»	58.300
Estimo del contado, pagando l'anno soldi 10 per libbra	»	30.100
Gabella del sale, vendendo ai cittadini soldi 40 lo staio e ai contadini 20 di piccioli	»	14.450
Rendite dei beni dei rubelli sbanditi e condannati	»	7.000
Gabella sopra i prestatori e usurieri	»	3.000
Tasse pagate dai nobili in città	»	2.000
» » » » del contado	»	2.000

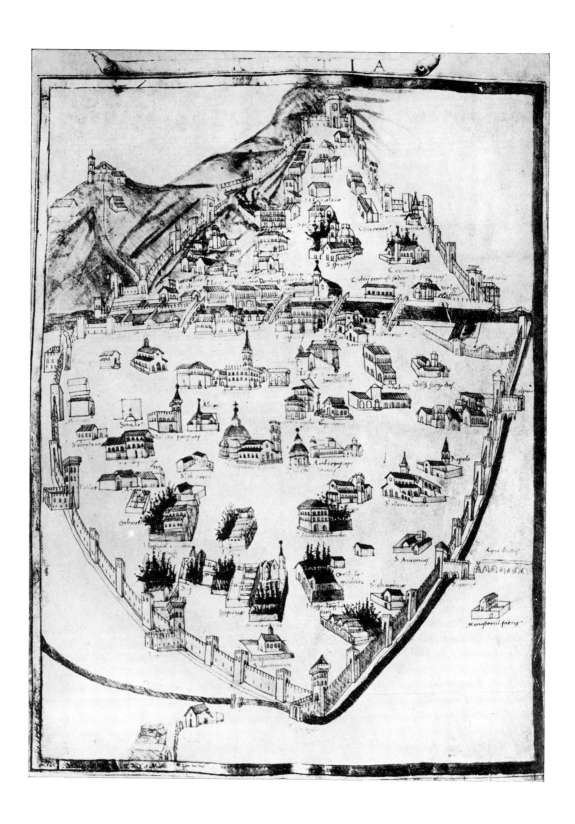

Gabella dei contratti		fiorini d'oro	200.000
» delle bestie da macello in città		»	15.000
» » » » » nel contado		»	400
» » pigioni		»	4.150
» della farina e macinatura		»	4.250
» dei cittadini che vanno fuori in Signorie		»	3.500
» delle accuse e delle scuse		»	1.400
Guadagno delle monete d'oro, tolte le spese		»	2.300
» » » dei quattrini e piccoli, tolto l'ovraggio		»	1.500
Beni propri del Comune e passaggi (pedaggi)		»	1.600
Mercati delle bestie vive in città		»	2.000
Gabella di pesi, misure e paci e beni in pagamento		»	600
» della spazzatura dell'Orto S. Michele e prestare bigonce		»	750
» delle pigioni del contado		»	550
» dei mercati del contado		»	2.000
Condannagioni che si riscuotono (multe e ammende)		»	20.000
Entrata dei difetti dei soldati a cavallo e a piedi, non contando quelli che erano in Lombardia		»	7.000

Nella pagina accanto: pianta di Firenze, dalla *Cosmographia* di C. Ptolemaeus. Parigi, Biblioteca Nazionale (Fot. Giraudon).

Alcuni fra i più antichi esemplari di fiorini (*recto* e *verso*), ingranditi.

Gabella degli sporti delle case	fiorini d'oro	7.000
Concessioni di porto d'arme	»	1.300
Gabelle delle trecche e trecconi (venditrici e venditori al minuto di frutta e verdura)	»	450
Entrata delle prigioni	»	1.000
Gabella dei messi	»	100
» » foderi di legname che viene per Arno	»	50
» degli approvatori dei sodamenti che si fanno	»	250
Parte del Comune della gabella dei richiami ai consoli delle Arti	»	300

Seguono altre voci, senza l'indicazione della somma incassata, per questi titoli: gabella sopra le possessioni del contado; gabella delle zuffe a mani vuote; gabella di coloro che avendo un patrimonio da 1000 fiorini in sù non hanno casa in Firenze; gabella dei mulini e delle pescaie. Il totale delle entrate risulta dunque di trecentomila fiorini, appunto: il che comporta

un onere fiscale enorme, che provoca l'accorata protesta dello storico: « o Signori fiorentini che mala ventura seria accrescere l'entrata del Comune delle sustanze e povertà dei cittadini con le sforzate gabelle per fornire le folli imprese! Or non sapete voi che come il mare è grande la tempesta, come cresce l'entrata è apparecchiata mala spesa? Temperate o carissimi i disordinati desideri e piacerete a Dio e non graverete il popolo innocente ».

Il Villani passa quindi in rassegna le *spese ferme* — cioè ordinarie — del Comune, « non facendo conto delle spese delle mura e dei ponti e di

S. Reparata e di più altri lavori del Comune, che non si possono mettere in numero ordinario ». Per una valutazione dell'uscita — espressa in lire di piccioli — e in rapporto all'entrata — espressa in fiorini d'oro — è da tener presente che il fiorino valeva lire 3 e soldi 2.

Ecco dunque distintamente i titoli dell'uscita:

Salario del podestà e di sua famiglia . . . . lire di piccioli	15.240
» » capitano del popolo e di sua famiglia . . . . »	5.880
» dell'esecutore degli ordini di giustizia contro i grandi e sua famiglia . . . . »	4.900
Giudice dell'appellagione sotto la ragione del Comune . . . . . . »	1.500
Ufficiale sopra gli ornamenti delle donne e altri divieti . . . . . »	1.000
» » la piazza dell'Orto S. Michele e della biada (o Badia?) »	1.300
» » la condotta (reclutamento) dei soldati . . . . . . »	1.000
Ufficiali notai e messi sopra i difetti dei soldati . . . . »	250

Nella pagina accanto:
sigilli di Tebaldo de Prefetto (c. 1189)
e Cavalcante de Cavalcanti (sec. XIII)

In alto: sigillo della Lega di Empoli
e della Parte Guelfa di Firenze.

A destra: sigillo delle Tredici Società delle Armi
di Bologna.
Firenze, Museo Nazionale
(Fot. del Museo).

Camarlinghi della Camera del Comune e loro ufficiali e massari e loro notai e frati che guardano gli atti del Comune	lire di piccioli	1.400
Ufficiali sopra le rendite proprie del Comune	»	200
Soprastanti e guardie delle prigioni	»	800
Spese del mangiare e bere dei signori Priori e loro famiglie	»	3.600
Salari dei donzelli e servidori del Comune e campanari delle torri dei Priori e del Podestà	»	250
Capitano con 60 fanti che stanno a servizio e guardia dei signori Priori	»	5.200
Notaio forestiero sopra le riformagioni e suo compagno	»	450
Pasto dei lioni, torchi e candele e pannelli	»	2.400
Notaio che registra i fatti del Comune nel palazzo dei Priori	»	100
Salario dei messi che servono tutte le Signorie	»	1.500
Trombatori, 6 banditori del Comune, naccherini, sveglia, cornamusa, cenamella e trombette in tutto 10, con trombe e trombette di argento	»	1.000
Limosine a religiosi e spedali	»	2.000
Seicento guardie che guardano di notte alle porte della città	»	10.800
Per ispese in spie e messi che vanno fuori per lo Comune	»	1.200
Salario del conservatore del popolo e sopra gli sbanditi con 50 cavalieri e 1000 fanti (ufficio « non stanziato se non come occorrono i tempi di bisogno »)	fiorini d'oro	8.400
Il palio di sciamito che si corre l'anno per S. Giovanni e quelli di banno per S. Barnaba e S. Reparata	»	100
Per castellani e guardie di rocca che si tengono per lo Comune	»	4.000
Per ambasciadori che vanno per lo Comune	»	5.000
Per fornire la camera dell'arme di balestre, sagittamenti e polveri	»	1.500

In totale le spese fisse del Comune di Firenze (« senza i soldati a cavallo e a piede » per i quali « non ci ha regola nè numero fermo » e sono « talora più e talora meno secondo i bisogni che occorrevano al Comune », ma in ogni modo, « non facendo oste », cioè in tempo di pace, negli anni in cui il Villani scrive, si possono calcolare — a non tener conto di quelli impegnati nelle guerre di Lombardia — « *da settecento in mille cavalieri e altrettanti pedoni continuamente* », cioè stabilmente) assommano a circa *quarantamila fiorini d'oro o più* l'anno.

A conclusione delle preziose notizie che egli offre sulla vita politica, amministrativa, economica di Firenze, il Villani traccia un rapido quadro delle « dignità e magnificenze » della città, che occorre qui integralmente trascrivere:
« Ell'era dentro ben situata e albergata di molte belle case e *al continovo in questi tempi si edificava migliorando i lavorii* di parti agiate e ricchi, recando di fuori belli esempi d'ogni miglioramento. Chiese cattedrali e di

La Sala dei Consoli nel palazzetto dell'Arte della Seta a Firenze
(Fot. Alinari).

frati di ogni regola e magnifici monasteri; e oltre a ciò *non v'era cittadino popolano o grande che non avesse edificato o edificasse in contado grande e ricca possessione e abitura molto ricca e con begli edifici e molto meglio che in città*; e in questo ciascuno ci penava e *per le disordinate spese eran tenuti matti*. E si magnifica cosa era a vedere, che i forestieri non usati a Firenze venendo di fuori, i più credevano per li ricchi edifici e belli palagi ch'erano fuori alla città intorno a tre miglia, che tutti fossono della città a modo di Roma, *sanza i ricchi palagi, torri, cortili e giardini murati più lungi alla città, che in altre contrade si sarebbero chiamati castella*. Insomma si stimava che intorno alla città sei miglia aveva tanti ricchi e nobili abituri che due Firenze non avrebbero tanto ».

Nei capitoli che seguono cercheremo di colorire il quadro che i dati del Villani ci hanno delineato; ma subito occorre rilevare che quella fiorentina nel cinquantennio 1280-1330 ci appare una società in cui i cittadini nobili e potenti che « sodano per grandi » al Comune sono millecinquecento e settantacinque i cavalieri di corredo; in cui di fronte alle circa trentamila persone che vivono del lavoro di operai dell'arte della lana, al grande numero di mercatanti e merciai — e cioè bottegai — al numero « da non potersi stimare » dei pianellai calzolai e zoccolai, ai molti maestri di più mestieri, e maestri di pietra e di legname, stanno, a non tener conto dei preti, complessivamente meno di millecinquecento grandi mercanti e professionisti; e importa notare che di queste millecinquecento persone che costituiscono l'alta società fiorentina, mercantile e professionale, ben seicento sono i notai, la cui attività è strettamente legata alla vita economica, come mostreremo. In questa composizione della società fiorentina, la cui massa è costituita, dunque, oltre che dagli operai lanaioli, dai piccoli operai e dagli artigiani, Pasquale Villari, tanti anni fa, credette di poter ravvisare la spiegazione e la giustificazione del lungo laborioso processo di democratizzazione del Comune fiorentino: il più democratico « di tutti quanti i Comuni italiani », quello « che ha più di tutti lavorato per l'uguaglianza civile degli uomini » (1).

Mostreremo ora sulla scorta di studi recenti e recentissimi che il giudizio del Villari sul carattere democratico del Comune di Firenze è molto ottimista; e deriva dai presupposti ideali della storiografia di ispirazione romantica dell'età risorgimentale più che dalle indicazioni dei fatti accertati e dei documenti autentici: quali che possano essere le apparenze, ancora nell'età di Dante e anche dopo — e ovviamente non solo in Firenze — salvo qualche momento di crisi, la direzione e il governo del Comune sono saldamente tenute dalla élite, risultante dei nobili inurbati e dei magnati dell'industria e del commercio; tra i quali, come ora vedremo, non è facile stabilire distinzioni e separazioni nette.

---

(1) *Le origini del Comune di Firenze*, conferenza pronunciata per la serie *La vita italiana, dalle origini all'Ottocento*, e pubblicata dai Fratelli Treves. Questa del Villari è nel volume che accoglie le conferenze fiorentine dedicate agli *Albori della vita italiana* (Milano, 1890), pagg. 27-71.

Capitolo secondo NOBILI E MAGNATI
"MILITES" E "BONI HOMINES"
ALLE ORIGINI DEL COMUNE

La prima indicazione che il Villani offre sulla composizione della società fiorentina è quella per cui si afferma che, dei venticinquemila cittadini tra i quindici e i settant'anni atti a portar l'armi, millecinquecento erano « cittadini nobili e potenti che sodavano per grandi al Comune » e « settantacinque i cavalieri di corredo ».

Il significato dell'espressione « che sodavano per grandi al Comune » si riconosce richiamandosi alle leggi anti-magnatizie del 1285, con cui si impose alle famiglie dei grandi della città e del contado di dare malleveria pecuniaria — *sodare*, appunto: dare sigurtà, dare garanzia — al Comune per tutti i malefizi che si potevano commettere dai membri maschi di quelle famiglie, maggiori di età. L'ordinamento del 1285 parve strumento efficace di difesa del Comune specialmente contro il prepotere dei nobili inurbati raggruppati nelle consorterie. Gli storici ricordano che il primo periodo della storia del libero Comune di Firenze è una complessa vicenda di guerre feroci condotte dal Comune contro i signori feudali che stringevano tutt'intorno la città.

Il territorio del Comune, dice il Villani, era tutto incastellato; e i fiorentini uscivano ogni primavera a combattere, assaltavano a ferro e fuoco i castelli e li demolivano e costringevano i signori a venire ad abitare in città, almeno una parte dell'anno, sottoponendosi alle leggi del Comune che « li riceveva in accomandigia », cioè garantiva loro la proprietà della terra, avendone in cambio la fede ch'essi sarebbero stati, del Comune, i difensori.

I signori inurbati stanno nella città come nemici, per cui subito si determina una condizione permanente di guerra civile: il Villani, com'è noto, l'inizio delle divisioni in Firenze pone al 1215, in dipendenza del noto episodio del Buondelmonti; ma l'affermazione è in contrasto con quanto il cronista stesso ha mostrato narrando la lotta intrapresa, fin dal 1177, dagli Uberti contro il governo consolare.

Costretti a vivere nella città, i signori nella città portano il costume della vita feudale; e si costruiscono, come diceva tanti anni fa Marco Tamburini (1), « palazzi merlati di solida architettura, con torri altissime e mensole per reggere impalcature esterne e grosse campanelle di ferro con catene atte a fare serraglio alle strade, vere e proprie fortezze munite nel mezzo della città »; ricostruiscono cioè nella città gli aviti

---

(1) *Le consorterie nella storia fiorentina del Medioevo*, conferenza della serie, già ricordata, dedicata a *La vita italiana*, pubblicata nel volume *La vita italiana del Trecento* (Milano, 1904), pag. 98 e seguenti.

La torre,
stemma dei Torriani.
Rilievo
nel Cimitero dell'Abbazia
di Chiaravalle
(Fot. Perotti).

Sigilli di Siena e della Parte Guelfa di Siena. Siena, Biblioteca Comunale.

castelli che il popolo del Comune aveva demolito, e « intorno al capo della casata si distendevano le case dei parenti come campo trincerato a comune difesa ».

Le famiglie feudali sono saldamente legate da un vincolo di solidarietà « riconosciuto e mantenuto da quanti uscivano dal medesimo sangue e avevano comune il nome e l'arme »; vincolo di solidarietà che è « patto tacito di mutua offesa e difesa per tutti ».

Questo vincolo si rafforza e prende forma più netta quando le famiglie feudali, prima disperse nei castelli del contado, sono costrette a vivere in città in ambiente ostile, dove più urgente è il bisogno della comune difesa.

Segno appariscente di questa situazione è il fatto che le case dei grandi della stessa famiglia si costruivano contigue, sicchè quasi tutti gli edifici di una strada appartenevano a un'unica casata e le torri si costruivano a spese comuni e si aprivano per accogliere, in caso di pericolo, tutti gli appartenenti a un determinato gruppo di famiglie: torri quadrate, alte dalle 120 alle 140 braccia, che erano in condominio degli appartenenti al gruppo, che eleggevano uno o due capi preposti appunto al governo delle torri.

Consorteria si disse appunto questo vincolo o patto di unione tra famiglie uscite dallo stesso ceppo, che faceva comuni a tutti i consorti le offese e le vendette delle offese; patto che sempre comporta per tutti i consorti l'obbligo d'onore di non infrangerlo:

> ... la violenta morte
> che non gli è vendicata ancor, diss'io,
> per alcun che dell'onta sia consorte
> fece lui disdegnoso, onde sen gío
> sanza parlarmi...
>
> *Inf.* XXIX

Sdegnoso, Geri del Bello ucciso e non vendicato non rivolge la parola a Dante, che è suo parente e consorte, partecipe dunque dell'onta che egli ha subìto e non è stata riscattata.

Tutti questi rilievi sono certo validi; ma molto importa notare che « i cittadini nobili e potenti che sodano al Comune » non possono identificarsi coi signori feudali costretti a inurbarsi; il termine « grandi » usato dal Villani ovviamente comprende i nobili come i magnati, cioè i membri dell'alta borghesia mercantile: se è vero che una distinzione tra le due classi, nobiliare e magnatizia, in Firenze si mantenne sempre, altrettanto vero è che le due classi tendono a unificarsi dal momento in cui i magnati rivendicano « una almeno delle prerogative della nobiltà feudale, l'esercizio della giustizia privata ». Questa tendenza all'unificazione è resa evidente

Sigillo di Mensano.
Siena, Biblioteca Comunale.

Il palazzo dei Priori a Volterra: il più antico palazzo comunale della Toscana (Fot. Stefani).

dalle leggi antimagnatizie che « sotto questo aspetto... facevano tutt'uno dei due gruppi »; e del resto — ha osservato recentemente il Cristiani — proprio alcune delle famiglie fiorentine classificate esclusivamente come magnatizie e non nobili, e cioè ad esempio gli Adimari e i Cavalcanti, risulta che partecipavano alle faide o guerre private con i Buondelmonti i Tosinghi i Visdomini.

Queste osservazioni sono formulate dal Cristiani in un acuto saggio (1) che discute i risultati degli studi di Enrico Fiumi (2) nei quali si prende energicamente posizione contro la tesi del Sombart, per cui si affermava che la formazione del patrimonio e dei capitali fiorentini dal secolo XII al secolo XIV, anzichè dall'industria e dal commercio, « deriva dall'accumulazione nelle mani di poche nobili famiglie delle rendite fondiarie cittadine »; e si sottolinea giustamente anche « la falsa prospettiva sombartiana della presenza di limiti assai circoscritti nel mondo dei mercanti medioevali spinti unicamente dalla necessità di provvedere al proprio sostentamento, dotati soltanto di modestissima cultura e di ristrette aspirazioni »; ma d'altra parte si istituisce tra la nobiltà feudale e i magnati (o aristocrazia borghese) una distinzione che al Cristiani a ragione appare troppo rigorosa. « Il Fiumi — scrive il Cristiani — tende a classificare come nobiltà soltanto la nobiltà feudale, escludendo tutti coloro che, dalla metà del secolo XIII ottennero la dignità cavalleresca, qualsiasi fosse la provenienza di questa concessione; il riconoscimento della dignità cavalleresca non può identificarsi, in età comunale, con i titoli della nobiltà feudale, perchè anche nel caso di emanazione imperiale l'investitura non comporta il più delle volte l'esercizio della giurisdizione... Il *miles* comunale si contrappone... al *cavaliere* imperiale; e ai cavalieri del Comune si sovrapporrano i cavalieri del popolo e della parte guelfa ». Ma afferma il Cristiani che piuttosto che di *contrapposizione* è lecito parlare di *sovrapposizione* o *accostamento*: i « cavalieri del popolo » erano pur sempre cavalieri, l'espressione non può essere messa sullo stesso piano dell'altra, contradditoria, di « nobile popolano », usata tra gli elogi del popolano massimo, Giano della Bella. « Cavaliere del popolo » è termine tecnico che non può essere usato a caso. La mancanza di esercizio di giurisdizione propria è importante, ma non decisiva: il titolo di cavaliere serve di appoggio alla prepotenza dei nobili e

---

(1) *Sul valore politico del cavalierato nella Firenze dei secoli XII-XIV*, in « Studi Medievali », 3ª serie, 1962, pagg. 365 e seguenti.

(2) *Fioritura e decadenza dell'economia fiorentina*, in « Archivio storico italiano », 1957, pagg. 389-439; 1958, pagg. 443-51; 1959, pagg. 427-502.

Il palazzo Tolomei, del secolo XIII, a Siena (Fot. Alinari).

dei magnati e non importa se il singolo aveva l'una o l'altra provenienza. Quindi non puramente onorifica la nobiltà posteriore a quella feudale. Certo « l'accertamento della presenza d'un cavaliere non può essere strumento di classificazione del censo e della condizione sociale di un intero casato », non serve a stabilire « a quale classe avesse appartenuto, cento anni prima, una famiglia riconosciuta dagli ordinamenti del 1286 *grande* o *popolana*, perchè quegli ordinamenti, data la provvisorietà della materia, ebbero vigore e valore solo nel momento in cui furono emanati. Ma altrettanto certo è che la cerimonia del conferimento del cingolo ha « sempre la precisa funzione di attribuire a una data persona il grado di cavaliere *ex nunc*; avvenuta tale cerimonia il cavalierato del singolo individuo sussisteva, quali che fossero le precedenti sorti del casato ».

Già abbiamo accennato che la tendenza alla unificazione delle due classi, nobiliare e magnatizia, si determina in conseguenza della rivendicazione da parte dei magnati della prerogativa feudale dell'esercizio della giurisdizione; ma, aggiunge il Cristiani, una distinzione rigida tra *nobiltà feudale* e *aristocrazia borghese* si applica male anche alla prima età comunale: nel seguito della contessa Matilde, accanto ai nobili, già compaiono i maggiori esponenti della nuova classe borghese e mercantile: « si tratta di categorie assai indeterminate nell'ambito della vita politica, prima ancora che nel rapporto tra economia e politica ». Se è chiaro che il Sombart ha fuso arbitrariamente insieme nobiltà feudale e magnati, non meno evidente è che nei rapporti politici quella distinzione andava sempre più perdendo il suo significato, mentre tendeva ad approfondirsi quella tra *borghesi* (popolo) e *magnati*. Non userei il termine " classe borghese " per comprendere magnati come gli Adimari i Lambarti i Cavalcanti ».

Nello studio dei rapporti tra vecchia nobiltà e nuova classe borghese, il Cristiani non si trova « del tutto d'accordo col Fiumi nel dare importanza soltanto all'esercizio continuato e professionale di operazioni di credito e di compravendita delle merci » e non anche « a casuali partecipazioni mercantili realizzate attraverso il contratto di commenda o manifestazioni affaristiche occasionali ». La interpretazione data dal Sombart — ripetiamolo ancora — non regge; però occorre tener presente che anche le « piccole manifestazioni affaristiche » testimoniano, sia pure sporadicamente, « iniziative della nobiltà che contravvengono al disprezzo di un tempo per le *contemptibiles artes mecchanicae* ». Se per i rapporti dei Buondelmonti, Della Tosa e Visdomini con il contado fiorentino e con l'Italia meridionale si trattava soltanto di « esercizi di monopoli » o di « esazioni di diritti fiscali », sta di fatto comunque che « tali attività mettevano costoro in contatto col

Torre del Comune
e «casetorri»
a San Gimignano
(Fot. Brogi).

nuovo mondo del denaro che più tardi... sarebbe passato nelle mani dei Bardi, Peruzzi, Acciaioli ».

E conclude il Cristiani affermando che « è dunque giusto ricordare che ogni nobiltà è relativa a un certo periodo storico »; il che significa « che non si devono fare paralleli di troppa alta portata del tipo di quelli sombartiani, ma non si deve neppure trascurare l'importanza politica che il venir riguardato come nobile ebbe in certi momenti, indipendentemente dalla investitura effettiva o presunta della nobiltà o del cavalierato ».

Il discorso che abbiamo fatto fin qui porta naturalmente alla considerazione di quello che è « uno dei problemi fondamentali della storia sociale d'Italia »: il problema di « determinare il rapporto tra società feudale e società comunale »; di riconoscere cioè « quale parte abbia avuto l'aristocrazia feudale nel primo costituirsi nelle autonomie comunali »; e se il trionfo delle autonomie determini « il definitivo tramonto del sistema feudale, o se invece il Comune sia venuto a inserirsi in quel sistema, limitandosi solo a modificarlo ».

È il problema che affronta Gino Luzzatto in un recente mirabile saggio (1), del quale è necessario riferire ora diffusamente i procedimenti e i risultati.

Nella nozione della storiografia di ispirazione romantica dell'età risorgimentale, com'è noto — incomincia con l'osservare il Luzzatto — il sistema feudale rappresenta « il dominio della aristocrazia militare o germanica che... si era assicurata le maggiori proprietà fondiarie », mentre il sorgere dei Comuni significa « la rinascita delle forze... nazionali, il trionfo della libertà e della democrazia ». A conclusioni non molto diverse è pervenuta più tardi la storiografia che si richiamava al pensiero marxista e all'idea della lotta di classe, troppo incompiutamente e approssimativamente conosciuti; e con interpretazioni troppo frettolose ha ritenuto di poter riconoscere nel sorgere dei Comuni « il trionfo del capitale mobile sulla ricchezza immobiliare, della borghesia mercantile e industriale sulla aristocrazia terriera »; sicchè « in molte città italiane, come in altre della Francia meridionale e nordorientale e dei Paesi Bassi si sarebbe giunti nella prima metà del secolo XIII al tramonto quasi totale del feudalesimo e al trionfo della borghesia ». Contro queste tesi prendono risolutamente posizione gli storici sovietici, per i quali « il sistema feudale dura, non solo in Russia, in Polonia e in alcune provincie della Germania orientale, ma in

---

(1) *Tramonto e sopravvivenza del feudalesimo nei Comuni italiani del Medioevo*, in « Studi Medievali », 3ª serie, III, 1962, pag. 401 seguenti.

Le torri medievali
in piazza
Leonardo da Vinci
a Pavia
(Fot. Stefani).

tutta l'Europa, fino alla rivoluzione industriale, che, iniziata in Inghilterra dopo la metà del 1700, non arriva a un risultato generale e definitivo che nel corso dei cento anni successivi ».

La pubblicazione — non ancora completa, ma certo copiosa — e l'esame rigoroso, sciolto da ogni preconcetto politico e ideologico, dei documenti pubblici e privati che per l'Italia risalgono al IX secolo e si fan sempre più numerosi dal 1000 al 1200, consentono di arrivare, afferma il Luzzatto, a conclusioni sicure, « che in parte si avvicinano, ma in parte maggiore contraddicono » alle tesi preconcette che abbiamo indicato.

Le leggi e i diplomi regi e imperiali e i documenti dei secoli IX e X, attentamente esaminati, autorizzano la conclusione che solo « sotto gli ultimi successori di Carlo Magno e anche più dopo la caduta della dinastia carolingia, in un periodo di estremo indebolimento dello Stato... i funzionari di nomina temporanea o vitalizia e sempre revocabili ai quali Carlo Magno aveva affidato il governo, la difesa, l'amministrazione delle marche e delle contee in cui aveva diviso il Regno [longobardo] si trasformano in grandi signori feudali, dotati di vaste proprietà fondiarie loro concesse in benefizio, ma di cui, come anche del titolo e delle funzioni pubbliche, si riconobbe ben presto l'ereditarietà... e il potere fu notevolmente aumentato

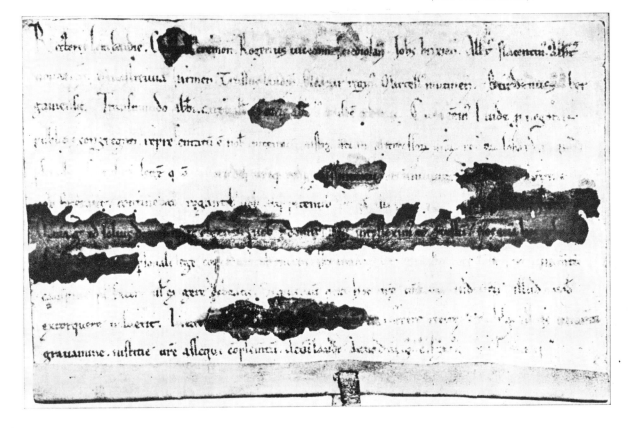

Atto dei Rettori della Lega Lombarda (1175).
Milano, Archivio di Stato
(Fot. dell'Archivio).

dalla facoltà o anzi dall'obbligo di avere una propria forza militare a cavallo e a piedi e dalle immunità giurisdizionali e fiscali, per cui i grandi signori fondiari poterono non solo essere esenti, ma esercitare entro certi limiti un potere giurisdizionale sugli abitanti della loro signoria e riscuotere da essi, oltre ai tradizionali o contrattuali censi privati, dei tributi di carattere pubblico ».

Se non che « dopo molti anni » due cause contribuiscono all'indebolimento delle grandi signorie feudali determinandone il frazionamento. Una investe sia la Francia che l'Italia; e deriva dalla impossibilità in cui si trovano i funzionari regi e imperiali di provvedere alle necessità delle vastissime proprietà loro assegnate in feudo; per cui essi sono obbligati a concedere « molte quote delle loro terre ad alcuni loro fedeli che si impegnino a quelle prestazioni militari e fiscali che essi non sono in grado di sostenere, e siano legati ad essi da vincoli di fedeltà ». L'altra invece è peculiare della Italia longobarda, in cui non vige il sistema del maggiorasco e il feudo « si divide seppure in modo non sempre uniforme tra tutti gli eredi maschi », sicchè la successione ereditaria finisce con lo spezzare l'« unità del feudo ».

Resta comunque controverso il problema se « tutta la proprietà feudale nell'Italia longobarda sia caduta, dopo la conquista carolingia, entro il quadro del regime feudale »; il fatto che « i maggiori proprietari di terre siano investiti di funzioni e diritti feudali... non autorizza a identificare, almeno in Italia, la grande proprietà col feudo »; sicchè non illegittima appare la tesi avanzata da storici autorevolissimi « che si possa ritenere come molto probabile che in Italia, nel IX e X secolo, la proprietà libera superasse, almeno in alcune regioni, non solo la proprietà feudale ma anche — assieme a questa — la proprietà curtense sprovvista di diritti feudali ». Mancano inventari e catasti che consentano di confermare questa ipotesi; ma certo « nei numerosi contratti che si sono conservati e che si vanno pubblicando di alienazione, di permuta, di concessione a vario titolo si trova immancabilmente indicato per ciascuno degli appezzamenti alienati, il nome del proprietario delle terre con cui esso confina da tutti i quattro suoi lati; e appunto da queste indicazioni si apprende che molto spesso la maggior parte delle terre confinanti con quelle di una grande proprietà, appartengono a uomini liberi, singoli o consorziati. Sono stati questi piccoli proprietari liberi che hanno maggiormente sentito il peso del grande signore vicino che, abusando della immunità ottenuta dal sovrano, ha voluto estendere sopra di essi il proprio potere, nel campo giurisdizionale e fiscale, provocando la resistenza, da prima in forma legale, ma poi — fallite queste — in forma di ribellione violenta ».

I tre palazzi comunali a Todi
(Fot. Palnic).

D'altra parte, il differente sviluppo sociale dell'Italia rispetto alla maggior parte delle altre regioni d'oltralpe è determinato, afferma il Luzzatto, « dalla sopravvivenza tra noi di molte delle antiche città romane e dalla continuità, seppure estremamente ridotta, dei mercati interni e internazionali »: interessante il fatto della « concessione di un mercato entro le mura delle città (ridotte, ritiene il Luzzatto a una larva di quello che erano state nel I e nel II secolo dell'Impero: ma mostreremo che su questo

29

giudizio si possono avanzare molte riserve, fondate su una documentazione autentica) e subito fuori di esse »; e l'altro fatto che « le vecchie città siano diventate la sede preferita dei vescovi, dei conti e dei castaldi ».

D'altra parte « dei due movimenti che si manifestano nelle città e nelle campagne verso un profondo mutamento di rapporti tra i grandi proprietari, i loro diretti concessionari e il resto della popolazione » « è probabile che quello delle campagne abbia preceduto quello delle città ».

La mietitura;
miniatura da *Il biadajolo*.
Firenze, Biblioteca Laurenziana
(Fot. della Biblioteca).

Nella pagina accanto:
cavaliere in armi.
Affresco nella sala del Consiglio
del palazzo comunale di San Gimignano
(Fot. Alinari).

Numerosi sono gli indizi « della profonda trasformazione che dalla fine del secolo X si manifesta nelle condizioni economiche e giuridiche della terra e nei rapporti tra le classi che vivono di essa e sotto di essa »: « aumento della popolazione, dissodamento, messa a cultura di vaste estensioni di terre fino allora coperte di boschi utilizzati per la legna da ardere, per la caccia, per l'allevamento suino, difese contro le acque, lavoro di bonifica e di irrigazione, frazionamento dei poderi, costruzione di case coloniche, contratti agrari includenti la condizione di introdurre nuove colture, specialmente di viti e in misura molto minore di ulivi, resistenza contro le superimposizioni e contro le pretese di prestazioni d'opera sulle terre del signore ». Contro queste pretese si invoca « una *consuetudo loci*, da cui si arriva alla fine, non ritenendola sufficientemente garantita, alla stipulazione di patti scritti, primo nucleo dei futuri statuti dei Comuni rurali ».

Appunto « questo movimento che si manifesta in tutte le campagne d'Italia prelude alla formazione dei Comuni »; e se di questa formazione si considera l'aspetto sociale, occorre determinare quali siano le classi che vi partecipano e « quali siano i rapporti tra antichi signori e i loro vassalli e la popolazione che non ha mai goduto di diritti feudali, ma è riuscita ad affermare la propria libertà ».

Sotto questo aspetto, afferma il Luzzatto, il primo stadio del Comune è rappresentato « dai più modesti Comuni rurali nel senso stretto della parola,

Due torri medievali
nella campagna presso Falerone
(Fot. Sef).

che si costituiscono in un villaggio aperto o in un gruppo di villaggi vicini, che sono il risultato di quei patti, di quelle *cartae libertatis*, trasformantesi spesso, in epoca posteriore, in veri e propri statuti, che regolano il rapporto tra i coltivatori e i loro *domini* ».

Il secondo stadio è rappresentato dai cosiddetti Comuni di castello, che talvolta si trovano confusi coi semplici Comuni rurali, ma sono in generale da questi distinti nettamente, essendo i Comuni rurali destinati « quasi esclusivamente a difendere i coltivatori dipendenti dagli abusi degli antichi signori e di quei proprietari che hanno in concessione da essi parte delle loro terre e delle loro immunità »; mentre i Comuni di castello sorgono nei punti strategici delle valli alpine — ma anche della pianura al tempo delle invasioni degli Ungari al nord e dei Saraceni nell'Italia centro-meridionale — spesso per iniziativa del signore per difesa contro i nemici esterni e per rifugio dei coltivatori obbligati ad abbandonare le campagne sotto la minaccia delle incursioni e scorrerie, appunto; ma anche al fine di « esercitare una più efficace vigilanza e una possibile ritorsione contro le ribellioni » dei dipendenti.

Un'idea chiara e sicura « delle diverse origini di alcuni Comuni di castello della diversità del loro sviluppo e della loro struttura sociale si è potuto formare il Luzzatto — più di mezzo secolo fa ormai! — studiando

Il palazzo comunale di Montecassino
(Fot. Sef).

la collezione di pergamene del secolo XII-XIII conservate nell'Archivio comunale di Matelica, piccolo centro di una zona agricola tra Fabriano e Camerino (1).

Ritiene il Luzzatto che « sui primi del secolo XII, riaffermatasi solidamente nella Marca di Ancona l'autorità dell'Impero affidata a un mar-

(1) Di questi studi il Luzzatto ha reso conto nel saggio *Le finanze di un castello nel secolo XIII*, che sta in « Vierterljahrschrift für sozial-und-wirtschaftgeschichte » del 1912.

chese inviato dalla Germania... il territorio sia stato diviso in tante piccole contee, assegnate anch'esse a signori tedeschi... probabilmente... di recente immigrazione. A questa categoria di signori con funzioni di vicari... appartengono gli Attoni (o Ottoni) di Matelica, che dominano su un territorio abbastanza esteso tra Esino e Potenza, sono proprietari di alcuni castelli e riscuotono varie imposte personali e reali. Nei primi tempi uno solo è il titolare della contea e il capo della famiglia... ma poi allentatisi i vincoli tra il marchese e i suoi vicari e trasformato l'ufficio del conte in un benefizio ereditario e divisibile... si vedono due o tre figli di un Ottone e alcuni suoi nepoti portare contemporaneamente il titolo di Conte, che perde a poco a poco il suo valore e non tarda a scomparire del tutto. La proprietà si fraziona e con essa si suddividono i diritti giurisdizionali che ne derivano...»

Parallelamente all'indebolimento dei rappresentanti del potere sovrano, si ha l'affermarsi della associazione dei loro dipendenti: intorno al 1150 alcuni *boni homines* (vassalli del signore) vissuti fino allora sotto la giurisdizione degli Ottoni, « costruiscono il *Castrum novum Mathelicae*, vi trasferiscono la propria abitazione e quella degli *homines* da loro dipendenti e sostituiscono alla giurisdizione degli Ottoni quella dei consoli scelti nella propria cerchia estremamente ristretta »; che i castellani del nuovo castello di Matelica fossero vassalli del conte si riconosce da tre documenti del 1162, del 1196, del 1210. Particolarmente indicativo il documento del 1162, da cui si apprende che il conte, mentre promette « di mandare ad abitare a Matelica i suoi *homines* che vivono nelle terre dal Raschio fino al Potenza, trattiene sotto la sua giurisdizione, con un centinaio di famiglie, i tre castelli di S. Maria, di Rotondo, di Civitella, ma fa eccezione per uno dei castellani di Civitella, *Albricus Bonutii*, che già si trova a Matelica con quattro famiglie di suoi dipendenti ed è stato uno dei quattro consoli che hanno accettato la promessa del conte ». Evidente la differenza che, anche dopo la costituzione del Comune, si mantiene tra castello e contea: i tre castelli elencati dal documento, costruiti dal conte, restano sotto la sua giurisdizione; il castello nuovo di Matelica, costruito dai suoi *boni homines*, è, rispetto al conte, « in posizione di molto minore dipendenza e i suoi consoli trattano con lui da pari a pari ». Più tardi « i successori del conte Ottone, tra i quali si sono divise le sue proprietà e i suoi diritti giurisdizionali e fiscali, finiscono anch'essi per partecipare, accanto ai vassalli, alla magistratura consolare e si limitano a ottenere, in compenso alla loro rinuncia, una quota delle entrate fiscali del Comune ».

La condizione accertata per Matelica si riconosce anche in un ordine alla formazione di altri Comuni di castello e spesso anche di piccoli Comuni urbani delle Marche e dell'Umbria; ed è condizione che conferma almeno parzialmente la tanto discussa teoria delle origini signorili dei Comuni italiani formulata da Ferdinando Gabotto, che illegittimamente, certo, ha voluto estendere la teoria a tutti indistintamente i Comuni e ha preteso di far derivare il consolato da magistrature romane; ma non può non trovare consenso quando « attribuisce la prima formazione del Comune a un consorzio costituito da un piccolo numero di feudatari minori riunitisi per far valere i loro diritti non su tutto il feudo dell'antico signore, ma sulle

Il palazzo comunale di Fabriano
(Fot. Fotocelere).

terre e sugli *homines* di una parte di esso, attorno a un castello o a un piccolo centro urbano ».

Quello che il Gabotto e la sua scuola hanno determinato per molti Comuni piemontesi è confermato dalle ricerche del Patetta su documenti di Belluno e di altri centri del Bellunese, dal Torelli sul Comune di Mantova e del Falco su Comuni — in parte di piccole città, in parte di castello — della Campagna romana e della Marittima: il Falco — che non si propone di verificare la teoria del Gabotto — « arriva alla conclusione che la costituzione del Comune è opera dell'aristocrazia locale, dei *milites*, che designati altre volte con la qualifica di *viri magnifici* devono corrispondere alla stessa categoria di cittadini di origine nobiliare che fruiscono di una

Il castello della Rancia, presso Tolentino (Fot. Fotocelere).

parte dei diritti dell'antico signore che altrove son designati come *boni homines* e da cui, assai presto si traggono i consoli ».

In ordine al complesso problema dei rapporti tra la classe feudale e il Comune, importanti sono le conclusioni alle quali è pervenuta la signorina Elda Zorzi, attraverso specialmente lo studio sistematico delle carte, ancora in parte inedite, conservate negli archivi ecclesiastici di Padova (1): « i conti in un periodo grave di decadenza del loro potere diventano vassalli del vescovo e come tali entrano nella *curia vassallorum*, che fu il nucleo costruttivo e fondamentale del Comune, da cui uscirono i primi *consules*

(1) *Il territorio padovano nel periodo del trapasso da Comitato a Comune*, in « Miscellanea veneta della Deputazione storica per le Tre Venezie », 1930.

della città. Nello stesso tempo o anzi precedentemente si era avuto il frazionamento del distretto comitale in tante minuscole contee, e di pari passo il frazionamento del patrimonio e dei diritti signorili ereditari ».

Un interessante esempio di consorzio comitale offre la Zorzi: il consorzio « formatosi a Baone presso Este tra i discendenti del conte »; « altro consorzio familiare devono avere mantenuto i Da Carrara che nonostante la loro partecipazione alla *curia vasallorum* e al gruppo dei *boni homines* attorno al vescovo, riescono tuttavia a salvare l'unità del patrimonio ».

L'esempio di Padova — cioè di una città « che pur essendo al centro di un territorio schiettamente rurale... è destinata ad diventare... un importante centro commerciale e anche di un iniziale attività industriale non certo insignificante » — serve a confermare la tesi che « il sorgere del Comune non può considerarsi affatto una rivoluzione anti-feudale, ma come una trasformazione interna dello stesso mondo feudale ».

E basta allegare le parole di Ernesto Sestan (1) che afferma: « il Comune italiano non è alle sue origini tipicamente in contrasto col mondo feudale... e non lo è perchè nasce non dall'urto, ma dalla progressiva modificazione del mondo feudale, del quale la nobiltà cittadina è pur inizialmente partecipe e non programmaticamente antagonista ».

Chiaramente provato, dunque, il carattere aristocratico della maggior parte dei Comuni nel primo periodo della loro vita, quello « che si designa col nome di periodo consolare, nel quale il potere è tutto in mano dei maggiori proprietari terrieri residenti in città ».

Ma resta il dubbio circa la struttura sociale delle città maggiori, nelle quali è stato favorito molto presto lo sviluppo degli scambi e quindi « l'affermarsi di un gruppo di mercanti di professione ». Mostreremo nel prossimo capitolo, sulla scorta degli studi del Violante, che in alcune città della Valle Padana — a Cremona, a Piacenza, a Pavia, a Milano, situate lungo il Po o a breve distanza da esso — come del resto in alcune città toscane — Lucca, Siena — « toccate dalla via Francesca » usate « dai pellegrini e mercanti che si recavano a Roma », « compaiono sino dal secolo X gruppi di mercanti che assurgono presto a una elevata situazione sociale; e assieme agli uomini di legge (giudici e notai) risultano evidentemente associati ai nobili minori nella formazione del Comune, sebbene non compaiano ancora nelle prime liste consolari ».

---

(1) In un suo rapporto all'XI Congresso internazionale di Scienze storiche (Stoccolma, 1960): *La città comunale italiana nei secoli XI-XIII nelle sue note caratteristiche rispetto al movimento comunale europeo.*

Questo fatto, ovviamente, non serve a sostenere la vecchia tesi che il sorgere del Comune proceda come effetto dal trionfo della ricchezza mobiliare sulla immobiliare; ma certo la formazione « di gruppi di mercanti che non sono più i piccoli frequentatori del mercato quotidiano, ma partecipano agli scambi internazionali e in genere a tutti gli affari che richiedono una certa disponibilità di denaro liquido » contribuisce al disfacimento della potenza feudale e all'affermarsi delle forze cittadine; sicchè può sorgere il dubbio che « la rivoluzione, negata o ridotta a una portata puramente iniziale per quel primo periodo, si sia invece compiuta nel periodo successivo, che viene spesso designato col nome più o meno appropriato di Comune democratico »: è il periodo caratterizzato da due fatti di notevole importanza, « la conquista del contado e le lotte interne, che non hanno avuto sempre il carattere di lotta di classe, ma hanno in molti casi un sostrato sociale ».

Per quel che riguarda i rapporti tra il Comune cittadino e il contado, occorre osservare che in Italia, diversamente che nella maggior parte dei Comuni d'Oltralpe — « il distacco tra città e campagna tende a scomparire completamente o quasi completamente, e le magistrature cittadine estendono la loro giurisdizione e molti dei loro diritti fiscali su tutto o quasi tutto il contado ».

La conquista del contado « ottenuta spesso per mezzo di vere azioni militari o di violenza contro i castelli e le persone, fu alfine raggiunta con la sottomissione e aggressione dei feudatari del contado ». Il Luzzatto, attraverso la considerazione di molti atti di sottomissione di feudatari a Comuni delle Marche, dell'Umbria, di Toscana, e pervenuto a conclusioni che non sono smentite dagli studi ulteriori condotti in ordine ai Comuni della Lombardia, del Veneto, dell'Emilia; è pervenuto cioè a riconoscere che gli atti stessi, secondo le condizioni in essi stabilite, sono sostanzialmente di tre tipi.

Molti atti di sottomissione — in generale quelli che riguardano feudatari meno potenti — sono « veri e propri atti di dedizione di signori spodestati al Comune, ormai consolidato e potente »; altri « assumono l'aspetto di semplici contratti per cui il signore concede al Comune, dietro compenso, una parte delle sue proprietà e dei suoi diritti, ma conserva di fronte ad esso una posizione di uguale, che tratta col Comune come da potenza a potenza »; altri infine documentano che « gli stessi grandi feudatari... dopo essersi lasciati strappare una parte sempre maggiore dei loro diritti finiscono col sottomettersi anch'essi al Comune, ma conservano verso di esso una posizione di privilegio ».

Le condizioni delle sottomissioni pure e semplici sono: obbligo per i Signori di venire ad abitare in città per sempre o per un periodo più o meno lungo dell'anno e di costruirvi una casa o di comprarvi terre o per somme determinate o per l'importo di tutti i beni che essi possedevano fuori del territorio del Comune e che ora devono alienare; giuramento di soggezione e fedeltà alle autorità comunali; obbligo di pagare le imposte dopo un periodo di esenzione, generalmente di cinque anni; cessione al Comune di tutti gli uomini soggetti.

Nelle sottomissioni parziali, che sono le più frequenti e le più importanti in ordine alla costituzione del nuovo diritto e dello stabilirsi della

Il palazzo comunale di Piacenza
(Fot. Alinari).

sempre più larga autonomia comunale, condizioni fondamentali sono: « la rinuncia del Signore a una parte dei diritti fiscali e la concessione di una parte dei suoi uomini che verranno ad abitare in città, pagheranno le imposte e forniranno tutti i servizi cui sono obbligati gli altri cittadini ».

Quanto ai feudatari maggiori, i conti e i loro diretti eredi, che « vista l'impossibilità di continuare la lotta contro il Comune preferiscono mettersi sotto la sua protezione e finiscono col farne parte », le condizioni che essi accettano sono: la rinuncia ai resti delle antiche immunità che erano riusciti a conservare e di ogni diritto di dominio sugli abitanti del castello o dei castelli di cui erano stati i signori, e la promessa di « venire ad abitare entro

Fianco sinistro del palazzo comunale di Piacenza
(Fot. Alinari).

Matelica:
un angolo della piazza,
con la torre del palazzo pretorio
(Fot. Soprintendenza alle Gallerie di Firenze).

la città, di obbedire ai Rettori del Comune, di pagare la colletta secondo l'estimo dei propri beni ».

« Il moltiplicarsi a centinaia e centinaia delle sottomissioni a aggregazioni dei feudatari al Comune di castello o di città esercita un'azione immediata sulla struttura sociale del Comune stesso. I maggiori feudatari, per compenso della giurisdizione e degli altri diritti che essi hanno perduto, si assicurano le più alte cariche del Comune ».

E cita il Luzzatto gli esempi di Matelica, in cui la famiglia dei conti Ottoni, antichi signori, « non appena si è sottomessa, occupa già un posto eminente nel governo del Comune »; e di Penne S. Giovanni, dove « l'antico signore Gilberto Aldobrandini dopo aver promesso di trasformare il suo castello in *comunantia e vassallis et rebus vassallorum...* si impegna ad abbattere le torri e di giurare l'osservanza degli statuti, ma in compenso si fa promettere dai sindaci del popolo che la carica di podestà sarà sempre riservata solo ai nobili, i quali la copriranno alternativamente uno per anno ». La sottomissione della nobiltà al Comune e l'inserimento di essa nella vita cittadina determina importanti rivolgimenti nei rapporti tra le classi sociali anche dove — come nelle città maggiori dell'Italia settentrionale e centrale — essi non sono regolati da compromessi precisi ed espliciti.

Anche il Luzzatto, a questo punto, rappresenta la situazione che noi abbiamo evocato al principio di questo capitolo: « i nobili obbligati a costruirvi una propria casa la muniscono di una torre che sovrasta tutte le case del popolo » ed è, insieme con gli armati che il nobile tiene al suo servizio, « strumento poderoso di difesa e di offesa nelle lotte tra le fazioni gentilizie e più spesso di dominio e di minaccia contro le ribellioni popolari »; e avverte che « solo nella prima metà del secolo XIII si riconosce una organizzazione del popolo contrapposta alla organizzazione nobiliare ». Decisivo è il passo che compie in questo senso il popolo della città: « col crescere della popolazione, col differenziarsi di essa in varie categorie di arti, di mestieri, di professioni... si vanno costituendo forme di organizzazione nelle quali i vari raggruppamenti si fanno secondo le professioni, e di carattere militare nelle *compagnie d'arme* del popolo raggruppate per contrade. Delle due parti in lotta la vittoria spetta formalmente al popolo, tanto che si arriva a Firenze come a Bologna e in altre città alle leggi antimagnatizie, all'esclusione da ogni pubblico potere dei membri della vecchia nobiltà e anche di quelle poche famiglie di origine popolare che, per le grandi ricchezze raggiunte, ne hanno ereditato molto dei caratteri e delle prerogative. Ma evidentemente anche dopo quella vittoria non si può considerare il regime che si instaura nelle maggiori città mercantili e industriali come un regime democratico; non solo la grande massa dei lavoratori manuali e degli esercenti le arti più umili e il piccolo commercio sono totalmente esclusi dagli organi dirigenti, ma spesso i membri più battaglieri, più forti e riottosi della vecchia aristocrazia riescono, nelle lotte di fazione che tanto spesso dissanguano le città, a trascinare con sè larga parte dei popolani, e assumono, per quanto temporaneamente, l'antica posizione dominante ».

A queste conclusioni del Luzzatto, appunto, ci riferivamo quanto qui sopra abbiamo giudicato molto ottimista il giudizio di Pasquale Villari sul carattere decisamente democratico del Comune di Firenze.

Capitolo terzo I MERCANTI E GLI ESORDI DELL'INDUSTRIALISMO CAPITALISTICO. CULTURA E SPIRITUALITÀ DELL'ALTA BORGHESIA MERCANTILE

Arrigo Castellani, pubblicando tra i *Documenti di lingua* editi dalla Crusca, ventisette testi fiorentini del 1200, i quali coi testi pubblicati dallo Schiaffini nel 1925 formano il *corpus* delle scritture fiorentine in prosa del secolo XIII (1) osservava che i testi pubblicati, salvo due, riguardano tutti momenti economici e non sono soltanto una fonte preziosa per lo storico della lingua, in quanto « danno il senso preciso per il periodo che va dalla fine del secolo XIII agli inizi del XIV dell'importanza del commercio e del denaro nella vita in ogni giorno. Sorgono continuamente nuove imprese ed aumentano i profitti, si conquistano mercati e si soverchia, all'estero, la concorrenza delle altre città della Toscana e dell'Italia Settentrionale..., i Fiorentini della seconda metà del Duecento sono *a nation of shopkeepers* ». E non soltanto i Fiorentini, direi, ma tutti i Toscani, e non solo i Toscani, ma quasi tutti gli Italiani del secolo XIV sono « nazione di negozianti »: di negozianti intrepidi e geniali, di enorme capacità di iniziativa, di grandi attitudini organizzative: creatori eroici, seppur spregiudicati, di ricchezza. Sono i grandi mercanti — o meglio uomini d'affari — che dominano effettivamente la società comunale, e danno tono e legge alla vita italiana del 1200 e del 1300.

Ora, a offrire piena ed evidente l'immagine della fervida società mercantile italiana del basso Medioevo e a raffigurare il processo laborioso della sua formazione — processo che investe la vicenda di più generazioni — nulla può servire meglio, io penso, che la trascrizione di quelle mirabili pagine nelle quali Riccardo Bacchelli nel romanzo *Non ti chiamerò più padre*, evoca la storia di una casata di mercanti, la casata di Pietro Bernardone, mercante di Assisi: il padre di S. Francesco.

Sono pagine animate dal soffio di un'arte possente; che si fondano però sulle fonti e sui documenti d'archivio rigorosamente e pazientemente indagati e interpretati; sicchè sono trasfigurazione poetica di una realtà attentamente riconosciuta, trasfigurazione che salva gli aspetti autentici di quella realtà, pur trascrivendola in immagini vive ed intense. Romanzo storico, appunto, quello del Bacchelli; come il Bacchelli stesso proclama nel frontespizio.

E sfogliamo dunque le bellissime pagine.

La casa era stata comprata dal suo avo Adamuccio, nel lasciare, mercante girovago, la strada per stabilirsi in Assisi. Bottega e fondaco ce l'aveva aperti Bernardone, con di-

---

(1) *Nuovi testi fiorentini del Dugento*, con introduzione, trattazione linguistica e glossario, 2 voll., Firenze, 1952.

Navi mercantili, in un dipinto di A. Lorenzetti.
Firenze, Uffizi (Fot. del Museo).

sdegno di Adamuccio che giudicava lane e panni mercanzia lenta e impacciosa e ingombrante e delle lane disprezzava i velli succidi e i boldroni putridi...

La bottega era stretta e disagevole, rilevata dal piano della via, sicchè per affacciarsi al davanzale degli sporti aperti, si salivano scalini di legno che di notte, per maggior sicurezza, venivano ritirati. Soltanto mercanti e clienti di gran conto erano ricevuti all'interno e bisognava passare dall'uscio di casa che a pochi si apriva e mai del tutto.

A Pietro Bernardone la bottega serviva ormai quasi solo d'insegna, come tale famosa, e di mostra, ma principalmente come *tavola di tavoliere,* banco di cambio e prestito, negozio ricercato e odiato, lucroso e maledetto.

Scarico del grano da una nave mercantile; da un dipinto di A. Lorenzetti. Firenze, Uffizi (Fot. del Museo).

Primo ad avviarlo anche era stato, come si sa, Bernardone, che l'aveva imparato in Lombardia e che al modo dei prestatori conosciuti col nome di Lombardi, aveva esercitato l'imprestito girovago, spiccioso, a breve termine, di solito entro la giornata, e a interesse altissimo, andando per le fiere e i mercati dei borghi e dei paesi di Val di Spoleto...

Avrebbe anche aperto tavola in Assisi, ma uomo prudente, se n'era astenuto per non dar troppo nell'occhio e misurare il passo sulla gamba. « Un passo — aveva detto riconoscendo l'ingegno precoce del figlio — che farai tu ». E gli illustrava le tavole prospere e stimate di Pisa e Lucca e Genova e di Lombardia; la Lombardia, che tornava sempre nei suoi riferimenti a dare l'esempio di un paese ricco, attivo, dovizioso, aperto, non come i gretti e malaurosi Assisiani! E onesto! Non come certi paesi di ladruncoli e di imbroglioncelli, ignari che l'onestà è il miglior negozio... La gente, riferendosi a quegli scalini mobili, di legno, li chiamava lo Scaletto della Forca. Si sa, prestare era un'arte non consentita; anzi vietata dalle leggi e dannata dalla Chiesa; odiosa alla gente specialmente quando vi ricorrevano, diceva Bernardone, soggiungendo, con un termine imparato a Genova: «Bisogno, mugugno»; però, insegnava al figlioletto attentissimo, c'è un rimedio: e bastava non chiamarla con l'esoso nome di usura, ma *cambio, merito, ristoro; barocco* in gergo dell'arte; *ritrangola*, che sarebbe stato acquisto di mercanzia da non ritirare e che nemmeno esisteva: più grazioso e anche più ingegnoso era chiamarla *dono di*

Mulo carico di mercanzie; da *Gli effetti del Buon Governo* di A. Lorenzetti. Siena, Palazzo pubblico (Fot. Alinari).

tempo. E Bernardone ammiccava, storcendo e strizzando l'occhio, che in tal gesto pareva strabico.

Un altro segreto gli rivelava, di quelli che più si sanno meno si dicono: «Come che lo si voglia chiamare, prestare è consentito agli infedeli Ebrei, forse perchè dannati come sono, tanto vale che si dannino per due peccati quanto per uno. Ma sai a che approda? Che ci sono cristiani ricchi e cristiani grandi che se ne giovano, vuoi dando denaro agli Ebrei che lo mettano a frutto con merito, ristoro, barocco, ritrangola, dono di tempo: basta non dire usura! e vuoi coprendoli della loro protezione: oh, dico, teste coronate e anche mitriate!».

Pietro Bernardone, viaggiando col padre e poi da solo aveva riscontrato l'esattezza e la verità degli insegnamenti paterni e non sottilizzava, non disputava, neanche cercava

Donna che va al mercato;
da *Gli effetti del Buon Governo*.

abbellimento di nomi, forte della sua scienza e fondato saldamente sulla certezza e sulla esperienza che nè il camerario del Comune nè i canonici del Capitolo di S. Ruffino, nè il vescovo della vecchia e bisognosa cattedrale di S. Maria Maggiore, ricorrendo a lui per i loro bisogni si curavano se la sua moneta dovesse chiamarsi usura o dono di tempo.

« Nessuno — diceva — mi chiede mai come l'ho avanzata io! Tutt'al più dono di tempo quando accattano, usura quando debbono rendere. Per me basta che restituiscano! E chi parla di forca e di scaletto non ha che a girar largo e a non metterci nè il piede nè il collo ».

Un'altra attitudine egli ereditava e sviluppava dal padre: a comprar case e terreni a buon prezzo: così, fuor delle mura, in borgo sopra Fonte di Moiano, fuor della porta dello stesso nome, quello che recinto di un muro robusto particolarmente pregiato per una vena d'acqua perenne, aveva accolto il fondaco dei panni comprati sui mercati e sulle fiere di Lombardia e di Francia che esigevano d'essere ripassati e rifiniti e ornati e ritinti, secondo il mutare dei gusti spesso più rapidi che non lo smercio.

Delle lane, Bernardone aveva iniziato e suo figlio aveva allargato assai fuori del paese la colletta, in sacchi, se già tosate, e in boldroni, per rivenderle ai tessitori di Francia e di Fiandra e di Lombardia. Chiedevano i noti lavori di scelta, battitura, lavatura e pettinatura. E nel fondaco erano cresciute e crescevano anche le stalle e i fienili e i ripostigli, un tempo dei muli e dei basti; adesso, col migliorare delle strade massicciate e riselciate e dei passi resi più sicuri, di cavalli e carri. Bisognoso di fieno e foraggio, Pietro Bernardone, curava anche molto i prati e gli erbai nelle sue terre più adatte e irrigue. I soliti sapienti, quando Bernardone, ma più risolutamente Pietro, avevano venduti muli e basti per comperare cavalli e carri e carrette, avevano sentenziato che mai i cavalli avrebbero sostituito i muli, le ruote il basto, il traffico carreggiato quello someggiato: lo continuavano a sentenziare, diceva lui, col sorriso sarcastico, sulle pendici del Subasio, e sulle rive del Tescio, quando i carri ormai varcavano l'Appennino per il gran Passo di Monte Bardone tra Val di Magra e Val di Taro, e per quello dei Mandrioli tra Arezzo e Bagno di Romagna, e le Alpi per Monginevro e Moncenisio; quando le maggiori strade erano fornite di quanto occorreva ai carreggi e ai cavalli, e ponti e traghetti consentivano il nuovo traffico oltre Po e oltre Rodano e oltre Reno e con tutti gli altri fiumi che cotesti esperti dei guadi di Tescio e Chiagio e delle mulattiere di Subasio e Monte delle Croci, non avevano mai sentito nemmeno mentovare!

Ma di costoro si curava soltanto per riderne. I suoi mulattieri s'erano cambiati, anche se con qualche stento, in carrettieri e cavallari, i lavoranti di basti e di cavezze avevano

Contadino che porta i muli al mercato; da *Gli effetti del Buon Governo*.

imparato a lavorar finimenti e selle e morsi di cavallo; accanto al fondaco era nata un'officina di legnaioli e carradori per fabbricare e riattare il carreggio a due e a quattro ruote, robusto da reggere ai viaggi oltre monte.

. . . .

A un plebeo di nascita e di condizione mercante come Pietro Bernardone sarebbe stato inibito di aver uomini armati; ma egli ne aveva bisogno per i suoi viaggi e anche per guardare il fondaco con le ricchezze che conteneva: soprattutto era venuto il tempo che uomini come lui, sentendo la propria forza e quella della ricchezza come conquista e strumento dell'ingegno, non tolleravano più inferiorità nè differenze, non che di forze e di potere, nemmeno d'autorità e di potestà... già maturi a imporre l'uguaglianza davanti alla legge del Comune, in questo poggiavano la loro propria legge e il fondamento della loro potenza, a ridurre e assoggettare d'accordo in questo coi re, i feudatari, ad abbatterli se renitenti e riottosi; e nel loro proprio ambito, comunale e cittadino, a dominare con la forza, non che del denaro, dell'ingegno e della forza di governo. In quest'ambito, la loro forza e la loro libertà... si estrinsecavano nell'aspirazione e nell'imposizione d'una eguaglianza di diritti e di doveri di fronte alla legge e all'istituto del Comune..., a cercare e imporre, in essa uguaglianza la propria supremazia dominante di ceto... A chiarire il carattere e l'indole di Pietro Bernardone in quel torno di tempo, occorre aggiungere che tale supremazia essendo ancora di là da venire, e ancora potentemente contrastata, non mostrava nè conosceva i propri limiti e caratteri e destini storici, mentre dal contrasto sortiva carattere e natura di passione. Ed ecco che al padre, per sua difesa nei viaggi di traffico someggiato a dorso di mulo e per guardia del suo fondaco, eran potuti bastare i mulattieri, gente dura e spericolata, coi loro bastoni nocchiuti e ferrati in punta e con il coltello del loro mestiere, adatto al bisogno a servir d'arma, più specificatamente da coltello feritorio, come veniva chiamato negli editti, i quali, vietandone l'uso, ne dimostravano l'esistenza in pratica, e punendolo gravemente dimostravan quant'era grande e frequente. Sotto Bernardone eran rimasti uomini del mestiere e insomma mulattieri, con una capacità di menar le mani che apparteneva tutta alla pratica e ai bisogni dell'arte loro. E le mani, conducenti di mulo, a piedi o a bisdosso, le avevano libere: non più quando furono conducenti di cavalli seduti sui carri e con le mani impegnate nelle redini e a regger le pariglie. Pietro Bernardone aveva fatto assoldare e istruire uomini a piedi e a cavallo, armati di buone armi, a guardia e a difesa del carreggio lungo la via e nei bivacchi notturni, contro ladri e ladrerie e grosse e spicciole, e contro i soprusi e le depredazioni, e legittime e illegittime. Era stato fatto osservare a Pietro Bernardone che la sua masnada eccedeva tra un viaggio e l'altro il numero necessario e sufficiente a custodire il fondaco che era murato di porte robuste... [ma ai Priori che gli contestano che i suoi schieranei son più del bisogno del fondaco, Pietro ribatte che] «... la via, per i paesi che i Savi di Assisi non hanno mai sentito mentovare, io e le robe dei miei carri siamo nelle mani di cotesti uomini, ai quali derubarmi e tradirmi costerebbe soltanto la fatica di darsi la parola di ammazzarmi e poi di spartirsi un carico, che, v'assicuro, può far gola. Che faccio per allevarli, per procacciarli e affezionarmeli?... Finito il viaggio e il bisogno, li metto alla strada, alla fame o a cercarsi un altro padrone?...» [e a un Priore che gli contestava «gli uomini d'armi che tenete eccedono il numero di quelli che v'accompagnano in viaggio e sono armati anche di frombole, che è un'arma proibita dagli statuti», rispondeva Pietro Bernardone]: «Quando son via, il fondaco ha bisogno di guardie anche più di quando ci sono io. Quanto alle frombole sono opportune in viaggio, perchè sassi se ne hanno sottomano in ogni dove... E del resto... chi non sa che in caso di guerra il Comune fa assegnamento sui nostri frombolieri?... Io gliene fornirei un buon numero e il Comune può fare assegnamento sui miei, poichè tutti sanno che Pietro Bernardone è un uomo fido al popolo e alle ragioni del Comune... ».

Una difficoltà era stata, nei primordi, per l'industrioso e prudente Bernardone, il trovare lavoranti capaci di quei lavori di forbice e di cardo e pettine dei quali abbisognavano i panni prima d'essere messi in vendita. I padroni non ne erano meno gelosi di quanto non fossero i tessitori e follatori di panni. E i lavoranti erano legati da impegni giurati, che le Arti s'incaricavano di far rispettare... A Bernardone era stato utile Adamuccio [il padre], con un consiglio...: — Se vai per Bagno di Romagna — ch'era la più battuta romea per Val di Po — in Lombardia domanda che ti cedano qualche Patarino. — Ere-

Tessitori al telaio;
da *Gli effetti del Buon Governo*.

tici? — Domandali fastidiosi e troverai padroni contenti di disfarsene. — Ma, eretici? — A te che importa? il tuo negozio è in panni, mica in anime da salvare. E chi dice Patarino, dice buon lavoratore e contento di poco: pane nero, qualche focaccia di castagne i giorni di festa grande; cipolla, sale, e acqua tinta; i giorni di festa grande un po' di vino; per vestito una tonacaccia ruvida e stracciata, un berretto e zoccoli e calze di lana greggia d'inverno. Se sono Patarini veri e sinceri, non vogliono salario e non toccano moneta e lavorano per penitenza, aspettando fra poco il finimondo che li metta in Paradiso... Che fossero propriamente Patarini o eretici i lavoranti che aveva portato di Lombardia Bernardone non volle mai appurare. Gli bastavano laboriosi e di poca spesa e che non uscissero dal fondaco dove li allogò con le mogli e i figlioli. E perchè non andassero in giro, aveva anche fabbricato il forno che suo figlio fornì di farina delle sue terre non appena n'ebbe;

e suscitò grosso scalpore tra i nobili, sdegnati che un mercante plebeo ardisse ambire al possesso di terre e di mulini, privilegi feudali. E perchè gliele vendevano?, chiese un amico di Pietro Bernardone. Infatti a vendergliele erano per lo più nobili caduti in bisogno. Dovettero tacere: Pietro Bernardone non parlava e li faceva fruttare. Si sa, dissero i nobili, ci mette fior di denaro! E perchè non ce lo metton loro? La domanda era insolente, troppo penosa e troppo ovvia. Del resto, non l'aveva fatta lui tale domanda, ma sempre i suoi amici: mercanti di non si sapeva quale mercanzia, alcuni di essi ebrei, un mondo di gente modesta in apparenza, industriosa, che parlava per lui in mercato. E non mancavano tra essi dei preti che ridotti alla fame dalla miseria delle loro prebende e dai diritti e taglie che su di esse vantava il vescovo, si ingegnavano di trafficare al mercato con l'aiuto e il consiglio del fi' di Bernardone. Perchè dunque il denaro, e la forza e l'ingegno non ce lo mettevano i nobili nei campi che lasciavano mezzi incolti, inselvatichiti come i servi della terra che ci vivevano, ma sarebbe stato più proprio dire, ci morivano sopra? La domanda in proseguo di tempo era stata fatta da Pietro Bernardone, apertamente, forte del frutto che sapeva cavare dai campi e dai lavoranti terrieri. La risposta non la dava lui, troppo ovvia e patente: perchè non ne avevano, di denaro nè di ingegno; di forze avevan solo quella del sopruso. E in luogo di migliorare le coltivazioni, di dissodare selve e sterpi, asciugare stagni e paludi e di portar roba a vendere in mercato, si stremavano a esigere diritti di passaggio su vecchie strade e guadi abbandonati, su ponticelli caduti da gran tempo e di cui essi pretendevano il passipedio senza riattarli, e così via. Discorsi, dicevano i nobili, che puzzavano di mercante plebeo e di villano arricchito, di minore insolente e sedizioso. Selve

Donna
che porta una gallina
al mercato;
da *Gli effetti
del Buon Governo*.

Contadino
del secolo XIII.
Rilievo
della Fonte Maggiore
di Perugia
(Fot. Alinari).

e paduli erano necessari all'esercizio nobile della caccia, specialmente col falcone, le acque sbrigliate consentivano la pesca: delle ranocchie e bisce, chiosava Pietro Bernardone, che arginandole ne aveva ricavato alcune pescosissime pescaie di ottime anguille...

... Pietro Bernardone, compariva sulle aie e sui campi e... chiamava alla bottega in città i capoccia per regolare i conti: a memoria, perchè a lui e ai suoi capoccia bastava: ma... a non lungo andare... aveva dovuto prendere ai suoi stipendi uno e poi più d'uno scrivano, per registrare introiti e spese, il dare e l'avere...

... Dal muro di cinta del fondaco guardando verso il piano, Pietro Bernardone vedeva avvallare e scoscendere per la costa, tra il verde pallido e vivo dei forti ceppi d'ulivo e di vite, le strade e le stradette e i sentieri che menavano ai poderi ch'egli aveva comprato o pensava di comprare... seguiva con l'occhio esperto le strade: quella d'Ospedalicchio e Colle Brada..., quella di Vallecchio..., quella dell'Arce..., quella chiamata via Lupa...; quella della Spina con le traverse delle stradette, che menava alle badie di S. Savino e di Litorta, ai Gorghi e alle Lame e al Padule e alle Fontanelle e Fonte Vecchia e al Ponticello di Rivotorto, dov'egli aveva, lungo Rivotorto, terreni e un mulino, e le canapine, ossia campo e macero da canapa... Le canapine di Litorta gli stavano particolarmente a cuore, avendo avviata la lavorazione e la tessitura della canapa e del lino con grandi incette di questi due prodotti, non che della lana, di cui si proponeva, col tempo, di ingrandire la lavorazione, affrancandosi dalla servitù dei mercati di panni in Francia e in Lombardia.

E ora, considerando le pagine del Bacchelli in quanto prospettano una realtà storica esattamente riconosciuta, subito occorre porre in evidenza la proposizione che dell'attività mercantile italiana del 1200 e del 1300 rivela l'aspetto e la forma essenziale: la proposizione per cui si afferma che a Pietro Bernardone la bottega ereditata dal padre serviva ormai solo di insegna e di mostra, ma principalmente come *tavola di tavoliere*, banco di cambio e prestito.

In realtà, i grandi mercanti italiani dei secoli XIII e XIV son negozianti non tanto e non solo di merci, ma più e anzi principalmente di denaro; meglio diremo che negoziano abilmente il molto denaro guadagnato col traffico delle merci; e pur restando mercanti, si fanno prestatori di denaro; usurai, certo, finchè si tratta di piccoli prestiti a breve termine e a interessi, possiam dire, feroci; ma poi veramente banchieri, quando si tratta di grandi investimenti in imprese commerciali e industriali o di grandi prestiti ai sovrani e ai prìncipi come ai Comuni. È la condizione che si riconosce nella Firenze del 1300; e basterà ricordare i Bardi e i Peruzzi, banchieri, com'è noto, del re d'Inghilterra (insolvente, come si sa, donde il fallimento della grande banca e la conseguente crisi dell'economia fiorentina).

Al grado di banchiere non assurge Pietro Bernardone, come non assurgono i mercanti fiorentini del 1200 di cui più avanti parleremo; ma ben rileva il Bacchelli, il progresso che l'attività di Pietro prestatore di denaro rappresenta rispetto a quella del padre quando osserva che Bernardone aveva esercitato l'imprestito girovago e spiccioso, e avrebbe voluto aprire tavola in Assisi, ma se n'era astenuto « per misurare il passo sulla gamba ». Pietro, dunque, usando il fondaco specialmente come tavola di tavoliere, realizza il disegno paterno, e si impegna decisamente nel negozio lucroso e maledetto di prestar denaro a interesse; negozio vietato dalla legge e dannato dalla Chiesa e consentito solo agli Ebrei...

Peccatori contro natura i prestatori di denaro — si ricordi la collocazione degli usurai nell'Inferno dantesco — che forzano a fruttare quel che in natura non frutta, il denaro appunto. Ma come rilevano le argute parole che il Bacchelli pone in bocca a Pietro Bernardone, le leggi religiose e civili non impediscono nè mortificano il mercato del denaro; che anzi si espande e si organizza sempre più saldamente con l'incremento sempre più vivo della vita economica; mentre ai prestatori erano obbligati a ricorrere per le loro necessità anche vescovi e pontefici, che pur contro i prestatori tuonavano e fulminavano scomuniche e interdetti, quando non affidavano agli Ebrei i loro capitali perchè li mettessero a frutto... Bastava non pronunciare la parola usura e ricorrere a pudibondi e garbati eufemismi. E si consentano al filologo che scrive queste pagine alcune osservazioni linguistiche; le quali porteranno a riconoscere l'importanza e il peso che nella vita sociale del 1200 ha l'attività dei prestatori di denaro.

Le mordaci parole che il Bacchelli pone in bocca a Pietro Bernardone — « bastava non chiamarla con l'esoso nome di usura, ma cambio, merito, ristoro, barocco..., ritrangola » — ripetono puntualmente le battute della novella 23 del Sacchetti: « hanno battezzato l'usura con diversi nomi, come dono di tempo, merito, interesse, cambio, civanza, barocco, ritrangola ». È da osservare che il passo sacchettiano è citato dalla Crusca; e dalla Crusca, certo, lo ha derivato il Bacchelli; che sulla Crusca ha senza dubbio riscontrato tutti i termini dal Sacchetti impiegati. Il brano del Sacchetti è dalla Crusca allegato a esplicazione della formula eufemistica « dono di tempo » per « usura »; ma anche a documentazione di una delle accezioni di « merito », che genericamente significa « guiderdone » « ricompensa », « premio »; ma, in particolare, « frutto » (*allora le piante vengono a frutto*) e quindi « interesse del capitale prestato ». Importa verificare non tanto le definizioni dalla Crusca offerte di altri termini dal Sacchetti usati, quanto gli esempi dell'uso che gli autori fanno di quei termini. Per « cambio » nel senso di « interesse » si citano Francesco da Barberino: *E che don mai non finge | Quel ch'esso face per* cambio *o per* frutto; Varchi (traduz. del *Libro dei benefici di Siena*): *Chi darà a* cambio *o fiderà i suoi denari a un che sia usato fallire* (i due ultimi esempi mostrano che questa accezione di *cambio* persiste anche nel secolo XVI).

Per « barocco » nel senso di « sorte di usura o di guadagno illecito; e dicesi anche scrocco », si citano i *Canti carnascialeschi* — *Come* scrocchi barocchi *e simil trame* —; e la *Fiera* del Buonarroti — *Il patto tra sè e lor* scrocchio *o* barocco / *Alla morte del padre* —; *Ch'annegando tra* scrocchi *e tra* barocchi *volgesti il nuoto verso questo tetto / Ch'ora ricovro t'è...* —.

I termini « scrocchio » e « barocco » ricorrono nel passo dei *Proverbi* del Cecchi che la Crusca cita per spiegare il significato della parola « ritrangola », usata dal Sacchetti: « si chiama fare uno scrocchio chi compera o vende robe e mercanzie a tempo per più prezzo che non valgano e poi si rivendono a contanti per manco; chi le dà si chiama scroccone; quando si vende si dice far barocco; quando il medesimo che l'ha venduta a tempo la ricompra per minor prezzo a contanti si dice far ritrangola ».

Or ecco: l'ingresso delle locuzioni e dei termini tecnici — e quasi gergali — relativi all'usura nella lingua comune o meglio corrente, e la larga circolazione e divulgazione e la lunga vitalità di quei termini e locuzioni,

Cofano di legno scolpito del secolo XIV.
Montalcino, Palazzo Comunale (Fot. Alinari).

documentano al vivo che il dare o assumere denaro a prestito è fatto di larghissima pratica e quasi di costume, quasi quanto la « vendita a rate » nella società attuale. Il che basta a spiegare l'importanza dei prestatori di denaro nella vita, nonchè economica, sociale del 1200.

L'altro dato importantissimo che risulta dalla vigorosa rappresentazione del Bacchelli è quello per cui Pietro Bernardone si raffigura come un im-

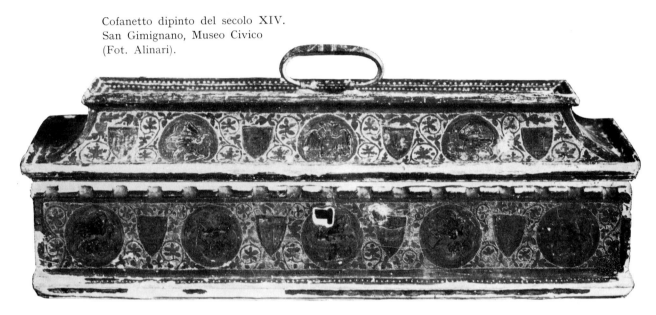

Cofanetto dipinto del secolo XIV.
San Gimignano, Museo Civico
(Fot. Alinari).

prenditore audace, che realizza un complesso di industrie organizzate in un sistema, potremmo dire, verticale. Adottato arditamente il nuovo metodo di trasporto carreggiato al posto del tradizionale traffico someggiato, Pietro organizza la fabbricazione di finimenti, selle, morsi di cavallo; e accanto al fondaco istituisce un'officina di legnaioli e carradori per costruire e riattare i carri a quattro e due ruote; non solo, ma anche produce i foraggi necessari ai molti cavalli da traino, e addirittura recluta gli uomini necessari a costituire la scorta armata a difesa dei convogli dagli assalti dei predoni. Allo stesso modo, costruisce il forno per gli operai lanaioli — reclutati tra i Patarini di Lombardia — che per opportunità tiene alloggiati, con le mogli e i figli, presso il fondaco; mentre nelle sue campagne di Litorba produce la materia prima per l'industria, nuovamente intrapresa, della lavorazione della canapa. Industria a catena, saldamente organizzata in un sistema in cui ogni branca di attività è sussidiaria e complementare di un'altra.

La personalità di Pietro Bernardone, così nettamente ritratta dal Bacchelli, può essere assunta, veramente, come il tipo degli uomini d'affari italiani del 1200 e del 1300: e sono gli uomini che danno il tono a tutta la vita italiana di quell'età.

A quel tipo esattamente si conformano i mercanti fiorentini del 1200 la cui attività riconosceremo ora mediante la considerazione dei documenti studiati dal Castellani; il quale lucidamente rileva, dai testi indagati, che «il nucleo economico fondamentale è la famiglia. Le organizzazioni affaristiche che sorgono nei secoli XII-XIII non sono che estensioni e perfezionamenti dell'organizzazione familiare. La compagnia di guadagno... è in origine una consorteria [si ricordi quel che abbiamo detto qui sopra delle consorterie delle famiglie aristocratiche inurbate] economica, senza differenziazione di attività. Famiglia, compagnia tra padre e figli, compagnia familiare..., compagnia in nome collettivo in un determinato ramo di produzione e di scambio o non specializzato, con filiali e dipendenti. Questi sono i gradini dello sviluppo economico toscano nel Medioevo. E, si noti bene, uno stadio non distrugge il precedente. All'epoca dei nostri testi, le forme viste coesistono: abbiamo individui e famiglie che accumulano le loro compere di terre, i redditi che ne derivano, le spese giornaliere; abbiamo compagnie familiari in senso stretto, come quelle di Lapo e Pannocchio Riccomanni...; compagnie familiari più ampie come quelle di Sassetto Azzi de' Sassetti; compagnie occasionali e ristrette a un solo cespite di guadagno (compagnia della fiera, compagnia del sale e della salina, compagnia del fondaco); abbiamo infine le grandi compagnie mercantili o bancarie che verso la fine del secolo XIII conquistano a Firenze l'egemonia economica d'Europa».

I libri contabili che il Castellani pubblica come documenti di lingua, ma — come s'è visto — valuta anche esattamente come testimonianze eloquentissime e vive della vita economica, nel loro vario assetto ed aspetto sono specchio fedele dei tre diversi tipi di organizzazione mercantile ora indicati; sono «o scritture di carattere prevalentemente domestico (per esempio i Libriccioli di credito di Bene Bencivenni) o scritture di carattere più specificatamente mercantile o bancario (per esempio il Mastro di Matino Mannucci per i Farolfi e il Mastro di Renieri Fini de' Benzi e fratelli)... Costituiscono un ponte di passaggio tra la prima categoria e la seconda..., il Mastro di Lapo Riccomanni..., il Mastro di Gentile de' Sassetti e figli..., il Libro del dare e dell'avere di Noffo e Vese figli di Dego Genovesi..., il Libro personale di messere Filippo de' Cavalcanti...».

Di libri contabili ora citati daremo qualche breve saggio, che offrirà l'immagine autentica dell'attività dei mercanti fiorentini del XIII secolo.

Pagina del libro di contabilità di un mercante genovese del secolo XII. Genova, Archivio di Stato (Fot. dell'Archivio).

Riteniamo purtroppo di dover ammodernare la grafia, perchè il testo originale non è di facile lettura per chi non abbia esperienza del fiorentino dugentesco; ma assicuriamo che i ritocchi apportati al testo non tolgono vivezza all'immagine che della vita mercantile di Firenze del secolo XIII ci offrono i libri da cui i saggi sono derivati.

E apriamo dunque i *Libriccioli di credito* di Bene Bencivenni, che contengono registrazioni relative agli anni 1262-1277.

Il grano raccolto dopo la mietitura. Miniatura del *Biadaiuolo*. Firenze, Biblioteca Laurenziana (Fot. della Biblioteca).

Su questo Bene il Castellani ha raccolto dati documentari che importa riferire. È figlio di Bencivenni di Benincasa; è già maggiorenne nel 1252; ha un fratello maggiore Bencivenisti o Cisti, che è già maggiorenne nel 1240; sposa nel 1261 circa Cara di Donato Ulivieri de' Bardi, dalla quale ha un figlio, Francesco, e due figlie, Sobilia (?) e Formichella (?); muore tra il 1296 e il 1298. Il padre di Bene, Bencivenni del fu Benincasa, acquista il 20 marzo 1204 tre pezzi di terra in Petriuolo, nel 1214 riceve in donazione dal fratello Alberto la terza parte di tre pezzi di terra situati in Val Cava; nel 1224 acquista due pezzi di terra a Petriuolo; sempre nel 1224, col consenso della moglie Dolcedonna, affitta otto pezzi di terra situati in Cinama, nel 1240 acquista altre terre a Cignano. Sono dati interessanti, che documentano il progressivo incremento dei possessi terrieri della famiglia di Bene; il quale nel 1252, in società col fratello Cisti acquista la metà di un casolare situato nel Borgo Sant'Apostolo, in cui abita. Molto importa ora concludere che il figlio di Bene, Francesco, è il capo della Compagnia di Calimala, la cui attività ha acutamente studiato, nel 1932, Armando Sapori.

Possiamo, ora, vedere le registrazioni che Bene fa dei suoi affari:

In Dei nomine amen, e di guadagno e di buona ventura e d'accrescimento di persone e d'avere e d'ogni bene che Dio ci dia, *amen*.

1262: Ricco di messer Jacopo del Ricco e i figli del Ricco, Bardi e Angiolino Boninsegna e gli altri loro compagni ci devono libbre 1271, soldi 13, denari 4 di pisana in fiorini grossi d'argento... Devono dare per guadagno di questo libbre 162 a calende di luglio 1263...

1263: Corrado e Lottieri fratelli, figli di Benevieni da Petriuolo, ci devono libbre 12 a mezzo maggio... che abbiamo loro prestato... e ce n'è carta rogata da ser Ruggero... e ho la carta presso di me.

1263: Ser Martinello di Balla ci deve libbre 6 che gli prestammo in sua mano alla bottega di Cisti [dunque del fratello] in Por. Santa Maria. Deve dare anche soldi 10 il 10 del giugno entrante, che gli prestai in Mercato Vecchio in sua mano alla tavola di... Il medesimo ser Martinello alle calende di novembre del '64 ci ha dato libbre 7 con cui acquistammo 2 cogna di mosto a libbre 3½ il cogno.

1264: Arriguccio e Ciesta, figli del fu Bellondani da Petriuolo, ci devono dare alle calende di novembre libbre 8 e soldi 10, devono dare anche libbre 15, soldi 5, denari 8... Ci hanno dato libbre 21, soldi... di 8, che ci diedero un campo di terra di 6 staiora, 2 pannara e 4 piedi [lo *staioro*, spiega il Castellani, « comprendeva tanto terreno da seminarvi uno staio di grano »; il *pannoro* è la dodicesima parte dello staio] in Piano d'Ormannolo...
Guccio (del fu Bellondani) ci ha dato, in parecchie volte, nell'ottobre del '64, soldi 40, quando murai nella casa grande di Petriuolo che li spesi là.

1264: Ser Compagno dalle Volte e Rinaldo suo figlio ci devono dare, l'8 dell'uscente giugno, libbre 5 che gli prestammo quando maritò sua figlia Fia a Cisti Rinucci. Avvene carta per mano di ser Ubaldo Giudice.
Cisti Rinucci e Corsino e Rinaldo, figli del fu Buonaiuti del Prete ci devono dare alle calende di gennaio libbre 184 che abbiamo loro prestato nella loro bottega... devono dare libbre 23 per interessi di 28 mesi.
Il 5 dicembre del '65 i medesimi Cisti, Corsino e Rinaldo ci hanno dato libbre 38 in fiorini, da cui ricavai lire 40 di piccioli, che spesi nel murare della casa e della corte di villa, con altri che ebbi dal fondaco.

1265: Madonna Diletta, moglie di ser Donato medico, il 10 dell'entrante giugno ci deve soldi 18, che le prestai quando fece alla Giovanna sua figliola una gonnella di panno di Parigi grigio plumbeo.

Vediamo ora qualche saggio della contabilità non più, diremo, personale o familiare, bensì di « società in nome collettivo ». E, prima, saggi del *Libro del dare e dell'avere*, tenuto da Matino Mannucci, la cui ragione sociale sembra essere « Giovanni Farolfi e compagni ». « Tuttavia — scrive il Castellani — debiti e crediti s'assegnano a Ser Giovanni Filippi (nell'avere anzi a Ser Giovanni Filippi e a compagni) e si trovano ragioni di Ser Giovanni Filippi e di Pango Franchi che son tutt'uno con quelle di Giovanni Farolfi e dei compagni... ». Per la chiarificazione di questa pluralità di nomi il Castellani si rimette « agli studiosi di storia economica che si occuperanno del testo ». Nel mastro si menzionano come compagni Bacchera Bardovini — che si ritrova insieme col figlio Francesco o Franceschino nei *Libri* dei Gianfigliazzi degli anni 1320-25 — Borrino e Vitale Marsoppi, Ughetto Bonaguida, Francesco Cavalcanti. Incerta è la posizione di Giannetto Verdiglione, ricordato [nel mastro] due volte come compagno, una come fattore e un'altra come garzone.

Nei ricordati *Libri* dei Gianfigliazzi si menziona spesso uno dei soci di questa compagnia, Pagnio Franchi: è possibile « che Giovanni Farolfi sia la stessa persona, che [in un paragrafo del mastro] viene chiamato Giovanni di Messer Ubaldini »; il nome pieno di questo che appare il titolare della ragione sociale sarebbe allora Giovanni di Messere Ubaldino dei Farolfi; « altro Farolfi è Tommasino del quale viene spesso ricordata l'attività a Marsiglia e Montdragon: ma non si sa con certezza che appartenesse alla compagnia perchè non viene mai definito « nostro compagnio ».

Si tratta dunque di una compagnia di mercanti fiorentini stabilitisi e operanti in Provenza: si tratta, in altre parole, di fiorentini appartenenti a quel gruppo di « trecento e più che stavano fuori di Firenze a commerciare », di cui ci ha dato testimonianza il Villani.

Gli affari della compagnia comprendono commercio di lane, panni e materie tintorie; commercio di cereali e vino; mutui, come appare chiaro dagli esempi che ora daremo:

1299: Messer l'arcivescovo d'Arles, il dì 8 di novembre, anno '99, libbre 124, soldi 17... E deve dare, dì 30 di marzo, anno '300, soldi 8 tornesi per un marco di poggesi ch'ebbe Oriache suo scudiero.

E deve dare, dì 28 d'aprile del detto anno, libbre 30 tornesi che gli prestammo in contanti. E deve dare, dì 10 di giugno, anno detto, libbre 3, soldi 6 tornesi per comperare di zendado nero che ci mandò Giovanni Farolfi e compagni nostri di Nimes... Ammonta ciò che deve dare a libbre 268, soldi 12 tornesi, ragguagliati al termine addì 11 gennaio, anno '99.

Ci ha dato addì 16 maggio, anno detto, libbre 99, soldi 18, che ebbe Martino ad Arles in contanti. Ci ha dato addì 10 di giugno, anno detto, libbre 11, soldi 10 che Tom-

63

masino Parolfi ricevette da Messer Guglielmo di Montaldo... Ci ha dato questo stesso giorno libbre 15 che doveva avere da noi per la raccolta della grana... Ci ha dato addì 16 settembre dell'anno '99, libbre 142, soldi 4 — pareggiate le dette partite a questo giorno — quel che ci ha dato ammonta a libbre 258 di tornesi.

....

1299: Guglielmo del fu Messer Filippo di Landesco deve dare alla festa di Natale dell'anno '300, libbre 80 in tornesi grossi per 103 somate di grano che comperò da noi il 5 febbraio dell'anno '99; ne fu fatta carta per mano di ser Bernardo Arnaldi, notaio di Salon, mallevadore...
Messer Nicola Grimaldi deve dare, addì 20 d'ottobre dell'anno '99, libbre 3, soldi 18 per una pezza di chermonese e per canne 3 di saia cotonata verde, le quali Lapo Ubriachi li vendette in Monaco.

Assai interessante il *Libro del dare e dell'avere di Renieri Fini de' Benzi e fratelli da Figline alle Fiere di Sciampagna.*

Mercanti toscani del secolo XIV. Particolari di miniature del *Biadaiuolo*. Firenze, Biblioteca Laurenziana (Fot. della Biblioteca).

« I tre fratelli Baldo, Renieri e Schiattini — ci informa il Castellani — sono figli di messer Fino de' Benzi pure nominato nel libro... Baldo e Renieri appaiono come fattori di messer Biccio e messer Musciatto Franzesi già nel 1293...; nei *Journaux du trésor de Philippe IV le Bel*... Baudus Fini de' Figuin viene indicato come consanguineo di Biccio Musciatto Franzesi; inoltre come *socius* dei due Franzesi o del solo Musciatto... Nel 1303 o giù di lì Baldo e Renieri formano una nuova società con messer Musciatto e altri mercanti fiorentini... dal 1311 al 1321 si hanno notizie dei fratelli Fini come esportatori di lane e agnellini dal reame di Francia »; riguardano i tre fratelli alcuni decreti del Parlamento di Parigi tra i quali importa ricordare i seguenti: i decreti dell'8 aprile 1311 e del 5 luglio 1315, relativi « a patti corsi tra Bardelfino (Baldo Fini) e soci e la comunità dei mercanti milanesi per l'esportazione di lane francesi in Italia »; il decreto del 26 marzo

1320 che respinge la domanda di pagamento di 18.200 libre tornesi avanzata da Baldo e Schiattino Fini a Lapo e Giacomo di Certaldo in ordine all'esportazione della lana fuori dal regno; il decreto del 10 dicembre 1321 che respinge la richiesta da Baldo e Schiattino Fini fatta a Matteo des Maches, del pagamento di una somma per la non esecuzione delle clausole di una società conchiusa su loro ordine per l'esportazione delle lane fuori dal regno di Francia.

Baldo Fini fu ambasciatore del Comune di Firenze al re di Francia al tempo della lotta contro Arrigo VII, come racconta Dino Compagni (III, 32): « con lettere che portò messere Baldo Fini da Figline tentarono il re di Francia... ».

Cassetta intagliata con decorazioni in pirografia del secolo XIV.
Trieste, Collezione Segrè Sartorio
(Fot. Alinari).

Del libro di Renieri Fini offrivano un solo esempio:

Cambino Giugni e' compagni di Firenze devono dare in questa fiera di Saint Remy del '98, libbre 200 per Renieri Fini i quali gli lasciò in guardia e in accomanda, i quali devono tenere a ragione di 25 libbre il cento; carta per ser Bindo Palti.

E deve dare nella fiera di S. Aiolo del '99, libbre 41, soldi 7, ... Ammonta (il totale) libbre 241, soldi 7.

Ci ha dato nella fiera di S. Aiolo del '99 libbre 41, soldi 7 per Renieri Fini... Ci ha dato nella detta fiera libbre 200...

Ammonta libbre 241, soldi 7.

E la partita è chiusa!

E ora qualche esempio di quei libri contabili che costituiscono, come si vedeva, un ponte di passaggio tra le scritture di carattere personale e familiare e quelle di carattere più veramente mercantile e bancario.

Sfogliamo dapprima il *Mastro di Gentile Sassetti e Figli*:

1277: Abbiamo comperato da Trincia e da' figliuoli staiora 25 di terra la quale è posta a Campi nel popolo di S. Martino; costò libbre...

Abbiamo comperato da Trincia e da' figliuoli staiora 25 di terra la quale è posta a Campi nel popolo di S. Martino; costò 132 fiorini d'oro...

1286: Davizzo, figlio di Trincia, ci deve dare il 25 luglio, anno '86, libbre 200 di piccioli. Ne abbiamo in pegno terra per tre anni; esiste carta per mano di ser Jacopo Orlandi. L'abbiamo dato in affitto due pezzi a Falso, che ce ne deve dare 34 staie di grano, e il terzo pezzo a Nuccio, figlio di Filippo, che ce ne deve dare 7 staie di grano.

1277: Caruccio di Giunta Paltrenieri deve dare per mezzo gennaio libbre 4 e soldi 12 in fiorini per braccia 6 di panno verde... che ne fece una guarnacca...

E deve dare per la cucitura e paramento della guarnacca soldi 8.

E deve dare per una gonnella e una guarnacca di saia di luia libbre 8, soldi 10.

E deve dare per uno zendado e tingitura di uno mantello e fibbiale e paramenti mantello libbre 3.

E deve dare per pro libbre 1, soldi 18.

Trascriveremo ora una sola registrazione dal *Libro di Noffo e Vese Deghi*; l'abbiamo scelta per il suo tono vivace e l'espressione pittoresca che la chiude, segno della irritazione del mercante, che dall'affare ha ricavato noie e grattacapi non pochi:

1281: Messere Lotteringo di messer Gualza deve dare 35 fiorini d'oro alle calende di novembre dell'anno '81; i quali danari gli prestai io Noffo e ne ho carta per mano di ser Albizzo notaio...

E deve dare messer Lotteringo 27 fiorini d'oro alle calende di gennaio... i quali pagai per mia parte in una mallevenia cui ero tenuto per lui verso Lapo di Berighi. Di questi debiti ho un'azione sopra di lui, che mi spetta il terzo di libbre 205 a fiorini; e le altre due parti sono di Sasino e di ser Benci; e ho l'azione presso di me e la tengo perchè mi paghi il merito dei denari di cui sopra.

Ci ha dato messer Lotteringo 62 fiorini d'oro alle calende di marzo dell'80, riebbe tutte le sue carte e lettere e azioni che avevamo di lui.

Ci ha dato il detto 6 some di mosto, del valsente di libbre 7 di piccioli; e più merito non n'avemo di detti denari, che Dio gli dia il malanno!

Ma più ancora che da questi libri contabili il quadro vivo del gioco di affari di una compagnia mercantile della fine del XIII secolo balza da una lettera che messer Consiglio de' Cerchi e compagni in Firenze indirizzava a Giacchetto Rinucci e compagni in Inghilterra, in data 24 marzo 1291:

Giacchetto e Ghino, messer Consiglio e compagni, salute.

Il 17 febbraio avemmo due lettere che ne mandaste, l'una fatta il 21 dicembre e l'altra il 4 gennaio..., nel mese di marzo avemo avute anche cinque piccole lettere che ne avete mandato... e il 16 marzo un'altra lettera fatta il 5 febbraio... Abbiamo inteso ciò che hanno detto e qui appresso ve ne risponderemo.

Sopra le saie di luia che volemo per quest'anno vi abbiamo scritto per più lettere e ancora con questa vi ricordiamo che siate solleciti ad averne come avere ne potete a mercato che buono sia e ove crediate che utilità se ne possa fare, fino a quella quantità che vi abbiamo mandato a chiedere. Bene crediamo che di costà saranno quest'anno bene richieste dalla nostra gente, onde in ciò terrete quella via che crederete che buona sia, perchè non vi montino troppo di carestia [il Castellani annota: « alto valore di una merce dovuta alla scarsezza di un determinato momento »], perchè temiamo che la carestia di costà faccia viltade [il contrario di *carestia*] di qua.

Quelli dell'arte di Calimala hanno ordinato che nessun panno inglese torni per loro in Firenze nè al di qua di Agua Morta da ora fino alle calende d'agosto, se non sia mosso dalla Champagna dalle calende del passato dicembre addietro; onde quelli che rimandare ci dovrete, procurate di mandarceli al più presto... sicchè vengano per buon tempo.

. . . .

Avemmo una lettera che ci mandaste per il procuratore dell'abate e convento di Nostra Dama di Verwich [York], ove ci scrivete che vi facessimo pagare alla Corte del Papa 100 lire di sterlino per altrettante che ne riceveste costà, onde gliele abbiamo fatte pagare e ancora abbiamo disposto che gli siano prestate altre 100 lire di sterlino.

. . . .

Nostro intendimento è di voler che si faccia quest'anno 200 sacca di coglietta [*lana di coglietta* si contrappone a *lana di magione*; e significa « lana di raccolta » messa insieme unendo prodotti di diversa provenienza e perciò di diverso valore] tra Inghilterra e Scozia, in quei luoghi che più di utile ci crediate che si possa fare; e questo vi diciamo avvisando noi che questa mercanzia dovrebbe essere in un migliore stato quest'anno che non è stata negli anni passati, sia per la morìa delle pecore sia per la guerra ch'è incominciata tra Inglesi e Fiamminghi... che se durasse in modo che i Fiamminghi non potessero andare in Inghilterra, non pregiudicando noi, d'altra parte, dovrebbe essere acconcio a noi a farne; onde penserete di fare quello che credete che buon sia; e due dei nostri si partiranno di qua tostamente per venire costà.

. . . .

La loggia dei mercanti a Macerata
(Fot. Sef).

Del fornimento dello sterlino di cui abbisognamo per quest'anno per Scozia e Inghilterra, vi ricordiamo e preghiamo che vi provvediate di averlo come credete che sia più nostro vantaggio, traendolo per fiera partitamente... Ben ci meraviglia molto di quei denari che mandaste a pagare nella fiera di Tresetto — furono 1500 marchi di sterlino — ... i quali non sappiamo a che vi abbisognassero, e per tenerli in deposito ci pare che fosse malo provvedimento e con nostro danno: con più lettere vi abbiamo scritto che il fornimento che vi bisognava traeste da Bari e dalle altre fiere appresso, come più vantaggio ne vedeste, come per il futuro pensate, nei fatti che avete da fare, che siano ben fatti; e per ogni fiera, scriveteci i denari che mandate a pagare nella Champagna, o in altra parte, chè finora non ne avete fatto nulla.

E ora, come abbiamo fatto per le pagine del Bacchelli, daremo una breve illustrazione filologica dei testi considerati (limitatamente ai termini del linguaggio commerciale e bancario: i termini relativi alla nomenclatura delle lane, dei tessuti, delle tinture saranno considerati più avanti, nel capitolo che dedicheremo all'abbigliamento), per la quale ci soccorre il mirabile Glossario di cui il Castellani ha corredato i testi fiorentini pubblicati: ancora, l'esame del lessico ci offrirà indicazioni preziose sui vari aspetti della vita italiana del 1200 e del 1300.

Costituire una società si dice *accompagnarsi* (e appunto « compagnia » significa « società commerciale »). Negli Statuti di Calimala si legge: « sia lecito a ciascheduno della nostra arte *accompagnarsi* con altro o con altri della detta arte »; e nella *Cronica domestica* di Donato Velluti: « egli e Salvestro *s'accompagnarono* con lui », « avanzato certi denari di suo salaro e di suoi traffici, *s'accompagnò* con Giovanni di messer Fornaio de' Rossi », « *s'accompagnò* in tenere tavola di cambio con Giovanni Perini »; e nel *Libro segreto* di Gregorio Dati (1384-1434): « truovo che Stagio *s'accompagnò* con Vanni di ser Lotto, adì j di gennaio 1352 cominciò la *compagnia* e *mise in corpo di compagnia* fiorini 1000 d'oro ».

« Corpo » si dice dunque il « capitale d'una compagnia » o la parte di capitale investita da ciascun compagno (mentre « sorta » si dice il capitale dato a mutuo: « il prestare non è peccato, ma il gran peccato è il riscuotere oltre la *sorta* » — *Ottimo commento* a Inferno 17 —; « l'usura sta nel riscuotere più che la vera *sorta* » — Sacchetti, nov. 32 —). Nei libri di Pacino Peruzzi: « fue il *corpo* della detta *compagnia* lib. 60.000 »; nel *Libro* di Gregorio Dati: « O' fatto nuova *compagnia* con Michele di ser Parente, dove io debbo *mettere in corpo* di compagnia fiorini 1000 ».

Il contrario di « accompagnarsi » è « partirsi » (separarsi); che significa, dunque, « sciogliere una compagnia », « recedere da una società ». Nel *Libro* di Gregorio Dati: « finì la nostra compagnia a dì j febbraio 1394 »; e molte altre annotazioni dello stesso genere.

« Fallire » significa, già nel 1200, « cessare i pagamenti per insolvenza », nè occorre recare esempi.

Quanto agli agenti e alle operazioni commerciali, « curattieri » si dicono i sensali (e « curataggio » è « senseria »); « sindaco » è il « procuratore » (e anche il curatore fallimentare); « accattare » e « accattare in prestanza » si dice per « prendere a prestito »; « donare » per « corrispondere un interesse sotto forma di regalo » — si ricordi la formula « dono di tempo » per « usura », che abbiamo a suo luogo considerato —, e « donare » in questa accezione spesso è unito a « benedire ». Nel *Libro* di Giotto de' Peruzzi: « ancora si è ordinato che... quello cotale ne *doni* alla compagnia in ragione dell'8 per cento l'anno... che la compagnia ne *doni* a quei cotali a ragione d'otto per centinaio l'anno, *benedetti* da Dio... »); « azione » è « diritto — trasferito — a farsi consegnare una somma di denaro o una proprietà » e « carta attestante tale diritto »; « lettera » (di pagamento) è quella che noi chiamiamo « tratta » (mentre nel linguaggio mercantile del 1200 e del 1300 *tratta* è il « ritiro di denaro da una società o da una impresa commerciale per proprie spese »: nel *Libro dei Bardi*, « quaderno bianco delle tratte », « quaderno nero delle tratte », « quaderno verde delle tratte »); « lettera di fiera » è una « carta d'obbligazione sigillata dagli ufficiali delle fiere di Champagne e munita di particolari garanzie » (nel *Libro delle fiere di Champagna* di Gentile Ugolini: « Cilieri di Verzelaio... deve dare XX libbre di provenegini ne la fiera di S. Aiolo in quinquagesimo secundo ed avvene *lettera nel suggello de l'officiale di Tresi* »); « mandamento » è il titolo esecutivo redatto da un notaio; « predare » vale « pignorare » (nei *Bandi lucchesi*: « non si possa nè si debbano *levare in preda* o intesire — cioè « staggire » che significa « sequestrare »: staggimento è appunto il « sequestro » — alcune bestie grosse o minute caricatoia »); « ricogliere » è « riscattare il pegno »; « inchieditura », « citazione in giudizio »; « detta » è il « debito »; « ristorare », « ricompensare »; « fine » è la « quietanza » e « riconoscenza » la « ricevuta » (« aver fine », « far fine », « far fine generale »); nel *Libro Frescobaldi*: « mastro Andrea Sapiti de' dare... fiorini 1000 d'oro. Avvene una *riconoscenza* di sua mano... »); « sostenere » significa « ritardare » un pagamento o la consegna di una merce; « protestare » significa « dichiarare » i propri diritti in pubblico; « ragione » è la « contabilità » — cfr. il nostro « ragioneria », « ragioniere » — oltre che « conto » (« prender ragione », « farsi dare i conti »; « riveder ragione », « rivedere i conti »; « tener ragione in mano » — « per la detta compagnia tenni ragione in mano di Proenza », « con lui dimorai cinque anni senza tener ragione ») —; « scrivere » è « fare una registrazione a debito o credito di qualcuno »; « agguagliare » è « portare a un termine unico crediti e debiti scadenti in tempi diversi »; e « partita » è « posta di conti » (« agguagliate le dette partite a questo die »; « agguagliate in dì 17 d'ottobre 1337 »); infine « peggiorare » vale « perdere denaro in seguito a svalutazione », « sopracomperare », « pagare qualcosa più del suo valore », « sopracontare », « calcolare più del dovuto »; « soprapagare », « pagare più del dovuto ».

Come si accennava, questo ricco lessico della lingua mercantile e della tecnica della contabilità, merita attenta considerazione, perchè consente di riconoscere un fatto importante, e cioè che l'attività commerciale e industriale ha raggiunto nel XIV secolo a Firenze una salda organizzazione; e che la contabilità delle aziende è condotta con rigore e precisione notevoli, sicchè non può essere gestita se non da esperti che abbiano conseguito un'adeguata preparazione professionale.

In questo senso molto indicativa appare la testimonianza del Villani, da noi allegata, da cui sappiamo che ben 1000 o 1200 erano in Firenze i fanciulli che « attendevano ad imparare l'abbaco o l'algorismo ».

Alla testimonianza del Villani possiamo aggiungere quella di Goro di Stagio Dati, che in principio del suo *Libro segreto* (da noi ora citato a documentare il significato di alcuni termini di linguaggio mercantile) dichiara:

Andai a stare a bottega, levatomi da l'abacho con Giovanni di Giano e compagni setaioli a dì 15 d'aprile 1375; aveva 13 anni e *inveni graziam apud eos*...

Deriviamo la citazione dalla trascrizione accuratissima che del *Libro* ha dato la signorina Orestina Boggio (1), conservando il più possibile la grafia autentica ed eliminando solo i segni diacritici. Il *Libro* (che è stato edito nel 1869 dal Gargiollo, ma ovviamente con molte licenze) contiene, come scrive la Boggio, « appunti scritti da Goro in ordine cronologico a partire dal 1384 sulle vicende occorsegli fino al 1434, a due anni dalla sua morte »; appunti che lo stesso Goro raggruppa per argomenti: *ricordanze e memorie* (notizie sulla vita sua e della sua famiglia); *ragioni di compagnia* (registrazioni delle date di formazione delle compagnie commerciali cui Goro partecipa, « col nome dei compagni, il rispettivo apporto al capitale sociale, le modalità di divisione degli utili, i guadagni, le perdite, i viaggi fatti per la compagnia »); *entrata* (sotto questo titolo si elencano i guadagni fatti con la compagnia, le doti delle quattro mogli, i lasciti rice-

---

(1) In appendice alla sua tesi di laurea, per ora inedita, su *La lingua di scritture quattrocentesche fiorentine*.

vuti, i crediti); *uscita* (sotto questo titolo si elencano le spese fatte per la compagnia, per la famiglia, e i prestiti).

La nota che abbiamo citato sta nel primo gruppo di appunti ed è veramente preziosa; perchè ci informa che a tredici anni Goro « levatosi dall'abbaco » va a stare a bottega col setaiolo Giovanni di Giano e compagni; cioè che in una casa commerciale entra dopo aver seguito un *curriculum* di studi che, osserva la Boggio, doveva essere proprio di ogni figlio di mercante del suo tempo.

La classe mercantile fiorentina, scrive la Boggio, consapevole della « necessità di una preparazione tecnica per l'esercizio di una pratica commerciale, si era allontanata dalle scuole ecclesiastiche istituendo corsi di studi che rispondevano alle esigenze degli uomini d'affari », nei quali corsi « lo studio del latino veniva... sostituito da esercizi di letture e sopratutto di calcolo... Con l'andata al potere dell'oligarchia mercantile le scuole erano divenute comunali. Una percentuale sempre maggiore di persone d'affari e di lavoro partecipava alla vita pubblica » e pertanto — scrive Armando Sapori (1) — « fu la scuola cittadina sempre oggetto dell'interesse delle autorità comunali, che permise a intere masse di esercitare con dignità e vantaggio generale gli ambiti diritti del cittadino e che molti ne preparò alla vita degli affari... ». Organizzando come classe dirigente una scuola professionale, i mercanti vengono « a contatto con la Chiesa, per portare l'insegnamento dal piano ecclesiastico a quello laico, più idoneo alle finalità delle scuole professionali ».

Ogni giovane dunque « che volesse dedicarsi con profitto a una attività economica », scrive la Boggio, « doveva... percorrere una determinata carriere scolastica... Mandato alcuni anni alla scuola pubblica per imparare a leggere e a scrivere sul *Salterio* e sul *Donato*, o riassunti di questi, il giovane (come ci assicura anche Donato Velluti parlando di suo figlio) passava alla scuola di calcolo, all'abbaco (scuola superiore)..., imparava a scrivere brevi lettere commerciali e si dedicava soprattutto all'aritmetica, alla risoluzione pratica delle operazioni che si presentano nell'attività economica. Nei testi di aritmetica il latino era stato sostituito col volgare già all'inizio del secolo XIV. Dopo la grammatica e l'« abbaco » iniziava la scuola pratica, presso una bottega dove il giovane imparava ad eseguire le registrazioni sui libri commerciali sotto la guida del ragioniere, o, se l'azienda aveva una qualche importanza, servendosi di uno dei manuali (le *Pratiche di*

---

(1) Nel capitolo dei suoi *Studi di storia economica* (Firenze, 1956) dedicato a « La cultura del mercante medioevale italiano ».

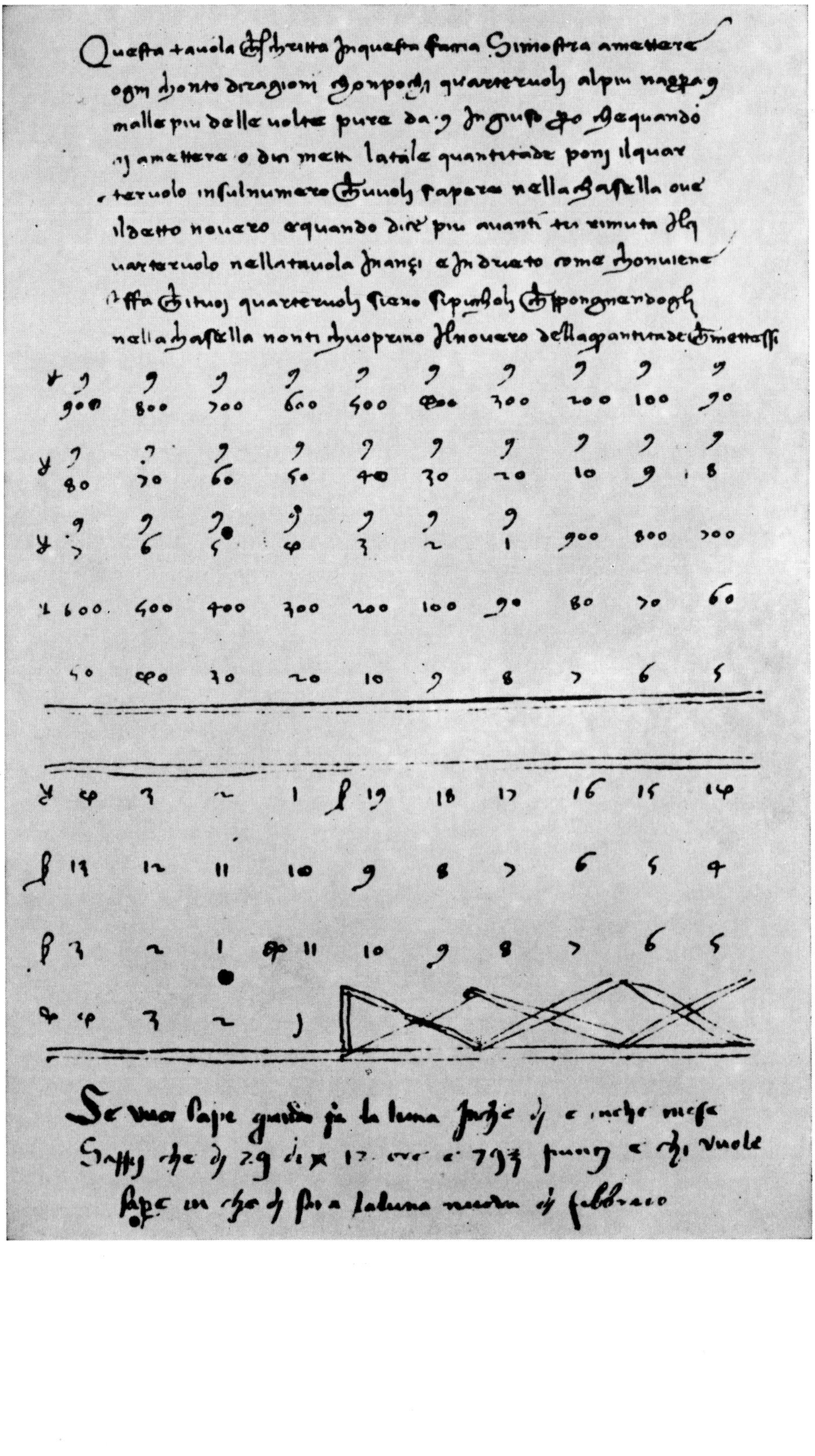

Tavola
per fare le quattro
operazioni
di aritmetica.
Da *La pratica
della mercatura*
di Francesco
Balducci Pegolotti.
Firenze, Biblioteca
Riccardiana,
cod. 2441
(Fot. della
Biblioteca).

Mercatura) che contabili specializzati, quali Francesco di Balduccio Pegolotti o Giovanni di Antonio da Uzzano, compilavano appositamente per le grandi compagnie. Alla bottega il giovane acquistava un'ampia conoscenza dei problemi commerciali del momento, apprendeva dalla viva voce dei viaggiatori e dei corrieri le notizie sulla situazione politica dei paesi stranieri, cominciava a conoscere le disposizioni statutarie delle varie città, si informava sulle principali correnti di traffico e sulle vie da percorrere, acquisiva preziose conoscenze sulle merci, sulle monete, sui costumi. L'importanza di questa scuola pratica è stata sottolineata dal Sapori il quale ritiene che « sia da insistere su questa scuola del fondaco, la quale contribuì sicuramente e non poco a dare un carattere di uniformità all'attività del mercante nostro, dal modo di trattare i negozi a quella di tenerne conto, alla stessa calligrafia », e riconosce, dopo aver studiato i manuali di mercatura, che la cultura geografica e merceologica del mercante doveva essere notevolissima. Il giovane così si specializzava, acquistando una preparazione tecnica di grado molto elevato, che ha permesso l'enorme estensione del commercio, soprattutto fiorentino e che ci è testimoniata ancor oggi dai libri commerciali rimasti fino a noi, i quali per esattezza e concretezza non hanno nulla da invidiare ai libri di commercio moderni ».

Valide pertanto le parole del Sapori che afferma che « non è dunque nè audace, nè troppo benevolo pensare che il mercante medievale italiano, lungi dall'andar confuso tra la folla nella quale predominavano naturalmente gli indotti e addirittura gli illetterati, va considerato, almeno appena si elevi dal livello del trafficante minimo, come una persona dotata di un certo grado di cultura posta al servizio di una mente orientata nel senso dell'ordine e della precisione; e in taluni casi caratterizzata da una individualità spiccata nel senso dell'ordine e della precisione, di cui una espressione sono il gusto delle lettere e l'interessamento dei fatti umani... Ordinato fino allo scrupolo, osservatore acuto ed espositore elegante, volenteroso di apprendere [il mercante] non soltanto raggiunse una rilevante istruzione professionale, ma, coordinando e collegando armonicamente fra loro i dati acquisiti finì per possedere una vera e propria cultura mercantile, larga, solida, geniale ».

E pertanto, afferma plausibilmente la Boggio a proposito di Goro Dati che egli « pur non avendo ricevuto un'educazione umanistica e non essendo come il Sacchetti, il Villani, il Compagni un mercante letterato, non fu tuttavia un incolto e dovette risentire del nuovo fervore culturale attraverso l'esperienza dei viaggi e soprattutto della vita pubblica ».

Degli interessi culturali e letterari di Goro la Boggio riconosce segni molto eloquenti: ancora diciottenne mentre stava a bottega a fare il suo tirocinio, Goro trascrive personalmente l'*Ottimo commento* all'Inferno «che teneva con grande cura e doveva leggere assiduamente», dal momento che espressioni dantesche ricorrono di continuo nelle sue opere della maturità, l'*Istoria di Firenze* e la *Sfera,* le quali della cultura di Goro sono documento importante. Nell'*Istoria*, oltre i riflessi delle letture di Dante cui si accennava, si rilevano echi di letture di Virgilio e di Valerio Massimo, quest'ultimo esplicitamente citato, e conosciuto probabilmente in un volgarizzamento. La *Sfera* — la cui attribuzione a Goro è discussa, ma pare molto probabile — è un poemetto in 4 libri e 144 ottave, in cui si parla «di Dio, degli elementi fondamentali, di geografia astronomica — sfere celesti, pianeti, Sole, Luna —, degli influssi degli astri sugli uomini, degli elementi della geografia fisica — fenomeni meteorologici, stagioni, divisioni del tempo — dell'inferno, della complessione del corpo umano, dei venti, delle carte nautiche, dei viaggi per mare, dell'Asia e dell'Africa in generale; il quarto libro contiene una descrizione costiera o portolano... dell'Africa cominciando dallo stretto di Gibilterra, anzi dalle coste del Marocco e procedendo verso Est fino al Nilo, poi alle coste mediterranee dell'Asia fino al Tanais».

Ora è evidente che molte, anzi la maggior parte delle nozioni esposte nella *Sfera*, derivano a Goro dalla sua esperienza di mercante, di viaggiatore, di navigatore; il che è in particolare rivelato dalle conoscenze circa l'uso di strumenti nautici e delle carte che l'autore mostra di possedere. Ma non c'è dubbio, d'altra parte, che la materia generale astronomica e fisica Goro può aver derivato solo da quelle enciclopedie che erano, nella scuola, strumento per l'insegnamento della fisica, e sono anche manuali di consultazione per chi ha curiosità o interessi scientifici; e costituiscono il patrimonio della cultura comune del Medioevo.

Del quale dunque anche i mercanti — ovviamente i grandi mercanti — in qualche misura partecipano; sicchè non c'è incolmabile iato tra il mondo dei mercanti che avevano ricevuto un'istruzione puramente tecnica, e il mondo dei notai, che nella società comunale sono — come vedremo tra poco nel capitolo ad essi dedicato — portatori e divulgatori della tradizionale cultura classicistica grammaticale e retorica — e cioè letteraria — custodita e trasmessa dalla scuola clericale prima e poi dalle facoltà universitarie degli «artisti», nelle quali i notai ricevevano la loro formazione professionale.

Non divisioni profonde e tanto meno frattura nella spiritualità e nella cultura della società comunale: nelle quali i mercanti o, se vogliamo meglio

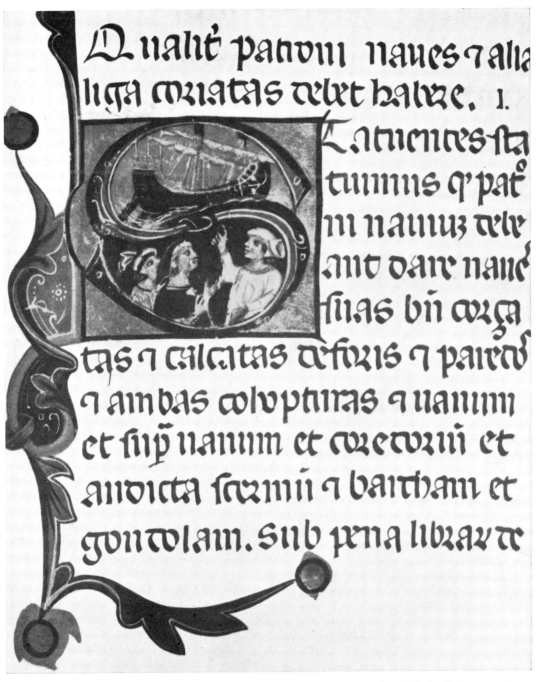

Particolare della prima pagina del *Capitulare nautieum*
con disegno di nave del secolo XIV.
Venezia, Biblioteca Querini (Fot. della Biblioteca).

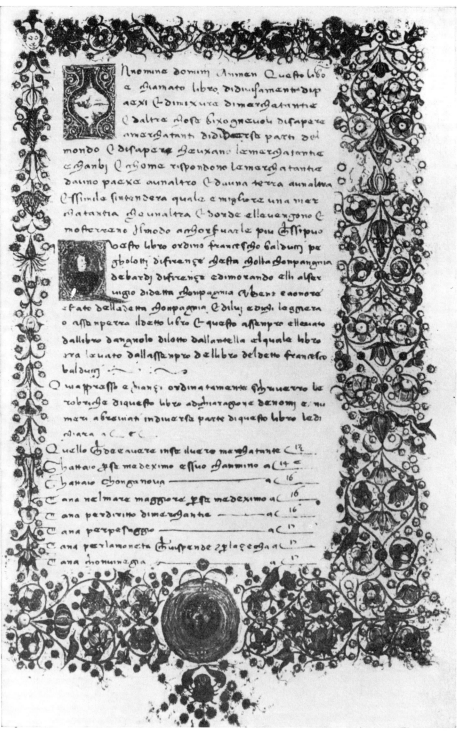

Pagina miniata della *Pratica della mercatura* di Francesco Balducci Pegolotti. Firenze, Biblioteca Riccardiana, cod. 2441 (Fot. della Biblioteca).

dire, gli imprenditori industriali non stanno come estranei a ogni interesse che non sia puramente economico. Sarebbe questa una condizione non certo conveniente alla personalità vigorosa e fervida che i nudi e secchi documenti contabili ci hanno consentito di riconoscere nei grandi uomini d'affari fiorentini del secolo XIV: personalità che appunto fa del mercante il motore di tutta la vita, non solo economica, del mondo comunale.

Quinto elemento del mondo avrebbe proclamato Bonifazio VIII, secondo la tradizione, i mercanti fiorentini: e il giudizio non vale solo per i mercanti di Firenze.

Abbiamo considerato la società mercantile fondandoci sulle fonti di cui potevamo disporre; e riguardano dunque tutte la Firenze dei secoli XIII e XIV. Ora, osservava tanti anni fa Pasquale Villari, il Comune di Firenze — che al grande storico appariva « il più socialmente progredito dei Comuni italiani »: e abbiam già visto le limitazioni e le riserve che occorre formulare in ordine alla proposizione del Villari — è l'ultimo in ordine di tempo che si costituisce; esso infatti « ci si presenta non solamente dopo i Comuni di Venezia e di Amalfi, delle principali città marittime che precedettero tutte le altre, non solamente dopo i Comuni lombardi, ma anche dopo i Comuni stessi della Toscana ».

Al Villari il ritardo — come del resto « il successivo rapido progresso » — appare come « uno dei tanti misteri » della storia fiorentina; ma a noi sembra, in fondo, che non d'altro si tratti se non del fatto che Firenze, nell'alto Medioevo e fino al secolo XII, è città di modesta importanza e di modesta vita economica, tagliata fuori dalle grandi vie dei commerci e dei traffici; si trova cioè nell'alto Medioevo e per tutta l'età feudale in condizione ben diversa da quella non solo delle repubbliche marinare, ma da quella, anche, di Milano, dove il primo grande Comune si forma.

Appunto per questo, a voler riconoscere le origini e il lungo processo di formazione della grande borghesia mercantile che dà il tono alla vita italiana dei secoli XIII-XIV, non alla storia fiorentina bisogna rivolgersi, ma alla storia milanese.

In questa direzione ci soccorre il saggio di Cinzio Violante (1) in cui il sorgere delle « classi medie » nella « Lombardia » e a Milano è rappresentato con grande evidenza, sulle indicazioni della documentazione autentica rigorosamente indagata e analizzata.

È interessante seguire il discorso del Violante; il quale lucidamente riconosce il persistere, nei secoli VIII, IX, X, dei *negoziatori di professione*,

(1) *La società milanese nell'età precomunale*, Bari, 1953.

dei *monetai*, dei *liberi artigiani*, di cui è ben nota la presenza nella società romana.

Per quel che riguarda i *negotiatores*, il discorso muove dalla considerazione dei cap. 2 e 3 delle *Leges* di Astolfo, con cui si stabilisce che debbono prestare servizio a cavallo con armamento pesante o armati alla leggera o come fanti, secondo la capacità economica, i *negotiantes*, distinti, appunto in ordine alla capacità economica, in *majores*, *sequentes* e *minores*; e cioè equiparati perfettamente ai proprietari terrieri, anch'essi divisi in tre categorie, secondo che possiedono sette masserizi, 40 iugeri di terra, o meno.

De illis hominibus qui negotiantes sunt et non habent pecuniam dispone dunque la legge astolfina sul reclutamento militare; dove il termine *pecunia* significa *beni immobili*, come ha riconosciuto il Leicht. La formula astolfina contrappone a coloro che hanno *pecuniam*, ai proprietari terrieri, i negozianti che non hanno *pecuniam*, chiaramente rilevando che il patrimonio dei negozianti è costituito da beni mobili, sicchè « il non aver immobili è considerato quasi come logica conseguenza del fatto di essere negozianti ». La disposizione di Astolfo, del 754, ci rivela come nella prima metà del secolo VIII si sia già formata nella Langobardia « una classe di negoziatori di professione, di ragguardevole solidità economica ». Nei *Capitolari* di Carlo Magno *de exercitu* degli anni 807 e 808 « non si fa menzione di negoziatori o comunque di possessori di beni mobili tra i soggetti all'obbligo militare »; il che non significa che non esistano o siano scomparsi, nell'impero carolingio, al principio del IX secolo, i *negotiatores*: l'esistenza di un ricco ceto di mercanti è, al contrario, bene documentata dal disposto del capitolare di Tionville, che parifica ai possessori di quattro mansi i possessori di sei libbre quanto all'obbligo del pagamento dell'eribanno, della contribuzione di guerra.

La documentazione attesta in modo evidente, dunque, la presenza di una classe professionale di ricchi mercanti, sia nel regno longobardo sia nell'impero carolingio.

Per quanto riguarda la Langobardia, benissimo documentata è la presenza dei *negotiatores* di professione nel secolo IX. Ci è giunto, intanto, il documento di una lite insorta tra il vescovo di Cremona e i mercanti di quella città, che volevano essere esentati dal pagamento del ripatico e delle tasse sul commercio fluviale e sull'uso del porto: dal documento risulta che in un primo tempo il commercio del sale e di « aliae species » veniva esercitato dai *milites* di Comacchio, in un secondo tempo da mercanti cremonesi su navi comacchiesi, in un terzo dai cremonesi su navi proprie. In secondo luogo, nei pochi documenti privati milanesi pervenutici, nume-

propriamente e
iudica laindice
piantaui landi
Oriquandi
bene come pecca
me inpeccato n
altissi come ilu
gui no ebbro che

Iniziale miniata di una pagina del *Trattato dei vizi e delle virtù*, tradotto da Zucchero Bencivenni.

Firenze, Biblioteca Nazionale
Fot. Pineider.

Viscardi-Barni, *Il medioevo comunale italiano.*

rose sono le menzioni di negoziatori, i quali seppure « prendono parte alla vita economica del contado e compaiono come testi in atti notarili riguardanti possedimenti terrieri del contado o stipulati addirittura nei vici e loci che circondano Milano », hanno tutti (tranne un Donato « negozians de vico Sestili » che appare in un documento dell'803) dimora in Milano, « essendo *cives* o *habitatores de Mediolano* »: il che dimostra « come anche in questo secolo [IX] la vita economica sia accentrata in città ».

L'intervento dei *negotiatores* come testimoni in atti privati dimostra che essi sono considerati personaggi ragguardevoli al pari dei proprietari terrieri e dei *milites*: « boni et nobiles homines » son qualificati in un documento del 3 luglio 863 i testimoni alla cui presenza è stipulato un accordo tra il monastero di S. Ambrogio e un chierico Petrus, e tra i testimoni figura *Gisempertus negotians de Mediolano*; uomo, dunque, *bonus et nobilis*.

Avendo dimostrata la continuità del commercio e della classe dei negoziatori nella Valle Padana e in particolare a Milano nei secoli VIII-X; e avendo riconosciuto che, in conseguenza dei commerci e degli accresciuti guadagni, mercanti elevano la loro posizione sociale (il che è documentato, come vedremo, dall'acquisizione di beni immobili; e dal fatto che molti figli di mercanti si dedicano alla carriera di giudici) tra la fine del IX e il principio del X secolo, il Violante affronta il problema dei modi con cui i mercanti italiani hanno potuto superare la crisi della conquista carolingia, che, in conseguenza dell'« organizzazione rigidamente territoriale dell'Impero ha reso impossibile una politica economica secondo un piano organico. Il potere nelle varie signorie terriere e il conseguente passaggio dei diritti di pedaggio, pontatico e transitura nelle mani dei signori laici ed ecclesiastici sembra dover soffocare in una rigida intelaiatura » l'attività di quei *negotiatores majores* che le leggi astolfine ci hanno rivelato ricchi e potenti. È la situazione che ha persuaso il Pirenne ad affermare la scomparsa, al principio del IX secolo, dei mercanti di professione. Quei *negotiatores* che i documenti attestano « presenti e operanti presso il Palatium aquisgranese o presso alcune grandi abbazie... nel secolo IX » non sono, secondo il Pirenne, liberi mercanti di professioni, ma « semplici incaricati di provvedere al sostentamento della corte o del monastero..., impiegati del vettovagliamento signorile »; e in ogni modo questi funzionari del Palatium o delle abbazie — che sono i soli che esercitano il commercio — sono pochi e quasi sempre servi, sicché è inammissibile « la derivazione da essi dei mercanti che vediamo fiorire nel secolo XI ».

Contro la tesi del Pirenne sta la dimostrazione perentoria, che il Violante ha dato e noi abbiamo riferito, del fatto che nel secolo IX non scompaiono in Milano i negoziatori di professione, la cui posizione sociale anzi si eleva alla fine del secolo e al principio del successivo; e sta l'ampia dimostrazione data dal Sabbe (nel 1934), dell'esistenza di ricchi mercanti in Europa nei secoli IX e X. Dei numerosi dati che il Sabbe deriva dalle fonti, specialmente agiografiche, con somma diligenza indagate, il Violante cita il caso molto significativo del ricco negoziatore Litefredo inviato nel 979 ambasciatore a Bisanzio, del quale parla Liutprando nell'*Antapodosis*; e aggiunge, per il territorio padano cui si riferiscono le sue ricerche, il caso non meno significativo di un mercante di condizione elevatissima, Baribertus, al quale « Ottone II dona, dietro preghiera del vescovo di Pavia, *quandam petiam de muro civitatis cumanae cum area sua usque ad perticas viginti et quinque per longum, per latus autem pedes decem, coniacentes ad eundem murum de posterula quae ducit euntes et redeuntes ad mercatum cum tribus turribus* » ed è il muro a cui da una parte *coerit* una terra dello stesso Bariberto. Ora, mostra il Violante, la concessione tende a esentare il negoziante Bariberto dal pagamento del portatico e « dimostra come il mercato cittadino non sia frequentato solamente dai rustici che vengono giornalmente dal contado ad offrire i loro prodotto, ma da mercanti di professione che vendono prodotti provenienti dal traffico internazionale o organizzano il commercio delle derrate alimentari all'ingrosso ». D'altra parte « è da notare che il passaggio dei diritti di mercato ai signori feudali significa talora un aumento del numero dei mercati in conseguenza del moltiplicarsi dei grossi centri di produzione che hanno necessità di smerciare i prodotti, non un aumento dei diritti di teloneo, ripatico, transitura che possano intralciare i traffici. Questi dazi vengono riscossi dai signori feudali nei medesimi posti dove venivano riscossi dai funzionari del fisco regio. I nuovi castelli che s'inalzano nel secolo X (in un'epoca in cui il commercio è in ripresa) sono costruiti per proteggere un mercato già esistente o provocano il sorgere di un nuovo mercato o comunque proteggono le più importanti vie del traffico e perciò, anche se importano nuovi diritti di riscossioni di dazi, non intralciano ma agevolano il commercio ».

Certo, specie in un primo tempo, si verificano abusi dei signori feudali nel pretendere nuovi dazi, ma non si deve esagerare circa questi abusi, quando si pensi che i signori, i quali nella nozione dei vecchi storici « farebbero a gara nell'aggravare gli oneri e nell'ostacolare i commerci », « sono essi stessi i maggiori produttori e consumatori, interessati alla continuità non solo, ma all'incremento dei traffici ». I *negotiatores* che si raccolgono intorno a vescovi, abati, conti, re, imperatori per bisogno di protezione e organizzano il commercio interno ed estero, non trasportano solo « prodotti da una *curtis* all'altra o da un luogo all'altro della stessa corte, perchè i grandi signori terrieri esercitano un vero e proprio commercio e si inseriscono nelle correnti del traffico internazionale ».

Questa condizione, che è agevolmente riconoscibile solo rispetto ai signori ecclesiastici perchè la documentazione a noi pervenuta riguarda solo i possessi ecclesiastici appunto, si verifica — dimostra il Violante — già nel IX secolo.

È noto che « nel corso dei secoli IX e X si vanno facendo sempre più numerose da parte dei re e degli imperatori le concessioni di regalie a vescovi, abati e talora anche a signori laici »; e che « non solo vengono ceduti i diritti fiscali sui porti e mercati già esistenti, ma viene concesso il permesso di istituire porti e mercati dove si voglia; nei possedimenti del signore oppure in determinati luoghi ». Così nei secoli IX e X i mercati si moltiplicano; e il fenomeno è posto dal Pirenne (1) non già « come indice di uno sviluppo del commercio », bensì « come sintomo del ripiegarsi dell'economia su se stessa », come conseguenza cioè del sorgere dell'economia curtense, del costituirsi delle grandi proprietà terriere, ciascuna delle quali è un'unità economica autosufficiente, e ha un suo mercato che soddisfa le esigenze dello scambio interno dei prodotti. In altre parole, la « generazione spontanea di nuovi mercati » risponderebbe « alle esigenze di una economia localizzata ».

A conclusioni analoghe, indipendentemente dal Pirenne, è giunto (2) il Carli; il quale ritiene che l'avvento delle grandi proprietà — che interrompe in Italia come in Francia il processo di spezzettamento delle proprietà in piccole aziende iniziata nell'VIII secolo, processo correlativo a quello di incremento della popolazione e della attività economica cittadina — abbia determinato il sorgere di un'economia chiusa con mercati, appunto, curtensi e la conseguente decadenza delle città.

Ora è certo che nel secolo IX i proprietari delle grandi aziende agricole « chiedono insistentemente e ottengono il diritto di creare un mercato sui propri possessi » e che questa situazione è conseguenza dell'estendersi della grande proprietà; ma, si domanda il Violante, « il mercato viene richiesto unicamente per creare un centro dove si possano scambiare fra le diverse aziende della *curtis* i vari prodotti di ognuna di esse? Quale necessità ci sarebbe di pretendere il diritto di mercato, se per lo scambio di prodotti tra i mansi della stessa corte o tra diverse corti dello stesso signore

---

(1) *Maometto e Carlo Magno* (traduz. ital.), Bari, 1939, pag. 285 e seguenti.
(2) Nel suo studio sul *Mercato nell'alto Medioevo*, Padova, 1934, pag. 261 e seguenti.

L'imperatore Ludovico il Pio.
Miniatura di un manoscritto
proveniente da Fulda
e conservato
nella Biblioteca Nazionale a Vienna
(Fot. della Biblioteca).

non si pagano telonie, curadie, ecc.? ». Telonei e curadie si percepiscono solo « sugli scambi che si fanno *lucrandi causa*: Carlo Magno vieta espressamente di esigere tributi da coloro che trasportano *sine negotiandi causa substantiam suam de una domo sua ad aliam*. Nè questi mercati curtensi possono servire per il commercio minuto di rifornimento degli abitatori della *curtis*, i quali o hanno un manso da coltivare o, se sono servi prebendari, ugualmente lavorano nel centro della *curtis* ricevendo il vitto dal signore. Anche i prodotti artigiani della *curtis* destinati ai bisogni interni, non vengono venduti, perchè fabbricati normalmente dai servi prebendari ».

Pertanto « è forza concludere che questi mercati curtensi sono destinati allo smercio della sovrapproduzione dei prodotti agricoli, e talora anche minerari e artigiani, della *curtis* e alla importazione di prodotti provenienti dal commercio esterno ». La creazione dei mercati curtensi, coincidendo con l'avvento della grande proprietà, è indizio non già di « un o una localizzazione del commercio », bensì del fatto che « l'accentramento della proprietà terriera nelle mani di pochi crea in alcune corti importanti e centrali una notevole disponibilità di prodotti per il commercio esterno ».

Questa, dunque, la ragione vera per cui i signori creano i mercati sui loro possessi: per esercitare il commercio mediante quei *negotiatores* che intorno ai signori si raccolgono. Importa molto rilevare, col Violante, che questi *negotiatores* sono uomini liberi, i quali « esercitano il commercio non solo per conto del signore, ma per conto proprio, obbligandosi a determinate prestazioni per ottenere la protezione del signore nell'esercizio della propria attività ».

Dalle *Formulae imperiales e curia Ludovici Pii* e dal *Capitulare de disciplina palatii aquisgranensis* dell'809 si ricava che *negotiatores* si « presentano all'imperatore, ne chiedono la protezione..., ogni anno o ogni due anni devono presentarsi al Palatium..., sono protetti da ogni sopruso da parte di signori o ufficiali regi ed esentati dal pagamento di qualsiasi dazio o da qualsiasi prestazione ». Devono però pagare il teloneo all'imperatore: « *inter Quetovic et Darestado vel ad Clusas ubi* ad opus nostrum [dell'imperatore dunque] *decima exigitur* ».

È manifestamente impossibile che l'imperatore faccia pagare il teloneo a se stesso!

I *negotiatores*, pertanto, di cui si tratta nelle *Formulae* e nel *Capitulare* non sono « funzionari che negoziano per conto... dell'imperatore » ma « evidentemente esercitano il commercio anche per conto proprio ».

Il che del resto è detto esplicitamente nelle *Formulae* e nel *Capitulare*: ogni *negotiator* « *ex suo negotio ac nostro* deservire studeat »; viaggiano, i *negotiatores*, per il territorio imperiale « *pro nostris suorumque utilitatibus* negotiandi causa », su navi proprie, *naves eorum*; hanno dipendenti propri (si considera infatti l'eventualità di cause sorte « adversus eos vel *homines eorum* ») hanno privilegi giudiziari.

Da un diploma di Corrado II del 1037, per quanto « l'interpretazione del documento non sia esente da dubbi », il Violante, molto plausibilmente, mi sembra, inferisce che anche nel secolo XI esiste una classe « di negoziatori di professione legati alla corte imperiale e godenti... di particolari privilegi ».

Infatti il documento in questione recita:

« Fermamente ordiniamo che nessun duca, vescovo, marchese, conte, visconte, gastaldo o ministro pubblico nè alcuna persona grande o piccola tenti di usare ad essi [negoziatori di Asti] violenza o molestia o presuma di esigere da essi alcunchè, salvi i telonei stabiliti dall'autorità imperiale per il nostro regno, che già gli altri mercanti del nostro regno hanno pagato fino a oggi secondo la legge ».

Corrado II « concede ai mercanti di Asti l'esenzione dal teloneo in tutti i luoghi dove viene riscosso per conto dei vari signori feudali, obbligandoli

Diploma di Corrado II il Salico
a favore del vescovo di Novara (10-VI-1025).
Novara, Archivio Storico comunale
(Fot. dell'Archivio).

solo a pagare i telonei *imperialiter statutos*,... come tutti i [*ceteri*] *mercatores* dell'Impero: il che autorizza a « ravvisare in questi mercanti la stessa posizione giuridica ed economica di quei mercanti che nelle *Formulae imperiales* di Ludovico ci appaiono esercitare la mercatura per conto proprio e per conto del palazzo imperiale ».

È evidente che di grande significato è questa continuità dal secolo IX all'XI della condizione dei *negotiatores* operanti sotto la protezione degli imperatori.

È da notare ora che nel *Capitulare de disciplina palatii* è menzionato un Ernoldo « che ha il compito di ricercare gli uomini ammalati e le meretrici per *mansiones negotiatorum sive in mercato sive aliubi negotiantur* ». Il Violante inferisce che questo Ernoldo « dev'essere *magister negotiatorum* »; il capo responsabile della classe dei mercanti che in Aquisgrana — dove accanto alla corte dev'essere un mercato fiorente — hanno sede stabile e molto probabilmente abitano case di proprietà regia; il che conferma che essi appunto per la camera regia negoziano, oltre che per conto proprio.

Ora, molto simile a questa dei mercanti di Aquisgrana è la posizione che si può rilevare dalle *Honorantiae civitatis Papie*, dei *negotiatores* operanti intorno al Palatium di Pavia, capitale del Regno italico; anche questi « dipendono dalla camera regia, hanno dei *magistri magni et honorabiles et multum divites* — particolare questo che ci sembra proprio una garanzia di solvibilità richiesta per coloro che sono responsabili dei negoziatori —, hanno... il privilegio di non poter essere chiamati in giudizio se non davanti al re o al *magister camarae*... non appaiono tenuti ad alcuno speciale tributo ».

È evidente, legittimamente afferma il Violante, che « i *negotiatores* di Pavia esercitano la mercatura per conto della corte regia »; ma d'altra parte « la libera attività commerciale di essi è confermata dalla concessione del privilegio della protezione regia e dall'obbligo fatto a tutti i negoziatori del regno italico di non interrompere gli affari iniziati dai pavesi ».

È chiaro dunque che i documenti rispecchiano una situazione simile in Aquisgrana e in Pavia: « il passaggio dei diritti di mercato ai signori feudali ha reso necessario a re e imperatori, per procurarsi le merci (specie quelle preziose provenienti dall'Oriente) per il vitto ed il lusso della corte, prendere sotto la propria protezione o un determinato numero di negoziatori o negoziatori della camera regia... Da parte loro i negoziatori hanno interesse a legarsi alla camera regia o imperiale, commerciando per essa, perchè la protezione regia li ricompensa ampiamente, esentandoli da ogni pagamento di dazi nell'Impero e nel Regno e difendendoli dai soprusi dei signori feudali ».

Successivamente il Violante indaga i rapporti che intercorrono tra i liberi negoziatori e gli enti ecclesiastici, se pure non siano questi rapporti codificati in statuti e non si possa parlare « a proposito di essi nè di corporazioni nè comunque di associazioni ».

Per intercessione della badessa del monastero di S. Giulia in Brescia nell'861 Ludovico II concede « l'esenzione dal ripatico e del teloneo » a un Januarius che va, per conto del monastero ma anche *cum propriis mercimoniis*, negoziando in tutte le regioni dell'Impero » (il diploma che conferisce il privilegio è diretto « a tutti i fedeli nostri residenti nelle parti della Langobardia e della Romania, a Benevento, nella Tuscia nonchè nella Venezia »). Che Januarius negozi in proprio è evidentemente indicato, oltre che dall'aggettivo *propriis* che abbiamo sottolineato, dal fatto che « non è concesso a una nave o a un uomo del monastero — come avviene per le esenzioni da ripatico o transitura concesse per un tratto di fiume per il trasporto di merci fatto di solito da servi — ma *ad personam* ».

Al vescovo di Asti, con diploma del 18 giugno 1037 Corrado II concede « *liberos exitus et reditus* » « *suae* [del vescovo] *civitatis civibus* » « per la valle di Susa e tutte le valli e i valichi e le vie aspre e piane e per i transiti delle acque e gli angiporti delle paludi di tutto il Regno nostro, per i quali i *mercatores* del nostro Impero sogliono acquistare il sostentamento della vita presente ». E si badi: « se la prima concessione ai negoziatori di Asti è stata fatta in un diploma in cui si concedono al vescovo numerosi altri privilegi, il diploma di Corrado II riguarda solo i privilegi dei mercanti astensi ed è tuttavia indirizzato al vescovo, non solo, ma prevede il pagamento al vescovo di metà della pena comminata ai trasgressori. Ora, se pensiamo che generalmente metà della pena viene pagata all'autorità che emana il documento mentre l'altra è versata alla parte lesa, che in questo caso sarebbero i negoziatori di Asti, appare chiaro che il vescovo, riscuotendo la pena, venga ad assumere, diremmo, la figura di rappresentante di mercanti stessi ».

Ovviamente il caso di Asti non può essere isolato, bensì va assunto come esempio di una situazione generale, nella quale i mercanti della città hanno nel vescovo il loro protettore. E infatti come *protector mercatorum*, oltre che delle vedove e degli orfani, è salutato l'arcivescovo milanese Ariberto, nell'elogio funebre recitato da Uberto cancelliere secondo che riferisce Landolfo; ed è evidente — poichè si sa che, nel caso specifico, Ariberto fu in lotta aperta e fierissima, oltre che coi *milites* maggiori, anche coi *cives* tra cui i *mercatores* hanno posto eminente — che l'espressione non riflette una condizione peculiare e attuale, ma è un *topos*, un luogo comune dell'elocuzione *rethorice confecta*; «che rispecchia una situazione tradizionale. Come è tradizionale la funzione [del vescovo] di protettore delle vedove, degli orfani e dei poveri, ugualmente tradizionale deve dunque apparire la funzione di protettore dei mercanti, dato che anche questo diventa un luogo comune».

D'altra parte «i signori ecclesiastici erano di solito proprietari delle *stationes* che circondavano il mercato cittadino» e si davano in livello ai negozianti, come ci rivela l'atto del 901 con cui il monastero di Nonantola concede a un negoziatore una stazione nel *foro clauso* della città di Pavia; e il diploma ottoniano del 16 febbraio 952 che concede al monastero di S. Ambrogio «*salam unam cum area in qua extat... cum stationibus inibi banculas ante se habentibus*» e «*quinque terre infra mediolanensem civitatem in loco ubi publicum mercatum exstat coniacentes*»: su queste aree regie confinanti coi suoi possedimenti il monastero ha costruito le *stationes* che dà in livello ai mercanti. Anche se il diploma ottoniano è falso, osserva felicemente il Violante, esso manterrebbe comunque pieno ed intero il suo significato, poichè documenterebbe il tentativo che il monastero compie di legalizzare «l'atto arbitrario con cui ha costruito le *staciones* vicino ai suoi possedimenti, ma su terra regia» e darebbe comunque testimonianza dell'interessamento del monastero per il mercato: interessamento che se

La torre di S. Secondo, del sec. XII, ad Asti (Fot. Alinari).

Il battistero di S. Pietro ad Asti (Fot. Enit).

pur deriva dalla necessità di provvedere allo smercio di prodotti e all'approvvigionamento del monastero, sostiene e incoraggia l'attività dei mercanti e incrementa il commercio cittadino ».

È, così, evidente che « legami si stringono tra gli enti ecclesiastici e i negoziatori i quali ad essi debbono, nella ricerca affannosa di una bottega sul mercato cittadino, la possibilità di esercitare il commercio nella città ».

La documentazione indica molto chiaramente che nei secoli IX e X i negozianti milanesi gravitano nell'orbita dei conventi: tra i sottoscrittori dei documenti privati del monastero di S. Ambrogio, che firmano con la formula *rogatus subscripsi*, figurano frequentemente — oltre che giudici, notai, figli di giudici e di notai, avvocati del monastero, proprietari terrieri i cui possessi confinano con terre di cui nei documenti è questione — anche molti *negotiatores*; tra i quali due particolarmente segnala il Violante: un *Christianus negotiator Mediolani* che interviene in tutti gli atti — stipulati a Milano e a Cologno — con cui, tra l'861 e l'875, il monastero dispone dei suoi beni in Cologno; e un *Walcausus* che frequentemente partecipa — con altri assidui, Waltarius, Nazarius — agli atti stipulati dal monastero tra il 918 e il 957. Particolarmente notevole il caso di Walcausus: « questo *bonus homo* che assiste il monastero in molti suoi atti può sembrare un vassallo o un avvocato »; ma in realtà si identifica — come ineccepibilmente dimostra il Violante — col *Walcausus qui et Azo* che compare in un documento del 953, col *Walcausus qui et Walzo* che compare in un atto del 955, col *Walcausus qui et Azo* che compare in un atto del 957 ed è chiaramente indicato come *negotiator* negli atti del 955 e 957; ed è da rilevare che si tratta di un uomo colto il quale è in grado di stendere di sua mano l'atto del 955 — *a me factum subscripsi* — fatto singolare veramente: chè infatti negli altri documenti considerati dal Violante solo giudici e notai appaiono come redattori di atti che li riguardano. Non dunque vassallo del monastero Walcauso, ma negoziante che col monastero è in rapporto d'affari.

Dalla fine del X secolo le sottoscrizioni di negozianti negli atti privati riguardanti i monasteri si vanno diradando: eppure i *negotiatores* sono andati crescendo di numero, son venuti dal contado nella città e vi hanno preso « in livello case e terreni da chiese e da monasteri, i quali sono i proprietari di quasi tutti gli immobili urbani ». Il fatto è importantissimo, in quanto significa con piena evidenza che alla fine del secolo X o al principio dell'XI « i vincoli tra negoziatori e monasteri si vanno allentando ». Dopo il 1000, « i vincoli di dipendenza personale che nell'alto Medioevo si congiungevano quasi sempre ai rapporti di pendenza economica » praticamente scompaiono: i liberi livellari acquistano completa indipendenza dal padrone; e pertanto « i negoziatori che prendono a livello case di proprietà di chiese e monasteri in Milano non per questo vengono ad essere vincolati a quegli enti da legami di dipendenza, tanto più che molti livelli sembrano nascondere in effetti atti di vendita abilmente simulati »; e d'altra parte i negoziatori, incrementando « nell'interesse dei traffici la loro attività » e consolidando

« la loro posizione economica con l'acquisto di terreni nel contado e di case in città » conquistano « una sempre maggiore indipendenza di fronte agli enti ecclesiastici. I tentativi di sottrarsi ai pagamenti di dazi ai vescovi diventano frequentissimi e tradiscono l'accresciuta vitalità e potenza del ceto dei negoziatori. Si dissolvono quindi gli aggruppamenti particolari di negoziatori attorno agli enti ecclesiastici dovuti allo stringersi di vincoli personali e reali di diverso genere... Sciogliendosi da questi vincoli particolari... i negoziatori acquistano una fisionomia ben distinta nella società milanese; per cui nel 1077 si può parlare, dopo i capitani e i valvassori e accanto ai rimanenti cittadini, dei *negotiatores* come di classe distinta. Forti di questa indipendenza e dei legami che si stringono fra loro, i negoziatori possono formare, con gli artigiani ed i proprietari terrieri, la classe politica dei *cives* ed esprimere in seguito dal proprio seno le libere corporazioni ».

Merita particolare attenzione il fatto dell'acquisizione di possessi terrieri da parte dei mercanti.

Già nell'803 un Donato *negocians de vico Sertore* compera per 120 denari alcune terre nel vico di residenza; ma resta, questo, un caso isolato. A partire dallo scorcio del IX secolo, invece, « le menzioni di negoziatori possessori di terre... si fanno molto frequenti ». Nell'885 un *Simplicianus negotiator de intra civitate Mediolani*, possessore di terre, stipula un contratto di precaria remuneratoria col monastero di S. Ambrogio; nel 931 un Anastasius *negotiator de civitate Laude* possiede in Lodi un orto. Nel placito tenutosi a Milano nel febbraio 941 vengono esibiti « due atti di compera, naturalmente di data antecedente, di un *Petrus negocians abitator civitatis Mediolani* ». Col primo atto Petrus compera una *domus cultilis* comprendente un *sedimen* e un brolo di jugeri uno, pertiche cinque, undici campi seminativi, un vigneto, sei prati, un castagneto, sette selve di querce e un masserizio, una porzione di due mulini sul fiume Sporciola, due jugeri di prato, un jugero di castagneti, tre jugeri di selva stalarea. Col secondo atto compera un *sedimen* di pertiche quattro, campi arabili, un vigneto, due jugeri di prato, due jugeri di selve. Nel complesso, coi due atti, Petrus ha acquistato jugeri sessantadue, pertiche tre.

Nel 941 *Vitalis negotians filius quondam Delberti de Vico Concorecio* dà in permuta a S. Ambrogio terre per una estensione di dieci jugeri e quindici tavole di cui ventitré tavole sono terreno edificatorio in Concorrezzo, dove rimase a Vitale ancora un altro possedimento.

Il Violante dà un accurato elenco dei *negotiatores* che dai documenti risultano possessori di terre nel secolo X. Sono dodici, e non occorre qui riferire la documentazione relativa.

Piuttosto, conviene rilevare, dai documenti indagati dal Violante, che nel secolo XI — e occorre precisare: nella prima metà del secolo — molti sono i *negociantes* di Milano e dell'agro milanese che acquistano, vendono, permutano, donano o ricevono in donazione campi, fondi, selve, vigne, sedimi, appezzamenti, case in Milano e nel territorio milanese; il che serve a provare che la condizione di mercanti possidenti di immobili si va, ormai, generalizzando.

L'ascesa della classe mercantile, alla metà del secolo XI, è dunque, in Milano, ormai compiuta. Il che è segnalato anche da un documento molto significativo dell'11 giugno 1036, col quale i fratelli Arioaldo *notarius* e Amizone *negocians* condonano al fratello Richerone tutte le cause e lagnanze che possono avere verso di lui, e anche i denari che da lui devono avere. Arioaldo è *notarius sacri Palatii* e firma l'atto, da lui stesso redatto, come parte e come notaro. Sotto la firma di Arioaldo è la croce «*signum manus*» di Amizone, che dunque non sa scrivere.

Il che significa che dei tre fratelli, appartenenti certo a famiglia di mercanti, due continuano la tradizione familiare, ma uno esce dalla classe mercantile, frequenta le scuole e accede alla classe dei giudici e dei notai che è, come avanti mostreremo, la classe dirigente della società comunale.

Capitolo quarto GLI ARTIGIANI

La classe degli operatori economici che abbiamo rappresentato nelle pagine che precedono, cercando di rintracciarne i precedenti nell'età pre-comunale, costituisce una ristretta élite, che non solo detiene, in sostanza, il potere, ma, come abbiamo affermato, dà il tono a tutta la vita sociale e, direi più generalmente, spirituale dei Comuni italiani dalla metà del XIII secolo. Resta ad ogni modo il fatto — che dai dati del Villani appare evidente — che il nerbo della società fiorentina è costituito dalla classe dei liberi artigiani, oltre che dai merciai e dai piccoli bottegai in genere: *in grande numero*, secondo la testimonianza del Villani i piccoli bottegai, *da non potersi stimare* le botteghe dei calzolai, anellai, zoccolai; *molti* i « maestri di più mestieri » di pietra, di legname. I *maestri di tutti i mestieri* sono organizzati nelle arti; le quali, con l'ordinamento del 1285, assolvono nel governo fiorentino le funzioni esercitate fino allora dai magnati. È la condizione che ha suggerito al Villari la tesi, sulla quale abbiamo avanzate le nostre riserve, per cui si pone il Comune di Firenze come il più democratico di tutti i Comuni italiani. In realtà, la democrazia del Comune fiorentino appare più formale che sostanziale, essendo rimasto l'effettivo potere, ancora nel « secondo popolo », nelle mani dei magnati; ai quali era bastato, per adeguarsi all'ordine nuovo, adempiere alla formalità dell'iscrizione a una delle arti.

Resta comunque fatto di grande importanza questo per cui i liberi artigiani conquistano, almeno formalmente, sul piano politico i diritti stessi dell'alta borghesia mercantile e industriale e della aristocrazia inurbata e imborghesita; ed essendo numerosissimi e saldamente organizzati, vengono a costituire una classe che può ben far sentire la sua voce e il suo peso e con la quale comunque bisogna fare i conti. Certo non si può dire che la classe, pur così numerosa e anzi massiccia, dei liberi artigiani abbia avuto, salvo certi particolari momenti, nè a Firenze, nè altrove, la parte decisiva che invece i grandi mercanti hanno avuto nel determinare gli indirizzi e gli orientamenti della società comunale.

Alle manifestazioni pubbliche di quella vita certo le popolazioni partecipano in modo spesso splendido e magnifico, in forme che certo danno impressione di ricchezza, di potenza, di fasto; e che riconosceremo più chiaramente quando tratteremo, qui avanti, delle Confraternite. Ma possiamo subito dare un esempio: l'importanza e anzi la magnificenza delle organizzazioni artigiane veneziane si rivelano nella parola di Martino da Canale; il quale, narrando dell'incoronazione del doge Lorenzo Tiepolo nel 1256, descrive la pittoresca processione delle *arti* partecipanti alla cerimonia: primi i *fabbri* col loro gonfalone e con ghirlande in capo, secondi i *pellicciai* riccamente addobbati di ermellino, vaio, sciamito e zendado;

Fabbri e pescatori.
Venezia, bassorilievo di un'arcata
del Palazzo Ducale
(Fot. Böhm).

7 — VISCARDI-BARNI, *Il medioevo comunale italiano*.

Medici e bottai.
Venezia, bassorilievo di un'arcata
del Palazzo Ducale
(Fot. Böhm).

quindi i *tessitori* che procedono cantando accompagnati da trombe d'argento; i *sarti* in veste bianca a stelle vermiglie; i *fabbricanti di drappi d'oro e di porpora*, con cappucci dorati in testa e belle ghirlande di perle, i *lanaioli*, i *barbieri*, i *vetrai*, gli *orafi*.

Certo è però che le arti che con così splendida magnificenza partecipano alla cerimonia dell'insediamento del doge, non hanno avuto parte nella sua elezione, nè parte hanno nel determinare l'indirizzo della repubblica, retta esclusivamente dalla élite delle famiglie patrizie...

Non dico, ovviamente, che simile a questa di Venezia sia la condizione della Firenze della fine del secolo XIII, nei cui consigli la voce delle arti si fa certo vivamente sentire; ma resta comunque che anche a Firenze l'esercizio effettivo del potere resta ai magnati iscritti alle arti; e in ogni modo, alle arti maggiori.

Ma senza dubbio importa riconoscere la realtà delle arti minori assai fiorenti — lasciando cioè da parte le *arti della lana*, del *cambio*, dei *medici e speziali*, ecc. — di cui ci son giunti gli statuti, quasi tutti pubblicati (1).

Gli statuti più antichi sono quelli dell'*Arte dei rigattieri e linaioli* (1296-1340) (2); seguono gli statuti dell'*Arte dei legnaioli* (1301-46) (3); delle *Arti degli oliandoli e pizzicagnoli e dei beccai* (1318-40) (4); delle *Arti dei corazzai, chiavaioli, ferraioli e calderai e dei fabbri* (1321-44) (5); dell'*Arte degli albergatori* — di Firenze e del contado — (1324-42) (6); delle *Arti dei coreggiai, tavolacciai e scudieri, dei vaiai e pellicciai* (1338-86) (7); dell'*Arte dei fornai e dei vinattieri* (1337-39) (8); ai quali ultimi statuti, in appendice, l'editore ha aggiunto i documenti relativi alle *Arti dei farsettai e dei tintori* (1378-79).

Occorre ora ricordare che una storia analoga a quella che il Violante ha tracciato per i *negotiatores* è la storia per cui anche gli *artifices* vengono a costituire una classe importante nel quadro della vita cittadina, organizzandosi, dapprima, e operando sotto la protezione della camera regia e degli enti ecclesiastici; e poi progressivamente svincolandosi da quella

---

(1) Nelle *Fonti sulle corporazioni medievali,* collana diretta da N. RODOLICO, L. Olschki editore, Firenze.
(2) Ediz. a cura di F. SARTINI, 1940.
(3) Ediz. a cura di F. MORANDINI, 1958.
(4) Ediz. a cura di F. MORANDINI, 1961.
(5) Ediz. a cura di G. CAMERANI MARZI, 1955.
(6) Ediz. a cura di F. SARZI, 1953.
(7) Ediz. a cura di G. CAMERANI MARZI, 1959.
(8) Ediz. a cura di F. MORANDINI, 1956.

protezione e costituendo le associazioni professionali la cui importanza nella vita del Comune abbiamo ora segnalato.

Oltre che dei *negotiatores,* i documenti privati (1) serbano memoria di numerosi *monetarii* e *artifices,* viventi e operanti in Milano nell'età precomunale: appaiono nel IX secolo testimoni in atti privati, talora accanto a persone di altissima considerazione sociale. Leone argentario partecipa (nell'870) alla composizione della controversia sorta tra il monastero di S. Ambrogio e Magnefredus de Alebio insieme con due *iudices de Mediolano*, l'avvocato del monastero e il notaio Achinaldo. Lo stesso Leone (nell'864) partecipa a un placito tenuto dall'arcivescovo Ansperto e dal conte Bosone, insieme con giudici imperiali e cittadini, con vassalli dell'arcivescovo e con persone notabili che son presenti anche in altri placiti. Per il secolo IX non è documentata una varietà di artefici: tranne un Rachefrit *pellegrario* di porta Ticinese e Gisempertus *ferario* de vico Colonia sono menzionati solo *argentarii* a Milano e *aurifices* a Pavia; ma nel secolo X grande è la varietà delle arti praticate da uomini liberi. I più numerosi e i più ricchi sono i *monetarii*, tra i quali l'arte è talora ereditaria. È menzionato anche un *magister monetae de civitate Mediolani*. Numerosi sono anche i *ferrarii* e i *fabri*... Notevole è l'alta considerazione di cui sembrano godere i *pistores*, testimoni in importanti atti privati. Sono ancora menzionati nei documenti un *argentarius*, un *mulinarius*, un *caligarius*, un *sutor*, un *nauclerius* e un *bacilarius*.

Anche gli *artifices* o artigiani si trovano, a partire dalla fine del IX secolo in numero rilevante indicati come possessori di case e terreni; e non solo gli *aurifices* longobardi di Pavia, che son di elevata posizione sociale, o ricchi *monetarii* milanesi, ma anche modesti artigiani operanti in piccoli centri: un *Gisempertus ferario de vico Colonia*, nell'865 vende beni in Cologno al monastero di S. Ambrogio; un *Teodelassius filius quondam Dominici ferrario* vende tre «*peciolas de vite in fundo Pissinari*», riservandosi ivi un campo (anno 905); un *Aderbertus mulinarius* ha una coerenza «infra Castro Colonia» (anno 966); un *Gisederius faber* ha una coerenza in Milano presso la Moneta Pubblica (anno 975) e nel 980 vende a un Richardus abitator Mediolani una terricciola di dieci onze, sita anche questa presso la Moneta Pubblica (Gisederius è anche possessore di terre nel milanese, come risulta da atti del 975 e del 980); confinante con questa, e cioè nel centro di Milano, è una «terra» posseduta da un *Madelbertus Caligarius*, come

---

(1) Per tutta la trattazione che segue, cfr. il citato saggio del VIOLANTE, *La società milanese nell'età precomunale*, pagg. 41 segg., 49 segg., *passim*.

risulta da un atto del 980; possessori di terre nel contado milanese risultano inoltre *Leo ferrarius* (anno 941), *Paulus ferrario de vico Novate* (anno 940), *Giselbertus faber de Modicia* e *Magnus faber* (anno 922).

Poichè il contenuto della parola *faber* è molto ampio, non possiamo stabilire se i fabbri indicati dai documenti appartengono all'arte maggiore degli *aurifices* (*Bolvinus faber* si firma l'artefice dell'altare d'oro della ba-

Falegname.
Miniatura di un codice
del secolo XIII.

silica ambrosiana) oppure alle arti minori dei *ferrarii*, dei *lignarii*, dei *murarii*; mentre abbastanza copiose sono le indicazioni delle fonti che ci presentano come possessori di terreni e di case *argentarii* e *monetarii* dei secoli IX e X.

Una situazione identica a quella fatta dal Pirenne ai *negotiatores* operanti presso il *Palatium* imperiale o regio è stata postulata dal Monneret de Villard anche per gli artigiani che esercitano la loro attività e vendono i loro prodotti nelle *stationes* di proprietà regia passate poi ai vescovadi o ai monasteri; i quali « sarebbero in origine *redditales* della curtis regia o del monastero e rivendicherebbero in seguito la loro libertà. Artigiani *redditales* che espongono i prodotti per la vendita nelle *stationes* considera, appunto, il Monneret i negoziatori milanesi che occupano le *stationes* donate da Ottone I nel 952 al monastero di S. Ambrogio e i negozianti di S. Riquier che abitano nel *vicus mercatorum* »; dei quali ultimi è parola in un documento dell'831, riguardante appunto l'abbazia di S. Riquier, pubblicato dal D'Achéry e dal Mabillon negli *Acta Sanctorum ordinis S. Benedicti*. Nel documento è un elenco di *fabbri, fabbricanti di scudi, sellai, fornai, sarti, macellai, lavoranti di panni, pellai, vinai, osti* i quali

Calzolaio; particolare di un capitello del Palazzo Ducale a Venezia (Fot. Böhm).

Scalpellino.
Venezia, Palazzo Ducale
(Fot. Böhm).

pagano al monastero un censo in quanto abitano le 2500 case che il monastero possiede: ora, osserva felicemente il Violante, nulla autorizza a ritenere che « i negoziatori e gli artigiani che abitano le case del monastero (e ne pagano il fitto) e usufruiscono per i loro affari del mercato che è sotto la sua giurisdizione [nel documento che stiamo considerando è detto che il monastero introita quaranta soldi alla settimana per diritti di mercato] non siano degli uomini liberi e esercitanti il loro mestiere per conto proprio, ma semplici *redditales* dell'ente religioso ».

Fabbro.
Venezia, Palazzo Ducale
(Fot. Böhm).

Il ragionamento è lo stesso che s'è fatto a proposito dei negoziatori, che pur operando sotto la protezione della camera regia o di un monastero, non sono, tuttavia, « uomini » della camera, della Chiesa, del monastero.

E uomini liberi, organizzati in associazioni, ci appaiono gli artigiani di cui si tratta in quel celebre testo che comunemente si indica come *Honorantiae civitatis Papiae*, ma più precisamente si intitola *Instituta regalia et ministeria camerae regum Langobardorum et honorantiae civitatis Papiae*. Il testo (1) è stato conservato dalle carte 23-26 di un codice dell'archivio

(1) È stato criticamente pubblicato nel 1933 tra i *Monumenta Germaniae historica, Leges*, dall'HOFMEISTER.

Ciabattino.
Venezia, Palazzo Ducale
(Fot. Böhm).

dei conti Dal Verme di Milano, codice miscellaneo di varie mani dei secoli XIV-XVI, che contiene varie scritture pertinenti alla storia della città e della Chiesa di Pavia. Nel codice il libello è stato copiato alla fine del XIV o al principio del XV secolo, probabilmente non molto dopo il 1395; nel suo *Papiae sanctuarium*, edito a Pavia nel 1605, Jacopo Gualdo inserì alcune notizie che certo risalgono al cap. 3 degli *Instituta regalia* o della loro fonte, derivandole da un antichissimo codice della cattedrale di Pavia, che potrebbe essere lo stesso codice vermiano e che, comunque, è molto simile ad esso; alla fine del XVI secolo Alfonso Beccaria comunicò alcuni dati derivati da un antichissimo codice della biblioteca dei monaci di S. Salvatore di Pavia, che trattava *de institutis ed regalibus regum lango-*

bardorum, conteneva, cioè, il nostro testo. Il codice di S. Salvatore è probabilmente quello stesso – o un suo gemello – che ha utilizzato nell'ottobre del 1412 un dettatore della curia sforzesca nella redazione di un documento relativo allo Studio generale di Pavia; dagli *Instituta*, ancora, derivano molte citazioni dell'opera *Flavia Papia sacra*, pubblicata nel 1699, dopo la morte dell'autore padre Romualdo Ghisoni.

Dopo il Ghisoni, dei codici o del codice contenente gli *Instituta* si perde la conoscenza e anzi se ne lamenta la perdita. Fino al 1890, quando il codice vermiano fu riscoperto dal Moiraghi, che gli *Instituta* pubblicò, nel 1891, nella seconda edizione dei *Frammenti cronistorici dell'agro pavese*; non direttamente dal codice, ma dall'apografo moiraghiano ripubblicò il testo il Soriga nel 1914; finchè una terza edizione, nel 1920, e una quarta, nel 1932, ne procurò Arrigo Solmi, che le indicazioni offerte dal libello utilizzò nei suoi saggi sulle stazioni doganali del regno italico, sui rapporti commerciali tra Pavia e le città bizantine dell'Italia meridionale, e specialmente, sull'amministrazione finanziaria dell'alto Medioevo.

Questa storia esterna del testo doveva essere brevemente richiamata, perchè proprio l'indagine di questa storia, oltre che l'analisi interna, ha consentito agli studiosi di stabilire esattamente la datazione del testo stesso. Già il Vidali rettamente vedeva che gli *Instituta et ministeria* devono assegnarsi al secolo XI; il Soriga precisava poi che il libello fu certo composto nel primo trentennio del secolo XI, forse poco prima della distruzione del *Palatium*, compiuta dai pavesi nel 1024; finalmente il Solmi distinse, nel testo, due parti; delle quali una, la maggiore, comprendente i capitoli 1-21, è del primo terzo dell'XI secolo; e la seconda — che comprende il prologo e l'epilogo — fu aggiunta nel secolo XIV. A questa seconda parte fu annesso, alla fine dello stesso secolo XIV, da un terzo autore, il catalogo dei re e imperatori, utilizzato — insieme col prologo e l'epilogo degli *Instituta* — dal dettatore sforzesco del 1412.

Altre notizie sulla fortuna del testo si potrebbero aggiungere; ma queste che abbiamo riferito bastano, credo, a indicarne il significato e l'importanza; sia in ordine alla storia del commercio internazionale nell'alto Medioevo, sia specialmente riguardo alle organizzazioni — *ministeria* — artigianali nell'XI secolo.

E scorriamo gli articoli del libello.

Il primo è una esortazione a tutti coloro cui stanno a cuore l'utilità e l'onore del regno longobardo, a considerare con lieto e degno animo l'antichità dell'istituzione dei *ministeria* pertinenti alla camera regia e al palazzo e delle regalie longobarde.

Falegname. Venezia, Palazzo Ducale (Fot. Böhm).

Il secondo riguarda le dogane del regno:

Entrando nel regno, i negoziatori pagavano le decime di ogni negozio alle chiuse e alle vie pertinenti al re; e cioè: la prima è Susa, la seconda Bardone [oggi Fort Bard], la terza Bellinzona, la quarta Chiavenna, la quinta Barzano [Bolciano, presso Salò, sul fiume Chiese], la sesta Volerno [Valarnio, sull'Adige presso Verona], la settima Trevale [una curia, pro-

107

Muratore.
Venezia, Palazzo Ducale
(Fot. Böhm).

pose il Leicht, presso Castelfranco, tra il Brenta e il Piave], l'ottava S. Pietro di Zuglio, sulla via di Monte Croce, la nona presso Aquileia [probabilmente a Cervignano o al ponte sull'Isonzo a Gradisca], la decina a Cividale sul Natisone. Tutte le genti che vengono d'oltre monte in Lombardia devono essere addecimate dei cavalli, dei servi, delle ancelle, dei pannilani e lini, dei canovacci [tessuti di canapa], dello stagno, delle spade e, alle poste, devono dare la decima di ogni negozio al messo del camerario.

Gli articoli 3 e 4 stabiliscono particolari condizioni per i mercanti anglosassoni e veneti, fissate con convenzioni intervenute tra il re del regno longobardico, il re degli anglosassoni e il doge di Venezia; l'articolo 5 stabilisce i tributi che i ricchi mercanti di Venezia operanti in Pavia devono pagare al monastero di S. Martino — presso il quale dunque certo tenevano i loro mercati — e al maestro della camera regia. L'articolo 6 stabilisce i tributi cui sono tenuti i mercanti di Salerno, di Gaeta e di Amalfi operanti in Pavia; l'articolo 7 ricorda che i ministri dei negoziatori di Pavia « *magni et honorabiles* » — e cioè i capi dell'associazione o corporazione o comunque si voglia chiamare dei mercanti — hanno ricevuto dalla mano dell'imperatore un precetto che sancisce che nessuno debba recare ad essi danno o molestia dovunque siano, al mercato o per terra o per acqua; e che chiunque contravverrà al precetto stesso dovrà pagare 1000 mancusi d'oro alla camera del re. Disposizioni tutte interessanti, che ci illuminano sui vari aspetti del commercio, diremo internazionale e sull'importanza della capitale come centro, appunto, commerciale; in cui convenivano i mercanti di Venezia, di Gaeta, d'Amalfi e di Salerno.

Ma in ordine alla nostra indagine intesa a riconoscere la consistenza e gli aspetti dell'attività artigiana nell'età precomunale, valore indicativo assai importante hanno gli articoli 8, 9, 10, 11, 12, 13, 14, 17, 18, 19 e una parte dell'epilogo, che converrà qui integralmente riferire tradotti:

8. Il *ministerium* della moneta di Pavia deve avere 9 maestri nobili e ricchi più che tutti gli altri monetieri; i quali devono vigilare e dare ordine a tutti gli altri monetieri, insieme col maestro della camera, affinchè non facciano denari peggiori... quanto al peso e al titolo dell'argento... E devono quei 9 maestri dare ogni anno alla Camera del re un fitto di 12 libbre di denari pavesi e al conte di Pavia similmente 4 libbre. Inoltre se un maestro della moneta scoprirà qualche falsario, insieme col conte di Pavia e il maestro della Camera deve far amputare la mano destra al falsario, la cui intera sostanza perverrà alla Camera regia. I detti 9 maestri, quando entrano in ufficio devono dare alla Camera del re 3 once di ottimo oro.

9. I maestri milanesi devono avere 4 maestri nobili e ricchi e col consiglio del camerario di Pavia devono fare i denari milanesi buoni d'argento e di peso... E devono dare in fitto al maestro della Camera di Pavia ogni anno 12 libbre di denari buoni milanesi. E se scopriranno un falsario, devono fargli amputare la mano destra e trasferirne l'intera sostanza alla Camera regia.

10. Ci sono inoltre i *cavatori d'oro* che rendono ragione alla Camera di Pavia e per giuramento prestato al camerario non devono vendere l'oro ad alcuno... [I] fiumi da cui levano l'oro... sono: il Po, il Ticino, la Dora, la Sesia, le due Sture di Demonte e la Stura di Lanzo, l'Orco, il Malone, l'Elvo, la Dora Riparia, il Belbo, l'Orba, il Cervo, la Bormida, l'Agogna, il Ticino dal Lago Maggiore alla confluenza nel Po. Ci sono anche altri fiumi: l'Adda, l'Oglio, il Mincio, l'Adige, il Brenta, la Trebbia. E da tutti i fiumi predetti devono levare l'oro.

11. Ci sono in Pavia i *pescatori* che devono avere un maestro scelto tra i migliori e devono avere 60 imbarcazioni e per ogni imbarcazione devono dare 2 denari al mese al loro maestro e conservarli in modo che, quando il re è a Pavia, con essi denari possono procurare dei pesci e darli una volta la settimana, il venerdì, al maestro della Camera.

12. Ci sono anche 12 *cuoiai* che confezionano le pelli con 12 *juniores* [garzoni] in Pavia; e devono lavorare 12 pelli di ottimi buoi all'anno e darle alla Camera del re; e a

nessun altro è lecito lavorare il cuoio, se qualcuno contravverrà pagherà alla Camera regia 100 soldi pavesi. E quando uno di questi maestri cuoiai entra [nella corporazione], deve pagare 4 libbre, metà alla Camera regia e metà agli altri cuoiai.

13. Ci sono altri *ministeria*. I *nautae* e i *nauterii*... devono avere dei buoni uomini come maestri, sotto la potestà del camerario di Pavia. Quando il re è a Pavia... devono adattare due grandi imbarcazioni, una per il re e una per la regina, allestendo con tavole un abitacolo e coprirlo bene...

14. Ci furono *ministrales saponarii* in Pavia, che facevano sapone e davano ogni anno in fitto 100 libbre di stadera alla Camera regia e 10 al camerario... [l'impiego dei verbi al tempo perfetto e imperfetto sembra denunciare uno stato di cose pertinenti al passato e non più attuale al tempo della redazione delle *Honorantiae*: ma non sono sicuro che l'interpretazione sia esatta]...

17. Sappiate che di tutti questi *ministeria* nessuno deve fare il *ministerium* se non quelli che siano ministri. E se qualcuno lo farà, deve pagare il banno alla Camera del re e giurare che non lo farà più. E nessun negoziatore che non sia pavese in nessun mercato deve concludere un negozio prima dei negoziatori pavesi. E se qualcuno contravverrà, paghi il banno.

18. I soprascritti uomini che sono dei *ministeria* non devono stare o citare in giudizio se non davanti al re e al maestro della Camera.

19. Di tutti i *ministeria* che sopra si leggono, la decima parte spetta al re... e della decima la regina deve avere il terzo.

. . . .

Tutti questi *ministeria* onorevoli e molti altri conviene che siano in Pavia, per misericordia di Dio e di S. Maria e di S. Siro, i cui successori dalle mani del Papa in Roma ricevono l'unzione e la consacrazione.

Le ultime righe citate appartengono all'epilogo che, come si vedeva, al testo delle *Honorantiae* è stato aggiunto nel secolo XIV; e dunque danno testimonianza del continuarsi, nel secolo XIV appunto, delle associazioni artigianali che le *Honorantiae* documentano esistenti nel secolo XI. Ma le « corporazioni » del XIV secolo e, più in generale, dell'età comunale sono senza dubbio cosa assolutamente diversa dai *ministeria* dell'XI. Questi sono, certo, associazioni di liberi artigiani dirette da *boni homines* e da *magistri* liberamente eletti; ma associazioni, comunque, dipendenti strettamente dal maestro della camera regia — *sub potestate camerarii Papiae* — e soggette al pagamento di tributi e regalie o a prestazioni personali; com'è il caso dei *nautae* e *nauterii*: i *ministeria* pavesi — osserva il Violante — « sono organizzati e diretti dall'alto », mentre le arti o corporazioni dei liberi Comuni sono oltre che volontarie, autarchiche; anzi a un certo momento, come s'è visto, assumono il governo del Comune che è, appunto, « *commune artium* » o « università delle arti ».

Restano, comunque, i *ministeria* pavesi dell'XI secolo — è certo anche di età anteriore: al principio del IX secolo il Violante fa risalire l'organizzazione dei *ministeria* — testimonianza perentoria del « permanere — in Italia —... dell'artigianato cittadino », al modo stesso che la documentazione che nel capitolo precedente abbiamo prodotto, prova con piena evidenza il persistere del libero commercio — non solo locale, ma diremo, internazionale — nell'età feudale pur nel prevalere — ma non in assoluto, come abbiamo mostrato — dell'economia chiusa.

Ora, osserva il Violante, « mentre il Solmi ritiene che, essendo [le] corporazioni menzionate nelle *Honorantiae* le stesse di quelle che nell'ultima età romana sono strettamente legate al fisco e sulle quali nella *Constitutio de regalibus* Federico I rivendica i diritti dell'Impero, esse derivino direttamente dalle corporazioni romane, il Carli (1) mette in rilievo come le corporazioni pavesi siano una creazione nuova che va inquadrata nel sistema signorile introdotto dai Franchi ». Secondo il Carli, scrive sempre il Violante, « nell'organizzazione rurale-personale che sostituisce quella urbana-territoriale romana, i rapporti di dipendenza economica si identificano coi rapporti di dipendenza politica. Gli artigiani e i negoziatori di Pavia, uomini liberi, si vengono a trovare rispetto al re in una condizione simile a quella dei rustici e degli artigiani curtensi rispetto al signore. Essi ricevono dall'alto l'organizzazione corporativa, che è quindi burocratica, monopolistica e coattiva, anche se non ereditaria. Questa corporazione rappresenta un processo di involuzione nell'ambito del sistema curtense, in cui il potere politico derivante dal potere economico soffoca con la propria esosità in rigidi schemi l'attività economica. Ma « si ha un processo di ricomposizione sulla base delle spontanee energie del popolo guidate, sorrette e potenziate dalla Chiesa »; attorno alla Chiesa « si riorganizzano le attività economiche, il mercato della città, le arti indispensabili all'approvvigionamento cittadino (fornai, macellai, ortolani); dalle Confraternite religiose, fondate sull'associazione spontanea, sorgono le nuove corporazioni che abbatteranno la pesante architettura delle corporazioni statali ».

Ma sembra, e con ragione, al Violante « che non ci sia contrasto sostanziale tra i *ministeria* di Pavia e quei legami che si vanno stringendo tra i negoziatori da una parte e gli enti ecclesiastici dall'altra »; gli uni e gli altri derivano dalla necessità che « in una società in cui il potere è frazionato nelle mani di molti signori feudali » hanno liberi negoziatori e artigiani di « raccogliersi sotto la protezione di un potente ». Anche i *ministeria* pavesi, come l'organizzazione dell'attività dei negoziatori sotto la

---

(1) In alcune *Note sul problema della continuità storica delle corporazioni*, che sono del 1937.

protezione degli imperatori e vescovi, nascono là dall'incontro di due esigenze, il bisogno dell'approvvigionamento della corte regia e il bisogno di protezione da parte degli artigiani. Sono esigenze che si manifestano più vive al principio del IX secolo; e proprio per questo il Violante fa risalire a quell'età l'origine di *ministeria* pavesi nella forma in cui ce le mostrano le *Honorantiae*, non già « per la considerazione del tutto intrinseca che, rivelando essi delle affinità con le corporazioni delle Fiandre e del Medio Reno » sia necessario « farle risalire al regno di Lotario, il quale riunì quelle regioni all'Italia ».

In conclusione, è certissimo che « in seguito all'intensificarsi della vita economica gli artigiani, i mercanti e poi i Comuni dovettero lottare contro l'organizzazione dei *ministeria* o del *De regalibus* per riorganizzare sotto nuove forme la fiorente vita economica » (ragion per cui, tra parentesi, « non si può parlare di una continuità sostanziale tra i *ministeria* pavesi e le corporazioni dell'età comunale »); ma non è legittimo invece collocare la « lotta tra le libere associazioni che avevano per fulcro la Chiesa e le monopolistiche e burocratiche corporazioni stabili » già « agli albori del secondo millennio ».

Capitolo quinto   I NOTAI, L'"ARS DICTANDI" E LA TRADIZIONE SCOLASTICA, LETTERARIA, GIURIDICA

Seicento notai in Firenze nei primi decenni del 1300, secondo l'attestazione del Villani con cui abbiamo aperto il nostro discorso. Seicento notai contro non più di cinquecento preti e di sessanta medici... Un numero enorme, ma certo corrispondente alle esigenze dell'intensa vita economica del 1300 che si svolgeva, come s'è visto, attraverso molteplici transazioni e contratti spesso a breve e a brevissimo termine, che perciò si moltiplicavano all'infinito; di cui sempre si chiedeva la registrazione ad opera del notaio, e cioè appunto del redattore pubblico degli atti tra privati. « *Avvene carta per mano di ser...* » è la formula che abbiamo visto sempre ricorrente nelle annotazioni e registrazioni di mercanti fiorentini che abbiamo citato. *Carta compiuta* si chiamava, come precisa il Castellani nel glossario che abbiamo tante volte citato, « l'atto nella redazione ampia, chiuso dalla sottoscrizione del notaio e quindi valevole a tutti gli effetti giuridici. Spesso la carta non si faceva compiere: si lasciava cioè allo stato di *imbreviatura* o memoria scritta dal notaio nel suo protocollo (all'imbreviatura, talvolta, corrispondeva una minuta che veniva conservata dalle parti per maggior sicurezza). Naturalmente in caso di bisogno si richiedeva l'atto munito di tutta la solennità ». E allega il Castellani, dai testi che pubblica, molti esempi: « avvene carta per mano di Ser Rolenzo, *compiuta...* »; « avvene un'altra carta di questo podere... *compiuta*, che la fece Ser Marciano da Fucecchio... ».

Modesti professionisti, di mediocre cultura sono certo i tabellioni che redigono queste carte; i quali però han dovuto seguire un regolare corso di studi, hanno appreso nella *Facultas artistarum* dell'Università di Bologna l'*ars notaria*; che, strettamente legata alle *artes liberales*, « aveva estensione applicazioni e forme più ampie di quelle che possa avere oggi, giacchè nella cultura di quel tempo costituiva la sintesi ideale e pratica di una funzione sociale e politica radicata negli ordinamenti statali e municipali », come scrive Carlo Calcaterra (1):

« Ranieri da Perugia, che nella prima metà del secolo XIII emerse a Bologna come maestro di arte notaria... col suo *Formularium*, composto tra il 1214 e il 1215 a rinnovamento e accrescimento di quello irneriano, servì a sua volta come modello a quello di Salatiele dettato tra il 1216 e il 1221 e a quello di Bencivenni da Norcia, che si suol porre verso il 1235. Rolandino Passaggeri, il maggiore dei trattatisti di cui parliamo, con la *Summa artis notariae* (che, pubblicata a Bologna nel 1255, fu riprodotta in centinaia di codici in tutta Europa, divenne col nome di *Rolandina* o *Orlandina*, il formulario ufficiale

---

(1) *Alma mater studiorum*, Cap. II: « *Universitas artistarum; La grande scuola di ars notaria* », Bologna, 1948, pag. 72 segg.

Il notaio;
rilievo di un capitello
del Palazzo Ducale di Venezia
(Fot. Bohm).

nei contratti, nei testamenti, nei giudizi e, appena fu trovata la stampa, si moltiplicò in edizioni italiane e straniere — Lione, Spira, Colonia, Basilea, ecc. — fece testo in tutte le scuole di notariato, ed è considerata nella letteratura notarile, un capolavoro), diede certamente un nuovo indirizzo a tutta la pratica notarile, non solo italiana, ma europea ».

Del formulario di Rolandino scrive Arturo Palmieri, citato dal Calcaterra, che « liberò il campo dei negozi giuridici dall'aridità delle espressioni obbligate »:

« Nei modelli proposti da Rolandino è considerato unicamente il linguaggio atto a rappresentare in modo chiaro e preciso la volontà di chi stipula. La formula inutile che non ha altra giustificazione, tranne il passato storico e la tradizione dell'istituto, è abbandonata. E questo è il primo immenso pregio di questo lavoro. Rolandino guarda alla sostanza e si preoccupa anzitutto di rendere chiaro e non equivoco il contenuto dell'atto e di provvedere, fin dove è possibile, ad evitare dubbi e controversie. E qui sta veramente l'abilità del notaio che stipula. Egli non ha bisogno di fare disquisizioni giuridiche, nè di oppugnare argomenti, nè di esporre nel rogito, salvo rarissimi casi, per quali vie o per quali motivi le parti si sono ridotte a compiere quell'atto; egli deve soltanto esprimere col linguaggio e con le regole giuridiche il negozio che le parti gli affidano. Naturalmente egli deve conoscere perfettamente la natura e i casi dei singoli istituti, per invitare chi stipula a percorrere la via diritta; ma nel mettere in iscritto le dichiarazioni fattegli, deve soprattutto cercare la chiarezza, la precisione, la semplicità ».

Insomma, il merito della *Rolandina* è non solo quello di aver liberato « l'arte notaria dalla immobilità o rigidità delle formule viete e convenzionali,... dal superfluo », ma anche e più quello di « non piegare meccanicamente la realtà alle regole convenzionali, ma ravvivare le regole nelle esigenze vitali e sociali dell'istituto stesso del notariato ».

Gli stessi intendimenti della *Rolandina* si rilevano nelle altre opere del Passeggeri: nel *Flos ultimarum voluntatum*, che, dunque, tratta dei testamenti e nel commento alla *Summa artis notariae* intitolato *Aurora*, che l'autore lasciò interrotto al capitolo V e fu integrato dal suo discepolo Pietro da Merate, che l'indirizzo del maestro continua fedelmente, così come l'indirizzo stesso persegue Pietro dei Buattieri, che commentò la *Summa* di Rolandino e compose una « lettura » o lezione sui contratti e i patti e un *Libellus de ordine iudiciorum*, che insieme costituiscono una *declaratio tocius artis notariae*.

Ma occorre ora fare una osservazione, essenziale per lo svolgimento del discorso che abbiamo intrapreso, ed è questa: compito della scuola di *ars notaria* della Facoltà bolognese degli artisti è non solo quello di preparare i *tabelliones* o *exceptores*, cioè i modesti redattori pubblici degli atti tra privati, ma anche e anzi principalmente quello di formare i *notarii*

Tomba di Rolandino dei Romanzi
a Bologna
(Fot. Villani).

e *cancellarii* delle curie laiche ed ecclesiastiche e, nell'età che ci interessa, i notai delle curie comunali.

Notaio, appunto, del Comune di Bologna — *Communis Bononiae notarius* — fu Rolandino dei Passeggeri, della cui attività cancelleresca citeremo il prodotto più noto, la celebre epistola con cui il Comune bolognese respinge la richiesta di Federico II che intimava la liberazione di re Enzo, tenuto prigioniero dai Bolognesi dopo la battaglia di Fossalta.

Della lettera di Rolandino offriremo qui la versione, che lascia tuttavia riconoscere — dice il Calcaterra — « lo stile affilato come una spada » del dettatore che con solenne parola afferma il diritto del Comune contro le prepotenze imperiali:

« Levisi Iddio e al tutto siano dissipati i nostri nemici che temerariamente appaiono innanzi al cospetto nostro, i quali più assai si confidano nella potenza loro che nella ragione. E per questa causa tanto s'innalzano con l'affetto loro che si credono per spavento e per minaccia soggiogare altrui. Ma non sia così; perchè non sempre si ferisce con le armi, come è opinione, e il lupo depreda la cosa che egli minaccia. Non ci vogliate spaventare con ventose parole, perocchè non siamo canne di palude, nè brina che si dissolve ai raggi del sole. E però vi avvisiamo che il re Enzo è nostro prigioniero e nell'avvenire anche lo terremo carcerato come cosa che di ragione è nostra. E se voi vorrete vendicare l'ingiuria, vi saranno di bisogno le forze; e allora sia lecito rispondere con la forza alla forza e vincerla. Noi a quel punto ci cingeremo la spada ai fianchi, e per espugnare animosamente e con valore l'esercito nemico a guisa di leoni ci dimostreremo; e allora alla grandezza vostra la gran moltitudine della gente non darà soccorso, poichè dove è moltitudine, ivi è confusione, e per antico proverbio si suol dire che spesse volte il feroce e spumoso cinghiale è fermato da un piccolo cane ».

Fierissima animosa lettera, che legittima le parole con cui il Calcaterra rappresenta la posizione dei notai — dei notai delle curie — nella società comunale:

« Il notaro non doveva soltanto saper redigere un atto, ma doveva conoscere l'arte del bene parlare e del bello scrivere in tutte le occasioni private e pubbliche, doveva essere versato nella scienza del diritto, essere esperto negli affari amministrativi, ornato nelle lettere, essere pronto a salire in curia, diventandone pubblico ufficiale... e capace di sedere nei Consigli del popolo... Per la multiforme cultura che era indispensabile al notaro, gli studi del bene comporre e del bene parlare (*ars dictandi*) nell'arte notaria insegnata a Bologna erano stimati non meno essenziali della cultura giuridica. Questo aspetto molteplice dell'*ars notaria*, vale a dire pratico e artistico a un tempo, giuridico e letterario, è già vivo nelle origini dello Studio [bolognese]. Non solo Irnerio è il giurista di genio che all'alba della rinascita italiana innalza il diritto come un momento dello spirito... ma è anche l'umile autore di un *Formularium tabellionum* che, giunto con le sue propaggini fino al Cinquecento, si può dire, vien un modello a tutti i posteriori formulari di atti pubblici.

Ugo di Bologna, collega d'Irnerio, non è soltanto un espositore di precetti retorici, ma il formatore di una tradizione stilistica di elegante e alto dettato... che nell'*ars notaria* dello Studio di Bologna e nei discepoli saliti alle più alte cariche negli uffici dell'Impero, della Chiesa, dei Comuni e delle Signorie, non verrà mai meno ».

Già viva alle origini dello studio bolognese appunto perchè l'*ars notaria* continua, come ora mostreremo, fedelmente — pur nella nuova situazione politica sociale dei secoli XII e XIII — la tradizione dell'*ars dictandi* delle scuole clericali di grammatica e retorica dell'alto Medioevo, che sono essenzialmente, come ora renderemo evidente, « seminari » di ufficiali delle chiese

Il palazzo di re Enzo a Bologna
(Fot. Alinari).

e delle curie, il cui compito è la formulazione delle leggi, dei decreti, dei capitolari, la redazione degli atti sinodali e delle sentenze giudiziarie e specialmente delle epistole che manifestavano le istruzioni e le disposizioni degli organi dell'amministrazione laica ed ecclesiastica.

Bene ha rilevato lo Schiaffini (1) che l'*epistola* appunto è, tra i generi della prosa artistica, quello che nella cultura medioevale tiene il primo posto, « dovendo essere solenne ed essendo simile ad un'orazione »; ed è perciò ossequiente « ai precetti degli antichi retori sull'*inventio*, la *dispositio*, l'*elocutio* e si fregiò ambiziosamente del *cursus* ritmico. I maestri del Medioevo nell'*ars dictandi* o epistolografia consigliano al *dictator sagax* di essere diligente e discreto nello scegliere l'argomento; e non appena avvenuta l'*inventio*, di ordinare la materia *sub serie competenti*, ossia secondo le norme del *cursus* e di procedere quindi *ad colores rethoricos*. Il ritmo per conseguenza, insieme coi colori retorici, veniva a formare quell'elemento essenziale che è l'ornato in una prosa la quale, come la lettera (s'intende quella ufficiale e comunque di cerimonia), aspirasse a sollevarsi sull'uso comune, a mostrarsi in pubblico con segni di distinzione ».

Questi consigli sul processo tecnico dell'epistola, lo Schiaffini deriva dall'opera di un grande maestro bolognese di *ars dictandi*, dalla *Summa dictaminis* (che è del 1229) di Guido Fava — su cui torneremo più avanti — nella quale è anche « un appropriato esempio di come si disponga ritmicamente e coi colori retorici una lettera ». Poichè è molto istruttivo, riportiamo qui l'esempio fabiano, secondo la citazione dello Schiaffini che ha segnato in corsivo le cadenze del ritmo corsivo:

«Se un tale ha intenzione di chiedere al suo signore o amico che gli ottenga *litterae* dalla curia, a voce direbbe semplicemente così: *ego rogo dominationem vestram, de qua multum confido, ut dignemini mihi adiutorium vestrum dare, ita quod in tali causa quam habeo cum Petro possim habere litteras a domino papa*. Ma qui non si ha che la materia, la quale andrà adattata in questo modo: « Dominationem vestram de qua *géro fidúciam* (cursus tardus) pleniorem... humili prece *rógito incessánter* (cursus velox) quod mihi vestrae *liberalitátis et grátiae* (cursus tardus) taliter dignemini *subsídium impartíre* (cursus velox) quod in tali causa *véstra poténtia* (cursus tardus) faciente litteras *apostólicas impetráre* (cursus velox) *váleam et habére* (cursus velox) ».

Bisogna ora chiarire che il *cursus*, che lo Schiaffini indica come elemento essenziale della prosa d'arte medio-latina segnandone i modi nel modello fabiano, è quell'ornato dello stile prosastico per cui i periodi o i membri del periodo si fanno finire con cadenze o clausole ritmiche, che sono di

---

(1) *Tradizione e poesia*, Genova, 1934.

tre tipi; *cursus planus* (che consiste nella successione di un trisillabo piano a un bisillabo pure piano, per esempio *víncla perfrégit*); *cursus tardus* (che consiste nella successione di un quadrisillabo sdrucciolo — che può sciogliersi in un monosillabo seguito da un trisillabo sdrucciolo — a un polisillabo piano, per esempio *víncla perfrégerat*); *cursus velox* (che dipende dalla successione di un quadrisillabo piano a un polisillabo sdrucciolo, per esempio, *víncula fregerámus*).

Le tombe dei Glossatori,
dietro l'abside di S. Francesco a Bologna
(Fot. Stefani).

È appena il caso di ricordare che nell'antichità classica stettamente osservata è la tecnica di chiudere i periodi o i membri del periodo con determinate cadenze, che sono, ovviamente, clausole metriche; alle quali le clausole ritmiche si sostituiscono quando mutano le condizioni della lingua (se ne trovano tracce già nelle scritture del III secolo d. C.).

La regolamentazione e codificazione della tecnica del *cursus* (1) si trova per la prima volta nel *Breviarium de dictamine* (fine dell'XI secolo) di

(1) Per tutta la trattazione che segue, cfr. le mie *Origini*, 3ª ediz., Milano, 1957; Capitoli VII (« Continuità della vita politica e religiosa e continuità della storia culturale »), VIII (« Latinità medievale e tradizione scolastica »), IX (« I canoni del latino medievale»); si vedano anche, sempre nelle *Origini*, le pagine che considerano l'elocuzione ornata di Benedetto Crispo, di Anastasio bibliotecario, ecc., e quelle dedicate ad Alberico di Montecassino e all'*ars dictandi*.

Alberico, monaco di Montecassino, che insegna a variare le *dictiones singulas* di un *sermo* semplice e incolto prima delineando l'immagine, poi sovrapponendo *per insignitas lineas... congruentem colorum varietatum*. I *colores* delle *figurae* costituiscono l'*ornatus* del *dictamen*; ma l'elegante coniugazione del discorso si ottiene mediante la *dispositio*; e specialmente mediante la disposizione delle parole secondo un ordinamento che fa luogo ad un andamento ritmico; e cioè secondo quella tecnica che il maestro bolognese Buoncompagno (su cui torneremo) chiama *appositio* e costituisce appunto il *cursus*; di cui dunque già alla fine dell'XI secolo Alberico è codificatore e teorico. Scolaro di Alberico è Giovanni di Gaeta, che Urbano II (1088-1099) chiama alla cancelleria papale e sale poi al pontificato col nome di Gelasio II (1118); per opera sua l'*ars dictaminis* di Alberico si afferma nella curia romana proprio per quel che riguarda l'uso del *cursus*; e fu l'efficacia di Giovanni, come osserva lo Schiaffini, larga e duratura, talchè « l'applicazione del *cursus* potè apparire la peculiarità più tipica del *dictamen* romano ».

Giovanni di Garlandia parla dello stile *quo utuntur notarii domini papae* e lo chiama appunto, *romano*; Bene di Firenze dichiara di voler insegnare *potissime* lo stile della curia romana; « finchè sullo scorcio del secolo XII le regole del ritmo proprie della Curia pontificia trovano la loro codificazione nella *Forma dictandi* di Alberto di Morra, pontefice per brevissimo tempo col nome di Gregorio VIII — onde la denominazione di stile gregoriano attribuito alla maniera dettatoria della cancelleria apostolica — e nel *Dictamen* del notaio e vice cancelliere pontificio Trasmondo. L'applicazione del *cursus* nei documenti pontifici si estende tra il pontificato di Innocenzo III e quello di Nicolò IV e si abbandona solo nel secolo XIV; il che basta a rilevare la duratura efficacia del magistero di Alberico di Montecassino, che è magistero — importa notare — specialmente impegnato nella ricerca pratica dei modi dell'arte del dettare, più che nella definizione teorica della precettistica generale della retorica.

Senonchè, occorre qui richiamare quel che ho affermato nelle mie *Origini*: e cioè che Alberico deve porsi non come instauratore, bensì come il restauratore della tecnica del *cursus*; la cui osservanza è facilmente riconoscibile nei testi dei secoli VI-VII; e seppur va declinando nei secoli VIII-X, non è stata mai veramente abbandonata. Per quel che riguarda la cancelleria pontificia, l'applicazione non certo sistematica, bensì solo occasionale della tecnica del *cursus* ho rilevato almeno in una delle epistole spedite da papa Paolo I al re dei Franchi tra il 757 e il 767 (sono raccolte, con molte altre della cancelleria apostolica, nel *Codex carolinus*, di cui parleremo, composto per ordine di Carlo Magno); per esempio; *desideránter afféctus* (planus), *depóscit afféctus* (planus), *caritátis offícia* (velox), *potitórum impédiat* (velox), *vidére non póssumus* (velox), *alternántibus intuéri* (tardus). Si tratta evidentemente di un tentativo di uno dei notai di Paolo I, che vuol provarsi — e con successo — nell'esercizio della difficile tecnica del ritmo corsivo. Ma non è questo un caso isolato. L'osservanza della tecnica del *cursus* ritmico ho sicuramente accertato in documenti usciti dalle cancellerie vescovili di Aquileia, di Novara, di Vercelli, nei secoli VI-IX. Nell'esordio di una lettera del vescovo aquileiese ad Agilulfo: *discrímina parabántur* (velox); in una lettera del vescovo gradese Giovanni a Stefano papa: *valerémus efféctibus* (tardus); in una lettera del patriarca aquileiese agli imperatori Ludovico e Lotario: *antepónimus principátum* (velox), *de cétero demonstrábit* (velox). Segni del *cursus* ho anche accertato nel prologo di un falso atto di donazione del duca Arigiso V a S. Sofia di Benevento: *zétis excrésceret* (tardus); *génera redumdáret* (velox); *finémque redúxit* (planus): ma poichè si tratta di un falso, nulla si può dire circa la data del documento; nell'atto con cui Chadolfo vescovo di Novara istituisce presso il monastero di Auria l'annua commemorazione di Carlo il Calvo (anno tra l'877 e l'882): *praenomináto epíscopo* (tardus), *proprietátem concéderet* (tardus); e nella lettera con cui il vescovo di Vercelli dichiara un suo suddiacono idoneo alla promozione alla cattedra episcopale d'Ivrea: *concédimus promovéndum* (velox).

L'esatta applicazione delle regole del *cursus* ho d'altra parte riconosciuto in altri testi dei secoli VII-VIII di carattere più veramente letterario (ma si tratta pur sempre di epistole): nella lettera dedicatoria del *De virtutibus herbarum* (un poemetto di materia medica composto dal diacono Benedetto Crispo, che fu maestro di arti liberali nella scuola cattedrale milanese verso la metà del secolo VII); nell'opera del grande patriarca aquileiese Paolino, e cioè di uno di quegli uomini che nel secolo VIII possiedono ampio e sicuro dominio della tradizionale cultura retorica e giuridica; e importa molto notare che non diversa è l'elocuzione degli scrittori di alta levatura da quella dei più modesti dettatori delle cancellerie laiche ed ecclesiastiche; nella lettera con cui Anastasio bibliotecario della Santa Romana Chiesa e cancelliere durante i pontificati di Adriano II e Giovanni VIII invia a Giovanni diacono alcune sue traduzioni dal greco; e specialmente nei prologhi (il prologo, evidentemente, ha quasi sempre la natura dell'epistola) di moltissime scritture agiografiche uscite da officine clericali di tutta l'Italia.

Nei primi capitoli del paoliniano *Libellus sacrosyllabus contra Elipandum* ho notato che è costante l'impiego delle clausole ritmiche: *péctore fervescénte* (velox), *obtemperándo praecéptis* (planus), *indígnus peccátor* (planus); *vene-*

Pagina del Regesto di Tivoli.
Roma,
Biblioteca Vaticana,
AA. Arm. I XVIII 3658, c. 10ᵛ.
(Fot. della Biblioteca).

rándus praesúlibus (tardus), *respondére non fórmido* (tardus), *constitúta persístit* (planus), *illíta concutitur* (tardus), *intrépide perforáre* (velox), *illaésum custódiat* (tardus), *cruéntet acútis* (planus), *triumphális coróna* (planus), *instínctu pestífero* (tardus), *póculo debriáti* (velox); *mirabíliter inculcátum* (velox), *fúnditus detruncátum* (velox), *suscitáre de stírpe* (planus); nella lettera di Anastasio bibliotecario: *notítiam devenísset* (velox), *penetráre sufficiat* (tardus), *víribus maturávi* (velox), *arrípere preasúmsipsem* (velox), *fécerit impolítum* (velox), *inscítia sit dicénda* (velox), *omíttere potuíssem* (velox), *transvexísse sufficiat* (tardus), *inserénda decrévimus* (tardus), *discessíse noscámur* (planus).

Quanto ai testi agiografici, l'uso del *cursus* ho rilevato nella novarese *Legenda* di S. Gaudenzio (VIII secolo), nella leggenda pavese di S. Siro (VII secolo), e negli Atti della traslazione delle reliquie di S. Siro avvenuta al tempo del vescovo pavese Adeodato (817-827) negli Atti bolognesi della invenzione di S. Petronio (1141), negli Atti dell'invenzione dei santi Ermagora e Fortunato (opera di un chierico della metropolitana gradese di S. Eufemia, 1023); nella *Vita e miracoli* di Sant'Ansovino (vescovo di Camerino nel IX secolo) scritti dal monaco Egino nell'863, nella beneventana *Vita S. Barbati* (composta tra l'840 e l'850), nella versione latina della leggenda greca del lucano S. Vitale abate (composta alla fine del XII secolo, quando appunto la Lucania è acquisita alla Chiesa e quindi alla cultura latina), nel prologo della brindisina *Vita S. Leuci*, pertinente all'età anteriore alla conquista normanna.

Questa vitalità della tecnica del *cursus* riconoscibile in scritture prodotte in ogni parte d'Italia anteriormente alla codificazione albericiana di quella tecnica, è fatto di estrema importanza; in quanto documenta in modo imperioso la continuità della tradizione retorica mantenuta in tutta Italia nei secoli tra il VII e l'XI dalla scuola clericale, che dunque all'epistolografia trasferisce la tecnica dell'elocuzione definita dai retori antichi in ordine all'oratoria politica e forense.

Primo documento di questo trasferimento è la prefazione che Cassiodoro, cancelliere di Teodorico, ha posto a capo della raccolta delle epistole da lui dettate nell'esercizio delle sue funzioni curiali. *Variarum libri*, com'è noto, si intitola la silloge delle lettere cassidoriane; e il titolo è giustificato da Cassiodoro con queste parole, che occorre citare nell'originale, perchè una traduzione anche fedelissima non potrebbe rappresentare puntualmente il contenuto della dichiarazione:

«Librorum vero titulum indicem causarum praeconem totius orationis brevissimam vocem *variarum* nomine praenotavi; quia necesse nobis fuit *stylum non unum sumere, qui personas* varias *suscepimus admonere...* ».

Un dotto e il suo armadio dei libri.
Miniatura di un codice del secolo XIV,
contenente le opere di Seneca.
Barcellona, Biblioteca Aragonese
(Fot. della Biblioteca).

E precisa che la *prudens antiquitas* ha definito tre stili — umile, medio, sommo; ma i nomi, com'è noto, possono variare: *grande, mediocre, temperatum genus dicendi; tragicum, comicum, elegiacum stylum* (e son questi ultimi i nomi preferiti da Dante) — dei quali il dettatore ha usato come ha potuto l'umile e il medio, mentre ritiene di non essere riuscito mai ad attingere lo stile sommo; comunque, *stylum non unum* ha usato, nei limiti delle sue possibilità, il dettatore nelle sue epistole *ut varietas personarum congruum sortiretum eloquium*. Naturalmente, se il criterio di congruenza vale in ordine al grado delle persone cui è diretto il documento o che vi intervengono, tanto più vale in ordine alla qualità degli argomenti che si devono trattare.

L'insegnamento di Cassiodoro è fedelmente accolto e continuato nella tradizione scolastica medioevale; che con uguale scrupolosa meticolosità conferisce agli alunni la tecnica della elocuzione solenne e quella dell'eloquio umile e dimesso; in pieno ossequio alla dottrina per cui si afferma che solo lo stile dimesso è congruente agli atti che registrano transazioni legate alle vicende comuni alla vita quotidiana; mentre solo lo stile sublime conviene alle epistole e ai diplomi relativi alle grandi signorie, alle grandi chiese, ai grandi monasteri, e, in genere, ai documenti che registrano atti di grande significato spirituale — ad esempio le dotazioni degli istituti ecclesiastici — o rendono evidenti, col conferimento di privilegi, le benemerenze dei grandi personaggi e dei grandi istituti.

Da ciò appare evidente che infondata ed erronea è la proposizione della vecchia storiografia letteraria, per cui, pur riconoscendo l'efficacia della tradizione scolastica nella redazione degli atti pubblici e privati, si affermava che i dettatori medioevali usavano « come meglio potevano » il latino tradizionale. Non sempre « come meglio potevano »: non sempre si può assumere l'elocuzione di un documento medioevale come segno del grado di conoscenza che il dettatore possiede della lingua e della tecnica dell'espressione: molto spesso il dettatore, pure esperto della tecnica più raffinata, vi rinuncia — e deve rinunciarvi — in ossequio alla precettistica della congruenza dello stile alla materia. Occorre naturalmente riconoscere che anche il criterio della comodità entra nella definizione dei gradi stilistici: lo stile dimesso, più agevole e meno impegnativo, consentendo, nell'esercizio dell'attività curiale, movimenti più liberi e rapidi, realizzazioni più facili e pronte, rappresenta una specie di compromesso tra l'ossequio alla tradizione che impone di usare nella scrittura, anche per gli atti riguardanti la vita quotidiana, una lingua ormai remotissima dalla lingua familiare e corrente e il bisogno di ridurne al minimo l'artificiosità dell'espressione. Resta, comunque, che anche lo stile più sbrigativo e pedestre entra nel dominio della tradizione scolastica rigorosamente normativa; non solo in quanto implica la conoscenza e l'applicazione delle regole della prima delle arti del Trivio, la Grammatica (*grammatica,* nel Medioevo, significa esattamente *latino*); ma anche perchè lo stesso stile umile o infimo obbedisce agli schemi di una tecnologia certo non eccessivamente severa, ma risultante pur sempre di canoni precisi. Poco o nulla — almeno in teoria — è lasciato alla libera iniziativa del dettatore: anche quando l'attività del dettatore si esercita in un campo remoto dalle esigenze dell'arte letteraria, nel campo della pratica, il dettare è sempre governato da regole minuziose e pedanti. Certo, la latinità delle carte medioevali testimonia largamente frequentissime e stupefacenti infrazioni alle regole elementari della grammatica; ma il fatto autorizza solo la conclusione che moltissimi erano gli scolari cattivi e negligenti, non già la proposizione della storiografia romantica-positivista che, dalle mostruose scorrettezze del latino delle carte, derivava la nozione della interruzione della tradizione scolastica e della « morte » del latino, di cui la tradizione scolastica appunto avrebbe dovuto essere conservatrice e custode.

Dictare, dunque, significa « comporre una epistola secondo retorica », e cioè non sempre secondo le rigorose regole dello stile sublime, ma anche secondo le regole dello stile mediocre e umile, quando la materia lo richiede: sempre, ad ogni modo, osservando la precisa disciplina e regolamentazione che appunto le scuole di grammatica e retorica hanno il compito di conferire. Questo significa chiaramente che l'insegnamento grammaticale e retorico, e cioè letterario, della scuola medioevale ha intendimenti e fini puramente professionali: non « ingenui studi », in quella scuola, gli studi delle umane lettere; non « disinteressati », gli studi letterari della scuola clericale, bensì in servizio della pratica. Ma non per questo meno rigorosi e severi; sicchè l'istituzione ricevuta ai fini solo professionali, può risolversi ed effettivamente si risolve in una formazione spirituale, non solo tecnica, che abilita all'esercizio della « bella letteratura », svincolata da ogni implicazione di ordine pratico. Ciò è reso evidente proprio dalla storia del termine stesso *dictare* — dunque comporre un'epistola — che diventa, in tedesco, *dichten,* che significa *poetare.* Allo stesso modo, nell'antichità classica, *retorica* è in origine l'arte di comporre un'orazione politica o forense, e cioè è una disciplina che addestra all'eloquenza, che ha fini pratici; ma poi viene a significare « l'arte di comporre letterariamente », indipendentemente da esigenze di ordine pratico.

Uno scrittore al lavoro, con penna e raschietto. Iniziale miniata del Codice di San Giorgio. Roma, Biblioteca Vaticana (Fot. della Biblioteca).

Occorre ora ricordare che appunto per questo, nelle mie *Origini*, ho affermato che effettivamente nell'alto Medioevo la scuola, pur di carattere professionale, è stata conservatrice del latino tradizionale; e che proprio la latinità delle epistole e dei diplomi è documento imponente della validità e dell'efficacia della tradizione scolastica; sicchè legittimamente l'epistolografia e la diplomatica vanno assunte come fonti della storia degli studi grammaticali e retorici nel Medioevo, allo stesso modo che l'agiografia, l'epigrafia, l'innografia liturgica, che sono pur sempre, seppur in grado diverso, scritture di ordine pratico e utilitario. « I diplomi usciti dalle grandi cancellerie — ho scritto — e in particolar modo le lettere ufficiali sono le fonti dirette che più di tutte le altre consentono di ricostruire la storia degli studi retorici nel Medioevo »; perchè diplomi e lettere sono stati dettati, nelle curie, dagli uomini stessi che nelle scuole esercitavano l'ufficio di maestri dell'arte del dettare.

Come credo di aver ampiamente dimostrato nelle mie *Origini*, in ogni chiesa, cattedrale, scuola e curia costituiscono, in realtà, un unico ambiente;

e i maestri della scuola sono sempre e dovunque anche i capi della cancelleria. Nelle *Origini*, appunto ho citato l'esempio molto significativo di Fulberto — uno dei maggiori maestri, com'è noto, della tradizione scolastica — che a Chartres resse contemporaneamente *magistri ferulas* e *cancellarii tabulas*. Ma, certo, più che l'esempio specifico e concreto, vale il discorso generale che io ho fatto specialmente per la grande cancelleria e la grande scuola lateranense.

« Il Laterano — io scrivo già nella prima edizione delle *Origini*, che è del 1939 — è, oltre che il centro della vita religiosa dell'Occidente, un grande centro politico e amministrativo, succeduto al Palatino che era succeduto al Campidoglio; il centro in cui per secoli si son trattati gli interessi, oltre che religiosi, politici ed economici »; e pertanto deve aver avuto anche nell'alto Medioevo una organizzazione amministrativa assai complessa, se pur ovviamente non grandiosa come la burocrazia dei tempi di Innocenzo III.

Già il regesto di Onorio III (625-638) ricostruito dal Jaffé e comprendente solo 18 documenti, ci offre l'immagine di una curia che dispone di ministri sagaci ed esperti, che hanno ricevuto una completa istituzione grammaticale e retorica. La varietà degli oggetti e la diversa qualità delle persone cui documenti sono diretti si riflette — secondo quello che abbiamo qui sopra riconosciuto — nella varietà del colorito e nel tono stilistico; dimesso e pedestre, talvolta, altre volte solenne e composto secondo le regole dell'elocuzione sublime, di cui dunque i dettatori della cancelleria onoriana mostrano di avere buona conoscenza.

Abbiamo modo di riconoscere i modi della tecnica epistolografica usata dalla cancelleria apostolica nel secolo successivo a quello di Onorio, in quanto ci è giunta una raccolta delle epistole inviate dai papi Gregorio III, Zaccaria, Stefano II, Paolo I, Costantino II, Stefano III, Adriano I a Carlo Martello, Pipino e Carlo Magno; e dallo stesso Carlo Magno fatte trascrivere, nell'anno dell'incarnazione 791, in un unico *corpus* — il *Codex carolinus*, cui già abbiamo accennato — perchè non andassero distrutte e disperse, come dichiara la prefazione alla silloge; ma anche, ovviamente, per offrire ai dettatori della cancelleria carolina un repertorio di modelli di stile curiale, quasi un formulario. Ed effettivamente le lettere della silloge — non tutte, ma la grande maggioranza — sono dettate nella rigorosa osservanza delle regole del *grande genus dicendi*. In qualche lettera si può rilevare qualche errore di morfologia elementare; ma generale è la compiacenza per le inversioni e la struttura complicata del periodo e della proposizione, la ricerca delle parole e locuzioni rare ed elette e dell'armonia della frase, delle forme complicate dell'espressione, dell'abbondanza dell'aggettivazione, dell'uso

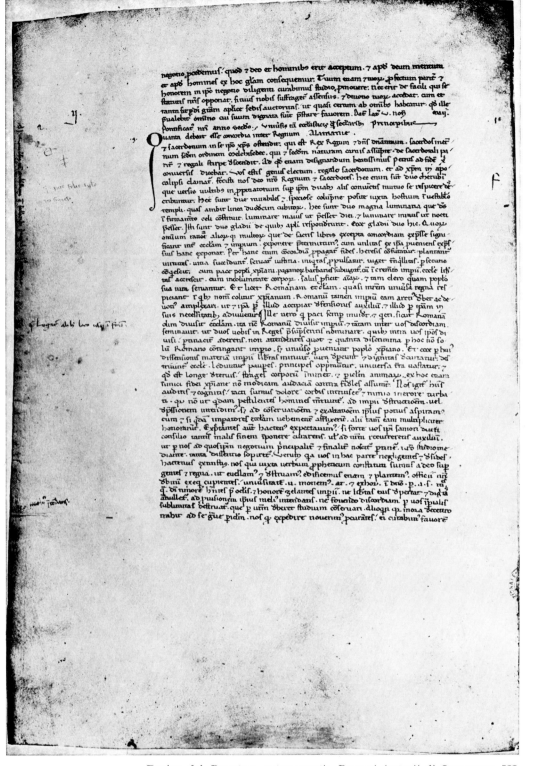

Pagina del *Regestum super negotio Romani imperii* di Innocenzo III.
Roma, Biblioteca Vaticana, Reg. Vat. 6 (Fot. della Biblioteca).

degli astratti reggenti un genitivo, delle circonlocuzioni elaborate; mentre le *figurae* sono usate come modo normale e costante della traduzione del pensiero.

Insomma, i documenti diplomatici lateranensi accolti nel codice carolino sono testimonianza del grado notevole di preparazione retorica raggiunto dai dettatori della cancelleria apostolica nel secolo VIII e cioè della condizione degli studi nella scuola in cui i dettatori hanno ricevuto la loro istituzione; ed è senza dubbio la *Schola cantorum* lateranense, che nell'età gregoriana troviamo annessa al Patriarchio, nella quale si formano i chierici addetti alla chiesa che è capo e madre di tutte le chiese dell'Urbe e dell'orbe. Scuola dei cantori: dopo l'introduzione nella liturgia del canto corale, i ministri del santuario devono essere cantori provetti, e pertanto l'insegnamento della musica ha parte essenziale nel corso degli studi nel seminario patriarcale. Ma occorre appena ricordare che la musica, nella nozione medioevale, non sta a sè, ma è un grado del lungo corso degli studi del Trivio e del Quadrivio, i cui primi gradi sono la Grammatica e la Retorica. E che l'insegnamento delle prime due arti avesse, nella scuola lateranense il luogo che ha in tutte le scuole medioevali, lo testimonia il codice Vat. lat. 1984 prodotto certo in una officina romana, come si riconosce dalla foggia delle iniziali. È una miscellanea di storia e di letteratura profana e si deve ritenere proprio un manuale scolastico usato al Laterano: accoglie, infatti, Eutropio con le aggiunte di Paolo Diacono e Landolfo Sagace, il *Laterculum imperatorum*, gli *Exordia regni Assyriorum, Amazonum, Scytarum*, l'*Historia Apollonii regis Tyri*, l'Epistola di Alessandro Magno ad Aristotele, l'*Historia Francorum*, l'*Historia Langobardorum*; e cioè, alla rinfusa, testi storici e romanzeschi, ugualmente impiegati, nelle scuole medioevali, per lo studio della storia (il Medioevo non distingueva, da un punto di vista retorico, tra *historia, argumentum, fabula*: posti come tre gradi dello stesso genere narrativo; mostrandosi anche in questo la scuola medioevale erede e fedele custode della retorica classica); essendo, d'altra parte, nella nozione medioevale — e anche in questo si verifica la continuità della tradizione classica — la *historia*, insieme con la *poesia, parte della grammatica*, definita — secondo la formula del grammatico Diomede — come, appunto, *scientia legendi poetas et historicos*, prima ancora che come *ratio recte scribendi et loquendi*.

Basta dunque il Vaticano lat. 1984 a dare testimonianza piena del fatto che la *Schola* lateranense è scuola di grammatica e di retorica; tanto più che nello stesso codice sono contenute poesie su Ettore e il giudizio di Paride, che han tutta l'aria di essere svolgimenti di temi assegnati per

Pagina del codice Vat. lat. 1984, c. 130 r. Roma, Biblioteca Vaticana (Fot. della Biblioteca).

esercitazioni scolastiche: si sa che in tutte le scuole i temi che preferibilmente si assegnavano sono quelli suggeriti dai testi che si leggevano, tra i quali avevan posto importante testi relativi alla materia troiana, l'*Ilias latina*, l'*Excidium Troiae*, il *De troiana vastatione*.

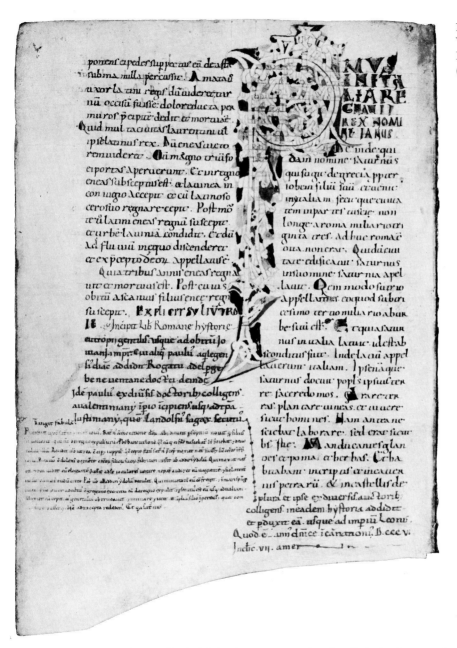

Pagina del codice
Vat. lat. 1984, c. 27 v.
Roma, Biblioteca Vaticana
(Fot. della Biblioteca).

Non c'è dubbio insomma che la *Schola* impartiva l'insegnamento, oltre che della musica, della grammatica e della retorica, cioè nel complesso delle *humanae litterae*; dopo le quali ovviamente stanno le *divinae litterae*, le scienze ecclesiastiche, essendo la scuola rivolta alla formazione dei sacerdoti della Chiesa romana; e resta che rispetto allo studio delle *divinae litterae* le lettere umane e profane — al Laterano come in tutte le scuole episcopali, capitolari, cenobiali — hanno funzione propedeutica, al modo stesso che nell'età classica gli studi letterari erano propedeutici allo studio della Giurisprudenza.

In conclusione, è certo che nella *Schola cantorum* i giovani ricevevano l'istituzione che li preparava non solo all'esercizio del ministero sacerdotale, ma anche alle funzioni proprie della cancelleria patriarcale; o, almeno, una iniziazione che consentiva l'accesso agli studi più alti, che compiutamente li avrebbero preparati alle funzioni curiali. Ed è anche certo che il perfezionamento della tecnica dettatoria gli iniziati dalla *Schola* lateranense conseguivano nell'ambito della curia, i cui capi erano certo anche maestri nella *Schola*, e in cui, ad ogni modo, la tecnica dettatoria si era fissata e stabilita, già nel secolo VIII, nel formulario che è noto sotto il titolo di *Liber diurnus pontificum romanorum*; in cui si accolgono, come esempi, epistole dettate nell'età anteriore. Sulla falsariga degli esempi proposti dal *Diurnus*, con le varianti suggerite dalle occasioni particolari, si formano, volta per volta, le lettere che la cancelleria spedisce; e basti citare l'esempio della lettera — accolta nel *Codex carolinus* — con cui papa Paolo I annuncia a Pipino la morte del suo predecessore e fratello Stefano II; e riproduce, con le opportune varianti, la formula stessa con cui, nell'età anteriore, la cancelleria annunciava la morte del Papa all'esarca, ed è entrata dunque nel *Diurnus* come modello degli annunci ai sovrani della morte dei pontefici.

Le osservazioni ora fatte sul *Diurnus*, che è dunque il formulario della cancelleria lateranense, ci conducono alla considerazione generale dei Formulari, che sono documento importante della storia della tecnica del dettare e dell'insegnamento dell'arte dettatoria, ininterrotto dall'alto Medioevo fino al sorgere della grande scuola di Bologna da cui abbiamo preso le mosse; e documento, inoltre, della validità della tesi che abbiamo proposta, e cioè del carattere strettamente professionale delle scuole grammaticali retoriche nel Medioevo e dell'inseparabilità dei due ambienti, scolastico e curiale.

I molti formulari dell'età merovingia e carolina a noi giunti sono stati pubblicati, com'è noto, dallo Zeumer nella Sezione V delle *Leges* dei *Monumenta Germaniae historica*; essi sono, dunque, raccolte di *formulae*, e cioè di modelli, di atti pubblici e privati — diplomi reali, mandati, suppliche, sentenze giudiziarie, contratti di compra-vendita, di permuta, di donazione, atti di dotazione e d'affrancazione, lettere-tipo; — raccolte messe insieme in servizio dei cancellieri regi, signorili, monastici, nonchè dei redattori pubblici degli atti tra privati.

Ora, importa rilevare che alcune cancellerie — le grandi cancellerie evidentemente: la cancelleria imperiale e apostolica, le cancellerie regie, le cancellerie delle chiese metropolitane — costituivano esse stesse i loro propri formulari. È il caso, appunto, del *Liber diurnus pontificum romanorum*, costituito, come si vedeva, nella tradizione della cancelleria lateranense. Ma più spesso i formulari venivano composti da dettatori curiali in servizio non solo di un ambiente determinato, e anzi circolavano abbastanza largamente; e occorre aggiungere che molto frequentemente i formulari sono composti e usati come manuali scolastici per l'insegnamento della tecnica epistolografica e attuaria; in questo senso appunto abbiamo posto i formulari come documento del carattere professionale della scuola clericale, il cui fine principale è il conferimento della tecnica dettatoria agli alunni che si preparano all'esercizio delle funzioni curiali.

Come *manuale scolastico* ci si presenta il *Formulario di Marcolfo*, dell'età merovingia; che, si dichiara nella prefazione, è stato messo insieme *ad exercenda initia puerorum*. Come repertorio e guida, certo, il formulario è stato usato dai notai delle curie e dai redattori degli atti tra privati che nella scuola si sono formati, ma non è questa la destinazione prima dell'opera, che è dunque, in origine, un manuale scolastico. Di sfuggita, notiamo che anche nelle formule marcolfine sono riconoscibili tracce dell'impiego del *cursus* (per esempio, nella formula *De privilegio: obtíneant firmitátem, paupéribus offerénte*); e che nelle formule dei diplomi e dei documenti che devono essere spediti dalla cancelleria regia il latino appare non solo corretto, ma impettito, fiorito, vigilatissimo. In queste formule, l'elocuzione è quella del *grande genus dicendi*.

Ora, molto importa ricordare che al Pirson il latino del Formulario, diligentemente indagato, è parso documento della perdita — nell'età merovingica — della conoscenza del «vero latino»; essendo molto corrotto, pieno di sgrammaticature e di spropositi di ogni genere; il che sembra tanto più grave quando si pensa che autore del formulario è un maestro di grammatica! In realtà, bisogna osservare che le negligenze e lo scarso rispetto della grammatica rilevati dal Pirson si riscontrano solo o specialmente nelle formule di quelle che il testo marcolfino definisce *cartae pagenses*, e sono atti tra privati riguardanti materia modesta, cui conviene lo stile dimesso. E salta subito agli occhi, anche a un'ispezione superficiale e sommaria, la differenza profonda che intercorre tra la latinità di queste carte e quella delle formule degli atti solenni di spettanza della cancelleria regia. Non dunque a ignoranza del latino sembra imputabile l'adozione di una lingua trascurata e sottratta alle regole,

Il vescovo Egberto.
Miniatura dell'*Evangelario di Egberto*.
Treviri, Landesmuseum (Fot. del Museo).

anche, della grammatica, bensì piuttosto all'intenzione di osservare la regola generale — che abbiamo qui sopra attentamente considerato — della necessaria congruenza della lingua e dello stile alla materia da trattare.

Ripetiamo che, ovviamente, anche un criterio di comodità ha parte importante nell'adozione dello stile dimesso e di una scrittura che prescinde dall'osservanza delle regole della grammatica; ma, d'altra parte, nelle mie *Origini*, ho espresso recisamente la convinzione che negli scrittori dell'età merovingia e longobarda l'evasione dai modi del latino tradizionale sembra segno di una coscienza che quegli scrittori vanno acquisendo o già hanno acquisito, del fatto che la lingua della tradizione è del tutto inattuale, isolata dall'uso corrente nei diversi ambienti, anche non infimi culturalmente; è divenuta, ormai, uno strumento che solo con enorme difficoltà e imperfettamente può essere maneggiato dalla generalità; è divenuta in ogni modo una lingua che, anche se usata nella sua integrità dall'esigua minoranza che per la sua formazione culturale sa ancora impiegarla correttamente, non è più, dalla grande maggioranza, agevolmente compresa. Sembra dunque lecito affermare che non sempre di ignoranza si tratta, ma spesso dell'affermarsi del convincimento, nella coscienza degli uomini anche colti del VII e VIII secolo, che ormai è necessario cambiar lingua. Il che è affermato molto lucidamente dallo Strecker (1): « Alcuni autori, che pure avevano conservato il senso della bellezza e della correttezza formale, sacrificano alle tendenze del tempo e scientemente introducono nei loro scritti volgarismi al solo fine di farsi intendere. Nasce così nel corso dei secolo V e VI una lingua che fortemente si scosta dalla ortografia, dalla morfologia, dalla sintassi tradizionale » e fa largo posto a termini di origine celtica e germanica, pertinenti specialmente al lessico militare e giudiziario. Cioè: l'indifferenza degli scrittori del VI secolo alle norme della grammatica deriva non tanto dall'ignoranza, quanto piuttosto dall'intenzione di cambiar lingua; di creare cioè uno strumento dell'espressione che non sia del tutto remoto dalla viva attuale esperienza dei parlanti. Si tratta di una insurrezione contro la tradizione, come si riconosce nel fatto che alcuni scrittori, anche illustri, proclamano di aver voluto coscientemente usare una lingua ribelle ai vincoli della grammatica tradizionale, che pur conoscono benissimo, ma non intendono osservare; e basti citare Gregorio Magno: «*ipsam loquendi artem quam magistri disciplinae exterioris insinuant, servare* despexi...

---

(1) Nella sua *Einfürung in das Mittellatein*, Berlino 1929, tradotta in francese da P. De Woestijne, Gand 1933.

non metacismi collisionem fugio, non barbarismi confusionem devito, situs motusque et praepositionum casus servare contemno... ».

Despexi, contemno, non *nescio,* come ha ben visto il Comparetti; Gregorio non ignora le regole di Donato, bensì considera artificio inutile la grammatica della scuola, ritenendo che meglio si possa esprimere il pensiero se si rinuncia ai vincoli di una tradizione non più attuale.

Ora, questa consapevole insurrezione anti-tradizionalista, così chiaramente riconoscibile e documentabile, è fatto di estrema importanza in ordine al grande evento delle origini linguistiche neolatine: il tentativo di usare una nuova lingua della scrittura, non più del tutto distaccata dalla lingua corrente, promuove quel processo di strutturazione e di definizione per cui le « favelle romane rustiche », in cui il latino comune si era disintegrato e decomposto in un lungo processo che incomincia già nel III secolo, sono reintegrate e ricomposte in modo che da mezzi puramente elementari di comunicazione, divengono *lingue,* e cioè strumenti idonei all'espressione in certo modo letteraria. In questo processo di strutturazione sono impegnati in diverso grado sia i redattori dei Codici dei regni romano-barbarici — *Lex romana Wisigothorum, Editto di Rotari,* ecc. — sia i redattori delle carte pubbliche e private, sia i vescovi, che nei volgari rustici predicano ai fedeli la divina parola. E basti questa osservazione a indicare l'importanza che il latino delle carte ha in ordine al riconoscimento degli svolgimenti della storia culturale e linguistica del mondo romano-germanico nei secoli tra il VI e l'VIII.

Occorre però subito dichiarare che l'insurrezione anti-purista e anti-tradizionalista del VI secolo è prontamente repressa (e non importa se la repressione non serve a imbrigliare quel processo di strutturazione e di definizione letteraria delle favelle romane rustiche, cui abbiamo ora accennato): nell'età carolina l'impero della tradizione è pienamente ristabilito — è il fatto che la storiografia dell'800 ha posto come il *rinascimento carolingio,* cioè la restaurazione dei buoni studi operati da Carlo Magno — e si inizia la storia del classicismo umanistico.

Importava molto dare un po' d'attenzione alla vicenda del latino, diremo, curiale definito nella tradizione scolastica dell'alto Medioevo, per riconoscere appunto che quella tradizione non è ferma e chiusa in un rigido atteggiamento conservatore, ma si svolge attraverso l'urtarsi e l'intrecciarsi delle tendenze conservative e innovative, di cui sempre risulta la storia della cultura.

A confermare quel che abbiamo ripetutamente affermato, e cioè che gli studi grammaticali e retorici, nella scuola clericale, non sono fini a se stessi, ma servono alla formazione degli ufficiali curiali, oltre che dei sacerdoti, prenderemo ora in considerazione la struttura delle biblioteche — di cui ci son giunti i cataloghi — che sempre troviamo annesse a tutte le scuole, capitolari, vescovili, cenobiali.

La grande biblioteca capitolare di Verona — l'unica grande biblioteca del Medioevo, che, per singolari circostanze, sia giunta intatta fino a

Pagina del *Capitulare* di Cresconio.
Biblioteca Capitolare di Verona, Cod. LXII, c. 13 r.
(Fot. Orlandini).

noi — accoglie volumi prodotti tutti o quasi tutti dalla officina scrittoria annessa alla scuola, in servizio della scuola stessa; il libro più antico — si fa risalire al secolo VI: e dà dunque testimonianza delle remote origini della tradizione scolastica veronese — è un Gaio palinsesto; all'età del magistero di Egino (secolo VIII, seconda metà) appartengono il *Capitulare* di Cresconio e un'*Abbrevatio* di canoni visigotici: libri che documentano

Pagina del *Capitulare* di Cresconio.
Biblioteca Capitolare di Verona, Cod. LXII, c. 13 r.
(Fot. Orlandini).

dunque che l'attività di Egino si esplica nell'esemplare codici di materia giuridica, oltre che patristica e letteraria. E ciò basta a dimostrare che nell'età pre-carolina e carolina, il programma di studi della scuola di Verona, oltre la Grammatica, la Retorica, la Dialettica — in servizio di queste discipline la biblioteca possiede una suppellettile libraria assai copiosa — comprendeva, nonchè le *divinae litterae*, la scienza del diritto civile e canonico.

A sinistra e a destra:
pagine delle *Ricognizioni* clementine.
Vercelli, Biblioteca Capitolare (Fot. Chomon Perino).

patrem filii restituent do
indubitautem iciniumoomni
pl uietuenientidiedominica
baptidiabiteumadquemedio
populi et conuersione eius
materiam sumensomnes casus eius
exposuit it auto consciuit asquasi ange
lumeum aspicere tetnon minoremei
gratiamquamapostolo exhiberet

AMEN

SCI CLEMENTIS EXPLICIT
LIB XI QUAE PUT LATINOS
DIFFICILE INUENIRI POTEST
qui legis ora pro me

A sinistra e a destra: pagine dei *Capitolari* dei re di Francia. Vercelli, Biblioteca Capitolare (Fot. Chomon Perino).

Il catalogo della biblioteca capitolare di Vercelli rivela la presenza di libri, scritti anteriormente all'età carolina, di contenuto giuridico: le *Ricognizioni* clementine, i *Capitolari* dei re di Francia, gli *Editti* dei re longobardi.

Nella biblioteca capitolare di Modena è una *Collectio canonum* del VII secolo; la biblioteca del monastero augiense in Reichenau possedeva la *Lex theodosiana*, un volume *De diversis romanorum legibus*, le leggi *ripuaria, alemannica, salica, longobarda*, i *Capitolari* di Carlo Magno e di Ludovico il pio; la biblioteca di S. Gallo possedeva la *Lex salica* e *ripuaria* e i *Capitularia regum Francorum*; la grande biblioteca di Bobbio possedeva, oltre il *De canonibus* di Isidoro e molti libri di canoni, il *Codice* giustinianeo, il *Liber pandectarum*, il *Liber legis Langobardorum*.

iuxta uoluntatem di & uram scam ammonitionem & con
siderationem ut si forte extra officium nrm alicubi inuentu
fuerit ammonere uram clementiam audeamus utemendet.

C·XXXII DE REBUS PAUPER QUL MINUS POTEN
TIUM MALA OCCASIONE NON EMENDIS

Propter prouisiones pauperum pro quibus curam habere
debemus placuit nobis ut nec epi· nec abbates nec comites
nec uicarii nec iudices· Nullusq; omnino sub mala occasione
uel malo ingenio res pauperum uel minus potentum
nec emere nec ui tollere audeat. Sed quisquis ex eis
aliquid comparare uoluerit in publico placito coram
bonis testibus & cum rationes e faciat. Ubicumq; autem
aliter inuentum fuerit factum hoc omnino emendetur
pius sione uram. C·XXXIII DE FESTIUITATIBUS ANNI

Festos dies in anno celebrare sanximus. hoc est di dominicu
paschę· cum omni honore & sobrietate uenerari· simili
modo totam ebdomadam illam obseruare decreuimus.
Diem ascensionis dni pleniter celebrare. In pentecos
ten similiter ut in pascha. In natale apostolorum
p&ri & pauli diem unum· Natiuitatem sci ioh bap
tiste· Adsumptionem scae mariae· Dedicationem
sci michaelis· Natale sci remei· sci martini· sci andreę·
In natale dni dies· IIII· octabas dni· epiphaniam dni
Purificationem scae mariae· & illas festiuitates

Non c'è dubbio: il programma di studio della scuola clericale, anche nell'alto Medioevo, va oltre le discipline propedeutiche del Trivio; e come ai chierici destinati al sacerdozio conferisce la scienza delle *divinae litterae*, così ai chierici avviati all'esercizio delle funzioni curiali — *iudices*, *abbreviatores*, *notarii* — conferisce, oltre che l'arte del *dictare*, le sia pur elementari cognizioni giuridiche che sono indispensabili alla prassi della giurisdizione e della amministrazione, nonchè alla confezione degli atti pubblici e privati (i quali ultimi, come abbiamo visto per la testimonianza del Formulario marcolfino e meglio tra poco mostreremo), erano nell'alto Medioevo redatti, oltre che dai preti, appunto dai *notarii* curiali. Del resto, le due funzioni — sacerdotale e curiale — non sono chiaramente separabili, non solo perchè sempre o molto spesso congiunte nelle stesse persone, ma anche perchè effettivamente, per quel che riguarda la Chiesa, non è facile separare l'attività dei chierici più propriamente religiosa — liturgia, magistero — da quella concernente l'amministrazione ecclesiastica.

D'altra parte, anche le curie laiche, non solo la curia regia o imperiale, ma anche le curie marchionali e comitali, si servono dei chierici non solo per il ministero della Cappella, ma anche per gli atti dell'amministrazione e della giurisdizione: non solo cappellani, ma anche abbreviatori e notai costituiscono, appunto, il clero palatino. E appunto la presenza ben accertata dei chierici nelle aule signorili mi è servita, nelle *Origini*, a rendere evidente l'inconsistenza della vecchia dottrina che poneva il mondo clericale e il mondo laicale signorile come due mondi distinti e separati, estranei l'uno all'altro.

È un dato pienamente accertato che tutte le cancellerie regie e imperiali, da Carlo Magno in poi, sono in necessaria dipendenza dai circoli ecclesiastici e l'arcicancelliere appartiene quasi sempre all'ordine episcopale; e si tratta di chierici che non solo sono stati alunni delle scuole capitolari o cenobiali, ma spesso, come sappiamo, sono stati di quelle scuole maestri.

Di questa condizione offriremo un solo esempio molto indicativo, quello della cancelleria del Regno Italico; perchè in ordine ad essa ci soccorrono gli studi di quel grande maestro che fu Luigi Schiaparelli, il quale, come è noto, ha raccolto e pubblicato tutti i diplomi superstiti dei Berengari, di Guido, di Lamberto; e ha fatto importanti osservazioni sulla costituzione delle loro cancellerie, sulle formule usate, sui modi tecnici del dettato. Della tecnica adibita dalla cancelleria berengariana daremo qui un breve saggio, scelto naturalmente a caso:

Si regalis providencia divino inflammata amore sacratis locis libenter *exhibére conclúdit*, procul dubio gloriam eterne possessionis promerebitur et divinis aminiculis regnum eius fulciri non ambigitur. Qua propter, omnium fidelium sancte Dei ecclesia... noverit sol-

Pagina
degli *Editti*
dei re longobardi.
Vercelli,
Biblioteca
Capitolare
(Fot.
Chomon Perino).

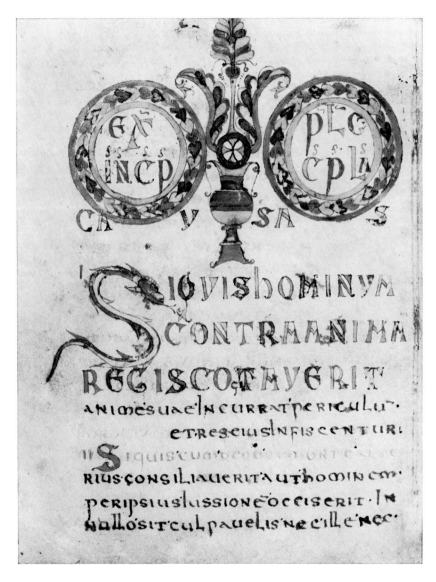

lercia Federicum verendissimum patriarcham, nostrum videlicet spiritalem patrem, nostram humillime adiit mansuetudinem postulando quatenus... quandam aquam nomine Natissum, que inferius Hantone cognominatur, sancte Aquilegiensis ecclesiae perpetuis temporibus habendam iure proprietatis *concédere dignarémus*.

La tecnica, come si vede, propria dello stile oratorio di grado elevato che comporta sia la preferenza delle parole e locuzione difficili e per gli astratti, sia la complicata coniugazione del discorso, sia l'esigenza di osser-

147

vare — almeno in qualche caso — le regole del ritmo corsivo [abbiamo segnato le cadenze *exhibére conlúdit* e *concédere dignarémus*, che realizzano rispettivamente il (cursus planus) e il (cursus velox)].

L'esempio citato, come si diceva, è stato scelto a caso; il che significa che qualunque altro documento diplomatico uscito dalla cancelleria del Regno italico nei secoli IX-X ci poteva offrire le stesse indicazioni. Non c'è dubbio che i dettatori che si succedono nella cancelleria siano partecipi di una tradizione; ed è stato riconosciuto che effettivamente quei dettatori sono tutti maestri e scolari della scuola capitolare di Verona, la cui importanza nella storia culturale italiana nell'alto Medioevo ho messo in rilievo nelle mie *Origini*, identificando una tradizione letteraria « veronese », cui sono pertinenti i *Versus de Verona* (secolo VIII), i ritmi del codice capitolare XC, i ritmi *O Roma nobilis* e *O admirabile Veneris idolum*, il carme in onore di Adalario e specialmente il poemetto *Gesta Berengarii imperatoris* (che nell'originale aveva un titolo greco, Πανεγυρικόν Βερενγαρίου Ανικήτου Καίσαρος), il prodotto più importante uscito dall'officina veronese. Son 1019 esametri, preceduto da un prologo in distici, in cui si adombrano, travestiti in classici paludamenti uomini e cose e avvenimenti del periodo che va dall'877 al 915, di cui è protagonista Berengario duca del Friuli; che nel dicembre del 915 appunto, dopo lunghe lotte con Guido e Lamberto, con Ludovico III, Rodolfo di Borgogna e Arnolfo, è coronato imperatore per mano di Giovanni X. Il Panegirico rivela uno studio profondo del poema virgiliano, della *Tebaide*, dell'*Achilleide*, dell'*Ilias* latina, ma anche dell'innografia cristiana, nonchè della poesia latina dell'età carolina e anche successiva. Del pieno e sicuro dominio che l'autore ha della tecnica dell'elocuzione sublime dà testimonianza specialmente il prologo (e sappiamo che le formule protocollari ed escatocollari richiedevano, secondo l'insegnamento della retorica, uno stile particolarmente elaborato e prezioso e difficile):

> Non hederam sperare vales laurumve, libelle
> que largita suis tempora prisca viris
> contulit hec magno labyrinthea fabula Homero
> Aeneisque tibi, docte poeta Maro.
> Atria tunc divum resonabant carmina vatum:
> respuet en musam queque proseucha tuam;
> Pierio flagrabat eis sed munere sanguis:
> prosequitur gressum nulla Thalia tuum.

E della cultura grammaticale del Panegirista di Berengario danno testimonianza le glosse che l'autore ha posto al suo poema, e derivano dagli scolii di Servio all'Eneide, dalle *Etimologie* isidoriane, dall'*Institutio* di Prisciano, dal *De ratione metrorum* di Mario Vittorino, dalle *Nuptiae* di Marciano Capella, dalle *Mythologiae* di Fulgenzio, dagli *scolii* di Lattanzio Placido a Lucano e a Stazio, dal *De verborum significatione* di Festo, nonchè dagli *Epitomata* di Paolo diacono; cioè da opere che sono presenti in tutte le biblioteche annesse sempre alle scuole capitolari ed episcopali perchè sono gli strumenti necessari all'insegnamento della prima arte, la Grammatica, che si impartiva mediante la lettura e il commento degli *auctores*. E non solo degli *auctores* classici. Credo di avere io stesso dimostrato, mediante l'analisi di alcuni codici miscellanei destinati senza dubbio all'uso della scuola, che certamente la scuola clericale assumeva gli autori moderni nel canone degli autori sui quali l'insegnamento grammaticale, e cioè let-

Chiostro del Canonicato di Verona (Fot. Alinari).

terario, si fondava. L'accostamento degli autori moderni e contemporanei agli autori classici nella prassi scolastica si rileva nella costituzione delle sillogi (composte in vari centri di studio — a San Gallo, a Fulda, a Verona, a S. Marziale di Limoges, a Trevi, a Bamberga — nei secoli tra l'VIII e l'XI) in cui si accolgono componimenti relativamente antichi (di Sedulio, di Venanzio, di Eugenio Toletano), ma per lo più componimenti moderni prodotti nelle officine scolastiche: saggi, si direbbe, di maestri e scolari particolarmente riusciti, proposti come modello ai tirocinanti; *dictamina* che, composti nella scuola per esercizio, nella scuola si leggono e si studiano per verificare l'applicazione felice della tecnica e apprenderne i segreti. Della stessa tendenza a utilizzare gli autori moderni e contemporanei per lo studio della grammatica danno testimonianza la copia glossata dell'*Alessandreide* di Gualtiero di Châtillon che sta nella collezione capitolare di Novara, e l'esempio del *Bellum parisiace urbis* di Abbone, che pure ci è giunto glossato. Con questi, evidentemente va collocato il Panegirico di Berengario, corredato di glosse, come s'è visto, e dunque usato nella scuola come libro di lettura per lo studio della Grammatica.

Usato, dobbiamo aggiungere, dal suo stesso autore, che è fuori dubbio un maestro di grammatica: l'Ongaro, indagatore della storia della scuola e della biblioteca capitolare di Verona, è arrivato a proporre un'identificazione dell'autore che sembra veramente plausibile; ed è molto importante in ordine al problema che ci occupa. In mancanza di testimonianze oggettive, osserva l'Ongaro, ogni tentativo di riconoscere l'autore del poemetto non può fondarsi se non su criteri intrinseci al testo, rilevati mediante l'indagine del testo stesso. E l'analisi porta a rilevare che il poeta è un italolongobardo, spregiatore dei Franchi e dei Borgognoni, che giudica barbari Arnolfo e i Tedeschi; un chierico (*famulus Christi*) che mostra larga cultura ecclesiastica (i versi che trattano del peccato originale rivelano lo studio del *De natura et gratia* di S. Agostino, e una sicura conoscenza della Scrittura), oltre che l'amplissima cultura umanistica da noi qui sopra rilevata; d'altra parte, il fatto che nel poema è descritta con cura e fervore la città di Verona, suggerisce l'ipotesi che veronese sia il nostro verseggiatore; mentre il fatto che nel poema si accenna a una diretta conoscenza della reggia di S. Pietro in Castello e degli scribi e dei silenziarii della curia, induce a ritenere l'autore legato, appunto, all'ambiente curiale berengariano. Ora, osserva sempre l'Ongaro, la cancelleria di Berengario, che ha costituito centro della sua politica a Verona, si appoggia prevalentemente sul clero e sulla scuola veronese: fin dall'844 troviamo come arcicancelliere il vescovo veronese Adalardo, cui succede Pietro, vescovo di Padova; dal 908 al 922 è

Pagina glossata
dell'*Alessandreide*
di Gualtiero
di Châtillon.
In basso: particolare
delle glosse.
Novara,
Biblioteca Capitolare
(Fot. Bazzani).

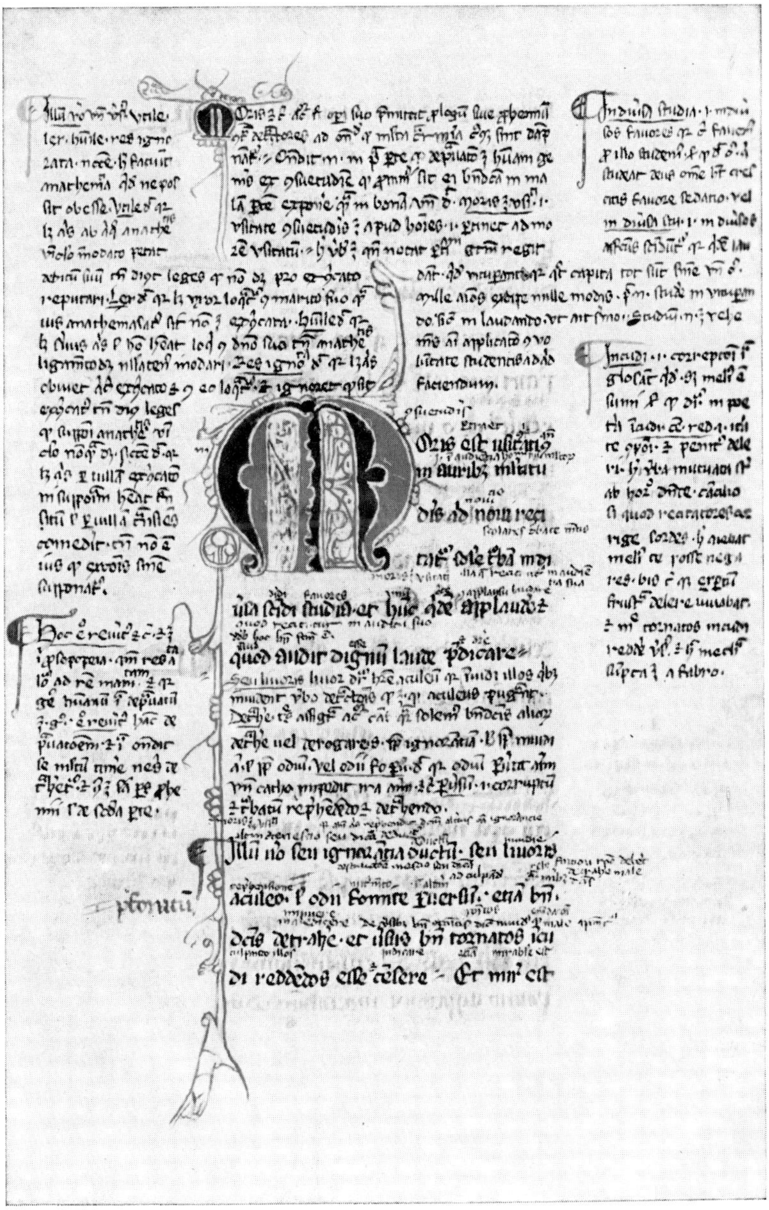

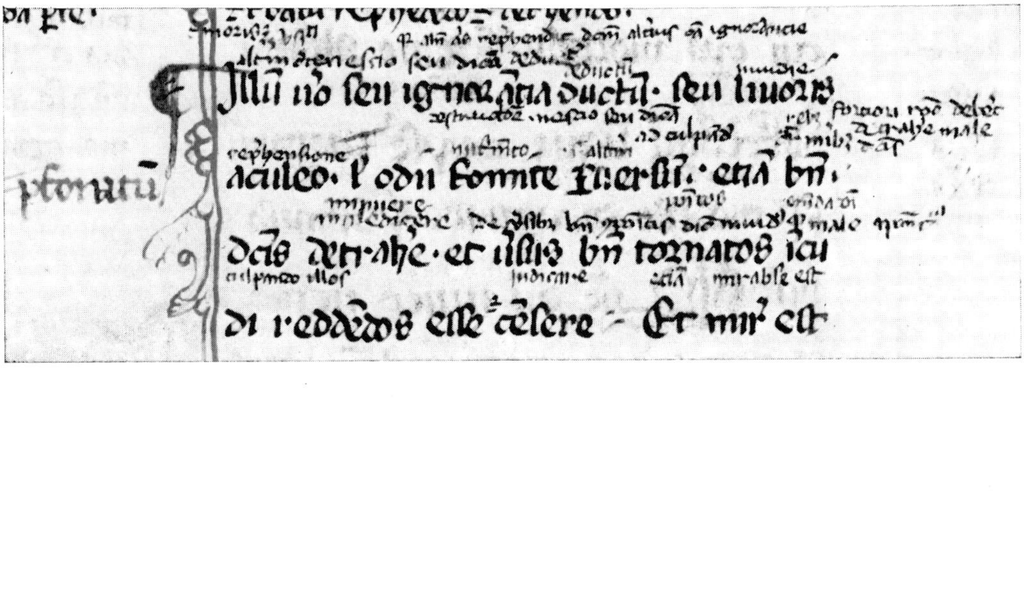

Pagina glossata dell'*Alessandreide* di Gualtiero di Châtillon.
Novara, Biblioteca Capitolare (Fot. Bazzani).

capo della cancelleria di Berengario Giovanni, chierico di Verona, promosso poi alla sede episcopale cremonese per i suoi meriti verso l'imperatore. Con questo Giovanni chierico e maestro veronese l'Ongaro propone di identificare il Panegirista di Berengario; ed è certo che Giovanni risponde veramente a tutti i dati che abbiamo riconosciuti pertinenti all'autore dei *Gesta*; che deve essere, com'è Giovanni, chierico e scolastico veronese, e inoltre uomo di curia strettamente vicino alla persona dell'imperatore. All'identificazione dell'Ongaro non si possono muovere obiezioni di rilievo: un grande maestro della grande scuola di Verona, autore di un *dictamen* elegante che non esita, secondo una tradizione che abbiamo dimostrato largamente affermata, a usare come strumento del suo insegnamento grammaticale, è l'arcicancelliere di Berengario: è il fatto che il capo della cancelleria sia un grande maestro di grammatica e di retorica, spiega il tono e la qualità del dettato della diplomatica del Regno Italico.

Così dunque dalle indicazioni della diplomatica del Regno Italico risulta evidente la dipendenza degli ambienti curiali laici dall'ambiente della scuola clericale, in cui han ricevuto la loro istituzione o son stati maestri i cancellieri, i notari, gli abbreviatori, i giudici che operano nelle curie laiche appunto (1).

C'è tuttavia una curia — la massima curia italiana — che certamente a partire dal IX secolo, ma secondo un'ipotesi del Mengozzi anche prima, ha provveduto direttamente alla formazione dei propri funzionari; ed è la curia regia di Pavia, alla quale appare legata una scuola di diritto — e naturalmente delle *artes* — in cui sono maestri gli ufficiali stessi della curia, i giudici e i notari del Sacro Palazzo — *iudices et notarii Sacri Palatii* — le cui sottoscrizioni si trovano negli atti dei placiti dei secoli IX e seguenti presieduti dal sovrano assistito dai giudici palatini o dagli stessi giudici palatini come *missi* del re (2).

Una scuola giuridica pavese è ampiamente documentata per il secolo XI; e dei più illustri *magistri papienses* ci è giunto il nome. Il primo di cui abbiamo testimonianza è Sigefrido (991-1043), grammatico peritissimo che si firma con lettere greche e *iudex sacri Palatii* — giudice, cioè, del tribunale supremo; — a lui contemporanei o di poco posteriori Bonfiglio (1013-56) e Guglielmo; della generazione successiva il figlio di Guglielmo, Ugo; e forse Walcauso, autore di una raccolta di leggi. Su tutti domina Lanfranco di Pavia, il supremo *magister* della scuola pavese; il quale, abbandonata la patria circa il 1035, dopo aver insegnato nelle scuole di Avranches e di Rouen entrò nell'abbazia di Bech in Normandia e vi fondò una grande scuola, nella quale si formarono, tra gli altri, Anselmo

---

(1) Per tutta la trattazione che precede cfr. le mie *Origini*, 3ª ediz., pag. 116 segg.; pag. 384 e seguenti.

(2) Per tutta la trattazione relativa alla scuola palatina di Pavia cfr. le mie *Origini* 3ª ediz., pag. 153 segg.; e i capitoli VI e VII, *passim*.

d'Aosta, Anselmo di Lucca, Papa Alessandro II, Ivone di Chartres; e dopo la conquista normanna divenne arcivescovo di Canterbury e primate d'Inghilterra; e giganteggia nel mondo religioso politico culturale del suo tempo; e dopo l'ingresso nella vita monastica e sacerdotale è, specialmente, teologo grandissimo, che però sa servirsi delle armi affilatissime delle arti liberali e specialmente dalla dialettica che aveva professato a Pavia: i procedimenti impiegati da Lanfranco nel *De corpore et sanguine Domini* bastano a darci la misura dell'altissimo grado degli studi retorico-giuridici coltivati nella scuola delle arti liberali di Pavia; nella quale certo fu maestro anche il celebre lessicografo Papias, poco dopo Lanfranco.

È appena il caso di ricordare che nella scuola pavese le arti liberali sono propedeutiche e ausiliarie della scienza giuridica; e cioè che la scuola di Pavia è essenzialmente una scuola di diritto; i cui maestri nell'XI secolo, come ha felicemente rilevato Enrico Besta, sono tutti, senza eccezione, giudici e ufficiali del *Palatium* regio e cioè della curia palatina: i *magistri papienses* del secolo XI e del precedente che abbiamo ricordato, Sigifredo, Guglielmo, Ugo, Walcauso, sono tutti giudici palatini che s'incontrano migranti col sovrano nei vari placiti o presidenti dei placiti stessi, come abbiamo accennato; per cui è validissima la proposizione del Besta che afferma che la creazione e la definizione scientifica del diritto e la prassi giurisdizionale e forense che ne dipende sono opera degli stessi uomini che operano in un unico ambiente (scuola e curia, appunto, appaiono costituire nella Pavia dell'XI secolo un ambiente unico) e seguono gli stessi orientamenti e gli stessi metodi.

Orientamenti e metodi che appaiono evidenti nel prodotto più notevole della scuola giuridica pavese, nell'*Expositio libri papiensis* o, semplicemente, *Liber papiensis* composto certamente dopo il 1059 e prima del 1089. Nella prefazione, l'autore parla del posto che il *Liber* ha negli studi filosofici, sicchè appare chiaro che il libro è destinato all'uso della scuola; ma la struttura della parte sostanziale dell'opera dimostra che essa, più che alla scuola e agli studenti è rivolta ai giudici *in Langobardorum causis iudicantibus*; il *Liber*, afferma il Besta, è contemporaneamente un manuale scolastico e un manuale professionale — esattamente come il Formulario marcolfino, di tanti secoli anteriore, che abbiamo qui sopra considerato — quale appunto poteva comporre un giurista legato alla tradizione pavese, nella quale le funzioni di maestro della scuola e di giudice del *Palatium* sono sempre congiunte, come si vedeva, nella stessa persona.

Il Besta ha messo acutamente in rilievo che il *Liber* è una glossa o commento all'Editto e ai Capitolari dei successori di Rotari; glossa che non solo sviluppa i princìpi giuridici contenuti nella legge longobarda, ma anche colma le lacune del diritto germanico codificato facendo ricorso al diritto romano. Criterio fondamentale del *Liber* è che la *lex romana* codificata da Giustiniano sia *omnium generalis*, legge, cioè, rispetto alla quale le codificazioni barbariche non sono che *Novellae*, modificanti o abroganti disposizioni non più convenienti alle situazioni nuove; e che pertanto secondo la legge romana si devono giudicare tutte le cause per le quali non soccorrono gli editti e i capitolari.

Questa dottrina che pone il codice giustinianeo come *lex omnium generalis* — pone cioè il diritto romano come unico legittimo e le leggi barbariche come statuti o costituzioni che riguardano situazioni particolari e sono validi solo in quanto riferibili al diritto romano — è la grande conquista della scuola pavese del secolo XI, di cui i grandi maestri di Bologna danno molto onorevole giudizio.

Ora, questa scuola giuridica di Pavia era stata raffigurata dai vecchi storici del diritto come l'officina in cui è stato scientificamente elaborato il diritto nazionale longobardo; ma il criterio fondamentale del *Liber*, messo in luce dal Besta, mostra imperiosamente che i maestri pavesi della seconda metà del secolo XI, sono romanisti, che sul diritto romano fondano gli elementi giuridici pertinenti al codice longobardo. Maestri « moderni » quelli dell'età dell'autore del *Liber;* ma già i *magistri antiqui* di Pavia — per esempio, i giudici di cui si servì Leone di Vercelli dal 922 al 1022 — sapevano usare delle Istituzioni, del Codice, di parte delle Pandette. In realtà, la nozione della legge romana come *lex omnium generalis* non è da ritenersi conquista del pensiero pavese del secolo XI: i criteri scientifici che dominano l'attività della scuola pavese dell'XI secolo, storicamente attestata e documentata, appaiono pienamente concordanti con le tendenze, diremo, romanistiche dei giuristi che hanno presieduto i placiti — o vi sono intervenuti — di cui ora facevamo parola.

Nel placito tenuto a Piacenza nell'885 alla presenza di Arnaldo e Adalberto giudici del Sacro Palazzo; e nel placito tenuto a Reggio nel 961 alla presenza di Giselberto messo dell'imperatore Ottone, il procedimento è inteso a far autenticare e legittimare dall'autorità costituita una proprietà dell'attore, non un possesso puro e semplice: proprietà che deriva non da uno stato di fatto, ma da una situazione di diritto attestata da documenti pubblici o privati (un precetto imperiale nel primo processo, una carta di permuta nel secondo). I processi si svolgono così: l'attore presenta al giudice i documenti che attestano il suo diritto; il giudice domanda al convenuto se riconosce i documenti veri e buoni o se intende *contradicere* o

Miniatura del Codice Gertrudiano, con figura del donatore.
Cividale, Museo (Fot. del Museo).

subtrahere qualche cosa dei diritti di proprietà affermati dall'autore; ottenuto dai convenuti il riconoscimento della validità dei documenti riprodotti e la dichiarazione che non si intende fare opposizione alcuna, il giudice sentenzia che gli attori debbano *habere et detinere ad suam proprietatem* (la formula è identica negli atti dei due placiti: deriva evidentemente da un formulario) la terra di cui si legge nel precetto imperiale nel primo processo, e nella *carta permutacionis* nel secondo. L'identità delle formule usate nel processo di Reggio del 962 e in quello di Piacenza dell'855 è di grande importanza, perchè mostra con tutta evidenza il fedele continuarsi nell'età ottoniana degli istituti usati nell'età precedente: il giudice di Ottone dipende dalla stessa tradizione giuridica cui appaiono legati i giudici del Sacro Palazzo pavese del secolo IX, applica la stessa procedura, usa gli stessi formulari. Questo fatto rileva l'invalidità della tesi, cui già abbiamo accennato, dei vecchi storici i quali ritenevano che la scuola pavese di cui abbiamo riconosciuto l'attività nell'XI secolo fosse sorta alla fine del X secolo, al tempo di Ottone appunto, ad opera di giudici palatini tedeschi.

Il processo celebrato a Piacenza nell'885 — come quello di Reggio del 961 — si dice processo per *ostensio cartae*; ed è un istituto giuridico elaborato dai giudici del Sacro Palazzo anteriormente all'avvento degli Ottoni, sul fondamento di nozioni suggerite dal diritto romano e dalla tradizione che ne dipende. Altri istituti processuali usati dai giudici palatini pavesi — il processo *finis intentionis terrae*, il *finis intentionis status*, l'*investitura salva quaerela* — illustra il Mengozzi, dimostrandone *ad evidentiam* la dipendenza dalla tradizione giuridica romana; per concludere che la prassi del tribunale supremo pavese dei secoli IX-X evidentemente non si spiega se non col presupposto che essa sia preceduta e sorretta da una elaborazione scientifica degli istituti giuridici che la prassi stessa applica; elaborazione definita nella tradizione del Sacro Palazzo e della scuola giuridica ad esso congiunta come abbiamo accennato; ed è tradizione in cui chiaramente si riconosce la tendenza a usare largamente del patrimonio delle dottrine e delle istituzioni giuridiche romane; e cioè la tendenza stessa che abbiamo riconosciuto nella scuola giuridica pavese, storicamente documentata che precede la scuola bolognese.

Conviene ora aggiungere — per tornare alla considerazione dei notai o *exceptores* o tabellioni da cui abbiamo preso le mosse — che i dati che abbiamo accertato consentono di riconoscere che nell'alto Medioevo si mantiene la tradizione romana dei redattori pubblici degli atti tra privati, dei notai, che in grado certo minore dei dettatori delle cancellerie sono tuttavia partecipi della tradizione retorica e giuridica; sono stati, cioè, iniziati dalla scuola all'esercizio della professione; consentono cioè di riconoscere che la tradizione grammaticale e giuridica, sia pure di grado e tono modesto, è già nell'alto Medioevo abbastanza divulgata e diffusa.

Effettivamente il processo per *ostensio cartae* presuppone la documentazione della proprietà. Il che significa che, seppure con la conquista longobarda scompaiono le curie e gli uffici e i *tabularii* e i tabellioni e cessano gli atti che questi ufficiali compivano nell'età romana, è continuato tuttavia il sistema di documentazione per mezzo di quegli atti che le leggi romane definivano *publice confecta*, che *exceptores* e *notarii* han continuato a redigere in forma non dissimile da quella dell'età precedente. L'*exceptor* continua la sua opera nell'età longobarda e franca; e continua ad essere non solo lo scrivano pubblico cui i cittadini si rivolgono per la registrazione dei loro atti privati, ma anche lo scrivano della città, come indicano sicuramente i non molti ma molto significativi documenti che ci son giunti a questo riguardo.

Oltre all'*exceptor civitatis*, notarii esercitano la loro funzione, per tutto il periodo longobardo, non solo presso la corte regia, ma anche presso tutte le corti ducali e gastaldiali; redigendo atti della stessa natura di quelli redatti dai notarii nell'età romana.

Il regolamento ufficiale dell'attività dei redattori pubblici degli atti tra privati è stabilito dalla costituzione di Lotario dell'832 (1); la quale definisce che la nomina dei notarii dev'essere fatta dall'autorità pubblica; fa divieto al notaio di redigere atti fuori dal territorio di sua competenza senza autorizzazione del conte; in rapporto a questa determinazione territoriale sancisce l'obbligo della residenza; fa del notaio una persona di fede pubblica, obbligandolo a un giuramento da pronunciarsi all'atto della nomina; e stabilisce il grado di cultura che occorre avere per potere conseguire la nomina.

Naturalmente un'attività di notarii redattori pubblici degli atti tra privati è riconoscibile nell'età anteriore alla costituzione di Lotario; e basterà ricordare quel che abbiamo detto qui sopra a proposito del Formulario di Marcolfo: nel quale dunque, oltre ai modelli di atti relativi a *magnae res* che sono spediti dalla cancelleria regia, stanno anche le formule delle *cartae pagenses*, cioè degli atti stipulati tra privati; i quali evidentemente sono redatti da *exceptores* formati nelle scuole in cui il Formulario si usava come manuale.

(1) *Origini*, 3ª ediz., pag. 294.

Il codice 490 della Biblioteca Capitolare di Lucca (Fot. Cortopassi).

In questo senso molto significativi sono i dati offerti dallo Schiaparelli nel suo studio sul codice 490 della Capitolare di Lucca (1).

Il codice (un grosso volume in due parti) scritto da diverse mani — una quarantina — appare evidentemente prodotto nell'officina scrittoria locale, in servizio della scuola (officina certo molto importante se in essa operano quaranta scribi). Ora è stato facile accertare che le caratteristiche delle scritture corsive impiegate nel codice si ritrovano nelle carte private lucchesi della stessa età, redatte da scrittori che portano tutti titoli ecclesiastici, cui spesso aggiungono l'indicazione di *notarius: notarius*, evidentemente, *sanctae ecclesiae lucensis*. Il che significa che gli scribi redattori delle carte

(1) Cfr. le mie *Origini*, 3ª ediz., pag. 244 e seguenti.

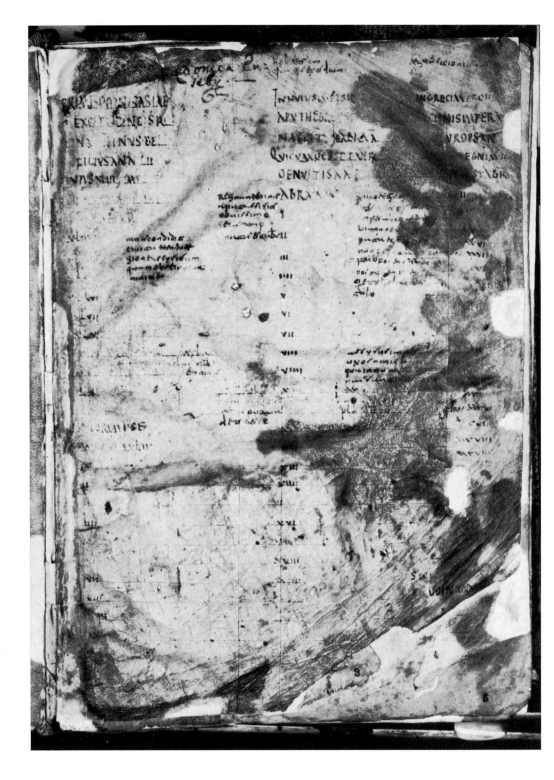

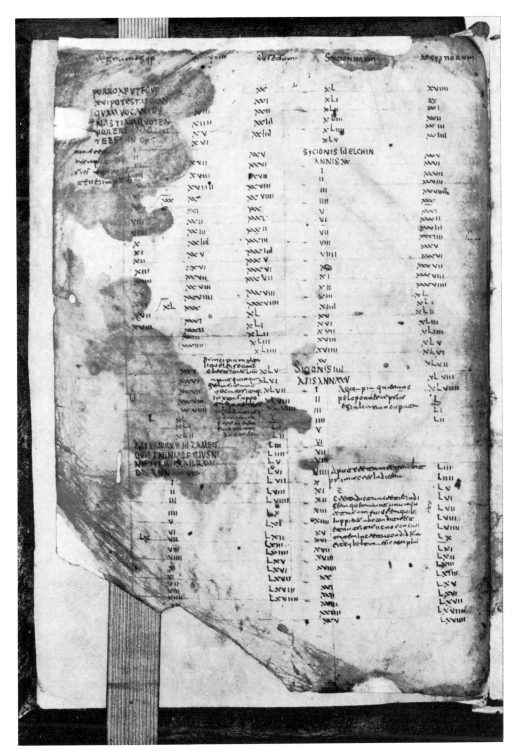

Pagine del codice 490 della Biblioteca Capitolare di Lucca (Fot. Cortopassi).

PAVLVS NATIONE ROMANVS
ex patre constantino sed in nomen hic abinete
etate inlateranensi patriarchio cum proprios senio Ie
germano stephano predecessoreius pontifice pro eru
ditione ecclesiastice discipline traditus est temporibus
dom gregorii secundi iunioris pontificis et postmodum
a dn zaccharia beatissi papa indiaconii ordine pariter cum
antelato suo germano consecratus est Nam dum isdem eius
germanus et antecessor pontifex adextremum pertingeret
uite illico populos huius rom urbis diuisus est et alii cum the
ophilacto archidiac tenentes ineius domo congregati re
sidebant Alii uero eundem beatissimum concordabant paulo
diaconi plurima pars iudicum et populi cum eo tenentes qua
cum predicto theophilacto archidiacono ipse uero scissimus
uir nequaquam alaterenense patriarchio recessit Sed
cum ceteris fidelib3 suo egrotanti germano et predecessori
pontifici perseueranter famulabantur. Dum uero de
hac uita predictus eius germanus et predecessor pontifex
migrasset eoque cum ingenti honore in basilica beati petri
sepulto. Continuo eadem populi congregatio que cum sepe
facto beatissimo ds paulo tunc diaconos tenebat qm ualidior
et fortior erat eum inpontificatus culmen elegerunt. Post
hec hii qui cum prelatoru archi diaconos aggregati erant
dispersi sunt. et iadoueniente isdem sctis suis uir ina pos
tolicam beati petri sacratissima sedem ordinatus conse
cratus que est pontifex. fuit enim temporibus constan
tini et leonis imperatorum. erat enim mitis idque ualde
misericors. Nulli umquam malum pro malo reddens
et si pro modico quequam pincios satellites tribulabat
in proximo tamen pietate motus consolationis illi inpe
rebat misericordiam. hic utmulti testati sunt nocte pscep ipo

Pagina del codice 490 della Biblioteca Capitolare di Lucca (Fot. Cortopassi).

private sono gli stessi che stendevano gli atti della curia lucchese; e sono dunque scribi nell'officina scrittoria e quindi maestri o scolari della scuola cattedrale che prepara, come tutte le scuole clericali, gli ufficiali curiali. L'appartenenza dei redattori delle carte private lucchesi a una scuola risulta evidente dall'esame delle carte stesse, le quali mostrano l'esistenza di una tradizione scrittoria che risale, coi più antichi documenti originali, alla prima metà del secolo VIII e la cui storia rivela uno sviluppo coerente, pur attraverso notevoli varietà dello stesso tipo grafico (nè mancano, d'altra parte, attestazioni di scribi che si proclamano *discipuli* di un *magister*). Alle stesse conclusioni si perviene esaminando il formulario, che riflette il processo di una tradizione continua e unitaria.

Insomma: gli scribi del codice 490 e i notarii vescovili lucchesi provengono dalla scuola capitolare, e molti di essi compaiono come redattori di atti tra privati. Dunque: anche prima della costituzione lotariana i contraenti sogliono ricorrere agli scrittori della Chiesa. Anche prima della costituzione di Lotario si riconosce pertanto, nell'alto Medioevo, la presenza di redattori delle carte private che hanno ricevuto la stessa istituzione dei notai delle curie e anzi si identificano con essi.

Abbiamo così compiuto un lungo e istruttivo viaggio, attraverso vecchie e povere carte — documenti solenni delle grandi cancellerie e modeste scritture private — tutte ugualmente significative di una tradizione giuridica-amministrativa si continua interrottamente dall'età imperiale romana nei regni romano-barbarici dell'alto Medioevo, nell'impero carolingio, nel Regno Italico, nell'impero ottoniano, nelle grandi curie regie imperiali come nelle piccole curie signorili dei secoli XI, XII, XIII al modo stesso che nelle cancellerie delle grandi e delle piccole chiese, dei grandi e piccoli monasteri; nel Palazzo pavese e nel Patriarchio lateranense, come nelle curie di Aquileia, o di Lucca, o di Novara o di Chartres; e dalle cancellerie e dalle curie laiche ed ecclesiastiche siamo risaliti alle scuole in cui i funzionari curiali ricevono la loro istituzione, per riconoscere che l'attività della scuola è sempre e dovunque orientata al fine della preparazione professionale, letteraria e giuridica, oltre che teologica, dei chierici che sono non solo i sacerdoti del santuario, ma anche i ministri dell'amministrazione ecclesiastica e civile.

Appunto i fini pratici evidentemente riconoscibili nell'insegnamento delle discipline letterarie impartito dalle scuole clericali autorizzano l'assunzione di documenti giuridici o attuarii come testimonianza della qualità e del tono di quell'insegnamento, come testimonianza specialmente della continuità della tradizione scolastica, mantenutasi viva e operante per le esigenze della vita religiosa politica civile; e la continuità della tradizione scolastica si riflette nella continuità della tradizione letteraria, oltre che giuridica, e, genericamente, culturale; essendo la scienza giuridica e la prassi giurisdizionale, forense, amministrativa, diplomatica inseparabili dall'arte retorica e dalla tecnica del *dictare*, cioè dello scrivere regolato ed ornato.

La storia dell'arte dello scrivere nell'età medio latina si può fare dunque sulle indicazioni che offrono le scritture di ordine pratico cancelleresche e curiali: sempre obbedienti ai canoni che sono schematizzati solo in un'età piuttosto tarda — nel secolo XII — nelle *artes dictandi*, ma nella tradizione scolastica sono stabiliti già agli esordi di essa tradizione, che risale alla tradizione imperiale romana; e sono del resto canoni stessi cui fedelmente si attengono anche le scritture di qualità e di intenzione letteraria, non di ordine puramente pratico o utilitario; sicchè, quanto alla tecnica dell'elocuzione, non è facile distinguere le scritture letterarie disinteressate dai diplomi, dalle epistole, dagli atti pubblici e privati che riguardino una materia di uno stesso grado o ordine (si ricordi quello che abbiamo detto circa la necessità di una congruenza dello stile alla materia). I teorici delle *artes dictandi* — e prima gli autori dei formulari — intendono prima di tutto servire di guida ai notarii delle curie: ma il loro magistero si rivolge a tutti coloro che esercitano l'arte della parola.

Giovanni di Garlandia teorico — nella *Poetria* — dei tipi di stili prosastici dominanti nell'età medio-latina dice che dello stile che egli chiama gregoriano « *utuntur notarii domini papae, cardinalium, archiepiscoporum, episcoporum et quaedam aliae curiae* »; ma scrive Alfredo Schiaffini che se « la prosa ornata di *cursus* trovò cultori insigni in mezzo ai notai e cancellieri della curia papale », essa « fu usata anche dai Padri nelle omelie e dai liturgisti nelle preghiere, divenne oggetto di amorose cure specie da parte dei monaci di Montecassino e si divulga largamente nei cenobi e nelle scuole, in Italia e fuori d'Italia ». Sono parole che veramente giustificano l'attenzione da noi posta alle povere scritture cancelleresche e notarili, nelle quali fedelmente si riflettono esperienze dettatorie di particolari determinati ambienti curiali e scolastici (e del resto scuole e curie costituiscono un ambiente unico, come abbiamo largamente dimostrato) e si generalizzano e diventano mezzi espressivi impiegati in tutta la tradizione più veramente letteraria, nella letteratura d'arte disinteressata o, se si vuole, pura.

I maestri di retorica addestrano professionalmente i dettatori delle curie e i notai; ma in realtà stabiliscono le leggi della tecnica dell'elocuzione cui tutti fedelmente si attengono, applicandole più o meno felicemente, con risultati più o meno validi, secondo che si tratti di tecnici abili ma meccanici o di artefici animati da intendimenti e esigenze più veramente artistiche.

Importa ora rilevare che la tradizione del dettare illustre conferita dalla scuola delle arti è fedelmente continuata da quelli che sono i primi veri poeti del mondo moderno, i trovatori provenzali che pur sono della tradizione profondamente innovatori. Che i trovatori siano continuatori fedeli del *dictare* illustre pienamente si riconosce in quello che dell'arte trobadorica è l'aspetto più veramente significativo: nell'aspirazione che è di tutti i trovatori, e tutti i trovatori ripetutamente esprimono, a una forma artistica eletta e raffinata che valga a distinguere la loro elocuzione a quella comune e volgare; e si realizza in quello che i trovatori chiamano *trobar clus* e applica puntualmente i canoni dalla scuola clericale stabiliti in ordine al « *grande genus dicendi* ».

È da osservare che la tecnica del chiuso trovare è certo la stessa del *grande genus dicendi* dei retori, ma vivificata da un'energia nuova e animata da uno spirito nuovo; e possiamo aggiungere che l'impiego della tecnica, che spesso o sempre nei dettatori medio-latini è puro esercizio virtuoso, sempre nei trovatori è mezzo di espressione necessario e insostituibile.

Al modo stesso molti anni fa il Chiri ha verificato che il poeta di Rolando impiega nella grande canzone i mezzi che i retori della scuola avevano stabilito specialmente in ordine alle descrizioni e alle rappresentazioni dei personaggi; ma subito ha riconosciuto che quei mezzi appaiono, nell'impiego fattone dal poeta di Rolando, trasfigurati e vivificati.

Queste osservazioni giustificano in un certo senso le proposizioni recentemente asserite dal Bezzola (1), il quale ha posto i generi « nuovi » della canzone di gesta, della canzone d'amore trobadorica, del romanzo cortese come prodotti di un mondo spirituale nuovo, svincolatosi dalla tirannia della tradizione classicistica conservata dalla scuola medioevale e conferita al mondo aulico e curiale dei secoli tra il VII e il X nel quale è stata realizzata tutta la letteratura medio-latina illustre. Afferma il Bezzola che l'opera assidua di educazione del mondo aulico e signorile iniziata dai chierici già nell'età merovingica si interrompe nel X secolo, al momento in cui si afferma trionfalmente la feudalità territoriale; ma è affermazione

---

(1) *Origines et formation de la litt. courtoise in Occident*, deuxieme partie (Parigi, 1960), tomo II, pag. 242 e seguenti.

Guittone d'Arezzo e il vescovo Teobaldo in una miniatura del secolo XIII.

non plausibile, per i fatti stessi che il Bezzola limpidamente ha accertato e io ho messo in rilievo in una recensione all'opera del maestro di Zurigo. L'opera che il clero palatino ha svolto nelle aule regie e imperiali nell'alto Medioevo si profila anche nei *milieux* feudali; sicché nel corso dei secoli successivi al X si realizza quel processo intenso di scambi e di relazioni per cui, alla fine, l'ambiente della scuola clericale e l'ambiente della corte feudale vengono a costituire un ambiente unitario; e in questo ambiente aulico, cui i chierici hanno comunicato il patrimonio della cultura classicistica, è il cenacolo degli iniziatori del moto trobodorico, Ebolo II di Ventadorn e Guglielmo IX d'Aquitania; mentre è certo che — lo avevano già riconosciuto i maestri della scuola storica — chierico o almeno strettamente legato all'ambiente clericale è il poeta della canzone di Rolando della redazione di Oxford.

Fatto certo dunque quello segnalato dal Bezzola della profonda novità che le letterature volgari rappresentano rispetto alla tradizione letteraria neolatina, ma fallace e arbitraria la spiegazione che del fatto da il maestro di Zurigo: non da un rivolgimento culturale o dall'avvento di una società nuova che si senta indipendente dalla tradizione e che la tradizione ripudi dipende la novità delle letterature d'oc e d'oil e la sostanza del messaggio che i nuovi poeti affidano alle immagini della loro poesia; bensì solo dal fatto che gli iniziatori della nuova letteratura — e in particolare i trovatori — sono appunto poeti veri, i quali, formati nella tradizione clericale e del patrimonio della tradizione clericale pienamente e consapevolmente partecipi, l'eredità culturale ricevuta dalla tradizione rivivono in un modo originale, trasfigurandola in un'arte nuova e in una visione della vita del mondo che appare veramente originale. Il gran fatto della storia spirituale europea del XI secolo è appunto questo: che il patrimonio ideale classico che per secoli aveva vissuto una vita meccanica e scialba e per secoli era rimasto sterile e infecondo, fuori dalla scuola, ma in un ambiente alla scuola così strettamente congiunto da formare con la scuola un unico ambiente, nella corte di un grande signore, Guglielmo IX, e quindi in tutte le altre corti meridionali, è trasfigurato in modo attivo e diventa energia vitale.

L'adozione del volgare come strumento dell'espressione letteraria da parte di uomini che non sono gli aedi ingenui e primitivi immaginati dai romantici, ma letterati coltissimi pienamente partecipi delle esperienze culturali e tecniche della tradizione, questo solo significa: che i chierici viventi e operanti fuori del chiuso mondo dell'accademia, nei *milieux* laici educati dai chierici ma conservanti una loro autonomia spirituale che comporta particolari esigenze e interessi, e i laici culti che hanno assimilato gli ideali della scuola fondendoli e conformandoli coi loro propri ideali, hanno nel secolo XI acquisito coscienza che nel loro spirito i germi della *humanitas* classica, e i fermenti dell'antica cultura e dell'arte antica, hanno prodotto nel loro spirito una nuova realtà che in forma nuova dev'essere espressa e tradotta.

Inseparabili dunque dalla tradizione clericale le letterature volgari; le quali però di quella tradizione rappresentano un radicale rinnovamento e anzi un superamento; superamento che appare nettissimo nell'arte del primo trovatore, il quale i modi tecnici appresi dalla tra-

Guittone d'Arezzo
in atto di scrivere.
Miniatura del codice
delle *Regulae Rhytmicae*.
Wolfenbüttel, Biblioteca
(Fot. della Biblioteca).

dizione non ripete meccanicamente e freddamente, ma piega ad esprimere un mondo interiore assai intenso. Non è il poeta dominato dalla tradizione, anzi la domina; non serve alla tradizione, anzi se ne serve. Allo stesso modo, come si accennava, il Chiri dopo aver messo in luce la presenza nel *Roland* di temi descrittivi e di moduli formali che sono evidentemente della poesia epico-storica medio-latina, riconosce felicemente l'energica rapidità delle raffigurazioni, caratteristica dell'arte di Turoldo (diamo per brevità questo nome all'autore della canzone gloriosa) il quale non si compiace delle minuzie analitiche che sono nelle « descrizioni » della letteratura aulica medio-latina. Questo atteggiamento dell'arte turoldiana deriva da quello stesso stato d'animo che ha condotto Turoldo — pur chierico colto come si vedeva — e molti altri letterati suoi contemporanei ad abbandonare lo strumento tradizionale dell'espressione, il latino ma non i mezzi tecnici dell'elocuzione stabiliti dall'arte del dettare; dal bisogno cioè di tradurre il proprio mondo interiore rinnovando e superando, ma non rinnegando la precettistica vincolativa della retorica (1).

La derivazione della nuova arte del poetare e dello scrivere « illustre » volgare dalla tradizione dell'*ars dictandi* è particolarmente evidente nella letteratura italiana. Appunto opera di un maestro della scuola bolognese delle arti è il trasferimento dal latino al volgare della tecnica dell'elocuzione definita e codificata dai teorici dell'arte del dettare: « fondatore » della prosa letteraria italiana d'intonazione retoricheggiante è, come ha felicemente scritto Alfredo Schiaffini, quel Guido Faba professore a Bologna di grammatica e retorica e dettatore insigne (della sua opera abbiamo usato qui sopra per riconoscere la tecnica della prosa curiale *rethorice confecta*) che per primo fissa i moduli della prosa volgare costruita con gli artifici e secondo le regole meticolose che si usavano nella prosa latina cancelleresca delle epistole e dei diplomi.

Il significato dell'opera del Faba nella storia della cultura italiana del 1200 è perfettamente chiarito dalla parola, ancora, dello Schiaffini: « se l'*ars dictandi*, perchè collegata con la scienza del diritto, tanto da influire sulla scienza dell'*ars notaria* veniva ad operare su un territorio ed aderiva in modo così stretto a quello spirito pratico che improntava la vita comunale italiana, nessuna meraviglia si prova nel constatare che proprio un maestro di retorica salito in onore nell'insegnamento dell'arte di scrivere

---

(1) Cfr. la mia nota *Le origini della letteratura cortese* nella *Zeitschrift für romanische Philologie*, 1962 (vol. 78, fasc. 3-4), specialmente pagg. 285-91.

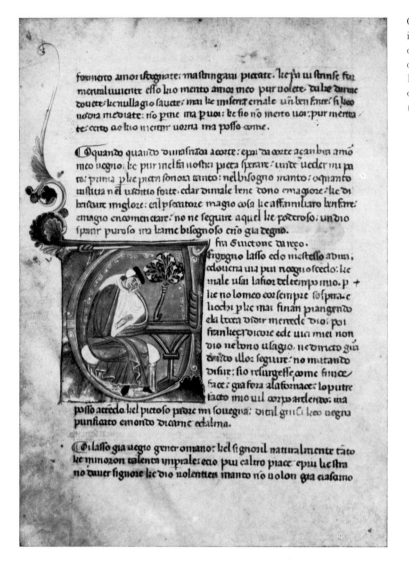

Guittone d'Arezzo, in un'iniziale miniata del codice B. R. 217 della Biblioteca Nazionale di Firenze (Fot. della Biblioteca).

lettere e, in più, dell'arringare il pubblico, e che voleva soddisfare a tutti i bisogni della sua età e del suo popolo si deve il primo saggio originale a noi noto di prosa letteraria in lingua volgare ».

Nei suoi trattati, la *Gemma purpurea* e i *Parlamenti* [discorsi] *ed epistole*, il Faba non dà regole astratte, ma offre modelli ed esempi pratici della prosa volgare secondo retorica; compone, cioè, in un volgare bolognese nel fondo, ma raffinato ed epurato, esordi e formule di epistole per lo più di materia curiale (ma non tutti: c'è anche l'esempio di una lettera d'amore) e di discorsi atti a essere pronunciati in determinate occasioni ufficiali (elezione, insediamento del Podestà e simili). Nei suoi modelli, Guido applica abilmente al volgare i canoni scolastici della *dispositio* e della *elocutio*; usa largamente i *colores*, le *figurae* e gli *artificia exornationis*, e infine — ed è questo elemento particolarmente significativo — osserva abbastanza fedelmente le regole del *cursus*.

Nota lo Schiaffini che nei *Parlamenti ed epistole* (che non ci sono stati conservati nell'originale) i brani latini hanno tracce più evidenti del *cursus* che non i brani volgari; il che si spiega facilmente sia perchè « la lingua latina, adattata da lungo tempo ai bisogni dei dettatori, non poteva essere sorda alle intenzioni di Guido, laddove la lingua volgare non si era ancora provata ad avvolgersi nel paludamento solenne preparato dai retori »; sia perchè « i testi volgari nel venire trascritti dai copisti — e per conseguenza necessariamente alterati — dovevano smarrire parecchie delle clausole ritmiche di cui erano stati ornati in origine: basta che uno sciatto amanuense tronchi in *città* il *cittade* dell'autografo, perchè un *cursus* vada perduto ».

Miniatura
del *Livre du Trésor*
di Brunetto Latini.
Parigi, Biblioteca Nazionale,
ms. franc. 726
(Fot. della Biblioteca).

Tuttavia pur in queste condizioni, anche nelle parti volgari è riconoscibile l'osservanza del *cursus*: « il n. 37, ad esempio, composto di quattro periodi, ha il *cursus velox* alla fine dei due ultimi (*concórdia comunále* e *débito complemento*); e anche il primo terminerebbe con identica armonia purchè si mutasse *intender cum brevità* in *inténder cum brevitáde*. Lo stesso primo periodo serba per giunta due *cursus* plani: *pregáto de díre* e *recitarò la visénda*. Il terzo periodo poi, oltre ad avere un *tardus*, è abbastanza ricco di *veloces* (1). E con qualche modificazione, consentita dall'uso di altri luoghi della stessa operetta, mutando, per esempio, *portó* in *portóe* si ristabilirebbero altri *cursus*: *nominánca ve reportóe*, che è un *velox*. Con la *Gemma purpurea* ci troviamo in condizioni suppergiù uguali. Sono chiusi da *veloces* gli esordi della lettera terza (*offício in comúno*); ottava (*débito complemento*, che abbiam visto anche nel n. 37 dei *Parlamenti ed epistole*); nona (*scíano a plaxére*); quindicesima (*stránio parentádo*). E qua e là altri *cursus* appaiono evidentissimi » (2).

Il *cursus* non è il solo mezzo tecnico impiegato dal Faba, che usa tutti gli altri accorgimenti retorici, i quali ovviamente « splendono più nelle parti latine che in quelle volgari »; e anche per questo, « come per l'osservanza del *cursus*, risulta innegabile l'intenzione cosciente di disporre il dettato in lingua parlata secondo le norme medesime che regolavano il solenne scrivere latino proprio in quei generi letterari di prosa che nel Medioevo tenevano il primo piano, l'eloquenza e l'epistolografia. « Costume de ambaxature » di dettatore « è de gentile favellare ordinatamente e dire belleça de parole, a ço che possano atrovare grande prexio e norma preciosa », come non manca di ripeterci, in volgare, Guido stesso nell'esordio del Parlamento n. 93.

I trattati del Faba ebbero grande diffusione e furono largamente usati. Nella tradizione che muove dal Faba si colloca anche l'opera di Guittone d'Arezzo prosatore (3) il quale nelle sue 36 *Lettere* applica al suo volgare prosastico le regole e gli artifici stabiliti dalle *artes dictandi*. Di Guittone prosatore e dei suoi discepoli e continuatori ha felicemente affermato lo Schiaffini che « per più di un'affinità si possono paragonare a quel gruppo di scrittori che vissero... tra Villon e Marot alla corte dei duchi di Borgogna e poi in Fiandra... e infine nella Francia stessa; e che, abili a loro modo nell'arte della parola in prosa e in verso, si chiamano *rethoriqueurs*.

(1) Lo Schiaffini lo cita per intero, segnando le clausole: *clésia de Fiorénza, offício pastorále, calónisi de quel lógo, clamándo la grátia, concórdia comunále*.
(2) SCHIAFFINI, *Tradizione e poesia*, pag. 44 segg.
(3) SCHIAFFINI, *Tradizione e poesia*, pag. 78 segg.

Cino da Pistoia in cattedra.
Miniatura nel codice Urb. Lat. 175 della Biblioteca Vaticana
(Fot. della Biblioteca).

Identica, in Guittone e la sua scuola e nei *rethoriqueurs*... la tesa volontà di elevarsi a una prosa nobile che è modellata sul latino... identico il raffinamento artificiosissimo della forma escogitata... per un esplicito proposito di magnificare latinamente la lingua e trovata per il tramite di neologismi, di latinismi (il latino si estende dal lessico alla sintassi), di acrobazie retoriche... ».

Ora questo giudizio su Guittone prosatore è perfettamente valido anche per la lingua poetica dell'Aretino. Le poesie guittoniane trattano la materia stessa morale, politica, religiosa che le lettere; per cui è agevole — e, direi, in rispondenza al criterio retorico della congruenza della lingua e dello stile della materia trattata, necessario — il trasferimento alla lingua poetica dei moduli della lingua aulica e curiale delle epistole.

Ma indipendentemente dal caso particolare, è facile riconoscere che tutti i poeti volgari italiani si attengono fin troppo fedelmente alle regole dell'elocuzione stabilite dalla *artes dictandi*.

Intanto, è da ricordare quello che il Mazzoni ha stabilito per il cosiddetto *Ritmo giullaresco toscano*, « Salv'a lo vescovo senato » (secolo XII *exeunte*), il quale veramente non ha carattere e toni giullareschi, ma sembra riflettere la personalità di un poeta culto. Ha mostrato dunque il Mazzoni che il *Ritmo* ha uno schema, una struttura, che fedelmente riproduce lo schema dei parlamenti o discorsi fissato dalla tradizione retorica: incomincia con la *salutatio*, procede con la *petitio*, è concluso dall'*exemplum*. Appare chiaro che l'autore ha familiari le *artes dictandi et sermocinandi* (1).

Ma più importa rilevare la parte preminente che della storia letteraria italiana del '200 e del '300 hanno i giudici e specialmente i notai formatisi nelle scuole di diritto e delle *artes*. È appena il caso di ricordare che da Giacomo da Lentini *notaio* della curia imperiale fridericiana — e Dante lo chiama, com'è noto, *il Notaro*, senz'altro — muove la tradizione letteraria illustre: è Giacomo l'iniziatore della « prima scuola », della scuola poetica « siciliana » (2).

Nella quale ha posto eminente Pier delle Vigne, protonotaro o arcicancelliere della curia di Federico II (3). Anche se pare certo che la sua prima istituzione Pier delle Vigne ha ricevuto a Capua, dov'è fiorita una scuola di *ars dictandi* di cui si sono riconosciuti i rapporti assai stretti con la tradizione curiale romana (con la curia, particolarmente, di Innocenzo III), sicuramente la sua formazione piena di dettatore Piero ha attinto a Bologna; dove alla fine del XII secolo era stato il grande maestro francese della *Poetria Nova*, Gaufrido de Vinosalvo, rivendicatore dell'autentica tradizione classicistica contro il « barbarismo » medioevale;

(1) A. Viscardi, *Storia della letteratura italiana dalle origini al Rinascimento*, Milano, 1960, pag. 164; *Origini*, 3ª ediz., pag. 562.
(2) A. Viscardi, *Storia della letteratura italiana* cit., pag. 215 segg.
(3) *La letteratura italiana, storia e testi*, vol. I: *Le origini*, Milano-Napoli, 1956, pag. 762 segg.

e dove già nel 1215 era maestro Boncompagno da Signa; i cui insegnamenti — l'opera sua maggiore è il *Boncompagnus*, che il maestro definisce manuale d'insegnamento per lo stile epistolare — sono puntualmente applicati da Piero nelle sue lettere, sia ufficiali che private.

Delle quali conviene offrire qui qualche breve esempio, nella versione che ne ha procurato Tilde Nardi:

Alla sua piissima madre M., Pietro notaio, il più devoto dei figli, obbedienza e salute.

Se interrogo la mia coscienza debbo riconoscere che non è già per i miei meriti che la divina clemenza mi elevò dalla mia povertà e il celeste Vasaio mi plasmò qual sono dal molle fango, allorchè mi assegnò un posto cospicuo nella curia imperiale e il favore al cospetto del principe. Poichè certamente Dio guardò all'umiltà della madre mia, sua ancella e di mia sorella, poveretta, che ha condotto sino ad ora una vita d'affanni e volle attraverso me, suo servo, liberarmi dalla miseria.

[All'imperatore].

A voi e non ad altri, o pio Cesare, torna a gloria e onore l'avermi reso tante volte glorioso con le vostre lettere: quasi ch'io sia degno di sentirmi glorificato dalla gloria vostra ed esultante dei vostri successi. Perciò appunto nulla mi preme quanto l'incolumità e la fortuna e l'insigne trionfo di colui dal quale dipendo, senza la cui stima io non sono nulla, alla cui ombra vivo, esaltato ed onorato.

Nel secondo esempio allegato è da rilevare l'uso della figura etimologica (*gloria... glorioso... glorificato*), largamente impiegata, come ha rilevato il Parodi, da Piero nelle sue epistole (*amaritudo amarissima; sincera sinceritas; servitio servire; affluenter afflueres; ad certamen... certatores*), conformemente agli esempi offerti da Boncompagno (*corrumpit corrupciones incorrupta... corrumpendum; dum custodire volunt extrema pudoris, debent ludibrio pudorare*).

Questi aspetti dello stile di Pietro nettamente rileva e fedelmente riproduce Dante nel discorso che pone in bocca al protonotaro nel XIII dell'Inferno:

> La meretrice che mai dall'ospizio
> di Cesare non torse gli occhi putti,
> morte comune, delle corti vizio,
> *infiammò* contra me gli animi tutti,
> e li '*nfiammati infiammar* sì Augusto,
> che i lieti onor tornaron in tristi lutti.
> L'animo mio, per *disdegnoso gusto*,
> credendo col morir fuggir *disdegno*,
> *ingiusto* fece me contra me *giusto*...

Io stesso ho annotato: « perifrasi, allitterazioni, usate e abusate con insistenza; tutte le figure e i moduli delle *artes dictandi* sono accumulati nel giro del breve discorso, a realizzare pienamente l'elocuzione oratoria ornata e difficile ».

La stessa tecnica dell'elocuzione impiega Pier delle Vigne nelle sue liriche, e sarebbe facile recarne esempi. Ma non occorre insistere. Piuttosto importa rilevare che proprio nell'ambiente universitario di Bologna Pier delle Vigne è stato iniziato alla nuova poesia d'arte volgare inaugurata dai trovatori provenzali. Dell'interesse acuto e anzi dell'amore e del culto dei maestri bolognesi per la poesia illustre trobadorica si possono offrire testimonianze molto significative.

Boncompagno, nella sua opera principale, per dare agli allievi un esempio di lettera commendatizia, immagina di scrivere per un trovatore, Bernardo di Ventadorn: «... *quanti nominis quanteve fame sit Bernardus e Ventator et quam gloriosas fecerit canciones et dulcisonas invenerit melodias, multe orbis provincie recognoscunt. Ipsum vero magnificentie vestre duximus commendandum...* ».

Il giureconsulto Odofredo ci dice che da Bologna si soleva mandare ad acquistare canzonieri trobadorici in Provenza. Odofredo è della metà del secolo XIII; ma l'interesse del mondo dei magistri bolognesi per la poesia dei trovatori studiata direttamente sui Canzonieri messi insieme, già al finire del secolo XII, appunto in servizio degli amatori dell'arte trobadorica si riconosce anche nell'età anteriore a Odofredo. Basti pensare che uno dei primi, se non il primo senz'altro, degli italiani che la poesia trobadorica hanno imitato usando la lingua stessa dei trovatori è il bolognese Rambertino Buvalelli (1), la cui attività si inizia agli esordi del XIII secolo o forse alla fine del XII: muore nel 1221. L'opera sua ce lo rivela in qualche modo legato all'ambiente cortese estense: nelle sue poesie è ricordata Beatriz d'Est, che è senza dubbio la figlia di Azzo VI, celebrata nelle canzoni di Aimeric de Pegulhan, il trovatore, appunto, della corte estense. Ma il nome del Buvalelli ricorre in documenti e cronache che lo registrano come podestà di grandi città dell'Italia settentrionale: di Brescia, Milano, Parma, Mantova, Verona e, per molti anni, di Genova. Ricoprì vari altri uffici: ambasciatore a Ferrara del comune di Bologna; a Modena del cardinale Sessa, legato di Innocenzo III; commissario dell'esercito bolognese nella guerra con Pistoia, console del comune di Bologna. Uomo di toga, dunque, che svolge funzioni diplomatiche e di

---

(1) Cfr. VISCARDI, *Storia della letteratura italiana* cit., pag. 209 segg.

Il cosiddetto «cavaliere inginocchiato», raffigurante il conte di Acquariva.

Bari, Museo del Castello.
Fot. Stuhler.

Viscardi-Barni, *Il medioevo comunale italiano.*

governo nell'ambito sempre del mondo comunale. Uomo di toga: formatosi certamente nell'ambiente universitario bolognese, in cui dunque assai per tempo si è affermato l'interesse per la nuova poesia d'arte volgare.

D'altra parte, l'amore per la nuova poesia è non solo dei grandi notai della curia imperiale o, anche, delle curie comunali. Anche i modesti tabellioni, che assolvono al modesto ufficio di redattori pubblici degli atti tra privati e hanno quindi ricevuto una formazione non molto profonda e hanno perciò una cultura non solo giuridica ma anche letteraria molto limitata, mostrano un amore acuto per la nuova poesia, illustre e no.

Basterà ricordare, al riguardo, che i notai bolognesi deputati, a partire dal 1256, a trascrivere nei *Libri memoriali* gli atti e i contratti stipulati tra i privati per garantirne l'autenticità e la conservazione, negli spazi dei loro registri rimasti bianchi scrivevano — spesso a memoria — poesie volgari di varia origine e natura, manifestando così chiaramente il loro amore e interesse per la nuova poesia. Delle poesie volgari scritte dai notai bolognesi nei *Libri memoriali* alcune sono di poeti illustri siciliani, bolognesi, toscani: sono cioè le stesse che ci hanno trasmesso i grandi Canzonieri; ma altre sono *dicerie* giullaresche e ballate molto interessanti, che ci sono state conservate solo per questa trascrizione fattane dai notai bolognesi. Tra queste basterà ricordare la « Ballata dell'usignolo » (*For de la bella caiba fuge lo lixignolo*), « volata aerea del sentimento », scrive il Carducci che per primo diede notizia delle antiche rime conservate dai registri bolognesi e ne trasse questa poesia che è cosa veramente delicata e gioiosa, piena di freschezza.

A conclusione del nostro lungo discorso, a rilevare l'importanza che i notai hanno nella vita culturale del mondo comunale, basterà ricordare che notaio fu Brunetto Latini, capo e maestro dell'ambiente culturale della metropoli toscana nel '200, tanto che di lui dice il Villani che fu « grande filosofo e sommo maestro di retorica, tanto in ben saper dire quanto in saper dictare... e fu cominciatore e maestro in digrossare i Fiorentini e farli scorti in bene parlare e in saper reggere la nostra repubblica secondo politica » (allude il Villani agli insegnamenti di dottrina politica dal Latini esposti nell'ultima parte del *Trésor* sul fondamento del ciceroniano *De officiis*); ma più che nella parola del Villani il valore del Latini come formatore dei Fiorentini del secolo XIII si avverte nei versi commossi con cui, nel XV dell'Inferno Dante — che del magistero di ser Brunetto sentì vivamente l'influsso — esprime al vecchio erudito la sua filiale devozione e riconoscenza perchè da lui ha appreso « ad ora ad ora come l'uom s'eterna ».

Infine notaio fu uno dei sei poeti del cenacolo stilnovista, Gianni Alfani, di cui conosciamo atti rogati a partire dal 1278; e giudice e maestro di diritto Cino da Pistoia, che Dante giudica il maggiore poeta italiano d'amore (com'è, per la Provenza, Armando Daniello): essendo lui, Dante — l'*amico di Cino,* come si dichiara nel *De vulgari eloquentia* — il maggior poeta della *rettitudine,* e cioè della moralità.

Capitolo sesto   I MEDICI

Igiene e dietetica.

Circa sessanta i medici, fisici, cerusici che esercitavano l'arte in Firenze al tempo del secondo popolo, secondo l'attestazione del Villani da cui abbiamo preso le mosse: tutti o quasi tutti formatisi, come i notai, nella scuola bolognese delle arti. E valga la testimonianza del Boccaccio (*Decameron*, IX, 8): «siccome noi veggiamo tutto il dì, i nostri cittadini da Bologna ci tornano qual giudice e qual medico e qual notaio, coi panni lunghi e larghi, e con gli scarlatti e co' vai e con altre assai apparenze grandissime; alle quali come gli effetti succedano anche veggiamo tutto il giorno... ».

Non ha troppa stima, il Boccaccio, dei medici del suo tempo; e anche meno, com'è noto, ne ha il Petrarca; il quale non solo nella celebre *Invectiva in medicum*, ma frequentemente nelle sue Epistole, ora in tono bonario e amichevole, ora con parola sferzante pronuncia severi giudizi sulla scienza e la pratica di medici anche famosi.

Citeremo due soli di questi giudizi. Uno è contro un illustre medico straniero chiamato al letto di un Visconti. Durante il suo viaggio questo medico si fa precedere a Milano da un servo per indicare al futuro cliente la cura che lo condurrà a guarigione; e alla corte viscontea l'ammirazione è entusiasta, delirante (*quo audito, mirari omnes, quendam divinum hominem opinari*); ma il Petrarca si ribella alla ciarlataneria e alla ignorante credulità: «per conto mio rimasi stizzito e giudicai detestabile la temerarietà di quel barbaro (il medico era uno straniero, un provenzale) che aveva osato prescrivere rimedi scelti a caso a un uomo che non aveva mai visto... » (*Sen.*, V, 4).

L'altro giudizio — espresso, questo, in termini amichevoli — è contro l'insigne fisico Giovanni Padovano, amico del Poeta. Giovanni aveva indicato al Petrarca come cura per i suoi disturbi, l'astensione dal digiuno e dal bere acqua; ma ribatte tranquillamente il poeta: «amico mio, io posso digiunare, sta tranquillo, non credere soltanto ai tuoi autori, credi un pochino anche al tuo amico, cui il digiuno non ha mai recato danno» (*Sen.*, XII, 1).

Non credere soltanto ai tuoi autori: è la critica decisa alla prassi delle scuole mediche, nelle quali tutto l'insegnamento consisteva nella lettura e nel commento degli *Aforismi* di Ippocrate, dell'*Arte medica* di Galeno, del *Canone* di Avicenna; e il grado di maestro e quindi di dottore si conquistava mediante un esame su questi libri. Alla fine del secolo XIII e ancora alla metà del XIV e in certe scuole anche oltre, la scienza e

Miniatura dal *De diversis herbis* di Ippocrate nel ms. laurenziano Plut. 73. 16, del secolo XIII, carta 18 a. Firenze, Biblioteca Laurenziana (Fot. della Biblioteca).

Miniatura dal *De diversis herbis*
di Ippocrate nel ms. laurenziano Plut. 73. 16, del secolo XIII, carta 91 b.
Firenze, Biblioteca Laurenziana (Fot. della Biblioteca).

l'arte medica si fondavano specialmente sull'erudizione e su procedimenti razionalistici o dialettici, e prescindevano assolutamente dall'osservazione e dall'esperienza. E all'esperienza si richiama appunto il Petrarca — *crede aliquid amico cui unquam ieunium nocuit* —; il quale appunto perchè convinto che l'arte medica deve fondarsi sull'osservazione dei fatti e sulla sperimentazione delle cure, contrappone ai medici, che disprezza, i chirurghi che apprezza proprio perchè *quid agant, vident, mutant*: « di quegli altri che chiamano chirurghi ho sperimentato in me e in altri ottimi rimedi; li ho visti curare rapidamente o lenire gravi ferite e turpi ulcerazioni... » (1).

L'esperienza contro l'autorità dei testi invoca — secondo che argutamente narra il canto XXXV del *Novellino* — uno scolaro del grande maestro bolognese Taddeo d'Alderotto (di cui tra poco parleremo), il quale:

(1) A. VISCARDI, *Francesco Petrarca*, Napoli, 1925, pag. 116 segg.

> ... leggendo ai suoi scolari medicina trovò che chi mangiasse nove dì petonciano [melanzana], diverrebbe matto, e provavalo secondo la fisica. Uno suo scolaro, udendo quel capitolo, propuosesi volerlo provare. Prese a mangiare de' petonciani e in capo di nove dì venne dinanzi al maestro e disse: « Maestro, il cotale capitolo che leggeste, non è vero; però ch'io l'hoe provato e non sono matto ». E pur alzossi e mostrolli il culo. « Scrivete — disse il maestro — che tutto questo è del petonciano e facciassene nuova chiosa ».

Cioè: veramente chi mangia petonciano diventa matto, dal momento che lo scolaro aveva osato compiere un gesto così sguaiato e volgare...

Ma si tratta, osserva il Calcaterra (1), solo di un felice motto di spirito, che mostra la prontezza e la disinvoltura di Maestro Taddeo; resta tuttavia l'atteggiamento dello scolaro che vuole sottoporre le nozioni asserite dagli *auctores* all'esperimento; e riconosce che la prova dei fatti contraddice risolutamente ai testi, sicchè occorre « rifarsi da capo ».

Grande maestro, dicevamo, questo Taddeo d'Alderotto: fiorentino, medico eccellente e professore illustre a Bologna dal 1260 al 1295, anno della sua morte; autore di celebrati commenti alle opere di Ippocrate e di Galeno, oltre che di ricettari e consigli medici; volgarizzatore della versione latina (eseguita nel 1243 o 44) di un compendio arabo-alessandrino dell'*Etica* aristotelica. Contro Taddeo, com'è noto Dante pronunciò due severi giudizi, uno nel XII del Paradiso (v. 82 e segg.) e l'altro nel I libro del *Convivio* (X, 10). Quest'ultimo investe soltanto l'inettitudine di Taddeo nel maneggiare il volgare: « quegli che trasmutò lo latino dell'*Etica* — proclama Dante —, ciò fu Taddeo ippocratista, » fece « parere laido » il volgare; ma il primo è una severa condanna del grande medico che agli studi non ha atteso per amore della scienza, ma della scienza si è servito solo per acquistare ricchezze nel mondo:

> Non per lo mondo per cui mo' s'affanna
> diretro ad Ostiense ed a Taddeo,
> ma per amor de la verace manna
> in picciol tempo [S. Domenico] gran dottor si feo.

È condanna, comunque che riguarda non il valore di Taddeo come medico e come scienziato, ma solo l'asservimento che Taddeo ha fatto della scienza a interessi materiali; condanna che insomma riecheggia la dura sentenza da Dante espressa nel *Convivio* (III, XI, 10): « nè si deve chiamare vero filosofo colui che è amico di sapienza per utilitade, sicome

---

(1) *Alma mater studiorum* cit., cap. II: *Universitas artistarum* (La scuola d'arte medica, Taddeo d'Alderotto, Guglielmo da Saliceto e Mondino de' Liuzzi), pagg. 50-60.

sono li legisti, li medici e quasi tutti li religiosi, che non per sapere studiano ma per acquistare moneta e dignitade; e chi desse loro quello che acquistare intendono, non sovrasterebbero a lo studio ».

Son parole che Dante ripete in principio dell'XI del Paradiso:

> O insensata cura de' mortali
> quanto son difettivi sillogismi
> quei che ti fanno in basso batter l'ali!
> Chi dietro a iura e chi ad aforismi
> sen giva e chi seguendo sacerdozio
> e chi regnar per forza o per rapina,
> e chi rubare e chi civil negozio,
> chi nel diletto della carne involto
> s'affaticava, e chi si dava all'ozio;
> quando, da tutte queste cose sciolto,
> con Beatrice m'era suso in cielo
> cotanto gloriosamente accolto...

Lo spettacolo stupendo che ha appena contemplato della corona degli spiriti sapienti rotanti nello cielo del Sole suggerisce al poeta l'amara invettiva contro le insensate cure in cui gli uomini, affannosamente s'impegnano, dimenticando gli eterni gaudi celesti; tra queste cure disennate dietro cui i mortali si affannano sono *iura* — gli studi giuridici — e *aforismi*, gli studi medici, che si compivano specialmente, come dicevamo, sugli *Aforismi* di Ippocrate. Ora è chiaro che la citazione dell'Ostiense e di Taddeo nel canto XII del Paradiso, contrapposti a S. Domenico che

solo per amore della verace manna divenne grande dottore, ha esatto riscontro nella formula del canto XI, *iura* e *aforismi*. L'Ostiense è Enrico da Susa, professore di diritto canonico a Bologna e a Parigi, e nominato cardinale vescovo nel 1261, dieci anni prima della sua morte; autore di una *Somma delle decretali*, ch'ebbe divulgazione amplissima e godette di immenso prestigio e autorità. Capo e maestro dei canonisti del tempo

Miniature dalla *Chirurgia di Rolando*.

A sinistra:
Ippocrate esamina l'urina
e insegna al discepolo
a foggiare i cauteri.

A destra e in alto:
figure dimostrative
per l'applicazione dei cauteri.
Codice del secolo XIII.
Roma, Biblioteca Casanatense
(Fot. della Biblioteca).

suo, Enrico da Susa; maestro grandissimo di quel diritto canonico che è strumento degli interessi temporali della Chiesa e al cui studio sono ormai intensamente si attende, trascurando il Vangelo e i Dottori:

> ... l'Evangelo e i dottor magni
> son derelitti: e solo ai Decretali
> si studia, sì che pare ai lor vivagni,

così assiduamente che i margini dei codici che contengono I Decretali appunto sono sgualciti e slabbrati.

Son parole cui fa eco l'Epistola VIII: « o madre piissima, sposa di Cristo... giace il tuo Gregorio tra le ragnatele, giace Ambrogio derelitto nei ripostigli, si trascurano Dionigi, Damasceno, Beda... Innocenzo [IV, autore di un'opera sui Decretali] e l'Ostiense declamano... perchè... quelli [cioè i Dottori della Chiesa] miravano a Dio come al vero e ottimo fine e questi [cioè i canonisti] conseguono censi e benefici ».

Enrico da Susa, l'Ostiense, è dunque posto come colui « dietro il quale » vanno tutti quelli che a *iura* dissennatamente attendono per cupidigia di denaro; e parallelamente Taddeo, Taddeo di Alderotto è posto come colui dietro il quale vanno tutti quelli che con gli stessi intenti attendono agli *Aforismi* ippocratici, agli studi di medicina. E l'interesse che per noi ha la citazione dantesca sta appunto in questo: che dunque nel giudizio dell'Alighieri Taddeo ha la stessa posizione eminentissima che negli studi canonici ha Enrico da Susa, il cardinale Ostiense.

Esponente massimo, insomma, nel pensiero di Dante, Taddeo della scienza medica del tempo suo; ed effettivamente le opere di Taddeo, le *Expositiones in arduum Aphorismorum Hippocratis volumen* e il *In praeclarum regiminis auctorum Hippocratis opus*, ebbero autorità e divulgazioni pari a quelle della *Summa* di Enrico; e la loro validità fu durevole e ancora nel '500 si pubblicarono per le stampe insieme con l'esposizione *In subtilissimum Johannitii* [Haim Ibn Ishak] *Isagogarum libellum*.

Su Taddeo il Calcaterra allega la testimonianza di Filippo Villani: « fu... de primi in fra i moderni che dimostrò le segretissime cose dell'arte nascoste sotto i detti degli autori [nel commentare i quali]... fu di tanta autorità che quello che egli scrisse è tenuto per ordinarie chiose, le quali furono poste nei principali libri di medicina. E fu in quell'arte di tanta reputazione quanto nelle leggi civili fu Accorso, al quale egli fu contemporaneo... e tenuto come un altro Ippocrate dai signori d'Italia infermi... ».

E senza dubbio, come scrive il Calcaterra, Taddeo « si sforzò di giungere dallo studio delle opere di... Ippocrate e di Galeno a una filosofia della vita » — e in questo indirizzo da Taddeo seguito si colloca evidentemente il volgarizzamento della versione del compendio alessandrino-arabo dell'*Etica* aristotelica cui abbiamo accennato — e tentò « di approfondire col pensiero il magistero terapeutico »; per cui con Taddeo si ebbe « un principio di rinnovamento e la scuola medica di Bologna raggiunse un primato che è anche attestato dallo stuolo di maestri da essa allora preparati ». In realtà, « Taddeo d'Alderotto è il maestro di Bologna in cui pare sintetizzarsi nella seconda metà del secolo XIII lo sbocciare della rinnovata scuola medica, perchè egli, nel tempo stesso che serbò fede al metodo di Ippocrate e di Galeno, filosoficamente parve tenere una

Un malato in letto.
Miniatura dal *Missale beati Varmundi*.
Ivrea, Biblioteca Capitolare (Fot. della Biblioteca).

linea mediana tra l'arabismo sperimentale e l'aristotelismo dialettico e con vivace azione dialettica e divulgativa risollevò in quell'età la medicina ad arte del vivere... ». Il che è testimoniato dal *Libellus de servanda sanitate* che Taddeo dedicò al capo della Parte Nera di Firenze, a Corso Donati; e che, scritto in pedestre latino, fu volgarizzato da un anonimo del '300. È un manualetto pratico di igiene che sembra rifarsi alla precettistica spicciola della Scuola salernitana, di cui tra poco parleremo; ma si innalza in realtà a insegnare una regola di vita che sia secondo ragione.

E basti citare, secondo il volgarizzamento trecentesco, le parole del proemio:

Imperciò che la condizione del corpo umano è passibile e mutevole non servando la complessione e consistenza le quali ebbe dal principio del suo nascimento, fue di necessità trovare scienza e arte per le quali in sanità la natura e 'l corpo dell'uomo si conservi. E però mosso a' prieghi e per amore d'alcun mio amico e per comune utilità d'ogni uomo, i quali vivono a costumi delle bestie, per conservazione della sanità e della vita, proposi in me medesimo di recare dei detti degli antichi filosofi questo libro...

Arte e scienza dunque la medicina « *per quam in sanitate et natura et corpus hominis conserventur* »; e vale a sollevare alla razionalità gli uomini che vivono « a costumi delle bestie ». L'insegnamento consiste nel riproporre i precetti degli antichi filosofi, confermati però e verificati alla luce dell'esperienza: l'esigenza dallo scolaro impertinentemente avanzata e dal maestro elusa con una battuta di spirito, è senza dubbio anche di Taddeo, aperto agli influssi del pensiero arabo, sia medico che filosofico (dal Grabman e dal Nardi Taddeo è considerato « quasi primo nucleo dell'averroismo bolognese che, com'è noto, precedette quello padovano », che è della seconda metà del secolo XIV), e anzi « imbevuto di un aristotelismo arabo prevalentemente empirico », come scrive il Calcaterra; ma a quell'esigenza il maestro, pur persuaso che in molti casi l'esperienza contraddice i testi, si sottrae; sicchè « il naturalismo sperimentale, [pur] ancora ristretto a forme elementari... nella mente... di Taddeo... [si affaccia] tra contraddizioni e ripetizioni di testi tradizionali ».

Più chiaro e deciso appare questo indirizzo naturalistico-sperimentale nell'opera di Guglielmo di Saliceto, professore a Bologna nell'età stessa di Taddeo, autore di una *Summa conservationis et curationis corporis* e di una *Cyrurgia* che danno l'esatta misura degli atteggiamenti scientifici e dei procedimenti metodici segnati dal maestro, il quale fu « tra i primissimi nell'unire medicina e chirurgia, vero e proprio clinico innanzi ai malati, alieno da prevenzioni astrologiche, da credenze superstiziose e da astrattismi dialettici ».

Ma gli avviamenti nuovi della scienza sono pienamente rappresentati da Mondino de' Liuzzi (nato intorno al 1270, laureato a Bologna dopo il 1290, ricordato nel 1314 come lettore di logica, ma più noto come lettore di filosofia naturale; morto nel 1325 o 26): il quale nel 1315 per la prima volta nella storia sezionò pubblicamente un cadavere durante la lezione di anatomia (fino a quel momento l'insegnamento dell'anatomia si era impartito solo mediante la lettura dei testi di Galeno e la dissezione di corpi di animali). L'anno dopo comparve la sua *Anathomia*, il primo trattato sistematico di anatomia descrittiva, nel quale alla descrizione degli organi sono aggiunte spesso osservazioni di ordine fisiologico e patologico. Specialmente precisa giudica il Deotto la trattazione dei vasi sanguigni, della vescica, degli organi sessuali maschili; e assai interessanti le norme della tecnica della dissezione, che deve essere praticata in tre tempi (l'esame si deve rivolgere successivamente agli organi della cavità addominale, della gabbia toracica, della cavità cranica). Così il Mondino pone le basi di una scienza medica in sostanza nuova, insegnando all'intera Europa che la medicina come arte terapeutica deve fondarsi sull'analisi assidua e accuratissima del corpo umano, e indicando con grande rigore i procedimenti metodici che la ricerca deve seguire per raggiungere risultati sicuri.

Nel corso del '300 continua feconda l'attività della scuola medica bolognese, che aspirava a una conciliazione del metodo speculativo e ippocratico col nuovo indirizzo naturalistico-sperimentale: « soprattutto notevole — scrive il Calcaterra — nei seguaci bolognesi delle dottrine arabico-aristoteliche la fedeltà al realismo contro il nominalismo; i medici umanisti di Bologna credono alla concretezza della realtà universale, oggetto della conoscenza speculativa, e al valore prevalentemente pratico della conoscenza del particolare... che è oggetto dell'osservazione. Questa esigenza di congiungere la conoscenza dell'universale con quella del particolare, si può dire, non verrà mai meno nella scuola bolognese, nei tempi stessi in cui menti superficiali e tarde si perderanno in genericità scolastiche di contro all'esigenza dello sperimentalismo, o all'opposto, menti soprattutto sollecite della conoscenza particolare e sperimentale si diranno indifferenti al problema dell'universale ».

La scuola medica di Bologna, « nel tempo stesso che era informatissima delle nuove filosofie e dei metodi naturalistici preferiti da Padova e da altri centri di studio, secondo le proprie tradizioni riteneva sempre fondamentale, sulle tracce del Mondino, lo studio anatomico del corpo umano, amava insegnare agli allievi a pensare, a ragionare e anche a filosofare, traendo dall'osservazione diretta dell'ammalato e dall'intuizione dialettica gli elementi della diagnosi... ».

Prudente e riservata, non solo in ossequio all'insegnamento della Chiesa, si mostra la scuola bolognese verso la medicina alchimistica-astrologica (pur con qualche « sconfinamento », come dice il Calcaterra: e basterà ricordare il successo incontrato dal magistero di Cecco Ascoli negli anni 1324-26), che ricorreva per la diagnosi delle malattie interne all'interrogazione astrologica e per la terapia ai preparati minerali apprestati con l'alchimia, contro l'opinione tradizionale che non si potesse curare la materia organica con l'inorganica. Pur rinnovando i suoi metodi, resta Bologna fedele alla tradizione ippocratica, galenica, salernitana, nella quale il medico si configura, come vedremo, essenzialmente come igienista.

Questa dunque la scuola bolognese da cui venivano a Firenze, addobbati di scarlatto e di vaio, i medici contro cui si appunta l'ironia del Boccaccio; il che significa che, per quanto vivo fosse l'impegno che la scuola poneva nella preparazione professionale degli alunni, e per quanto importanti fossero stati i progressi conseguiti dalla scienza, nel secolo XIV l'esercizio della medicina è affidato ancora a professionisti troppo spesso mal preparati e poco scrupolosi, non meritevoli della fiducia dei pazienti, propensi ad affidarsi preferibilmente alle cure dei ciurmadori e dei ciarlatani.

E ora, come abbiam fatto per i mercanti, gli artigiani e i notai, anche per i medici raffigureremo i precedenti delle condizioni riconosciute nel secolo XIII; per stabilire che, se pure è certo che l'insegnamento vero e proprio della medicina s'inaugura effettivamente nelle Facoltà degli artisti solo a partire dalla fine del secolo XI, d'altra parte un insegnamento sia pure elementare della medicina si verifica in tutta la tradizione scolastica medioevale; e ne abbiamo una sufficiente documentazione fin dal secolo VII (1).

Maestro nella scuola cattedrale milanese del secolo VII è quel Benedetto Crispo del cui *De virtutibus herbarum* abbiamo fatto parola quando abbiamo cercato i segni dell'impiego del *cursus* nell'età anteriore ad Alberico di Montecassino. Che il Crispo sia stato maestro delle sette arti del Trivio e del Quadrivio nella scuola episcopale milanese appare evidente

---

(1) Per tutta la trattazione che segue cfr. le mie *Origini*, 3ª ediz., pagg. 35, 479 segg., 194 seguenti. Cfr. anche *Le origini della letteratura cortese* cit., pagg. 273-74, 279 segg.

Un anatomista; dalla *Anathomia* di Guido da Vigevano.

Dissezione di un cadavere; miniatura del secolo XIII. Oxford, Bodleian Library (Fot. della Biblioteca).

nella lettera dedicatoria del *De virtutibus* da Benedetto diretta al discepolo Mauro, divenuto poi prevosto della chiesa di Mantova. Nella lettera infatti si legge: « *te, filii carissime, paene ab ipsis incunabulis educavi et septiformis facundiae liberalitate ditavi* »: dall'espressione *septiformis facundia* sono chiaramente designate le sette arti. Ma l'opera del Crispo denuncia con piena evidenza il fatto che nella scuola milanese, già nel VII secolo, l'insegnamento andava oltre il Trivio e il Quadrivio e comprendeva anche una delle discipline, che nel corso medioevale degli studi — ma già nel *cursus studiorum* dell'età classica — appartengono al grado superiore, la Fisica appunto, come meglio mostreremo più avanti. Il *De virtutibus*, infatti, è un breve sunto in versi delle opere di Sereno Samonico e di Plinio Valerio; e importa notare che nel poemetto crispiano chiaramente si riconoscono precisi riflessi non solo sostanziali, ma anche formali delle fonti (alcuni passi di Plinio Valerio sono riprodotti letteralmente, salvo le modificazioni imposte dalle esigenze della versificazione): il che impone di ritenere che Crispo lavorava avendo sott'occhio i testi di Sereno e di Plinio Valerio, presenti dunque nello *scriniarum* della cattedrale milanese, appunto in ordine alla esigenza dell'insegnamento della

Visita pediatrica;
miniatura dal ms. laurenziano
Plut. 73. 16
(Ippocrate, *De diversis herbis* e altro)
del secolo XIII, carta 29 b.
Firenze, Biblioteca Laurenziana
(Fot. della Biblioteca).

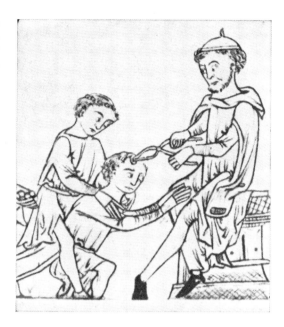

Trapanazione del cranio.
Miniatura del secolo XIII.
Cambridge, Trinity College Library
(Fot. della Biblioteca).

Fisica impartito nella scuola agli scolari che accedevano al corso superiore, superato il Trivio e il Quadrivio.

Questa condizione che abbiamo riconosciuto per la scuola milanese si verifica anche per tutte le altre scuole, cattedrali e cenobiali, importanti dell'alto Medioevo, in ogni luogo e in ogni secolo, tra il IX e l'XI.

Un inventario redatto nell'anno VIII di Ludovico imperatore — e cioè nell'822 — documenta la presenza nella biblioteca del monastero augense in Reichenau delle opere di Galeno, di un *De positione et situ membrorum*, dei *Pronostici* di Democrito, di un *De medicinalibus*; un catalogo redatto dopo l'831 attesta la presenza del *De medicamentis* di Sereno nella biblioteca della Chiesa centulense di S. Riquier; nella biblioteca dell'Abbazia di S. Pietro di Chartres si trovavano *De medicina* del IX secolo, il *De arte medendi*, l'*Alphabetum Galeni*, il *Tractatus de morbis*; e nella grande biblioteca dell'Abbazia di S. Gallo erano un *Liber medicinalis* dell'VIII secolo, i *Praecepta ad morbos curandos Hyppocratis et Galeni*, un *Vocabolarion botanicum de morbis*, *Scripta medica* di Plinio Valerio e Galeno, un *codex medicus* il cui contenuto non è precisato, il *De virtutibus herbarum*.

Un'importante collezione di opere mediche è nel codice 79 (secolo X) della biblioteca dell'archisterio cassinese. Il codice, se si guarda ai titoli esterni, contiene i *Pronostici* e gli *Aforismi* di Ippocrate, la *Medicina* di Alessandro Jatrosofista, l'*Erbario* di Apuleio; ma il contenuto della silloge è più ricco in quanto vi si accolgono il *De pulsis et urinis* attribuito a Galeno, il trattato delle malattie degli occhi di Aurelio, e un altro *Erbario*. Notevole è anche il codice cassinese 65 del IX o X secolo, in cui si contengono « scritture latine » di Galeno. Numerosissimi sono nella biblioteca cassinese i libri di medicina più recenti, come si riconosce dal copioso catalogo compilato al tempo di Paolo II e conservato in un codice vaticano, da cui lo ha pubblicato Angelo Mai: nel catalogo si trova l'indicazione *de medicina codices multi* che, per quanto indeterminata, è tuttavia molto significativa.

Ora è da notare che la presenza di questi testi medici nelle biblioteche monastiche si è spiegata con la necessità pratica in cui si trovavano le comunità religiose di avere facilmente accessibili manuali cui attingere nozioni spicciole di diagnostica e di terapia per provvedere ai bisogni dei monaci infermi; a queste stesse necessità pratiche rispondono gli orti monastici in cui si coltivano i semplici della farmacia galenica.

Naturalmente non è il caso di contestare la legittimità di questa affermazione e il peso che le necessità pratiche hanno nel promuovere gli studi di medicina nelle scuole monastiche. Resta però il fatto che questi studi si coltivano anche nelle scuole episcopali e cattedrali, come abbiamo constatato a proposito della scuola cattedrale milanese; e che libri di medicina sono anche nelle biblioteche signorili di cui abbiamo notizia. Una *Phisiognomia Lopi medici* è nella biblioteca del margravio del Friuli Everardo, morto nell'846, come documenta il testamento con cui il marchese dispone dei suoi libri a favore dei quattro figli e delle quattro figlie; e il catalogo della biblioteca del conte transalpino Eccardo menziona un *Liber prognosticorum*.

La verità è, come già abbiamo accennato, che la Fisica — che è non solo la scienza della natura, ma comprende anche quella che è la fisica pratica, e cioè la medicina — entra nell'*ordo studiorum* cui tutta la tradizione scolastica clericale fedelmente per tutto il Medioevo si attiene.

L'ordine degli studi della scuola clericale è chiaramente raffigurato in un opuscolo di Onorio di Autun (secolo XII), *De animae exilio et patria*; nel quale si rappresenta l'ignoranza come la Babilonia (esilio) e la sapienza come la Gerusalemme (patria) dell'anima; e la via che dall'esilio dell'ignoranza conduce alla patria della sapienza si immagina come snodantesi attraverso dieci città che sono le sette discipline del Trivio e del Quadrivio, dalla Grammatica all'Astronomia, cui segue, ottava, appunto la Fisica: «l'ottava città è la Fisica. In questa Ippocrate insegna ai viandanti (cioè a quelli che seguono l'itinerario dalla Babilonia dell'ignoranza alla Gerusalemme della sapienza) la virtù e la natura delle erbe, delle pietre, degli animali; e mediante la cura del corpo conduce alla salute dell'anima». Così, la parte pratica della fisica che è l'arte di guarire i corpi (e trascuriamo la considerazione che la cura del corpo è presupposto anche della salute dell'anima), è subordinata all'altra, teorica, che riconosce e definisce le proprietà delle cose della natura (*De proprietatibus rerum* è il titolo dei trattati di scienza naturale usati in tutte le scuole, specialmente a partire dal secolo XIII).

È appena il caso di ricordare che indicando come necessarie all'acquisizione della sapienza le discipline che stanno al di là o al di sopra del Trivio o del Quadrivio, Onorio ricalca le orme di Varrone, che appunto precisa e definisce il contenuto delle discipline di grado superiore, la Fisica, l'Architettura e la Meccanica, l'Economia. Il grado più alto, nella concezione romana degli studi, spetta alla Giurisprudenza, come nella nozione medioevale spetta alla Teologia. Rispetto alla Giurisprudenza, nella concezione romana, come rispetta alla Teologia nella concezione medioevale, gli studi letterari e scientifici del Trivio e del Quadrivio hanno solo ufficio propedeutico; ma tra il grado elementare e il grado più alto degli studi, nell'antichità romana come nel Medioevo, ha il suo posto la Fisica, almeno nelle scuole più importanti; dalle quali dunque i chierici uscivano provveduti di una preparazione sia pure sommaria che consentiva, almeno ad alcuni, l'esercizio dell'arte salutare.

Ma molto importa notare che gli studi di fisica e cioè di medicina sono nell'alto Medioevo, in Italia, coltivati in modo specifico nella gloriosa scuola di Salerno; che alcuni storici hanno raffigurato come derivazione o filiazione della scuola medica di Montecassino, cui abbiamo accennato; e altri come ambiente fecondato dalla scienza medica araba (sicchè le origini della scuola andrebbero ricercate in un'età posteriore all'invasione saracena); e altri ancora come erede e continuatrice di una tradizione scientifica locale, le cui origini sarebbero nell'antichità greco-romana, durante la quale si sarebbe costituito in Salerno un importante collegio di fisici. È comunque certo che la scuola salernitana appare già celebre in testimonianze del X secolo, le quali ci consentono anche di rilevare l'indirizzo più pratico ed empirico che scientifico degli studi medici salernitani. E basterà allegare Richero di Reims; il quale nel II dei suoi *Historiarum libri* (fine del secolo X) racconta di alcune discussioni avvenute tra Deroldo medico di Luigi d'Oltremare (e poi vescovo di Amiens) e un medico saler-

Una farmacia fiorentina (?).
Formella del campanile di Giotto a Firenze
(Fot. Alinari).

nitano; discussioni nelle quali Deroldo aveva sempre la meglio perchè dottissimo delle discipline del Trivio e del Quadrivio, sicchè poteva citare le opere dei grandi maestri antichi greci e latini, mentre il salernitano poteva fondarsi solo sulla sua grande esperienza pratica delle cose della natura: « il Salernitano, privo di cultura letteraria, aveva ex ingenuo molta esperienza delle cose della natura ». La formula rappresenta al vivo il carattere empirico della Fisica salernitana; carattere che del resto è bene indicato anche dalle fonti autentiche a noi note, e specialmente da quel *Regimen sanitatis* o *Flos medicinae* — di cui tra poco parleremo — che ci si offre come tesoro delle esperienze e della pratica terapeutica e igienica della scuola di Salerno.

D'altra parte, pur riconoscendo che l'insegnamento salernitano della Fisica non richiede nè presuppone una rigorosa formazione nelle *artes* del Trivio e del Quadrivio, sarà lecito tuttavia ritenere che esso non possa prescindere dalle *artes* stesse; e basterà citare l'opera del maestro più illustre dell'XI secolo, Guarimpoto o Gariopontο, che è opera di compilatore e recensore dei testi antichi di medicina, che non poteva realizzarsi se non da chi avesse sicura preparazione nelle arti liberali. Scrive Pier Damiani che Guarimpoto fu « *litteris eruditus ac medicus* »; e la testimonianza del Damiani è confermata dalle opere del maestro cassinese (che lavorava da solo o in collaborazione con altri maestri della scuola), il *Passionarius de aegritudinibus a capite usque ad pedes* (emendazione e più razionale disposizione di un'enciclopedia medica che anteriormente era stata composta sulle opere di Galeno, Teodoro Prisciano, Alessandro di Tral, Paolo Egineta) e la *Practica medicinalis*, compilazione delle opere del cosiddetto Aurelio e dello pseudo Esculapio.

Forte incremento ricevettero, nel secolo XI, gli studi e la pratica della medicina ad opera di quel Costantino Africano, per la cui mediazione l'Occidente acquisisce i risultati della scienza medica araba (1).

Di Costantino, convertitosi al Cristianesimo e resosi monaco a Montecassino, Pietro Diacono, nel *Libellus virorum illustrium cassinensium* racconta che nacque a Cartagine, peregrinò a Bagdad (dove apprese le arti liberali e le discipline matematiche), in India, in Etiopia, in Egitto, donde ritornò in patria; da cui ancora dovette allontanarsi per sottrarsi alla gelosia dei dotti suoi concittadini, sicchè riparò in Italia, a Salerno, dove visse per molto tempo ignorato poveramente, finchè fu scoperto e onorato da Roberto Guiscardo.

---

(1) Cfr. *Origini*, 3ª ediz., pag. 157 segg.

Il grande storico della scuola salernitana, Serafino De Renzi, per rivendicare l'assoluta autonomia degli studi fisici di Salerno, respinge le notizie fornite da Pietro Diacono, e colloca il magistero di Costantino nell'ambiente cassinese e non in quello salernitano; ed è effettivamente certo che a Montecassino il cartaginese produsse tutte le sue opere. Ma, come ha osservato il Novati, nulla c'è di favoloso o di fantastico nella testimonianza di Pietro circa un precedente soggiorno salernitano di Costantino; il quale certo a Montecassino dall'arabo traduce opere di medici arabi e versioni arabe delle opere dei maestri greci, tra cui gli *Aforismi* di Ippocrate, recando alla scienza medica un ricco complesso di cognizioni nuove e di nuove esperienze, ma direttamente col suo magistero o indirettamente con le sue opere — subito accettate e usate — esercitò profondi influssi sulla scuola di Salerno, che forse proprio per l'effetto di quel magistero rigogliosa risorge dal declino che segnala, alla metà del secolo, l'arcivescovo poeta Alfano; com'è confermato dal fatto che tutti i più autorevoli maestri salernitani della fine del secolo — Giovanni Plateario II, Cofone iuniore, Bartolomeo — sempre Costantino e solo Costantino citano accanto ai grandissimi *auctores* dell'antichità, Ippocrate e Galeno.

Prodotto della scuola salernitana, rinnovata per l'acquisizione delle esperienze e dottrine della medicina araba, è quel *Regimen sanitatis* o *Flos medicinae* che abbiamo citato; ed è dedicato a un « Anglorum regi » (*Anglorum regi scribit schola tota Salerni*), che è certo Roberto duca di Normandia; il quale a Salerno era venuto nel 1099 a farsi curare le ferite riportate alla crociata e a Salerno ebbe notizia della morte di Guglielmo il Rosso, cui di diritto doveva succedere come re d'Inghilterra (ma non riuscì mai ad occupare il trono, sicchè il titolo della dedica è solo augurale).

Il *Flos medicinae* — il fiore, veramente, della scienza medica salernitana — è opera collettiva (*scribit schola tota Salerni*) che ebbe diffusione enorme e fu rifatta e tradotta in tutte le lingue di Europa. In trecentosessantadue esametri rimati sono esposti precetti igienici di ogni genere:

Se ti mancano i medici, queste tre cose potranno farti da medico: mente ilare, riposo, dieta moderata. Breve sia il sonnellino meridiano, meglio ancora evitare il sonnellino dopo il pranzo: la febbre, la stitichezza, il mal di testa e il catarro provengono proprio dal sonnellino meridiano.

Per esser leggeri la notte, breve sia la cena. Lucida e monda sia l'aria in cui vivi, nè infetta dal fetore della cloaca. Se vuoi restare — o ritornare — sano, non impegnarti in cure troppo gravi e non essere irascibile.

Miniature dalla *Chirurgia di Rolando*.

Nella pagina accanto:
il maestro Rolando opera al ventre ed estrae un calcolo.

Il maestro Rolando
riduce la lussazione di una mandibola.
Codice del secolo XIII.
Roma, Biblioteca Casanatense
(Fot. della Biblioteca).

L'acquisizione del patrimonio della scienza medica — iniziata dall'attività di Costantino Africano — si perfeziona e si compie nel XII secolo per l'opera dei grandi maestri che traducono o direttamente dal greco o dall'arabo.

Il maggiore di questi traduttori è Burgundione da Pisa, « *peritus tam graeca quam latina eloquentia* », la cui attività — scrive Enzo Franceschini — « si estese a quasi tutti i campi dello scibile, ma specialmente alla teologia, alla medicina, al diritto »; e che mette in latino molte opere di Galeno (il *De sectis medicorum*, il *De temperamentis*, il *De virtutibus naturalibus*, il *De sanitate tenenda*, il *De differentiis cursuum*, il *De crisibus*, i *Therapeutica*) e gli *Aforismi* di Ippocrate.

Di tutti i traduttori del XII secolo il più operoso è senza dubbio Gherardo da Cremona (1); che durante la sua lunghissima vita e il suo lungo soggiorno a Toledo tradusse dall'arabo in latino più di ottanta opere di filosofia, di logica, di algebra, di ottica, di astronomia e specialmente di medicina; sicchè è lecito dire con lo Haskins che « più di scienza araba penetrò nell'Occidente d'Europa per opera di lui che per qualunque altra via ». In latino reca Gherardo le versioni arabe di Galeno e di Ippocrate, oltre che i prodotti originali della scienza fisica araba.

Alla scuola salernitana sono strettamente rilegati, quanto al metodo, i maestri di Fisica della Facoltà degli artisti bolognesi del secolo XII e della prima metà del secolo XIII — nel periodo cioè che precede il magistero di Taddeo di Alderotto e di Mondino de' Liuzzi. « Empirici valenti più che istitutori di scienza », per dirla col Calcaterra, sono, nel XII secolo, Gualfredo, Monaldo, Sichefredo, Jacopo di Bertinoro; e « peritissimi maestri d'arte medica nel senso empirico più che in quello... scientifico sono, nel XII secolo, Ugo Borgognone da Lucca, Pietro da Vercelli, Signigardo da Arezzo, su questi eccelle per fama Rolando da Parma che nella *Chirurgia* commentò Ruggero da Salerno » (2).

Alla tradizione salernitana sostanzialmente va rilegato anche maestro Aldobrandino da Siena (o di Firenze?), che poco prima del 1287 legava per testamento una casa ai frati di S. Francesco di Vienne. È Aldobrandino l'autore del primo trattato di medicina scritto direttamente in volgare (francese), il *Livres pour la santé garder* o *Le régime du corps* (3),

(1) Cfr. *Origini*, 3ª ediz., pag. 195 segg.
(2) *Alma mater studiorum* cit., pag. 50.
(3) Pubblicato sul fondamento dei manoscritti della Biblioteca Nazionale e della Biblioteca dell'Arsenale di Parigi da L. Landouzy e R. Pepin, con prefazione di A. Thomas, Parigi, 1911.

Noè e la vite
in un mosaico di San Marco a Venezia.
Anche il vino aveva impiego terapeutico
(Fot. Böhm).

divulgatissimo, tanto che se ne conoscono ben trentacinque manoscritti. Di Aldobrandino possiamo dire che fu un toscano trasferitosi in Francia dove esercitò la medicina a Troyes. In alcuni dei codici che ci han trasmesso l'opera Aldobrandino è detto « medicin du roi de France ». Circa il tempo della composizione, due codici tardi (secolo XV) affermano, nell'*incipit*, che per incarico di Federico II imperatore Aldobrandino tradusse il suo libro dal greco in latino e dal latino in francese nel 1238; mentre quattro manoscritti recano la dedica dell'opera a Beatrice di Provenza e la data del 1266; un codice porta la dedica a Bianca, madre di S. Luigi.

È un manuale di fisica (cioè della scienza che insegna a « conoscere il corpo umano e a conservarne la salute »), di igiene e di dietetica, nelle prime tre parti; e di fisionomia (cioè la scienza che insegna « *comment on puet, par nature, conoistre l'homme et la femme par dehors* ») nella quarta.

L'opera di Aldobrandino è una compilazione di Ippocrate, Galeno, Costantino Africano, Giovanniccio (che è il nome latino del medico arabo Honein ben Isac), Isac l'israelita (medico egiziano del X secolo), Aristotele, Diogene d'Apollonia, Herapione, Rasis, Avicenna, come l'autore stesso indica nel prologo. È da osservare che Ippocrate, Diogene, Aristotele, Galeno non sono usati direttamente, ma solo attraverso le citazioni degli autori arabi; dei quali Aldobrandino non cita Alì Abas (medico arabo morto nel 994, le cui opere sono tradotte in latino e composte in un unico *corpus*, cui si è dato il titolo di *Liber regius*). Fonte principale della terza parte del *Regime du corps* sono le *Diete* di Isac; importa notare che s'impone una certa prudenza nell'uso della testimonianza di Aldobrandino circa l'alimentazione dell'Europa occidentale nel secolo XIII: molti dei cibi — e specialmente vegetali: datteri, canna da zucchero — di cui il maestro fa parola son pertinenti alla società cui si rivolgeva Isac, non alla Francia o all'Italia. Su questi problemi torneremo più avanti quando tratteremo appunto nell'alimentazione dei secoli XIII e XIV. Per ora fermeremo la nostra attenzione solo sulla parte fisica e igienica; e ascolteremo direttamente la parola di Aldobrandino — in una nostra versione che è, spesso, parafrasi più che traduzione letterale — la quale ci rappresenterà al vivo la condizione igienico-sanitaria della società europea nell'ultimo terzo nel secolo XIII.

Prologo.

Il libro fu fatto a richiesta della contessa di Provenza, che è madre della regina di Francia, della regina d'Inghilterra, della regina di Germania e della contessa d'Anjou... e lo fece maestro Aldobrando di Firenze nell'anno dell'incarnazione di Cristo 1266... ed è in quattro parti. La prima parte tratta del corpo, di ciò che è conveniente per conservare la salute ed è ordinata in 20 capitoli; la seconda della conservazione di ciascun membro del corpo; la terza delle cose che si convien usare; la quarta del modo con cui si posson riconoscere l'uomo e la donna dal loro aspetto [fisionomia]...

La fisica è la scienza che insegna a conoscere il corpo umano, a conservare la salute, a rimuovere le malattie; e ha due parti, una teorica e una pratica. Per la teoria noi sap-

La fontana della vita.
Affresco del secolo XIV nel Castello della Manta
(Fot. Alinari).

piamo riconoscere tutti i precetti e gli insegnamenti della fisica; e cioè che ci sono tre maniere di febbre. La prima maniera avviene quando gli umori sono corrotti, e si chiama dai fisici febbre putrida. La seconda colpisce le membra e si chiama... abituale. La terza viene dagli spiriti vitali e si chiama effimera.

Per la pratica noi apprendiamo in che modo occorre operare per mantenere l'uomo in salute e rimuovere le malattie.

Cominciamo dunque a trattare dei modi in cui si mantiene la salute del corpo per pratica, e tralasciamo la parte teorica di cui non è nostra intenzione parlare.

Dell'aria.

L'aria è uno dei quattro elementi di cui tutte le cose sono fatte e formate; e non vale solo a formare il corpo dell'uomo ma anche e specialmente a mantenere il corpo in salute: senz'aria non si può vivere.

E vi dirò come l'aria può aiutare l'uomo e cioè per due cose: una è che raffredda il calore del cuore in due maniere, per il fatto che l'aria entra sia dalla bocca, sia dai piccoli orifizi della pelle che sono in tutto il corpo. E dovete sapere che il cuore è il membro principale del corpo dell'uomo e dal cuore vengono tutte le virtù e il calore a tutti i membri del corpo; e perciò occorre che il cuore abbia maggior calore e quindi conviene che sia refrigerato dall'aria... La seconda cosa per cui l'aria fa bene e aiuta a vivere è che essa aiuta a spurgare le superfluità e i vapori che si possono generare intorno al cuore. Dunque, poichè è certo che senza aria non si può vivere, vi insegneremo a conoscere quale aria è buona e quale è cattiva, per scegliere quella che è utile a conservare la salute.

Buona è l'aria quando non è mescolata ad alcun vapore e si può vedere il cielo apertamente e il vento soffia debolmente e, respirando, la si sente gradevole; e quando il sole al suo levare la riscalda moderatamente.

L'aria cattiva è il contrario di questa: mescolata di vapori che si levano dagli stagni e dalle paludi e dalle terre ove crescono erbe e alberi cattivi... oppure dalle carogne... Cattiva, ancora, è l'aria che ristagna nelle vallate e nelle case, sicchè il vento non la può muovere e non è dilettevole a respirare; e non si riscalda e non si rinfresca moderatamente al levare e al tramontare del sole...

Del mangiare.

Chi vuol conservare la sua salute deve conoscere, circa l'alimentazione, tre cose...: la prima è conoscere la complessione e la natura sia delle cose onde ci si nutre, sia di colui che si nutre; la seconda è sapere la quantità di cibo che conviene prendere, poco o assai; la terza è di attenersi all'uso, secondo che si è abituati a mangiare.

Ora diremo della prima. Bisogna sapere che tutte le cose sono calde e umide, calde e secche, fredde e umide, fredde e secche; e che tali sono pure le complessioni dell'uomo che riceve il cibo; infatti, il sanguigno è caldo e umido; il collerico, caldo e secco; il flemmatico, freddo e umido; il melanconico, freddo e secco; e pertanto, secondo l'insegnamento della fisica, occorre assumere cibi simili alla natura di ciascun uomo, cioè cibi caldi convengon a complessione calda e cibi freddi a complessione fredda.

I cibi convenienti a chi sia di complessione calda e umida sono: il pane ben cotto e bene lievitato, che sia fatto d'un giorno, e di buon frumento puro e netto; e carne d'agnello di un anno; e buon vino che abbia buono odore e buon sapore e bel colore, come mostreremo più avanti. Queste sono le cose convenienti a un uomo sano; e tutte le altre, che pur bisogna usare, non sono altrettanto convenienti, per esempio la frutta e le verdure fanno cattivo sangue e producono umori che si corrompono facilmente. I frutti migliori e più convenienti alla natura dell'uomo sono i fichi e l'uva. Se ne mangiano anche altri, alcuna volta, per rimuovere le malattie e perchè danno buon nutrimento; per esempio, mele cotogne e pere, che sono pesanti, ma aiutano a digerire; e zucche, meloni, albicocche, limoni, pesche, mele, che possono rinfrescare lo stomaco e il fegato.

D'altra parte, ci sono carni e legumi che non possono produrre buon sangue, ma per uso si mangiano ugualmente e valgono più di tutte quelle cose che abbiamo qui sopra indicato; perchè, come dice Avicenna, se l'uomo è sano, tutte le cose che sono più gradevoli al palato meglio nutrono. Tuttavia, per quanto a molti piaccia mangiare cose di diversa natura, dovete sapere che ciò è la peggiore cosa che si possa fare per conservare la buona salute; e ve ne mostrerò la ragione. Per esempio, è chiaro che se si mettono a cuocere in una pentola carni di diversa natura, e cioè di porco e di bue o altro, esse non cuocono tutte nello stesso tempo e lo stesso avviene nello stomaco dell'uomo; sicchè le varie membra assumono il cibo ben digerito come quello male digerito, dal che derivano molte malattie.

Ancora dovete sapere che i cibi che si prendono non devono essere nè bollenti come quando si tolgono dal fuoco, nè gelati; conviene che essi siano freddi d'estate e caldi d'inverno...

Quanto alla quantità bisogna considerare la natura dell'individuo che si nutre, se è forte o debole; tuttavia, sia i forti sia i deboli conviene che si nutrano in misura da non avvertire peso dopo mangiato; e non sentano bruciore allo stomaco nè ventre enfiato e possano respirare agevolmente; e sempre, in ogni modo, conviene smettere quando si avrebbe ancora voglia di mangiare.

D'inverno e di primavera si può prendere maggior quantità di cibo, carne di bue e pesci...; d'estate e d'autunno invece conviene prendere una minor quantità di cibi leggeri...

Quanto alla terza cosa che abbiamo indicato, diremo che l'uso, buono o cattivo che sia, determina una naturale assuefazione; sicchè se si è abituati a prendere cibi cattivi, questi sono più convenienti e meglio valgono che i buoni cui non si è abituati, come insegna Ippocrate.

Chi è abituato a mangiare due-tre volte al giorno, non deve mangiare una volta sola, anzi deve osservare il numero dei pasti cui è abituato e mangiare quanto ne ha voglia, purchè si tratti di appetito naturale, e non di quella malattia che i fisici chiamano «appetito del cane» o altre simili; nè si deve tardare a prendere il cibo o soffrire la fame, perchè questo riempie lo stomaco di umori cattivi e corrotti... come dice Avicenna...

È buon uso di mangiare prima vivande leggere, come cavoli, lattughe, pastinache e altre verdure assai, e tutte le frutta, salvo quelle pesanti, come pere, castagne, ecc.; e tutte le carni leggere, come sono quelle di pollastrelle giovani, caprioli, galline, ecc.

Bisogna inoltre guardarsi dal mettere una vivanda sull'altra avanti che la prima sia digerita e che ci si senta lo stomaco libero...

E sappiate che quello che abbiamo ora detto, e cioè che conviene mangiare prima i cibi leggeri poi quelli pesanti, si deve intendere con discrezione, nel senso che alcuni hanno lo stomaco così caldo che se si dessero loro dapprima questi, sarebbero digeriti prima che i pesanti fossero digeriti a metà; per cui a ciascuno conviene usare i cibi pesanti secondo la sua natura.

Del bere.

Dopo aver parlato del mangiare, tratteremo del bere; e per quanto varie siano le bevande — e cioè acqua, vino, birra, vino di mele e altre assai — parleremo solo del bere vino e acqua, che sono le bevande più usate...

Ora ascoltate da prima dell'acqua e sappiate che essa opera nel corpo dell'uomo in due maniere: la prima, sminuzzando il cibo e portandolo a tutte le membra, la seconda riducendo e annullando il cattivo calore che si forma nel corpo a causa dei cibi pesanti...

Dunque, l'acqua buona da usare dev'essere chiara; e non deve avere sapore, odore, colore... e deve correre su terreno sabbioso, e quanto più corre, tanto migliore è; e deve correre verso il sole levante; e più corre, più si spurga e lascia le impurità. Oltre a questo dicono i filosofi che l'acqua piovana, pulitamente raccolta e conservata e che sia caduta da nubi alte, è migliore di ogni altra, perchè è più sottile...

Ora vi dirò come dovete usarla. Sappiate che è malvagia cosa bere quando si è digiuni o affaticati; ma chi è di complessione sanguigna o ha gran calore allo stomaco o è ubriaco, quando ha sete può bere abbondantemente, ma non in una volta sola... e chi ha bisogno di prendere grande quantità di acqua, la beva quando avrà mangiato abbastanza e adagio e non ingordamente. E ancora sappiate che l'acqua tiepida fa vomitare e toglie la voglia di mangiare...

Detto così dell'acqua, parleremo del vino.

Diversi sono i vini quanto al colore e alla sostanza, al sapore e all'odore; e sono nuovi o vecchi; e secondo la diversità, diversamente operano sul corpo dell'uomo.

Il buon vino naturale è quello che è esattamente tra il vecchio e il nuovo, la cui sostanza è chiara e netta e il colore bianco (o anche tendente al rosso) e il profumo buono e soave e il sapore non troppo forte nè troppo debole e tra il dolce e l'amaro...: è questo il vino che conviene usare se si vuole mantenersi sani; tal vino bevuto temperatamente secondo che natura richiede e comporta e il tempo e l'uso richiedono fa buon sangue e buon colorito e tutte le virtù di un corpo forte; e rende l'uomo lieto e sereno e bene parlante...

E mentre il vino fa bene a chi lo beve temperatamente, fa male a chi lo prende come non deve. Se si prende a digiuno, produce la gotta... e altre malattie assai... Ma bere temperatamente e sovente mentre si mangia, è cosa conveniente; e non si deve bere tanto da ubriacarsi, per quanto alcuni filosofi dicano che ubriacarsi due volte al mese è cosa sana, perchè la forza del vino distrugge gli umori superflui nel corpo e il corpo purga mediante l'orina e il sudore e altri modi.

Ma certo dall'ubriachezza derivano molte malattie, come l'apoplessia, la paralisi, lo spasimo e altre, e il membro che più è gravato dal troppo bere, è il cervello... Quelli cui il vino fa facilmente male possono usare, dopo aver bevuto, mele, olive, miche di pane in acqua fredda... E chi vuol bere assai senza ubriacarsi, deve usare semi di zucca, menta salata, ruta secca, assenzio, appio o sedano in acqua fredda o vino. E quelli che hanno il cervello debole devono guardarsi dal bere vino forte mescolato con l'acqua, perchè il vino mescolato inebria più facilmente che il puro, come dice Avicenna; e dai vini mescolati, perchè i loro vapori riempiono il cervello...

Del dormire.

Voi dovete sapere che il dormire fu trovato per dar riposo alle virtù del corpo e sollievo alla fatica che esse soffrono quando l'uomo veglia e lavora; ciò non vale tuttavia per le virtù che provvedono alla digestione, le quali anzi si rinforzano e più intensamente operano durante il sonno.

E sappiate che il dormire, se fatto come si deve, conserva la salute del corpo, perchè aiuta la digestione e produce buoni umori e vince le molte malattie che vengono per corruzione e per giacere troppo con donne e per troppo pensare...; il dormire temperatamente giova più ai vecchi che ai giovani perchè conserva gli umori onde il calore s'alimenta; e perciò dice Galeno che in sua vecchiezza si nutriva di coste di lattuga, che fanno dormire, e il dormire giova appunto agli umori che mantengono il calore del corpo...

Chi vuol dormire per conservare la salute del corpo, deve dormire dopo che il cibo è sceso dallo stomaco; e più deve dormire colui che prende molto cibo che non colui che ne prende poco; e si deve dormire di notte e non di giorno... quando incomincia a dormire l'uomo, si corichi sul fianco destro e poi si giri sul sinistro; e sia il capezzale alto e coperto di un drappo, perchè ciò aiuta molto a digerire. Chi dorme di giorno è colpito da molte malattie... e diventa pesante e tardo. Pertanto... chi è abituato a dormire di giorno deve cercare di correggere, giorno per giorno, questo pessimo costume, per tornare all'uso naturale del dormire di notte...

Dormire a faccia in giù adunque è buona cosa, perchè aiuta a bene digerire; mentre il dormire supino fa venire molte malattie, come apoplessia, frenesia e quello che i fisici chiamano incubo, in quanto gli umori del cervello non riescono, in quella posizione del dormiente, a trovare la via d'uscita attraverso il naso e la bocca.

Come conservare il corpo.

Il lavoro.

... L'ora che si deve osservare per lavorare è prima di mangiare o quando il cibo è già quasi digerito e lo stomaco comincia a richiedere nuovo cibo. Meglio riesce il lavoro quando lo stomaco è un po' pieno che quando è vuoto del tutto; perchè quando lo stomaco è del tutto vuoto, il lavoro fa crescere la temperatura e ne derivano molte malattie... Soprattutto è dannoso il lavoro dopo aver mangiato, perchè richiama dallo stomaco alle membra il cibo non digerito, il che produce molte malattie...

I bagni.

... Le acque in cui ci si bagna sono dolci o d'altra maniera, come sono le acque solforose o d'albume, o salate o amare o quelle che hanno natura di salnitro o di gesso o di ferro o di rame; altre acque sono di mare; e tutte le acque che sono in origine dolci prendono altra natura per i condotti attraverso i quali passano... I bagni in queste acque non convengono a chi ha il corpo sano e vuol conservarlo in salute, ma servono a curare alcune malattie...: le acque solforose di mare servono... per la gotta, le malattie dei reni, l'idropisia, la rogna.

Il bagno d'acqua dolce si fa in stanze riscaldate e in tinozze con acqua fredda, se si è sani e si vuol conservare la salute; e non dovrà durare troppo, ma solo il tempo necessario a lavare il corpo e a pulirlo del sudiciume che natura manda fuori dai pori... Non conviene bagnarsi dopo aver mangiato... o dopo aver compiuto un lavoro pesante... nè mangiare durante il bagno o subito dopo... nè bere acqua fredda prima o durante il bagno...

Miniatura
dal *De balneis Puteoli*.
Amsterdam,
Vendita Müller
(da TOESCA).

All'uscire dal bagno, conviene guardarsi dal freddo e coprirsi bene, specialmente d'inverno...

E sappiate che il bagno d'acqua calda dolce al principio conferisce un buon equilibrio degli umori, ma se dura a lungo, riscalda e dissecca il corpo. Chi vuol prendere il bagno in acqua fredda, riguardi la sua complessione, cioè se è affetto da reumi o altre malattie; comunque il bagno freddo non si deve prender d'inverno e non deve durare tanto che il freddo prenda le membra... Chi si bagna in acqua fredda ordinatamente a secondo le buone regole, ottiene un giusto equilibrio del calore interno.

DELL'USARE CON DONNE.

Ognuno che abbia senno e discrezione deve porre tutto il suo intendimento e tutto il suo potere a conoscere come si debba usare con donna, perciocchè questa è una delle cose principali per mantenere sano il corpo o rovinarlo, se non si fa temperatamente...

Ora vi diremo quali e quante malattie vengano dall'abusarne: tutto il corpo si indebolisce e specialmente la vista, si perde l'appetito, il fiato diviene cattivo e cattivo il colorito; inoltre l'abuso produce dolore ai fianchi, raffredda tutto il corpo, annulla le virtù di tutte le membra, e soprattutto fa invecchiare e fa perdere la virtù generativa...

Per evitare le malattie che ne derivano, vi mostreremo il tempo e l'ora in cui si può fare. Si deve evitare di usare con donna primamente quando si è pieni di cibi e di bevande, in secondo luogo, quando si è digiuni e affamati, nel qual caso può produrre etisia e annulla il calor naturale. L'ora migliore è quando la digestione sia già avvenuta...: valgono

Scena balneare.
Miniatura dal *De balneis puteolanis*, nel ms. ambrosiano I, 6, inf., fol. 4 r,
di origine napoletana.
Milano, Biblioteca Ambrosiana
(Fot. della Biblioteca).

Scena balneare.
Miniatura dal *De balneis puteolanis*,
nel ms. ambrosiano I, 6, inf., fol. 8 r,
di origine napoletana.
Milano, Biblioteca Ambrosiana
(Fot. della Biblioteca).

anche qui le norme che abbiamo dato per il lavoro... e sappiate che gli ubriachi o i troppo giovani o i troppo vecchi o i convalescenti non sono atti a generare... Ma quelli che sono di buona e forte complessione e non sono troppo grassi e troppo magri e hanno le vene larghe, ben possono usare con donna e generare. D'altra parte, l'usare con donna moderatamente, secondo che abbiamo mostrato, rende il corpo più leggero e l'uomo lieto e toglie i pensieri e solleva le angoscie in amore da cui molti uomini sono presi e fa evitare molte malattie che possono prendere il cuore e il cervello, perchè scarica le esalazioni e gli umori...

E sappiate che chi ha incominciato, non deve tralasciare mai del tutto, perchè la materia seminale, se si ritiene, ha natura di veleno; come si vede nelle vedove, nei religiosi e nelle religiose e nelle fanciulle che han superato l'età da marito, e talvolta muoiono improvvisamente, come scrive Alì [Abas?]... e ne derivano molte malattie, che non vi esporrò...

PERCHÈ BISOGNA GUARDARSI DAL CRUCCIARSI.

Conviene parlare delle cose che la fisica chiama accidenti dell'anima, cioè di cose che sono più proprie dell'anima che del corpo, avvegnachè l'anima non possa avere bene nè male senza il corpo essendo congiunti; queste cose sono corruccio, ira, tristezza, letizia, paura, vergogna, desideri, angoscia, pensieri; e sappiate che queste cose, se non ci si guarda, distruggono la salute del corpo e lo annientano; e perciò ve ne diremo il bene e il male che fanno e come si producono.

Sappiate che queste cose non possono avvenire senza il movimento del calore naturale e degli spiriti che vengono dal cuore e di altri che son dentro le membra e quelli che son di fuori, dove c'è moderazione o eccesso... Se c'è moderazione, allora vi ha letizia, che tiene il corpo sano e conforta il calore naturale e lo aiuta in tutte le operazioni e lo aiuta a vivere lungamente. Se c'è eccesso, allora l'ira riscalda il corpo, fa venire febbri e distrugge il calore naturale; e se gli spiriti e il calore vengono alle membra esterne e tornano dentro, ancora ci può essere o moderazione o eccesso. Nel primo caso, tristezza e apprensione raffreddano il corpo e mortificano il calore naturale, che deve mantenere il corpo in salute; nel secondo, angoscia e paura conducono presto a morte, perchè moltiplicano il calore naturale del corpo e delle membra, sì come il vento fa della candela... Vergogna avviene in maniera diversa, perciocchè primariamente il calore viene dentro e poi natura lo ricaccia alle membra di fuori: infatti vedete le persone che d'alcuna cosa cominciano a sentire vergogna, che prima impallidiscono e poi arrossiscono...

Ognuno sa che il pensiero e il lavoro eccessivi distruggono il corpo e lo annientano; ma poichè senza lavorare e pensare non si può vivere, conviene farlo moderatamente per mantenere il corpo in salute...

Per le altre cose che abbiamo ricordato, ira e corruccio, non c'è altro rimedio che dimenticare e superare l'occasione che le ha prodotte...

[Segue una serie di capitoli in cui si espone la terapia impiegata dai medici in vari casi: quando occorra applicare ventose e sanguisughe, quando bisogna purgarsi (ed è questo il capitolo più diffuso e analitico in cui è spiegata la dottrina degli umori — flemmatico, melanconico, ecc. — che conviene, appunto, spurgare), quando e come occorre provocare il vomito, come ci si possa guardare da corruzione e pestilenza d'aria, come si deve mantenere la salute del corpo nelle varie stagioni; quali siano i luoghi sani e malsani, come si debba comportare la donna incinta, come si debba curare il neonato, come si debba curare il corpo nelle varie età. Di questi capitoli sembrano interessare la storia del costume specialmente quelli che riguardano la cura dei neonati e il comportamento da usare nelle varie età].

Come si deve curare il bambino quando è nato.

Sappiate che tosto che il bambino è nato conviene... tagliargli l'ombelico per la lunghezza di 4 pollici e metterci sopra polvere di sangue di drago e di cimino e di mirra e un pannicello di lino intinto in olio d'oliva, come insegnano molti filosofi. Ma è cosa più sicura prendere un filo di lana ritorta e con questa legare l'ombelico e quindi metterci sopra un drappo intinto d'olio d'oliva e lasciar stare fino al quarto giorno, che l'ombelico cadrà. E quando sarà caduto, affrettatevi a metterci sopra sale fino mescolato a polvere fine di terebinto o di fieno greco o d'origano; e di ciò potete salare tutto il corpo, eccetto il naso e la bocca, per saldare e indurire l'ombelico e tutto il corpo, imperocchè il neonato ha un corpicino tenero e delicato, che sente assai le cose calde e le fredde, che facilmente possono gravare e modificare le forme naturali... Appresso lo si deve lavare, e la nutrice deve liberare le narici e le orecchie e mettere sugli occhi un po' di olio d'oliva... e quando lo vorrà fasciare, deve coricare soavemente le membra e stenderle e raddrizzarle e dar loro bella forma: è cosa facile a farsi da una brava nutrice; poichè come la cera, quand'è molle, prende la forma che gli si vuol dare, così il bambino prende la forma che la nutrice gli dà... Lo si faccia dormire in una culla che non sia piena di cose dure, ma morbide, che lo difendano dal freddo e non gli diano troppo calore; e badate che la testa sia più alta del corpo e dorma dritto, che il corpo non penda da una parte e la testa dall'altra; e la stanza ove dormirà sia oscura, ma non troppo, perchè la gran luce gli potrebbe gravare la vista. Quando avrà dormito, si deve lavare, se è l'ora opportuna; e il bagno deve essere fatto due o tre volte, con acqua tiepida d'estate, calda d'inverno; e si stia attenti che l'acqua non gli entri negli orecchi... Quando si sarà lavato, lo si asciughi con panni morbidi e lo si rimetta a dormire, coricandolo prima sul ventre e poi sul dorso.

Ora vi dirò come si deve allattare. Sappiate che il latte migliore è quello della madre... ma poichè non tutte le madri possono allattare, bisogna talvolta prendere una nutrice... Per scegliere una buona nutrice, bisogna considerare l'età, le forme, il costume, le mammelle, il tempo in cui ha avuto il bambino, se da poco o da molto... L'età migliore è sui 25 anni; ... dovete badare che la nutrice sia il più possibile somigliante alla madre; che abbia bel colore bianco e rosso, il collo grosso e forte, il petto largo e sodo... e che non sia troppo grassa nè troppo magra. Quanto ai costumi conviene che la nutrice non sia irosa nè triste nè paurosa... Quanto alla forma delle mammelle, bisogna guardare che siano durette, non troppo molli, non troppo grandi nè troppo piccole; il latte dev'essere bianco, nè troppo chiaro nè troppo scuro, nè spesso..., l'odore non troppo forte e il sapore non troppo grasso, non troppo amaro nè salato, ma dolce...; l'allattamento deve durare fino ai 2 anni...

Quando il bambino comincia a camminare, occorre non fargli tenere i piedi su cose troppo dure... Quando spuntano i denti, è buona cosa sfregare la bocca e le gengive con miele e sale; e fargli tenere in mano un bastoncino di liquirizia o un pezzo di radice di rose di macchia, perchè rinforzano le gengive e sciolgono gli umori che si formano in bocca ai bambini.

Quando comincia a parlare, conviene che la nutrice gli sfreghi la bocca con salgemma e miele e poi gli lavi la bocca con acqua d'orzo; specialmente ciò vale per i bambini che tardano a parlare. Si incomincino a insegnare solo le parole che non fanno muovere troppo la lingua, come papà e mamma... E per far venire più facilmente i denti, si possono ungere le gengive con burro o grasso di gallina...

COME SI DEVE CONSERVARE IL CORPO IN CIASCUNA ETÀ.

Primamente dovete sapere che i fisici insegnano che quattro sono le età, e cioè *adolescentia, juventus, senectus, senium*. Della prima dicono che è calda e umida; in questa età cresce il corpo; e dura fino a 25 anni o 30; la seconda è calda e secca, e dura il corpo nel suo vigore e nella sua forza fino a 40 anni o 45. La terza è fredda e secca e dura fino a 60 anni. La quarta è fredda e umida per l'abbondanza dei freddi umori che abbondano per difetto di calore; e dura fino alla morte...

... Dovete sapere che, tostochè il bambino avrà 7 anni, dovete sforzarvi che sia bene accostumato e non gli avvenga cosa che lo crucci troppo o lo faccia stare troppo sveglio; e ciò che egli domanda gli sia dato... e ciò occorre fare perchè la sua natura riceva buona complessione e sia riempita di buoni costumi, perchè è l'età in cui i fanciulli apprendono e ritengono meglio i buoni e i cattivi costumi e sappiate che i buoni costumi sono salvaguardia della salute del corpo e dell'anima. Inoltre bisogna fargli prendere il bagno due o tre volte la settimana, specialmente quando si alzerà dal letto; e dopo il bagno, gli si dia da mangiare e quindi vada a giocare e a fare del moto; quando torna, ancora gli si dia da mangiare; e così potete fare tre volte al giorno; e dategli da bere vino mescolato con acqua; e badate che non beva acqua fredda sul cibo... In questa età, chi vuole, fa bene a mandarlo a scuola e ad affidarlo a un maestro, che ordinatamente lo educhi senza batterlo e non lo sforzi a restare a scuola oltre suo grado.

Appresso, quando avrà passato i 14 anni, bisogna badare che non abbia eccessivi umori per il troppo mangiare o il troppo bere; e se gli umori sono in eccesso, bisogna purgarli con salassi e blande medicine; bisognerà anche badare che non frequenti donne, perchè ciò indebolisce la natura e la complessione; e pertanto conviene non usare con donne prima dei 20 o 25 anni.

Quelli che hanno passato i 25 anni possono impegnarsi in lavori forti, come abbiamo già mostrato; e guardarsi dai cibi che generano bile rossa, come uova e cipolle e pere e tutte le altre cose secche; usino invece cose fredde e umide, come pesci, carni di capretto, ecc.; e bevano vino mescolato ad acqua e si guardino dai vini vecchi e forti; e si facciano salassare e purgare, siccome il tempo e la loro natura richiedono, poichè questa è l'età in cui lo si può fare più sicuramente.

Quando i 35 anni sono passati, bisogna guardarsi dai salassi, se grande necessità non li richieda; e per purgare gli umori caldi, usare medicine, che in questa età sono più proprie che il salasso, e guardarsi dal frequentare donne perchè in questa età ciò invecchia. Per mantenersi giovane e ritardare la vecchiaia, deve guardarsi dal vegliare troppo, dai crucci e dai pensieri; e stare in gioia e in sollazzo e usare cose che bene nutriscano e rendano il sangue chiaro; e bere vino; e prender il bagno una o due volte al mese, per spurgare e nettare la superfluità del corpo. Le vivande che più e meglio ritardano la vecchiaia sono quelle fritte o arrostite sui carboni e tutte quelle che si cuociono senz'acqua; e usare confetti di myrabolan ogni mattina, 2 dramme a digiuno, con un po' d'acqua calda... e scaglie di ferro, di quelle che cadono quando il fabbro foggia, e zucchero e miele...; i lattuari buoni e sperimentati a ritardare vecchiezza son quelli che si fanno di myrabolan chebules 10 dramme, scaglie di ferro 2 dramme e di prolipera agraria 2 dramme, in polvere, mescolate a zucchero e a miele. E questi lattuari che abbiamo detto, chi vuol mantenersi giovane, li deve usare ogni giorno dell'anno, al mattino digiuno, e bere appresso un po' di vino e astenersi dal mangiare fino a mezzogiorno, perchè queste sono cose che ritardano la vecchiaia, come dice Avicenna.

Coloro che riescono a superare i 65 anni, devono guardarsi dai purganti e dai salassi, se grande necessità non li richiede; e usare cibi che facilmente si cuociono e bere vino rosso e guardarsi dai vini bianchi nuovi e dolci, perchè tutte le cose dolci, in quell'età avanzata, nuociono; e guardarsi dal lavorare troppo; e prendere il bagno; e dopo il bagno, si facciano massaggiare con la mano o un drappo non troppo aspro e si guardino dal freddo...

Capitolo settimo LA CORTESIA
E LA SOCIETÀ COMUNALE ITALIANA

Nell'italiano specialmente, ma anche nello spagnolo e nel medio alto tedesco, sono imprestiti dal francese i termini onde si designano i membri della società aristocratica, le occupazioni di quella società, le fogge del vestire, le abitazioni e il loro arredamento (1).

Francesismi sono *cavaliere*, *dama*, *sire* e *messere*, *donzella* e *donzello*, *bacelliere* e *scudiero*.

Mutuati dal francese sono i termini onde si designano i « giochi cavallereschi »: *torneamento* e *giostra* e, forse, *bagordo*; e gli « strumenti musicali »: *giga*, *viola*, *leuto*, *dolzaina*, *cennamella*; e la « danza » (il termine stesso danza è, nell'italiano, un francesismo, per accordo quasi unanime degli studiosi): *allemanda* (danza a quattro tempi), *carola* e *caribo* (che appaiono, però, più propriamente provenzalismi); e la « caccia » e i relativi *attrezzi*, la caccia specialmente nella sua forma più nobile, la caccia col falcone: imprestiti francesi sono i nomi degli uccelli che si addestrano a questo tipo di caccia, *sparviere*, *astore*, *smeriglio*; e i nomi degli attrezzi di falconeria (francesismo è per esempio il termine *geti*, che designa le cinghie di cuoio con le quali si legavano i piedi ai falconi, tanto per ritenerli quanto per lanciarli verso la preda); e i nomi degli strumenti usati per l'uccellagione in genere — per esempio, *zimbello* —; e il nome tra il più nobile dei cani da caccia, *levriero*; e le « cavalcature »: *destriero* (il cavallo da battaglia), *corriere*, *somiero* (il termine italiano è *somaro*); e occorre ricordare che dalla Francia vengono anche i termini che servono a caratterizzare il cavallo mediante il colore del mantello (*baio*, ad esempio, e forse *balzano*); e alcune parti dell'« arnese » del cavallo, *briglia*, ad esempio, e *sonaglio*; e le varie parti dell'« armamento del cavaliere »: *cotta*, *maglia*, forse *usbergo*, *ventaglia*, *cimiero*, e, d'importazione molto antica, *guanto*; mentre senza dubbio imprestito francese è il termine che serve a designare l'armamento nel suo complesso *arnese*.

Quanto alle « abitazioni », francesismo è *maniero*, che è in concorrenza con *castello*; d'origine francese sembra il termine con cui si designa l'ambiente principale, *sala*; mentre francesismi evidentissimi sono l'antico italiano *sciamina* (*cheminée*, caminata, stanza con camino) e *scalere*.

Francesi poi i nomi di molti « mobili » e « arredi » di lusso: *faldistorio* e *forziere*, *miraglio* e *speglio*, *doppiere* (torcia doppia di cera), *origliere*, *tovaglia*. Quanto all'«abbigliamento» e all'«acconciatura», francese è il termine che significa «acconciare», *azzimare*; e francesismi sono *fermaglio*, *ghirlanda*, *gioiello*.

---

(1) R. Bezzola, *Abbozzo d'una storia dei gallicismi italiani*, Zurigo, 1924, pagg. 24 segg., 113 segg., 214 segg. Si vedano anche le mie *Origini*, 3ª ediz., pagg. 578 segg.

Scena galante.
Affresco
nella camera da letto
del Palazzo Davanzati,
Firenze
(Fot. Alinari).

Infine, francesismi sono nell'italiano *verziere* e *giardino*, cioè i termini che sostituiscono il latino *hortus*, in conseguenza del fatto che *hortus*, da cui *orto*, assume, nel basso latino e quindi nell'italiano, una significazione nuova: designa il piccolo agro in cui non più si coltivano fiori e piante ornamentali, ma solo rape o cipolle, con fini dunque solo pratici e utilitari, e non più per realizzare un ambiente ameno e dilettevole. È la conseguenza della degradazione del vivere civile, del decadere e dell'immiserirsi della società aristocratica che, per le mutate condizioni economiche e non solo economiche, è costretta a rinunciare alle forme di lusso e di eleganza di cui il patriziato, in Roma e nelle provincie, si compiaceva. Quando dopo la lunga crisi conseguita all'insediamento dei barbari in Occidente, che ha determinato il decadimento della vecchia aristocrazia, una nuova *élite* si forma — laica, ecclesiastica e specialmente monastica — rinasce l'esigenza di un vivere meno rozzo e risorge il gusto degli orti di lusso, così viva nell'antica aristocrazia urbana e provinciale; ma i nuovi *horti* non possono più essere designati dal termine antico; che ha appunto la nuova significazione di *orto*, appunto; e si assumono allora termini nuovi, uno latino, *viridarium*, da cui *verziere*, l'altro germanico, *garten*, da cui appunto *giardino*. Ma che in italiano *giardino* non derivi direttamente da *garten*, bensì dal francese *jardin*, che la base germanica riflette, è reso evidente dal fatto della palatilizzazione della velare iniziale seguita da *a*, che è del francese appunto e non dell'italiano. Dalla Francia dunque è venuto il nome e ovviamente, come il nome, la cosa: il che significa che in Francia primamente è risorto il gusto degli *horti* di lusso e dalla Francia si è diffuso. Questa conclusione suggerita dal termine italiano *giardino*, vale evidentemente per tutti gli altri francesismi che abbiamo elencato: dalla Francia son derivate all'Italia tutte le « cose » che nel-

l'italiano sono espresse con termini mutuati dal francese. Cioè la storia linguistica che abbiamo sommariamente raffigurato rappresenta al vivo e documenta la condizione della civiltà europea, romanza e germanica, dei secoli XII-XIV, nella quale la Francia esercita una funzione preminente, ha anzi una posizione egemonica: la Francia crea il tipo umano del « cavaliere », e dà quindi norma e regola al mondo signorile, stabilendo le leggi della « cortesia » — del vivere cioè raffinato ed elegante —, definendo la moda e i costumi e le consuetudini del vivere mondano della società feudale, della caccia, dei tornei, dei giochi, degli spettacoli, come appunto ci ha indicato la breve rassegna dei francesismi dell'italiano con cui abbiamo iniziato il nostro discorso.

Occorre ricordare che i francesismi considerati sono stati introdotti tutti, nell'italiano, in età recente, non anteriormente al secolo XII; e che d'altra parte, oltre a questi, altri gallicismi sono riconoscibili nell'italiano, introdotti già al tempo della dominazione carolingia e pertinenti alla lingua del diritto, dell'amministrazione, del fisco. Senza dubbio francesismi antichissimi sono, nell'italiano, *cancelliere* e *cavaliere* (se pure, come mostreremo, anticamente « cavaliere » abbia avuto significazione diversa da quella che assumerà a partire dal secolo XII) da una parte, e dall'altra *erbaggio* e *pedaggio* (che sono i nomi delle tasse imposte sulle verdure e sui transiti), come *vassallaggio* e *messaggio* (termine questo che in origine designa l'ufficio del messo imperiale), che ci presentano gli esiti francesi *ier* e *age* dei suffissi latini « áriu » e « áticu ».

L'esito di « áriu », nelle varie aree italiane, è *aio, aro, er, ée* (*calzolaio* da « calceolariu », *fornaio* da « furnariu », *macellaio, cavallaio, mugnaio, ma-*

Dame che assistono ad un torneo dagli spalti di un castello. Affresco nella Sala dei Mesi di Castel Roncolo, Trento (Fot. Renzi).

rinaio, ecc. nel toscano; *cavallaro, fornaro, beccaro* nei dialetti veneti e in molte altre aree; *calegher* (da « caligariu », l'artigiano che fabbrica le *caligae*, sorta di calzari), *becher, forner* nel veneziano; *prestinèe* da « pistrinariu », *becchèe, legnamè*, ecc. nel milanese. Ma l'esito francese *ier*, introdotto appunto coi termini *cancelliere, cavalliere, scudiere*, ha fortuna e si afferma in tutte le aree italiane ed entra in concorrenza con gli esiti locali e spesso ne trionfa. Così nel toscano restano le forme *calzolaio* e *mugnaio*, ma accanto ad esse si affermano *barbiere, taverniere, salumiere*, foggiati appunto su *cavaliere* o *palafreniere*; e nel veneziano, accanto a *beccher* o *mariner*, entra *gondolier*, che pur designa un mestiere tipicamente e anzi esclusivamente veneziano. E già abbiamo segnalato la concorrenza di *somiere* all'indigeno *somaro*. E allo stesso modo l'adozione dei termini *erbaggio* o *pedaggio* o *vassallaggio*, mutuati dal linguaggio fiscale, determina il trionfo del suffisso *aggio* che si generalizza; e si affermano *viaggio* e *passaggio*; e in tutta Italia, salvo nella Toscana, *formaggio* prevale su *cacio*.

Gli studi del Bezzola hanno appunto messo in chiaro che le innovazioni *iere, aggio* venute di Francia si affermano dapprima nell'ambiente signorile e dall'ambiente signorile si irradiano: importatori dei modi francesi sono i signori franchi che si sostituiscono all'aristocrazia longobarda e introducono nel linguaggio militare e in quello amministrativo le forme nuove, su cui poi si modellano anche vocaboli non pertinenti alle lingue tecniche dell'amministrazione, ecc.

Ma bisogna ora osservare che i francesismi considerati, che riguardano in origine le lingue tecniche da cui si diffondono nella tradizione linguistica comune, non servono a riconoscere la funzione, cui accennavamo, di guida che la Francia ha esercitato su tutta la società europea: sono, questi francesismi, solo il segno e il riflesso di un dominio politico. Mentre gli altri, quelli che abbiamo passato in rassegna in principio, e investono dunque tutte le manifestazioni della vita civile e sociale, sono documento imponente del prestigio altissimo, della dittatura spirituale che la Francia ha esercitato sulla società europea a partire dal secolo XII fino al secolo XIV. Sulla società aristocratica soltanto, dapprima; ma poi general-

A sinistra e a destra:
scene di vita cortese.
Affreschi nella camera da letto
del Palazzo Davanzati, Firenze
(Fot. Alinari).

In alto e nella pagina accanto:
prìncipi e cavalieri.
Affresco nel salone del Castello della Manta (Fot. Alinari).

mente su tutta la società, borghese e popolana, come mostreremo. Ma subito un esempio molto indicativo possiamo proporre, che bene documenta il fatto del conformarsi di tutta la società italiana al modello della società signorile francese. *Messere* è l'appellativo del nobiluomo, che l'italiano deriva dal francese. Orbene, *missier* nel veneziano significa *suocero* (e resta vivo in questa accezione fino a pochi decenni fa; e solo recentemente cade in dissuetudine, per l'aumentata pressione della lingua comune italiana); e correlativamente per *suocera* si dice, o meglio si diceva, in veneziano, *madonna*; e l'evoluzione semantica del termine onorifico o di rispetto documenta appunto il generalizzarsi, l'estendersi a tutta la società, di valori o di relazioni pertinenti in origine al solo mondo signorile.

Abbiamo detto che tra i francesismi entrati nell'italiano in età remota è *cavaliere*; ma abbiamo anche detto che senza dubbio nella fase antica il termine non aveva il valore, il contenuto specifico e ben definito che esso è venuto assumendo nel secolo XII. Questo accenno richiede uno svolgimento, che ci consentirà di chiarire e precisare le origini di quella civiltà che noi chiamiamo appunto cavalleresca o cortese, ed è la forma originale ed essenziale della civiltà medioevale.

Nel linguaggio giuridico-amministrativo del Medioevo *miles* è genericamente l'*ufficiale,* colui che serve il signore negli uffici palatini e negli eserciti; ma poi il termine viene a significare *vassallo,* designa cioè colui che è tenuto a prestare al signore specialmente il servizio militare. Al termine medio-latino *miles* esattamente corrisponde il termine antico fran-

Sopra e a destra:
Cavalieri e prìncipi. Affreschi nel Castello della Manta (Fot. Alinari).

15 — Viscardi-Barni, *Il medioevo comunale italiano*.

cese *chevalier*, come documenta il lemma del glossario di Saint Germain: « miles, *chevalier* ».

L'identificazione del *miles* col cavaliere dipende — è appena il caso di accennarlo — dal fatto che a partire dal secolo VIII, gli eserciti sono costituiti unicamente dalla cavalleria. Con questo significato di *milite a cavallo* entra il francesismo *cavaliere* nell'italiano, nell'età carolingia. Ben diverso dalle significazioni che il termine esprime nell'età cortese, in cui evoca l'immagine di una ideale umanità eroica e pur gentile, animata dall'aspirazione a un ordine di giustizia e di pace, impegnata nella realizzazione di un mondo bensì aperto alle conquiste dei migliori, ma in cui torti e soprusi siano, da questi migliori, inesorabilmente rintuzzati. È l'immagine realizzata nelle grandi figure dei romanzi di Chrétien de Troyes: le immagini di Lancillotto o di Ivano o di Perceval o di Galvano, in cui si incarna, veramente, un ideale programma di vita che trionfalmente si impone alla fantasia e alla coscienza di tutti i popoli dell'Europa romana e germanica, come accennavamo; e se pur risponde dapprima alle esigenze della società signorile francese, è prontamente accolto anche dal mondo borghese; e si impone nell'Inghilterra normanna e in Italia, nella Spagna cristiana e nei regni latini d'Oriente, in tutto il mondo che la Francia non tanto politicamente quanto spiritualmente domina e governa. Ed è un ideale che resta valido per secoli, fino all'affermarsi di una civiltà nuova che è creazione italiana, la civiltà del rinascimento; ma la civiltà cavalleresca-cortese si continua in alcuni suoi aspetti essenziali anche nel rinascimento e dopo il rinascimento e l'eredità se ne avverte anche nell'età moderna: erede del « cavaliere » del mondo cortese è, come ha bene avvertito il Bezzola, il «*gentleman* della società nostra moderna » (1).

È l'ideale che ancora Dante, « borghese » quanto a posizione sociale, ma cavaliere per vocazione sincera e profonda, vagheggia per bocca di Guido del Duca nel XIV del Purgatorio:

> Le donne, i cavalier, gli affanni, gli agi
> che ne invogliava amore e cortesia...;

e nel verso dantesco gli *affanni* sono le *audaci imprese* cavalleresche e gli *agi* gli splendidi lieti riposi del vivere cortese, allietati dalla mondanità gioiosa, dall'arte, dalla poesia, dalla musica, dalla danza.

(1) Sulla Francia, guida e maestra della società europea nei secoli XI e XII e sulle origini francesi della storia letteraria dell'Europa moderna cfr. A. VISCARDI, *Storia delle letterature d'oc e d'oil*, 3ª ediz., Milano, 1959, pagg. 7-16.

Tristano giunge alla corte di re Marco. Miniatura iniziale del *Tristan chevalier de la Table Ronde*. Torino, Biblioteca Nazionale (Fot. Rampazzi).

Ed è l'ideale che ancora vagheggia l'Ariosto, riecheggiando nella protasi del *Furioso* le parole dantesche:

> Le donne, i cavalier, l'arme, gli amori,
> le cortesie, le audaci imprese...;

e ancora vagheggia con accorato rimpianto il Leopardi nella canzone ad Angelo Mai, come sogno ormai perduto e disperso:

> O donne! O cavalieri!...

Carlo Magno dà udienza ai sudditi.
Miniatura del secolo X. Heidelberg, Biblioteca.

Ora occorre chiedersi: le immagini di Chrétien in che rapporto stanno con la realtà sociale della «cavalleria» dei secoli tra l'VIII e il XII?

Alla domanda è stato risposto: le immagini di Chrétien sono trasfigurazioni o trasposizioni letterarie della realtà sociale del secolo XII, che riflette una condizione della cavalleria ben diversa da quella dei secoli tra il IX e l'XI, rappresentata, questa, dalle immagini dei grandi personaggi delle canzoni di gesta più antiche, Rolando e Olivieri, Guglielmo d'Orange e Viviano, Isembard, Raoul de Cambrai: nei quali si incarna l'ideale della prodezza — *Rollanz fut proz* — che domina tutta la società feudale, rude ed eroica: società di guerrieri violenti e feroci, che ha il culto solo della forza impiegata al servizio e in difesa del sovrano o del *lignage*. La storia della narrativa francese, dall'epopea al romanzo, è stata posta dalla storiografia romantica-positivista come segno dell'evoluzione della cavalleria dalla forma primitiva, violenta e feroce, alla seconda, spiritualizzata e ingentilita. L'origine della cavalleria come istituto si riconosce da quella storiografia nel fatto che il prevalere della cavalleria negli eserciti feudali dà luogo alla formazione di una milizia professionale; il *miles* a cavallo dev'essere in possesso di una tecnica di combattimento difficilissima che non si può acquisire se non attraverso un addestramento lungo e laborioso, una tecnica che esclude ogni improvvisazione e richiede doti fisiche eccezionali. Ed effettivamente la cavalleria è costituita da una classe di professionisti, quasi da una casta, se pure di una casta chiusa non si possa veramente parlare in quanto, in teoria almeno, nulla impediva agli uomini delle classi inferiori di accedere alla professione delle armi e di passare dalla condizione di *sergenti* (*servientes*) a quella di cavalieri. In pratica però alla cavalleria appartengono quasi esclusivamente gli uomini del mondo signorile. Cavalieri sono necessariamente i *seniores*, i signori feudali e i loro vassalli; ma oltre che dai signori, la cavalleria è costituita anche da coloro che sono, nel mondo franco, ai margini della gerarchia feudale e anzi sostanzialmente fuori di essa, dai cadetti, dai « senza terra »; i quali — essendo, come sappiamo, il feudo franco trasmissibile solo ai primogeniti — hanno solo un assegno sufficiente ad equipaggiarsi a cavallo; e vivono, in sostanza, della professione delle armi. E i cadetti, pur appartenendo per l'origine e gli interessi spirituali alla società signorile, non sono legati dal vincolo del servizio al legittimo signore e non godono di alcun privilegio di classe, devono farsi da sè la propria vita, fidando solo delle loro doti personali. Alla conquista della fortuna muovono i senza terra, impetuosi e violenti, brutali e sanguinari cultori solo della forza, agitati da passioni tempestose e feroci.

Avventurosi e turbolenti, in cerca sempre di una sistemazione sicura, avidi sempre di personali conquiste, i cadetti costituiscono un pericolo grave per l'ordine sociale e politico, tanto più grave quanto più debole è il potere regio e signorile; ma sono, ad ogni modo, uomini prodi, rotti al rischio, incalzati sempre dall'ansia dell'azione, animati dallo spirito eroico dell'avventura, se pur questo spirito si realizzi troppo spesso in imprese disumane e feroci e diciamo pure in atti di brigantaggio e di rapina. Insomma nell'alto Medioevo la cavalleria è, insieme, manifestazione di uno spirito guerriero ed eroico e segno del disordine anarchico che travaglia la società feudale.

Successivamente, constatano gli storici, la ferocia dei cavalieri si tempera, la violenza si disciplina; e per l'azione lenta e costante della Chiesa e poi anche dell'autorità regia, la cavalleria si spiritualizza e all'azione

Cavalieri in combattimento.
Miniature di un codice del *Tristano*
del secolo XIII.
Monaco, Biblioteca di Stato
(Fot. della Biblioteca).

Nella pagina accanto:
Lancillotto
portato sul carro dell'infamia.
Miniatura
della collezione H. Y. Thompson.

violenta si assegna un fine ideale, un ideale programma di giustizia e di
pace. I cavalieri che erano stati avventurieri senza scrupoli e usurpatori
prepotenti del diritto altrui, si affermano — a partire dall'XI secolo —
rivendicatori dei diritti conculcati, protettori dei deboli e degli oppressi
e specialmente della donna. *Defensio atque protectio ecclesiarum, viduarum
orphanorunque, omnium dei serventium*, è, appunto, l'ideale programma
della cavalleria spiritualizzata riflesso nelle formule rituali con cui si ce-
lebra l'investitura cavalleresca.

Ora anche lasciando da parte l'ovvia considerazione che non sempre e
non da tutti l'ideale programma della nuova cavalleria spiritualizzata,
riflesso nel rituale dell'investitura del XIII secolo, sarà stato praticato e
osservato (non è credibile che a partire dall'età delle crociate cessino le
usurpazioni brutali e le feroci violenze...), bisogna domandarsi se proprio

le formule e i riti della liturgia dell'investitura rispecchino la concreta
realtà sociale della nuova cavalleria, o quanto meno le autentiche esigenze
e aspirazioni ideali della società cavalleresca o almeno della parte migliore
di quella società; o non piuttosto si ispirino a quel tipo ideale di umanità
che i romanzi cortesi hanno raffigurato, come dicevamo, nelle immagini
vive di Lancillotto o di Galvano. Nel rituale dell'investitura gli storici
dell'800 trovavano schematizzato lo spirito cavalleresco; nel quale resta
il senso eroico della vita che è anche dell'antica società feudale, ma in cui
d'altra parte ha posto essenziale l'esigenza dell'ordine della giustizia della
tutela del diritto e più ancora una viva e intensa esaltazione dei valori
individuali; per cui appunto il mondo cavalleresco si distingue dal mondo

feudale, da cui pur è derivato, nel senso che fondamento della cavalleria è il principio della parità fra tutti i cavalieri, indipendentemente dagli ordini della gerarchia feudale.

Il Pivano è arrivato a riconoscere che occorre distinguere lo spirito cavalleresco dalla cavalleria come classe o istituto essendo lo spirito cavalleresco proprio, più che della cavalleria, della poesia cavalleresca. E già prima del Pivano, il maggiore storico ottocentesco della cavalleria, il Flach, che gli svolgimenti e gli aspetti della cavalleria ha indagato da un punto di vista strettamente giuridico, aveva onestamente riconosciuto che la sua ricostruzione del mondo cavalleresco si fondava su basi letterarie, essendo del tutto insufficienti le fonti storiche e i documenti d'archivio; per cui legittimamente si obiettò al Flach che egli non la realtà della cavalleria aveva riconosciuto e rappresentato, ma la concezione letteraria di essa. E molto oltre a questa obiezione è andato Egidio Gorra quando si è domandato se la concezione letteraria della cavalleria si ricolleghi effettivamente alla condizione reale della cavalleria stessa, anche se non la riflette puntualmente, o non piuttosto sia « in buona parte sgorgata dalla fantasia dei poeti ».

Non più, allora, Rolando o Guglielmo prima, Lancillotto o Galvano poi sarebbero puntuale trascrizione in immagini letterarie di concreti tipi umani di due successivi mondi sociali, non più copie dal vero.

Ma, bisogna notare, il Gorra, pur mentre rileva che le immagini della poesia cavalleresca sono create dalla fantasia dei poeti e non riflettono necessariamente le condizioni della vita reale, non va tuttavia oltre l'affermazione che la raffigurazione letteraria è un'idealizzazione della realtà, non una copia fedele della realtà stessa; e mentre dubita che la ricostruzione del Flach, fondata solo su fonti letterarie, rispecchi la reale condizione della società cavalleresca, ammette tuttavia che essa « bene riproduca la concezione ideale della vita d'allora »; il che vale quanto dire che la letteratura, se pure non riproduce puntualmente la realtà, traduce in ogni modo ed esprime le aspirazioni, l'ideale programma, il codice della cavalleria; vale quanto dire insomma che questo codice si è definito prima e fuori della letteratura, la quale dunque, in ogni modo, è il prodotto dello spirito cavalleresco. *Letteratura di classe*, quella cavalleresca, che riflette la condizione e la idealità della classe appunto da cui è prodotta.

Ora si badi: la grande filologia storica era pervenuta ben presto a riconoscere che il romanzo cortese nasce in un ambiente dove si incontrano due tradizioni letterarie, quella francese delle canzoni di gesta e quella provenzale della lirica d'amore; a riconoscere cioè che la « seconda

Lancillotto: scena cavalleresca. Miniatura.
Parigi, Biblioteca Nazionale (Fot. della Biblioteca).

fase » ossia il radicale rinnovamento della cavalleria — rinnovamento di cui il sorgere del nuovo genere letterario del romanzo sarebbe il riflesso — è conseguenza della importazione nella Francia del nord delle idealità cortesi, elaborate e definite dai trovatori provenzali; importazione operata da Eleonora d'Aquitania nipote del primo trovatore Guglielmo IX, conte di Poitiers e duca, appunto, d'Aquitania, andata sposa a Luigi VII di

233

Il primo bacio di Lancillotto e Ginevra.
Miniatura francese fine secolo XIV.
Parigi, Biblioteca Nazionale (Fot. della Biblioteca).

Francia. È Eleonora che inizia la società feudale francese alla raffinata cortesia trobadorica; e l'opera di divulgazione della cortesia nel mondo signorile francese è continuata dalle figlie di Eleonora e di Luigi, Aaliz, andata sposa al conte di Blois e Maria, andata sposa al conte di Champagne: e alla corte di Maria vive ed opera e da Maria riceve ispirazione e suggerimenti il più grande dei romanzieri cortesi, Chrétien de Troyes. Abbastanza presto (nel 1909) ad opera di un grande maestro tedesco, il Wechssler, la filologia storica era arrivata a riconoscere che la cortesia trobadorica ha origini letterarie e fonti, sostanzialmente, clericali e scolastiche. Ma queste acquisizioni o intuizioni non conducono, nè potevano condurre, a porre in discussione o a revocare in dubbio la dottrina che sia la letteratura cavalleresca « prodotto » della società cavalleresca; perchè appunto la concezione positivistica della storia letteraria ha il suo fondamento nel postulato che « le grandi correnti spirituali (religiose, filosofiche, scientifiche) e più ancora i movimenti politici economici e sociali e... le ragioni etniche » sono « presupposti, dati che stanno al di fuori e al di sopra della storia linguistica e letteraria e spiegano, se non proprio determinano, tutti i fatti, grandi e piccoli, di quella storia ».

Queste parole io scrivevo recentemente a conclusione di una mia recensione di un'opera dell'Auberbach (1) e aggiungevo: « mentre senza dubbio la storia letteraria e linguistica è inseparabile dalla storia religiosa, politica, sociale, economica o, anche, dalla storia della filosofia e della scienza, ma non nel senso che nella storia politica o economica siano le ragioni e le motivazioni della storia letteraria, bensì nel senso che dall'ambiente di civiltà (storico, etnico, economico) anche il letterato... riceve elementi importanti e diciamo pure essenziali della sua formazione... Ma è pericoloso (e in definitiva poco utile) porre tra la storia dei grandi movimenti ideali o sociali o politici e la storia letteraria un rapporto di causa-effetto; e cioè riconoscere che la storia letteraria ha moventi estrinseci... e cioè collocare la letteratura — e diciam pure la poesia — in posizione subordinata rispetto alla religione o alla filosofia o alla scienza o alla politica o alla economia, come manifestazione secondaria di una determinata civiltà. Mentre la letteratura, o meglio diciamo la poesia, non solo non viene dopo, come riflesso di grandi movimenti ideali e sociali, ma spesso viene prima, spesso le immagini della poesia annunciano e anzi suggeriscono i grandi moti ideali in cui si realizzano, in successivi momenti della storia umana, le grandi civiltà ».

Appunto questa nozione di rapporti tra storia letteraria e storia politica-sociale mi ha suggerito, tanti anni fa ormai, la interpretazione della civiltà e della letteratura cavalleresca che ho delineato nella voce « Cavalleria » dettata per il *Dizionario delle opere e dei personaggi* edito dal Bompiani (che si apre con una rassegna dei movimenti spirituali nei quali si è realizzata la storia della civiltà letteraria).

In quella voce io affermavo risolutamente che i trovatori provenzali e i trovatori cortesi sono non tanto interpreti o rivelatori, quanto maestri

---

(1) *Literatursprache und Publikuns*; la recensione è negli « Studi Medievali », III serie, I, 1, pag. 205 segg.

Re Artù entra in città.
Miniatura da un'edizione francese del *Lancelot du Lac*.
Torino, Biblioteca Nazionale (Fot. Rampazzi).

e guide della società cavalleresca; che cioè trovatori e troveri non sono, dalla società in cui vivono e operano, condizionati, ma piuttosto con l'opera loro quella società conformano alla loro visione o concezione del mondo e della vita. Una concezione del mondo e della vita appunto è quello che gli storici dell'800 chiamavano lo spirito cavalleresco; una concezione che si è venuta definendo attraverso un lungo processo che si svolge tutto nell'ambito della storia letteraria e si riflette nelle grandi immagini dei poeti prima che negli schemi e nelle formule dei trattatisti.

Con queste proposizioni io non intendevo, vent'anni fa, nè intendo ora affermare che nelle immagini dei poeti non siano da riconoscere i riflessi di dati della realtà, di consuetudini, di istituti, di posizioni spirituali storicamente concrete; solo intendevo e intendo rifiutare la dottrina per cui le immagini dei poeti si ponevano come pure e semplici trasposizioni e, se mai, come idealizzazione di dati oggettivi; intendevo e intendo solo affermare che il mondo signorile, più che suggerire ai poeti cortesi i termini delle loro rappresentazioni e raffigurazioni, dalle immagini dei poeti ha derivato la sua ideale visione della vita. Il che è quanto dire che Rolando o Viviano, o Lancillotto o Galvano non sono « copie dal vero » o trasfigurazioni poetiche di personaggi della realtà, bensì modelli che i poeti hanno suggerito e gli uomini della vita reale han cercato di imitare.

Ciò significa che proprio l'indagine della letteratura cortese consente di riconoscere il processo della formazione della civiltà cavalleresca: nel senso che la concezione cortese della vita non resta nell'ambito della letteratura, ma si volgarizza e si generalizza, diventa non solo ideale, ma anche legge e programma di vita di tutta una società.

Già nella prima edizione della mia *Storia delle letterature d'oc e d'oil* (1951) io affermavo che « la civiltà cavalleresca cortese dipende da due grandi movimenti letterari che sorgono nella Francia del nord e nella Provenza nel secolo XI »; e che « fare la storia delle due letterature della Francia medioevale in lingua d'*oc* e in lingua d'*oil* significa... riconoscere e penetrare l'intimo mondo della spiritualità medioevale nelle sue forme più alte e più vive » (1).

Occorre ora rapidamente delineare la storia delle letterature d'*oc* e d'*oil* nelle sue manifestazioni più alte, proprio per riconoscere come nella tradizione letteraria si definisca la concezione della vita che tutta la società accetta e tenta di attuare.

---

(1) Cfr. nella mia *Storia delle letterature d'oc e d'oil,* cap. II: « La civiltà cavalleresca cortese e le sue origini letterarie », 3ª ediz., pagg. 17-26.

Abbiamo già visto che la filologia storica aveva posto il sorgere del genere nuovo del romanzo cortese come conseguenza dell'importazione nella Francia del nord della poesia trobadorica; noi diremo meglio che il romanzo cortese è l'espressione di un grande movimento letterario che sorge in Francia alla metà del secolo XII e risulta dall'incontro e dall'unificazione della tradizione letteraria francese delle canzoni di gesta, tra le quali ha posto preminente e determinante la *Chanson de Roland*, con l'altra tradizione suscitata dal messaggio trobadorico; e la sintesi delle due tradizioni è operata da colui che è il più grande poeta del mondo occidentale prima di Dante, da Chrétien di Troyes. Bisogna anche ricordare che il verbo trobadorico Chrétien e i suoi compagni d'arte accordano con l'insegnamento che a loro veniva dalla tradizione clericale, che anche sull'ambiente signorile della Francia del nord aveva esercitato larghissimi influssi prima che s'affermasse l'influenza provenzale; e aveva fatto luogo al sorgere di una narrativa colta, il romanzo d'argomento classico, che nel gusto della società aristocratica s'afferma mentre decade la canzone di gesta, abbandonata al mondo popolare. Nei romanzi di argomento classico si rievoca con spirito nuovo la materia dei romanzi ellenistici tradotti in latino già nel IV secolo — il *Romanzo d'Alessandro*, i romanzi «troiani» dello pseudo Ditti e dello pseudo Darete — e dei poemi epici latini — *Eneide*, *Tebaide* —: romanzi e poemi che si leggevano in tutte le scuole di grammatica anche come opere di storia. E proprio nel primo dei rifacimenti neolatini della vecchia *Historia Alexandri Magni* dello pseudo Callistene, tradotta in latino da Giulio Valerio — si ritrova la prima rappresentazione del cavaliere che è propria della letteratura romanzesca cortese della seconda metà del secolo, dominata dall'influenza trobadorica: nel romanzo, Alessandro ci appare non più solo come il guerriero generoso e sovrumano delle canzoni di gesta (e si badi che alla maniera e ai toni delle canzoni di gesta è ancora strettamente legato questo primo romanzo di Alessandro, che osserva lo stile epico), ma anche come il cavaliere perfetto secondo l'ideale trobadorico: bene educato e raffinato, conoscitore delle lingue, cultore del diritto. D'altra parte, il più grande dei romanzi francesi di argomento classico, l'*Eneas*, si presenta come rifacimento dell'Eneide virgiliana, ma in realtà dell'Eneide svolge solo il tema degli amori dell'eroe; in realtà l'*Eneas* è unicamente un romanzo d'amore, che l'amore pone al centro della vita spirituale dell'uomo e rappresenta, dunque, una concezione nuova della vita umana, che s'accorda con la concezione trobadorica; ed è ricevuta con pieno consenso da tutti i poeti dei romanzi arturiani e specialmente da Chrétien.

Il poeta di *Eneas* appartiene all'ambiente normanno; e sappiamo che nelle scuole della Normandia nei secoli XI e XII è specialmente studiato Ovidio, l'Ovidio delle *Heroides*, dell'*Ars amandi* e dei *Remedia amoris*; e appunto il romanzo di *Eneas* è una interpretazione e una trasfigurazione ovidiana dell'eroe virgiliano. Del resto, proprio da Ovidio derivano temi e moduli importanti della rappresentazione trobadorica dell'amore; i moduli per cui dai trovatori amore è rappresentato come « vincolo » o « catena » o « malattia », che toglie il sonno e rende pallidi e fa dimagrire e fa morire; e i trovatori, come Ovidio, insegnano che gli amanti sono timidi; e invitano l'amante a reagire contro lo stato d'animo che porta al timore; Ovidio, come i trovatori, insegna che è obbligo dell'amante di celare il suo amore; Ovidio, come i trovatori, insegna a lodare la donna amata. Non c'è dubbio che dall'insegnamento ovidiano derivano molte delle notazioni e figure con cui si ritraggono la natura e gli effetti d'amore. Ora la psicologia, o meglio la psico-fisiologia dell'amore è svolta nel romanzo d'*Eneas* (specialmente nella parte che riguarda gli amori di Enea e di Lavinia, che non ha riscontro nel poema virgiliano) con una sottigliezza analitica, una ricchezza, una finezza che costituiscono una novità anche rispetto alla lirica trobadorica; sicchè occorre riconoscere che non dipende da un'influenza della tradizione trobadorica sul poeta d'*Eneas*, che in modo originale ha utilizzato l'insegnamento ovidiano accolto anche dai trovatori.

E poichè l'*Eneas* esercita una decisiva influenza su Chrétien e sui romanzieri cortesi di materia arturiana; e poichè d'altra parte Chrétien, che dell'immagine del cavaliere perfetto è il vero creatore, inizia la sua carriera di narratore rifacendo Ovidio (nel lai *Philomena*), mentre proprio Chrétien è colui che per primo arditamente imita, usando il francese, i grandi lirici provenzali, dobbiamo concludere che nel romanzo cristianiano, in cui dunque è la definizione e la rappresentazione piena e perfetta della *höfische Weltantschauung*, vengono a confluire tutte le tradizioni spirituali, culturali, letterarie precedenti; la tradizione classicistica custodita dalla scuola clericale e riflessa nella letteratura dei romanzi di argomento classico, l'originale tradizione più veramente francese della letteratura delle canzoni di gesta e la grande tradizione della lirica illustre trobadorica (1).

Nella quale ultima, come abbiamo accennato, si elabora e si definisce la nozione di cortesia che sta alla base della concezione cavalleresca del mondo e della vita (2). I motivi essenziali di cui la cortesia risulta si

---

(1) Cfr. *Storia delle letterature d'oc e d'oil*, 3ª ediz., pagg. 187 segg., 197 segg., 217 segg.
(2) Per tutta la trattazione che segue cfr. *Origini*, 3ª ediz., pag. 745 segg.

rappresentano ed esprimono con termini, diremo, tecnici: *joi*, *solaz*, *deport*, *joven*, *amor*, *larguesa*, *mesura*; che nel linguaggio dei trovatori hanno colorito e sapore assolutamente diverso che nel parlare comune, in quanto ciascuno di essi ha un contenuto esteso e perciò un senso pregnante. Così,

Nella pagina accanto:
Isotta dalle bianche mani e Tristano.

Tristano e Isotta.
Miniature di un incunabolo del *Tristano*.
Torino, Biblioteca Nazionale (Fot. Rampazzi).

contenuto estesissimo e complesso ha il termine *joi*, che serve ad esprimere sia l'allegria di una mondanità festosa e profana, sia il gaudio, quasi, dei mistici; sia il rapimento estatico dell'amante che contempla la donna amata, sia la lieta spensieratezza che governa le consuetudini della vita cortese. *Deport* esprime non solo divertimento, ma spesso quel particolare piacere che si ha dalla conversazione brillante con donne gentili; *mesura* significa quel senso di equilibrio per cui l'uomo esperto delle buone regole della vita cortese sa stare lontano da ogni eccesso, non è nè fastoso nè misero, nè esuberante nè chiuso in se stesso, nè avaro nè prodigo; esprime insomma quella signorile sobrietà di contegno e di gusto che della raffinata cortesia è nota essenziale; la *larguesa* non è solo « munificenza » splendida e generosa, ma piuttosto « liberalità »: è il ripudio energico e sdegnoso della concezione, diremo, mercantile della ricchezza. Largo è colui che pone la ricchezza come mezzo e non come fine e della ricchezza usa splendidamente per la « gioia » sua e di quelli che lo circondano. La *larghezza* è segno della *giovinezza*, che è condizione prima della perfetta cavalleria; e s'identifica anzi con la giovinezza, come mostra il celebre sirventese di « vecchio e nuovo » di un trovatore che è gran signore e cavaliere, Bertran de Born. « Mi piace — canta Bertran — quando vedo mutare la signoria e i vecchi lasciano ai giovani le loro case. Allora mi sembra che la stagione si rinnovi più che non faccia a primavera con lo sbocciare dei fiori e il cantar degli augelli », perchè chi è « giovane » è « largo » e, non avendo patrimonio, è spesso costretto a metter in pegno i suoi beni, e pur essendo povero, tratta splendidamente i suoi ospiti e fa magnifici doni e si riduce talvolta a dover bruciare l'arca e il vasello; mentre « misero », scarso e gretto — e perciò non cavaliere —, è chi è vecchio, non tanto per l'età quanto per l'eccessiva prudenza, per il troppo severo tenor di vita; e accumula biade e vino; e pur essendo ricco, fa mangiare uova e formaggio ai suoi ospiti anche nei giorni in cui è lecito mangiare di grasso: vecchio è persino chi possiede un cavallo proprio di suo.

Questa concezione cortese della « larghezza » pienamente si accorda con quella dei moralisti, che la *largitas* appunto pongono come correttivo alla passione che più ha presa sulle anime, la cupidigia: quella cupidigia — è appena il caso di ricordare — che Dante, interprete e assertore di una dottrina universalmente ammessa e accettata, raffigura nella famelica lupa, origine e causa di tutti i mali che travagliano e devastano il mondo.

Il contenuto dei termini con cui i trovatori esprimono i motivi fondamentali della loro concezione della vita più chiaramente si riconosce se i termini stessi si pongono a riscontro con quelli che nel linguaggio

Dame e cavalieri che ritornano dalla Fontana della vita.
Affresco nel Castello della Manta.
(Fot. Alinari).

trobadorico contraddicono alla nozione cortese: *vilania, orguoilh, enoi, folatge*. Il Levy indica, per ciascuno di questi termini, varie significazioni legate l'una all'altra in gradazione. Così *orguoilh* significa « alterigia », « presunzione », « arroganza », oltre che pompa fastosa e splendore cavalleresco, anche in senso non cattivo, talvolta. E *vilania* vuol dire non solo « bassa origine » ma anche « bassezza », « viltà »; e in altri luoghi, « semplicità », « scempiaggine ». E se *folatge, foldat*, in generale, significano « errore » o « dissenatezza », *fol* in molti testi si trova impiegato proprio nel senso di *descortes*. Con una certa approssimazione possiamo dire che *vilania* e *orguoilh* (nel senso di alterigia, presunzione) esprimono il contrario di *cortesia*. Se villania è il contrario di cortesia, la condizione contraria alla *gioia*, che della cortesia è nota essenziale, è la *noia*: e frequentissima è infatti nei testi trobadorici l'opposizione di *joi* a *enoi*; ma l'opposizione o contrapposizione si trova assai frequentemente anche nei testi clericali, dove quello che i trovatori esprimono col termine *enoi* è detto con *tristitia* e *accidia*; e il concetto trobadorico di *joi* è reso specialmente con *alacritas* (da cui l'italiano *allegria*); il che rende evidente che nel concetto di gioia è contenuta essenzialmente l'idea di un fervore, di una alacrità spirituale, cui appunto si oppone il torpore dell'accidia, che della noia è non tanto uno degli aspetti, quanto piuttosto la causa.

Ora più di mezzo secolo fa Eduard Wechssler (1) ha stabilito in modo ineccepibile che i termini con cui nel linguaggio anche dei primi trovatori si traducono gli aspetti essenziali della cortesia hanno concreti e precisi riscontri nei testi letti e studiati nelle scuole di grammatica (e sappiamo che con la grammatica si inizia nella scuola medioevale il *cursus studiorum*), nei *Disticha Catonis* e nei *Sapienziali* biblici. Termini essenziali del linguaggio trobadorico della cortesia sono dunque cortesia, villania, *joi*: così come termini comuni dei testi scolastici di moralità e di galateo sono *urbanitas, rusticitas, gaudia*, che a cortesia, villania, gioia esattamente corrispondono.

I trovatori pongono al centro della loro concezione il concetto di gioia: e nei *Disticha Catonis* si legge: « interponi *gaudia* alle tue cure, per poter sopportare ogni fatica; devi aggiungere alle tue cure *gaudia*, e così potrai superare le minacce della fortuna ». E nei *Libri della Sapienza*: « non dare alla tua anima tristezza e non affliggere te stesso nel tuo consiglio. La giocondità del cuore, questa è la vita dell'uomo e tesoro senza defezione

---

(1) *Das Kulturproblem des Minnesangs*, Halle, 1909. Si veda anche J. WETTSTEIN, *Mesura, l'idéal des troubadours, son essence et ses aspects*, Zurigo, 1955.

della santità e la letizia è longevità. Molti uccide la tristitia e non c'è utilità in essa... ». E se i trovatori esaltano come dote prima della cortesia la larghezza, i maestri di scuola fanno leggere nel Catone: « fuggi la lussuria e ricordati di evitare il peccato d'avarizia, che sono contrari alla buona fama. Tu non sarai avaro nè lussurioso: infame è chi vive nell'avarizia e nella lussuria ».

I riscontri stabiliti dal Wechssler acquistano particolare rilievo quando si tenga presente che tra gli elementi essenziali della cortesia trobadorica

Cavalieri di ritorno dalla Fontana della vita.
Affresco nel Castello della Manta
(Fot. Alinari).

e l'*ensenhamen* (1): tutti i cavalieri e le dame del mondo cortese sono costantemente raffigurati dai trovatori come *ben ensenhaz*. Nella lingua comune *ensenhat* è colui che è esperto di un'arte, di un mestiere, che ha pratica di una cosa; ma nella lingua trobadorica *ensenhat* si trova unito a *pro, cortes, larc* e significa *bien elévé*, per dirla col Raynouard, *wohlerzogen, gesittet*, per dirla col Levy: significa insomma *bene educato*; il che autorizza a dire che, nella nozione trobadorica, la cortesia non solo deriva dalla nobiltà del lignaggio, dalla gentilezza, ma è anche un complesso di « maniere » che s'acquista non solo attraverso l'apprendimento delle norme del galateo. La finezza del contegno e dei modi, la sobrietà dei toni e del gusto (la *mesura*), sono espressioni di un buon gusto che non può andare disgiunto da quel *saber* che spesso si trova elogiato nei testi trobadorici e significa non solo « senno naturale », ma proprio un certo grado di cultura. In altri termini, nella nozione trobadorica di *ensenhamen* è contenuto principalmente il concetto di *disciplina mondana*, di *buona educazione*, di *buon comportamento*; ma vi è sottinteso che la disciplina mondana (il galateo) e la buona educazione non possono essere disgiunti dalla moralità e specialmente dalla cultura che nei testi trobadorici è detta appunto *saber*. *Ensenhaz*, e cioè dirozzati quanto al sapere e quanto all'operare — *scientia et operatione perfecti*, come dice Rabano Mauro nel suo *De institutione clericorum* — i signori escono dalla scuola clericale, almeno nel grado elementare, che essi frequentavano, com'è ampiamente dimostrato.

Quale sia il programma di studio che i giovani signori seguivano ci è indicato da manuali che si adoperavano nella scuola; e già nei titoli indicano che oggetto principale dell'insegnamento è, appunto, la cortesia: *Doctrinal de cortoisie, Urbain li cortois* (2). Quello che in francese è indicato col termine *urbain* è in latino espresso con *facetus*, che è appunto il titolo di uno di questi manuali che servono all'educazione e all'istruzione dei giovani signori. Il contenuto del manuale è molto ampio: va dalla profonda esperienza umana dei *Proverbia Salomonis* alla mondanità brillante e maliziosa dell'ovidiana *Ars amandi*: contenuto esteso tanto quant'è quello del termine stesso *facetus*, che significa tanto « elegante », « aggraziato », « amabile », quanto « brillante », « arguto », « spiritoso »; *bene educato*, ma anche *bonis studis et artibus expolitus*. Il *Facetus* infatti comincia con l'offrire consigli che ci riportano alla sapienza biblica e alla sapienza

---

(1) J. BATHE, *Der Bergrift der troubad. Ensenhamen*, in « Archiv für das Studium der neuves Str. und Litt. », vol. CXIII.

(2) Cfr. *Origini*, 3ª ediz., pag. 752 segg.

Cofanetto di avorio
con raffigurazioni di scene cortesi e di caccia.
Londra, British Museum (Fot. del Museo).

profana riflessa nella letteratura proverbiosa del Medioevo; ma dà anche le norme del vivere cortese — *expendat large* (la larghezza è, come sappiamo, nota essenziale della cortesia), *exornet corpus, sit bene vestitus* —; e inoltre precisi suggerimenti circa le armi, le acconciature, i rapporti sociali; e diffusamente tratta, infine dell'amore, che è forma essenziale della vita « giovenile », e cioè « cortese ». Allo stesso modo il *Doctrinal* e l'*Urbain* danno consigli non solo circa il ben comportarsi, ma anche in ordine alla condotta morale, confermando quella che abbiamo detto e cioè che la cortesia comprende anche la formazione morale.

Quanto poi all'idea che la disciplina morale e quella mondana dipendono dal grado di cultura raggiunto, ci soccorre il *Morale scholarium* che è più recente dei manuali scolastici fin qui considerati ed è attribuito, non so con quanto fondamento, a uno dei maggiori scolastici del secolo XIII,

Giovanni di Garlandia, e largamente diffuso nelle scuole del tempo. La prefazione del manuale si chiude con le seguenti parole: « in questo libretto, mediante la satira, si contrappone la moralità ai vizi e la *curialitas* (la cortesia) alla *rusticitas* (cioè la villania); affinchè per mezzo dell'iniziazione scolastica si corregga la *ruditas* (la rozzezza) ». I precetti del *Morale* si confermano mediante la citazione di autorità (Orazio, Virgilio, Ovidio, *Disticha, Catonis, Proverbia Salomonis, Regimen sanitatis*); e la lettura di questi *auctores* dà materia all'insegnamento della Grammatica, come denunciano le glosse interlineali e marginali — alcune delle quali in francese — che indicano il genere del sostantivo espresso o sottinteso cui aggettivi e pronomi si riferiscono. Così il *Morale* ci offre con precisione il programma di studio delle prime scuole frequentate dai figli dei signori; nelle quali dunque si apprendevano gli elementi del latino, della dottrina cristiana (*theologiae mysterium*, dice il *Morale*), della Fisica (*rerum naturalium causa*), dell'igiene (sui precetti del *Regimen sanitatis*), e i princìpi della moralità e della *curialitas* o cortesia.

Circa il *saber*, la cultura non sempre solo elementare delle dame medioevali, anche nei secoli più oscuri, dati assai eloquenti ha messo in luce già nel 1874 il Jourdain; ma è ancora il Wechssler che arriva a precisare le vie per le quali le dame acquisiscono il *saber*, quando pone in rilievo la presenza, nelle aule signorili, dei cancellarii, dei notarii, dei capellani che le dame assumono come consiglieri e guida dei loro interessi artistici e scientifici.

D'altra parte, ha dimostrato il Bezzola (1), indagatore delle origini della letteratura cortese in occidente, che già l'aula merovingia accoglie Venanzio Fortunato, che alla fiera aristocrazia franca indica un ideale di vita tradotto dal termine *dulcedo* che insistentemente ricorre nei versi del poeta; un ideale, dice il Bezzola, di costumanze gradevoli, di buone maniere, di nobiltà di carattere che si può riconoscere solo in una personalità culta; ed è un ideale di vita che implica il riconoscimento di una posizione abbastanza importante della donna. Ed è un ideale, d'altra parte, che dalla società guerriera non può essere accolto finchè la *dulcedo* clericale appare in contrasto con l'esigenza della *fortitudo*, finchè la *dulcedo* sembra causa o ragione di affievolimento della *saevitia* bellicosa. Ma il contrasto è sanato da Carlo Magno; che della *dulcedo* clericale e della *fortitudo* o *saevitia* dell'aristocrazia guerriera attua una sintesi che Alcuino

---

(1) *Origines et formation de la littérature courtoise en Occident*, première partie, Parigi, 1944, pagg. 41 segg., 98 segg.

— che è di Carlo Magno l'interprete — esprime col termine *stabilitas*; con cui si traduce un ideale di vita in cui la *saevitia* è temperata dall'*urbanitas* — e cioè dalla cultura, dalla poesia, dall'arte, dall'educazione dello spirito insomma —: filosofia, poesia, musica sono, nella nozione di Alcuino, appunto i mezzi atti all'acquisizione della *stabilitas*, che è superamento della *saevitia* senza rinnegamento o ripudio della *fortitudo*.

Dunque, proprio l'ideale cavalleresco-cortese della vita quale si trova espresso nella lirica trobadorica e nella narrativa romanzesca cortese; alla cui definizione concorrono mondo clericale e mondo aristocratico, che nelle aule signorili trovano il loro punto d'incontro e di scambio e compongono in unità le loro concezioni e i loro ideali di vita; nel senso che il mondo dei chierici impone alla società signorile il suo ideale dell'*humanitas* classica rivissuto alla luce del messaggio cristiano, e, quindi, della *civilitas* o dell'*urbanitas*, ma dalla società signorile accetta pur temperandolo l'ideale virile della « prodezza », della fierezza bellicosa.

Il Bezzola, la cui indagine rigorosa abbiamo fin qui seguito con pieno consenso, si volge poi a riconoscere — come già abbiamo notato a proposito del rinnovamento della retorica tradizionale nelle letterature volgari — che nell'XI secolo nè gli imperatori germanici impegnati nella lotta contro il pontificato romano, nè i re di Francia ridotti all'impotenza, sono in misura di sostenere la gloriosa eredità della tradizione culturale romana che i Carolingi e gli Ottoni e i primi imperatori saliti avevano mantenuto; e che la funzione svolta, nell'alto Medioevo, dalle corti regie e imperiali, nell'XI secolo è assunta dalla nuova classe dirigente, la nobiltà feudale, che si era formata in opposizione alle forze che si pongono come continuatrici della tradizione imperiale romana (1). Ora, afferma il Bezzola, l'aristocrazia feudale dell'XI secolo non è preparata ad assolvere le funzioni che nella vita culturale dell'età precedente avevano svolto le aule imperiali e regie, e anzi è necessario che la tradizione culturale si rinnovi e si trasformi perchè la nuova classe dirigente possa riprenderla e svolgerla con successo. È il rinnovamento che, come abbiamo visto, nella nozione del Bezzola si attua appunto con la nascita delle grandi letterature in lingua d'*oc* e d'*oil*, le quali rappresenterebbero un'insurrezione contro la tradizione letteraria medio-latina che fino al secolo X era stata viva anche nell'ambiente laicale delle grandi aule regie e imperiali, mentre nell'età successiva si continuerebbe solo nelle grandi corti episco-

---

(1) *Origines et formation de la littérature courtoise en Occident*, deuxième partie, tomo I, pag. 3 segg.; tomo II, pagg. 211-485.

pali, oltre che nelle grandi abbazie che si sottraggono all'influenza cluniacense, e cioè soltanto nei *milieux* clericali da cui — per quanto riguarda la vita culturale e letteraria — l'ambiente signorile resta completamente isolato e staccato, se pur sia da riconoscere che nell'ambiente clericale introducono il gusto della letteratura profana i vescovi e gli abati che provengono tutti o quasi tutti dalla classe signorile. Così il Bezzola si accosta alla vecchia dottrina dei « mondi separati », di cui abbiamo affermato l'inconsistenza; e anche della vecchia dottrina per cui si era dichiarata insanabile, nel mondo cristiano, l'opposizione delle *divinae* alle *humanae litterae*; sicchè nel mondo clericale solo personalità singolari o ambienti particolari avrebbero coltivato eccezionalmente gli studi della letteratura secolare o profana ereditata dal mondo classico, pagano. Dottrina, anche questa, assolutamente infondata e inconsistente, essendo stato ampiamente dimostrato che — quali che possono essere state le posizioni teoriche dei Padri e dei Concili, i quali la letteratura latina pagana e profana senza dubbio condannano recisamente — proprio la scuola clericale è custode fedele e conservatrice della tradizione letteraria classica secolare e profana.

Del resto il Bezzola non nega assolutamente la presenza e l'attività dei chierici nel *milieu* signorile nell'età compresa tra il IX e l'XI secolo; ma quella presenza ammette solo come fatto episodico, riconoscibile solo in ambienti e occasioni particolari. E allega « casi particolari ». Il caso di Everardo duca del Friuli, morto nell'846, il quale nel suo testamento dispone dei libri della sua biblioteca, che assegna ai figli e alle figlie, a una delle quali, Egeltrude, lascia il *Liber Apollonii regis Thyri* (uno di quei romanzi ellenistici tradotti in latino, che, come abbiamo visto, nel secolo XII danno materia alla narrativa romanzesca cortese di argomento classico): e la disposizione testamentaria molto ci illumina sulle letture che già nel IX secolo incontrano le preferenze del mondo cortese femminile. E il caso del catalogo dei libri del conte franco Eccardo; che possedeva, oltre i Vangeli e alcuni Salteri e Messali, un *Liber de agricultura* e due *Libri prognosticorum* e l'*Arte militare* di Vegezio e una raccolta di canoni e le *Vite* di S. Gregorio e S. Lorenzo e il *Liber pontificalis* e le opere di Gregorio Turonense. E il caso di Dhuoda (moglie di Bernardo di Settimania, figlio di Guglielmo di Tolosa, cioè del Guglielmo d'Orange dell'epopea), che nell'826 compone un manuale per l'istruzione del figlio, facendosi assistere — ha supposto il Manitius —, nella composizione del libretto, dal suo cappellano. E per l'età posteriore, per il X secolo, il caso del terzo conte di Poitiers, quinto duca di Aquitania Guglielmo, il quale, per testimonianza di Ademaro di Chabannes, « fu educato nelle lettere fin dalla puerizia; e possedeva gran copia di libri », sui quali studiava gran parte della notte, finchè lo vinceva il sonno. E ancora il caso dei conti d'Anjou signori d'Angoulême Folcone II (942-960) e Maurizio (morto nel 987); il primo dei quali, peritissimo della grammatica e della dialettica, è l'autore di un carme in onore di S. Martino che il biografo giudica *precipuum* quanto al *dictamen* (e cioè al testo letterario) e *luculentum* per il canto e la melodia, per la notazione musicale che s'accompagna al testo poetico, mentre Maurizio è peritissimo nella scienza del diritto romano.

Ora è chiaro che sporadici e singolari appaiono questi « casi » solo perchè frammentaria e eccezionale è la documentazione che noi possediamo della vita culturale nelle corti signorili nei secoli IX, X, XI; e la frammentarietà nella documentazione non può essere assunta come prova che solo episodiche ed eccezionali siano le manifestazioni della vita culturale stessa.

Contro la tesi del Bezzola sta il dato che abbiamo qui sopra riconosciuto, e cioè che la presenza dei chierici nelle aule signorili dipendente dalla struttura, dall'organizzazione delle curie, nelle quali necessariamente i chierici assolvono le funzioni dell'amministrazione e della giurisdizione. Appunto la presenza dei chierici nel mondo cortese non autorizza la tesi che nei secoli IX e X si sia esaurita o interrotta l'opera di educazione del mondo aristocratico che, secondo quello che il Bezzola stesso ha luminosamente dimostrato, i chierici avevano iniziato già nei secoli VI o VII. Del resto noi abbiamo qui addietro chiaramente mostrato che la « novità » delle letterature d'*oc* e d'*oïl* giustamente segnalata dal Bezzola non dipende da rivolgimenti culturali o dall'avvento di una società che ripudi la tradizione; ma dal fatto che nell'XI secolo, dopo lunga età di silenzio compaiono, nella storia del mondo occidentale, finalmente uomini nuovi che han parole nuove da dire; parole nuove però che sono originale rielaborazione di pensieri e di concetti che da secoli la tradizione scolastica aveva elaborato e comunicato.

È la condizione che nella mia *Storia delle letterature d'oc e d'oil* (1) ho raffigurato dichiarando che mentre è da rifiutare la nozione di una frattura fra cultura medioevale e cultura antica, aggiungevo tuttavia che affermare la continuità della storia culturale dall'antichità al Medioevo « non significa non riconoscere il tono modesto della vita culturale del Medioevo, la lunga sterilità della vita dello spirito nell'età di mezzo.

---

(1) Pag. 59 e seguenti.

Per secoli la cultura medioevale è cultura d'ambiente che si svolge regolata e meccanica sui binari della tradizione. Naturalmente non in tutti gli ambienti la vita culturale è sempre dello stesso tono e grado; c'è tra i vari ambienti una gerarchia di valori facilmente riconoscibile e alcuni di essi — Bobbio e Montecassino, Fulda e S. Gallo, York e Verona — hanno il ruolo di centri direttori nella vita culturale; e nei vari ambienti e nei determinati ambienti agiscono maestri... che hanno particolare prestigio o danno particolari orientamenti allo svolgersi della tradizione. Ma sono, anche questi più illustri, uomini la cui personalità, seppure di qualche rilievo, non è profondamente originale; e perciò non possono far luogo a movimenti innovatori... Per secoli anche nei grandi centri di cultura e dai più grandi maestri parole nuove non si dicono... Per secoli, all'attività scolastica difetta ogni autonomia... ».

Converrebbe ripetere qui quello che abbiamo affermato a proposito della continuità della tradizione retorica dell'*ars dictandi* e della sua radicale trasfigurazione e vivificazione nella nuova letteratura d'arte volgare: anche per quel che riguarda la concezione nuova del mondo annunciata dai trovatori si verifica la continuità della tradizione scolastica che aveva definito la concezione di *curialitas*. La dimostrazione data dal Wechssler — e da me stesso integrata con alcune aggiunte e chiarimenti — del fatto che tutti i termini onde risulta la raffigurazione della nazione trobadorica di cortesia si ritrovano puntualmente nel linguaggio dei maestri di moralità e di *curialitas*, è ineccepibile; ma è anche certo che sostanzialmente diversa, nel suo vero contenuto spirituale, dalla *curialitas* degli scolastici appare la *cortesia* dei trovatori. Certo il *joi*, che della cortesia è nota essenziale ha i suoi precedenti nei *gaudia* di cui parlano i testi e i manuali su cui nelle scuole si insegnava la moralità e da cui si derivavano le norme del vivere. Ma il *joi* trobadorico ha connotazioni che mancano nei *gaudia* della morale scolastica: è sempre associato a *chant*, a *deport*, a *solatz*, a *domnei*; ha un tono, direi, più festoso e fervoroso, sicchè appunto, come si vedeva, *joi* non con *gaudia* ma con *alacritas* è tradotto dagli scrittori latini di corte, per esempio, da Orderico Vitale. E col linguaggio del poeta, con una grandissima immagine, Bernardo di Ventadorn esprime l'ebbrezza e l'esaltazione del *joi* di cui pacatamente « discorrono » trattatisti e letterati di scuola e di corte:

Quando appare l'erba e la foglia e il fiore spunta sul ramo e l'usignolo alto e chiaro leva la sua voce e muove il suo canto, joi ho di lui, joi ho del fiore e joi di me e di madonna maggiore; da ogni parte sono di joi chiuso e cinto, ma quello è joi che ogni altro joi vince...

E nel *Planctus naturae* di Alano la *largitas* è una personificazione, un'apostrofe, una figurazione retorica pomposa e colorita, ma fredda, che non sembra tradurre una realtà interiore intensa; ma quando Bertran de Born, nel sirventense da noi citato di « vecchio e nuovo », rappresenta la *largueza*, la liberalità munifica e splendida come nota essenziale della giovinezza che si contrappone alla miseria, alla grettezza della vecchiaia, riesce a una figurazione potente che traduce un concetto nell'intensa verità dell'immagine.

Perciò appunto legittimamente abbiamo affermato che sono i trovatori creatori veri della concezione cortese della vita e del mondo, non solo ma anche annunciatori e maestri della cortesia a tutta la società medioevale; e possiamo aggiungere che il divulgarsi della civiltà cavalleresca fuori dell'ambiente in cui è stata primamente definita è segnalato dal diffondersi del trobadorismo fuori dell'ambiente in cui è nato (1).

Limiteremo, naturalmente, la nostra considerazione alla divulgazione del trobadorismo in Italia (2); e subito riconosceremo che i primi focolai di cultura trobadorica al di qua delle Alpi sono senza dubbio le corti dei Malaspina e dei Savoia, dei marchesi di Monferrato e di Este e dei Da Romano, dove vivono e operano i trovatori venuti in Italia negli ultimi anni del secolo XII o nei primi del XIII. Ma non all'ambiente cortese appartengono gli italiani che nella prima metà del secolo XIII si cimentano nella poesia illustre usando come strumento dell'espressione letteraria non il loro parlare materno, ma la lingua stessa dei trovatori provenzali, della quale mostrano di avere acquisito pieno e sicuro possesso; primo di tutti Lambertino Buvalelli, di cui abbiamo parlato quando abbiamo considerato il culto della poesia trobadorica nell'ambiente universitario bolognese.

La divulgazione del trobadorismo fuori del mondo dell'alta cultura, nell'ambiente più propriamente cittadino e borghese, nel mondo comunale, insomma, è documentato in modo evidentissimo dall'opera di quel gruppo di giovani trovatori che in Genova poetarono in provenzale nel secondo quarto del '200; e costituiscono un vero e proprio cenacolo, nel quale attorno a Lanfranco Cigala — che appare del gruppo l'animatore e la guida — si raccolgono Bonifazio Calvo, Percivalle e Simone Doria, Luca Grimaldi, Giacomo Grillo, Luchetto Gattilusio, Calega Panzano. È lecito

---

(1) *Storia delle letterature d'oc e d'oil*, pag. 9 segg.
(2) A. VISCARDI, *Storia della letteratura italiana dalle origini all'Ariosto*, Milano, 1960, pag. 197 segg.

pensare che sui giovani trovatori del cenacolo genovese abbia esercitato qualche influenza il Buvalelli che, come abbiamo accennato, fu a Genova podesta per un triennio; ma d'altra parte di maggior rilievo è la stretta amicizia che legò il Cigala a Guilhelm de Montanhgol, il maggiore dei trovatori provenzali dell'ultima generazione.

Comunque, grande rilevanza ha questo gruppo di trovatori genovesi, perchè precede nel tempo quei gruppi di cultori della poesia d'arte volgare che riconosciamo nelle città toscane della seconda metà del '200, a Pisa e a Lucca prima, a Firenze poi (si pensi alla « scuola » dello stil novo: che, come bene fu detto, un cenacolo vero e proprio non è, ma è certo un ideale convegno in cui i giovani poeti si ritrovano nella fede in

Scene della vita di re Artù.
Miniature del codice di Amiens (1286).
Bonn, Biblioteca dell'Università (Fot. della Biblioteca).

Tristano ferito mortalmente da re Marco.
Firenze, Biblioteca Nazionale
(Fot. Pineider).

un unico ideale d'arte e di vita e nello scambio delle esperienze e delle prove d'arte); e documentano la piena acquisizione del trobadorismo da parte del mondo dell'alta borghesia italiana.

Ma anche fuori dal mondo dell'alta cultura e dell'alta borghesia la concezione del mondo e della vita annunciata dai trovatori si divulga e si afferma. Abbiamo detto che è il romanzo cortese quello che incarna e fissa in immagini eterne i supremi motivi ideali di cui risulta la concezione trobadorica della vita; aggiungiamo ora che proprio i romanzi divulgano fuori dell'ambiente aristocratico e schivo in cui è nata, la nozione cortese della vita e del mondo, concretata in visioni suggestive, in miti e immaginazioni che possono imporsi e si impongono effettivamente a tutti gli uomini, di ogni ambiente o ceto, perchè espresse in un linguaggio che muove la fantasia e il sentimento, ed è perciò accessibile anche agli umili, anche agli estranei al mondo della cultura, ai quali non poteva pervenire l'alto messaggio dei trovatori. Conviene precisare che questa divulgazione larghissima si realizza per via delle rielaborazioni in prosa dei romanzi cortesi, molte delle quali sono senza dubbio trivializzazione

Scene di vita di re Artù e Lancillotto del Lago. Miniature del *Tristano*. Parigi, Museo Condè (Fot. del Museo).

Lancillotto del Lago
e i cavalieri
della Tavola Rotonda.
Miniature del *Tristano*.
Parigi, Museo Condè
(Fot. del Museo).

e degradazione dei grandi romanzi in versi; ma appunto per questo possono portare anche all'anima popolare le grandi immagini di Chrétien e di suoi compagni d'arte e imitatori e continuatori o interpreti; possono cioè conferire le grandi immagini create dai poeti francesi del XII secolo al patrimonio ideale di tutti i popoli d'Europa; sicchè i miti e i personaggi della letteratura cavalleresca, in cui si incarnano gli ideali della nozione cortese della vita, entrano e vivono nel circolo delle tradizioni folkloriche, mentre restano valide e vive nell'alta tradizione letteraria europea, e diventano fatti di costume.

La socializzazione, diremo, dell'ideale cavalleresco divulgato dai romanzi in prosa è chiaramente documentato dall'onomastica personale italiana.

In un primo tempo, ovviamente, si divulgano i nomi degli eroi epici, che diventano in Italia i cognomi più diffusi. Quanti sono oggi in Italia gli Orlandi o Orlando o Rolandi, i Viviani o Viani o Vian o Vianello (Vivianello) — che dunque portano il nome del nipote di Guglielmo d'Orange, dell'eroe delle gesta di Aliscans, Viviano — gli Olivieri, gli Uggeri, e via dicendo! Ma in un secondo tempo si divulgano i nomi degli eroi romanzeschi; e numerosi quanto gli Orlandi gli Olivieri, i Viviani sono in Italia i Lancellotti o Lanzerotti e i Galvani e i Percivalle o Prencivalle e i Galeazzi o Galassi (*Galasso* è la riduzione italiana di *Galaad*, il conquistatore del gradale nella *Quête du S. Graal*) e gli Artusi (che ripetono il nome di Artus, il re della Tavola Rotonda) (1).

Non si può desiderare prova più che questa persuasiva dell'avvenuta socializzazione e generalizzazione in Italia, degli ideali che negli eroi dei romanzi si impersonano e si incarnano: fatto di costume, appunto.

Con la divulgazione dell'ideale cortese si afferma e trionfa in Italia anche la maniera cortese del vivere festevole e gioioso ed elegante; la borghesia italiana — e intendiamo l'alta borghesia — esempla i suoi modi di vita su quelli della società signorile, che i romanzi avevano vivamente ritratto e raffigurato.

È la maniera di vivere che rappresenta con nettezza e immediatezza, nelle celebri « corone » di sonetti dei mesi e dei giorni della settimana, Folgore da S. Gimignano; il quale, come felicemente ha scritto il Sapegno (2) descrive « un'esistenza raffinata e preziosa, ispirata a un ideale epicureo, ma guidata dal buon gusto e da un senso raro di eleganza mondana ».

---

(1) Cfr. la mia Introduzione a *Eroi e miti della Tavola Rotonda*, ediz. della Dalmine, Milano, s. a., pag. 81 segg.

(2) *Il Trecento*, storia letteraria d'Italia, edita dal Vallardi, 1ª ediz., Milano 1938, pag. 100.

La corona dei mesi è indirizzata a una « brigata nobile e cortese », composta cioè, come rileva il Vitale (1), « di cavalieri prodi e cortesi come gli antichi personaggi dei romanzi cavallereschi ed è fornita d'ogni bene atto alla vita cortese, i cui nuovi valori sono ricchezza e liberalità ». E infatti, apertamente, « prodi e cortesi come Lancillotto » qualifica Folgore i compagni della lieta brigata: Nicolò di Nisi da Siena, che della brigata è coronato fiore, Tengoccio di Baldo Grosso de' Tolomei, Mino di Tengo, Ancaiano Bartolo, Mogavero del Balza, Fainotto di Guido Squarcialupi (e conveniva indicare i nomi precisi, secondo le probabili identificazioni stabilite dagli studiosi; per rilevare che non di vaghe immaginazioni poetiche si tratta, ma di viva rappresentazione di una realtà, comunque idealizzata); i quali paiono figli di re Priamo (cioè veri cavalieri, come sono quelli dei romanzi cortesi di argomento classico, antecedenti, come sappiamo, e quasi modelli degli eroi arturiani), e « se bisognasse » « con le lance in mano farian torneamenti a Camelotto », cioè nella città di Camelot dove, secondo i romanzi, Artù teneva la sua corte.

Ai cavalieri della nobile brigata, in qualunque parte si trovino *vivendo in allegrezza* (e ricordiamo che allegrezza riflette *alacritas*: il termine che, abbiam visto, presso Orderico Vitale traduce in termine trobadorico *joi*) Folgore nel sonetto introduttivo della corona dei mesi, « dona » « cani, uccelli » (per la caccia, come sappiamo) e « danar per ispese », « ronzin portanti » (atti a portar di buon passo il cavaliere, « quaglie a volo prese », bracchi che sanno scovare la selvaggina e veltri correnti.

Pel mese di gennaio, alla brigata assegna *corte* (e cioè *festa* o *convito*) allietata da fuochi accesi d'erbe secche; e camera fornita d'ogni bello arnese, lenzuola di seta e coperte di pelliccia di vaio e paste dolci e confetti e vino razzese (cioè frizzante) e vesti di Doagio (cioè di Douay, da cui provenivano pregiatissimi tessuti e di *rascese* (cioè di *rascia* — in veneziano *rassa*: esiste ancora a Venezia la *Calle delle rasse*, dove, evidentemente, stavano appunto i mercanti di rasce — che è un panno finissimo di lana proveniente dalla Rascia). Dalla stanza riscaldata potrà uscire « alcuna volta il giorno » la bella brigata, a gettar « neve bella e bianca » « a le donzelle che staran da torno », per tornar poi al comodo riposo nel caldo soggiorno.

Per il mese di febbraio, dona Folgore alla brigata « bella caccia di cervi, caprioli e di cinghiali »; e vesti atte alla caccia; corte gonnelle con grossi calzari; e « borse fornite di danari » ad onta degli scarsi e degli

(1) *Rimatori comici e realistici del Due e Trecento*, 2 voll., Classici UTET, Torino, 1956.

avari, che la liberalità cortese condannano. La sera i cacciatori torneranno coi loro fanti carcati della molta selvaggina; e avendo gioia e allegrezza e canti, faranno « trar del vino » e « fumar la cucina » e staranno brilli fino al primo sonno...

Per marzo, offre Folgore lo svago della pesca d'anguille e trote e lamprede e salmoni e dentici e delfini e storioni lungo tutto il corso del fiume; pesca condotta da navicelle a schiera, che porteranno a sera i pescatori

Il gioco delle mani,
affresco della seconda metà del secolo XV.
Milano, Collezione Venier.

a un porto fornito di molti palazzi provvisti di tutto quanto occorre ai liberi sollazzi e in cui « chiesa non v'abbia mai nè monastero... ».

In aprile, alla brigata è offerta una « gentil campagna tutta fiorita di bell'erba fresca », con fontane d'acqua e molti giardini in cui, in compagnia di gentil donzelle, si canti e si suoni e si danzi alla provenzalesca.

Maggio è il mese dei tornei: alla nobile brigata si offrono armi e cavalli veloci e docili al freno, adobbati di pettorali e testiere, di sonagli e di gualdrappe con molti intagli di zendado, e targhe; e giostreranno i valenti cavalieri e romperanno bagordi e lance; e su loro dalle finestre e dai balconi ghirlande di fiori ed essi alle belle affacciate lanceranno melarance; e dopo il torneo, pulzellette giovani e garzoni si baceranno sulla bocca e sulla guancia; e parleranno d'amore e di gioia.

Di giugno, offre Folgore ai cortesi cavalieri una « montagnetta coverta di bellissimi arboscelli — con trenta ville e dodici castelli — che siano intorno a una cittadetta »; e abbia la montagnola nel mezzo « una sua fontanetta » che « faccia mille rami e fiumicelli — ferendo per giardini e praticelli — e rinfrescando la minuta erbetta »; e siano « impergolate... per le vie » « arance e cedri, dattili (datteri) e lumie (specie di cedri dolcissimi) e tutte l'altre frutte savorose... ».

Di luglio, grande convito in Siena, all'aperto, sulla strada selciata: siano le inghistare (fiasche) piene di trebbiano (vin dolce d'uva bianca trebbiana) e di ghiacciati vaiani (vini d'uva vaiana, nera e dolcissima); e mane e sera si mangi « di quella gelatina smisurata — istarne rosse, gioveni fagiani — lessi capponi, capretti sovrani — e cui piacesse la manza e l'agliata » (salsa d'aglio molto saporita); e così trarrà la brigata buon tempo e buona vita, avendo sempre tavola ben fornita e sottraendosi al governo delle mogli troppo econome e scarse.

D'agosto, vada la brigata a villeggiare in una valle montanina, su cui « non... possa vento di marina », dove potranno i cavalieri « istare sani e chiari come stella »; e cavalchino a mane e a sera e stiano « nel fresco tutta meriggiana ».

Di settembre, la caccia con gli uccelli, falconi, astori, smerletti, sparvieri, gerfalchi mudati (che abbiano mutato le penne) e astieri muniti del necessario arnese: lunghe (piccoli legacci di cuoio), gherbegli (lacci che servivano a trattenere i falconi), gete (abbiamo già incontrato e illustrato questo termine); e vi siano balze (frecce) e balestri ritti ben portanti, archi e strali, ballotte (piccole palle che si lanciavano con le balestre) e ballottieri (borse per le ballotte); a sera, la festosa giocondità di un magnifico convito.

D'ottobre, lieto e spensierato soggiorno nel contado: dopo l'uccellagione, la sera, si balli e si canti nelle sale, e si beva il mosto: buone medicine, l'arrosto e il vino! E la mattina, ci si alzi presto e ci si lavi: si starà così più sani che pesce in lago, in fiume, in mare.

Di novembre, si vada ai bagni solforosi di Petriolo (nel contado senese, verso il mare) e si dia buon guadagno ai bottegai: vengano i luminosi doppieri (cioè, come sappiamo, torce di cera) di Chiareta (1) e confetti

---

(1) Il Vitale annota: « doppieri fatti a Chiareta » (località ignota, se mai è esistita!). Può essere un bisticcio etimologico del poeta a indicare che erano luminosissimi (da *chiaro*, luminoso).

con cedrata di Gaeta; e il freddo già grande si vinca con fuoco spesso; e si imbandiscano fagiani, colombe e mortiti (manicaretti; in particolare manicaretti gelatinosi di coccole di mirtillo); e a notte, mentre tira vento e piove a dirotto, si stia nei buoni letti.

Di dicembre, offre Folgore alla cortese brigata « una città in piano — sale terrene, grandissimi fuochi, — tappeti tesi, tavolier (tavoletta per giocare a scacchi o a dama) e giochi, torticci (doppieri) accesi ». E si stia « coi dadi in mano » e ciascuno manduchi « ghiotti morselli » (bocconi pre-

Nella pagina accanto e in basso:
scene galanti con riferimento alla caccia.
Dorsi di specchio in avorio (1320-40).
Londra, Victoria and Albert Museum
(Fot. del Museo).

Banchetto. Miniatura da un Libro d'Ore. Milano, Biblioteca Ambrosiana (Fot. della Biblioteca).

libati), preparati da finissimi cuochi e beva da botti più grandi di quelle che sono nella ricchissima abazia di S. Galgano; e siano i cavalieri « ben vestiti e foderati — di guarnacch'e tabarri e di mantelli — e di cappucci fini e smisurati »; e nei dolci agi della splendida vita cortese si faccian beffe « de' tristi cattivelli — de' miseri dolenti sciagurati — avari », coi quali non vorranno « usare », avere rapporti, i membri della nobile brigata.

Banchetto all'aperto.
Miniatura lombarda della *Grammatica* di Donato.
Milano, Biblioteca Ambrosiana (Fot. della Biblioteca).

E così, con la condanna dell'avarizia, che contraddice all'ideale cortese della larghezza splendida e munifica, si chiude la rappresentazione che Folgore ci dà della dolce vita cavalleresca, che le liete brigate della ricca borghesia toscana del '300 pienamente vivono e realizzano.

Degli agi della vita cortese vissuta dall'alta borghesia italiana, un'altra rappresentazione ci dà Folgore nella corona di sonetti dei giorni della settimana.

Il lunedì è il giorno dell'amore; si levi il donzello e non dorma, l'amoroso giorno lo conforta a servire sua donna. All'alba, quando il vento leggero polisce l'aria, faccia con gli strumenti mattinata alla sua donna; e alla porta siano palafreni e servidori con bel *vestire* (abbigliamento, come mostreremo); e si faccia quel che è Amore impone e comanda.

Il martedì, il giorno di Marte, è propizio a torneamenti e giostre; e nuovo mondo offre Folgore a Carlo di messer Guerra de' Caviccioli — cui è dedicata questa seconda serie di sonetti —: un mondo in cui squillano e suonano trombetti e tamburelli e campane a martello che invitano alla battaglia, e si muovono pedoni, donzelli e cavalieri armati, che vanno contro gli avversari menando gran colpi e si atterrano e si sbaragliano; e i cavalli vanno a sella vuota, trascinando pel campo i loro signori e «strascinando fegati e budelli»; e suonano i trombatori a raccolta e si ricompongono in ordinata schiera i vincitori.

Il mercoledì è propizio ai signorili «corredi» (conviti) in cui si imbandiscono lepri e starne e fagiani e capponi e vitelle e altre delicate vivande e frutta e confetti, serviti da donzellette e garzoni cinti di amorose ghirlande; e si mescano in coppe e nappi e bacini d'oro e d'argento vin greco e vernaccia.

Il giovedì è il giorno di torneamenti in cui i cavalieri giostrano fino a sera in singolar tenzone; e tornino poi alle loro «vaghe», alle loro innamorate, nelle case ove saranno alti nobilissimi letti e medici pronti a medicare e fasciare percosse e ferite, aiutati dalle donne, che i valorosi combattenti saran lieti di contemplare.

Di venerdì, la caccia coi cani — veltri, bracchetti, mastini e segugi da traccia — in un bosco esteso per migliaia di staiora (lo staioro, misura di superficie, è il tratto di terreno in cui si può seminare uno staio di grano) e cioè immenso, sterminato; e dopo l'agitazione e il movimento della caccia, a sera, la serenità del convito.

Al sabato, l'uccellagione, la caccia coi falconi: si abbattono gru e si colpiscono oche con tale violenza che perdon l'ale, le coscie, i gropponi; e si mettono a sprone corsieri e palafreni e si grida in segno di esultanza;

e si torna a casa la sera, per dire al cuoco: « To' queste cose e acconcia per dimane; e pela e taglia, assetta e metti a fuoco »; e siano vini fini e pane bianco.

La domenica vada il donzello gentile in un palazzo dipinto e adorno « a ragionar con quella che più ama »; e danzino i donzelli e armeggino i

Musici e cantori.
Affresco di Simone Martini nella basilica di San Francesco ad Assisi
(Fot. Anderson).

cavalieri e si percorra Firenze per ogni contrada, per piazze e giardini e verzieri; e la folla che popola lieta le strade ammiri il giovane elegante e cortese.

Una terza corona che doveva essere di diciassette sonetti (ma solo cinque sono stati realizzati) ha composto Folgore, per rappresentare il rito dell'investitura cavalleresca conferito a un giovane donzello; e anche su questa serie fermeremo ora brevemente la nostra attenzione per riconoscere il processo e i modi dell'assimilazione della società comunale italiana agli spiriti e alle forme della civiltà cavalleresca-cortese.

Il donzello che s'appresta a ricevere l'onore altissimo dell'investitura cavalleresca pone a pegno sue terre e sue castella « per ben fornirsi di ciò ch'è mistieri »: offre ai forestieri intervenuti al rito « annona » (vivande) pane e vino pernici e capponi e manze; e donzelli e servi di impeccabile stile; camere elette; cerotti (ceri singoli) e doppieri (torce doppie come sappiamo); e alla festa magnifica saranno « affrenati cavagli », armeggiatori, bella compagnia, e aste e bandiere e coverte e sonagli e strumenti vari; al corteggio della ricca baronia intervenuta faranno strada i giullari, mentre le vie si popoleranno di donne e donzelle.

Al rito solenne sono presenti, personificate, le virtù che sono della cavalleria l'essenza: Prodezza, Umiltà, Discrezione (è quella che i trovatori chiamano, come sappiamo, « mesura »), Allegrezza (cioè, come sappiamo, *alacritas*: è il *joi* trobadorico).

Prima Prodezza invita il donzello a spogliarsi delle sue vesti, e la spogliazione significa rinuncia al passato costume di vita; e quando vede le membra nude, abbraccia il giovane dicendo: « queste carni mi hai offerto, io te recevo »; lo riceve cioè come suo drudo, come suo fedele, promettendogli la fama che coronerà le sue gesta.

Poi Umiltà — nemica di superbia, e cioè dell'orgoglio, il vizio più grave che sta contro cavalleria — invita il donzello al simbolico bagno purificatore in cui egli si rimondi e si lavi e che lo farà più bianco che la neve.

Si fa quindi avanti Discrezione e asciuga il donzello « d'un bel drappo netto » e lo pone su un letto « di lin, di seta, covertura e penne » e ve lo trattiene per tutto il giorno « con canti, con sonare, con diletto » e lo introduce, rinnovato e perfetto nell'ordine cavalleresco: il neo-cavaliere « ha tanti pensieri che non ha fondo » compreso com'è del gran legame, del vincolo stretto che lo lega all'ordine in cui è entrato, consapevole delle gravi responsabilità che il suo nuovo stato comporta.

Giunge infine Allegrezza « con letizia e festa — tutta fiorita che pare un rosaio », e reca al neo cavaliere bellissima vesta « di lin, di seta, di

Scene d'amore.
Affresco nella camera da letto di Palazzo Davanzati a Firenze
(Fot. Alinari).

drappo e di vaio » e lo adorna di « vetta » (benda) e « cappuccio con ghirlanda »: e sta intorno tanta gente che ne trema il solaio, il pavimento; mentre Allegrezza presenta a donne e donzelle e a « quanti sono a questo assembramento » il cavaliere « in calze, pianelle, borsa, cintura inorata d'argento che stanno sotto la leggiadra pelle » di vaio. E canta lietamente sonando ogni strumento.

Ha felicemente osservato il Vitale che le vesti sontuose di cui Allegrezza riveste il neo cavaliere e che in antico avevano un particolare significato simbolico, in Folgore « hanno invece un carattere di magnifica festevolezza e di splendida opulenza, conforme al carattere della sua sensibilità e della sua ispirazione »; in sostanza diversa dallo spirito autentico della cortesia e della cavalleria che anima il canto di trovatori e troveri: « nei sonetti di Folgore l'armatura a cavaliere... non ha tono epico nè cortese; essa è trasferita su un piano allegorico in cui è persa la interiore serietà epico-religiosa della cerimonia, anche se conserva, in qualche misura, secondo lo spirito del poeta, una sua festosa solennità ».

Rileva dunque in sostanza il Vitale che l'ideale cortese resta, nell'interpretazione della società borghese del '200 e del '300, deformato, e non solo nell'interpretazione, bensì anche nella pratica: a proposito della condanna degli avari seccamente pronunciata da Folgore nella chiusa del sonetto di dicembre, ancora, osserva il Vitale: « le liete brigate della borghesia trecentesca avevano introdotto con uno spirito nuovo un significato liberale e realistico borghese nell'ideale della cortesia proprio del mondo cavalleresco ».

Le « liete brigate » cui il Vitale allude sono le brigate « di sollazzo » di cui vigeva nella Toscana della fine del '200 la consuetudine così largamente che — scrive Vittorio Rossi (1) — « era difficile, dice il dettatore Buoncompagno nel *Cedrus*, trovare in una città un giovane che non fosse legato con giuramento a una di esse ».

Celebre fra tutte la brigata spendereccia di Siena, che Dante rievoca con mordace ironia per bocca di Capocchio nel XXIX, appunto, dell'Inferno:

> E io dissi al poeta: « Or fu già mai
> gente sì vana come la sanese?
> Certo non la francesca sì d'assai! ».
> Onde l'altro lebbroso che m'intese
> rispuose al detto mio: « Tra' mene Stricca
> che seppe far le temperate spese
> e Nicolò che la costuma ricca
> del garofano prima discoverse
> nell'orto dove tal seme s'appicca;
> e tra' ne la brigata in che disperse
> Caccia d'Ascian la vigna e la gran fronda
> e l'Abbagliato suo senno properse.

E commenta l'Ottimo:

Al motto dell'autore toccato contro li Sanesi, in conferma, questo altro alchimista usa le parole che dice il testo. Onde è da sapere che in Siena, per questo vizio di vana gloria, ha avuto molti che hanno consumato le loro grandi facultadi e poi vivuti il rimanente di sua età assai miseramente e in grande necessità morti, cercando sempre cose nuove, nelle quali molto discutibile spesa corre, acciocchè un uomo dice: cotale fine fu trovatore di cotale giuoco o di cotale vivanda o di cotale vestimento o di cotale costume; e qui ne nomina tre, lo Stricca, Nicolò e la brigata di Siena. Stricca fu uno ricco giovane di Siena e fece sfolgorate spese (*sfolgorate* le spese che Dante, *per hyroniam*, qualifica *temperate*) nella detta brigata spendereccia... [e Nicolò] fu messere Niccolò Salimbeni, largo e spendereccio; e fu della detta brigata e fu il primo che trovò questa costumanza del garofano (2) e introdussero in Siena, dove cotali costumi si appiccano bene per gola e ghiottoneria...

(1) Nel proemio al canto XXIX dell'Inferno (*La Divina Commedia commentata*, Napoli, 1924).

(2) La dispendiosa usanza « di mettere in fagiani e pernici arrosto i garofani » — e cioè i chiodi di garofano — come annota il Lana; dispendiosa costumanza quando si pensi che in Siena per una libbra di « garofano » si pagavano 2 denari di gabella, e cioè quanti se ne pagavano per 5 libbre di noce moscata.

Poichè Capocchio ha detto in singulare di due della brigata, si vuole per abbreviare suo sermone dire del soperchio e darvi per segno quella brigata in che Caccia d'Asciano spese il suo aver e l'Abbagliato il suo senno...

Della brigata spendereccia di Siena si sono molto occupati i moderni studiosi di cose senesi, i quali hanno stabilito che sotto quella denominazione appunto si formò in Siena « una compagnia di giovani ricchissimi, conferendo ciascuno una forte somma di denaro per vivere lietamente in conviti e feste ».

Conferendo ciascuno una forte somma di denaro: precisa un vecchio commentatore che « i giovani ricchi » che formavano la brigata, « venduta ogni loro cosa e fatto un cumulo di ducento mila ducati, li scialacquarono in pochi mesi in gozzoviglie e divennero poveri ». In venti mesi, per la precisione: tanti bastarono a « fondere » — vogliamo usare la parola dantesca — l'enorme capitale conferito alla società dai promotori e dai partecipanti (nella brigata, appunto, Caccia d'Asciano « disperse », dice il poeta, « la vigna e la gran fronda », i suoi vigneti e i suoi boschi).

I nomi che Dante menziona, osserva Vittorio Rossi, « dovevano godere presso i contemporanei del poeta d'una allegra rinomanza e richiamare il ricordo di chissà quali mattie; a noi son muti ed è gran che aver potuto ravvisare con più o meno di certezza nello Stricca un Salimbene che fu nel 1275 podestà e dieci anni più tardi capitano del popolo a Bologna e in Nicolò suo fratello, savio e virile cavaliere adorno di belli costumi magnanimo e largo donatore (così scrive di lui Dino Compagni nella *Cronica* al Libro IV, capo 27), che appartenne al seguito di Arrigo VII nel 1211 in Lombardia; e congetturare che Caccia d'Asciano sia tutt'uno con quel Caccia o Caccia nemico di messer Trovato d'un ramo degli Scialenghi detto de' Cacciaconti, le cui memorie vanno dal 1251 al 1293; e scoprire sotto il nomignolo di Abbagliato messer Bartolomeo de' Folcacchieri, cittadino cospicuo per pubblici uffici sostenuti in patria e fuori e fratello di Folcacchiero, uno dei più antichi dicitori per rima. Tuttavia quel baldo incalzare di nomi e di frasi spiritose che consegnano alla storia la bravura di quei bontemponi riescono ad un'efficace rievocazione della gioconda vita senese e delle folli prodigalità » di una delle tante brigate di sollazzo che operavano nella Toscana alla fine del '200.

Le identificazioni proposte sono di grande interesse e molto utili, perchè rilevano che tutti gentili uomini del patriziato senese sono gli allegri compagni della sollazzevole brigata; e consentono anche di riconoscere che non tutti, come Caccia d'Asciano, rovinano per le follie della giovinezza, dal momento che nel 1311 — e cioè molto dopo la dissoluzione della brigata spendereccia — è tra i grandi signori che fanno corona ad Arrigo VII; ma certo è molto pericoloso il tentativo, compiuto da Alessandro D'Ancona di ricostruire compiutamente l'elenco dei dodici componenti l'allegra compagnia, perchè porta a conclusioni e a raffigurazioni infondate e arbitrarie. Per ricostruire il completo elenco dei soci, il D'Ancona ai quattro ricordati da Dante aggiunge i sei personaggi che Folgore da S. Geminiano nomina nelle rime che abbiamo considerato e, in più, lo stesso Folgore e quel Lano che Dante nomina nel XIII dell'Inferno e che per testimonianza del Boccaccio (nel *Commento sopra la Divina Commedia*) « fu un giovane sanese il quale fu ricchissimo di patrimonio; e accostatosi a una brigata d'altri giovani sanesi, la quale fu chiamata la brigata spendereccia, i quali similmente erano tutti ricchi, insiememente con loro non spendendo ma gittando, in picciol tempo consumò ciò che egli aveva e rimase poverissimo ». In questo modo il D'Ancona identifica la brigata spendereccia di cui fan parte i personaggi danteschi, con la « brigata nobile e cortese » di Folgore, ed è identificazione arbitraria; prima di tutto perchè non è pensabile che il poeta di S. Gimignano non accenni a nessuno dei personaggi che Dante evoca e che, per unanime consenso dei vecchi commentatori, sono della brigata spendereccia i maggiori; e poi perchè contro l'identificazione stanno ragioni cronologiche ben rilevate dal Rossi; il quale, commentando il verso 130 del canto XXIX — *e tra' ne la brigata* — recisamente afferma che non ci sono buone ragioni per identificare questa brigata — che è dunque la brigata spendereccia di Siena — « con la brigata nobile e cortese cui rivolge i suoi festevoli auguri Folgore da S. Gimignano; anzi la cronologia (il poeta sangiminianese deve avere scritto la sua corona di sonetti nel primo decennio del '300) vi si oppone »; perchè appunto l'attività della brigata spendereccia deve collocarsi nei primi decenni della seconda metà del '200, dal momento che per esempio, come si vedeva, nel 1276 lo Stricca è podestà di Bologna e dunque ha già messo la testa a partito.

Capitolo ottavo   ABBIGLIAMENTO,
ARREDAMENTO, VITTO

Occorre ora porre il quesito dei limiti entro i quali, nella società italiana della fine del '200 e del principio del '300, si afferma non tanto l'ideale cavalleresco — che pur banalizzato e trivializzato generalmente si mantiene, come ci ha indicato l'onomastica personale — quanto piuttosto la pratica del vivere che a quell'ideale si ispira e si informa. Istruttiva, in questo senso, è la lettura dei tredici sonetti coi quali, « rispondendo per le rime » ai sonetti di Folgore, Cenne (Bencivenne) detto « della chitarra », certo dallo strumento con cui esercitava la professione sua di giullare, vivo ancora nel 1322, mette « in acre parodia » — usiamo parole di Maurizio Vitale (1) — « il sogno fantastico di Folgore ispirato alla lieta cortesia »; e vivacemente attacca lo stesso Folgore:

> e quel che 'n millantar sì largo dona
> in ira vegna de li suoi vicini;

nè è possibile, osserveremo ancora col Vitale, accertare « se il suo gioco parodistico [sia] prodotto dal desiderio puro e semplice di beffare la corona di Folgore » o se « nella realtà egli, giullare povero, avversasse il mondo lieto e spensierato della brigata nobile e cortese, e sul piano letterario si vendicasse della sua condizione ambigua e misera ».

È certo in ogni modo che le condizioni di vita da Cenne ritratte con amara parola sono di una parte della società italiana ben più larga che non quella da Folgore considerata: la vita cortese da Folgore vagheggiata e certo con fedeltà e nettezza ritratta è solo di una élite, evidentemente. Non si intende dire con questo che la società comunale italiana — salva l'eccezione dell'altissima borghesia che ha assimilato il modo cortese del vivere — viva nello squallore e nella miseria che Cenne con acre insistito compiacimento ritrae; ma pare legittimo ritenere che gli accenti amari ed aspri del giullare derivino proprio dalla constatazione del crudo contrasto tra le forme di vita che Folgore con tanta vivezza rappresenta e quello che l'occhio di Cenne osserva nel mondo della comune realtà.

Certo, un gioco letterario la contrapposizione violenta e puntuale dei modi della realtà osservata a quelli della cortesia da Folgore ritratta, ma un gioco in cui pur sempre si riflettono aspetti veri ed autentici di quella realtà. Così dunque nel sonetto dedicatorio che apre la corona (così come un sonetto dedicatorio apre la corona di Folgore), subito alla « brigata nobile e cortese » si contrappone una « brigata avara e senza arnese » di

---

(1) Nei citati *Rimatori comici e realistici del Due e Trecento*, vol. II, pag. 173.

Contadino,
raffigurato in uno dei rilievi
dei Mesi
nel Duomo di Ferrara
(Fot. Giulianelli).

Contadino, raffigurato in uno dei rilievi dei Mesi nel Duomo di Ferrara (Fot. Giulianelli).

uomini che stanno, come i cavalieri di Folgore, al tavoliere a giocare a dadi, ma non nell'agio di una comoda sala, bensì sulla strada assolata e fangosa (« entro la mota e il fango ») e non in comoda veste fastosa, ma in camicia, quale che sia la stagione dell'anno, sicchè più facilmente possano andare ai perdoni a chieder l'elemosina...

Corti con fochi di salette accese aveva offerto Folgore alla sua cortese brigata per il mese di gennaio; e Cenne alla sua brigata avara può offrire solo *corti con fumo al modo montanino*, fumose come le capanne o baite dell'Appennino, e letti quali « ha nel mar il genovese » — letti angusti e scomodi come sono quelli delle cabine delle navi — in luogo dei letti con lenzuola di seta e coperte di vaio che aveva offerto Folgore; e fanciulle povere « a colmo di staio » — che han raggiunto il colmo della miseria e della povertà —; e per bere, aceto forte calabrese; e un abbigliamento come quello di un « ribaldo » — un povero, miserabile — con panni rotti e senza un denaro; e il soggiorno con una vecchia « nera vizza e rancia »: e ciascuno getti la neve attorno, mentre i cavalieri di Folgore gettavano neve bianca alle donzelle; e poi si riposino su una dura panca, mirando il viso della rancida vecchia...

Per febbraio, invita Cenne ad andare in una gelida valle con servi recalcitranti e saccenti a caccia di vecchi e grossi orsi di montagna, avendo calzari rotti, mentre la neve si disfa in sordida fanghiglia; e alla sera, il ritorno ad alberghi freddi e scomodi tenuti da osti esosi, dove si starà senza mantello a bere vino di pomi che rovina lo stomaco; e gli alberghi saranno scossi da venti e tremiti non tanto forti da far crollare l'edificio, ma forti abbastanza da impedire il riposo, sicchè « ciascun si stanchi da prima sera infino alla mattina ».

Di marzo, riposo nell'Apulia di Lucca, tra lagoni limacciosi pullulanti di mignatte e ranocchi; e cibo saranno sorbe e pere e frittelle cotte in olio di noce rancido; e bevanda, vino « cescone » — guasto — che sia ben nero; e per il soggiorno, case di paglia; e per il riposo letti di schiante — erbe dure e secche —, e « piumazzi », guanciali, di giunchi.

D'aprile, vita in campagna tra tafani a schiera e asini tumultuosamente raglianti; e di maggio, ancora tra villani scapigliati e gridatori, che trasudano « si fatti sudori che turbino l'aere »; e mangiare cipolle peste, facendo gran gavazzare e cianciare e parlare solo di pecore e porci, mentre massari e veglie si baciano sulle guance...

Di giugno, la vita si trascorra in una « campagnetta » (e impiegando il vezzeggiativo usato da Folgore per raffigurare la collina — montagnetta — dove si svolge la lieta e festosa vita della sua cortese brigata, Cenne riesce a rendere più intenso il tono caricaturale e parodistico della sua rappresentazione) in cui sono « chiane » — distese paludose — così dense di fango che nemmeno esili barchette vi possono galleggiare; e nel mezzo sta un'isoletta da cui escono gorgoncelli — canaletti — limacciosi di acqua sulfurea; e le strade vi sono strette e fangose; e i cibi sono sorbe e prugne acerbe e corniole aspre; e le genti sono nere e « gavinose » — scrofolose — e vi fanno tante villanie da riuscire noiose a Dio e al mondo.

Particolare dei rilievi dei Mesi nel Duomo di Ferrara (Fot. Giulianelli).

Di luglio, Cenne manda la sua brigata a Oristano a bere, invece di vino, acqua sudicia a forte aceto e a mangiar carne di porco grassa cotta in « peverata » — in un intingolo carico di spezie — e insalata di salvia e rosmarino, e carne di volpe cotta in due riprese, con cavolata. E le vesti saranno, anche sotto il solleone, panni grossi e lunghi d'eremiti; e la brigata avrà per gastaldo un avaro converso, un laico in veste di frate; e ciascuno sarà sotto la tutela della moglie fastidiosa e severa

Le attività dei mesi autunnali e invernali.
Rilievi nella chiesa
di S. Maria della Pieve ad Arezzo
(Fot. Alinari).

(e Folgore appunto aveva ammonito i suoi a non volere la moglie per gastaldo...).

E non occorre a continuare nella rassegna di tutta la serie di corrispondenze o contrapposizioni parodistiche che Cenne istituisce rispetto ai sonetti di Folgore per i mesi di agosto, settembre, ottobre, novembre; basterà, a conclusione trascrivere distesamente il sonetto di dicembre:

> Di dicembre vi pongo in un pantano
> con fango e ghiaccia ed ancor panni pochi;
> per vostro cibo fermo fave e mochi (1);
> per oste abbiate un troio maremmano (2);
> un cuoco brutto, secco, tristo e vano,
> vi dia colli guascotti e quegli pochi;
> e qual tra voi alluma dadi o rochi (3)
> tenuto sia come tra savi un vano.
> Panni rotti vi dò ed imbrillati (4);
> a presso a questo ogn'uomo s'incapegli
> bottazzi a vin da montanar fallati (5).
> E chi vi mira sì si meravigli
> vedendovi sì brutti e barruffati
> tornando a Siena così bei fancegli (6).

Soggiorno in dicembre in luogo paludoso e freddo, con poche vesti rotte e imbrattate (la parola va riportata a *brai*, fango) e per capucci la rivestitura di paglia dei fiaschi; e per cibo *fermo*, consueto, legumi e biade; e per cuoco uno che imbandisce solo colli, nei quali molti sono gli ossi, e poca la carne, stracotti; dove chi osi tirar fuori i dadi e specialmente gli scacchi — e cioè chi proponga di fare il gioco tanto caro alla società cortese — è tenuto come tra i savi un vano: un pazzo o uno sciocco...

Così, quella che Cenne raffigura è l'anticortesia, e cioè la villania, la maniera di vivere che all'ideale e alla classe cortese decisamente contraddice; ed è necessariamente la maniera di vivere dei ribaldi, dei miserabili, che stanno nella società all'estremo margine opposto a quello in cui sta la brigata nobile e cortese di Folgore.

(1) Il *moco* è biada simile alla veccia.
(2) Un maremmano sudicio come un maiale.
(3) I pezzi del gioco degli scacchi che oggi si dicono *torri*.
(4) Infangati.
(5) Si metta in capo (*incapegli*) fiaschi rotti (*fallati*), usati dai montanari per il vino.
(6) Quando così bei fanticelli — giovani — tornano a Siena.

Ma certo questa che nei sonetti di Cenne è rappresentata con toni di ribellione e di protesta è condizione di vita, seppure in modo meno squallido e duro, non solo dei ribaldi, ma anche di larghi strati della società: del mondo rurale, prima di tutto, e del mondo vastissimo del piccolo artigianato e dei piccoli bottegai; e in genere del popolo minuto, del proletariato urbano, specialmente dopo l'industrializzazione dell'arte della tessitura; ma non solo, bensì anche di alcuni strati, almeno, della media classe mercantile, che della ricchezza ha una nozione ben diversa da quella cortese e dei propri mezzi fa un uso parsimonioso fin troppo, e anzi misero e gretto.

Certo bisogna distinguere tra la sobrietà e pudicizia del vivere che Cacciaguida riconosce ed esalta nell'antica società fiorentina e la grettezza cui ora accennavamo; e in ogni modo occorre usare discrezione e prudenza nell'uso e nella interpretazione delle indicazioni offerte dalle fonti; quella discrezione e quella prudenza che invoca il primo indagatore rigoroso delle *Antichità italiane*, il grande Muratori; il quale, nella XXIII dissertazione delle *Antiquitates* appunto — che considera « i costumi degli Italiani dappoichè cadde in potere dei barbari l'Italia » —, dopo aver riconosciuto che « essendo stati nei secoli XII e XIII gli italiani per lo più in guerra ed allevati nell'armi, nelle spedizioni e nelle discordie civili, non sarebbe da meravigliarsi perchè nei loro costumi si fosse tuttavia conservato del fiero e del selvaggio », subito però dichiara: « ma non mi sento già voglia di accordarmi col Riccobono storico ferrarese del secolo XIII, che sul finire della sua storia si rappresenta una strana rustichezza dei costumi degli italiani del suo secolo, sì nell'abitare che nel vitto e vestito... Tratta egli *de rudibus in Italia moribus*; e parlando di Federico II imperatore circa l'anno 1234 fa la seguente relazione » (1):

Ai tempi dell'imperatore rudi erano in Italia i costumi e i modi del vivere. Gli uomini coprivano il capo di squame di ferro, con sopra berrette che chiamavano « maiale ». A cena, marito e moglie mangiavano nello stesso piatto. Non si usavano, a mensa, i taglieri; in ogni famiglia v'erano una o due tazze. A cena, illuminavano la mensa con lucerne e faci tenute da uno dei fanciulli o da un servo, poichè non c'era l'uso di candele di sego o di cera. Gli uomini usavano vesti di pelliccia non foderata o di lana, senza pelli, e copricapi di pignolato [fustagno]; le donne tuniche di fustagno anche dopo sposate.

(1) Citiamo da *Le dissertazioni sopra le antichità italiane già composte e pubblicate in latino dal proposto* Ludovico Antonio Muratori *e da esso poscia compendiate e trasportate nell'italiana favella, opera postuma data in luce dal proposto* Gian Francesco Soli Muratori *suo nipote* (nell'edizione di Monaco, 1765). Le fonti, che il Muratori cita, anche nel rifacimento, nel testo latino, saranno da noi presentate in una nostra parafrasi italiana.

Vili erano i costumi degli uomini e delle donne: nelle vesti poco o niente d'oro e d'argento; parco il vitto. Gli uomini della plebe si cibavano di carne fresca tre volte la settimana. A pranzo mangiavano verdure cotte, a cena, la carne avanzata dal pranzo. Non tutti usavano vino d'estate; se avevano una piccola somma di denaro, si ritenevano ricchi. Piccole le cantine, modesti i granai; modica la dote delle donne, poichè si accontentavano di un modestissimo abbigliamento. Le ragazze nella casa paterna si accontentavano di una tunica di fustagno che chiamavano sottana e di un paludamento di lino che chiamavano « socca »; non prezioso l'ornamento del capo, sia per le ragazze che per le coniugate; le coniugate coprivano di larghe bende le tempie e le guance.

Ora, afferma il Muratori, al Riccobono si può dar ragione « se descrive i contadini del ferrarese », « ma non già se egli intende favellare delle persone nobili e civili di quel tempo, perchè narra cose incredibili ».

Nella pagina accanto:
scena di banchetto;
miniatura
dal *Trattato delle virtù e dei vizi*,
tradotto da Zucchero Bencivenni.
Firenze, Biblioteca Nazionale,
codice II.VI.16
(Fot. Pineider).

Musicante ad un banchetto.
Particolare dell'affresco di Giotto
raffigurante
il banchetto di Erode.
Firenze, S. Croce
(Fot. Alinari).

Quanto al lusso dei prelati, richiama l'opuscolo 31 di Pier Damiani, in cui parole roventi sono contro il fasto dei cardinali e dei vescovi, le cui mense odorano di indiche spezie, mentre mille vini preziosi imbiondiscono i biondi bicchieri; e le pareti sono coperte di cortine mirabilmente intessute e sedili e pavimenti sono coperti di tappeti in cui sono prodigiose immagini. E quanto alle vesti, sprezzando le pelli degli animali nostrani, pecore e agnelli, si ornano i prelati di pellicce « transmarine » acquistate a gran prezzo, ermellini, zibellini, martore; e portano anelli con gemme enormi.

« Ora — continua il Muratori — se i prelati ecclesiastici sfoggiavano si gran lusso, vogliamo noi credere che fossero da meno i prìncipi e i grandi del secolo? »; e cita la descrizione che fa Donizone della magnifica festa per le nozze del marchese di Bonifazio e di Beatrice, genitori della contessa Matilde; e il giudizio dell'autore del *Panegirico di Berengario* sugli italiani che, diversamente dai francesi, sono « vaghi del lusso e della buona tavola... e si dilettano delle gozzoviglie e insuperbiscono della magnificenza e ricchezza delle loro case... »; e ancora la descrizione che Giovanni di Salisbury fa del sontuoso convito offerto da una ricca persona in Canosa di Puglia, « non in Roma, non da un principe, ma da una privata persona e in Canosa »; e ancora la testimonianza del cronista milanese Landolfo Juniore, il quale racconta che circa l'anno 1100 il prete Liprando consigliava a Grossolano, vicario generale dell'arcivescovo di Milano — il quale affettava asprezza di veste e di cibo —, di lasciare la sua orrida cappa e di indossare un abito conveniente alla sua dignità; e avendo replicato Grossolano che si doveva sprezzare il mondo, Liprando rispondeva: « se sprezzi il mondo, perchè sei venuto nel mondo? Ecco questa città usa pellicce di grisi, di martore e preziosi ornamenti e cibi: ed è sconveniente per noi che i forestieri ti vedano ispido e pannoso (e cioè rivestito di panni grossolani) »; e infine un documento citato dal Puricelli nei suoi *Monumenti della basilica ambrosiana*, in cui si parla di una controversia insorta nel 1149 tra i monaci e i canonici di S. Ambrogio, i quali ultimi dicevano che « andando essi a desinare con l'abate », dovevano essere servite diverse vivande in tre portate: nella prima, polli freddi e carne porcina fredda; nella seconda, polli ripieni, carne vaccina peperata e tortelle di Ravezzolo; nella terza, polli arrosto, lombo *cum panitio* (miglio o pan di miglio) e porchetti ripieni... « Laonde — conclude il Muratori — non di persone civili, ma della ciurma del volgo dovette parlare Riccobono raccontando quelle usanze di tanta povertà... meschinità, rozzezza » degli italiani dell'età di Federico II: « affinchè non vada affatto a terra l'autorità di Roccobono, s'ha da supporre che egli unicamente parlasse del basso popolo, il quale conservava i suoi usi e si regolava a tenore della propria povertà ».

Importa specialmente l'osservazione che il popolo conservava i suoi usi: con la quale il Muratori afferma, dunque, che le classi più umili mantengono in Italia il tenore di vita sobrio e parco che era, pur ovviamente con gradi diversi, di tutte le classi sociali prima dell'avvento della dominazione angioina, che porta all'affermarsi in Italia dei « puliti e leggiadri » costumi francesi, e cioè della cortesia. « Certamente, scrive il Muratori, prima dei tempi d'esso Federigo si distinguevano i nobili dell'uno e dell'altro sesso dal basso popolo nel trattamento della tavola, delle vesti, dei servi, dei cavalli e in altre guise, ma non perciò conoscevano e molto meno praticavano il lusso che poi fu introdotto dai francesi... »; per cui in fondo il discorso di Riccobono va assunto non come testimonianza autentica delle generali condizioni di vita degli italiani nel secondo quarto del secolo XIII, ma come riflesso di un atteggiamento polemico che nell'ultimo quarto del secolo si è affermato. È l'atteggiamento stesso, osserva il Muratori, che detta le parole poste da Dante in bocca a Cacciaguida nel XV del Paradiso:

> Fiorenza dentro della cerchia antica...
> si stava in pace sobria e pudica.
> Non avea catenelle nè corona
> non gonne contigiate, non cintura
> che fosse a veder più che la persona...
> Bellincion Berti vid'io andar cinto
> di cuoio e d'osso e venir dallo specchio
> la donna sua senza il viso dipinto.
> E vidi quel del Nerli e quel del Vecchio
> esser contenti alla pelle scoperta...

« Contigiate » sono le gonne cariche di ricami di vario colore (*contise* in francese significa genericamente « elegante adornamento »; e *contoier*, appunto, « adornare »); per cui le « gonne contigiate » saranno state come le vesti cui allude sdegnato fra' Giordano da Rivalto, « vestito ischiccherato, tutto pieno di fiorellini, che costerà trecento livre e più »; o come le vesti, vietate dagli statuti senesi, ornate « con lettere, figure d'animali o di frutti o fiori, o arabeschi e simili ornamenti, tanto intessute col panno, quanto ricamate » — e sono vesti concesse solo ai giullari e alle meretrici —; e le cinture, più cospicue della persona che le porta, erano di seta, con fibbie di argento dorato e smaltato e spesso con perle, mentre solo di osso e di cuoio erano le cinture dei fiorentini antichi; quanto alla *pelle scoperta* di cui si accontentavano i cittadini grandi e potenti dell'età di Cacciaguida, i commentatori della *Commedia* citano il passo del libro VI della *Cronica* del Villani (che ci offre un colorito quadro della sobria e pudica Firenze del secolo XII), ove tra l'altro si dice che i cittadini più ragguardevoli di Firenze usavano appunto « pelli scoperte senza panno », cioè senza la fodera di panno. Ma conviene allegare il passo per intero, dichiarando che i termini designanti i vari generi di stoffe e di tinture saranno spiegati più avanti:

E nota che al tempo del detto [primo] popolo e in prima e poi gran tempo i cittadini di Firenze vivevano sobri e di grosse vivande e con piccole spese... e di grossi drappi vestivano loro e le loro donne e molti portavano le pelli scoperte senza panno, o con le berrette in capo, e tutti con gli usatti in piede, e le donne coi calzari senza ornamento, e

Gioielli del XIV secolo.
Verona, Museo di Castelvecchio
(Fot. del Museo).

passavansi le maggiori d'una gonnella assai stretta di grosso scarlatto... cinta ivi di uno scaggiale all'antica, e uno mantello foderato di vaio col tassello sopra e portavanlo in capo e le comuni donne vestite di un grosso verde di Cambragio.

Un quadro, come si vede, non diverso da quello che ci presenta Riccobono; ed è certo ispirato da intenzioni polemiche, dalla volontà di contrapporre la pudicizia e la sobrietà antiche al lusso smoderato dei contemporanei. Del resto, appunto a conferma « della sentenza di Riccobono », il Muratori ha citato le parole dantesche; così come, successivamente, cita gli statuti delle città italiane per cui si documenta il fatto che « nel corso di pochi anni e nel suddetto secolo XIII crebbe in Italia il lusso »; per via dell'imitazione dei costumi francesi.

Già nel concilio di Lione del 1274 papa Gregorio X, secondo che attesta Ricordano Malaspina, « proibì gli smoderati ornamenti delle donne in tutta la cristianità ». Più indicativi gli statuti di Modena del 1327 (che il Muratori ha visto manoscritti); i quali al libro IV rubrica 162 prescrivono che le *pedissequae et aliae servientes* delle donne nobili e in generale le donne di bassa condizione non debbano portare vesti che toccano terra nè, in capo, intrezzatoi di seta; e alla rubrica 177, più in generale, stabiliscono che « nessuna donna sposata o no, debba portare in casa o fuori gonnella, guarnaccia, pelliccia o veste che abbia una cosa che tocchi terra oltre un braccio; nè corona, cercine o ghirlanda di perle d'oro, d'argento, o di gemme, o di qualunque altro genere o maniera; nè intrecciatoi dorati o argentati, nè cintura o correggia che costi più di 10 lire modenesi; nè gonnella o guarnacca o veste d'oro

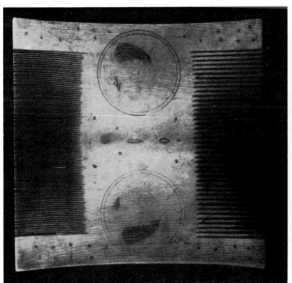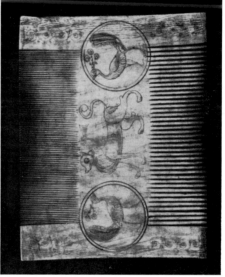

Pettini d'avorio del XII secolo.
Firenze, S. Trinita (Fot. Galleria degli Uffizi).

d'argento o perle che valga più di 3 lire modenesi. E nessun sarto o artefice possa fare simili vesti o cinture... ».

E quanto alla mutazione dei costumi prodotta dall'avvento dei francesi, il Muratori cita anch'egli la *Cronica* del Villani (1):

E non è da lasciare di far menzione d'una sfoggiata mutazione d'abito che ci recarono di nuovo i Franceschi che vennono al duca di Firenze. Che colà dove anticamente il loro vestire era il più bello e il più nobile e onesto che di niun'altra nazione, al modo dei togati romani, sì si vestivano i giovani una cotta o vero gonnella corta e stretta che non si potea vestire senza aiuto d'altri e una correggia come cinghia di cavallo con isfoggiata fibbia e puntale, e con isfoggiata scarsella alla tedesca sopra il pettignone, e il cappuccio vestito a modo di scocobrini (2) col battolo infino alla cintola

---

(1) Libro XII, capo IV.
(2) Giullari.

e più (1), ch'era cappuccio e mantello con molti fregi e intagli, il becchetto del cappuccio lungo fino a terra per avvolgere il capo per lo freddo... I cavalieri vestivano uno sorcotto (2). E le punte dei manicottoli lunghi infino a terra, foderati di vaio e di ermellino...

E conclude il Villani con una breve morale che chiaramente denuncia l'intenzione polemica per cui le innovazioni del costume si contrappongono all'austerità e semplicità del passato: «questa stranianza d'abito non bello nè onesto fu di presente per li giovani di Firenze e per le donne giovani, con disordinati manicottoli, come per natura siamo disposti noi vani cittadini delle mutazioni dei nuovi abiti e istrani contraffare oltre al modo d'ogni altra nazione, sempre traendo al disonesto e a vanitade... ».

Così, pur rilevando l'intenzione e l'intonazione polemica della raffigurazione riccoboniana del costume italiano del XIII secolo e di conseguenza l'illegittimità o quanto meno l'unilateralità della raffigurazione stessa, il Muratori vien dunque a riconoscere che alla fine del XIII e agli inizi del XIV secolo si afferma e si diffonde in Italia un tenore di vita diverso da quello dell'età precedente e più viva si fa l'esigenza di un lusso in qualche caso smoderato; per cui il Riccobono non rappresenta la realtà quando ritiene di poter estendere a tutta la società italiana del '200 il tenor di vita che è solo dei ceti più modesti, ma in ogni modo non va oltre la verità documentata quando afferma la maggiore austerità e la sobrietà della vita italiana dell'età di Federico II rispetto a quella dell'età successiva.

Del resto, che al principio del XIV secolo la *prisca parsimonia* si mutasse in *lautitia* con aspra parola afferma frate Francesco Pippino dell'ordine dei Predicatori nella sua cronaca scritta circa il 1313 che il Muratori (il quale la cronaca di Pippino aveva pubblicato nei *Rerum Italicarum Scriptores*) cita nella dissertazione delle Antichità italiane che stiamo considerando, sempre a conferma della validità almeno parziale della «sentenza» di Riccobono:

Si vedono [nella presente lasciviente età] vesti di materia e d'artifizio squisito e troppo ornate... argento, oro, gemme, ornamenti di seta e di varie pellicce esotiche... Nè mancano le sollecitazioni della gola..., si usano vini forestieri..., tutti bevono in pubblico, si assumono maestri cuochi stipendiati con paghe altissime...

(1) Con la falda fino alla cintola e oltre.
(2) Sopraveste più corta e più stretta delle ordinarie che i cavalieri portavano sopra la corazza.

Stoffa ricamata del secolo XIII.
Anagni, Tesoro della Cattedrale
(Fot. Ministero della P. I.).

Stoffa siciliana del secolo XIII.
Firenze, Museo Nazionale, Collezione Franchetti
(Fot. Alinari).

Per quel che riguarda la fine del secolo, il Muratori offre la testimonianza di Giovanni Musso, che scrisse circa il 1388 una *Storia di Piacenza* — dallo stesso Muratori pubblicata nei *Rerum Italicarum Scriptores* — nella quale « con lungo ragionamento » descrive « fin dove fosse giunto il lusso ai suoi tempi » e « quanta mutazione fosse seguita nei costumi ». Converrà offrire integralmente in una versione interpretativa (ripetiamo che i termini relativi all'abbigliamento, ai tessuti, alle tinture ricorrenti nel testo, saranno illustrati puntualmente più avanti):

Al presente, e cioè nell'anno 1388, si fanno dagli uomini e dalle donne di Piacenza sontuosissime spese per il vitto e per il vestire. Infatti le donne portano indumenti lunghi e larghi di velluto di seta, di grana e di panno di seta dorato e di panno dorato e di panno di lana scarlatta, di grana e di paonazzo di grana e di altri finissimi drappi di grana... Gli indumenti sono con maniche larghe in ogni senso, di sotto e di sopra, e così lunghe che coprono metà della mano e alcune pendono fino a terra, acute di sotto a guisa di scudo catalano, che è largo sopra e stretto e acuto sotto. Talvolta sulle vesti si pongono da 3 a 5 once di perle, che costano fino a 10 fiorini per oncia; e fregi d'oro grandi e larghi intorno al collo, a guisa del collare che si mette ai cani, e anche alle estremità delle maniche e intorno alle maniche stesse. Portano piccoli cappucci con larghi fregi d'oro e di perle; e cingono belle cinture di argento dorato e di perle che costano più o meno 25 fiorini ciascuna. E ogni donna comunemente ha anelli con pietre preziose che costano da 30 a 50 fiorini d'oro. Questi indumenti ad ogni modo sono onesti, in quanto non scoprono le mammelle; ma altre vesti ci sono, dette cipriane, che sono larghissime ai piedi e dalla cintura in sù strette, con maniche lunghe e larghe, con sopra gioielli simili a quelli che abbiamo già descritto e pressapoco dello stesso valore; e dalla scollatura fino a terra hanno bottoni d'argento dorato o di perle; e la scollatura è così ampia che scopre interamente le mammelle e sembra che le mammelle vogliano uscire dal seno. Quest'abito sarebbe bello se non mettesse i seni in così grande evidenza, se la scollatura cioè fosse più decentemente stretta... In capo, portano gioielli di grande valore: corone d'argento dorato o di oro puro con perle e pietre preziose, che valgono da 80 a 100 fiorini d'oro, trecciole di perle grosse, del valore di 100 o 125 fiorini d'oro... Le trecciole sono fatte di 300 perle grosse, ordinate in tre filze. La maggior parte delle donne invece di dette trecciole d'oro o

Manto purpureo ricamato
con figurazioni di leoni che sbranano cammelli;
Palermo, secolo XII.
Vienna, Tesoro imperiale (da F. Bock, *Kleinodien*).

Seta del secolo XIV.
Firenze, Museo Nazionale, Collezione Franchetti
(Fot. Alinari).

di seta che solevano portare intrecciate ai capelli, ora portano buguli con astoloni (1), con cordoni di seta dorati o con stole di seta coperte di perle. Alcune donne usano mantelli o clamidi corte che arrivano solo alle mani, foderati in zendado... e ancora usano belle filze di corallo o di lambro..., le matrone e le signore anziane portano un nobile manto o mantello largo e lungo fino a terra e rotondo e aperto davanti verso terra, e tutto increspato e con bottoni d'argento dorato o di perle verso la scollatura e, nella maggior parte, con collane. Ogni donna ha tre mantelli o più: uno di blavo, uno di paonazzo di grana e uno di cammellotto ondato, foderati di zendado con fregi d'oro; e alcuni sono foderati di vaio; e alcuni portano il cappuccio e altri invece veli di seta o di cotone bellissimi, sottili e bianchi. Le vedove portano simili guarnimenti, ma tutti in bruno, senza oro o perle e con

(1) Stole.

Tessuto
del secolo XIII.
Roma,
Raccolta Sangiorgi
(da P. Toesca,
Il Medioevo).

bottoni unicamente di panno bruno e usano cappucci di bruno o veli bianchi sottili di cotone o di lino. Gli uomini giovani portano gabbani, barilotti, larghi e lunghi in ogni senso, fino a terra, con belle fodere di pellicce, di bestie domestiche e selvatiche, in generale di panno, ma talvolta di velluto e di seta. Questi indumenti costano da 20 a 30 fiorini d'oro. E usano grandi mantelli lunghi fino a terra; o mantelli corti fino alla mano. I vecchi portano indumenti simili e cappucci doppi di panno e sopra i cappucci belle berrette di grana, non tessute e cucite, ma fatte ad ago. I giovani poi portano indumenti corti e stretti o corti e larghi, ma sempre così corti che mostrano le natiche e il membro; salvo che portano *caligae* di panno legate in cinque punti... Li aderentissimi indumenti... sono alcuni di panno lino ornati di bordature d'argento e seta, con perle; e altri di velluto o di seta di grana o d'altro colore o di cammellotto... nella maggior parte, non portano cappuccio, salvo d'inverno; e i cappucci sono piccolissimi ma con il becco lungo sin quasi a terra..., le *caligae* si portano suolate con, sotto, scarpe bianche, d'estate e d'inverno; e talvolta portano scarpe e *caligae* con punte sottili lunghe 3 once oltre il piede.

Gli altri cittadini di Piacenza tanto maschi che femmine [cioè i non giovani, gli anziani d'ambo i sessi] che nell'età precedente portavano *caligae* e scarpe senza punta, ora le portano con piccole punte; e dette punte sia corte che lunghe sono piene di peli...

Molte donne e giovani uomini portano al collo collane o cerchi d'argento o dorati o di perle o di coralli rossi. E i giovani portano la barba e il collo rasi sin sotto la metà degli orecchi; e sopra portano la zazzera grande e rotonda. Molti di loro tengono un ronzino o cavallo; e alcuni fino a 5 cavalli, secondo le loro possibilità; qualcuno non tiene alcun cavallo. E quelli che tengono uno o più ronzini tengono anche uno o più famigli; ciascuno dei quali guadagna per salario fino a 12 fiorini d'oro l'anno, oltre il vitto, ma non il vestito.

Nelle testimonianze relative all'abbigliamento ricorrono termini che designano i tessuti di cui le vesti erano fatte. Questi termini — che noi, come abbiamo detto, illustreremo alla fine di questo capitolo — sono in gran parte dichiarati dal Muratori nella XXIV Dissertazione delle Antichità italiane che tratta, appunto, « dell'arte del tessere e delle vesti nei secoli rozzi ». Ascoltiamo la parola dell'acutissimo infaticato ricercatore:

Non mancava in quei tempi quella sorta di velami di seta che noi appendiamo *sendale, zendale, zendado*. Rolandino [da Padova] nella *Cronica*, lib. IV, cap. 9, ne parla..., anche il Boccaccio ne fa menzione nelle novelle. Parimente si trova memoria presso i vecchi scrittori del taffetà, forse non diverso dallo zendale; siccome ancora della saia, panno di lana; e del camellotto o camelato o camellino, cioè di panno di lana intessuto di peli di camello o di certe capre. Da Marco Polo nei suoi viaggi pare chiamato zambelotto, presso i moderni è cambelotto e presso i Toscani ciambelotto. Questo si fabbrica tuttavia.

Ma nelle vecchie memorie si incontrano tele e panni con tali nomi che senza effetto riescono oggidì; come nelle *Vite dei romani pontefici* [nel *Liber Pontificalis*] « veli di mizilo o imizilo », *planetae diasprae de fundato*. In uno strumento bresciano dell'anno 961 si trovano « pallio uno de blatta melella, alio pallio de blatta lusca ». Urbano III papa, come ha un codice manoscritto milanese, nel 1186 donò a quella metropolitana *planetam de coco et toaliam cum frixio*. Certo è che nei più vecchi tempi quei panni e tele venivano

Stoffa e fodera
dei parati
di S. Bernardo
degli Uberti.
Firenze, S. Trinita
(Fot. Galleria
degli Uffizi).

Gallone operato del secolo XIII.
Firenze, S. Trinita (Fot. Galleria degli Uffizi).

trasportati in Italia dalla Grecia, Siria, Persia ed Egitto, e lo fanno conoscere i nomi loro greci, come *chrisoclava, velum holosericum, de basilisco, fundatum alithinum* e simili. La fabbrica d'altri si raccoglie dal luogo come *vela Tyria bizantea, pannus alexandrinus*, ecc. [Si trova] presso Anastasio [bibliotecario di Santa Romana Chiesa, IX secolo] *vela de spanisco*, cioè che si lavoravano in Ispagna, dove tanto paese era occupato dagli Arabi, gente sommamente industriosa... Per attestato del *Monaco di S. Gallo*, lib. II, cap. 14, Carlo Magno «mandò al re di Persia messi con cavalli e muli ispanici e palli frisoni, *alba, cana, vermiculata vel sophyrina*», perchè sapeva che sono cose rare e carissime di quel paese; il che fa vedere che non il solo Oriente ma anche l'Occidente aveva fabbriche di panni rari. E S. Bonifazio martire e arcivescovo di Magonza nel secolo VIII mandò ad Agnello vescovo *capsulam non holosericam sed caprina lanugine mixtam et villosam*... Eravi ancora la *saramangia*, cioè una specie di panno straniero di cui si facevano pianete sacre. Secondo che attesta Leone Marsicano (sec. XI), lib. III, cap. 58 della *Cronica cassinese*, Roberto Guiscardo, duca di Puglia, donò al monastero cassinese «una tunica di panno persiano e

Donna con grande mantello bicolore.
Affresco nella Sagra di Carpi
(Fot. Fotofast).

due cortine arabiche » e al vescovo di Marsi una « pianeta scalamangina ». Altrove abbiamo *tunicam diapistin* e *pannos triblactos*...

Noi sappiamo che la vera porpora si faceva col sangue di certe conchiglie di mare. Il color *blatteo*, tutto chè talvolta era appellato *purpureo*, col proprio nome non di meno era chiamato *coccineus*, oggidì *chermisi* e *cremisino*... Sanno gli eruditi che la blatta è una specie di insetto chiamato *chermes* dagli Arabi, che nasce dai grani, ghiande o cocchi di certe elci, col sangue del quale si tinge la lana. Quindi è nata la voce *vermiglio* e *tintura in grana*... [Quanto al *triblacton* poco sopra ricordato e che ricorre anche in un testo di S. Pier Damiani] sembra che fosse una triplicata tintura. [Successivamente tratta il Muratori delle pellicce; ma questa parte si può omettere. Quindi continua]: Usavasi ancora *fustagno*, cioè *panno di bambagia* [cotone]; e trovavasi anche presso i vecchi latini *fustaneum*... Particolarmente ebbe credito nei tempi barbarici il panno di lana tinto di rosso che oggidì si chiama *scarlatto*, nome da molti secoli usato. Tingevasi allora col sangue della blatta, ossia dei vermicelli sopra descritti, conosciuti anche da Gervasio Tilbanense nel 1215 dove dice: « Questo è il vermicello onde si tingono i preziosissimi panni dei re sia di seta

Cintura con fibbia.
Particolare di un rilievo
dei Mesi
nel Duomo di Ferrara
(Fot. Giulianelli).

Personaggi
in abiti quattrocenteschi.
Affresco
nella Sagra di Carpi
(Fot. Fotofast).

come li sciamiti, sia di lana come gli scarlatti... ». Ed era in gran pregio lo scarlatto. Matteo Paris nella *Storia*, all'anno 1246, scrive: « Diede loro vesti preziosissime che volgarmente chiamiamo robe, di scarlatto sceltissimo con fodere di pelli varie ». Poco fa abbiamo detto che *examitum* era panno di seta. *Sciamito* lo chiamano i vecchi scrittori italiani; era forse quello che oggi si chiama *velluto*... di tali panni si trova menzione nei vecchi scrittori che fiorirono prima di Riccobaldo. Non citerei se non Rolandino Padovano il quale... descrivendo un gioco pubblico fatto in Treviso nell'anno 1214 così scrive: « In quel castello furon poste donne e donzelle con le loro serventi, che il castello prudentissimamente difesero senza aiuto di alcun uomo. E il castello fu munito di queste difese: *vai, grigi, zendali, porpore, sciamiti, scarlatti, baldacchini, armerini* ».

Il panno *baldacchino* qui menzionato prese il nome da Baldach, ossia Babilonia, dove era fabbricato, preziosissimo, perchè tessuto di seta e filo d'oro. E perciocchè di questo panno si adornavano le ombrelle dei prìncipi e dei re, da ciò è nata la voce italiana baldacchino. Li *armerini* senza dubbio lo stesso furono che gli *ermellini* o *armellini*. Ma avendo tanta copia di panni, tele e pelli di gran prezzo usate anche sul principio del secolo XIII, non si sa intendere come Riccobaldo dipingesse così rozzi i costumi degli italiani d'allora e sì modesto per non dir vile il loro vestire...

Sarebbe a me facile il rapportare i nomi di molte vesti usate negli antichi tempi, ma senza che nè io nè altri sapessimo individuare le forme; perchè anche in quei secoli rozzi alla bizzarria della moda o delle novità era soggetto il vestire talmente che anche allora noi troviamo *vestes cultellatas*, cioè con tagli apposta e artificiosamente fatti nelle vesti. Qualche poco non di meno ne dirò. Erano dunque anticamente in uso pel tempo d'inverno *vestes sclavinae* di lana, chiamate anche oggidì *schiavine*, perchè fabbricate in Ischiavonia; ma ora servono solamente per coperte per letto o per mantello della povera gente... Incontriamo poi le vesti appellate *birrhi*, di colore rosso, talvolta di panno prezioso, per lo più di panno vile... si soleva attaccare il cappuccio al birro. Dei chierici milanesi scrive Landolfo seniore circa l'anno 1085, « nessuno osava entrare in coro senza la candida toga [oggidì *cotta*] o senza il cappuccio del birro... ». Giovanni Villani, il Boccaccio e altri fanno menzione del *bucherame*, sorta di tela bambagina, sottile e preziosa, che per attestato di Marco Polo era portata dall'Oriente in Italia. Nelle carte antiche si incontra una veste appellata *crosina*...; nella concordia seguita l'anno 1095 tra Folco e Ugo marchese di Este... e in una carta cremonese dell'anno 1004 si legge: « Ho ricevuto io soprascritto Uberto da voi soprascritto Ubaldo vescovo... *crosina* 1 ». Come fa vedere il Du Cange, la *crosina* fu mantello formato per lo più di pelli; ... cita il Du Cange gli statuti dei Benedettini di Linguadoca del 1226, cap. 16, dove sono le seguenti parole: « Quelle vesti che volgarmente si chiamano *balandrava* e *supercoti* ». Invece di *balandrava* dubito che s'abbia a leggere *balandrana*, perchè in Italia dura il nome di *palandrana*, significante *gabbano*, cioè il mantello con le maniche.

Pallium era chiamato dagli antichi Romani quello che ora è il mantello senza maniche e richiede tuttavia il nome di mantello e di tabarro. Nelle costituzioni manoscritte del vescovo di Ferrara si legge: « [il monaco che] passi al clero secolare sia tenuto a portare l'abito del suo ordine, cioè il tabarro con appeso il cappuccio... ».

Quelle vesti che dagli antichi furono chiamate *giubbe, giubboni, giubbetti, giubberelli* erano vesti corte, portate sotto la tonaca... V'erano eziandio *pellarde*, così chiamate dalle pelli, e *cabani*, oggidì gabbani, e barilotti: parole che si incontrano nella storia piacentina del Musso.

Calzari del secolo XIV. Particolare di un rilievo dei Mesi nel Duomo di Ferrara (Fot. Giulianelli).

E qui si osservi la varietà (1) delle lingue. *Sottano* ovverosia *sottana* pare che a tutta prima fossero chiamate le *camiciole* che si portano sotto la tonaca o, come diciamo oggidì, *giustacuore*. Imperocchè vecchiamente invece di *sub* adoperarono *subtus*; e di qua venne poi *subtanum* o *subtana*, veste propria delle donne... Dunque sottano si chiamava una veste che si portava sopra le altre vesti e visibile ad ognuno; nè questa copriva le gambe, ma dalle spalle scendeva fino ai fianchi o ai ginocchi. La *socca* poi dai fianchi arrivava fino ai piedi. Ma oggidì *sottana* o *sottanino* chiamiamo la veste donnesca la quale dai fianchi cala fino ai piedi, chiamata da Riccobaldo *paludamentum seu scocca*..., i milanesi tuttavia chiamano *socca*... quella veste che i toscani e altri chiamano *sottana*; la dicono *stanella* i modenesi, da *sottanella* abbreviata (2).

Passa quindi il Muratori a considerare le calzature:

Conobbero e usarono gli antichi Romani *calceos, sandalia, crepidas, caligas, cothurnos, soleas* (oggidì *pianelle*) e altre coperture dei piedi...; erano adoperati anche allora *socci*, sorta di calzare che per attestato di Isidoro... facilmente si calzava e si deponeva. Questa voce è passata nei tempi nostri per designare una sorta di scarpe usate dai poveri perchè fatte di legno. Noi li chiamiamo *zoccoli*. Plinio... nomina *socculos*, ai quali le femmine date al lusso aggiungevano delle pietre preziose. *Subtulares* o *subtalares* o *soterales* non di rado

---

(1) Cioè la continua mutazione.
(2) Seguono alcuni dati sui prezzi da pagare ai sarti per le fatture dei diversi vestiti e indicazioni sulle vesti degli ecclesiastici, che riteniamo di poter tralasciare, e infine notizie sulle prammatiche contro il lusso delle donne.

Calzari del secolo XIV in dipinti di Simone Martini e dell'anonimo della Sagra di Carpi.

Nella pagina accanto: calzari del secolo XIV in una miniatura del *Trattato dei vizi e delle virtù* tradotto da Zucchero Bencivenni. Firenze, Biblioteca Nazionale (Fot. Pineider).

si incontrano negli scrittori dei secoli bassi, che erano gli stessi o almen pochi diversi dagli *zoccoli*... Abbiamo nel *Codice teodosiano*, lib. XIV, legge 2, *de habitu quo uti oportet intra urbem*: « qui Arcadio e Onorio Augusti proibiscono l'uso delle *zanche* e delle *brache* nell'Urbem». Di queste zanche molto bene han parlato il Salmasio, il Bossio, il Gotifredo e il Du Cange, concludendo che fossero una vil foggia di stivaletti o scarpe. Confermerò io il loro parere. Nella *Vita del beato Pietro Orseolo, doge di Venezia*, pubblicata da Mabillon negli *Atti dei Benedettini*... si legge: « rapidamente trasse dalla gamba le zanghe, giacendo su un umido cespo »; adunque le zanghe coprivano tanto il piede che la gamba ed erano anche adoperate dalle persone nobili. Nel *Libro dell'incoronazione di Bonifazio VIII* si ha che « dopo il signor Papa incedeva il Prefetto dell'Urbe, vestito di un manto prezioso e calzando una *zanga* d'oro e una rossa ». Nel poema di Jacopo Cardinale si esprime quel rito (1) coi seguenti versi: « calzando una caliga d'oro e una di scarlatto ». Sicchè col nome di *zanche* si veggono qui designate *calzette* o *stivaletti* o *borzacchini*, che coprivano le gambe, l'una di un colore e l'altra di un altro... ». Si deve ora aggiungere che presso i contadini di Modena e d'altri popoli il nome di *zanchi* è passato in quelle che gli antichi latini appellarono *grolle* (2).

La sua accuratissima rassegna delle varie forme di calzature testimoniate dalle fonti il Muratori conclude riferendo la descrizione dei calzari di Bernardo re d'Italia morto nell'818. I calzari furono trovati intatti ai piedi del re quando il suo sepolcro nella Basilica ambrosiana fu aperto nel 1618 e ne riferisce il Puricelli testimonio oculare: « Intatti i calzari

(1) La cerimonia dell'incoronazione.
(2) Le pertiche di legno o fusti forcuti su cui incedevano i *grullatores*, cioè i mimi abili a muoversi sulle *grollae*, che sono, dunque, i *trampoli*.

di cuoio rosso con suola di legno qua e là ornata di strisce di cuoio coprivano entrambi i piedi, e ciascuno si modellava così perfettamente sul piede che il destro si adattava solo al piede destro e il sinistro al sinistro, secondo l'ordine delle dita, finendo in punta verso il pollice. Il cuoio nella parte superiore si prolungava in due strisce con cui i calzari si legavano al collo del piede ».

La dissertazione XXV si conclude con la considerazione degli indumenti usati per coprire le gambe, e cioè delle calze:

Per conto del coprimento delle gambe che *calzetti* e *calzette* appelliamo in Lombardia, dal basso popolo sono ancora chiamati *scofoni*. E non è già moderna questa voce. Il Du Cange in una lettera di papa Innocenzo III... trova: « *scafones similiter habeant duplicatos* »; e in un'altra di Alessandro IV papa, del 1261: « *quattuor scuffones et duo subtellares* »; e aggiunge: « questi *scaffoni* o *scuffoni* sembra che abbiano a che fare coi piedi ». E veramente sembra che una cotale parola una volta indicasse una sorta di scarpe, perciocchè Jacopo cardinale, nella *Vita di Celestino V papa*... parlando dei cardinali che furono i primi a inchinare quel santo romito, dice: « tosto inchinandosi baciano i villosi *chiffoni* ». Pare che si tratti del bacio dei piedi; ma quel « villosi » forse indica delle rusticane calzette. Senonchè una chiosa antica dice: *nam habebat chiffones in pedibus*. Può essere che una volta servissero ai piedi, ma che poi passassero a coprire anche le gambe... Nei secoli remoti [si ignorava l'arte] di fabbricar calzette con fili di ferro o con una macchina ingegnosa, come si fa ai nostri dì, o di seta o di lino o di canapa... Certamente i Romani antichi portavano bensì dei calzari ai piedi, ma lasciavano nude le gambe e anche la coscia, aborrendo le brache come cose da barbari: e per verità tutto quello che presso gli antichi si trova per coprimento delle gambe o per guardarle dal freddo o per lusso o per infermità [sono le fasce] di lana o di lino o fors'anche di seta [che] artificiosamente si

Calzari e fasce
appoggiate sul panchetto
a fianco del letto.
Particolare
di una miniatura
precedente il 1014.
Bamberga,
Biblioteca di Stato,
cod. 95, A.II.46, fol. 8 v
(Fot. della Biblioteca).

aggiravano intorno ad esse gambe... il qual costume non di meno veniva riprovato dagli austeri Romani [ma ad ogni modo] i Romani impararono da Augusto Cesare a coprire le gambe con fasce... Noi... troviamo usate le fasce anche ai tempi di Carlo Magno, il quale per attestato di Eginardo *fasciolis crura et pedes calceamentis costringebat...*, ma introdussero i Franchi un'altra foggia, cioè vestivano le gambe con tela di lino chiamata *tibiale;* sopra essa tela si aggiravano le fasce, poi con piccole corregge fissate di sopra serravano le fasce. Odasi il Monaco di S. Gallo...: « erano ornamento e paramento degli antichi Franchi calzari di fuori dorati e ornati di corregge...; e piccole fasce vermiglie e sotto di esse i tibiali e i cosciali di lino dello stesso colore e lavorate con vario artificio. Sopra i tibiali e i cosciali appunto si intrecciavano di sopra e di sotto, di dentro e di fuori le dette corregge... ».
... Che durasse l'uso delle fasce anche nel secolo X e XI si ricava dalle consuetudini del monastero cluniacense raccolte circa l'anno 1070 da Uldarico monaco... Sembra inoltre che neppure in esso secolo XI avessero i popoli dell'Occidente trovata miglior maniera di coprire le gambe, perciocchè S. Simone romito, passato a miglior vita nell'anno 1016... mentre andava a trovare il marchese Bonifazio, veduto un povero che di mezzo inverno portava le gambe nude, gli donò *caligas suas*. Pare che voglia dire calze per coprire esse gambe, giacchè il marchese, ammirata la carità del santo uomo, subito fece partire due pelli di caprone e gliene fece fare altre due.

Dichiareremo ora il significato dei termini relativi all'abbigliamento, alle stoffe, alle tinture secondo le indicazioni che ci offrono gli studiosi moderni della materia, e completano e chiariscono i dati già mirabilmente accertati dal Muratori.

Cominciamo dai termini che designano i vari generi di tessuti (1):

AGNINO, AGNINA: lana d'agnello.

ALBAGIO: panno grossolano di lana non tinta.

BERTAMOREA: sorta di panno. Secondo il Castellani ha a che fare con *moré* e con *mouré*, che si interpreta con panno di color bruno tendente al violetto.

BIOIO: panno di color biavo. Il DEI (2) interpreta *azzurro chiaro*, provenzale *blau*, dal tardo latino *blavus*, francone *blao*. Nel latino medioevale *blava* significa *ardesia*.

BURNETTA: panno di color bruno. Indica un panno di qualità inferiore da porsi insieme al *bisellus*. Nel linguaggio della Compagnia di Calimala, *bruno* significa semplicemente *scuro*: *paonazzi bruni, verdi bruni*.

CAMBRAGIO: che abbiamo visto usato dal Villani, e si indicherà più tardi col nome di *cambrì* (da Cambric, nome inglese della città di Cambray; e il termine *cambric* era comunemente usato dalle nostre nonne, se non dalle nostre mamme): è una sorta di tela assai fine.

CAMELLO, CAMELLINO, CAMMELLINO: panno fatto con *palmella*, cioè con lana avanzata dalla pettinatura. Secondo lo Zangher il *camellino* sarebbe originariamente una stoffa di pelo di cammello, e poi una stoffa leggera di lino. Ma il De Poerch si attiene alla definizione che noi abbiamo derivato dal Castellani.

CARDINALE, CARDINALESCO: panno di color porpora. Il termine indica spesso soltanto il colore.

CHERMONESE, CARMONESE: panno di seta fabbricato a Cremona.

CILESTRO: panno di color biavo chiaro.

GAMURRA: sorta di panno probabilmente a strisce rilevate.

GARBO: panno di lana del Garbo (e cioè di lana proveniente dall'Africa settentrionale o dalla penisola iberica).

GUARNELLO: stoffa di cotone rasa o pelosa usata per fodere, coltri, guanciali, fasce da bambini, farsetti e per quel tipo di vesti che si chiamano appunto *guarnelli*.

MESCOLATO: panno tessuto con fili di colorazione diversa; si contrappone al *panno schietto*, cioè tessuto con fili dello stesso colore.

MEZZALANA: panno tessuto di lana e canapa o lino.

OBRIACO: sorta di panno probabilmente di color rosso vivo.

PALMELLA: lana corta.

PERSO: panno di color biavo scuro.

RAZZESE: panno d'Arras.

ROMAGNIUOLO: stoffa di poco prezzo fatta con lana proveniente dalla Romagna.

---

(1) Le spiegazioni che qui offriamo, quando manchino altre indicazioni, sono derivate dal Glossario che il CASTELLANI ha apposto ai suoi *Nuovi testi fiorentini del Duecento*, citati.

(2) *Dizionario etimologico italiano*, di C. BATTISTI e A. ALESSIO.

SAIA: « tessuto d'un genere particolare che s'oppone al panno propriamente detto per vari caratteri. La lana di cui è fatta la *saia* è generalmente secca, mentre nella confezione dei panni si usava lana ingrassata. Ordito e trama della saia era di stame, cioè di lana pettinata; l'intreccio è di regola diagonale, quello dei panni diritto. Oltre alle saie di lana si hanno anche le saie di lino, dette così unicamente per l'intreccio diagonale ».

SANGUIGNO, SANGUIGNA: panno di color rosso sangue.

SCARLATTO: stoffa soprafina generalmente tinta in grana.

SCIAMITO: stoffa di seta pesante.

STAME FILATO: filo di lana pettinata usato per l'ordito.

STANFORTE, STANFORTINO, STANFORTINA: « lo stanforte non è un panno di lusso, non si distingue per una colorazione speciale ». Può darsi che si tratti di una stoffa dall'ordito (stame) rinforzato.

TEREA e TIREA: pare al Castellani probabile fosse una stoffa a strisce (cfr. antico francese *tirée*, *rangée*), non di colore, ma in rilievo. La *gamura* doveva essere un panno dello stesso genere.

Personaggio con abito a tunica, in una miniatura del *Trattato dei vizi e delle virtù* tradotto da Zucchero Bencivenni. Firenze, Biblioteca Nazionale (Fot. Pineider).

Cofanetto nuziale veneziano del sec. XV.
Venezia, Museo Correr.
Fot. del Museo.

Viscardi-Barni, *Il medioevo comunale italiano.*

TINTILLANA: panno tessuto con lana tinta prima di essere filata.
VERDE, VERDETTO, VERDELLO: panno verde.
VERGATO, VERGATA, VERGATELLA: panno d'un determinato colore con righe trasversali di altro colore; le righe si ottenevano nella tessitura impiegando trama diversa a intervalli regolari. Vergato, aggettivo, significa *a righe*.
ZENDADO: stoffa di seta leggera. Secondo il DEI è evidente il contatto col greco *sindon*, mussolina, anch'esso di origine orientale, venuto per il tramite dell'arabo. *Sindone* è già in Marziale e nella Vulgata, e significa tela di lino finissimo, *mussola*.

Passiamo ora a illustrare i termini che designano le sostanze coloranti più comunemente usate nell'industria tintoria; e sono:

GRANA: sostanza colorata scarlatta che si estraeva dal corpo d'un insetto, il *coccus ilicis* femmina (1).
GUADO: sostanza colorante azzurra estratta dalle foglie della *isatis tinctoria* (2).

---

(1) L'impiego della *grana*, dell'*indaco*, dell'*oricello*, del *verzino* in tintoria è stato chiaramente e ampiamente illustrato dal CIASCA, *L'arte dei medici e degli speziali nella storia e nel commercio fiorentino dal secolo XII al secolo XV*, Firenze, 1927.

(2) Di questa sostanza colorante si è occupato F. BORLANDI, in alcune *Note per la storia della produzione e del commercio di una materia prima: il guado nel Medioevo* (Studi in onore di Gino Luzzatto, Milano, 1949). I dati accertati dal Borlandi sono di estremo interesse per la storia dell'industria tintoria, che tanta parte ha nella vita economica del Medioevo. Conviene riferire alcuni dei dati accertati dal Borlandi, per rilevare l'enorme importanza della produzione e del commercio di questa materia tintoria. Osserva il Borlandi che « se la posizione geografica e quella commerciale dell'Italia davano ad essa facili disponibilità di materie tintorie di provenienza d'oltre mare come *indaco, brasile, porpora* e *cociniglia*, l'uso di queste materie tintorie non ebbe grande rilievo a confronto di quelle di produzione indigena: *guado, robbia, scotano, zafferano* e *oricella*. I piccoli carichi preziosi di brasile o di indaco che, raggiunti i nostri porti, andavano a provvedere le clientele di mezza Europa, scompaiono accanto alle quantità di guado o di robbia prodotte, trafficate e utilizzate in Occidente. Per esempio, nel 1377, con buona pace del Sombart, sarebbe occorso un treno merci di una dozzina di carri per trasportare le 183 tonnellate di guado di cui l'arte fiorentina della lana disponeva nella sola Città di Castello, quando nel proprio fondaco ne aveva già 66 tonnellate. Nel 1396 una ditta milanese trattava due partite del peso complessivo di 37 tonnellate. E il guado che nel 1439, alla chiusura dell'anno, si trovava in giacenza nel fondaco londinese dei Borromei ammontava ad alcune centinaia di ettolitri, più una partita di 325 quintali. Ben diverse le disponibilità di coloranti orientali. Se ne trovano in piccole quantità di poche libbre o poche decine di libbre nelle botteghe degli speziali, che dispongono invece di altri prodotti a cantari e cantari... Se poi invece di considerare le quantità delle merci si confrontano i valori da esse rappresentate, le conclusioni non variano sostanzialmente. Il maggiore pregio unitario dei coloranti orientali non giova a compensare quanto si perde in ordine alle minori quantità contrattate, sicchè i valori delle grosse partite che figurano nel grande commercio, al massimo arrivano a pareggiare i valori rappresentati dalle maggiori partite di guado, se non di

Personaggi in abiti del secolo XIV;
miniature del *Trattato dei vizi e delle virtù* tradotto da Zucchero Bencivenni.
Firenze, Biblioteca Nazionale (Fot. Pineider).

INDACO: sostanza colorante azzurra estratta da piante del genere *Indigofora*.
ORICELLO: sostanza colorante rosso-violacea estratta da certi licheni, principalmente dalla
 rocella tinctoria.

robbia, che non alimentavano il grande commercio, ma le singole imprese di carattere artigiano.

I documenti medioevali ci fanno conoscere tre zone in cui la produzione italiana del guado fu senza dubbio considerevole. La più nota era quella toscana, massima fornitrice del mercato di Firenze, che faceva capo al Chianti, alla Val di Chiana e all'alta valle del Tevere, e aveva come centro principale Arezzo... È la zona di cui abbiamo notizie più remote, già attiva sin dal secolo XIII... Ma non tardano a rivelarsi due altre zone di produzione: quella bolognese e quella dei guadi così detti lombardi... Che nei secoli XIV e XV fiorisse un'importante produzione di guado nel territorio ultrapadano facente capo a Tortona, era cosa nota da tempo... [ma nuove ricerche] consentono di individuare una vasta zona produttrice di guado compresa tra il Po e l'Appennino, protesa ad oriente fino almeno a

Copricapi fiorentini del secolo XIV...

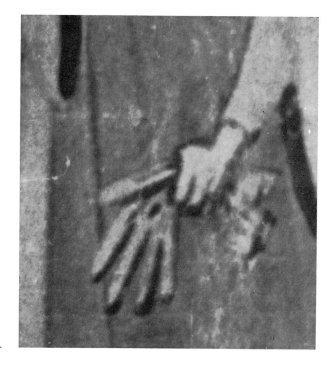

... e guanti; dal *Trattato dei vizi e delle virtù*.

VERZINO O BRASILE: legno dell'albero *cesalpinia sappa*, usato per tingere in rosso (1).
Vedremo più avanti che il Verzino, come la Grana, era impiegato anche dalle figure per il maquillage.

Casteggio, cioè fino alle porte del territorio piacentino, ad occidente fino oltre ad Arenza, Alessandria, Mombaruzzo e Acqui, cioè fino al retroterra di Savona... Il guado prodotto in questo vasto territorio alimenta ampiamente le industrie e i commerci dei centri maggiori, come Milano e Genova, e minori come Savona, Pavia, Piacenza, Fidenza, Parma, Cremona, Mantova e Verona; si imbarca in quantità ingenti nei porti dell'alto Tirreno per essere esportato nei Paesi Bassi, in Inghilterra e in Spagna; seguendo il corso del Po raggiunge il mercato di Venezia; viene abbondantemente spedito *ad partes inferiores*; a prezzo elevato sovviene alle esigenze delle industrie fiorentine, in costanti angustie per le loro insufficienti disponibilità.

Il rapido incremento della coltivazione del guado soppianta in breve la locale coltivazione della robbia, che fino a quel momento era stata considerevole. Ma il prezzo della robbia si era sempre mantenuto a un livello superiore a quello del guado. [Il rapido abbandono della vecchia coltura a favore di quella del guado si giustifica col fatto che] quest'ultima aveva sull'altra una serie di vantaggi che si esprimevano in un costo di produzione visibilmente minore. La pianta della robbia forniva un solo raccolto dopo due anni dalla semina e, poichè la sostanza colorante che da essa si estraeva veniva cavata dalla radice, il raccolto importava la distruzione della pianta. Il guado (*isatis tinctoria*), forniva invece nel corso dello stesso anno dai quattro ai cinque raccolti, che non si praticavano distruggendo la pianta, ma togliendo da essa solo le poche foglie prossime alla radice. Mentre quindi le spese di produzione gravavano, per la robbia, su un solo raccolto biennale, per il guado erano suddivise tra quattro o cinque raccolti in un anno.

... La lavorazione e il commercio [del guado] mobilitarono energie in campi e in ceti diversi, interessando una popolazione non solo rurale. Localmente le foglie venivano sottoposte a un processo di trasformazione. Ridotte in pasta mediante frantoi, si mescolavano in masse, che dopo 2 settimane, venivano nuovamente manipolate e impastate, preparandone delle sfere o «pani», ben sodi. Era questa la preparazione più consueta del guado messo in commercio. Con un diverso procedimento [far depositare in acqua i fiocchi di colorante] si preparava invece il così detto «guado in polvere», che sembra fosse il preferito nel commercio a distanza. Tutto questo impegnava la mano d'opera locale... Nel commercio del prodotto, gli elementi del luogo non ebbero invece che funzioni di carattere sussidiario e subordinato. Chi vi dominava erano le imprese di Milano, di Pavia, di Alessandria e di Genova, che operavano nella zona con propri incettatori. Questi si servivano di sensali, commessi, facchini, carrettieri e mulattieri del posto... Per la prosperità locale tutto questo rappresentava un notevole impulso, ma nell'altra zona non si ravvisa un solo centro in cui la produzione giunga a conquistarsi... i mercati. Le disponibilità locali sono troppo assorte in speculazioni su investimenti terrieri... per sentirsi attratte verso iniziative di carattere commerciale, che rimangono a elementi forestieri, sensibili alle esigenze industriali di centri vicini e lontani.

(1) Il brasile è, secondo il DEI, «una sorta di legno rosso orientale da tintori», francese *bresil* (XII secolo), spagnolo *brasil*, latino medioevale *grana de brasile* (1193, Italia settentrionale), *braxile* (Bologna, 1264), senese *berzi* (Statuti senesi), siciliano *virzi* (secolo XVI); dall'arabo *vars*, una pianta gialla simile al sesamo con cui si prepara una sostanza colorante. Il DEI rimanda a *cremisino*.

Abbigliamenti toscani del secolo XIV; miniature del *Trattato dei vizi e delle virtù* tradotto da Zucchero Bencivenni. Firenze, Biblioteca Nazionale (Fot. Pineider).

Ecco infine l'illustrazione dei termini riguardanti l'abbigliamento, o, come si diceva, il « vestire », e cioè il vestito completo e i vari elementi che lo compongono:

VESTIRE: il vestire o roba comprende di solito tre capi: la *gonnella*, la *guarnaccia* ed il *mantello*. La gonnella maschile è accollata e scende fin quasi alle caviglie (o diritta o con cintola alla vita). Le maniche sono strette e talvolta ornate di bottoni dal gomito al polso. La gonnella femminile è di solito scollata, lunga fino a terra, raccolta sotto il seno. È questo l'indumento per eccellenza (in documenti emiliani dei secoli XIII e XIV la gonnella viene detta appunto *vestitum* o *indutum*). Sulla gonnella si indossa la guarnacca (o guarnaccia...). Il tipo maschile ha risvolti sul davanti e maniche ampie a mezzo braccio. Il tipo femminile è più aderente al corpo, scollato, con le maniche larghe o senza maniche. Le gonnelle e guarnacche estive (*panni di state*) sono di seta o di panno leggero, quelle invernali (*panni d'iverno*) di stoffa di lana: la guarnacca pesante è quasi sempre foderata di pelliccia. Il mantello si può portare sulla guarnacca o anche direttamente sulla gonnella. Il mantello invernale è, come la guarnacca, foderato di pelliccia. Si parla anche di *pelle* o *pelliccione* o *cappapelle* (più spesso mantelli foderati che vere e proprie pellicce)... Vesti corrispondenti alla gonnella sono il *guarnello*, la *gamurra* e la *cotta* o *cottardita*. Inizialmente il guarnello è una gonnella fatta di gamurra. In seguito sia il guarnello che la gamurra acquistano una fisionomia propria: il guarnello che si porta in casa o per lavorare, è succinto e senza bottoni alle maniche; la gamurra è aperta davanti e guarnita di bottoni per tutta la lunghezza... La *cotta* (*cottardita*) è menzionata la prima volta, come indumento maschile, nel 1288... Non se ne fa molto uso fino alla signoria del duca d'Atene... Nella *Pramatica del vestire* del 1393 (Archivio di Stato di Firenze) la cotta figura tra le vesti di molte gentildonne... Il guardacore è un'ampia sopraveste che può tener luogo della guarnacca (francese *garde-corps*) (1).

Mettiamo ora in evidenza alcuni dei termini più importanti che abbiamo trovato come indicanti gli elementi fondamentali del *vestire* o *roba*:

COTTARDITA (o COTTA ARDITA): alto francese *cottehardie*. Veste corrispondente alla *gonnella*, ma attillata; per gli uomini lunga solo fino a mezza coscia.
GAMURRA: veste maschile e femminile fatta di solito di *gamurra* (cfr. la spiegazione del termine che abbiamo dato quando abbiamo considerato i tessuti), abbottonata davanti per tutta la lunghezza, che talvolta (dalla fine del secolo XIII) si portava in luogo della gonnella.

(1) Abbiamo trascritto le notazioni essenziali della bellissima voce « Vestire » del Glossario del Castellani. Per gli indumenti accessori (*capperone, farsetto* o *giubba, panni di gamba*), e per il *tabarro* il Castellani rimanda a C. MERKEL, *Come vestivano gli uomini del Decamerone*, Roma, 1898. Lo stesso Castellani segnala le rappresentazioni di vesti al principio del secolo XIV che sono negli affreschi giotteschi, nelle miniature del Biadaiolo di Domenico Lenzi (*Cod. Laurenziano-Tempiano*, 3) e in quelle del *Trattato delle virtù e dei vizi*, tradotto dal francese da Zucchero Bencivenni (Bibl. Nazionale di Firenze, II, VI, 16).

GONNELLA: veste maschile e femminile, a volta dritta, a volta stretta alla vita da una cintura, con maniche attillate e talora guarnite d'una fila di bottoni dal gomito al polso, portata o sola o sotto la guarnacca e il mantello.

GUARDACUORE: soprabito lungo e aperto sul davanti nella parte inferiore, con maniche ampie e lunghe che si potevano infilare oppure lasciar pendere a lato.

GUARNACCA: veste che si portava sotto la gonnella (la guarnacca maschile cadeva dritta, aveva il collo con risvolti, le maniche ampie e più corte di quelle della gonnella; la guarnacca femminile era alquanto attillata e talora senza maniche).

GUARNELLO: veste da casa maschile e femminile, fatta per lo più di *guarnello* (cfr. la spiegazione che della voce abbiamo dato quando abbiamo trattato dei tessuti).

Rispetto al vitto, il Musso, che abbiamo qui sopra citato, offre le seguenti indicazioni:

Quanto al vitto, i cittadini di Piacenza fanno mirabilia, specialmente nelle nozze e nei conviti... Al principio servono buoni vini bianchi e rossi e, prima di tutto, una confettura

Banchetto del secolo XIV in un dipinto di Simone Martini.
Napoli, Museo Nazionale (Fot. Anderson).

Una tavola imbandita;
miniatura dal *Trattato dei vizi e delle virtù*
tradotto da Zucchero Bencivenni.
Firenze, Biblioteca Nazionale (Fot. Pineider).

di zucchero. Alla prima imbandigione, danno due capponi o un cappone e un gran pezzo di carne per ogni tagliere... Poi danno carni arroste in grande quantità, di capponi, di polli, fagiani, pernici, lepri, cinghiali, caprioli e altre, secondo la stagione. Quindi servono torte e giuncate..., infine prima che si levin le mense, lavate le mani, servono da bere e una confezione di zucchero. Alcuni invece delle torte e giuncate servono in principio di pranzo torte — dette *tarte*... — fatte di uova, formaggio e latte, con sopra zucchero in grande quantità.

A cena d'inverno servono una gelatina di selvaggina, capponi, galline e vitello, o una gelatina di pesci; quindi arrosto di cappone o vitello e infine uccelli; e prima che si levin le mense, lavate le mani, offrono da bere e una confezione di zucchero. D'estate, gelatina di gallina, capponi, vitello e capretto e di carne di maiale, o gelatina di pesce; quindi arrosto di pollo, capretto, vitello o di papere o anatre o altro, secondo la stagione; alla fine una confezione di zucchero.

Nelle nozze, al secondo giorno, danno « longotos »... di pasta con formaggio e zafferano e zibibbo e spezie; e quindi carni di vitello arrosto e uccelli; e al levar delle mense una confezione di zucchero...

In tempo di quaresima, servono prima da bere e una confezione di zucchero; poi fichi con mandorle pelate; quindi pesci grossi in peperata; poi minestra di riso con latte di mandorle e zucchero e spezie; e anguille in salamoia. Dopo di che servono ancora lucci arrostiti con salsa di aceto e senape e vin cotto e spezie; quindi servono noci.

Quanto alle abitazioni (di cui parleremo di proposito in un altro capitolo), all'arredamento, alle stoviglie al vasellame il Musso ci offre ancora queste indicazioni:

Al presente gli uomini di Piacenza vivono ordinatamente e pulitamente nelle loro case, con arredi e vasellami molto migliori e più belli che non solessero settant'anni addietro (1). Hanno belle abitazioni... in cui sono belle camere e caminate (2)..., pozzi, orti, giardini, solai. E nella stessa casa ci sono più camini, mentre precedentemente non c'era camino alcuno e il fuoco si faceva solo in mezzo alla casa sotto i coppi del tetto e tutti stavano intorno al detto fuoco e vi si faceva anche la cucina; e così vidi ancora io ai miei tempi in molte case. E non c'erano, o quasi, pozzi; e pochi erano i solai... Per la maggior parte degli uomini di Piacenza, il modo di mangiare è il seguente: alla prima tavola mangia il signore con la moglie e i figli, nella caminata o camera con fuoco; e la servitù mangia dopo in un'altra parte con un altro caminetto o, per lo più, in cucina. E ciascuno ha la sua minestra e un maiuolo di vetro o due, uno per l'acqua e l'altro per il vino. E i più si fanno servire a tavola dai loro servi, che con grandi coltelli tagliano le carni in loro presenza. E prima che i signori siedano a mensa, danno l'acqua in bacini di bronzo e ancora al levar delle mense, sia a pranzo che a cena... Comunemente ora usano tavole larghe 18 once (mentre precedentemente non erano che di 12 once) e tovaglie, che prima solo da pochissimi erano adoperate, e tazze, cucchiai, forchette d'argento e scodelle e scodellini di terracotta e coltelli grandi da tavola e bacini di bronzo... Intorno al letto, cortine di tela e

(1) E cioè circa il 1310.
(2) Stanze con caminetto.

arazzi e candelieri di bronzo o di ferro, e torce e candele di cera e di sego, e altri belli arredi e vasellami. E molti fanno due fuochi, uno nella caminata (o in camera) e uno in cucina. E tengono in casa buone confetture di zucchero o di miele...

Interessante l'osservazione che il Musso fa a conclusione del discorso con cui rappresenta il modo di vivere dei cittadini di Piacenza alla fine del XIV secolo, in ordine sia all'abbigliamento, sia all'alimentazione; interessante perchè illumina la composizione molto varia della società piacentina e quindi la multiforme varietà del tenore di vita nell'ambito della società stessa:

> Al presente, se uno ha nella sua famiglia nove bocche e due ronzini, spende all'anno più di 300 fiorini d'oro, che valgono 380 lire imperiali, per vitto, abbigliamento, salari dei famigli, gabelle, taglie e altre spese straordinarie, che ogni giorno occorrono e non si possono evitare. Certo, sono pochi quelli che possono sostenere tali spese; e pertanto molti sono coloro che devono andare a stipendio come famigli o s'impiegano come negozianti... E non si creda che tra i piacentini di cui abbiamo rappresentato il tenore di vita siano compresi i meccanici, ma solo i nobili e i mercanti e gli altri buoni e antichi cittadini di Piacenza, che non esercitano alcuna arte. Tuttavia anche i meccanici fanno grandi spese, specialmente per l'abbigliamento proprio e delle loro donne: sempre, in ogni tempo, l'arte sostenta quelli che vogliono vivere onoratamente.

Questa osservazione sulle « grandi spese » che fanno anche i « meccanici » per « l'abbigliamento proprio e delle loro donne » ci porta a considerare brevemente la cura che le signore, nel Medioevo, avevano del loro corpo e specialmente del loro viso; a dare, cioè, qualche notizia, sulla tecnica del *maquillage* femminile o meglio diremo, con parola viva dell'italiano medievale, della *lisciatura*: « che sarà delle donne che si colorano e fanno altre *lisciature*? », si domanda fra' Bartolomeo da S. Concordio (1); e fra' Giordano da Rivalta, in una sua predica proclama: « il loro [delle donne] maggior pensiero è la lisciatura! »; e Giovanni Villani (VII, 130, 4): « ... si lisciavano come donne... »; e Cacciaguida (Par., XV, 111) contrappone all'età moderna i tempi in cui la moglie di Bellincion Berti *venir dallo specchio senza il viso dipinto*, senza belletto. *Liscio*, appunto, si diceva la materia con cui le donne procuravano di farsi colorite e belle le carni; e Francesco da Barberino, che nel suo *Reggimento e costumi di donna* (2) dà qualche ricetta di farine, unguenti, acque utili a far belle le mani, la pelle, il viso, i capelli, mette in guardia sui pericoli che l'abuso di cosmetici comporta:

(1) La citazione è dal volgarizzamento detto il *Maestruzzo* che delle *Summa* di fra' Bartolomeo ha fatto Giovanni delle Celle.
(2) Edito da G. E. Sansone, Torino, 1958.

> ... Se bene guardate il mio parlare
> senza lavare o ornar di soverchio
> porrete mantener vostra bellezza
> e avanzare, e giovani durare...
> Ma tanto dico che l'usare unguenti
> sostanziosi e grassi
> fanno le donne e donzelle non nette
> e fa lor disonor lo caldo e 'l sole
> e fanno i denti neri e i labbri verdi
> e molto invecchiar, a chi li usa, la pelle...
> Così ancor del dibucciar la pelle
> parlar non ti voglio,
> però che ancor ciò usare invecchia;
> ma pur se tu guardare non te 'n vuogli,
> almen te 'n guarda verso il tempo freddo,
> così ancor dello strisciar il volto
> ovver le mani e 'l collo
> che tutte quante son cose nocive
> e fanno vecchia...
> . . . .
> ... lavar col vino e col ranno
> e i bagni dell'acque solforee
> e di vinaccia e ogni lavar di mosto
> dimagra, annera e inaspra la pelle...

A mantenere giovane e fresca la pelle, ammonisce Francesco, bastano i bagni « non troppo spessi », non troppo frequenti, « in camera », in acque dolci e tiepide; così come a « imbiancare e intenerire la pelle » basta « tenerla coverta »; mentre « il troppo dormire e 'l troppo vegliare » la invecchia, la ingrossa, la ingiallisce; e la rendono nera e secca « il sole e 'l vento, la fame e la sete, e la paura e 'l fumo e le stufe... ».

Più che l'arte del liscio, insegna il Barberino, vale a mantener bellezza e giovinezza una vita sana e serena:

> ... l'alegreza e 'l mangiar temperato
> e anco il ber com dece
> conserva fresca e giovane la donna;
> malinconia, dolore, pianto e ira
> annerano e invecchiano cascuna...

Ma tant'è: ad acque di bellezza e a unguenti le donne non vogliono rinunciare; e anzi scrupolosamente usano le ricette che l'arte cosmetica ha definito.

È interessante considerare da vicino qualcuna di queste ricette, spesso molto... fantasiose; e qualche esempio conviene recarne qui, derivandolo da un ricettario tardo rispetto all'età di cui ci stiamo occupando — è dei primi due decenni del secolo XVI — ma che tuttavia contiene ricette di antichità molto maggiore, come afferma l'editore, Olindo Guerrini (1); e perciò può dare testimonianza anche della cosmesi nell'età comunale italiana.

Ci prendiamo la libertà di ritoccare la lezione del testo, per evitare l'ingombro di troppe esplicazioni filologiche:

Acqua di grana di vergino per far colorito.

R[ecipe]: legno di vergino once una, grana da tingere once una.

Mettile in un buon trebbiano in un pignatto e fa bollire che torni per metà. Poi mettici un'oncia meno un quarto di allume di piuma mentre bolle, bene incorporando; poi levalo dal fuoco mescolando un pezzo tanto che si risolva e si incorpori bene insieme ogni cosa. Poi colalo in una pezza di lino sottile bagnata prima nell'aceto.

Abbiamo trovato il *verzino* e la *grana* quando abbiamo considerato le materie impiegate per tingere le stoffe; e sappiamo, dunque, che si tratta di sostanze usate per tingere in rosso e in scarlatto. Il che basta a farci intendere il colorito che le signore volevano ottenere applicando sul loro volto quest'acqua...

A mondare la faccia.

R.: farina di galla once due, farina di cece once due, farina di mandorle once due, serpentaria once una, zucche selvatiche once una.

Tutte dette cose farai seccare con chiare d'uova e così secche le conserverai. Quando ne vorrai adoperare, piglierai un po' di tali cose bene incorporate insieme e le stempererai in acqua d'orzo e ungerai la faccia, lasciandola stare così per due ore. Poi la laverai con acqua di semola e così la farai bella e chiara.

A levare ogni macchia dal viso.

Cinque boccali di latte, cinque molliche di pan fresco; e lasciale stare nel detto latte per cinque ore; metti poi a lambicco; e l'acqua che ne uscirà la conserverai in un'ampolla, mettendovi dentro mezzo scrupolo di borace pesto. E così lavandoti poi il viso e lasciandolo asciugare da sè, si farà netto e pulito.

(1) *Ricettario galante del principio del secolo XVI*, edito per cura di O. Guerrini (*Scelta di curiosità letterarie inedite o rare*, dispensa CXCV, Bologna, 1883). È una compilazione o copia di compilazione fatta in Alta Italia (probabilmente a Venezia) in varie epoche. A carte XII verso si fa menzione, come di persona vivente, della duchessa Isabella, moglie di Gian Galeazzo Sforza, nata nel 1470 e morta nel 1524.

A cavare le lentiggini dal viso.

R.: barbarisco, a tua discrezione; radice di serpentaria, a tua discrezione; radice di giglio bianco, a tua discrezione. Lava tutte le dette cose e metti poi in un catino nuovo con acqua piovana. Fa bollire tanto che sia ben cotta ogni cosa, poi pesta in un mortaio di pietra e incorpora con buon olio di tartaro, lardo di cervo e un poco di canfora. Conserva in un vaso di vetro e ungi spesso il viso e guarirai presto.

A fare capelli biondi che non si rompano mai.

Cava tanto di terra dove sia un noce che tu trovi una radice di esso che sia assai grossa. Scoprila in modo che sia ben separata dalla terra, tanto che tu possa mettere un vaso tra la radice e la terra; poi intacca detta radice con un coltello o altro, tanto che ne possa uscire il liquore... col quale ungerai i capelli.

A fare i capelli come oro.

R.: miele rosato libbre due e distilla a lambicco a lento fuoco. La prima acqua è buona per la faccia; la seconda, che è di color d'oro, è buona per i capelli. E così, quando hai il capo lavato con la tua solita lisciva, lascialo bene asciugare, poi piglia di quell'acqua e ungiti i capelli, i quali saranno in meno di quindici giorni belli come oro.

A fare capelli crespi.

R.: carne di cervo, bruciala e fanne polvere e mettila in un catino. Incorpora con latte di capra e fa un unguento, col quale ungerai i capelli; e si faranno crespi.

Un depilatorio che cava i peli sicchè mai non rinascano in tempo alcuno.

In una scodella di terra metti calce viva e sei parti d'acqua; e stia la calce in detta acqua tre dì. Poi secca la detta calce in una pignatella e rimetti sei parti di acqua e una parte di orpimento [arsenico, di color giallo oro] e stia tanto al sole che sia ben forte. E assaggialo con una piuma di gallina e se è troppo forte, temperalo con acqua; e se non pelasse e fosse troppo chiaro, metti calce e orpimento in parti uguali; e sarà fatto.

A fare bianchi i denti.

R.: cera pura quant'è un mezzo gran di fava e altrettanto mastice e incorpora bene insieme; e ogni sera mettine sopra i denti, poi lavali con buon vino bianco tiepido.

Capitolo nono LA CASA E L'ARREDO*

* Questo capitolo è stato redatto dal prof. MARCO ROSCI.

Volendo parlare della casa nell'età comunale, sulla base di una somma di notizie documentarie (si pensi solo ai *Constituti* comunali) e letterarie sempre più ricca a partire dal XIII secolo, cui è presto da aggiungere la preziosa testimonianza figurativa della nascente arte gotica in tutte le sue forme pittoriche, dall'affresco alla tavola, alla miniatura, il cui tendenziale processo verso un crescente adeguamento alla realtà di costume e di ambientazione è particolarmente utile ai nostri fini; volendo dunque parlare della « casa », il discorso necessariamente deve allargarsi, oseremo dire più che in ogni altra età, al generale tessuto urbano, alla « città ». E ciò per precise ragioni storiche, in quanto proprio nell'età comunale, non solo in Italia, ma in tutta l'Europa romanza e germanica e, in forma ancora embrionale, in quella slava, nasce l'organismo strutturale, economico, sociale della comunità urbana, quale sussisterà per almeno sei secoli, fino alla rivoluzione industriale del secolo scorso. Oggi, in un panorama urbano radicalmente e troppo spesso malamente trasformato nell'ultimo secolo, notiamo, là dove ci è concesso, le sparse isole di nuclei o quartieri « gotici », « rinascimentali », « barocchi », « neoclassici », ma siamo vittime in tal senso di un duplice errore di prospettiva storica: consideriamo come esponente significativo l'eccezione, il palazzo pubblico o privato, la chiesa, cioè l'inserto orgogliosamente autonomo in un tessuto assai meno differenziato e caratterizzato sul piano « artistico »; ci lasciamo quindi ancora irretire, per pigrizia mentale, dall'ottocentesca « storia degli stili », per la quale la transeunte forma di una finestra, a sesto o architravata, e lo schema decorativo di una facciata, prevalgono di gran lunga sull'intimo nerbo, strutturale, planimetrico, dell'edificio, assai meno legato alle varianti degli « stili », e assai più alla concreta vita dell'uomo.

Appunto in tal senso, veramente essenziale, l'età comunale vede il definitivo costituirsi e diciamo pure standardizzarsi (con le logiche varianti legate soprattutto al clima, alla situazione planimetrica, geologica, anche ai diversi tipi di organizzazione comunitaria, mercantile, agricola, gentilizia, militare) dell'edificio di abitazione, proprio perchè la nascita del Comune pone fine, in misura maggiore o minore, alla struttura individualistica della società feudale. Uno degli aspetti, poco appariscente ma altamente significativo, dell'organizzazione della vita comunitaria è appunto il controllo sulla crescita e sulla conformazione del tessuto urbano. A Siena, nel 1218, il podestà Ugolino di Salomone abbozza uno schema giuridico edilizio che può ben definirsi un embrionale piano regolatore: tale tendenza si precisa nel 1245 (podestà Gualtieri della Calci-

Muratori su ponteggi. Costruzione della torre di Babele.
Cassel, Biblioteca: ms. theol. II, 4 (Fot. della Biblioteca).

naia) con la nomina di « *sex boni homines positi pro viis designandis* ». E gli innumerevoli decreti, fra XII e XIV secolo, tendenti a limitare nel numero e nell'altezza, e ben spesso ad abbattere le tipiche torri, concreto centro e nel contempo simbolo dei « castellari » gentilizi arroccati nell'interno delle cinte urbane, non sono solo un chiaro riflesso della travagliata e turbolenta vita politica; nascono anche dalla precisa volontà di organizzare e regolarizzare la struttura stessa della città, non più coacervo di rivali « famiglie » (nel senso più ampio del termine: ceppo gentilizio chiuso nel castellario, e tuguri dei dipendenti e partitanti aggruppati intorno) ma ordinato centro di vita economica e sociale. Il cammino è dunque dai contrapposti e casuali nuclei dei castellari, del centro civico (il Broletto, il « Campo » di Siena, spesso il mercato), del centro ecclesiastico, all'ordinata struttura dei terzieri, quartieri, sestieri; e ancora dai castellari o « castellacce » (sarebbe interessante sapere il tempo d'origine, in Toscana, del termine spregiativo), ai palazzi; infine, ed è il passo essenziale ai nostri fini, dal tugurio provvisorio in legno, talora (residuo del feudalesimo agricolo) in graticcio di canne coperto di paglia, alla casa di comune abitazione (e lavoro e commercio) in pietra o in cotto. Come già detto, questa « casa » avrà, nei secoli, ben scarsi mutamenti: se consideriamo un aspetto fondamentale, l'area cubica di occupazione del suolo urbano, una prova è offerta dal fatto che l'espansione al di fuori delle cerchie murarie erette fra l'età comunale e quella delle Signorie non è mai anteriore all'800. Una dimostrazione, quasi per assurdo, è data dalla storia urbanistica di Milano, dove l'ampia area interposta fra le abbattute mura sforzesche e viscontee e le nuove mura spagnole (per cui non v'era alcun intralcio per un'espansione di là dalla cerchia medioevale), rimase, fino all'età napoleonica, terra di orti, di ville suburbane, di nuclei conventuali. Nell'interno, poi, del tessuto costituitosi in età comunale, gli « sventramenti », i nuovi tracciati urbani, avevano sempre carattere ufficiale e monumentale, dalla Roma dei papi alla Torino sabauda, mentre il corpo vero, compatto della città mutava di poco, o per nulla, i suoi caratteri generali e particolari.

La considerazione di questa trasformazione del materiale edilizio, dal legno alla pietra o al cotto, non implica una ricaduta nella convenzione romantica dell'alto Medioevo barbarico, con il panorama di maniera dei deserti ruderi dei grandi centri dell'età classica, solo sparsamente animati dai nuclei ecclesiastici, e delle campagne inselvatichite dominate dai « foschi manieri »: oggi è ben chiaro e noto il quadro della fervente vita, di qua e di là del Reno e delle Alpi, dell'Europa carolingia e ottoniana e, forse in misura ancor maggiore, dei territori islamici. Ma è innegabile che l'assoluta prevalenza delle costruzioni lignee sia nelle città che nei centri agricoli conferiva agli agglomerati umani un senso di provvisorietà, di precarietà, per cui l'integrale mutar di volto di tali agglomerati era cosa normale, comune, nascente dall'incredibile frequenza degli incendi e dalle continue vicende guerresche. Si confrontino le cronache della prima età comunale, e quelle dei secoli successivi: senza scomodare l'epica carducciana, è storicamente esatto che Milano fu « diruta » dal Barbarossa e in breve giro d'anni risorse dalle ceneri. Invece, successive tragedie sto-

La casa di Dante a Firenze.

riche divenute quasi proverbiali per la grandezza delle città implicate, la caduta di Costantinopoli, il sacco di Roma, le atrocità della guerra dei Trent'anni, sono ricordate per enormità ed efferatezza di saccheggi, mai per rovine di vasta portata, divenute materialmente impossibili: la « terra bruciata » è tetra reinvenzione del nostro secolo, e lo storico precedente dell'incendio di Mosca (di gravità, invero, assai minore di quanto in seguito favoleggiò il mito napoleonico) è un caso del tutto isolato e tipico di un'architettura nazionale in cui ancora prevaleva la tradizione del legno su quella dei materiali più stabili e duraturi, al punto da condizionare in parte, nel secondo '700, persino le concezioni monumentali del cosiddetto « Barocco Rastrelli ». Come esempio inverso, ma altrettanto probante, ricordiamo che la casa-fattoria in legno della tradizione ottocentesca statunitense, ancorata all'unica muratura del forno-camino, anni fa presa a modello da giovani scuole architettoniche negli U.S.A., è esatto simbolo di una società in continua espansione verso l'Ovest, a tappe successive e coscientemente provvisorie.

Per quanto riguarda l'Italia, il sensibile passaggio dalla prevalenza del legno a quella della muratura comunque intesa, variante di luogo in luogo, coincide in modo significativo con l'affermarsi della civiltà comunale, nel XIII secolo. La perfetta concordanza delle testimonianze documentarie, dirette o indirette, riferite alle più diverse città, permette di fissare senza esitazioni tale termine cronologico. A Venezia, nel 1149, 13 contrade, ovviamente in legno, andarono distrutte dal fuoco (già nel 1114 era bruciato tutto Rialto). A Genova, ancora nel 1213, 54 case in legno in Mercato Vecchio erano preda delle fiamme. Sempre a Genova, con un preciso atto notarile del 1191, Ottobono di Solario prometteva ad Oberto Bolletto di erigergli un palazzo « tutto in pietra » alto 33 piedi, con tre bifore a balconata, e colonne e capitelli « vermigli », cioè fatti con quella pietra di Bonassola da cui nacquero per secoli le decorazioni dei palazzi genovesi: tanta ufficialità e preoccupazione legale è prova evidente del carattere eccezionale della costruzione. Anche negli atti legali o ufficiali pisani fino a tutto il secolo XII si fa sempre esplicita menzione quando si tratti di case in pietra, il che prova la loro netta minoranza rispetto a quelle comuni in legno. Nel caso di Siena, una bolla di Alessandro III del 1176 parla delle *tabernae*, cioè dei tuguri scavati nel tufo delle vallette che costituivano il tessuto connettivo fra i nuclei gentilizi ed ecclesiastici arroccati nei terzieri alti delle tre *Senae* (il plurale al posto di *Sena* compare per la prima volta nel 1071), la « città » attorno al « Campo », la Valle di S. Martino e Camollia. Col nuovo secolo il quadro cambia rapidamente: oltre ai citati provvedimenti urbanistici, abbiamo in una Bicchena del 1229 la nota dell'acquisto di zendadi per la bandiera « *magistrorum lapidum et lignorum* » e, nel *Constituto* del 1262, il calmiere di 26 soldi al mille sul prezzo dei mattoni, che evidentemente rientrano ormai fra i generi di largo consumo. Fra i centri minori del Nord, negli *Annali astigiani* di Ogerio Alfieri troviamo notato nel 1190: « *Eodem anno quo Civitas Astensis coepit habere potestatem... erat dicita Civitas de sepis clausa, et non erat in ipsa Domus aliqua de mattonis* ».

Già nel piemontese Alfieri, che ricorda come unico sistema murario quello in mattoni, è evidente la tipica e tradizionale distinzione fra la struttura esclusivamente in cotto dell'Italia settentrionale, a parte le coste, e quella in pietra, o mista di pietra e cotto, dell'Italia centrale. Con il '200 non sono più fonti solo per nobili palazzi o chiese i marmi

La Torre di Niccolò di Crescenzio, detta Casa di Rienzi, a Roma (Fot. Alinari).

Particolare dell'apparato murario.

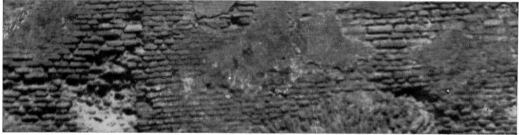

d'Istria e Verona per Venezia, le pietre di Capo di Faro, di Carignano e di Albaro per Genova, i calcari di Vecchiano e Verruca per Pisa, l'arenaria di Fiesole per Firenze. Le costruzioni completamente in pietra dovevano essere comunque assai rare, e tanto più per le case di comune abitazione (a parte, come vedremo, le case-torri pisane). Lasciando al suo carattere puramente decorativo, prettamente toscano e ligure, l'alternanza di fasce di pietra e di cotto, il logico rapporto che finì per prevalere fu quello delle strutture di base in pietra, massicce o aperte da arconi o portici, reggenti i piani superiori in cotto. Dobbiamo però subito precisare che lungo tutto il XIII e XIV secolo si addivenne per così dire ad un

Loggiato del sec. XIV, in un dipinto di Simone Martini.
Siena, Pinacoteca (Fot. Alinari).

compromesso fra vecchie e nuove strutture, nel senso che la muratura era esclusivamente riservata allo scheletro, anzi per così dire al guscio dell'edificio, ossia ai muri perimetrali e al più, ma non sempre, al muro maestro centrale, orientato perpendicolarmente fra la facciata e il retro. Salvo rari casi, a tutto ciò che trasformava tale guscio in reticolo d'abitazione, « palchi », pareti divisorie, scale, tetti, era ancora riservato il materiale ligneo; a maggior ragione, erano prevalentemente in legno tutti quegli accorgimenti, così tipici delle case del tempo, atti a « sfogare » all'infuori l'angustia e la povertà di luce degli spazi interni: sporti, ballatoi, altane, « bertesche » sulle torri. Fu una tradizione lunga a morire: ancora nel 1512, uno dei maggiori architetti della prima metà del '500, Antonio Sangallo il Giovane, allora agli inizi della carriera, è citato in un documento pontificio semplicemente come *magister lignaminis*.

Il principio dimensionale generale fu senz'altro quello della prevalenza dell'altezza rispetto alla base e alla profondità: principio che rimase comune a tutti i quartieri popolari o piccolo-borghesi fino all'800. Sulle ragioni stilistiche della derivazione dalle torri o case-torri dell'alto Me-

Il cortile di Palazzo Davanzati a Firenze
(Fot. Alinari).

dioevo o (ancor più labile) dal tendenziale verticalismo gotico, prevalse di gran lunga la ragion pratica della scarsità di terreno: al ferreo limite invalicabile della cinta muraria (il cui tracciato era non di rado anteriore all'organizzazione civica e urbanistica del Comune) e alla notevole sottrazione di spazio da parte degli edifici pubblici, ecclesiastici (anche se l'enorme fioritura di nuclei conventuali sarà piuttosto tipica di epoche successive) e di vasti campi liberi per i mercati e in genere le attività commerciali, si aggiungeva spesso la tendenza ad isolare, sia pure minimamente, i singoli edifici o le *insulae* d'abitazione; sul retro, per mantenere piccole ortaglie, e sui fianchi, dando origine a quel « chiassetto stretto (come spesso tra due case veggiamo) », ove si conclude, « putendo », la prima parte dell'avventura di Andreuccio da Perugia. Essendo ormai del tutto irrilevanti e frammentari gli esempi superstiti, la miglior testimonianza di codesto assembramento delle città comunali ci è visivamente offerta da numerosi dipinti trecenteschi, specie della scuola senese, con folle di torri, loggette, altane, campanili, che sembrano sbocciare e traboccare dal nudo scenario delle mura: s'intende che qui senza dubbio i modi stilistici del gotico fanno sentire le loro ragioni, specie nell'affascinante ma irrealistica conformazione spaziale a nuclei accavallati (da « mappa planimetrica », come fu detto dell'esempio più mirabile in tal senso, il *Buon Governo* di Ambrogio Lorenzetti nel Palazzo Pubblico di Siena), che aumenta a dismisura e assembramento e verticalismo. Ma anche nel caso di artisti di più larga e spaziosa sensibilità plastica, dal Giotto di Assisi all'Altichiero di Padova, l'impressione sostanzialmente non muta, e non muta nemmeno quando la Firenze popolana del 1425, su cui ovviamente l'architettura rinascimentale non ha lasciato ancora alcuna impronta, fa da scenario rigorosamente spaziato e « reale » alle storie di Masaccio al Carmine.

Ragioni pratiche, dunque, originano il fitto schieramento in altezza; e ancora ragioni pratiche e geologiche sono alla base (in senso letterale) dell'unico caso, interessante ma sostanzialmente isolato, di una vera conformazione « gotica » dell'edificio di abitazione. Ammesso che il principio fondamentale dell'architettura gotica è lo sfruttamento razionale e integrale della distinzione, già in parte realizzata dal romanico, fra struttura portante e parti di riempimento, le cosiddette case-torri che popolano Pisa (e zone limitrofe: Lucca; qualche esempio anche a Siena) fra la fine del XII e il XIV secolo applicano nella maniera più pratica e diretta tale principio. L'ossatura dell'edificio è costituita in tutto e per tutto da pilastri di pietre squadrate, alti dai 10 ai 20 metri (normalmente due in

Il ballatoio al primo piano del Palazzo Davanzati a Firenze
(Fot. Alinari).

facciata, fino ad un massimo, assai raro, di quattro), profondamente inseriti nel terreno acquitrinoso: ecco la ragione pratica. Le sommità dei pilastri sono collegate da archi, a tutto sesto od ogivali, pure in pietra, reggenti o la muratura cieca d'appoggio alla travatura del tetto, o un ultimo piano a soffitta o terrazzo. Ad altezze intermedie dal terreno corrono fra pilastro e pilastro uno o più architravi di tufo (a seconda dei piani), sostituiti talora nel '300 da archi ribassati in cotto, che hanno la semplice funzione di elementi d'appoggio ai *solarii* in legno che suddividono i piani, facendo da soffitto-pavimento. I due muri laterali sono di muratura composita, pietre irregolari, cotto, brecciame, mentre l'elementare ingabbiatura sulla fronte e sul retro, risultante dalle verticali dei pilastri e dalle orizzontali degli architravi o archi, doveva essere originariamente riempita da assiti in legno, poi sostituiti da cortine di mattoni in vista, aperti da finestre o più spesso da porte-finestre che davano sugli abbondanti ballatoi. In legno erano anche i tramezzi interni, ma è da tener conto del fatto che, specie nelle case comuni, che più giustificavano il termine di case-torri essendo strutturate su soli quattro pilastri, due in facciata e due sul retro ingabbianti fino a sei piani, i singoli « palchi » o piani non erano tramezzati, venendo così a costituire una sola vasta stanza. Si preferiva, nel caso, per gli usi pratici (ripostigli, ecc.), ricavare fra palco e palco angusti « solaiuoli », cioè mezzanini. Ciò è prova, fra l'altro, della notevole elasticità di distribuzione interna dell'organismo, elementare ma indubbiamente efficiente, della casa-torre pisana.

Questo carattere, d'altronde, non muta, se consideriamo, pur nella diversa e meno dinamica struttura, il « guscio » murario dei più diffusi tipi di case dell'età comunale. Il problema delle fondamenta non sembra aver preoccupato molto i loro costruttori, a parte specifici casi legati alla natura dei terreni: basti pensare alle palafitte di Venezia, che però, si noti, più che strutture di fondazione costituiscono un mezzo di rassodamento e legatura del terreno paludoso. È certo, comunque, che nei documenti dell'epoca non v'è quasi mai cenno di cantine o scantinati, le cui funzioni di magazzini e ripostigli erano in genere assolte dai locali a terreno sul retro. È però interessante ricordare che negli affreschi di Altichiero a Padova, sia al Santo che nell'Oratorio di S. Giorgio (a cavallo fra ottavo e nono decennio del '300), compare più volte il motivo di basse aperture ad arco, chiuse da inferriate, alla base degli edifici rappresentati, evidente sfogo di locali seminterrati.

Venendo al livello stradale, si ripropone, come nel caso del rapporto cotto-pietra, la distinzione fra Italia settentrionale e centrale, la prima orientata verso il portico aperto, la seconda verso la muratura più o meno compatta: s'intende che la distinzione è quanto mai generale, con abbondanza di eccezioni in entrambi i sensi. Rimane che la «città a portici» è prettamente settentrionale: buona parte dei portici bolognesi, specie del tipo più arcaico soffittato in legno, è intatto documento dell'età comunale; addirittura al 1134 risale il permesso dei consoli di Genova, a Marchione di Negrone ed altri, di rizzare colonne lungo la «ripa» per poggiarvi quelli che ancora sono gli attuali portici di Sottoripa. Tali portici erano luogo di passaggio, quanto, e ancor più, sbocco all'aperto e nel contempo al riparo delle attività mercantili e artigianali. Lo stesso fine origina le numerose eccezioni toscane al principio del «muro chiuso», solo sostituendo al portico a colonne le ampie arcate praticate nel massiccio basamento degli edifici, in genere in pietre commesse. Infatti, specie nelle case di comune abitazione, è l'età comunale a generalizzare (riprendendo d'altronde l'uso romano) il pianterreno a botteghe e laboratori artigianali: *apotheca, fundacus, fundacarius*. Il banco, in legno o pietra, occludeva in basso quasi tutto l'accesso; sopra l'arcata, ove non emergessero dai piani superiori i frequentissimi sporti, spuntava una tettoia di riparo, la cui distanza dal suolo, a Firenze, non doveva essere inferiore a 5 braccia (*Statuto del Podestà*, 1324). Troviamo oggi sostanzialmente intatti banchi e tettoie sul Ponte Vecchio a Firenze, e ricche testimonianze figurative ci offrono soprattutto le miniature del '300. Specie nelle piccole case, la bottega finiva per costituire la ragion d'essere stessa dell'edificio: nell'area acquistata da Filippo Strozzi a Firenze nel '400 per erigervi il famoso palazzo, si susseguivano «una bottega ad uso di forno con casa d'abitare..., una bottega a uso di maniscalco con casa da lato e di sopra da abitare..., una bottega a uso pizzicagnolo posta in via de' Ferravecchi con palco di sopra e torre di mattoni..., una bottega in detta via ad uso di torniaio e con un poco di abitazione di sopra». Anche nei palazzi, i locali a pianterreno non erano quasi mai adibiti ad abitazione, ma a magazzino o loggia interna, prospiciente su cortili più o meno angusti: bellissimo esempio superstite è quello fiorentino di Palazzo Davizzi, poi Davanzati. Innumeri sono le testimonianze documentarie, specie fiorentine trecentesche, di palazzi più o meno grandi e ricchi con «corte, androne e loggia». Anche dove prevaleva l'uso, piuttosto arcigno, della cieca muratura di base, tuttavia il fervore, non solo economico, ma più vastamente umano, della vita comunale originò un singolare mezzo e centro di pubblici rapporti: la «loggia» su strada, prospiciente ai palazzi o addirittura autonoma, leggera struttura su pilastri o colonne coperta da capriate o più raramente da volte, ove meglio si esprimeva l'eleganza del gotico. Questi luoghi di riunione, di feste (si pensi a quello straordinario documento animato ch'è il ben noto « Cassone degli Adimari » all'Accademia di Firenze) erano soprattutto frequenti in Toscana, ove spesso erano eretti dai Comuni stessi (la Loggia dei Lanzi) o da associazioni (sempre a Firenze, la Loggia del Bigallo); ma li troviamo documentati anche a Genova, di famiglie nobili singole o consorziate (« alberghi »), o pubblici, o infine di nazioni straniere, come i Pisani, i Greci e i Lucchesi; nè altra origine aveva, a Milano, il « Coperto dei Figini ».

Questo tipico desiderio umano di evadere con ogni mezzo dagli interni delle case, che, umili e signorili, erano in definitiva poco confortevoli e soprattutto poco aerati, e d'altronde la necessità pratica di eludere la già ricordata limitazione delle aree edilizie a livello stradale, originarono l'aspetto forse più caratteristico degli edifici dell'età comunale al di sopra dei piani terreni, cioè l'incredibile proliferazione di parti emergenti, balconi, ballatoi, « sporti », la più parte protetti da tettucci sporgenti o addirittura chiusi da assiti, a testimonianza del loro uso non transitorio, ma assai frequente, in ogni condizione di clima e di meteorologia. Gli « sporti » soprattutto, strutture murarie chiuse emergenti dai muri alle più varie altezze dal terreno, fino a costituire talora la vera facciata dell'edificio al di qua del muro di base al livello stradale, erano il mezzo migliore per guadagnare spazio interno rispetto all'area di fondazione. Il sistema di sostegno era elementare: una serie di travi emergenti dal muro di facciata in perpendicolare, talora rette a loro volta da mensole in pietra, più spesso da altre travi oblique. Talora, nel caso di più ricchi e poderosi palazzi, al posto delle travi emergevano dal muro, a reggere gli sporti, possenti « beccatelli », cioè gli archetti ciechi retti da modiglioni di taglio, che in genere, con minori dimensioni e sporgenze, reggevano la merlatura al sommo dei palazzi. Questa fitta rete di notevoli sporgenze, in legno o pietra, a cui erano da aggiungere i frequentissimi archi e ponti volanti di casa in casa, per comunicazione o per semplice contrafforte, era di tale estensione che, a Firenze, testimone il Villani, la « Gabella degli sporti » rendeva all'anno 7000 fiorini, metà di quella del sale, quasi il 4% dell'entrata complessiva. Tuttavia, doveva essere una rendita non bene accetta, per l'evidente danno al tessuto urbano, già di per sè alquanto angusto e soffocato. Lungo il '300, si susseguono le disposizioni comunali tendenti a ridurre soprattutto la profondità degli sporti, ad aumentarne la distanza dal suolo, quando non ad abolirli, come avverrà progressivamente, anche per le nuove istanze architettoniche, nei secoli successivi. A Pisa si dispone un'altezza minima su strada di m. 2,10, una sporgenza massima di mezzo metro, e comunque non superiore di un quarto rispetto alla larghezza della strada. A Firenze, lo «Statuto» del 1324 fissa l'altezza minima in 5 braccia, ed ancor più radicalmente li abolisce lungo la via Maggio. Quasi contemporaneamente, il «Constituto» senese del 1309-10 ne impone la riduzione sulla grande strada da Porta Stalleregi a Porta Camollia «sì che la terza parte de la strada o vero via sia aperta infino al cielo», e li abolisce radicalmente tutt'intorno al «Campo». Incerto rimane il quesito se l'altro tipico mezzo di sfogo costituito dai loggiati parzialmente o totalmente aperti al sommo degli edifici, così frequenti a Venezia (il «liagò», sostituito poi dalla torricella lignea dell'altana), compaia in altri luoghi, e specie in Toscana, prima degli esempi quattrocenteschi che ancora possediamo, come Palazzo Guadagni a Firenze. Il dubbio appare legittimo, se consideriamo che proprio il più bell'esempio conservato di palazzo fiorentino trecentesco, Palazzo Davanzati, è coronato da una loggia aperta solo alla fine del '400: nei dipinti trecenteschi compaiono sì, abbastanza frequentemente, logge terminali, ma sempre in forma di sporti, il che fa pensare ad abbellimenti di fantasia di edifici che, come struttura generale, sembrano piuttosto richiedere una terminazione a tetto o a merlatura.

L'evidente desiderio di evadere, con i mezzi più vari, dal chiuso degli interni era giustificato dalla mediocre, o cattiva, abitabilità e confortevolezza dei piani superiori degli edifici dell'età comunale, anche di quelli meno umili. L'elasticità di distribuzione di tali interni, già detta, non conferiva comunque ad essi buone doti di aereazione e luminosità. Lo schema, piuttosto monotono ed elementare, non variava di molto da quello accennato a proposito della casa-torre pisana. La fondamentale cellula era costituita dall'intero piano o «palco» (secondo il termine più diffuso, specie in Toscana), e il fatto che lo stesso termine venga usato per i soffitti-pavimenti prova, sia l'assoluta prevalenza di quelli lignei rispetto alle volte in pietra o cotto, sia il loro valore basilare nella distribuzione interna. Le coperture a volta erano frequenti solo a pianterreno, ma in genere limitate ai palazzi gentilizi, anche per la frequenza di loggiati interni a pianterreno, sul cortiletto. Nelle case comuni erano talora imposte da ragioni pratiche e di sicurezza: il «Constituto» senese del 1309-10 impone le voltine in mattoni nel soffitto delle botteghe di fabbro. Il «palco» non era solo mezzo di spartizione fondamentale degli interni: con l'uso, ben presto assai diffuso, di due tipi di soffitti, il «palco reale»

La cucina al secondo piano di Palazzo Davanzati a Firenze (Fot. Alinari).

Particolare delle sedie.

(vero soffitto-pavimento ancorato mediante travi alla struttura muraria perimetrale), e il « soffitto morto », letteralmente appeso al precedente (oppure, al sommo dell'edificio, alle travi del tetto) con mezzi vari, in genere tiranti metallici, venivano a determinarsi, fra gli spazi maggiori, delle intercapedini dal basso all'alto, spesso abbastanza alte: i « mezzani » a Firenze, i « solaiuoli » a Pisa. Ripostigli di largo uso, ma anche, nelle case più povere, o nelle botteghe a pianterreno dove in genere la maggiore altezza dei vani di base offriva più spazio all'intercapedine, luoghi di ricovero e giaciglio, con sparute finestrelle su strada.

Sala della Mensa al terzo piano di Palazzo Davanzati a Firenze (Fot. Alinari).

Il soffitto era anche uno dei fondamentali elementi decorativi della casa: la sua stessa struttura, con il reticolo delle travi maggiori di sostegno e dei travetti a loro perpendicolari, riempito dai « quadri », cioè da tavolette lignee inchiodate, costituiva di per sè una sorta di decorazione, animata, almeno dal '300 ma probabilmente ancor prima, dal colore, steso uniformemente o con motivi geometrici, talora, nei palazzi, con emblemi gentilizi. È difficile stabilire l'epoca d'inizio delle vere e proprie tavolette figurate, tipiche soprattutto dell'Italia settentrionale, che comunque non dovrebbe essere anteriore al gotico cortese del tardo '300, ormai del tutto slegato dall'età comunale. I classici « lacunari » sono invece senz'altro un riflesso dell'umanesimo rinascimentale. La copertura dei pavimenti era varia, dal semplice legno lasciato allo scoperto all'ammattonato dai più svariati disegni, fino agli esempi più lussuosi in mosaico di marmo o mattonelle di cotto verniciato a piombo, mai ancora in smalto « invetriato », tipica novità quattrocentesca: i più precisi e ricchi esempi ci sono offerti da numerose tavole con « interni » dei fratelli Lorenzetti. A questo proposito bisogna ricordare tuttavia che gli « interni » delle pitture trecentesche, in genere senesi, sono assai più ingannevoli delle scene con architetture esterne, perchè nel primo caso, assai più che nel secondo, il raffinato stilismo gotico conferisce all'insieme un'aerea luminosa leggiadria ben poco corrispondente alla realtà, sia pure a quella dei palazzi gentilizi o della grande borghesia mercantile. Assai più fedeli appaiono le miniature, specie quelle dei *Tacuina Sanitatis* lombardi della seconda metà del '300. La suddivisione dei singoli piani o « palchi » (non troppo frequente, specie nelle case comuni, come già si è detto) doveva in genere essere data da tramezzi lignei: fra le numerose testimonianze documentarie e letterarie, ricordiamo quella della XVI Novella del Sacchetti in cui si parla dell'albergo di Staggia, in cui « erano le camere... quasi tutte d'assi, l'una allato dell'altra ». I più frequenti muri di palazzi gentilizi erano ornati, nei modi più vari: affreschi, più spesso con motivi decorativi che non con vere e proprie scene figurate, salvo il caso di grandi sale pubbliche o di rappresentanza nelle corti signorili; « spalliere » lignee, in genere piuttosto semplici e nude, lasciando poi al '400 il lusso delle tarsie; parati di stoffa. Fra questi, i primi a comparire sono i « capoletti », di stoffa dipinta, in genere pannolino o sargia, inizialmente, come dice il nome, appesi intorno al letto (che, a giudicar dai dipinti, era il mobile più imponente della casa), poi stesi indifferentemente sui muri, retti da anelli infilati ad arpioncini o ad un'asta unica: se la prima menzione letteraria è del Villani (riferita ad un banchetto nel 1336, e si parla di capo-

Cortile del castello di Gioia del Colle.
Fot. Stuhler.

Viscardi-Barni, *Il medioevo comunale italiano.*

letti « franceschi »), essi già compaiono almeno un ventennio prima negli affreschi di Giotto a Santa Croce. La decorazione è prevalentemente a motivi geometrici. Solo a '300 avanzato dovettero venir di Francia i primi arazzi: la prima citazione è quella del *paramentum raciorum cum figuris* nella camera rossa in casa di Marin Faliero a Venezia, secondo l'inventario del 1351. Anche i successivi riferimenti sono di origine settentrionale (nel *Chronicon* piacentino del Musso, per esempio), laddove cioè il costume signorile prevale ormai su quello comunale.

Per tornare alla distribuzione interna degli edifici, e sottolineare la sua semplicità, possiamo basarci su esempi in un certo modo antitetici, o quasi, nella scala sociale del tempo. Nei palazzi, sopra il pianterreno, a magazzini o portici interni, poggiava la « sala prima » o « madornale », il futuro piano nobile, quasi mai tramezzata; seguivano, nei piani successivi, la « seconda » e « terza sala » (raro il caso di più di tre piani, nei palazzi), che eran dette « salette » o « camere » quando comparivano i tramezzi: è la classica distinzione del Boccaccio nel descrivere il « palagio » di Pampinea, « con loggie, e con sale, e con camere ». Gli ambienti minori, servizi e camere servili erano ricavati o nei mezzanini o sul retro: il già ricordato Palazzo Davanzati a Firenze presenta appunto in facciata, sul loggiato a pianterreno, tre sole grandi sale sovrapposte, con cinque finestre, non tramezzate. Venendo alle case « umili », *domus* o *domuncula*, troviamo nel vecchio ma minuzioso studio di C. Lupi sulla *Casa pisana e i suoi annessi* (« Archivio Storico Italiano », 1901) una rassegna di diversi edifici, ricavata dalle carte legali del '300: casa a tre palchi, con *apotheca* a pianterreno, camera da letto e saletta al primo, *coquina* al secondo piano; casa a due palchi, con bottega e solaiuolo a pianterreno, saletta-camera da letto e cucina al primo; casa a due palchi e mezzo palco al di sopra (la riduzione dell'area cubica salendo verso l'alto è tutt'altro che infrequente nell'architettura minore del tempo), con bottega a pianterreno, camera da letto e saletta al primo, cucina nel mezzo palco terminale. A Firenze, nel 1360, il pizzicagnolo Ristoro Pucci affitta all'Ospedale di Gesù Pellegrino « una casa terrena con una ciella et uno pocho di corte con pergola, e pozzo nella detta sala terrena, e la chucina terrena, e ancora con esse uno palco con mezzo palco con due chamerette ».

Il frequente riferimento, fra la genericità delle altre specificazioni, alla cucina, ne sottolinea l'importanza nelle case comuni, assieme alla bottega e alla camera da letto: non si tratta solo del tradizionale luogo della vita familiare, ma anche del locale più delicato e impegnativo in una società urbana per cui l'incendio era un incubo costante. I citati documenti pisani parlano sempre di cucine all'ultimo piano, evidentemente per ottenere lo sfogo diretto attraverso il tetto: numerose testimonianze già del secondo '300, come quelle dei cronisti Musso e Gataro, fanno pensare che solo a quell'epoca cominciava a diffondersi l'uso del camino a muro e della canna fumaria. Il Musso ricorda nel 1388 che nella prima metà del secolo a Piacenza « *faciebant ignem tanto in medio domus sub cupis tecti, et omnes de dicta domo stabant circum circa dictum ignem et ibi fiebat conquina. Et vidi meo tempore in pluribus domibus* »; il Gataro, parlando del viaggio di Francesco da Carrara a Roma nel 1368, afferma che ivi « allora non si usavano camini, anzi tutti facevano fuoco in mezzo delle camere

Esempio di letto trecentesco, in un dipinto di Simone Martini.
Assisi, chiesa inferiore di S. Francesco (Fot. Alinari).

Camera da letto al secondo piano di Palazzo Davanzati a Firenze (Fot. Alinari).

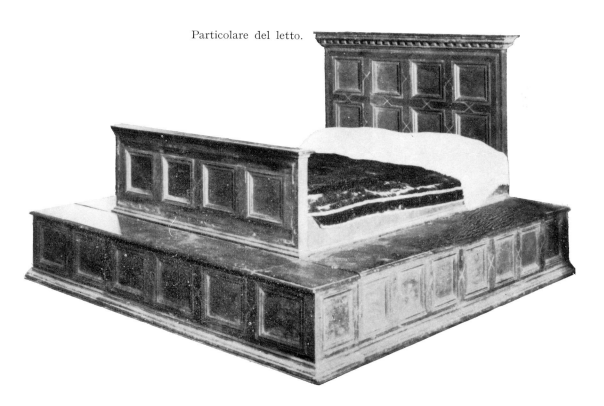

Particolare del letto.

Stanza
al secondo piano
del Palazzo Davanzati
a Firenze
(Fot. Alinari).

in terra », tanto che fu lo stesso Francesco a far fare « due nappe di camini e le arcuole in volto al costume di Padova ». Un primo ricordo fiorentino risale al 1302, nella *Cronachetta* di Neri degli Strinati, ma si tratta appunto del nobile palazzo degli Strinati. In documenti fiorentini, tutti posteriori alla metà del '300, il camino a muro è detto « francesco », denunciandone evidentemente l'origine, e insieme l'epoca della prima comune diffusione: non a caso d'altronde, la prima illustrazione di tale uso ci sembra essere quella nell'affresco dell'*Ultima Cena* nella Basilica Inferiore di Assisi, generalmente attribuito ad un seguace di Pietro Lorenzetti, ma ultimamente al maestro stesso, e comunque sullo scorcio del quinto decennio del '300. Per quanto riguarda gli altri servizi della casa, le scale erano evidentemente sacrificate alla più volte ricordata limitazione di spazio, e non assumevano mai, nemmeno nei palazzi, carattere monumentale: la pietra e il legno distinguevano al solito il palazzo e la casa comune, ma certo anche nei palazzi le minori scale interne erano di legno; scarsa la ricerca di simmetria, frequente l'uso di scale a cielo aperto (riparate però spesso da tettucci a muro o retti da pilastri poggianti sulla balaustra), sia in facciata che nei cortiletti interni, in genere

Sala dei Pavoni nel Palazzo Davanzati a Firenze
(Fot. Alinari).

sorrette da archi ciechi volanti, o da beccatelli, o ancora dalle solite travi sporgenti. I servizi igienici non erano certo impeccabili: le acque, luride o meno, si raccoglievano in pozzi neri sotterranei, o, peggio, nei «chiassetti» già ricordati a proposito di Andreuccio da Perugia, separati dalla pubblica via appunto da quei «muretti», che lo stesso Andreuccio scavalca per andare a battere alla porta di Fiordaliso e Scarabone Buttafuoco. Tali muretti, a Pisa, dovevano superare il metro d'altezza, secondo un *Breve* del 1286. Lo spurgo periodico era a carico dei proprietari. Non tutte le latrine (per cui è stupefacente l'abbondanza di designazioni: «sella», «cesso», «privato», «agiamento», «guardarobe», «luogo comune», «necessario») erano così primitive come quella della novella di Andreuccio, due assi trasverse sul chiassetto: in Palazzo Davanzati abbiamo una nicchia nel muro con la seggetta di mattoni coperta da una tavola di legno. Erano frequenti le baracchette fuori della casa.

Rimane brevemente da far cenno all'arredo mobile; brevemente, anche per l'estrema sinteticità di tale arredo: imponenti letti, spesso a cortine rette da padiglioni a colonnine; tavoli e sedie di struttura piuttosto elementare, salvo gli sconfinamenti, probabilmente piuttosto rari, nelle «cattedre» di tipo ecclesiastico, ove meglio il gotico poteva fiorire in ornati; frequenti, a giudicare dagli affreschi, i panconi a muro; infine, cassoni e forzieri o cofani, vero punto di forza degli arredi nell'età comunale. L'uso di questi ultimi doveva essere universale, quali contenitori, dai più semplici ai più lussuosi, di ogni sorta di derrate, stoviglie, stoffe e vesti: su di essi doveva soprattutto appuntarsi l'interesse dei maestri legnaiuoli, formanti, a Firenze, arte autonoma, nel rivestirli di cuoio e stoffa, nell'intagliarli, nell'intarsiarli. L'uso delle pitture, decorative o figurative, dei cassoni, è già documentato a Firenze nel primo '300, a Genova, fra l'altro, a metà secolo: dovette assai diffondersi col gotico cortese, ma comunque i capolavori a noi noti sono tutti quattrocenteschi.

Capitolo decimo SPETTACOLI E GIOCHI

Un quadro assolutamente esauriente degli spettacoli e dei pubblici giochi nel Medioevo traccia Ludovico Antonio Muratori nella XXIX dissertazione delle *Antichità italiane,* di cui recentemente ho curato l'edizione per il Centro di studi muratoriani di Modena, in collaborazione con Anna Maria Finoli (1). Nella prefazione ho osservato che le conclusioni cui « la moderna filologia è laboriosamente pervenuta si fondano sulle testimonianze e sulla documentazione che per primo ha scoperto e raccolto », nella XXIX dissertazione, il Muratori, il quale, ho notato, « ha visto tutto e ha raccolto e prodotto tutte le testimonianze alle quali i moderni ricercatori poco o nulla hanno potuto aggiungere..., ma non è arrivato alla formulazione di conclusioni sistematiche perchè non ha saputo — o meglio non ha voluto — procedere a una classificazione dell'immenso materiale indagato e a un'analisi metodica di tutti i dati che gli offrivano le sue fonti ».

E ancora ho notato:

Non si fa torto al grande ricercatore se si riconosce che il discorso muratoriano è tutt'altro che netto e sistematico e anzi discontinuo e disperso, e che il Muratori non ha piena e precisa coscienza del valore e del significato di tutte le preziose testimonianze che egli ha scoperto. In realtà la *Dissertazione XXIX* — non diversamente del resto dalle altre — risulta dalla trascrizione, secondo un filo conduttore piuttosto debole che non appare subito evidente, delle infinite schede sulle quali il Muratori ha fissato tutte le testimonianze via via scoperte — nelle cronache, nelle carte, negli atti sinodali, nei testi letterari — con fiuto e acume mirabile, ma non sistematicamente analizzate, e disposte spesso con scarsa considerazione delle ragioni cronologiche.

Comincia il Muratori col rappresentarci i giochi documentati per l'età teodoriciana — che pone come continuazione degli antichi *circenses* — e i giochi militari dell'età longobarda e franca, dei quali segue la documentazione in tutte le parti d'Italia nell'alto Medioevo, ma va oltre, fino al secolo XIV. Quanto a Teodorico, il Muratori allega l'Anonimo Valesiano, il quale attesta che il re diede al popolo « *ludos circenses et amphitheatrum, ut etiam a Romanis Traiano vel Valentiniano, quorum tempora sectatus est, appellantur* »; e Cassiodoro il quale afferma (2) che il re goto « gran cura si prese dei giochi circensi, per dare piacere al popolo, a somiglianti spettacoli, tutto che egli non li approvasse ». Quanto ai Longobardi, scrive il Muratori che fatta « riserva dei giochi militari, dei quali si dilettava forte la

(1) Modena, 1963.
(2) *Variarum*, lib. III, ep. LI.

Scena di torneo. Affresco del sec. XIII nella sala del consiglio del Palazzo Comunale di San Gimignano (Fot. Alinari).

nazione dei Lombardi, dacchè si fu impadronita della maggior parte d'Italia, altri indarno se ne troveranno in quella gente ». E aggiunge:

> Sotto i re Augusti Franchi bensì l'Italia vide talvolta magnifici spettacoli... L'Annalista sassone... e altri cronisti dell'anno 877 riferiscono le nozze di Bosone duca e di Ermengarda figlia di Ludovico II, celebrate in Pavia con grande apparato e magnificenza di ludi... Ma in che consisterono questi giochi? Verosimilmente furono giochi militari per la maggior parte. Sappiamo da Ennodio, nel *Panegirico di Teodorico*, che questo principe affinchè i soldati e la gioventù non s'avvezzassero all'ozio, istituì alcuni finti combattimenti, coi quali si teneva in esercizio la loro bravura e si dava al popolo un gustoso spettacolo... Perciò scrive Olao Magno... che gli antichi Goti ebbero costume il dare *publica spectacula*, e possiamo congetturare che un pari studio non mancasse ai Longobardi e ai Franchi, allorchè regnarono in Italia... Questi giochi dovettero essere non semplici giochi, ma finte battaglie... I pavesi sul principio del secolo XIV continuarono tuttavia a esercitarsi in sì fatte pugne, per rendersi più abili ed esperti nelle vere. *Battagliole* si chiamavano queste zuffe, descritte [dall'Anonimo Ticinese] con le seguenti parole: « Per meglio addestrarsi alla guerra fin dalla puerizia, tutte le domeniche e feste danno spettacoli che si chiamano battagliole e .. in latino *bellicula*. Dividono la città in due parti, ciascuna delle quali ha molte società o coorti. Combattono con armi di legno, talvolta insieme, talvolta a due a due.

Hanno in testa galee di legno che si chiamano *sciste*... su cui sono incise o dipinte le insegne della società... e davanti alla faccia una grata di ferro ricurva... ».

Avevano anche i ravennati un'altra specie di battaglie civili, ma che talora divennero spettacoli funesti e crudeli. Il fatto è raccontato da Agnello [il quale dice che in Ravenna] s'era introdotto il costume che in quasi tutti i giorni di festa fuori dalla città una parte del popolo contro l'altra faceva una finta battaglia che poscia un giorno degenerò in una strage e carneficina...; verosimile è ancora che l'altre città d'Italia in quei tempi bellicosi usassero le stesse finte battaglie per assuefare il popolo... all'arte e alla fatica della milizia. In una carta modenese dell'anno 1187 si vede che fuori della città v'era un *pratum de battalia*. Anche a Novara... un somigliante luogo per questi combattimenti. Nè priva ne fu la città di Milano. Galvano Fiamma che circa il 1330 scrisse *Manipulum florum*, così ne discorre...: « fuori della città era un gran brolo ove convenivano i giovani per esercitarsi alle armi e alle battaglie ». Poscia aggiunge: « dalla parte opposta della città, nel luogo che si dice S. Maria al Circolo, era l'ippodromo del circo dove i cavalieri facevano i giochi con l'asta... ». [Un altro anonimo scrittore milanese in una cronaca che il Muratori teneva manoscritta presso di sè così parla *de spectaculo civitatis Mediolani*]: « lo spettacolo era un grande spazio dove i fanciulli di Milano convenivano in determinati giorni a fare giochi di diversa maniera: lancio di saette con l'arco, lancio delle aste, lotta, salto in alto e in lungo... ». [L'autore della *Vita di S. Pietro Parenzo*, Perugino, scrive che il santo, ucciso nel 1199 in Orvieto dai Manichei], « vietò agli orvietani le battaglie nel tempo di quaresima, perchè in occasione dei giochi si perpetravano molti omicidi ».

[Il Muratori ha visto anche alcune annotazioni del Benvoglienti e una cronaca senese] « da cui s'impara che nell'anno 1191 nella città di Siena oltre al dovere si scaldavano gli animi delle due fazioni popolari nel fare la battaglia all'Elmora », di modo che « per questo si levò via che non si giocasse con battaglie di pertiche nè di sassi, ma che si giocasse alle pugna, per meno scandalo. E così fu il principio del gioco delle pugna in Siena e levossi via l'altre battaglie ».

Dopo questi ludi militari e sportivi di carattere popolare, il Muratori descrive quelli della società cavalleresca, tornei e giostre. I tornei sono di origine francese e si fanno « da schiere di cavalieri armati che formano vari giri coi loro cavalli e si feriscono con lance e spade spuntate e ottuse. Tuttavia con armi alle volte aguzze e a guisa in certa maniera di nemici si facevano tali giochi, cosicchè... col sollazzo si intrecciavano quasi sempre la morte di qualche nobile; giacchè solamente dai nobili si facevano questi giochi ». Appunto per questo i tornei furono proibiti dal Concilio lateranense II (1139), dal Concilio di Reims (1148) e da molti altri, « ma invano si opposero a tale costume i sacri canoni, perchè sì alte radici aveva esso fatto, che non si potè sradicare ». Dell'introduzione dell'uso di tornei in Italia ci dà testimonianza il *Liber Maiolichinus* al principio del XII secolo e il *De gestis Friderici Augusti*, circa la metà dello stesso secolo; « ma soprattutto col susseguente si continuarono tali finte battaglie in Italia, da che Carlo I conte di Provenza nell'anno 1266 conquistò il regno di Napoli e Sicilia. Incredibile era in questo principe l'affetto a questi giochi e la perizia in essi e con tali spettacoli gran piacere non solo procurava al suo popolo, ma anche ai nobili francesi che a lui concorrevano da ogni parte per far pompa della loro prodezza in quei sollazzi ». Circa la diffusione dei tornei fuori del mondo aulico del regno meridionale, nella società signorile e comunale dell'alta e media Italia, il Muratori cita il dantesco:

> ... e vidi gir gualdana
> ferir torneamenti e correr giostre.

Col commento di Benvenuto da Imola, il quale dichiara che l'autore « *poterat videre ista spectacula Florentiae, Bononiae, Ferrariae et alibi* »; e anche Ferreto vicentino, il quale « ...dove espone le giovenili applicazioni di Cangrande della Scala, scrive che i medesimi giochi si frequentavano anche a Verona ».

Quindi fa cenno il Muratori delle *giostre*, che sono « finti combattimenti di due cavalieri venienti l'uno contro l'altro con cavallo e lancia in resta »; del gioco della *quintana*; e di quell'altro « gioco militare chiamato *bagordare* e *armeggiare* », il quale consiste principalmente in questo, « che i giovani, quasi sempre nobili, a cavallo con divisa simile e d'armi uguali magnificamente guarniti facevano mostra del loro valore della città fingendo battaglie fra loro o andando incontro di qualche principe, e li precedevano poi nel cammino con fare sgroppate di cavalli e mostrando di combattere tra loro con lancia e spada ».

Di spettacoli d'altra fatta danno al Muratori testimonianza le fonti del XIII secolo. Due singolari spettacoli descrive Rolandino da Padova. Uno ebbe luogo nel 1208 in Prato della Valle a Padova, « ove nella festa di Pentecoste e prima e dopo più giorni convennero dame e cavalieri, nobili e popolani, vecchi e giovani a cantare e a sonare e facendo gran gioia, quasi fossero tutti fratelli ». L'altro fu fatto a Treviso nel 1214: « Fu costruito — scrive Rolandino — un castello [che, dice il Muratori, significa il castello dell'Onestà] in cui furono poste donne e donzelle con le loro serventi, che lo difendessero da ogni assalto senza l'aiuto di alcun uomo. Fu il castello munito di difese, costituite da grigi e zendali, porpore, samiti, scarlatti e baldacchini e armenini. Che dirò delle corone d'oro con crisoliti e giacinti, topazi e smeraldi, piropi e margarite, da cui il capo delle dame era protetto dall'impeto degli assalitori? Ma detto castello si doveva espugnare e fu espugnato con dardi e strumenti sì fatti: pomi e datteri e moscati, tortelli e pere e cotogne, rose, gigli, viole

Una corte d'amore. Miniatura di un codice
della storia di Gérard de Nevers e Eglantine.
Parigi, Biblioteca Nazionale (Fot. della Biblioteca).

e ampolle di balsamo. Al quale grandioso spettacolo corsero a gara veneziani e altri popoli confinanti ciascuno con le loro bandiere ». Questo spettacolo è stato rievocato da Giosuè Carducci in una pagina bellissima che svolge la traccia offerta da Rolandino (1); ed è in sostanza una danza figurata, una coreografia: un tipo di spettacolo popolare e aristocratico, di cui parleremo più avanti, quando tratteremo dei giullari *choraules*, il cui intervento in tal genere di spettacoli è, come vedremo, necessario.

Successivamente il Muratori passa a trattare delle *corti bandite*: « quello che tra i giochi degli Italiani fu in maggior credito e più familiare si è

---

(1) *Galanterie cavalleresche del secolo XII e XIII*, nelle *Storie e leggende*.

Scena di banchetto con suonatori.
Miniatura di un codice del *Remède de Fortune*
di Guillaume de Machaut.
Parigi, Biblioteca Nazionale (Fot. della Biblioteca).

il *curiam habere*, che noi diciamo " tener corte ". S'incontra ancora tener corte bandita, il che si faceva col mandare un bando o pubblico invito per i vicini paesi, che serviva di tromba per trarre colà anche i prìncipi, nonchè la nobiltà straniera ». A titolo di esemplificazione il Muratori ricorda due corti bandite, una tenuta a Venezia nel 1206 e l'altra celebrata in occasione delle nozze di Bonifazio marchese di Toscana con Beatrice figlia del duca di Lorena l'anno 1039.

Della prima discorre il già ricordato Rolandino da Padova, con le seguenti parole che pone in bocca a Ezzelino da Romano:

> Si tenne per sollazzo una curia a Venezia, alla quale intervenne Azo marchese [d'Este] con altri della marca, nobili e potenti. Desiderando mio padre onorare di sua presenza detta curia, prese undici cavalieri, ed egli fu il dodicesimo; tutti ebbero uguali vesti, che si distinguevano solo in questo: che la montatura di mio padre fu di ermellino e quella degli altri di preziosi vai di Schiavonia.

E aggiunge il Muratori: « Ciò che in quella Corte si facesse, lo tralascia Rolandino. Nulla di meno si sa che l'uso era di fare giochi militari, cioè giostre, torneamenti e altre finte battaglie, magnifici conviti e balli, condurre cavalieri ornati con la stessa divisa, far corse di cavalli e simili altri pubblici divertimenti, con incredibil magnificenza e apparato di addobbi. Per lo più nel palazzo era preparata la mensa per tutta la nobiltà forestiera ». Quanto alla corte bandita per le nozze di Bonifazio di Toscana con Beatrice di Lorena, il Muratori allega la *Vita Mathildis* di Donizone; il quale narra che a quella corte Bonifazio si recò col suo seguito montando cavalli con staffe d'argento; e che ai grandi banchetti celebrati per tre mesi, il vino si attingeva da un pozzo con secchie d'argento pendenti da argentee catene.

Questi magnifici sollazzi e allegrie, continua il Muratori, « si solevano praticare allorchè alcuno dei prìncipi menava moglie o era ammesso al cingolo militare, ossia creato cavaliere ». Così la *Cronaca estense*, all'anno 1295 — o meglio 1294 — narra che « Azzo marchese d'Este, signore di Ferrara, Modena e Reggio fu fatto cavaliere da Gherardo da Camino, che allora era signore della città di Treviso sulla Piazza del Comune di Ferrara davanti alla porta del vescovado. E gran corte fu tenuta in quell'occasione a Ferrara ». La stessa cerimonia è anche narrata dalla *Cronaca parmense*. Magnifica anche la corte bandita da Cangrande della Scala quando « aggiunse al suo dominio la splendida città di Padova ». Ne parla il continuatore della cronaca di Paris da Cereta (1):

(1) Pubblicata nel tomo IX dei *Rerum italicarum scriptores*.

A celebrare la gloria dell'acquisto di Padova [Cangrande] l'ultimo giorno di ottobre celebrò una curia e creò di sua mano trentotto cavalieri di diverse parti della Lombardia e durò la festa per un mese nella città e palazzo di Verona.

Secondo un'altra testimonianza, ai 38 cavalieri Cangrande donò vesti d'oro e di porpora, cingoli aurei, destrieri e bellissimi palafreni.

Passa quindi il Muratori a trattare gli spettacoli popolari con cui annualmente si commemoravano avvenimenti lieti e gloriosi.

In una *Cronaca* (1) si narra che Andrea Dandolo l'anno 1162 avendo Ulderico patriarca d'Aquileia fatta un'invasione nel distretto della Repubblica Veneta, fu preso e condotto prigione con altri a Venezia; e recuperò la libertà obbligandosi a pagare ogni anno al doge un grande toro, dodici porci grassi e dodici pani grandi di uno staio di farina; e aggiunge:

Perciò fu stabilito che ogni anno, nel giorno del trionfo [e cioè il mercoledì grasso nella Piazza S. Marco] con assistenza del doge si tagliasse la testa al toro e agli animali predetti; e che quindi nella sala del Maggior Consiglio il doge procedendo in presenza del popolo con bastoni di ferro colpisse castelli di legno [tenuti in mano da alcuni scudieri], per ricordare in perpetuo la punizione del patriarca e dei suoi canonici raffigurata nell'uccisione degli animali e la rovina dei castelli del Friuli raffigurati nei castelli di legno. Successivamente il doge fa partecipi i signori membri del Maggior Consiglio degli animali uccisi, affinchè come si erano esposti al pericolo per ottenere la vittoria, così della vittoria conseguita godessero i frutti.

Altra festa popolare veneziana, durata fino all'anno 1379, è quella descritta da Francesco Sansovino; il quale scrive che il primo giorno di maggio dodici donzelle superbamente vestite erano con gran pompa condotte per la città, mentre Marin Sanudo attesta che al tempo del doge Pietro Candiano « non vive vergini, ma statue di legno erano portate in processione ». Il Muratori e le sue fonti nulla dicono o mostran di sapere delle origini, della ragione, del significato di questa festa. Motivazione e occasioni ben chiare ha invece la bolognese festa della Porchetta: « per avere i bolognesi nell'anno 1281 presa per tradimento Faenza e tagliati a pezzi o scacciati i Lambertazzi, istituirono la festa della Porchetta che tuttavia vien da loro osservata nel giorno di S. Bartolomeo ». Non dice però il Muratori in che cosa consista questa festa tradizionale.

Dopo questa breve escursione sulle feste popolari, torna il Muratori alle corti bandite e specialmente ferma la considerazione sul fatto che ad esse interveniva « un'immensa copia di *cantambanchi, buffoni, ballerini da corda, musici, sonatori, giocatori, istrioni* e simil gente, che con i loro giochi

---

(1) Pubblicata nel tomo XII dei *Rerum italicarum scriptores*.

Giocoliere.
Miniatura del ms. lat. 1118
della Biblioteca Nazionale di Parigi
(Fot. della Biblioteca).

e canzoni dì e notte divertivano grandi e piccini in quella occasione: *giullari* e *giocolieri* erano costoro appellati in Toscana e *joculatores* e *joculares* venivano chiamati da chi scriveva allora in latino »; e cita testimonianze relative a corti bandite tenute in Mantova nel 1340 e in Milano nel 1368, frequentate da *buffoni* e *zigoladri*; e afferma che « in quel tempo non vi fu alcuna corte di prìncipi anche saggi dove non si trattenesse ben pagato qualche buffone, e talvolta più di uno con le cui facezie quei signori si ricreavano dalle gravi cure... E non solo i prìncipi e i re: Ricordano Malaspina e Giovanni Villani danno testimonianza del fatto che nobili e potenti cittadini di Firenze intrattenevano uomini di corte e buffoni; anche la *Vita di Cola di Rienzo* documenta la presenza di buffoni a Roma alle feste celebrate per l'investitura cavalleresca di Cola ». E altri testi largamente allega il Muratori, tutti del secolo XIV; ma subito risale a un'età remota, richiamando un passo della *Vita Mathildis*, in cui si loda la munificenza dimostrata dal marchese Bonifazio in occasione delle sue nozze: munificenza verso i *mimi*, perchè, ritiene il Muratori, in *mimis* occorre emendare la lezione *nimis* del testo, evidentemente corrotta. Ancora aggiunge che alle feste dei prìncipi e del popolo non mancarono i *cyclici poetae*, analoghi ai *bardi* degli antichi Galli e agli *aedi* dell'antica

Danzatrice con crotali.
Miniatura del ms. lat. 1118
della Biblioteca Nazionale di Parigi
(Fot. della Biblioteca).

Grecia; per cui conclude che nel catalogo dei cantimbanchi si devono porre anche i poeti popolari, cui si deve specialmente la cantilena di Rolando; e dei cantastorie epici riconosce la documentazione in testi del secolo XIII. Ancora rileva che non solo i cantori delle epiche gesta sono compresi nel nome generico di giocolieri, ma anche i poeti popolari che cantano per le piazze e non solo per le piazze, *cantiunculae* o *cantilenae*, insomma *canzonette*, come si riconosce per la testimonianza del *Chronicon novalicense*: «*Contigit ioculatorem ex Langobardorum gente ad Carolum* (1) *venire et cantiunculam a se compositam... rotando in conspectum suorum cantare*». E non solo questi cantanti popolari e cantastorie già ricordati: sotto lo stesso nome generico di giullari si comprendono anche i saltim-

(1) Carlo Magno, nel 775.

banchi, gli *aventatores coregiolae* — i *prestigiatori* — i *predicantes brevia pro febribus* o altri straordinari rimedi per ogni malattia — e cioè i *cerretani* o *ciarlatani* o *ciurmadori*, per usare i termini toscani —; e quelli che danno spettacolo facendo ballare gli orsi ammaestrati; e i ballerini da corda e gli acrobati.

Dopo aver così riconosciuto tutte le manifestazioni della complessa attività dei giullari, il Muratori pone il problema della presenza nel Me-

dioevo di una, per quanto rozza ed elementare, arte istrionica e mimica continuatasi dall'antichità romana; e lo risolve immaginando i *mimi* e gli *histriones* di cui parlano le fonti come *attori* — e autori — di *pièces* comiche analoghe alla commedia dell'arte o alle farse o a quella plebea forma di commedie che in Roma si chiamano *giudiate*.

Riesce il Muratori a produrre testimonianze precise che validamente sorreggono il suo convincimento — dalle quali anzi il suo convincimento ha derivato — della conservazione della tradizione comica antica nell'alto Medioevo. Si tratta delle disposizioni del Concilio di Aquisgrana dell'816 (canone 33) e del Concilio di Tours III dell'813 (canone 7) che sanciscono l'inopportunità della presenza dei sacerdoti « *quibuscunque spectaculis in scaenis aut in nuptiis* »; e prescrivono ai *sacerdotes Dei* di « *effugere... histrionum turpium et obscoenorum insolentias iocorum* »; e del Concilio Cabillonense II, pure dell'813, che fa menzione « *histrionum sive scurrarum turpium sive obscoenorum iocorum* ». A queste, aggiunge il Muratori le testimonianze di Alcuino, che nell'*Epistola* 107 (del 791), condannando *spectacula et diabolica figmenta*, dichiara: « *Nescit homo qui histriones, mimos et saltatores introducit in domum suam, quam magna eosim mon-*

Giullari e suonatori. Miniatura di un codice del *Roman de Fauvel*. Parigi, Biblioteca Nazionale (Fot. della Biblioteca).

dorum sequitur turba spirituum »; e di Agobardo arcivescovo di Lione, che circa l'anno 836 lamentava che, mentre i poveri di Dio morivano di fame, si desse largamente da bere agli *histriones*, ai *mimi*, ai *vanissimi joculatores*. Questa testimonianza di Agobardo, in cui ai termini *histriones* e *mimi* viene associato il termine *joculatores* (giullari), è, nel discorso del Muratori, prodotta poco sotto una citazione del lessicografo Papias (XI secolo), presso il quale, rivela l'attentissimo e acuto ricercatore, *scaenicus, histrio, jocularis* sono la stessa cosa (*idem sunt*). Così il Muratori riesce, sul fondamento di testimonianze autentiche e specialmente degli atti sinodali, a rilevare nell'alto Medioevo un'attività spettacolare, scenica, svolta da coloro che in quegli atti sono designati coi termini antichi di *istrioni* e *mimi*; e devono essere identificati con quelli che con termine moderno si chiamano *giullari*; cioè viene a porre la giulleria nei secoli VIII e IX come erede e continuatrice della mimica e dell'istrionismo romano; e non esita a identificare, quanto alla materia e al tono, i ludi istrionici dell'alto Medioevo con le commedie estemporanee del tempo suo, interpretate da *histriones larvati*, dalle maschere (e cioè con le «commedie dell'arte») e con le farse che «ai tempi nostri rappresentano sulle piazze i cantimbanchi o saltimbanchi; mentre senza dubbio occorre affermare che nell'alto Medioevo non si continua l'arte delle *comoediae rite formatae*.

Questa scoperta del Muratori che raffigura i giullari dell'alto Medioevo essenzialmente come nomadi attori e perciò afferma la realtà, nei secoli VIII-IX, di una quale che sia produzione o attività teatrale comica,

Menestrelli con olifante e con arpa.
Miniature del ms. lat. 1118
della Biblioteca Nazionale di Parigi
(Fot. della Biblioteca).

Menestrello che suona il flauto e giocoliere.
Miniatura del ms. lat. 1118
della Biblioteca Nazionale di Parigi
(Fot. della Biblioteca).

di cui pure nessun monumento ci è giunto, è veramente memorabile; e precorre di due secoli la dottrina di Edmond Faral, il quale nel 1910 risolutamente affermava e ineccepibilmente dimostrava che la giulleria dell'alto Medioevo è l'erede e la continuatrice della mimica e dell'istrionismo romani (1).

La tesi del Faral si fonda sui termini — *histriones*, *mimi*, *scurrae* — con cui negli atti sinodali sono indicati i giullari; e son termini appartenenti al latino dell'età classica, registrato nei glossari, da cui i chierici medioevali attingono il loro lessico. In queste condizioni, è legittimo un dubbio: è lecito pensare che i *notarii* del sinodo abbiano continuato ad usare i termini tradizionali anche se il loro contenuto non conveniva più all'oggetto che con i termini si intendeva designare; e cioè che i notai abbiano continuato ad adoperare i termini *mimi* e *histriones* anche se i giullari del IX secolo — con quei termini designati — svolgevano attività nuove e diverse da quelle dei mimi e degli istrioni romani.

Il dubbio, effettivamente, io stesso mi son posto quasi trent'anni fa, quando iniziavo l'indagine del problema delle origini romanze; e l'ho, credo, definitivamente risolto sottoponendo a un'analisi meticolosa e pun-

(1) *Les jongleurs en France au Moyen Âge*, Parigi, 1910.

tigliosa tutti i termini onde, negli atti sinodali, si designano le componenti del repertorio dei giullari dei secoli VIII e IX che non siano acrobati o saltimbanchi o ballerini o domatori di orsi, o canterini o suonatori di vari strumenti (1). I termini sono i seguenti:

>   URBANITATES ET STROPHAE;
>   TURPIUM ET OBSCOENORUM INSOLENTIAE IOCORUM;
>   OBSCOENAE IOCATIONES; IOCI IMPROBI; TURPES IOCI;
>   SCURRILITATES;
>   STULTILOQUIA;
>   FABULAE INANES.

L'analisi di questi termini ho condotto sistematicamente mediante il confronto con le indicazioni che mi offrivano i glossari, pervenendo a conclusioni che ritengo sicure.

Le *scurrilità* o *urbanità* sono, nelle definizioni dei glossari, *verba jocosa* o *jocularia*, o *bona verba*, cioè *bons mots*, *facetiae*, storielle impertinenti, barzellette, arguzie, battute derisorie. Le *obscoenae jocationes*, i *joci turpes* o *improbi*, le *insolentiae turpium et obscoenorum jocorum* sono *scurrilitates*: cioè cose che recita lo *scurra*, *stultiloquia* e *fabulae inanes*; essendo nei glossari costantemente definita la *scurrilitas*, appunto, *jocus turpis, garrulitas, vaniloquium*; e lo *scurra* come quello che *res ridiculas dicit vel facit, subtilis impostor, publicus impostor*. È chiaro che il termine *impostor* con cui i glossari interpretano *scurra* è la traduzione latina del termine greco ὑποκριτής, che significa, appunto, *attore*. Ora si noti: con *impostura* si interpreta il termine *stropha* che negli atti sinodali, associato a *urbanitas* (e cioè, come si vedeva, *facezia*), indica qualche cosa che è proprio dei giullari: *mimorum urbanitates et strophae*; e oltre che con *impostura*, con *callida versutia, facetia, iniuriosus sermo*. Queste indicazioni dei glossari mi hanno suggerito di proporre l'identificazione di *stropha* con quello che in antico francese e in antico provenzale si dice *gab*: componimento mordace e derisorio, satirico e caricaturale. Insomma la *stropha* è un'*impostura*, una cosa da attore; il *jocus turpis* o *improbus* una *scurrilitas*, ciò che recita lo *scurra*; e allora è lecita la conclusione che evidentemente il repertorio dei giullari indicato dagli atti sinodali appartiene al genere

---

(1) Per tutta la trattazione che segue cfr. le mie *Origini*, 3ª ediz., pagg. 675-95. Un riassunto si può vedere nelle mie *Origini della tradizione letteraria italiana*, Roma, 1959, pagg. 25-41. Si veda anche la mia *Storia della letteratura italiana dalle origini all'Ariosto*, cit., pagg. 141-50.

drammatico; e cioè che i *joculatores* del IX secolo sono effettivamente *histriones* o *mimi*, attori insomma; e che quindi il termine *jocus* nel linguaggio degli atti ha lo stesso valore che *ludus* (cfr. *Ludus de Antechristo*) o il francese *jeu* (cfr. *Jeu de S. Nicholas*): componimento drammatico.

D'altra parte, il termine *fabula* senza dubbio va interpretato nel senso stabilito dal De Bartholomaeis (1). Il repertorio dei giullari che siano *histriones* o *scurrae* è costituito, nei secoli XII e XIII, da brevi bozzetti drammatici, che si chiamano appunto *dicerie*, le quali possono avere la forma di *monologhi* e di *dialoghi* (cioè, per usare il termine medioevale, *contrasti*). I monologhi giullareschi richiedono una recitazione declamata e a un tempo atteggiata; in quanto contemplano una parte narrativa e alcuni discorsi diretti pronunciati da personaggi diversi; nel qual caso un solo giullare può rendere le varie parti modificando il tono della voce e gli atteggiamenti del volto e del corpo. Dialoghi o contrasti sono invece quei componimenti nei quali agiscono due o più giullari che interpretano i vari personaggi del piccolo dramma.

Prendiamo ora brevemente in esame qualche esempio di dicerie giullaresche dei secoli XII e XIII.

Sul rovescio di una pergamena notarile di Bergamo sono trascritte due cantilene volgari, di cui evidentemente il tabellione amante della nuova poesia ha voluto serbare il ricordo, e che presentano chiaramente caratteri del monologo giullaresco nel senso stabilito dal De Bartholomaeis. La prima svolge il tema stesso della Novella I della Giornata VII del *Decameron*: « la storia del marito molto geloso il quale, facendosi confessore della propria moglie, viene ad apprenderne delle belle sul conto di lei ed è incitato da ciò a maggior gelosia; ma poi, avutane la spiegazione, rimane contento e naturalmente corbellato ». L'esecuzione richiede l'intervento di un solo giullare che cambiando il tono della voce declama le battute della moglie e del marito; e dice le brevi parti narrative, che hanno quasi la funzione di didascalie. La presenza appunto di questa parte narrativa mostra che si tratta di un monologo, non di un contrasto.

E un monologo è anche la seconda cantilena della pergamena di Bergamo, assai scurrile, nella quale agisce un solo personaggio, una donna che narra col linguaggio assai crudo il caso occorsole col suo confessore frate Sbereta (2).

(1) *Origini della poesia drammatica in Italia*, 2ª ediz., Torino [1952].
(2) *Origini della poesia drammatica*, pag. 32 segg.

Molto simili a queste del secolo XII dobbiamo ritenere che fossero i *turpes joci*, le *joculatorum turpes et jocationes*, le *scurrilitates*, contro cui tuonavano i Padri dei Concili del secolo IX.

Come esempio della poesia drammatica, mediocre o comica, prodotta e interpretata dai giullari il De Bartholomaeis allega tra gli altri un celebre componimento conservato dal codice vaticano Lat. 3793, che pure è una silloge della nostra antica poesia « illustre »: il contrasto di Cielo d'Alcamo, *Rosa fresca aulentissima*.

Che il contrasto sia destinato non alla lettura, ma alla recitazione, il De Bartholomaeis ha reso evidente, dimostrando che a far comprendere a pieno il testo « la semplice lettura non basta: il testo va integrato col movimento, la gesticolazione, l'inflettersi della voce »; e affermando che « se il monumento vaticano portasse oltre che i versi anche le didascalie... il carattere teatrale del componimento sarebbe stato... ravvisato ». Il dialogo si svolge su uno sfondo scenico che si può agevolmente ricostruire: « Siamo in casa della donna (vv. 16-20), precisamente nella camera da letto (v. 169), il letto è da credere che non lo si lasciasse vedere: a indurne la presenza bastava una tenda, la cortina dell'alcova. È notte: a farlo comprendere sarà bastata una lucerna accesa. L'uomo entra di furto », possiamo ritenere scavalcando la finestra. « Dunque, una tenda, una lucerna, qualche mobile disposto alla meglio a simulare il davanzale della finestra, ecco il fabbisogno per la inscenatura del dramma. Uno scenario, come si vede, da mettere su in quattro e quattr'otto con supellitili di fortuna... a portata di mano dovunque sbarcasse la minuscola compagnia » composta di due giullari, due essendo i personaggi agenti nel contrasto, l'innamorato ardito che chiede pressantemente amore e la donna che resiste dapprima e si difende, ma poi cede e pienamente appaga l'ardente corteggiatore. Non solo la messinscena, ma anche i movimenti e i gesti degli attori si riconoscono agevolmente dall'andamento del dialogo concitato. La donna è « dapprima tutta raccolta in se stessa e contristata..., poi leva il volto in su in atto di interrogazione e di preghiera » (vv. 47-50); indi torna a volgersi all'uomo (« cerca la terra ch'este granne assai / chiù bella donna di me troverai »); e « dopo che colei facendosi gran segno di croce, crede di avere reciso in lui ogni residua speranza, avendolo trattato da eretico, è da immaginare che [l'uomo] si lasci cadere in ginocchio per profferire [un] ultimo appello disperato... ». La donna « che comincia a piegare, li fà cenno d'alzarsi » (v. 137): « Levati suso, ecc. », ma l'altro « resta immobile in ginocchio... e non vuole togliersi da tale posizione se non è sicuro » di ottenere quello che brama: piuttosto la bella ritrosa lo uccida! E si trae di tasca un coltello (ecco un altro oggetto che deve entrare nella suppellettile necessaria all'esecuzione del bozzetto drammatico) e lo apre e lo porge alla donna:

> Inanzi prendi e scannami, togli esto coltello novo.
> (v. 142)

E la donna che prima aveva duramente protestato che il volere dell'amante avrebbe fatto solo se egli fosse andato a chiederla a suo padre e a sua madre e l'avesse condotta all'altare e sposata « davanti de la iente » (vv. 66-69), si accontenta ormai del giuramento di fedeltà che l'innamorato deve pronunciare sui Vangeli. « Il manigoldo ha preveduto tale proposta »; e ha portato seco un libricino qualunque che gabella per il libro dei Vangeli: dobbiamo supporre che al semplice cenno al Vangelo fatto dalla donna sia balzato subitamente di scatto in aria, di sorpresa e insieme di trionfo: « Le Vangelie, carama? Ch'io le porto in sino » (v. 150). E pronuncia solennemente la formula del giuramento, ponendo sul libro la mano; e la donna cede e protesta di non volersi più difendere dall'amante e anzi di arrendersi totalmente; e dice la cruda e brusca battuta finale:

> A lo leto ne gimo a la bon'ura!

« Poi uomo e donna voltano le spalle e a braccetto dispaiono dietro la tenda. Scoppia l'applauso e la risata grassoccia » (1).

Così il contrasto di Cielo è limpidamente rivelato per quello che è, un piccolo dramma serrato e vivacissimo: e non diverse nella materia e nell'andamento dobbiamo ritenere che fossero le *fabulae* istrioniche del IX secolo, di cui abbiamo cercato di rilevare la natura.

E non diverse dalle *fabulae* del IX secolo le *dicerie* giullaresche del XIII secolo, di cui ci hanno conservato i testi i *Libri memoriali* bolognesi, di cui abbiamo a suo luogo parlato. Di queste dicerie giullaresche dei *Memoriali*, appaiono chiaramente destinate alla recitazione il *Contrasto delle due cognate*, la *Diceria delle due comari*, il *Contrasto della madre con la figlia che vuole marito* o della figlia col padre sullo stesso argomento (2).

---

(1) *Origini della poesia drammatica*, pagg. 37-42.
(2) Cfr. la mia cit. *Storia della lett. ital. dalle origini all'Ariosto*, pag. 170 segg.

In un linguaggio vigorosamente plebeo è espresso il *Contrasto delle due cognate*, che si dicono villanie, ma poi si accordano di portare in casa un fantelletto, dargli da mangiare e da bere e spassarsela con lui:

> Oi bona gente, oditi et enditi
> la vita che fa questa mia cognata...
> A lato se ne ten sette gallette
> pur del melior per poter ben cioncare
> e tutora dice che mor di sete...

Nella diceria delle due comari il dialogo è intercalato alla narrazione; si tratta dunque di un monologo, secondo quello che abbiamo mostrato:

> Pur bij del vin comadre, e no lo temperare
> chè lo vin è forte, la testa fa scaldare.
> Giernonse le comadri — tramb'ad una maxone
> cercon del vin sottile — se l'era de saxone
> bevenon cinque barili...

con conseguenze che son ritratte in termini crudamente realistici.

Un tema largamente divulgato e certo di antica tradizione trattano i *Contrasti della figlia che vuole marito*, con la madre e col padre:

> Mamma lo tempo è venuto
> ch'eo me voria maritare
> d'un fante che m'è sì plazuto
> nol te podaria contare
>
> Eo te 'l contrario en presente
> figliola mia maledetta
> de prender marito en presente
> troppo me par c'aibi fretta.
>
> Babbo mio dolce, com tu mal fai
> ch'ed io son grande (e) marito non me dai.
> Mal fai tu babbo che non mi mariti
> ch'ed io son grande e son mostrata a diti.
>
> Figliola mia, non ti far meraveglia
> s'io t'ò tenuta cotanto in fameglia
> c'on dal to fatto ancor non troverai...

Pare evidente che anche a questi poveri monumenti della, diciamo, letteratura drammatica giullaresca del secolo XIII conviene perfettamente la nomenclatura — *turpes joci, fabulae inanes*, ecc. — di cui abbiamo stabilito il significato in ordine al repertorio istrionico del secolo IX. È, così,

Grotteschi di una pagina dell'*Infortiatum*.
Torino, Biblioteca Nazionale.

riconoscibile, quanto al repertorio drammatico, una continuità ininterrotta dello spettacolo istrionico dell'antichità a quello giullaresco dell'alto Medioevo, che appare dunque conforme pienamente alla produzione giullaresca documentata dei secoli XII e XIII. Il che ci abilita a concludere che assolutamente valida è la proposizione muratoriana per cui si rappresentano gli *joculatores* dell'alto Medioevo, in quanto sono *histriones* o *mimi*, come autori di *pièces* comiche; ma ci autorizza anche a ripudiare l'identificazione dal Muratori proposta di queste *pièces* con le commedie dell'arte o con le farse dei *circulatores*: le *fabulae* istrioniche testimoniate dalle fonti dei secoli VIII e IX potranno piuttosto essere comparate agli *sketches* del nostro teatro di varietà e di rivista; e, in qualche caso, con le scenette buffonesche realizzate dai *clowns* dei circhi equestri tra una esibizione e l'altra degli acrobati.

Bisogna ora dichiarare che le fonti rappresentano i giullari del IX secolo non solo come *histriones* o *scaenici* o *scurrae*, ma anche come *choraules*. La consultazione dei glossari ci suggerisce per *choraules*, oltre l'interpretazione *mimus*, anche queste altre: *jocularis cantator* e *princeps chori ludionum quo nomine potest dici totus chorus*; e sono interpretazioni che autorizzano la definizione del Faral per cui il *mimus choraules* è il maestro e direttore delle danze « *qui fait chanter et danser les jeunes gens* ».

Ma non solo questo.

Bisogna notare, col De Bartholomaeis, che tra il *mimus scaenicus* o *histrio* e il *mimus choraules* la distinzione non può essere molto netta, perchè la danza collettiva medioevale è, in generale, figurata: un'azione coreografica che ha un contenuto mimico, drammatico, anche se il testo su cui la danza si regge ha carattere lirico. Ciò si rileva analizzando il contenuto scenico di alcuni testi letterari musicati italiani del secolo XIII (*ballate*) che reggono le danze popolari: la *Malmaritata*, le *albe*, la *Fatevi all'uscio madonna Dolciata*. Il giullare — il *mimus choraules* — è il corifeo che intona una cantilena — la ballata — che è certamente ripresa nel *refrain* da tutti i danzatori, e dev'essere abbigliato in modo aderente al personaggio che interpreta e con gli accessori richiesti allo svolgimento dell'azione coreografica; e in ogni caso, deve esprimere con la mimica lo stato d'animo dei personaggi che la ballata raffigura: lo strazio dell'amante cui il canto degli uccelli annuncia l'alba che lo separa dalla sua donna (*albe*), l'angoscia della donna giovane maritata a un vecchio che la tien chiusa in casa e la batte (la *Malmaritata*), e via dicendo.

Rimbaldo di Vaqueiras.
Iniziale miniata del ms. fr. 12473
della Biblioteca Nazionale
di Parigi
(Fot. della Biblioteca).

Del resto non solo la danza popolare, ma anche la danza aristocratica è danza figurata, una coreografia. Basta a darne testimonianza il celebre discordo ballabile di re Giovanni; che nella prima parte raffigura la cerimonia del *ligio omaggio* che il vassallo rende al signore (ed è appena il caso di ricordare che appunto come *ligio omaggio* o *servizio della dama* è concepito dai trovatori l'amore fine e leale) e, nella seconda parte, la trasmissione del messaggio d'amore del poeta, recato da una donzella del coro alla regina della festa. Il discordo ballabile, dunque, interpretato da signori e dame, implica la direzione di un corifeo professionista, del *mimus choraules*, appunto.

Alla tradizione coreografica cortese va riportato senza dubbio il *Carros* di Rambaldo di Vaqueiras (1), il trovatore della corte marchionale del Monferrato: il poemetto raffigura la guerra che a Beatrice, figlia di Bonifazio del Monferrato, muovono le donne più giovani e belle della Lombardia, dalla Savoia a Venezia, che hanno fatto lega come i Comuni lombardi; e all'assalto di Beatrice muovono col Carroccio (onde il titolo: il *Carros*), il carro di guerra dei Comuni italiani; Beatrice trionfa e in sua mano restano Valore e Giovinezza, Bellezza e Cortesia.

Il *Carros* di Rambaldo va assunto insomma come il libretto di una fantasiosa stupenda coreografia; e si rilega, più che alla tradizione occitanica vera e propria, a un genere sorto in quella corrente della letteratura d'oil che alla tradizione trobadorica si ispira, al genere dei *tournoiements des dames*, tornei di dame, inaugurato dal troviero Huon d'Oisy verso il 1180. Che il *tournoiement* si debba assumere come libretto di una danza figurata, di una coreografia è stato di recente molto chiaramente dimostrato, e senza dubbio libretti di una coreografia sono le composizioni di due trovatori provenzali operanti in corti italiane, un Aimeric che è autore di un poemetto perduto cui fu dato il titolo di *Mesclanza e batalha* (zuffa e battaglia: raffigura una « guerra » tra due dame gentili, Selvaggia e Beatrice d'Auramala, figlia di Corrado Malaspina); e Guilhelm de la Tor, autore della *Treva* (la tregua: continuazione del poemetto di Almeric).

Questi e altri simili libretti ebbero certo larga circolazione nel mondo signorile; ma il genere si afferma anche fuori della società aristocratica nel secolo XIV; e basti pensare alla notissima *Battaglia delle vecchie e delle giovani*, che al genere evidentemente si ricollega.

---

(1) Cfr. la mia cit. *Storia della lett. ital. dalle origini all'Ariosto*, pag. 205 segg.

Musicanti in un corteo trionfale.
Dipinto su di un cassone, di Sano di Pietro.

I glossari, per *choraules*, oltre l'interpretazione già da noi riferita, recano anche quest'altra: *jocularis cantator*; cantore, riteniamo, di quei *cantica* o *cantilenae* o *cantationes* cui fanno frequenti allusioni gli atti dei concili e i capitolari franchi a partire dal secolo VI, qualificandoli turpi e lussuriosi: canti in volgare (*rustici*, dicono costantemente le fonti e si sa che con la formula *lingua romana rustica* si designano appunto le favelle romanze), di contenuto profano (come indicano le qualificazioni *obscoena, turpia, luxuriosa, illecebrosa*), con cui il popolo si divertiva *per sanctorum solemnitates*; e si intonavano nelle vie e nelle piazze, ma anche nei dintorni delle chiese e negli atrii e nell'interno stesso delle basiliche, in cui si osava persino organizzare danze e allestire conviti. Nelle testimonianze degli atti sinodali e nei capitolari è stata riconosciuta la prova obbiettiva dell'esistenza dei canti popolari tradizionali. Senza dubbio popolari sono questi canti attestati dalle fonti, ma non perchè siano il frutto della creazione popolare inconscia anonima e collettiva postulata dai romantici, bensì perchè, creati da verseggiatori e musicisti, diremo, professionisti, sono accettati dal popolo e nel popolo largamente si diffondono e si divulgano e circolano; ed entrano e talvolta a lungo restano nella tradizione.

Ora io mi sento autorizzato a identificare appunto coi giullari, in quanto *cantores* e *choraules* i verseggiatori e musicisti professionisti che necessariamente dobbiamo riconoscere come autori dei canti di gioia e di danza che il popolo intonava nelle festività e nelle solennità e sui quali spesso si reggevano le danze. Canti puramenti lirici, alcuni; e altri lirici pur sempre, ma richiedenti un'interpretazione mimica e scenica o coreografica: canzoni e ballate.

Oltre che attori o mimi o coreografi anche *cantatores* gli *joculatores* del IX secolo, come quelli dei secoli XII e XIII: lo spettacolo giullaresco, già nell'alto Medioevo, risulta dunque non solo di *fabulae* o *joci* — cioè di brevi bozzetti drammatici — ma anche dell'esecuzione di danze figurate e di canzonette. Del resto, che i giullari siano, oltre che mimi e istrioni, anche coreografi, ballerini e canterini ci confermano le fonti che alludono, oltre che agli *histriones*, ai *choraules*, ai *cantatores*, anche ai *thymelici* e ai *citharistae*; cioè a suonatori di vari strumenti; e ci consentono quindi di raffigurare i giullari anche come musicanti.

Ma possiamo riconoscere anche altri elementi importanti del repertorio giullaresco, già nell'alto Medioevo. Abbiamo visto che nelle definizioni dei glossari le *urbanitates* sono *facetiae* o *verba jocosa* o *jocularia*; e cioè, *bona verba*, *bons mots*. Ciò porta a riconoscere che le *fabulae* giullaresche non sono soltanto le dicerie o bozzetti drammatici di cui abbiamo trattato, ma anche quelle che possiamo definire *barzellette*, storielle impertinenti e spesso sboccate, cui ben convengono i termini *joci turpes* con cui le indicano le fonti; barzellette che chiunque poteva raccontare specialmente *inter epulas*; ma che raccontavano specialmente i giullari in quanto *mimi joculares*; e cioè autori e depositari di un repertorio estesissimo di *verba jocosa* o *jocularia*. Nei glossari *jocularis* si interpreta con *hilaris*, *ridens*; e le *fabulae inanes* si definiscono *ineptiae*, e *ineptus* si spiega con *stultus*; le *scurrilitates* si trovano associate a *stultiloquia* e inezia si interpreta con *res vana* e lo *scurra* con *vaniloquax*. Inezie o vanità i *verba jocularia*, sciocchezzuole o stupidaggini, appunto perchè anche le barzellette che si raccontano oggi spesso consistono in battute sciocche e balorde, che per la loro sciocchezza muovono il riso. Non sempre, ovviamente, battute sciocche: spesso anzi si tratta di arguzie sottili ed acute; e infatti nelle fonti dell'alto Medioevo le *scurrilitates* sono definite non solo *ineptiae* e *res vanae*, ma anche *subtilitates*; e questa definizione ci riporta a *stropha* — al gabbo, come abbiamo mostrato —; dal momento che *stropha* è *impostura* e l'*impostor* — e cioè lo *scurra*, l'attore, il giullare — è qualificato in una glossa *subtilis*.

Le *strophae*, mostrano i glossari, si intessono con *cavilli* e i *cavilli* sono cose proprie degli *scurrae*; evidentemente i cavilli vanno accostati alle *subtilitates*, le quali, in un testo (1) del XIII secolo, sono esplicitamente messe in rapporto con l'attività professionale degli *histriones*, e cioè dei giullari:

> Un istrione inglese che veniva in Francia ad apprendere *subtilitates* e un istrione francese che andava in Inghilterra ad apprendere *subtilitates*, si incontrarono e si chiesero la ragione del loro viaggio. Disse l'inglese: « So tutto quanto c'è in Inghilterra in fatto di *subtilitates* ». E disse il francese: « E io so quanto c'è in Francia; perciò *exerceamus hic subtilitates* e non procediamo oltre ».

Così apprendiamo che il *subtilis* da una glossa aggiunto al termine *impostor* non ha senso generico.

Molti *exempla* (e cioè novelle, parabole, fiabe) della *Compilatio singularis exemplorum* sono evidentemente *strophae* o *subtilitates* o *callidae versutiae* o *cavilli mimici*; e converrà citarne qualcuno in una nostra versione o meglio parafrasi, per dare un'idea precisa dei *bona verba* o *verba jocularia* giullareschi del XIII secolo:

> Hugo le Noir (2) fu esiliato in Inghilterra. E quando disse al re d'Inghilterra questo *verbum* (3), per paura tornò in Francia e raggiunse in barca, per la Senna, S. Germano; e fece dire al re di mandargli da mangiare. Disse il re: « Non era stato bandito? Sia impiccato! ». E Hugo: « Bandito dalla terra, non dall'acqua: io sono in acqua! » (4).
>
> Il medesimo istrione Hugo fu ospitato da un tale che si chiamava Chardon. Il quale disse, a mensa: « Io, per amore di Hugo offrirò la carne, e voi il pane e il vino. Hugo non pagherà nulla, ma ci dirà qualche *bonum verbum* ». E Hugo:

> > Bien ait li bons hostels chardon,
> > qui nous a fait de sa char don!
> > Ce n'est pas chardon qui chardonne
> > mais c'est Chardon qui sa char donne!
> > Mieutz seit Chardon sa char donner
> > que chardons les draps chardonner...

> Un istrione fu pessimamente ospitato in una abbazia dal monaco deputato ad accogliere gli ospiti. Il giorno dopo, alla partenza, s'imbattè nell'abate e magnificò l'accoglienza

---

(1) *Compilatio singularis exemplorum*, edita dallo HILKA.
(2) Un buffone del tempo di Filippo Augusto.
(3) Quello narrato nell'*esempio* precedente.
(4) Il motivo ricorda quello della celebre novella sacchettiana del Gonella.

Allegoria della musica; rilievo del Battistero di Pisa.

Fot. E.P.T. - Pisa.

Viscardi-Barni, *Il medioevo comunale italiano.*

ricevuta; e disse che avrebbe mandato all'abbazia tutti i suoi amici e che avrebbe deviato dal suo cammino anche 4 o 5 leghe per godere ancora qualche volta dell'ospitalità dell'abbazia. L'abate che era molto avaro, si dispiacque molto e rimosse dal suo ufficio il monaco deputato ad accogliere gli ospiti. E poi seppe la verità, e vide che il giullare argutamente lo aveva giocato.

Il giullare Simone componeva *rimos* (1) contro tutti in un banchetto e quando s'accorse che tutti erano indignati ne compose uno contro di sè:

> Et quant deus vint ad ultimum
> ne li remest tant de limon
> de qu'il feist le nes Simon...;

e così pacificò tutti.

Questi *bona verba* o *cavilli* o *convicia* scherzosi del secolo XIII certo non sono diversi dalle *mimorum urbanitates et strophae* o facezie attestate dagli atti sinodiali del IX secolo; e sono dunque, oltre che i brevi bozzetti comici che i giullari, in quanto *histriones*, recitavano, anche le storielle brillanti o argute o piccanti e spesso oscene che i giullari, in quanto *mimi joculares*, raccontavano e cantavano quando erano espresse *per rimos*, cioè in versi.

Anche per questa via si viene a riconoscere l'analogia tra lo spettacolo giullaresco del Medioevo e il moderno spettacolo di varietà, di *music-hall* o di circo, come abbiamo affermato, nè occorrono molte parole per darne la dimostrazione: basta ricordare i grandi eredi moderni degli antichi *mimi choraules*, i Dapporto, i Macario, i Rascel, gli Spadaro, che intercalano agli *scketches*, alle coreografie, alle canzoni le storielle brillanti, le facezie, le *urbanitates*, insomma, che sanno raccontare con tanto brio, con tanta vivacità. Non diversi in questo dai *clowns* dei circhi, che con le loro *ineptiae* riempiono gli intervalli tra un'esibizione e l'altra dei cavallerizzi, degli acrobati, dei funamboli, dei fantasisti.

Resta da chiarire un punto, cioè la corrispondenza che abbiamo riconosciuto nel linguaggio delle fonti tra due termini che sembrano contraddittori, *urbanitates* e *scurrilitates*. In realtà, *scurrilitas* sembra esprimere qualcosa di volgarmente triviale, mentre *urbanus* e *urbanitas* hanno il significato stesso che nelle lingue romanze ha il termine *cortese*: esprime cioè quello che appartiene alla società aristocratica, ed è, perciò stesso, raffinato, elegante, misurato, squisito. Ma è facile rilevare che la contrad-

---

(1) Ritmi, *couplets*.

Giullare. Particolare della miniatura del mese d'aprile nel Breviario Grimani. Venezia, Biblioteca Marciana (Fot. Alinari).

dizione è solo apparente: anche in latino *facetus*, da cui *facetiae*, vale originariamente « elegante »; e nel latino medioevale significa « bene educato »; se consultiamo, ancora una volta, i glossari troviamo che *facetus* e *urbanus* sono interpretati appunto con *suavis, affabilis, elegans*, mentre *facetia* si interpreta anche con *jocus, ludus, sales*; e *urbanitas*, oltre che con *elegantia* e *facetia*, ancora con *jocus*; per cui bisogna concludere che già nel IX-X secolo *urbanitas* significa, insieme, « buona educazione, arguzia, spirito brillante »; evidentemente perchè già nella nozione comune dell'alto Medioevo, un uomo colto, in senso mondano, cortese e bene educato, è sempre spiritoso, brillante; sa intessere la sua conversazione di « leggiadri motti », di arguzie, che sono l'espressione di una mondanità elegante e briosa. Ma è ovvio che le *urbanitates* o *facetiae* non sempre possono restare nella misura che la cortesia richiede; e possono diventare impertinenti e talora sboccate; e i *bona verba* divenire *verba jocularia*, spesso *insolentia* e *turpia* e *obscoena*, se sono raccontati non più dai *curiales*, dai *curtenses*, ma dagli *scurrae*, dai *mimi joculares*, sguaiati e triviali, professionisti della risata del *cacinnus*. Ma anche allora le *scurrilitates* si identificano tuttavia con le *urbanitates*, perchè in *urbanus* si rileva specialmente il significato di *plaisant*, così come di *facetia* si ritiene più il valore di « sale » che di « eleganza ».

Il complesso spettacolo giullaresco di cui abbiamo dato finora la descrizione appare certo offerto prevalentemente al popolo ed eseguito nelle piazze e nei trivi; e certo gli atti sinodali, qualificando come *rusticae* le composizioni che i giullari declamavano e recitavano in pubblico, indicano chiaramente che si tratta di dicerie in volgare, espresse cioè nelle favelle romane rustiche, nelle parlate romanze.

Ma ci sono testimonianze che ci abilitano a riconoscere che i giullari esercitavano la loro attività non solo per le vie e per le piazze, in occasione delle feste popolari, ma anche nelle curie signorili laiche ed ecclesiastiche e nelle aule regie; e si può agevolmente dimostrare che i giullari i quali nell'alto Medioevo la loro professione esercitano a diletto dell'alta società laica ed ecclesiastica, leggono e declamano anche testi latini.

Un mimo conviviale senza dubbio è, ad esempio, la *Coena Cypriani* di Giovanni Imonide, diacono romano del IX secolo, autore della *Vita di Gregorio Magno* inserita nel *Liber pontificalis*. La *Coena* è un rimaneggiamento di un testo attribuito a S. Cipriano vescovo di Cartagine nel II secolo che ebbe larga circolazione; ed è dall'Imonide adattato per essere recitato alla Corte pontificia durante i grandi conviti; ci è noto il nome dell'attore professionista che alla Corte pontificia ha interpretato la parte del protagonista: l'attore Crescenzio. La *Coena* è il libretto di una grandiosa azione coreografica, una stucchevole elencazione di personaggi, interrotta da brani che sono come le didascalie dei singoli quadri. L'attore principale declama i versicoli del testo e l'azione dal testo suggerita è realizzata da un numero cospicuo di interpreti, che rendono mimicamente le varie scene nel testo descritte. Una *fabula saltata*, insomma: uno spettacolo sfarzoso, che poteva essere inscenato solo in una corte ricca, che disponesse di molti uomini e di un guardaroba ben fornito. La *Coena* è perciò monumento prezioso che documenta la continuità della tradizione classica del mimo conviviale nella società aristocratica laica ed ecclesiastica dell'alto Medioevo. In particolare documenta che non tutta la giulleria medioevale appartiene al mondo popolare rozzo e incolto: l'attore Crescenzio è in grado di recitare, alla fine del IX secolo, in latino. E non è il solo: abbiamo il testo latino di molti mimi brevi e semplici eseguiti alla corte carolingia. Tali sono certamente: il carme di Ermoldo Nigello in onore di Pipino, che è un contrasto tra *Vosacus* (i Vogi) e *Rhenus*, in presenza del re; e i *Versus ad imaginem Tetrici*, che sono, ancora, un contrasto, un dialogo, di cui sono interlocutori il poeta, Walafriso Strabone, e un attore, Scintilla; ed è contrasto scritto per essere recitato davanti alla statua di Teodorico che Carlo Magno aveva fatto

Il gioco dei dadi. Miniatura di un codice dei *Carmina Burana*.
Monaco, Biblioteca di Stato (Fot. della Biblioteca).

trasportare da Ravenna ad Aquisgrana. Gli interlocutori di questi contrasti devono essere mimi convenientemente truccati ed abbigliati.

D'altra parte, non solo questi sono i monumenti della letteratura medio-latina che sembrano avere contenuto drammatico e destinazione spettacolare: i chierici che, maestri e discepoli, vivono nell'ambito del mondo scolastico compongono *fabulae* e *cantilenae* latine confrontabili, per contenuto, spirito e tono, con quelle volgari che abbiamo riconosciuto nel repertorio giullaresco dell'alto Medioevo; e sono le cantilene e favole che servono alla celebrazione di quelle feste e cerimonie profane, gioiose e burlesche, che sono, della vita scolastica, ricreazione e svago, in ogni centro di studio e in ogni tempo, al Laterano come a S. Gallo, a Reichenau, a Fulda. Particolarmente notevole, fra le feste goliardiche, è quella degli Innocenti, per la quale — a S. Gallo specialmente ma in generale presso ogni centro di studio — si è prodotta una copiosa letteratura spettacolare e drammatica, simile alla produzione giullaresca che abbiamo cercato di raffigurare.

Un'altra letteratura si è poi prodotta nell'ambiente scolastico, la letteratura delle *comoediae elegiacae*; le quali comportano tutte un'esecuzione mimica, e cioè declamata e atteggiata. *Comoediae* si chiamano legittimamente questi componimenti che sono rifacimenti in forma narrativa delle antiche commedie plautine e terenziane; e si qualificano *elegiacae* perchè espresse in distici elegiaci. Nel genere è stato riconosciuto l'antecedente del *fabliau* francese. Di una di queste commedie elegiache, per la quale non si indica una diretta fonte classica, il *De mercatore*, è possibile riferire brevemente il contenuto senza offendere troppo la decenza. Si tratta di un marito che, esercitando la mercatura, resta più di un anno lontano dalla moglie e, al ritorno, trova un bimbo che non può essere suo.

Scena cortese.
Miniatura di un codice delle opere di Guillaume de Machaut.
Parigi, Biblioteca Nazionale (Fot. della Biblioteca).

La moglie si giustifica dicendo che lo ha concepito passeggiando sulla neve; e il marito finge di accettare la spiegazione. Ma quando il bimbo si è fatto grandicello, lo porta seco in viaggio e lo vende schiavo in un porto dell'Africa; e al ritorno dichiara alla moglie: « Era figlio della neve, e non ha retto al gran calore del sole africano; si è liquefatto... ».

Un *conte-à-rire*, una novelletta *plaisante*, come si vede: un *bonum verbum* perfettamente confrontabile con i *verba jocularia* e le *fabulae inanes* che abbiamo rilevato nel repertorio giullaresco già del secolo IX. La differenza è solo nel fatto che le *strophae* dei *mimi joculares* sono in lingua romana rustica, mentre questa è nell'elegante latino della scuola. Novelle *plaisantes* sono tutte le altre commedie elegiache, di tono e contenuto anche più ardito e più crudamente realistico e osceno, confrontabili appunto con i *fabliaux* francesi del secolo XIII; alcuni dei quali sono versioni, proprio, di commedie elegiache; come del resto il *De mercatore*, esattamente risponde a *L'enfant qui fu remist au soleil*; e non occorre spender parole per dimostrare che la letteratura dei *fabliaux* è strettamente pertinente alla tradizione giullaresca.

Del *De mercatore* ci son giunte parecchie versioni latine, delle quali la più antica è quella contenuta in una silloge del secolo XI di componimenti latini, di origine sicuramente renana, conservataci da un codice di Cambridge; si tratta di una silloge di poesie di vario genere, antiche e moderne, composta come antologia di esempi di vario dettato per le scuole di retorica; in essa il raccontino del figlio della neve entra come esempio di stile *comico* o *mediocre* che, come sappiamo, nelle scuole si insegnava e si studiava con la stessa meticolosità dello stile tragico; meglio diremo, del grado più basso dello stile, dello stile *umile* o *infimo*, che Dante appunto chiama *elegiaco*, perchè impiegato nelle « commedie » in distici elegiaci, che trattano materia giocosa bassa e triviale. I *vaniloquia* e le *ineptiae* non sono dunque solo della tradizione giullaresca, ma anche della tradizione scolastica, non solo della letteratura popolare in volgare, ma anche della letteratura colta medio-latina. Il che mostra quanto arbitraria e astratta fosse la dottrina che poneva, nella vita medioevale, due mondi nettamente separati, il mondo clericale e il mondo volgare, interpretato il primo dai letterati che impiegano il latino come strumento dell'espressione e l'altro da quei poeti « popolari e naturali » che sono, nella nozione romantica, i giullari. La dottrina romantica dell'assoluta autonomia della tradizione giullaresca dalla tradizione letteraria culta è smentita da un complesso imponente di dati sicuramente acquisiti: il D'Ovidio ha riconosciuto che la versificazione impiegata dai giullari nasce da laboriose sperimentazioni clericali (e d'altra parte sono proprio i chierici che conferiscono alle favelle romane rustiche quella « strutturazione » che le rende idonee a essere strumento dell'espressione letteraria); mentre il Beck ha reso evidente che alla tradizione della musica liturgica va rilegata non solo la musica delle dotte canzoni trobadoriche, ma anche quella dei componimenti lirici minori, di quelle « cantilene » o « cantici » di cui abbiamo dimostrato la paternità giullaresca; d'altra parte, l'interpretazione e l'esecuzione delle « commedie elegiache » è certo non di istrioni professionisti ma degli alunni della scuola, mentre la composizione è opera di maestri, spesso illustri.

Ancora debitori dei giullari si mostrano i chierici quando agiscono quasi come mimi o istrioni nello svolgimento stesso dell'azione liturgica. Non si allude ora al dramma sacro — che sorge e si svolge non indipendente, ma in certo qual modo esterno alla liturgia canonica — bensì ad alcuni particolari aspetti della liturgia vera e propria, di contenuto e andamento evidentemente drammatico, realizzata mediante azioni e interpretazioni non diverse da quelle che abbiam visto applicate nelle dicerie giullaresche (1). Basterà citare il modo onde la Chiesa propone ai fedeli, nelle messe della Domenica delle Palme, del martedì, del mercoledì, del venerdì della Settimana santa il racconto che i quattro evangelisti danno della tragica vicenda della Passione: il testo evangelico è recitato da due diaconi, dei quali uno canta la parte narrativa e le parole che si pongono, via via, in bocca a Caifa, a Erode, a Pilato, a Pietro, ai servi, alla turba (ma talvolta i discorsi diretti dei personaggi son resi non dal diacono, bensì da alcuni cantori del coro; e da tutto il coro i versetti che esprimono i sentimenti della turba); e l'altro invece, con altro tono, pronuncia solo le parole del Cristo. Non diremo, naturalmente, che l'evidente analogia tra l'interpretazione delle dicerie giullaresche e l'interpretazione liturgica della *Passio* evangelica ci abiliti a credere che dalla tradizione mimica derivino questi particolari modi della liturgia canonica, ma certo è lecito ritenere che al definirsi della liturgia non sia estranea la tradizione drammatica antica, di cui la giulleria medioevale è la continuatrice e l'erede.

Certo, ad ogni modo, evidenti sono gli influssi dell'istrionismo in alcune interpretazioni assolutamente teatrali e spettacolari che in alcune chiese della Gallia si danno della liturgia canonica del Natale e della Pasqua: interpretazioni o intrusioni che l'austera severità del rito romano male

---

(1) Cfr. la mia *Storia della lett. d'Oc e d'Oïl*, 3ª ediz., pag. 81 segg.

comporta, e infatti mai sono accolte nella liturgia delle basiliche romane. Converrà allegare qualche esempio, derivato da antichi rituali gallicani raccolti e pubblicati dal Martène (1).

Ecco l'azione assolutamente teatrale che in luogo del canto della sequenza *Victimae paschali*, dopo il graduale, si eseguiva nella chiesa di Soisson, nella messa della Domenica di Pasqua:

> Allora la processione si dirige al Sepolcro (2) nel seguente modo: prima i chierichetti coi campanelli e i gonfaloni, quindi i candelieri, i turiboli, la croce; quindi quattro suddiaconi in camice; li seguiranno due preti in cappa di palio, e tutti gli altri secondo l'ordine loro, infine il vescovo col pastorale e la mitra in cappa di palio, con lui il cappellano. Al sepolcro si troveranno due diaconi indossanti il camice, l'amitto, la dalmatica bianca. Questi *in similitudinem angelorum* (3) stando a destra dello sportello del Sepolcro con voce bassissima e col capo rivolto al Sepolcro diranno: «Chi cercate nel Sepolcro o cristiani?». I due preti in cappa *in loco Mariarum*: «Gesù Nazzareno crocefisso, o celesti». I due diaconi-angeli: «Non è qui, è risorto come aveva predetto. Andate e annunciate che è risorto». I preti che rappresentan le Marie con voce più alta risponderanno: «Alleluja, è risorto oggi il Signore, è risorto il Leone forte, il Cristo figlio di Dio. Siano rese grazie a Dio. Dite eia».

Un breve dramma vero e proprio, come si vede: il rituale è una didascalia molto minuziosa, che indica le parti che i chierici-attori devono interpretare e suggeriscono gli atteggiamenti che devono assumere e persino il tono della voce: *humillima voce, voce altiori*. È però da osservare che i chierici-attori della liturgia pasquale indossano gli abiti liturgici, anche se recitano, invece della sequenza canonica, un testo che è della sequenza stessa un'abbreviazione integrata con motivi derivati dal Vangelo e da altri che sembrano originali. Ma più tardi le intruse interpretazioni drammatiche del testo canonico acquistano un carattere anche più decisamente teatrale; e allora alcune, almeno, delle parti sono assunte non più da diaconi e preti indossanti le vesti liturgiche, ma da *pueri* del coro; il cui abbigliamento, pur essendo essenzialmente costituito di vesti liturgiche, comprende anche elementi realistici: ad esempio i *pueri* che impersonano gli angeli portano sulle spalle le ali. Si potrebbero allegare molti esempi, ma non è necessario: quello che abbiam detto basta a permetterci di concludere che, nel bilancio del dare e dell'avere, i chierici non sempre sono creditori, ma talvolta anche debitori dei giullari.

(1) *De antiquis ecclesiae ritibus*, 3 voll., Anversa, 1763.
(2) Cioè al tabernacolo dove nella messa del giovedì santo si depone l'Eucarestia, che vi resta fino alla fine della messa dei santificati del venerdì santo.
(3) Cioè degli angeli che le Marie trovano presso il sepolcro il mattino della resurrezione.

D'altra parte agevolmente si riconosce che i chierici, già in età molto antica, si servono dei giullari per la divulgazione dei misteri. Frequente è il caso di chierici che compongono per i giullari dicerie volgari d'ispirazione religiosa e di intenzione edificante sul tipo, per fare un esempio, del celebre *Ritmo cassinese*, un « contrasto » che è senza dubbio opera di un chierico, destinata alla recitazione giullaresca; mentre è lecito ritenere che siano opera dei giullari stessi e non sempre di chierici, gli adattamenti e i rifacimenti volgari delle leggende dei santi, che certo già nell'alto Medievo i giullari avranno recitato alle folle convenute ai santuari in occasione delle feste dei santi.

Per questa via si arriva a riconoscere un altro aspetto dell'attività dei giullari; che sono non solo *histriones* o *mimi* o *choraules* o *joculari* o cantori o suonatori di strumenti vari, ma anche dicitori di testi narrativi; e cioè, per usare il termine impiegato nelle fonti francesi del secolo XII, *conteors*:

> Cil saut, cil tume, cil encante
> li uns *conte*, li autre cante...;

> As jogleors vieles traire
> harpes soner et estriver;
> as canteors cançon canter,
> li *conteor* metent lor cures
> en dire beles aventures...

Una chiara allusione alla recitazione di gesta e favole da parte dei giullari è in Pietro Cantore, illustre chierico del XII secolo: « Costoro [i preti che cantano la messa fino all'offertorio, e tosto ne cominciano un'altra se i fedeli non fanno l'offerta] son simili a quelli che cantano favole e gesta; i quali, se si accorgono che la cantilena di Landrico non piace agli uditori, subito si mettono a cantare di Narciso ».

Già nel 1939 (1), nel richiamare le testimonianze raccolte dal Faral, relative all'attività dei giullari come *conteors*, io mettevo fortemente in rilievo che esse son tutte del secolo XII; e costituiscono un gruppo nettamente distinto da quelle altre, pure raccolte dal Faral, relative ai secoli VIII, IX e X: nessuna, assolutamente nessuna, indicazione si trova nei documenti dei secoli IX-X che consenta di porre le *gestes* e le *aventures* — e cioè le canzoni di gesta, ossia l'epopea carolingia, e i romanzi,

---

(1) Nella 1ª ediz. delle mie *Origini*.

Dame e musici in un giardino.
Dipinto su metallo, di scuola italiana del sec. XV.
Douai, Museo (Fot. del Museo).

ossia l'epopea bretone e arturiana — nel repertorio dei giullari dell'alto Medioevo: il che porta a rifiutare la dottrina romantica dell'epopea francese come poesia di origine giullaresca. È la dottrina che, nella misura che gli era consentita dallo stato degli studi del tempo suo, propone il Muratori quando, come abbiamo notato, riconosce fra le molte forme di attività dei giullari anche quella dei « ciclici poeti », « analoghi ai bardi degli antichi Galli che sulla lira cantavano le gesta dei loro eroi e agli aedi dell'antica Grecia »; i poeti ciclici cui si deve, ritiene il Muratori, la cantilena di Rolando; e sono appunto gli istrioni che, secondo le vecchie cronache del secolo XIII, cantavano per le piazze d'Italia di Rolando e di Oliviero; cioè i *cantores Francigenarum*, cui gli Statuti bolognesi del 1288 vietavano di « *morari ad cantandum in plateis communis* ».

Ma la condizione dei secoli XII-XIII, così chiaramente indicata dalle fonti che documentano un'associazione strettissima tra i giullari e l'epopea carolingia, non è riferibile ai secoli VIII-IX e cioè non è riferibile all'età in cui, secondo la dottrina romantica, sarebbero state prodotte dai cantori nazionali francesi — identificati, nel nome, con i giullari — quelle cantilene da cui sarebbero derivate le canzoni di gesta conservate. Le fonti dei secoli VIII-IX non rappresentano mai i giullari come cantori delle gesta perchè in quell'età remotissima l'epica volgare non è ancora nata: il genere delle canzoni di gesta nasce con quel grande capolavoro che la la *Chanson de Roland*, che appare composta nei primi decenni del secolo XI ed è opera di un poeta grandissimo che appartiene al mondo della cultura ed è partecipe della tradizione letteraria; e usando con grande ardimento come mezzo di espressione non più il latino, ma il volgare, inaugura la storia della letteratura moderna europea. Per la via aperta dal poeta di Rolando si mettono coloro che subito dopo, in seguito all'immenso successo ottenuto dalla grande canzone nell'ambiente della società aristocratica, riprendono a narrare, strettamente imitando il glorioso modello, le gesta di altri eroi, Guglielmo, Viviano, Isembart. Le origini dell'epopea francese sono letterarie; e nell'ambito della letteratura d'arte consapevole sono i primi svolgimenti dell'epopea stessa, che nasce nell'ambiente signorile, strettamente legato all'ambiente clericale depositario e custode della tradizione.

D'altra parte, non c'è dubbio che anche le più antiche canzoni di gesta non erano destinate alla lettura, diremo, privata: certo anche la canzone di Rolando sarà stata comunicata mediante la recitazione di un professionista, di un giullare. Solo tardi, nel secolo XIII, i signori e le dame leggono direttamente sui libri le grandi opere narrative: si ricordi il dan-

Suonatori
d'uno strumento
a corda, ...

tesco « noi leggevamo un giorno per diletto di Lancillotto ». Il momento della lettura diretta è segnata dall'avvento del romanzo in prosa, che soppianta le canzoni e i romanzi in versi, fatti appunto per essere declamati o cantati. Solo in questo senso e in questi limiti è da riconoscere l'intervento dei giullari alle origini stesse della letteratura epica: nel senso che ad essi era affidata la lettura o recitazione delle canzoni epiche che i troveri, poeti culti, avevano composto; al modo stesso che ai giullari i trovatori di Provenza affidavano le esecuzioni delle loro dotte canzoni.

Ma già agli esordi del XII secolo, in conseguenza di una rapida evoluzione del gusto e della cultura della società signorile francese — evoluzione determinata dall'importazione nella Francia del Nord della civiltà meridionale, della cultura trobadorica — l'epopea non risponde più alle esigenze spirituali della società aristocratica ed è sostituita dalla narrativa romanzesca cortese. Da questo momento la poesia delle *gestes* è abbandonata al mondo borghese e popolano, al quale del resto fin da principio i giullari l'avevano comunicata. Alla fine del XII secolo la poesia delle *gestes*, che è in origine troverica, diventa effettivamente giullaresca; sicchè possiamo dire che la storiografia romantica-positivista estende a un passato remoto una condizione che è solo del tardo Medioevo. Nel repertorio dei giullari, nomadi *amuseurs* professionali delle feste popolari e delle sagre, le canzoni di gesta entrano dopo che il genere nuovo aveva avuto una storia letteraria abbastanza lunga nella tradizione cortese. La discesa del genere dalla letteratura culta nella tradizione giullaresca è ben documentata dalla storia del genere stesso nell'età successiva a quella delle origini. In realtà, la storia stessa della tradizione delle grandi canzoni più antiche dimostra chiaramente il processo di elaborazione e di adattamento cui i giullari sottopongono le antiche canzoni. Ma certo il documento più significativo dell'assimilazione giullaresca del genere delle canzoni di gesta è la canzone del *Pèlerinage Charle-Magne*, in cui agiscono i personaggi eroici delle canzoni di gesta, conservando tratti caratteristici della personalità che il poeta di Rolando e i suoi primi imitatori e continuatori hanno loro attribuito; ma il tono è « comico » o meglio burlesco: il tono della *sthropha* giullaresca. Il *Pèlerinage* appare evidentemente composto per essere declamato alla festa dell'*endit* di S. Denis, durante la quale si esponevano alla venerazione dei fedeli le reliquie che Carlo Magno, secondo la tradizione, avrebbe portato in Francia da un viaggio in Oriente. Questo tema di un viaggio di Carlo *ad loca sancta* è un'invenzione di un monaco italiano del X secolo, Benedetto di Andrea del Soratte; invenzione che procede da una cosciente e spregiudicata manipolazione o falsificazione di un passo della *Vita Karoli* di Eginardo; falsificazione che Benedetto compie per giustificare la presenza

di un liuto, ...

e di una siringa. Miniature da un antifonario del sec. XII. Piacenza, Biblioteca Capitolare (Fot. della Biblioteca).

381

nel monastero del Soratte delle reliquie della Passione che appunto Carlo, reduce dalla sua *peregrinatio*, avrebbe recato al monastero da cui era mosso per iniziare il viaggio. L'invenzione del fantasioso cronista è con disinvoltura utilizzata dagli ambienti clericali per giustificare il possesso di alcune reliquie; e dall'ambiente clericale l'assumono i giullari che intervengono con l'arte loro alle feste e alle sagre delle sante reliquie; sicchè la troviamo anche svolta nella canzone di *Fierabras*, che si conclude col racconto della conquista e del trasporto dall'Italia a S. Denis delle reliquie della Passione appunto. Nella canzone del *Pèlerinage* si narrano i due viaggi, dal monaco del Soratte immaginati, di Carlo a Gerusalemme e a Costantinopoli; ma la narrazione della permanenza di Carlo e dei suoi paladini alla Corte bizan-

Il vescovo Turpino loda Rolando per i suoi saggi discorsi;
dal cod. pal. germ. 112 della Biblioteca Universitaria di Heidelberg
(Fot. della Biblioteca).

Un trovatore nella sala di un banchetto.
Miniatura di un codice del sec. XV.
Parigi, Biblioteca Nazionale (Fot. della Biblioteca).

tina è svolta in tono assolutamente giullaresco: ciascuno dei paladini si vanta capace di imprese straordinarie; e si tratta di imprese non veramente eroiche, ma licenziose e grossolanamente lubriche, dette con un linguaggio crudamente realistico e osceno e malizioso e sboccato: il linguaggio delle *fabulae inanes*, delle *scurrilitates*, degli *stultiloquia*, di cui abbiamo riconosciuto la presenza nel repertorio giullaresco già dei secoli VIII-IX e la documentazione in testi dei secoli XII-XIII; delle dicerie istrioniche, insomma, di cui questa parte del *Pèlerinage* è fedele riproduzione.

Dell'assimilazione dell'epopea ai modi della letteratura giullaresca dà già testimonianza l'aggiunta, operata in età abbastanza antica, alla primitiva *Canzone di Guglielmo*, di una breve *Canzone di Raynouard*, un gigantesco servo di cucina, che è l'eroe della riscossa di Guglielmo dopo la rotta di Aliscans. Figura grottesca questa di Raynouard, la cui pertinenza alla tradizione « comica » è resa evidente dal fatto che alla fine si scopre che Raynouard è il fratello della sposa di Guglielmo; l'azione dunque si risolve con un'agnizione; e si sa che l'agnizione è motivo essenziale dell'antica commedia, di cui nella tradizione giullaresca, e cioè istrionica, medioevale è, come sappiamo, chiaramente riconoscibile l'eredità.

Questa stessa materia e questo stesso spirito sono specialmente evidenti nei romanzi di una celebre compilazione franco-italiana conservataci dal Codice Marciano XIII della serie francese, che comprende, oltre un rifacimento della canzone di Bovo d'Antona, una serie di romanzi — *Berta da li gran piè, Carleto, Milon e Berta, Rolandin, Macario* — la cui materia riguarda la vicenda del reale lignaggio carolingio e la lotta che la stirpe reale è costretta a condurre contro la stirpe dei traditori, il lignaggio di Maganza (in italiano: i Maganzesi; e anche oggi nel dialetto di Venezia *maganzese* è termine usato per dire « ipocrita », « falso », « bugiardo », « traditore »), cui appartiene anche Gano, il traditore di Rolando. Il Rajna ha rilevato che la materia della composizione marciana costituisce nel suo complesso il *Romanzo dei Reali di Francia*, identico nel contenuto al celebre romanzo toscano in prosa del secolo XIV che ancora si stampa e si legge in Italia, nel mondo specialmente rurale. Salvo il *Bovo*, i romanzi che concorrono a formare i *Reali di Francia* franco-italiani sono creazioni di narratori francesi del XIII secolo, specialmente di Adenet

Donne che cantano e suonano strumenti musicali.
Miniatura di un codice del sec. XV.
Parigi, Biblioteca Nazionale (Fot. della Biblioteca).

li Rois (re dei giullari, capo di un gruppo di autori che lavorano insieme alla produzione di romanzi di questo genere); il cui interesse è sollecitato non dalle grandi gesta, ma dalle vicende private della stirpe reale, vicende straordinarie, ma « comiche », nel senso che il termine ha nel linguaggio retorico: il matrimonio di Pipino con Berta, principessa d'Ungheria, di cui il re s'era innamorato per fama, il sostituirsi di una contessa di Maganza all'autentica regina, l'usurpazione del regno da parte dei figli della falsa Berta, la persecuzione di Carlo fanciullo da parte dei fratellastri usurpatori, il suo rifugiarsi in terra saracena, gli amori della sorellastra di Carlo con Milone, il tentativo del maganzese Macario di sedurre la moglie di Carlo Magno. È evidente che tutta la narrazione è

Re Artù a banchetto. Miniatura di un codice del sec. XV. Parigi, Biblioteca Nazionale (Fot. della Biblioteca).

dominata da spiriti novellistici: la vicenda si svolge attraverso agnizioni e sostituzioni di persone o straordinari cambiamenti di stato, per cui Carlo fanciullo diventa servo di cucina e cavalieri illustri diventano boscaioli o carbonai e, viceversa, un boscaiolo diventa cavaliere (1).

Una materia « comica » si riconosce anche in canzoni di gesta più antiche di quelle che sono le fonti della compilazione marciana: nella can-

---

(1) Cfr. la mia *Letteratura franco-italiana*, Modena, 1942; si veda anche la *Storia della lett. d'Oc e d'Oil*, 3ª ediz., pag. 396 segg.

zone della *Chevalerie Ogier* e nella canzone dei *Quattro figli di Aimone*, dei quali il più noto è Rinaldo, che tanta fortuna ha avuto in Italia: nell'onomastica personale italiana il cognome *Rinaldi* è frequente quanto il cognome *Rolandi* o *Orlandi* o *Viviani* o *Viani* o *Vian* o *Vianello*, e cioè Vivianello... Anche in queste non le grandi gesta nazionali, ma le vicende private degli eroi; anche qui, come nelle canzoni di Adenet, spiriti borghesi e novellistici e dunque comici; il che si riconosce nel fatto che nell'*Ogier*, seppur grande è la pagina che ritrae la fuga del ribelle incalzato da Carlo lungo la Via Romana da Pavia a Monte Bardone, i versi più vivi sono quelli che rappresentano la squallida vita di Ogieri, quando nel suo castello l'eroe resta unico vivente col suo cavallo Broiefort e deve provvedere da sè a tutte le necessità della vita. Allo stesso modo nella canzone dei *Quattro figli di Aimone* la pagina più viva è quella che raffigura i quattro eroi sconfitti che, laceri e miserabili, tornano alla casa paterna e son riconosciuti dalla madre che li accoglie con parole di commossa tenerezza.

Insomma tutte le canzoni della fine del XII e del XIII secolo documentano con estrema evidenza il fatto della degradazione dell'epopea dal tono tragico al comico, dalla letteratura illustre alla letteratura di tono minore, e cioè giullaresca. In realtà, gli autori delle canzoni del XIII secolo sono abili mestieranti, che producono una letteratura che noi chiameremmo oggi commerciale; sono cioè, salvo poche eccezioni, non diversi da quelli che erano ottant'anni fa gli scrittori dei romanzi d'appendice e oggi sono gli autori di romanzi gialli e dei fumetti. Di molti conosciamo i nomi; tutti appartengono a una chiusa classe professionale e lavorano raggruppati in vere e proprie officine; e quelli cui si riconosce un posto eminente nella categoria aggiungono al loro nome l'epiteto di *roi*: è il caso, cui abbiamo accennato, di Adenet. Queste officine lavorano intensamente o rifacendo vecchi romanzi o creando canzoni che svolgono temi in canzoni già diffuse appena accennati, per chiarire i precedenti delle azioni che delle canzoni già divulgate sono la materia, per narrare l'infanzia o l'ingresso nella vita monastica degli eroi o le vicende degli antenati, al fine di soddisfare la larghissima richiesta dei cantastorie professionali, e cioè dei giullari, che rinnovando il tradizionale repertorio delle *fabulae*, monologhi e contrasti, delle *strophae*, dei *turpes joci*, recitano o cantano in pubblico le mirabili storie dei paladini. Ovviamente, il vecchio spettacolo giullaresco non è abbandonato o disertato; ma il nuovo riscuote un successo enorme.

Capitolo undecimo LE CONFRATERNITE[1]

---

[1] La trattazione si fonda essenzialmente sull'opera di G. M. Monti, *Le confraternite medievali dell'alta e media Italia*, Venezia [1927].

Il quadro che abbiamo tentato di delineare della vita italiana dell'età comunale non sarebbe compiuto se non facessimo parola di quelle associazioni religiose tra laici che si dicono *confraternite,* ma si trovano nei documenti, in tempi e luoghi diversi, designate con vari nomi — *confratria, confradaglia, frateria, fraternitas, fratalea, fraglia, sodalitas, compagnia, congregazione* —; termini che sono in qualche misura sinonimi di *confraternita,* ma hanno anche significati abbastanza diversi e designano enti dalle confraternite vere e proprie sostanzialmente diversi: compagnie d'armi, di arti e mestieri, associazioni di commercio, consociazioni di uomini di una stessa città o regione viventi e operanti in una città diversa da quella di origine, società di mutuo soccorso o anche di divertimento. Certo anche negli statuti di queste associazioni di mestiere o di commercio, ecc., ci sono disposizioni che prescrivono pratiche religiose in comune, simili a quelle delle confraternite vere e proprie; ma si tratta di disposizioni che non investono i fini principali per cui l'associazione è costituita. Così la compagnia che alcuni musici costituirono in Lucca nel 1310, anche se nell'atto di costituzione si dichiara che la compagnia stessa è stata formata *ad honorem Dei et beatae Virginis et sanctorum,* non è certo una confraternita, ma piuttosto una specie di cooperativa, potremmo dire; e basti a dimostrarlo la prima disposizione statutaria: « *In primis voluerunt... quod omne lucrum et adquisitionem quod ipsi et quilibet eorum fecerint, sit commune in eos et dividatur inter eos* ». Così le scuole veneziane delle arti restano corporazioni professionali ben distinte dalle confraternite, anche se, come osserva il Molmenti, gli statuti prescrivono il comune esercizio di pie pratiche; e anche se, in particolare, le scuole, oltre a festeggiare ogni anno il loro santo protettore, « andavano tutte in processione alla basilica del patrono di Venezia, precedute dall'araldo della consorteria e vi recavano un'offerta di molte libbre di cera ».

Confraternite in senso proprio sono quelle associazioni nelle quali i laici si uniscono per pregare in comune per i vivi e per i morti e per esercitare opere buone per la salvezza dell'anima: « per timore di Dio e amore di Cristo, affinchè Dio illumini la loro anima nel santo paradiso » e « per operare tali opere che valgano a ottenere presso Dio la remissione di tutti i peccati ». Son parole che si leggono in un documento dell'Archivio capitolare di Modena, pubblicato dal Muratori, che ragioni impongono di riconoscere anteriore al Mille. Il documento è l'atto col quale 75 uomini e 44 donne si uniscono *in fraternitate* in onore di S. Geminiano, obbligandosi a contribuire ogni anno la somma necessaria a illuminare il Duomo di Modena, dedicato, com'è noto, a S. Geminiano appunto. Il documento

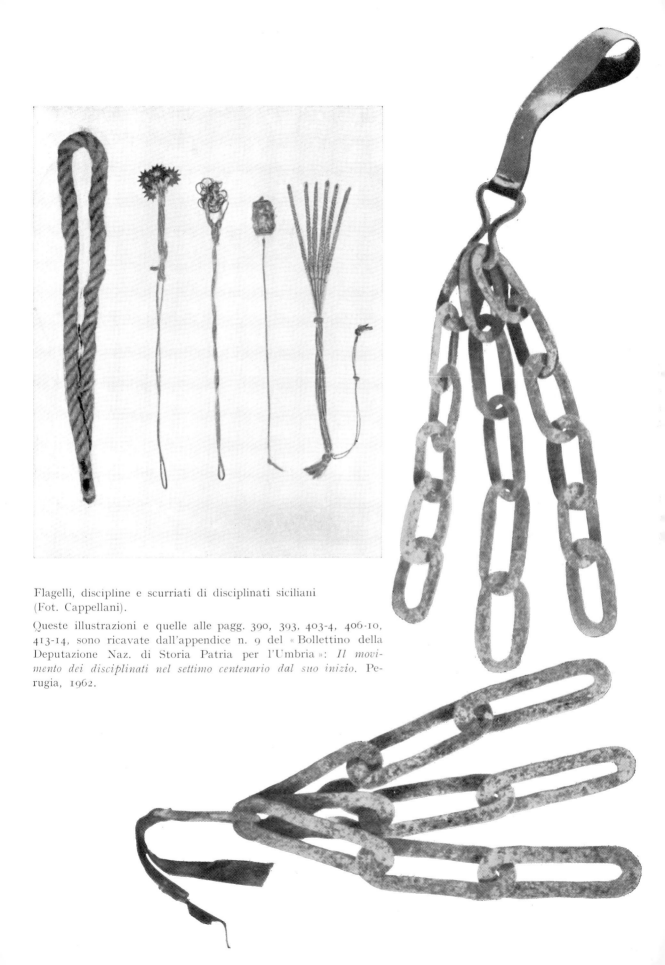

Flagelli, discipline e scurriati di disciplinati siciliani (Fot. Cappellani).

Queste illustrazioni e quelle alle pagg. 390, 393, 403-4, 406-10, 413-14, sono ricavate dall'appendice n. 9 del « Bollettino della Deputazione Naz. di Storia Patria per l'Umbria »: *Il movimento dei disciplinati nel settimo centenario dal suo inizio*. Perugia, 1962.

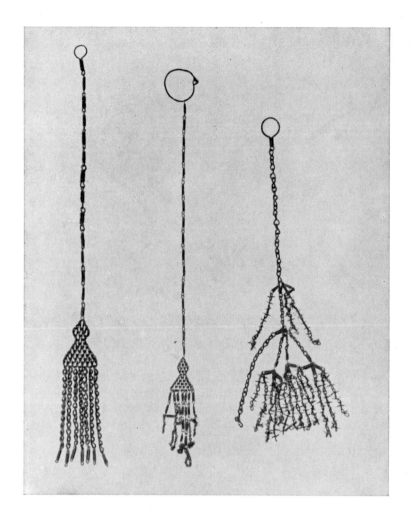

Flagelli di disciplinati siciliani (Fot. Cappellani).

modenese è assai breve e non indica l'impegno dei confratelli di fare pratiche religiose in comune, che è lo scopo vero e dichiarato delle confraternite dei secoli XIII-XIV, e cioè dell'età in cui più rigogliose vivono le pie associazioni dei laici.

Appunto perchè ritengo che le confraternite siano espressione concreta della religiosità nuova dei secoli XIII e XIV, giudico non veramente pertinenti i tentativi che sono stati fatti di riconoscere i precedenti delle confraternite nella tradizione religiosa e politica dell'età paleocristiana e dell'alto Medioevo, risalendo all'età romana e all'antichità germanica; o nelle congregazioni dei preti secolari largamente documentate a partire dal secolo X. Che le confraternite laiche dei secoli XIII-XIV si distinguano chiaramente dalle associazioni cui si è tentato di collegarle è reso evidente dal fatto che proprio lo studioso (Gennaro Maria Monti) che ha cercato di rintracciare fin nell'età paleocristiana e romana i precedenti delle confraternite vere e proprie, raccogliendo dati copiosissimi, non può non riconoscere (1), nella storia delle confraternite, « due periodi nettamente distinti, prima e dopo il secolo XIII » e specialmente prima e dopo il sorgere degli ordini Domenicano e Francescano e dei loro Terzi Ordini:

Prima le confraternite poco numerose vivevano una vita non troppo florida accanto a monasteri e chiese, sorte per assistenza o difese reciproca dei confratelli più che per scopo di beneficenza, ristrette nella loro attività a fondare ospedali o ospizi per propri consoci, ad assicurare loro benefici spirituali in vita e in morte ed esequie...; vivevano una vita isolata, avevano rapporti religiosi soltanto coi singoli ecclesiastici, costituivano quasi delle oasi staccate senza legami tra loro... Dopo il gran moto degli ordini mendicanti invece, esse — pur genericamente essendo in condizioni affini alle precedenti — sono un'arma di cui la Chiesa si serve per avvincere a sè i fedeli, specie la borghesia e il popolo, contro gli eretici e contro i ghibellini: come scrisse il Davidsohn (2), furono il mezzo di cui il clero si servì « per contornare tutta la vita dei piccoli borghesi con una rete di fili invisibili, più importante dell'azione della Chiesa ufficiale ». Mentre il clero e i conventi scendevano sempre più a contatti col mondo dei fedeli, la borghesia prese a cagione delle confraternite un colorito ecclesiastico; e monaci e chierici e borghesi si movevano in certo modo in una linea media, gli uni tendevano più verso la Chiesa, gli altri più verso il mondo. Frutto questo in buona parte delle eresie che avevano colmato l'abisso che prima separava il clero dal laicato, onde la Chiesa per trionfare di quelle, dovette... adottare le loro stesse armi e il loro stesso metodo nei riguardi dell'azione dei fedeli. E appunto son li ordini mendicanti e soprattutto il Francescano che, cercando di avvicinarsi al popolo, compiono « una vera e propria colonizzazione dei centri urbani svolgendovi una multiforme attività che mira ad avvolgere tutta l'azione del laicato, assisterlo in una quantità di bisogni pratici, dargli il gusto di nuovi riti e cerimonie... i laici sono non respinti, ma sollecitati, cointeressati, accolti. Cento ponti sono lanciati tra gli uomini di Dio e gli uomini del secolo » (3). ... È « una specie di riconquista della società religiosa che pareva dovesse sfuggire ai suoi tradizionali pastori: e qual mezzo poteva essere più efficace delle confraternite? Sono esse, appunto, che danno al popolo quello che in certo modo gli davano e promettevano gli eretici medioevali, cioè il senso di una Chiesa nuova che è nei fedeli e pei fedeli e non nella gerarchia e per la gerarchia, con piccola distanza fra i laici e i loro pastori spirituali, con un mistico legame tra fratelli e sorelle come nella Chiesa primitiva » (4). ... Che anzi i laici entravano, a dir così, a far parte della gerarchia ecclesiastica, essendo elevati a tante cariche di tante confraternite, cariche che dovevano « vegliare sulla vita morale borghese

---

(1) *Le confraternite*, cit., vol. II, pagg. 83 segg.
(2) *Geschichte von Florenz*, Berlino, 1908, tomo II, parte II, pag. 288.
(3) G. VOLPI, *Movimenti religiosi e sette ereticali nella storia medioevale italiana*, Firenze, 1927, pag. 173.
(4) VOLPE, *Movimenti religiosi*, ecc., pag. 177.

e sulla retta fede o per lo meno sulla puntuale assiduità religiosa dei loro membri » (1). E certo « al bravo cardatore o tessitore di seta o calzolaio o fabbro naturalmente era lusinghiero vedersi come camerlengo o anche come capitano della sua compagnia e di partecipare così alle processioni con una carica spirituale » (2). Insomma, nei secoli XIII e XIV le confraternite « raggiunsero certamente il loro scopo principale, annodando per secoli tutta la piccola borghesia strettamente alla Chiesa... ciò che il clero mondanizzato e il papato perdettero nella loro situazione politica e finanziaria, guadagnò la Chiesa d'altra parte in influenza per mezzo delle compagnie laiche; ... passando le ore della sera sempre o per lo meno frequentemente in canti tutti insieme i confratelli, era anche provveduto ai bisogni sociali secondo le tendenze italiane; e così la Chiesa abbracciava tutto l'essere della piccola gente in quanto non fosse nella vita politica o nell'ufficio o nella propria casa » (3).

Resta così chiarito quello che abbiamo affermato qui sopra, e cioè che non occorre riconoscere antecedenti e modelli veri e propri delle confraternite nell'alto Medioevo; ossia che le confraternite laiche del secolo XIII sono il prodotto del grande moto religioso che scuote la società cristiana dei secoli XI-XIII e si manifesta da una parte in violente esplosioni eretiche e dall'altra nell'avvento degli ordini mendicanti, che ristabiliscono più vivi e diretti contatti tra gerarchia e fedeli e cercano di conformare alle possibilità e alle esigenze dei laici indotti la pratica della preghiera in comune e della stessa liturgia canonica; e basti ricordare, per quanto riguarda i religiosi, la surrogazione della recita di un certo numero di *Pater*, di *Ave*, di *Gloria* alla quotidiana lettura dell'ufficio per i frati conversi non ordinati e ignari di latino; a questa pratica corrisponde esattamente quella degli associati laici delle confraternite che si riuniscono per recitare un certo numero di *Pater*, *Ave*, *Gloria* e per cantare laudi in volgare di cui ogni confraternita possiede una propria raccolta, che comprende tutti gli inni convenienti a ciascuna solennità dell'anno liturgico. È ovvio che la celebrazione di queste pratiche di culto di cui i confratelli stessi sono i ministri, non dispensa i fratelli dall'obbligo di partecipare alla liturgia canonica, in particolare dall'assistere alla messa; ma è evidente che le devozioni di cui essi stessi sono gli agenti, sono per i confratelli manifestazione più viva e diretta del sentimento religioso che non i riti canonici, di cui non possono essere se non spettatori passivi, che dei riti stessi non sono in grado di intendere il senso. A questa esigenza di una partecipazione più attiva e diretta dei fedeli alle pratiche del culto ri-

---

(1) DAVIDSOHN, *Geschichte von Florenz*, tomo II, parte II, pag. 289.
(2) DAVIDSOHN, *Geschichte von Florenz*, tomo II, parte II, pag. 290.
(3) DAVIDSOHN, *Geschichte von Florenz*, tomo II, parte II, pagg. 290, 294.

Pagina miniata di un laudario del secolo XIV
(Codice Magliabechiano).
Firenze, Biblioteca Nazionale
(Fot. della Biblioteca).

sponde l'istituzione da parte di S. Francesco della liturgia del Presepio, ben più atta che la liturgia canonica del Natale a commuovere l'anima dei fedeli più umili: ed è liturgia che risponde alle stesse profonde esigenze che sono appagate dalla liturgia delle *laudi drammatiche* prima e delle *sacre rappresentazioni* più tardi, che delle confraternite è propria, e non è, in sostanza, diversa da quelle interpretazioni drammatiche della liturgia canonica che ci han rivelato i rituali di alcune chiese gallicane, e rappresentano anch'esse il tentativo da parte del clero di venire incontro ai bisogni spirituali e al gusto del popolo dei fedeli.

Occorre insistere su questo punto: che al carattere principale e veramente distintivo delle confraternite dei secoli XIII-XIV è quello di essere associazioni di devozione, prima che di assistenza e di beneficenza; e cioè che l'impegno principale che le confraternite impongono agli associati è quello della partecipazione a pratiche di devozione, e possiam dire di culto, di cui i confratelli stessi, come si vedeva, sono i ministri.

Le riunioni devozionali hanno luogo, ovviamente, per lo più nei giorni festivi; ma in molti casi sono quotidiane e specialmente serali. E se dapprima le pratiche di devozione consistono nella recita di un certo numero di *Pater, Ave, Gloria* e di *Oremus* della liturgia canonica e nel canto di salmi (specialmente per l'ufficio dei defunti) e di inni liturgici latini ormai divulgati tra i fedeli, a un certo punto prevale l'uso di sostituire agli inni latini canti volgari che sono, appunto, le laude liriche cui accennavamo. Occorre osservare che molto antica è la tendenza a volgarizzare gli inni della Chiesa, per renderli disponibili alla maggioranza dei fedeli ignari del latino: basterà ricordare che primo documento di questa tendenza è il volgarizzamento francese della sequenza latina di S. Eulalia che è — niente meno! — del terzo quarto del secolo IX! Si tratta di un ricalco del testo latino che mantiene in ogni verso volgare il numero di sillabe del verso latino corrispondente, in modo da rendere possibile l'applicazione al rifacimento volgare della melodia che accompagnava la sequenza latina. Certo l'antichissimo monumento francese resta senza riscontri per molti secoli; ma non è lecito pensare che si tratti di un caso unico, isolato. Senza dubbio però l'esigenza dei laici a sostituire canti e inni volgari alle preghiere latine della Chiesa che riescono inintelligibili e sono dai fedeli goffamente storpiate, si fa irresistibile e trionfa in seguito al movimento di democratizzazione della Chiesa che abbiamo sommariamente rappresentato. Sicchè in gran copia verso la fine del '200, questi inni e canti volgari, che si dissero *laude,* si vennero componendo in servizio delle confraternite, ciascuna delle quali ben presto ebbe il suo proprio laudario, contenente tutte le laude convenienti a ciascuna solennità dell'anno liturgico.

Moltissimi di questi laudari son giunti fino a noi; e ne esistono diligentissime descrizioni; e molte edizioni ne sono state fatte, data l'importanza che i testi rivestono per la storia dei volgari nei secoli XIII-XIV. Centinaia e centinaia sono le laude liriche. In qualche caso gli autori sono i soci stessi delle confraternite, ma più spesso verseggiatori estranei alle compagnie di devozione « le cui poesie quei sodalizi incamerarono nel loro patrimonio letterario spesso traducendole [dal volgare originale] nel proprio volgare regionale », rimaneggiandole, adattandole. Pur destinate al popolo le laude sono in generale opere di poeti abbastanza colti; molti appartengono al clero o risentono comunque l'influenza della tradizionale innografia ecclesiastica latina. In ogni modo ben di rado si trova, per entro i laudari, qualche accento di vera poesia: si tratta di esposizioni catechistiche o di rifacimenti scoloriti del testo evangelico o di narrazioni meccaniche delle vite dei santi o di esortazioni declamatorie alla pietà, alla devozione. Poesia « anonima », questa delle laude; non nel senso che mai o quasi mai i verseggiatori firmano i loro componimenti (eccezionale il caso di ser Garzo, che si nomina nelle ultime strofe di sette delle sue laude) o che, comunque, i laudari non registrano mai i nomi degli autori; bensì nel senso che i poeti laudesi non hanno personalità di poeti che si traduca in immagini autentiche: sono onesti artigiani che preparano gli strumenti necessari all'esercizio di pratiche di pietà, di devozione.

Unica eccezione, nel XIII secolo, le laude di Jacopone, che è senza dubbio la figura più significativa del mondo letterario italiano del '200, prima di Dante; e nelle laude traduce con parole e immagini vive le sue ansie, i suoi fervori, i suoi turbamenti, le sue estasi, i suoi terrori, le sue meditazioni. Per questo, solo formalmente le laude jacoponiche appaiono vicine a quelle dei laudari che abbiamo considerato: nella sostanza, esse sono cosa assolutamente nuova e diversa: non più la scialba impersonalità dei laudari, nel canzoniere jacoponico: in cui si riflette una personalità possente, che si esprime in una liricità intensissima e spesso autentica. Per questo, come ha scritto il Monti, delle poesie di Jacopone che generalmente non potevano essere accessibili alla comprensione degli umili fedeli, solo « qualcuna... fra le più semplici entrò nei primi tempi nelle raccolte delle compagnie in sino al mezzo il '300, quando il maggior numero furono accolte insieme con quelle di una folla di imitatori, con cui andarono confuse ».

Bisogna però osservare che nella scialba e fredda letteratura dei laudari, alcune laude di distinguono per una qualche luce di poesia; e sono quelle in cui si riflette l'interpretazione verista, realistica che il popolo dà alle vicende di Gesù e della Santa Famiglia (e si trovano specialmente narrate negli apocrifi Vangeli dell'*Infanzia di Gesù*, dei *Gesta Pilati*, della

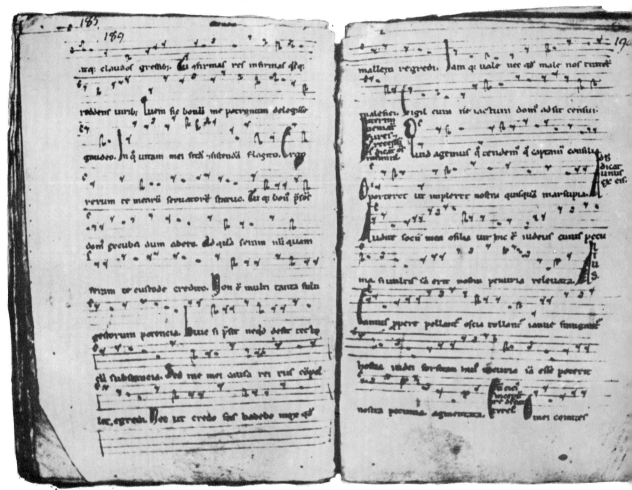

Due pagine di una sacra rappresentazione nel codice 201 della Biblioteca di Orléans (Fot. della Biblioteca).

Vindicta Salvatoris, che ebbero divulgazione immensa). Sono le laude in cui si rappresentano la natività e l'infanzia di Gesù, o il dramma della Passione. Nelle quali Gesù è solo il bambinello grazioso, il figlio dolce e devoto; Maria la madre appassionata e dolorosa; Giuseppe il padre premuroso. C'è in queste laude un nuovo senso di umanità: nulla di più sovrumano e di eccelso; ma gli aspetti solo della vita comune, quotidiana.

Esattamente come nella grande pittura contemporanea.

Molte di queste laude di intonazione realistica sono in forma dialogica; e queste presto furono rese da cantori diversi che interpretano i singoli personaggi. Si arriva così alle *laude drammatiche,* che ancor meglio appagano il bisogno popolare di realistica concretezza.

Tra le laude drammatiche, occorre appena ricordare, una ce n'è che è senza dubbio una grandissima creazione poetica: la lauda jacoponica della crocifissione — *Donna di Paradiso* — in cui la tragedia del Golgota è rivissuta e resa con un'intensissima umanità, che raggiunge il momento certo più alto nella rappresentazione dello strazio della Madre dolorosa. A questa altezza nessun'altra lauda drammatica arriva; ma in ogni modo il genere è pur sempre testimonianza molto significativa della religiosità popolare, che nelle devozioni delle confraternite si esprime, ed è religiosità alle cui esigenze la Chiesa già aveva tentato di corrispondere specialmente col dramma sacro latino, nel quale già nel secolo XII in Italia si introducono elementi in lingua volgare, com'è documentato da un testo cassinese scoperto dal padre Inguanez in alcuni fogli membranacei incollati insieme con altri per formare un cartone usato per rilegare il *Registrum Thomae I*, abate di Montecassino. I fogli, di scrittura beneventana e longobarda-cassinese della seconda metà del secolo XII e comunque anteriore al XIII secolo, ci hanno conservato un frammento di 317 versi in un dramma latino della Passione, con le relative didascalie. Alla fine dell'ultima scena — quella della crocifissione — è un «pianto» della Madonna costituito da tre versi volgari, nella coinè laziale cassinese di cui abbiamo altre testimonianze, ed è già documentata dalla celebre formula testimoniale capuana:

>   Te portai ni lu mio ventre
>   quando te beio moro presente
>   nillu teu regno abime a mente.

Non si può dire se il pianto sia traduzione di un *planctus* latino originariamente compreso nel testo del dramma o se si tratti invece di un pianto volgare indipendente dal dramma e al dramma preesistente. Comunque il fatto che un pianto volgare si trovi introdotto in un dramma latino della fine del XII secolo è estremamente significativo, come documento della tendenza ad accostare sempre più e meglio al popolo la liturgia (1). È la liturgia che trionfa nella liturgia rappresentativa delle confraternite, che mira a dare ai fedeli la figurazione sensibile della vicenda evangelica; e si svolge nella «sacra rappresentazione» che veramente — salvo qualche episodica manifestazione del secolo XIV — appartiene al secolo XV, cioè a un'età posteriore a quella che costituisce il tema a questo libro. Ma in ogni modo non possiamo esimerci dal citare qui la rappresentazione dei Santi Giovanni e Paolo che per la confraternita fiorentina di S. Giovanni Evangelista scrisse Lorenzo il Magnifico e fu interpretata dai suoi figli; e il dramma della Passione che alla fine del secolo XV si recitava il venerdì santo, a notte inoltrata, alla luce di fiaccole e di lanterne, al Colosseo dall'arciconfraternita romana del Gonfalone: «La rappresentazione si faceva sopra un palco elevato sorgente sopra il tetto piatto della cappella di Santa Maria della Porta, addossata alle arcate dell'anfiteatro... degli artisti, come Antoniano romano, che era un confratello, aveva dipinto lo scenario... i personaggi, appartenenti alla prima classe dei cittadini, si presentavano in costumi antichi con toghe romane, elmi e corazze» (2).

La data più antica di questa rappresentazione romana della Passione è quella del 1489-90; ma «quando in sul cadere del secolo XV Giuliano Dati fiorentino e Bernardo di maestro Antonio e Marciano Particappa romano si accinsero a scrivere in servigio della compagnia [quel] dramma... della vita di Gesù, doveva già esistere nel laudario drammatico [del] sodalizio tutto il materiale da cui essi poterono liberamente desumere quanto occorreva loro».

È ovvio che l'avvento di sacre rappresentazioni di questo tipo, in cui l'elemento spettacolare è assolutamente dominante, significa l'evoluzione in senso profano e mondano del dramma in origine sacro. Sacra resta la materia e religiosa pur sempre, legata al ciclo dell'anno liturgico ecclesiastico, è la motivazione; ma è indubbio che uscendo dalla Chiesa e dalla confraternita le rappresentazioni sacre si avviano a diventare *rappresentazioni*, senz'altro. Cioè la liturgia drammatica rappresentativa, di cui abbiamo riconosciuto le prime espressioni nella liturgia canonica ufficiale, attraverso l'evoluzione delle pratiche devozionali delle confraternite laiche, perviene a una sostanziale indipendenza della rappresentazione dal contenuto e dalle intenzioni religiose ed edificanti della rappresentazione stessa.

(1) A. VISCARDI, *Le origini*, 3ª ediz. cit., pagg. 573-74.
(2) MONTI, *Le confraternite* cit., II, pag. 107.

L'Annunciazione. Miniatura del codice di un dramma liturgico, conservato nella Biblioteca di Bamberga (Fot. della Biblioteca).

Ma la liturgia delle laude drammatiche, che sono all'origine delle sacre rappresentazioni, nella prassi delle confraternite conserva evidente, pieno ed intero il carattere di preghiera in comune di confratelli, valida alla promozione della pietà, all'esaltazione del sentimento religioso; molto più valida che non la partecipazione dei laici alle pratiche del culto ufficiale, partecipazione che si riduce, in realtà, a un'assistenza puramente esteriore, che esclude ogni comunione vera tra gli assistenti e i celebranti il rito, di cui i fedeli non intendono, non solo per l'ignoranza della lingua della liturgia, i sensi veri e profondi. Per questo dicevamo che le pratiche devozionali delle confraternite significano la riconquista da parte dei laici

Cantori; particolare dell'affresco raffigurante le esequie di S. Martino. Assisi, Basilica (Fot. Anderson).

della comunione dei fedeli nell'esercizio del culto, di cui i fedeli stessi sono i ministri. Del resto questa riconquista, già dalla Chiesa era stata avviata e promossa con l'istituzione di pratiche come il Rosario, le processioni e i pellegrinaggi, nelle quali tutta la comunità concorre alla celebrazione del rito o all'esaltazione della pietà. E importa rilevare che per l'esercizio delle pratiche di devozione in comune, i confratelli indossavano una veste speciale, la cappa — diversa per ogni confraternita — così come i sacerdoti indossano le vesti liturgiche per la celebrazione del rito. Nè occorre spender parola per rilevare la stretta analogia che intercorre tra le pratiche devozionali delle confraternite e quelle delle sette eretiche del Medioevo, come più tardi delle comunità protestanti. La differenza sta nel fatto che i laici dei secoli XIII-XIV non ritengono di avere esaurito i loro obblighi religiosi partecipando alle devozioni comuni delle confraternite: resta per essi l'impegno della partecipazione alla Messa e ai sacramenti di cui i sacerdoti sono gli unici ministri. Ma resta d'altra parte il fatto assai importante che la religiosità nuova, di cui le confraternite sono, insieme, espressione e strumento, ha bisogno di pratiche nuove di cui i fratelli stessi sono direttamente e unicamente i ministri.

Il carattere veramente liturgico che, nella pratica delle confraternite e nella coscienza dei fratelli, riveste il canto delle laude, si riconosce nel fatto che il canto stesso si doveva eseguire con determinate modalità — particolarmente era prescritta l'accensione di ceri davanti alle immagini sacre dell'altare — analoghe a quelle della liturgia ufficiale. « I camerlinghi facciano ardere due candelotti ogni sera quando si cantano le laude; e una lampada facciano ardere continuamente alla tavola della Donna », si legge nei capitoli della Compagnia di S. Egidio di Firenze del 1278; e il capitolo 28 degli Statuti del 1329 della fiorentina Compagnia di Or S. Michele dispone: « Ordinato è che si debba fare luminaria la sera con candelotti accesi in mano innanzi a la immagine della Vergine a spese della compagnia ».

Quanto al modo del canto, i documenti indicano che esso variava notevolmente: in generale le laude erano cantate in coro dai fratelli, di seguito, su un'aria che si ripeteva di strofa in strofa. Alcune volte erano cantate all'unisono, altre volte alcuni iniziavano la cantilena e tutti gli altri, ad ogni strofa, ripetevano la ripresa o alcuni versi; in alcune regioni vigeva l'uso di cantori salariati: le compagnie più ricche ne avevano due e anche più, la maggior parte uno solo; ma per lo più i fratelli tutti intonavano insieme le laude ed erano addestrati al canto, a cura dei capi delle confraternite, come mostrano i ricordati Statuti della Compagnia di Or S. Michele (capo 16): « L'officio dei governatori delle laude sian di assettare e ordinare come si cantino ogni sera le laude dinanzi alla immagine della Donna al pilastro sotto la loggia. *E in fare scuola la domenica per imparare e perchè si imparino a cantare le laude...* ». Anche per le confraternite, dunque, come per la Chiesa, *scholae cantorum*...

Le pratiche devozionali che abbiamo fin qui descritto sono comuni a tutte le confraternite; ma occorre fare un posto a parte a quelle pie associazioni di laici che, in seguito ai moti religiosi suscitati da Ranieri Fasani, si costituiscono per l'esercizio di particolari pratiche penitenziali: le compagnie dei *disciplinati* o dei *flagellanti*.

È stato rilevato dal Weiss e dal Monti che l'uso della flagellazione come mezzo di pena e di correzione è molto antico, specie nel mondo monastico; ma la flagellazione diventa strumento di penitenza solo nel secolo XI, per incitamento di Pier Damiani, che ai monaci di Firenze dirige un trattato sui doveri monastici e sull'utilità della *disciplina* e cioè dell'autoflagellazione penitenziale.

Ma, come scrive il Monti, «manifestazioni collettive pubbliche di tali pratiche si ebbero solo nel '200: le prime processioni dei Battuti si ebbero

Processione di Flagellanti (*Geissler*)
in una miniatura francese del sec. XV.
Bruxelles, Biblioteca Reale (Fot. della Biblioteca).

circa il 1230»; e «il vero e proprio movimento mistico dei flagellanti esplose nel 1260 ad opera del Fasani»; il quale — dice un opuscolo trecentesco compilato su fonti antiche — dopo dieci anni di vita solitaria presso Perugia, per ispirazione divina, in quell'anno di guerre e di pestilenze, «vestito di sacco, cinto di fune, cominciò per le piazze con la predicazione e l'esempio con tanto fervore da muovere il popolo a disciplinarsi che ne formò una numerosa compagnia di laici chiamati delli

Figure di disciplinati e strumenti della Passione.
Predella della *Madonna dell'Umiltà* di Bartolomeo da Camogli.
Palermo, Galleria Nazionale (Fot. della Soprintendenza alle Gallerie).

Disciplinati di Jesù Cristo, i quali tutti portavano un sacco bianco... aperto alle spalle e non contenti di andare per la città disciplinandosi e spargendo gran quantità di sangue in memoria della divina Passione di Cristo a implorare il divino aiuto, andarono anco per lo contado...».

Il movimento è rappresentato drammaticamente tra le parole dell'Annalista di S. Giustina di Padova:

Nobili e plebei, vecchi e poveri, fanciulli persino di cinque anni, ignudi salvo che nelle parti vergognose, per le piazze della città a due a due, portando in mano un flagello di corregge, colpendosi con gemiti e pianti sulle spalle fino a farne scaturire sangue, implorando perdono per i loro peccati a Dio e alla Madonna, non soltanto di giorno ma anche di notte, con ceri accesi, nell'asprissimo inverno, a cento a mille a diecimila persino giravano intorno alle chiese, si prosternavano umilmente davanti agli altari, precedendo i loro sacerdoti con croci e vessilli.

Il grande incendio suscitato dal Fasani si estende fulmineamente tra l'ottobre e il dicembre del 1260 dal contado perugino alla valle di Spoleto, a Roma, alla Toscana, all'Emilia, a Tortona, a Genova, all'agro mantovano, ad Aquileia, a Cividale e in tutto il Friuli, nel Piemonte; e nel principio del 1261 da Genova si diffonde nella Provenza e quindi a Digione e in Germania, e dal Friuli all'Austria fino alla Polonia e finalmente si esaurisce. Importa notare che il moto non investe Cremona, Milano, Venezia, l'Italia meridionale e la Marca anconitana. I cronisti, scrive il Monti, si diffondono a parlare dei benefizi arrecati, delle paci stabilite, dei costumi migliorati, della religione restituita; ma certo, finito il moto, tutto tornò come prima e una sola conseguenza stabile se ne ebbe: quella della fondazione delle confraternite di Disciplinati, Battuti, Flagellanti.

Gonfalone della Fraternita di S. Francesco.
Assisi, Museo della Cattedrale.

La prima fu quella perugina dei *Disciplinati di Cristo*; molte altre confraternite di Disciplinati sorgono nel corso dei secoli XIII-XIV nella stessa Perugia, e quindi a Gubbio, a Cascia, a Bevagna, ad Assisi, a Gualdo Tadino; nel Lazio, a Viterbo, a Corneto, a Roma; in Toscana a Siena specialmente, ma anche a Volterra, a Pisa, a Firenze; nell'Emilia, a Rimini, Bologna, Parma, Piacenza, Guastalla, Ferrara; nel Veneto a Mestre, a Treviso, a Vidor, Montebelluna, Asolo, Conegliano; nel Friuli, a Pordenone, Udine, Cividale; in Lombardia a Bergamo, a Milano, a Lodi, a Cremona; in Piemonte, ma solo nel secolo XV.

Nelle confraternite la disciplina che nelle tumultuose processioni capeggiate dal Fasani era impetuosa manifestazione di ebbra esaltazione mistica, diventa composta cerimonia veramente liturgica, di carattere, possiamo dire, simbolico, emblematico: si canta, dal coro dei confratelli o da cantori stipendiati, una lauda e al termine di ogni strofa si pratica la disciplina della flagellazione; i confratelli durante il rito indossano vesti penitenziali, dette appunto di disciplina.

Comunque, questa liturgia penitenziale della disciplina non è di tutte le confraternite, ma solo di quelle costituite specificamente a quel fine; mentre generalmente diffusa è la prassi che un fratello nelle adunanze — non in tutte, ma in quelle più solenni — tenga ai confratelli un sermone. Una pratica questa che conferma la tendenza, già da noi rilevata, delle confraternite ad attribuire ai confratelli laici funzioni che sono proprie del clero. Senza dubbio impegno solenne dei confratelli, sancito dalle costituzioni, è di assistere alla predicazione dei preti e dei monaci ordinati, specialmente nel tempo quaresimale; ma d'altra parte questo impegno si concilia con l'affermazione, diremo, del diritto da parte dei confratelli laici all'esercizio dell'omiletica; nel che si può, in qualche misura, riconoscere l'eredità, nelle confraternite laiche, di tendenze e atteggiamenti che son propri dei moti eretici dei secoli XI e XII.

Di questi sermoni, di solito pronunciati dai priori o capi delle confraternite, abbiamo qualche documento. Ecco, ad esempio, un saggio del sermone recitato ai confratelli dal priore dei Disciplinati di Santa Croce a Montalcino un giovedì santo:

Carissimi fratelli. Noi soliamo ricorrere alla Vergine Maria acciochè Lei per sua pietà e misericordia si degni impetrare la grazia del suo dolcissimo figliolo per certi preghi che noi solevamo addimandare... Pensate fratelli che all'ora di terza si diceva per tutte le piazze di Jerusalem che il nostro signore è preso dai Giudei. Deh, fratelli, pensate che [un messo] fusse andato dalla Madre et dire queste novelle con che pianto e con che lamento le potrà dire. Certamente credo che poterà dire queste parole: — O Madonna, o speranza,

La lauda dei Bianchi. Miniatura della *Cronaca* di G. Sercambi.
Lucca, Archivio di Stato.

o aiuto, o conforto mio, come sete voi qui, o divino amore? Oh che dure novelle io vi arreco... [e continua con un dialogo tra il messo e la Donna, in cui è agevole riconoscere l'imitazione della lauda jacoponica *Donna di Paradiso*]. ... Pensate dunque o carissimi fratelli che [Maria] andò per la città vedendo e' divoti e gli amici suoi e del suo figliolo et come ella li abbracciava per tenerezza del suo figliolo e che pietose parole ella poteva dire! Donde vedendola tanto piena di dolore et d'amaritudine non veggo che potiamo a lei domandar grazia, ma piangere e lamentare con lei et fare disciplina a diece *Pater noster* (1). *Deo gratias, amen* (2).

(1) Cioè più lunga del solito: della durata di dieci *Pater*.
(2) MONTI, *Le confraternite* cit., II, pagg. 109-10 e nota 2 della pag. 110.

Ma il documento più importante di questa omiletica laicale delle confraternite è il completo *Quaresimale* di 42 sermoni (dunque tanti quanti sono i giorni della quaresima) composto da Franco Sacchetti. I sermoni non furono mai recitati in una confraternita, ma scritti per « sfogo d'anima contemplativa », per dirla con Isidoro Del Lungo; comunque sono certo composti sul modello di quelli che effettivamente nelle confraternite si pronunciavano. Il metodo seguito dal Sacchetti è quello dell'omiletica ecclesiastica, che si fonda sull'esegesi sottile e l'interpretazione allegorica di un testo scritturale; ma gli svolgimenti sono spesso animati da osservazioni vivaci e da sensi pratici, di contenuto anche politico-sociale, o da motivi di morale spicciola.

La tendenza che abbiamo rilevato nella vita delle confraternite a sostituire o almeno ad accostare alla liturgia canonica pratiche devozionali

Partenza dei Bianchi per Lucca. Miniatura della *Cronaca* di G. Sercambi. Lucca, Archivio di Stato.

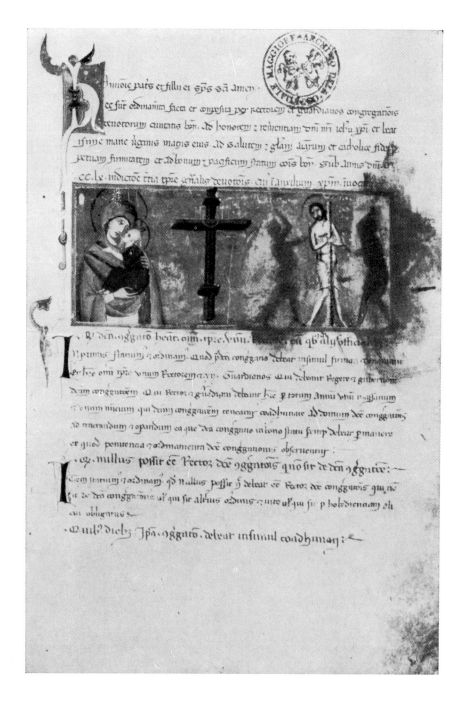

Prima pagina del codice dell'Ospedale dei Battuti.
Bologna, Biblioteca dell'Archiginnasio.

Pagina del codice dell'Ospedale dei Battuti.
Bologna, Biblioteca dell'Archiginnasio.

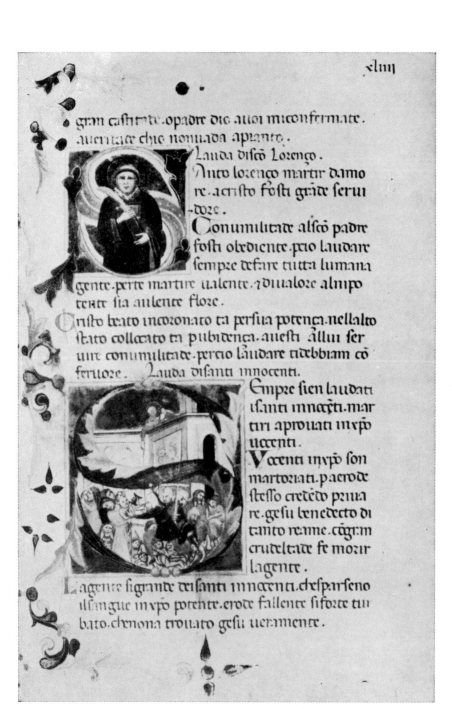

Pagina del Laudario
della Compagnia di S. Spirito di Firenze.
Firenze, Biblioteca Nazionale.

di cui i fratelli laici sono direttamente i ministri è confermata dal fatto che le confraternite si costituiscono sedi proprie in cui quelle pratiche si svolgono: e sono gli « oratori », che non sostituiscono, ma integrano le chiese in cui la liturgia ufficiale si celebrava dai preti. Alcune confraternite ebbero solo una propria cappella nelle chiese parrocchiali o conventuali presso cui erano state costituite; ma nella maggioranza, specialmente nei secoli XIV e XV impiegano parte del loro patrimonio, spesso come vedremo assai cospicuo, nell'erezione e nell'adornamento con opere importanti di scultura, di pittura, di oreficeria, di propri oratori.

Conviene citare qui alcuni dati diligentemente raccolti dal Monti (1).

Nel '300 e nel '400 la Compagnia di Or S. Michele « elargisce tesori per le sue costruzioni artistiche, secondata dal Comune e dalle Arti: nel 1337 si pone la prima pietra della sua famosa Loggia, poi chiesa, di cui diressero i lavori, tra gli altri, Taddeo, Gaddi e Andrea Orcagna; negli anni 1349-59, per opera dello stesso Orcagna si erige il meraviglioso tabernacolo in onore della Vergine che si dice sia costato, nientemeno, 860 fiorini; nel 1349-51 sorge la chiesa di S. Anna e dal 1358 al 1380 l'oratorio omonimo; ... nel 1414, 1416, 1419, 1478 il Ghiberti, il Donatello, il Verrocchio eseguono [per Or S. Michele] le bellissime statue... ».

Nel secolo XV la Compagnia del Bigallo, unitasi a quella della Misericordia fa dipingere, sulla loggia che insieme con la sua bellissima casa la Misericordia appunto aveva fatto costruire nel 1351, i celebri affreschi su S. Pietro Martire.

A Siena, sempre nel XV secolo, « le confraternite di S. Bernardo e S. Caterina si eressero ciascuna due oratori contigui riccamente ornati e con portici »; ad Arezzo la Fraternita di S. Maria della Misericordia, istituita nel 1160, « abbellì di una superba facciata la propria chiesa »; a Roma la Confraternita di S. Giovanni Decollato (costituita da alcuni fiorentini per l'accompagnamento al supplizio e la sepoltura dei condannati a morte) eresse un bell'oratorio con peristilio, intitolato al santo protettore della confraternita; a Napoli il sodalizio nazionale dei Lombardi, iniziato nel 1492, fece costruire nel 1582 una chiesa propria, architetto il celebre Domenico Fontana.

Particolarissima menzione meritano le grandi *Scuole* veneziane che nel secolo XV eressero le loro sedi e le fecero decorare dai maggiori pittori del tempo: una casa per le sue riunioni, ornata di elegante vestibolo, fece costruire nel 1453 la Scuola di S. Giovanni Evangelista, decorata dai tre

---

(1) MONTI, *Le confraternite* cit., pagg. 110-16.

quadri del miracolo della Croce di Giovanni Bellini; nel 1485 costruì la sua sede la Scuola di S. Marco, per cui lo stesso Bellini dipinse il quadro della *Predicazione di S. Marco*; e nel 1489 fu eretta la magnifica chiesa della Scuola di S. Rocco, per cui più tardi il Tintoretto dipinse le sue mirabili tele. Ma più di tutte contano, in ordine alla storia dell'arte italiana, le Scuole veneziane di S. Orsola, di S. Stefano, di S. Giorgio degli Schiavoni, per le quali Vittore Carpaccio dipinse i mirabili cicli di S. Stefano, di S. Orsola, di S. Giorgio, della Vergine, che nel 1963 abbiamo potuto ammirare riuniti nella mostra veneziana dedicata appunto al Carpaccio.

Bisogna d'altra parte notare che già nel secolo XIII, e cioè molto prima che le confraternite potessero impegnarsi a commettere ricchi edifici e grandiose opere pittoriche, i sodalizi di devozione si procuravano tavole create da grandi artisti da collocare sugli altari delle cappelle o gonfaloni e stendardi, pure affidati a grandi pittori, da recare nelle processioni; e altri vari sacri arredi. Nel 1285 i rettori dei Laudesi di S. Maria Novella di Firenze commettono a Duccio Boninsegna, all'alto prezzo di 150 libbre, un quadro della Vergine (probabilmente il quadro che si conserva nella Cappella Rucellai di S. Maria Novella). La fiorentina Compagnia laudese di S. Maria del Carmine commette, nel 1280, un quadro « bello e di colore bello » raffigurante la Vergine, S. Anna, S. Agnese; e nel 1285 fa dipingere sulla tomba di confratelli un quadro della Vergine « in cotale modo che abbia appiede figure le quali steano ginocchione, con le mani chiuse »; nel 1353 la compagnia fiorentina di S. Reparata fa eseguire un « tabernacolo di legname onorevolmente bello quanto fare si puote laddove istea la nostra Donna ».

E si potrebbe continuare ma non occorre; piuttosto converrà ricordare, più che i gonfaloni e gli stendardi cui si accennava (ne dipinse anche il Pinturicchio) e gli arredi che sono spesso preziosi lavori di oreficeria e di cesello (per esempio, i candelabri d'argento di Or S. Michele sono opera del Ghiberti, del 1471), i libri degli statuti e delle laude spesso splendidamente miniati, che sono grandi opere d'arte dei maggiori artisti del XIV secolo; tra questi bisogna ricordare particolarmente il laudario fiorentino di S. Spirito, con miniature di scuola giottesca; il prezioso laudario trecentesco della fiorentina Compagnia di S. Gilio (S. Egidio); la *mariegola* (cioè la matricola) della confraternita veneziana di S. Caterina; il prezioso codice della confraternita napoletana dei Disciplinati di S. Marco, adorno di finissime miniature riproducenti lo stemma dei più illustri confratelli.

Nè l'attività artistica delle confraternite appaga solo il gusto popolare per la pittura; non solo la storia delle arti figurative, ma anche la storia della musica è legata alla vita delle confraternite laiche.

Valgano a questo proposito le parole del Monti (1):

[Nonostante la loro] semplicità e il carattere popolare, le laude hanno importanza per la storia della musica, perchè rappresentano uno dei campi in cui si esercita l'arte nuova fiorentina. Esse assomigliano ai canti gregoriani, ma lo stile ne è molto più libero anzi discostandosi esse dalle tonalità gregoriane, andarono sempre più affermando le tonalità moderne; in esse il discorso melodico comincia a svilupparsi più logicamente e vi si annuncia in qualche modo l'intendimento di esprimere il senso delle parole. Come notava il Gandolfi, nelle laude si può armonizzare impiegando i soli accordi formati con suoni naturali della scala diatonica e modulare facilmente nei toni relativi. « La chiarezza, la semplicità di questo genere lirico religioso fa contrasto colle mostruose ridicole stravaganze del contrappunto allora tanto usato specialmente presso gli stranieri, è cioè una prova luminosa dell'inclinazione precoce dei nostri musicisti verso il canto

(1) *Le confraternite* cit., II, pag. 117.

Sigilli di confraternite.

Sigilli di confraternite.

espressivo ». E veramente la musica delle laude è un'espressione dell'*ars nova* cui accenna Filippo de Vitry: mentre tutte si rinnovellano l'architettura, la pittura, la scultura, la poesia, anche la musica si rivestiva di più agili forme, di contro alle dissonanze anti-tonali dei discantisti, e si imponeva allo studio e all'ammirazione dei contemporanei. Accanto quindi a Casella da Pistoia, « grandissimo musico et massimamente nell'arte dell'intonare »; accanto al misterioso Scochetto che « dette il suono » alla ballata dantesca *Deh nuvoletta che in ombra d'amore*; accanto ai molti musici della scuola fiorentina trecentesca, e a Landino, il « cieco degli organi » (di cui scrisse Coluccio Salutati « glorioso lume della città nostra e lume alla

Chiesa fiorentina proviene da questo cieco »), accanto ai tanti che musicarono ballate e rispetti d'amore, madrigali e caccie e rondelli, si ritrovano questi ignoti dimenticati musicisti che dettero il nome ed un suono alle laude per le pie riunioni delle compagnie agli albori della vita volgare italiana...

E passiamo ora ad un ultimo ordine di considerazioni.

Persuasi che nota essenziale delle confraternite dei secoli XIII-XIV, che li distingue dai sodalizi religiosi delle età precedenti, sia il carattere devozionale, abbiamo finora esaminato la vita delle confraternite in rap-

La processione delle rogazioni. Miniatura di un antifonario (da P. D'ANCONA, *La miniature italienne*).

porto all'esercizio delle pratiche di devozione appunto, che delle confraternite costituisce, a nostro avviso, l'impegno principale. Questo tuttavia non significa disconoscimento delle altre forme di attività in cui le confraternite dei secoli XIII-XIV si sono impegnate: attività di mutuo soccorso, di assistenza, di beneficenza verso i confratelli e verso gli estranei, di assistenza specialmente ai pellegrini, ai carcerati, ai vecchi, agli infermi (e in rapporto a ciò sta l'istituzione e la gestione di ospedali), per cui senza dubbio le confraternite nuove appaiono in qualche modo continuatrici delle associazioni laicali dei secoli anteriori al XIII, che il Monti e altri hanno posto come modelli e antecedenti necessari dei sodalizi nuovi.

Del resto, quando abbiamo rilevato il forte impegno finanziario che comportano i programmi edilizi ed artistici delle confraternite, abbiamo implicitamente riconosciuto che queste sono, oltre tutto, saldi e importanti organismi economici.

Le entrate delle confraternite sono certo costituite, per buona parte, dai contributi obbligatori e dalle donazioni dei confratelli, di terzi o di patroni; ma anche dalle rendite dei patrimoni spesso cospicui che le confraternite si costituiscono e derivano non solo da legati, ma anche dagli investimenti che gli oculati amministratori fanno delle eccedenze attive dei bilanci.

Testimonianza significativa dell'importanza delle confraternite — o meglio di alcune grandi confraternite — come enti od organismi economici può darci la già più volte ricordata confraternita fiorentina di Or S. Michele, sulla cui amministrazione finanziaria ci è pervenuta un'abbondante documentazione. Il Villani ci informa che, agli esordi della confraternita le elemosine ai poveri raggiungevano la somma veramente cospicua di 6000 libbre d'oro, mentre l'entrata era « troppo maggiore »; che durante la peste del 1348 la compagnia ereditò « più di 350 migliaia di fiorini d'oro ». Probabilmente queste notizie del Villani sono esagerate. Ma certo è comunque, perchè si desume dai documenti autentici, che nel detto anno la confraternita ereditò circa 1000 pezzi di terra e poderi, una sessantina di case, più palazzi e botteghe; e che essa diede sovente denari a mutuo al Comune e ad altre istituzioni della città; così nel 1375 mutuò 1000 fiorini d'oro per la costituzione del Duomo; e nel 1350 altrettanti per lo Studio Generale (1).

(1) MONTI, *Le confraternite* cit., I, pagg. 172-73.

PARTE SECONDA SCIENZA E TECNICA,
DIRITTO ED ECONOMIA,
VIAGGI E SCOPERTE

Capitolo primo   CLASSI SOCIALI

Parlare di classi sociali nel Medioevo comunale è forse più difficile di quanto non si pensi, più difficile certamente di quanto potrebbe essere l'affrontare lo stesso argomento nella precedente età feudale o in quella successiva che giunse perfino, nei secoli XVI-XVII, a vedere uno stretto rapporto tra le classi nobiliari della popolazione e le tradizionali gerarchie angeliche.

Bisogna anzitutto intendersi sul significato da dare al termine classe sociale: se cioè un significato economico o un altro. Per noi, oggi, classe è evidentemente l'indicazione di un rapporto o di una situazione economica nell'ambito della società, dato che oggi qualsiasi fenomeno, perfino quello culturale, è interpretato in chiave economica, ma per il mondo medioevale la classe era, in certo qual senso, preordinata; i cittadini, i rustici rappresentano già classi identificate per il solo fatto che i loro componenti sono nati e vivono in città o in campagna godendo per questo solo motivo di particolari privilegi o venendo invece sottoposti ad obblighi particolari; i *milites* o i *populares* sono classi identificabili per la funzione militare feudale specifica esercitata dai primi e non è poi detto che il mercante popolano fosse meno ricco di certi piccoli nobili quali possiamo vedere in due tipiche, sotto questo aspetto, città italiane: Genova e Venezia.

E non è certo che tutti desiderassero diventare nobili uscendo dalla categoria dei plebei: ecco, per esempio, un episodio che può illuminare la situazione e rendere evidente quanto sopra abbiamo esposto.

Eravamo dunque nel XII secolo ed esattamente nel 1155: Federico I di Svevia, detto il Barbarossa, deciso a riaffermare i suoi diritti imperiali, stava assediando Tortona, quando un lombardo, che era nell'esercito federiciano, compì straordinarie imprese di valore secondo quel che scrive Ottone da Frisinga (1):

«Non possiamo trascurare il coraggio e l'audacia di un palafreniere, che annoiato per la lunghezza dell'assedio, volle dare l'esempio di come si assalisse un castello; munito solo di una spada, di un piccolo scudo e di quella scure che questo genere di uomini portano legata alla loro sella, si lanciò sulla scarpata posta davanti alla Torre Rossa e la scalò servendosi della scure per farvi dei gradini nei quali porre sicuro il piede. Non fu fermato nè dal continuo lancio di pietre da parte delle macchine imperiali, nè dalla pioggia continua di giavellotti e di pietre provenienti dal castello: giunse così fino alla torre che era già semidistrutta e lì, combattendo virilmente contro un milite ben armato lo stese a colpi per terra riuscendo poi a tornare illeso agli accampamenti sfidando immensi pericoli. Il re lo fece chiamare alla sua presenza decidendo, per premiarlo di un gesto così eroico, di ono-

---

(1) OTTONE DA FRISINGA, *Gesta Friderici imperatoris*, III, 23, a cura di G. WAITZ, in «M. G. H.», Scriptores, ediz. *in usum scholarum*, Hannover, 1884.

Popolani e soldati milanesi
in un rilievo della Porta Romana (secolo XII).
Milano, Museo del Castello Sforzesco (Fot. del Museo).

rarlo elevandolo alla dignità militare. Ma quegli si disse plebeo, deciso a restare nella sua condizione di plebeo e soddisfatto di essere tale; perciò il sovrano gli concesse un congruo dono e gli permise di tornare a casa ».

Può darsi che questo palafreniere, di cui neppure ci è rimasto il nome, avesse tanto senso pratico da preferire di essere il primo, come eroe, nella sua categoria, che l'ultimo, come neo arrivato, in quella dei *milites*, ma ad ogni modo non dimentichiamo che a capostipite di qualunque famiglia che vanti una pur lunga genealogia, c'è sempre un personaggio del genere, se non si vuol fare della mitologia; ma può anche darsi che questo palafreniere, abitante di una città lombarda, preferisse la sua dignità di cittadino a quella di un uomo che avrebbe dovuto poi esser legato da una serie di vincoli feudali d'obbedienza non certo leggeri.

In questo palafreniere-eroe si potrebbe in certo qual senso vedere la nuova classe che si forma nelle città, quella classe popolare che già aveva fatto sentire il suo peso nelle lotte religiose del secolo XI, quando aveva lottato per una chiesa più limpida e pura, contro preti simoniaci e concubinari, arrischiando di cadere nell'eresia, e che aveva più di una volta cacciato dalle murate città gli antichi signori feudali, grazie anche ai potenti aiuti economici dei nuovi mercanti.

Ariberto da Intimiano, arcivescovo milanese, aveva nella sua disperata lotta contro l'imperatore Corrado II chiamato alle armi tutti, nel 1037, per difendere le mura di Milano: « Dal rustico al milite, dal povero al ricco » (1): se la frase può anche essere valutata come una generica espressione entusiastica del momento e se l'espressione « dal povero al ricco » poco ci dice sulle classi sociali, l'indicazione « dal rustico al milite » ci mostra i due gradini estremi; sotto a tutti stava il rustico ed in cima alla piramide era il *miles*, il nobile feudale.

Però in questo appello non sappiamo davvero dove porre il clero che, senza dubbio, non si riteneva classe inferiore a quella dei *milites*: dobbiamo pensarlo come una categoria a sè, fuori dalla gerarchia sociale normale, anche se in questa società era spesso un elemento determinante, specialmente se mirava a cose grandi, come si disse proprio di Ariberto da Intimiano? Del resto la città spesso si identificava col proprio arcivescovo al punto da ritenere di esser giudicata, anche sul piano della ricchezza economica, attraverso gli abiti del suo presule.

Ciò avvenne nell'XI secolo a Milano: qui dopo il 1002 sedeva sulla cattedra arcivescovile Grosolano, un monaco chiamato per la sua pietà dai boschi di Ferrania alla sede di Ambrogio: Grosolano non amava, almeno nei primi tempi, il lusso e indossava una « orida capa » ricevendo così i rimproveri del clero milanese ed in particolare di prete Liprando. L'arcivescovo rispose alle accuse dicendo che non vedeva la necessità di vesti sontuose per un uomo che aveva rinunciato al mondo, ma Liprando tornò all'attacco affermando che se proprio voleva rinunciare al mondo ed alle sue pompe non doveva accettare di venire a Milano, di venire cioè in una

---

(1) Arnolfo, *Gesta archiepiscoporum mediolanensium*, II, 16, in « RR. II. SS. », IV, pagg. 1-45.

città che « secondo il suo costume usava facilmente pellicce di vaio e di martora ed altri preziosi ornamenti e buoni cibi ». Sarebbe stato « turpe » per Milano, se gli stranieri avessero visto l'arcivescovo milanese ispido, miserabile e mal vestito.

L'abito dunque era un elemento di distinzione e di qualificazione sociale.

Sarà ancora il cronista Ottone da Frisinga, raccontando le gesta di Federico I in Italia a dirci quali erano fondamentalmente le classi da cui i Comuni italiani traevano i loro capi, i consoli; egli ci dà un quadro interessante, per quel che qui ci riguarda, delle città italiane nel XII secolo:

« Per l'amministrazione delle città e la conservazione dello Stato imitano la solerzia degli antichi Romani. Amano tanto la libertà che, fuggendo l'insolenza di un podestà, si reggono per mezzo di consoli piuttosto che di comandanti. Poichè in quelle popolazioni vi sono tre classi, cioè dei capitani (feudatari maggiori), dei valvassori e della plebe, per tener a bada la superbia di tutti, i consoli vengono scelti non da una classe sola, ma da tutte e tre e per impedire l'eccessivo desiderio di potere, quasi ogni anno vengono mutati... Perchè poi non manchino i combattenti per dominare sui vicini, non sdegnano di ammettere alla milizia e ai gradi delle dignità superiori i giovani di condizione inferiore e perfino gli operai delle dispregiate arti meccaniche, persone che gli altri popoli allontanano come peste dagli studi liberali. Da tutto ciò deriva che queste città sono le più importanti per ricchezza e potenza di tutto il mondo » (1).

Secondo Ottone le tre classi... sono due, in quanto per noi, capitani e valvassori rientrano nella classe feudale, mentre tutto il resto della popolazione è vista dal cronista nella categoria della plebe o, come diremmo noi oggi, dei non qualificati: ma questa non era certamente l'opinione di molti abitanti delle città che tenevano al titolo di *cives*, proprio per contrapporsi sia ai rustici, che per essere fuori delle mura e per essere legati alla terra erano considerati in situazione di inferiorità, sia ai *milites* che rappresentavano un mondo al tramonto ed in lotta con gli interessi della città.

Però anche nel mondo feudale dell'età comunale bisogna distinguere varie categorie: i capitani, per esempio, erano coloro che derivavano il feudo direttamente dal signore originario, erano quindi i primi vassalli, mentre i valvassori erano i *vassi vassorum*, cioè i vassalli dei vassalli e quindi vengono in secondo grado nella gerarchia feudale: anche costoro potevano a loro volta infeudare e quindi la gerarchia si estendeva, con evidenti riflessi sulla situazione economica; quello che stava più in alto

---

(1) OTTONE DA FRISINGA, *Gesta Friderici* cit., II, 13.

avrebbe dovuto essere il più ricco e il più potente, mentre man mano che si scendeva si incontravano persone sempre più limitate da pesanti vincoli.

Tuttavia non possiamo ancora, per questo mondo feudale e comunale parlare di rigida divisione in classi e di diverso modo di vivere, ma è certo che una differenza esiste, per esempio, nell'armamento che riflette una posizione economica.

Cittadini, rustici, schiavi, milites e negozianti.

Una contrapposizione fondamentale in questa società è soprattutto tra i *cives* e i *non cives*, specialmente di fronte ai rustici: il rustico, come abbiamo detto, è un essere in stato di inferiorità, mentre colui che vive entro le mura gode di quella *libertas* per cui i Comuni spesso si batterono. L'opinione dei cittadini sui rustici si vede, per esempio, da quel che scriveva nel XIII secolo il giurista glossatore Odofredo: « La natura dei rustici è questa: quando sono insieme fanno ogni male e riuniti confonderebbero Carlo Magno. Ma quando sono soli non valgono una gallina e singolarmente onorano *cives* e *milites* »; sempre secondo questo autore i contadini e le donne ignorano il valore delle parole, perchè usano la bocca per mangiare e non per parlare sensatamente (1).

Entro le città indubbiamente esistevano delle classi, ma esse non erano certamente così rigide come noi possiamo pensare; diremmo piuttosto che esistevano delle categorie sociali distinte soprattutto per la diversità dei mestieri. Si rammenti del resto che lo stesso esercito comunale è fondamentalmente diviso per porte e per parrocchie, il che portava come conseguenza che tutti gli abitanti di una determinata zona della città appartenevano allo stesso reparto, anche se una distinzione v'era pur sempre per coloro che, essendo più ricchi, potevano avere un cavallo e militare quindi come cavalieri.

Ma i *cives* si contrapponevano anche ai *milites*, i quali abitavano e vivevano frequentemente ancora nei loro castelli, almeno per quelle zone in cui il comune cittadino non era abbastanza forte da imporre la residenza entro le mura; la contrapposizione esisteva anche se i *cives* borghesi volevano talvolta nobilitarsi sposando donne nobili, anche se povere.

Nel mondo medioevale esistevano ancora servi e serve che venivano comprati e donati, come ben si vede nell'atto compiuto l'11 agosto 1040

---

(1) ODOFREDO, *In primam codicis partem*, foglio 7 r. e 61 v., Lione, 1552.

Contadini al lavoro. Miniatura dalla *Bibbia di Farfa*.
Vaticano, Biblioteca Apostolica (Fot. Mas).

da Adelardo, diacono della Chiesa milanese, di legge longobarda, a favore della chiesa di S. Ambrogio e che riguarda appunto la donazione di servi ed ancelle del luogo di Osmate presso Besozzo (1).

Possiamo veramente parlare di classi, quando vediamo a Milano i *negotiatores* coi loro consoli trattare ed accordarsi col Comune? Si ha piuttosto l'impressione che questi mercanti volessero veder riconosciute ufficialmente le loro consuetudini, al di fuori delle norme che potevano essere proprie dell'ente politico comunale; si sarebbe così venuta a creare una doppia qualificazione: la stessa persona sarebbe stata *civis* sul piano politico, *negotiator* in quanto facente parte di una associazione (*universitas*) che aveva tutti i crismi della propria autonoma capacità normativa. È il noto fenomeno della molteplicità degli ordinamenti giuridici, proprio del mondo medioevale.

Sotto questo aspetto possiamo piuttosto dividere l'antica popolazione comunale vedendola composta dai signori discendenti dai feudali e come tali frequentemente ghibellini (ma spesso entrati anch'essi nell'attività mercantile, come avvenne per molti componenti delle famiglie viscontili genovesi), dai mercanti (commercianti e piccoli industriali), dagli arti-

---

(1) C. MANARESI, C. SANTORO, *Gli atti privati milanesi e comaschi del secolo XI*, vol. II, pag. 290, n. 281, Milano, 1960.

giani, rammentando che il mondo comunale non conosce la divisione del lavoro verticale od orizzontale nell'interno dell'azienda, ma una minuta divisione tra diversi tipi di aziende, per cui troviamo a Firenze ed a Siena fino a 44 arti, 55 a Norimberga e 101 a Parigi elencate nei *Livres des métiers*: a questi bisognava aggiungere i piccoli lavoratori, talvolta a giornata, che non avevano nessun peso nell'ordinamento politico del Comune medioevale.

Agricoltori, raffigurati nel fregio dei mesi,
sul protiro maggiore del Duomo di Cremona (Fot. Quiresi).

Il periodo da noi considerato è anche quello in cui una nuova classe dirigente dominante si viene sostituendo all'antica: è troppo semplice parlare genericamente di « signori »; in realtà la vecchia vera nobiltà feudale aveva fatto il suo tempo e aveva avuto i suoi ultimi sprazzi, anche eroici, nelle Crociate e, in Italia, durante le lotte tra Federico I di Svevia ed i Comuni.

Altra nuova gente si afferma ora, davanti alla quale i vecchi signori avranno senza dubbio assunto un'aria di disprezzo e di non nascosto sdegno. Non sappiamo davvero come i vecchi feudali avran visto le investiture fatte dall'arcivescovo milanese a suoi parenti non nobili; eppure a costoro alla fine del secolo X vennero concessi i diritti signorili sulle pievi della diocesi.

Gli atti privati milanesi ci mostrano come compere, vendite, donazioni anche di terre e di case difficilmente abbiano un notevole valore economico. Una *silva* a Novate è di 2 pertiche, un campo nello stesso

luogo di 1 pertica, a Cabiate troviamo appezzamenti di poche tavole, presso l'Isola Comacina di 8 tavole, a Vermezzo vien venduto un prato di 12 tavole e via dicendo (1): è forse opportuno ricordare che la pertica corrispondeva a 854 metri quadrati.

(1) C. MANARESI, C. SANTORO, *Gli atti privati* cit., n. 276, pag. 282; n. 277, pag. 284; n. 278, pag. 285; n. 279, pag. 287; n. 284, pag. 298.

Fanciulla del secolo XIII.
Parma, Battistero (Fot. Tosi).

È il quadro di una piccola vita economica nella quale il danaro non doveva essere ancora abbondante: bisognava che il Comune si affermasse, che si affermasse la nuova economia mobiliare, perchè i grandi mercanti, i grandi banchieri facessero sentire il peso della loro potenza finanziaria.

Nella prima città comunale, se una differenza esisteva tra *milites* e *cives*, questa però si attenuava per il fatto che entrambe le categorie partecipavano alla difesa militare combattendo sotto l'insegna comunale e attorno al Carroccio che ne era in molti casi il simbolo; infatti ad un certo momento, salvo divergenze di partito, gli interessi di tutti gli abitatori della città coincidevano.

Non di rado i *milites* della città ed i *cives* si battevano affiancati contro i *milites* della campagna che rappresentavano la vecchia classe conservatrice, mentre forse gli scontri nella città stessa tra *milites* e *cives* sono anche da vedere come il sorgere di una nuova civiltà che subisce delle vere e proprie crisi di crescenza.

La donna.

La crisi e lo sviluppo della nuova società si può anche osservare attraverso la situazione della donna davanti alla legge e alle consuetudini che vengono formandosi.

Per il mondo medioevale la donna è un essere inferiore. Ecco una definizione della donna quale si trova nella matricola dei giureconsulti di Padova; essa è in latino, ma crediamo di riportarla in tale lingua proprio per lasciarle il suo gusto: « *Quid est mulier? hominis confusio, insociabilis bestia, continua solicitudo, indeficiens pugna, cotidianum damnum, domus tempestatis, solicitudinis impedimentum, viri incontinentis naufragium, adulterii vas, perpetuum proelium, animal pessimum, aspis insatiabilis, humanum mancipium* » (1). È una definizione che richiama quella di S. Gerolamo, secondo il quale la donna è la porta del demonio, la via della perfidia, l'aculeo dello scorpione; S. Tommaso d'Aquino poi, parlando delle *cose* necessarie all'uomo per il loro uso, pone tra dette cose anche la donna, in quanto necessaria per la riproduzione e la conservazione della specie umana (2).

Anche per la Chiesa, che pur ammette la parità, davanti a Dio, tra uomo e donna, questa era pur sempre vista come un essere debole e come tale destinata ad essere perpetuamente soggetta all'uomo sia da ragazza, che come moglie o come vedova.

S. Pier Damiano, scrivendo a Guilla, moglie del marchese Ranieri, ricorda che « il sesso più debole ha bisogno frequentemente dell'autorità virile », pur non trascurando di citare, servendosi dell'Antico Testamento, casi in cui il giudizio della donna fu più saggio e più opportuno di quello maschile (3).

S. Bernardo consigliava alle suore di evitare la società delle donne sposate, paragonando queste alle sirene marine, dotate di testa da vergine, ma di corpo da pesce e capaci, col loro canto, di portare i marinai alla rovina; così la donna secolare, con la sua conversazione porta alla rovina quella consacrata a Dio e che nel monastero cerca la salvezza dell'anima (4) sottraendosi però anche a quella dura potestà che il marito esercitava in famiglia specialmente sulla moglie (5). Del resto lo stesso

---

(1) E. BESTA, *Le persone nella storia del diritto italiano*, Padova, 1931, pagg. 133-34. Traduz.: « Che cos'è la donna? confusione dell'uomo, bestia non socievole, continua preoccupazione, battaglia senza pausa, danno quotidiano, casa della tempesta, impedimento al ben provvedere, naufragio dell'uomo incontinente, vaso di adulterio, guerra continua, animale pessimo, serpe insaziabile, schiavitù umana ».

(2) F. HEER, *Il Medioevo*, Milano, 1963, pag. 320.

(3) S. PIER DAMIANO, *Opera*, tomo I, *Epist. lib. VII*, 18, n. 266, in MIGNE, *Patrologia latina*, vol. 144, Parigi, 1853.

(4) S. BERNARDO, *Opere*, vol. III: *Liber de modo bene vivendi*, c. LVII, *De fuga mulierum saecularium*, n. 875, Parigi, 1854.

(5) S. BERNARDO, *Opere*, vol. III: *Vitis mystica*, n. 460, Parigi, 1854.

Dama del secolo XIII;
dal pulpito di Bartolomeo da Foggia
nel Duomo Vecchio di Ravello
(Fot. Alinari).

autore commentando il *Cantico dei Cantici* interpretava il termine *mulieres* come le « anime carnali e secolari, non aventi in sè nulla di virile, nulla di forte o di costante... ma tutto debole, femmineo e molle... » (1).

Per S. Tommaso, il grande filosofo scolastico che da Parigi diffuse in tutto il mondo occidentale un nuovo insegnamento, la donna è qualcosa di « deficiente ed occasionale », tanto è vero che egli cerca di spiegarsi come mai nascano delle femmine. Secondo S. Tommaso infatti la potenza generativa è nel seme maschile ed ogni ente mira a riprodurre se stesso, quindi il maschio dovrebbe mirare a riprodurre il maschio: e allora? Posto il problema S. Tommaso ritiene di risolverlo pensando che la nascita di femmine avvenga « a causa della debolezza della virtù attiva » o perfino a causa delle condizioni meteorologiche, come i venti australi, che sono umidi (2).

(1) S. Bernardo, *Opere*, vol. II: *Sermones in Cantica canticorum, sermo 38*, n. 1405, Parigi, 1854.
(2) S. Tommaso d'Aquino, *Summa theologica*, I, q. 92, art. 1.

Margherita di Brabante.
Genova, Galleria di Palazzo Bianco (Fot. Villani).

Scene cortesi a rilievo su di un pettine d'avorio del secolo XIV.
Firenze, Museo Nazionale (Fot. Alinari).

Con premesse di questo genere è naturale che si vedesse la donna come necessariamente soggetta all'uomo, in quanto nell'uomo, tra l'altro, « v'è maggiore abbondanza di ragionamento » (1).

Parità teorica dunque, ma non nella vita e nell'ambiente della società: perfino la Chiesa viene talvolta vista, come da Guido da Baisio (morto nel 1302), quale una società di membri perfetti, così spiegando l'esclusione delle donne, esseri non perfetti, dai gradi e dall'ordine ecclesiastico (2).

Tuttavia vi furono casi, anche nell'ambito dei monasteri, che fanno pensare che non tutto fosse sempre così semplice ed accettato. Ci sono state abbadesse che hanno esercitato dei poteri quasi vescovili, come quella del monastero cistercense di Conversano, tanto che da alcuni autori di diritto canonico questa situazione era detta *monstrum Apuliae*, dalla regione italiana dove si trovava il monastero (3). Potremmo qui ricordare casi simili come quello della badessa di Las Huelgas (4) in Spagna e quello della badessa di Fontevrault (5) in Francia. Se è vero che la giurisdizione di queste badesse riguardava normalmente il foro

---

(1) S. Tommaso d'Aquino, *Summa theologica*, I, q. 92, art. 1.
(2) Guido da Baisio, *Apparatus ad Decretum. Rosarium*, Strasburgo, 1472, glossa a C. 27, q. 1, c. 23.
(3) E. Kreebs, *Vom Priestertum der Frau*, in *Hochland*, vol. XIX-2, pag. 215, 1922.
(4) H. Florez, *España sagrada*, vol. XXVII, col. 578, Madrid, 1772.
(5) R. Metz, *La femme en droit canonique médiéval*, in *La femme*, vol. II, « Recueils de la Société Jean Bodin », XII, Bruxelles, 1962.

esterno, vi furono però anche di quelle che giunsero a confessare le loro sottoposte (1).

La situazione però non era pacifica e contro questo eccessivo e straordinario potere delle donne reagivano concilii e papi, tra i quali particolarmente Innocenzo III nel 1210.

Anzi la donna subisce proprio nel campo religioso liturgico una serie di limitazioni e di incapacità: non può toccare i vasi e i lini sacri, tanto è vero che nel *Decretum* di Graziano (circa 1140) un uso contrario, che veniva diffondendosi è definito come *pestis* (2), non può salire sull'altare durante gli uffici, non può servire la messa. Perfino le vere e proprie antiche Confraternite sono aperte solo agli uomini, mentre le donne possono esservi ascritte solo per lucrare le indulgenze e le grazie speciali concesse ai confratelli. E ciò si trova ancora nel Codice di Diritto Canonico, c. 709, § 2, pubblicato nel 1917.

Per fortuna Pier Lombardo, celebre canonista, pur ammettendo che « la donna è la stessa sensualità » e che per quanto riguarda la sua posizione in rapporto alle cose temporali è in stato di inferiorità di fronte all'uomo, concede però che anche la donna sia stata creata « ad immagine di Dio » (3), ipotesi che alcuni padri della Chiesa avevano messo in dubbio.

(1) C. VOGEL, *La discipline penitentielle en Gaule des origines au IX siècle*, in « Revue des sciences religieuses », XXX, pag. 163, 1930.

(2) *Decretum Gratiani*, D. 23, c. 25.

(3) PIER LOMBARDO, *Opera*, vol. I: *Collectanea in epistulas Pauli. Epist. I ad Corinthios*, n. 96, Parigi, 1854.

Donne e guerrieri; rilievo su di un pettine d'avorio del secolo XIV.
Firenze, Museo Nazionale (Fot. Alinari).

E fu proprio Pier Lombardo a portare un soffio di spiritualità nel matrimonio, ritenendo che il consenso, che i nubendi dovevano espressamente dare spontaneamente, fosse l'elemento decisivo per la validità del matrimonio stesso, e ciò in contrasto con chi vedeva tale validità solo nella consumazione.

Solo verso la metà del secolo XII infatti il Diritto Canonico era riuscito ad affrancare la donna dal consenso paterno, consenso che, fino a quel momento, era un elemento indispensabile per la validità del matrimonio sia per il diritto civile che per quello canonico (1): così nessuna differenza il Diritto Canonico farà tra doveri e diritti dei due coniugi, per

(1) R. METZ, op. cit., pag. 59 segg.

quanto nella vita familiare il marito, capo di casa, abbia poteri superiori e a lui la moglie debba essere sempre sottomessa.

Anche i diritti laici non erano certamente favorevoli alle donne: se è vero che nel Diritto Romano giustinianeo la donna, almeno nel campo del diritto privato, era arrivata al punto più alto sulla via della parificazione dei diritti tra i sessi, non possiamo non ricordare che il diritto longobardo in un noto capitolo dell'*Editto di Rotari* (cap. 204) stabiliva che nessuna donna libera longobarda fosse mai da ritenersi *selpmundia*, cioè capace di disporre da sola dei propri beni ed indipendente da qualsiasi tutela maschile: perciò, disponeva il re, la donna doveva sempre essere sotto la potestà di un uomo, solitamente il padre, il marito, il figlio, il parente agnato più prossimo o, mancando costoro, sotto la potestà del

Figure a rilievo su di un cofanetto nuziale di legno e avorio (secolo XIV).
Venezia, Museo Correr (Fot. del Museo).

re. Così tale donna non poteva vendere o donare alcuna cosa mobile o immobile senza l'autorizzazione dell'uomo cui era affidata.

Questa situazione durò a lungo e influenzò anche la posizione delle donne viventi a legge romana o di quelle, come le genovesi nel 958, che già vendevano e compravano senza alcuna autorizzazione da parte dei parenti maschi.

Proprio a Genova vediamo infatti degli atti privati in cui la donna rinunciava a privilegi che le spettavano per diritto romano (per esempio, il *Senatus consultus velleianus*), ma era assistita nell'atto da due uomini che essa indicava come *vicini*. A ben esaminare tali atti si potrebbe concludere che doveva trattarsi di persone che facevano i *vicini*... di professione, dato che gli stessi nomi si trovano in documenti vari dello stesso notaio, pur trattandosi di donne tra loro non parenti. Del resto anche oggi in certi uffici vi è chi fa di professione il testimonio e la cosa era allora ancor meno strana, se si ricorda che il notaio esercitava spesso la sua professione all'aperto, sotto il portico di qualche palazzo.

Una simile autonomia della donna, con le medesime rinunce alla tutela di leggi romane, si vede anche nelle città commerciali della zona meridionale dei Paesi Bassi, l'attuale Belgio (1); la situazione economica e sociale simile portava alle stesse soluzioni pratiche, soluzioni che avevano anche i loro vantaggi, perchè la donna mercante che avesse comprato a credito non poteva poi invocare la sua posizione femminile, sicchè il creditore avrebbe potuto soddisfarsi con tutti i beni che avesse trovato, fossero pure dotali o del marito (2).

La donna non partecipava alla vita pubblica, non interveniva, per votare, all'assemblea, per quanto dalle descrizioni dei cronisti risulta che in certi momenti di maggior tensione le donne erano nelle piazze e che le loro grida dovevano confondersi con quelle degli uomini e magari superarle.

Eppure gli abitanti di un piccolo paese, Cravenna, ancora nel 1304 pattuiscono con i signori del luogo che essi o il paese o i diritti signorili sul luogo non potevano essere venduti o ceduti senza la loro espressa volontà, volontà che doveva essere di tutti gli abitanti *tam feminarum quam masculorum*, cioè tanto delle donne che degli uomini (3).

---

(1) J. GILISSEN, *La femme dans l'ancien droit belge*, in *La femme*, vol. II, « Recueils de la Société Jean Bodin », XII, Bruxelles, 1962, pag. 274.

(2) *Statuto del Frignano*, a cura di F. JACOLI e A. SORBELLI, c. 42, pag. 192, Roma, 1913.

(3) A. PERTILE, *Storia del diritto italiano*, III, pag. 43, n. 15, Torino, 1894.

Ma, prima di vedere più particolarmente la situazione della donna in Italia, vorremmo rammentare che anche fuori d'Italia le cose non andavano meglio.

Per quanto riguarda l'Inghilterra dopo il 1066, data della vittoria di Guglielmo il Conquistatore, è il diritto normanno che si afferma, quel diritto di cui un grande giurista francese, il Du Moulin, scrisse: « Nella Neustria le donne sono come serve, strettamente sottomesse ai loro mariti, i quali sono molto avari ». Per la legge inglese quindi la donna sposata perdeva tutti i suoi beni, mobili ed immobili, a favore del marito e non poteva impegnarsi economicamente in alcun modo. La ragazza era poi completamente sottoposta al padre, che la poteva sposare a chi meglio credeva (1).

Per la Francia bisogna distinguere le zone che vivevano a « diritto scritto », cioè in base ad una tradizione giuridica romanistica, da quelle viventi a « diritto consuetudinario » ispirato al diritto germanico. Per i primi lo sviluppo è simile a quello che vedremo in Italia; per i secondi la donna sposandosi passa dalla sottoposizione all'autorità paterna a quella del marito, autorità maritale che nel secolo XIII si fa ancora pienamente sentire. Nelle *Consuetudini di Normandia*, IV, 2, leggiamo infatti: « La moglie in molte cose, in moltissime e quasi in ciascuna deve obbedienza a suo marito ».

E se la donna non avesse obbedito? Il marito aveva un potere di correzione che val la pena di ricordare. Questo potere veniva usato dal marito proprio « ... *quand elle ne veut obeir à ses resnables commandemens* » (2), cioè quando la moglie non voleva obbedire ad ordini ragionevoli; forse si sarebbe potuto discutere sulla ragionevolezza degli ordini, se il potere del marito non fosse arrivato fino al permesso di servirsi di qualunque mezzo per « correggere » la moglie di qualche vizio o supposto vizio, « esclusa la morte » (3). La giustizia pubblica interveniva solo nel caso che si superassero questi limiti.

I limiti di potere del marito erano dunque larghi: ad Aardenberg, nel Belgio, ancora al principio del 1300 il marito poteva battere e ferire la moglie fino a farne scorrere il sangue, a condizione che la moglie non

---

(1) F. JOÜON DES LONGRAIS, *Le statut de la femme en Angleterre*, in *La femme*, vol. II, « Recueils de la Société Jean Bodin », XII, Bruxelles, 1962, pag. 139.

(2) *Coutumes de Beauvaisis*, § 1631, raccolte da FILIPPO DE BEAUMANOIR, ediz. a cura di A. Salmon, Parigi, 1899-1900.

(3) *Coutumes de Beauvaisis*, § 1631.

Matrimonio di Federico II con Isabella.
Miniatura della *Cronaca* di Matteo di Parigi.
Londra, British Museum (Fot. del Museo).

L'imperatrice
Costanza
nel castello di Salerno
durante
la rivolta della città.
Miniatura
del secolo XIII.
Berna,
Biblioteca di Stato
(Fot. della Biblioteca).

Gruppo di donne
del secolo XIV.
Particolare di un affresco
di Matteo Giovannetti.
Villeneuve-les-Avignon,
Chartreuse (da Toesca).

Matrimonio.
Miniatura di un codice
quattrocentesco
del *Tristano*.
Torino,
Biblioteca Nazionale
(Fot. Rampazzi).

Due ragazze. Particolare delle *Storie di S. Nicola*;
affresco del secolo XIII. Novalesa, Cappella di S. Eldrado
(Fot. Centro di studi archeol. e art. del Piemonte).

morisse. Del resto il ragionamento su cui si basava questo diritto del marito era che la moglie era un *cathel* del marito, cioè un suo bene, e che quindi egli ne poteva fare ciò che voleva.

Per fortuna queste norme non erano sempre integralmente applicate, perchè sappiamo che ad Ypres un marito fu condannato dagli scabini ad una pena di 50 libbre per aver ferito la moglie durante la sua opera di... educazione (1). Si ritenne evidentemente esagerato il sistema usato, forse anche perchè aveva... disturbato i vicini: è questo infatti uno dei limiti imposti al potere correzionale del marito nel diritto della Frisia (2).

(1) J. GILISSEN, *op. cit.*, pag. 290 segg.
(2) J. WILLEM BOSCH, *La femme dans les Pays Bas septentrionaux*, in *La femme*, vol. II, « Recueils de la Société Jean Bodin », XII, Bruxelles, 1962, pag. 330.

Possiamo ancora ricordare che nei regni latini del Medio Oriente la situazione della donna, checchè ne cantassero i trovatori, non era migliore; anzi alle condizioni normali della donna europea si erano aggiunti gli usi locali, sicchè anche le donne latine venivano tenute chiuse in casa, sottratte spesso anche alle visite dei parenti maschi più vicini ed impedite a partecipare perfino alle pubbliche e solenni funzioni religiose (1).

Si trattava evidentemente dell'influsso dell'ambiente.

Con tutto questo non possiamo dimenticare il peso che nella storia e nell'arte esercitarono figure femminili come Beatrice, marchesa di Toscana, e sua figlia Matilde di Canossa, la contessa Giovanna di Hainaut, Margherita di Costantinopoli, Eleonora d'Aquitania che improntò di sè la giovane letteratura francese, Ermengarda di Narbona che per cinquant'anni governò le sue terre anche comandando truppe, Maria e Bianca di Champagne che svilupparono le grandi fiere nel loro paese. Donne tutte che sapevano pensare ed agire e poetare come Maria de Ventadour, e che emergono come grandi esempi tra tutte le altre costrette ad una pesante vita dalla disciplina della famiglia o del monastero, spesso anche sottoposte a lavori estenuanti e continui in campagna ed in città.

In Italia, come abbiamo accennato, si trattava di far sviluppare assieme la norma romana e quella longobarda: ne risultò un miglioramento della situazione per la donna longobarda, ma un peggioramento per quella romana.

La successione della donna.

Le limitazioni per noi più interessanti, perchè rispecchiano un determinato ambiente sociale, sono quelle riguardanti la successione e quelle circa la proprietà di immobili nel caso di matrimonio con un forestiero, cioè con un uomo non appartenente allo stesso ordinamento politico.

Per quanto riguarda la successione è da tener presente che la dote prendeva spesso per la donna il posto dei suoi diritti ereditari; si presumeva cioè che la donna dotata avesse già così ricevuto la sua quota di eredità e questa presunzione valeva anche per la donna entrata in monastero e che al momento della sua monacazione aveva ricevuto dalla famiglia una determinata cifra. Ad ogni modo la donna veniva quasi sempre posta dopo i maschi di pari grado e quindi poteva praticamente essere

(1) *Gesta Dei per Francos*, pag. 1088, a cura di J. BONGARS, Hanau, 1611.

esclusa da ogni successione. Era un uso assai diffuso e lo troviamo nel Veneto, nel Piemonte, nella Liguria, nella Lombardia, nell'Emilia, nelle Romagne, nelle Marche, nell'Umbria; nell'Italia meridionale ricordiamo norme di questo genere ad Amalfi, ad Andria, in Calabria, mentre più favorevoli erano quelle di Napoli (1).

Negli Statuti di Treviso si arrivava all'esclusione completa delle donne finchè vi fosse un discendente maschio del defunto; la decisione era così motivata: « Riteniamo che spetti al decoro e alla gloria della nostra città avere dei cittadini ricchi e fare in modo che i patrimoni dei maschi non vengano diminuiti col passaggio a donne, tanto più che si sa come gli atti e le decisioni delle donne siano spesso diretti ai propri commodi e contro i buoni costumi » (2). Con modi di pensare di questo genere, che ritroviamo con parole simili negli Statuti di Reggio Emilia, non c'era da meravigliarsi se venisse stabilito che i frutti di tutti i beni della moglie, durante il matrimonio spettavano al marito.

Vi erano poi delle limitazioni circa le donne che possono solo spiegarsi come forma di difesa dalla... tentazione: tale ci pare sia una norma dello Statuto della Riviera e Isola d'Orta dove possiamo leggere: « Parimenti che nell'Isola non possa abitare alcuna donna che non ne sia oriunda, o ivi sposata, o madre, figlia, sorella od onesta servente di un laico avente ivi casa... », e la sanzione di una pena di 60 soldi imperiali doveva colpire non solo la donna che avesse violato questa disposizione, ma anche chi avesse dato *aquam et ignem*, cioè ospitalità. Non dimentichiamo che nell'Isola c'era un monastero (3).

Più curiosa invece è una disposizione degli Statuti di Torino, la quale vietava agli uomini di intervenire alle cerimonie religiose per l'anniversario della morte di qualcuno, mentre ciò permetteva alle donne: tale norma non reca alcuna spiegazione. Possiamo pensare che essa rientri in quella serie di limitazioni alle spese per le cerimonie funebri che divenivano sempre più imponenti e in realtà soltanto occasione per fare sfoggio di lusso e di vanità (4). Si pensava forse che la partecipazione soltanto delle donne avrebbe ridotto la cerimonia ad un aspetto più modesto. In-

---

(1) F. Criscuolo, *La donna nella storia del diritto italiano*, pag. 178 segg., Napoli, 1889.

(2) *Gli statuti del Comune di Treviso*, a cura di G. Liberali, vol. II, c. 726, pag. 283, Venezia, 1951.

(3) *Statuti del lago d'Orta del secolo XIV*, a cura di A. De Regibus, c. 29, pag. 26, Milano, 1946.

(4) D. Bizzarri, *Gli statuti del Comune di Torino del 1360*, c. 322, pag. 135, Torino, 1933.

fatti, per chi le donne avrebbero indossato splendide e sontuose vesti? Soltanto per delle altre donne? È possibile ciò, ma a lungo andare diventa noioso.

Abbiamo detto che la donna era mal vista nelle successioni: si aggiunga a ciò la feroce gelosia che i Comuni medioevali avevano per i beni immobili dei loro cittadini ed il timore che tali beni cadessero in mano di forestieri, forestieri che potevano essere anche gli abitanti del Comune vicino.

Ma che cosa sarebbe successo se una donna sposata ad un tale forestiero avesse ereditato immobili nella sua città originaria? Per il diritto pubblico di quel tempo si sarebbe presentata una situazione curiosa e, sotto certi punti di vista, inammissibile. I beni immobili posseduti dalla donna nel suo Comune sarebbero, ad un certo momento, passati ai figli; ma questi erano cittadini di un altro Comune, però in quanto proprietari di immobili per i quali pagavano tasse nella città della madre avrebbero potuto pretendere ivi l'esercizio di diritti politici; ma essi erano stranieri e quindi, per il Comune medioevale, potenzialmente nemici.

Ecco come si spiega dunque una norma degli Statuti di Milano la quale prevedeva l'ipotesi che una donna milanese, sposata fuori dalla giurisdizione milanese, ereditasse beni in Milano (traduz.):

C. 310: « Nessuna donna si sposi fuori della giurisdizione di Milano con eredità o parte di eredità. Se ciò avverrà l'eredità deve andare agli agnati maschi prossimi o agli altri parenti maschi o femmine, come sarebbe spettata se la donna in questione *non esset in rerum natura* ».

Cioè la donna sposata fuori della giurisdizione milanese veniva calcolata come non esistente. Questa esclusione viene poi, nel capitolo successivo dello stesso Statuto, estesa anche a tutti i discendenti da quella stessa donna: cosa logica dato lo scopo che si prefissava il legislatore comunale.

Il matrimonio con forestieri era visto così male che in qualche località, come a Foglizzo, Canischio, Favria, Montanaro e Torino, la dote veniva in tal caso colpita da un'imposta; se la dote era già stata versata si poteva procedere contro il padre, i fratelli, i parenti per percepirla. E tale imposta aveva un caratteristico nome, quello di « barriera », quasi si trattasse di un... dazio di esportazione (1).

---

(1) A. ALBERTI, *Appunti per una storia del diritto privato piemontese*, pag. 48, Torino, 1934.

Il colloquio di Gano con la donzella.
Palermo, «Steri»: soffitto dipinto (da TOESCA).

La donna e l'adulterio.

Ci sono però casi in cui la donna ha una particolare protezione, per esempio nel diritto penale, per quei reati a carattere sessuale di cui poteva essere vittima; ma doveva trattarsi di *femina honesta*, altrimenti la sua tutela diminuiva rapidamente, come si vede nel caso dell'adulterio frequentemente visto come reato più grave per la donna che per l'uomo.

Ancora dopo il Mille le Costituzioni di Sicilia (III, 46) permettevano al marito di uccidere la moglie ed il suo amante sorpresi in flagrante adulterio; ciò non era più lecito fare se era passato del tempo, infatti se non c'era la flagranza il marito poteva soltanto tagliare il naso alla moglie.

Col primo risorgere del diritto romano si vollero riportare in uso quelle norme che stabilivano la fustigazione e la reclusione in monastero per la donna adultera e la pena di morte per il suo complice; alcuni Statuti, come quelli di Piacenza, Brescia, Pavia, Genova, Corsica, stabilivano addirittura la pena di morte per entrambi.

Ma già nelle leggi di Federico II di Svevia la morte per l'uomo fu commutata nella confisca dei beni e molti Statuti, pur fissando anche una pena corporale, spesso ne ammettevano la trasformazione in una multa pecuniaria: così la Carta de Logu di Sardegna stabiliva una multa

Punizioni dei lussuriosi nell'Inferno.
Bologna, S. Petronio, Cappella Bolognini (Fot. Villani).

di 100 lire, lo Statuto di Origgio di 3 lire, quello di Asti di 100 lire, quello di Modena di 300 lire, quello di Vercelli di 25 lire, quello di Parma di 10 lire e via dicendo. Qualche volta la multa, per entrambi i colpevoli, era in sostituzione di pene derisorie, come quella di dover correre nudi per la città tra lo schiamazzo di molti che forse erano non meno colpevoli.

Ma per la donna la pena era frequentemente quella del carcere a volontà del marito o di punizioni corporali, oltre naturalmente la perdita della dote a vantaggio del marito stesso. Per lo Statuto di Adria l'uomo pagava 500 lire di multa mentre la donna veniva condannata a morte, a Belluno la donna veniva messa al rogo e l'uomo se la cavava con 200 lire di multa.

In Germania la donna adultera poteva essere punita d'inverno col camminare a piedi nudi nella neve per mezz'ora e più al giorno per 40 giorni, o, d'estate, con lo stare per il medesimo tempo seduta su di un nido di formiche: si aggiungeva spesso il dormire per terra sul limite della porta di casa. Metodi correzionali che non sappiamo se davvero servissero a migliorare la moralità di tempi che non erano molto migliori dei nostri.

Per fortuna tutte queste gravi pene dovevano essere applicate su denuncia e richiesta del marito il quale avrebbe portato così in pubblico la sua disgraziata vita coniugale. Un più tardo giurista, il Claro (1), scriveva infatti che « coloro le cui mogli sono adultere non osano portare l'accusa in giudizio per non incorrere in perpetua infamia, secondo una perversa consuetudine ».

Ma da parte della donna si perdeva la dote non solo per il commesso adulterio, ma talvolta perfino per un bacio accettato da chi non era il marito (2). Si trattava sempre, secondo un concetto formale e medioevale, di tutelare nella società il pubblico costume, convinti che gravi sanzioni e gravi pene rendano il mondo più morale.

Il concubinaggio.

Eppure in quel mondo, ad esempio, il concubinaggio era tollerato se non addirittura ammesso: si trattava in realtà di un istituto accettato anche dal diritto comune che riconosceva che potesse essere concubina

---

(1) G. CLARO, *Receptae sententiae*, lib. V, n. 7, Ginevra, 1664.
(2) A. PERTILE, *Storia del diritto italiano*, vol. V, pag. 529, n. 84, Torino, 1892.

colei che avrebbe potuto essere moglie (1). La giustificazione pratica poteva essere anche vista nel problema economico.

La concubina era spesso di condizione umile ed esplicava quindi anche le funzioni di donna di servizio; per di più tra i due, tra i quali esisteva un rapporto di concubinato, non correvano vincoli di carattere economico, niente dote o donazione nuziale o altro: si trattava di un puro rapporto di fatto che non traeva con sé nessuna conseguenza giuridica rilevante. Per quanto la Chiesa si battesse sempre contro il concubinato (2), in quanto il vincolo era temporaneo e non perpetuo come quello del matrimonio, troviamo tuttavia degli Statuti, come quelli di Lucca del 1308, nei quali si parla di concubine lecite, che servono nella casa dei loro signori « *et sunt camerariae* », e cioè sono cameriere (3).

Un curioso esempio di un vero e proprio contratto per un rapporto di concubinato troviamo per la Corsica, tra gli atti del notaio Emanuele Nicola De Porta, genovese ma svolgente la sua attività in Bonifacio, dell'anno 1287 (4). L'atto, tradotto, dice quanto segue:

« Io Giovannetta Oliveti prometto a te Marco Brentane veneto di stare teco come tua donna di servizio e concubina per sei anni e di venire con te in ogni luogo e terra nella quale tu andrai e vorrai condurmi, per fare tutti i servizi alla tua persona e alla tua casa, prometto di salvare e custodire in buona fede e senza frode te e le tue cose e di non lasciare senza il tuo permesso il tuo servizio fino al termine fissato; tu mi darai vitto e vestito adatto e alla fine dei detti sei anni se vorrai lasciarmi mi darai per ricompensa e mercede dieci lire genovesi.

« D'altra parte io Marco prometto a te Giovannetta di tenerti come donna di servizio e come concubina fino al detto termine e di condurti meco in ogni luogo e terra nella quale andrò, di darti vitto e vestito conveniente e di tenerti e custodirti sana ed inferma fino al termine anzi detto, e se alla fine dei sei anni non vorrai più rimanere con me ti darò dieci lire genovesi ».

In Corsica le condizioni economiche non erano certamente buone e questo contratto ne è una conferma, tanto più che la concubina, anche se si trovava in una situazione allora non eccezionale, era sempre in posizione deteriore rispetto ad una vera moglie, almeno per quanto riguar-

---

(1) Glossa « *Stuprum* », in *Digesto*, XXV, 7, 3.
(2) *Decretum Gratiani*, c. 5, C. XXXII, q. 2. Traduz.: « Le concubine tenute a tempo, neppure se accettano tale rapporto per averne figli, non fanno lecito il loro concubinato ».
(3) *Statuti di Lucca (1308)*, III, 55.
(4) V. VITALE, *Documenti sul castello di Bonifacio*, Genova, 1936, n. 99, pag. 290, 8 dicembre 1287.

Colloquio galante;
miniatura
di un manoscritto trecentesco
del *Guiron*.
Parigi, Biblioteca Nazionale
(Fot. Berthaud).

dava l'*honor* e la *dignitas*, anche se tutti i punti perchè una concubina fosse tale legittimamente erano stati rispettati.

E i punti erano ben nove: 1) i due concubini non dovevano essere legati da matrimonio con altri; 2) i due dovevano coabitare e l'uomo doveva avere verso la donna il medesimo affetto che avrebbe avuto verso una moglie; 3) la donna doveva essere tenuta e trattata come una concubina e ciò doveva essere a conoscenza dei vicini; 4) la concubina doveva essere unica; 5) essa doveva entrare nella casa dell'uomo come concubina; 6) doveva entrarvi pubblicamente, come sarebbe avvenuto per una moglie; 7) scopo del rapporto di concubinato doveva essere quello di avere dei figli da quella donna; 8) l'uomo doveva trattare la donna col rispetto dovutole; 9) l'uomo doveva dichiarare che era sua speranza di poter un giorno sposare quella che era attualmente la sua concubina.

L'elemento differenziale vero e proprio tra matrimonio e concubinato, oltre quello dell'assenza della benedizione nuziale, era quello della mancanza di rapporti economici reciproci; abbiamo già detto che mancava la dote, e allora noi possiamo renderci conto della necessità che una figlia regolarmente sposata fosse dotata; anche a costo di mandare in rovina una famiglia, la sposa portava con sè una dote, perchè sul piano sociale era questa che le conferiva l'onore e la dignità di moglie e che permetteva di non confonderla con una concubina, specialmente in epoche in cui non esistevano registri nè parrocchiali, nè tanto meno civili da cui poter ricavare notizie circa lo stato di coniuge o meno di una persona.

Per quanto poi nell'età comunale non esistesse, con la gravità di oggi, il problema della legittimità dei figli, era certo tuttavia che i figli avuti da una concubina, anche riconosciuti, si trovavano sotto molti aspetti in situazione di inferiorità di fronte ai nati da legittimo matrimonio: basti pensare al diritto canonico e alla successione per il diritto feudale.

Non per nulla si trovano cause davanti a vescovi, nelle quali una donna sosteneva di essere la moglie di un tale, mentre il convenuto negava che costei fosse sua moglie. Tra l'altro si era ormai imposta l'indissolubilità del matrimonio e, in ossequio ai precetti della Chiesa, si poteva soltanto per determinati casi arrivare alla separazione personale; il concubinato non portava neppure questo problema.

Qualcuno potrebbe chiedersi se il concubinato non poteva essere confuso con la prostituzione: ma non c'era questa possibilità, in quanto, perchè una donna potesse essere definita meretrice, doveva essere notorio che essa si era data per danaro a più di due uomini; tuttavia col passare del tempo il concubinato venne visto sempre con maggior sfavore ed infine vietato anche da molti Statuti comunali.

Prostituzione e pubblica moralità.

Il problema della prostituzione, della sua regolamentazione e del come trattare le donne che si davano a questa attività fu molto grave per il Medioevo, che spesso la tollerò per evitare mali peggiori quali la sodomia imperversante già dal secolo XII e forse sviluppata da esperienze nel Medio Oriente.

Naturalmente la posizione della Chiesa era contro la prostituzione, contro chi la esercitava e chi la sfruttava.

Alcuni Comuni non nascondono che certe loro norme contro il meretricio provengono da influenze di ecclesiastici: è la situazione di Vercelli la cui riforma degli Statuti del 1233 fu curata da un frate minore, Enrico da Milano, il quale stabilì che le meretrici dovevano essere bandite e non tollerate in città; tanto che, se fossero state trovate in città, chiunque avrebbe avuto licenza di prenderle, spogliarle e così nude presentarle al podestà che doveva farle fustigare fino alle porte della città, cacciandole poi fuori.

La norma secondo cui tali donne non potevano risiedere in città esiste, anche nei tempi più antichi, a Chieri, Padova, Bologna, Pisa, Lucca, Modena, Brescia, Firenze; a Torino come a Palermo e a Milano una meretrice poteva essere allontanata da dove abitava, anche se la casa era di sua proprietà, su richiesta dei vicini della parrocchia o della via, da essa disturbati.

Lo svenimento di una dama;
miniatura di un manoscritto trecentesco del *Guiron*.
Parigi, Biblioteca Nazionale (Fot. Berthaud).

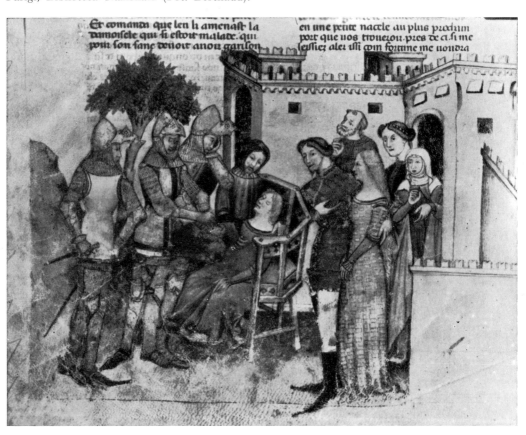

Arazzo con la dama e il liocorno.
Parigi, Museo di Cluny (Fot. Archives Photographiques).

Desco da parto con Venere e gli Amanti.
Italia settentrionale, prima metà del '400.
Parigi, Louvre (Fot. Archives Photographiques).

Ma ad un certo momento ci si accorse che lo Stato poteva trar lucro da una simile attività e si obbligarono quelle disgraziate donne a vivere riunite in una determinata zona della città tassandole e limitandone anche i movimenti; infatti nei giorni e nelle ore in cui potevano uscire dalla loro zona dovevano portare un segno distintivo, il quale poteva essere un mantelletto di fustagno nero come a Milano o una banda gialla sulla spalla come a Trento: evidentemente si sentiva la necessità di distinguere così le prostitute dalle altre donne, perchè altrimenti non si sarebbero distinte. Dappertutto si imponeva poi che esse, quando circolavano per la città dovevano *honeste incedere,* il che forse era pretendere un po' troppo.

Nè le zone riservate a queste donne erano limitatissime, se si pensa che il bordello ufficiale di Milano era situato tra la chiesa di S. Paolo, scomparsa, ma sull'attuale corso Vittorio Emanuele all'incrocio con via S. Paolo, la chiesa di S. Zeno e la località delle Quattro Marie, all'incirca in via Orefici; il che corrisponderebbe alla zona della Galleria attuale e alle sue adiacenze. Altro che espulsione dalla città! insediamento in pieno centro.

Ma un quadro completo della situazione, un quadro che rispecchia tutto un modo di vivere e di pensare dell'uomo comune sull'argomento è dato dai Capitoli per il postribolo di Genova, postribolo il quale si trovava nella zona di Montalbano. Il testo che noi possediamo è successivo al momento che stiamo studiando, ma di esso in realtà si chiedeva la conferma e quindi l'organizzazione base doveva risalire a parecchio tempo addietro. Trascriviamo qui qualche passo, tradotto (1):

« Che nessuna pubblica meretrice osi circolare per la città di Genova sotto pena di fustigazione per le vie della città, salvo il sabato: e si considerano pubbliche meretrici quelle che risiedono nel luogo di Montalbano.

« Che nessuna pubblica meretrice osi nel luogo di Montalbano o in città bestemmiare il Signore Iddio o la madre sua la Vergine Maria o qualche santo o santa, sotto pena di fustigazione in Montalbano e di una multa da cinque a dieci soldi ogni volta.

« Che nessuna pubblica meretrice possa far lite o rissa in Montalbano sotto pena di una multa da due a cinque soldi. La stessa cifra paghi se insulterà il podestà del postribolo; se poi vi fossero ferite e magari mortali, la colpevole sarà consegnata al podestà di Genova che applicherà le norme di legge.

« Il podestà del postribolo può mettere ai ceppi le donne che ivi si trovano e che fanno rissa, per un periodo di tempo da sei a dodici ore. In questo caso non si applicherà la multa.

« Gli uomini che in Montalbano faranno rissa verranno presi, arrestati e consegnati nelle mani del podestà di Genova ».

Fin qui abbiamo il quadro di un ambiente non certo tranquillo, di un ambiente nel quale risse e liti dovevano essere all'ordine del giorno, dove

---

(1) *Statuto dei padri del Comune della Repubblica Genovese,* a cura di C. DESIMONI, Genova, 1885, n. 24, pag. 27 segg.

non dovevano mancare feriti ed anche morti, per quanto fosse vietato salvo ai pubblici funzionari, portare armi sia di offesa che di difesa.

Il mettere in ceppi le donne rissose e il sostituire questa pena alla multa prescritta, ci indica anche come le condizioni di quelle donne non dovevano essere brillanti dal punto di vista economico. Eppure esse dovevano pagare un tanto al Comune di Genova.

«Tutte le dette meretrici che stanno nel luogo di Montalbano debbono, ciascuna di esse, pagare al podestà del detto luogo secondo la facoltà e la possibilità di dette meretrici, cinque soldi al giorno. E il predetto podestà non potrà ricevere o pretendere più di detta cifra sotto pena di dieci soldi per ogni soldo percepito in più, da applicare in favore dell'opera del molo e del porto.

«Non pagheranno i cinque soldi al giorno le donne così ammalate da non poter prostituirsi. Ma durante la malattia tali donne saranno tenute a restituire la casa ed il letto».

Infatti il podestà del postribolo doveva dare « *habitacionem et stalum* », cioè casa e letto, secondo la consuetudine; questo ufficiale era responsabile dell'ordine e della disciplina del luogo e aveva ai suoi ordini, per questo scopo, due uomini armati, che però doveva mantenere a sue spese, pagandoli sul reddito del postribolo e sulle multe ivi applicate.

Alla sera, al primo suono della campana della città, il podestà del postribolo doveva far sonare una campanella nel luogo di Montalbano e tutti gli uomini ivi esistenti se ne dovevano andare.

Ma la situazione di queste donne non era sempre volontaria, in quanto ogni donna denunciata e riconosciuta come pubblica meretrice doveva entrare nel postribolo, salvo che si allontanasse dalla città e dal suburbio entro cinque giorni.

Ma la disposizione moralmente (o immoralmente?) più curiosa è quella che riguarda la possibilità per una donna del postribolo di Montalbano di uscirne per darsi a vita onesta; essa poteva fare ciò, ma a condizione che avesse prima pagato tutti i debiti che avesse verso il podestà del postribolo e cioè, sia pure indirettamente, verso la Serenissima Repubblica. Pagati i debiti e uscita dal postribolo, tale donna doveva stabilire la propria abitazione lungi da Montalbano almeno quant'è il lancio di una balestra, con l'impegno di non avvicinarsi mai al confine della zona del bordello, nè di giorno, nè di notte sotto pena della multa di un fiorino. Evidentemente si temeva la concorrenza. Se poi qualche *amicus* avesse pagato i debiti della donna e l'avesse fatta uscire da Montalbano per convivere con lei e successivamente la donna fosse rientrata nel bordello, le venivano addebitati i giorni di... libertà fino ad un massimo di 25,

Arazzo con la dama e il liocorno.
Parigi, Museo di Cluny (Fot. Archives Photographiques).

in base alla supposizione che essa avesse anche fuori continuato la sua attività.

A Firenze, nel secolo XIV, i provvedimenti erano assai diversi; ecco come comincia, tradotto, il capitolo che riguarda l'argomento (1):

« Per estirpare i mali ed i crimini che possono accadere nella città di Firenze per l'inonestà di donne ivi abitanti e passeggianti quotidianamente per la città, poichè nella stessa città si commettono molti atti impudichi e molti peccati, attraverso i quali si offende Dio

---

(1) *Statuto del podestà del 1325*, in *Statuti della Repubblica Fiorentina*, a cura di R. CAGGESE, Firenze, 1921, lib. III, c. 115: *De postribulis et meretricibus et eorum roffianis et mulieribus non emendis predicta de causa et eorum pena.*

e si arreca danno all'onore della predetta città, e dato che per le lascivie di quelle donne possono sorgere cattivi esempi, è stato stabilito che nessuno tenga o faccia tenere o stare in casa propria o altrui in Firenze un pubblico postribolo o meretrici o una meretrice... ».

Ma la norma dello statuto non riguardava solo la città di Firenze, ma si estendeva anche fuori di essa; non si poteva tenere un postribolo, fuori città, a distanza minore di 200 braccia da qualsiasi chiesa e a distanza minore di 50 braccia dalle principali strade di comunicazione e cioè dalla strada da Porta di Tutti i Santi verso Prato, dalla strada di S. Gallo, dalla strada della Porta di Pinto, dalla strada di Porta di S. Candida, dalla strada di Porta Nuova presso Santa Croce presso l'Arno, dalla strada di Porta S. Nicola, dalla strada di Porta S. Miniato e via dicendo.

Se si fosse trovato un postribolo in località vietata la casa doveva essere abbattuta, chi lo teneva veniva multato con 500 libbre, il padrone della casa doveva pagarne 200, mentre le donne ivi sorprese venivano pubblicamente fustigate. Se poi una donna veniva trovata per la seconda volta in un postribolo vietato doveva essere marcata a fuoco sulla guancia destra.

Parrebbe un entusiasmo morale ammirevole, ma forse era poco concreto; infatti pochi anni dopo il Comune di Firenze trovò che presso il Mugnone, nella località detta « Campoluccio », si potevano stabilire e tenere dei postriboli, regolarmente concessi dagli ufficiali delle Gabelle del Comune, in base ad asta pubblica. La morale si trasformava, come spesso avviene, in calcoli di reddito fiscale.

Suppergiù le stesse norme, con la stessa imponenza formale, troviamo a Reggio Emilia, dove « le persone reprobe e disoneste devono essere allontanate da ogni ceto e luogo onesto », ma anche qui poi si arriva alla tolleranza, sempre contro un pagamento ad ufficiali regolarmente deputati, del postribolo nella località « *Castellum seu Turris nova* » (1); anche a Reggio le prostitute dovevano portare un panno color zafferano a loro distintivo.

Così avviene pure a Treviso, dove si fissa per le meretrici la « Contrada de Ripa », con la limitazione che non era concesso che più di quattro donne abitassero nella medesima *stupa*: si noti che il termine « stufa » che aveva indicato il bagno pubblico, era passato ad indicare la casa abitata da prostitute, proprio perchè i bagni pubblici erano diventati ad un certo momento il luogo di ritrovo delle donne di malaffare e dei loro protettori. Circolando per Treviso le meretrici dovevano portare un cappuccio rosso,

---

(1) *Statuta magnificae Communitatis Regii*, Reggio, 1582, VII, 2.

altrimenti potevano essere da qualunque persona spogliate e fatte correre nude per la città.

A Bologna si procede in senso inverso; si indicano quali sono le zone della città in cui le meretrici non possono abitare, ed ogni zona viene identificata dalla sua chiesa (1): il curioso è che, partiti con un elenco di 13 chiese, se ne aggiunsero successivamente altre 25, non sappiamo se per desiderio di moralità o per necessità dato il diffondersi della prostituzione. Del resto si sa che Bologna, sia per il grande concorso di studenti da ogni parte del mondo civile di allora, sia per il fatto che molti di questi studenti disponevano di danaro, abbondava di prostitute e di ruffiani; questi poi non nascondevano la loro professione, se in un processo del 1269 troviamo un tale che dichiarava di essere *Gandulfus rufianus*.

In complesso possiamo dire che la prostituzione, sia pure vista come un male e causa di peccato, fu accettata però dai nostri Comuni, che, con i loro Statuti, mirarono a regolarla per evitare scandali, ma anche a trarne lucro attraverso concessioni e multe.

Ben diverso fu il comportamento, ed è ben comprensibile, verso la sodomia, che trovava appoggio perfino in sètte eretiche assai diffuse. A Bologna, per esempio, alla fine del 1200, davanti al Santo Ufficio, un certo Zaccaria Baldi di S. Agata dichiarava che « un uomo con un uomo ed una donna con una donna possono avere scambievoli rapporti senza peccato ». Contro questo vizio, contro queste deformazioni mentali e morali sorse in Bologna anche una compagnia religiosa, intitolata a Maria Vergine, ad opera di frate Giacomino dell'Ordine dei Predicatori, di quello stesso Ordine cioè cui era normalmente affidata l'Inquisizione e la lotta contro le eresie.

Da parte civile la pena imposta ai sodomiti era abitualmente quella del rogo (anche se di solito venivano prima impiccati) come prescrivevano non solo un'antica costituzione degli imperatori Valentiniano, Teodosio ed Arcadio, ma anche statuti comunali come quelli di Milano, Aviano, Concordia, Roma, Osimo, Ceneda, Collalto, Belluno, Trieste, Modena, Ferrara e via dicendo; anzi in quest'ultima città — come in altre — i beni del colpevole venivano confiscati, mentre a Bologna il fuoco doveva ardere perfino la casa nella quale i rei erano stati sorpresi o nella quale si sapeva che essi si riunivano.

Pareva proprio che il fuoco avesse una funzione purificatrice.

(1) *Statuti di Bologna del 1288*, a cura di G. FASOLI e P. SELLA, Città del Vaticano, Studi e testi, n. 73, 1937, lib. IV, c. 34, pag. 197 segg.

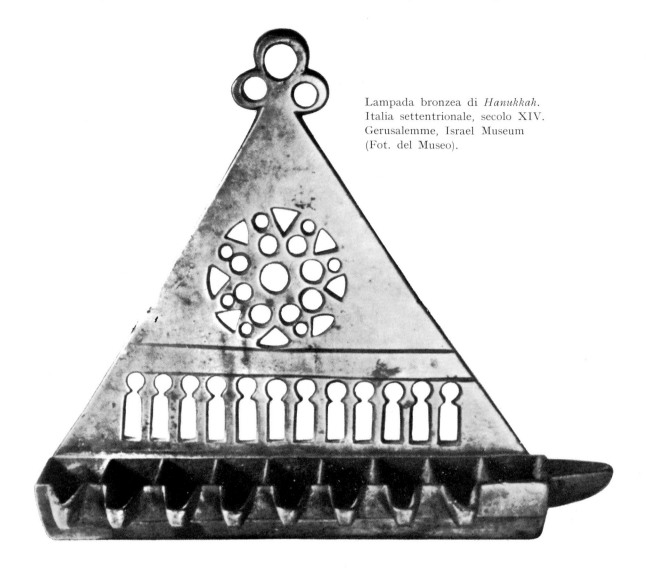

Lampada bronzea di *Hanukkah*.
Italia settentrionale, secolo XIV.
Gerusalemme, Israel Museum
(Fot. del Museo).

Gli Ebrei.

Non paia strano che in una storia della società comunale si esaminino gli Ebrei e quasi in collegamento con quanto abbiamo scritto sulla situazione delle donne. In realtà pure gli Ebrei erano tenuti in condizione di inferiorità, anche se evidentemente per motivi diversi.

Quali fossero le comunità ebraiche in Italia nel XII secolo possiamo conoscere dall'*Itinerario* di Benjamin di Jona da Tudela che tra il 1159 ed il 1167 compì un lungo viaggio nel nostro paese (1); egli fa infatti un

---

(1) M. N. ADLER, *Itinerary of Beniamin of Tudela*, in « The Jewish Quarterly Review », Londra-Filadelfia, 1904-06.

Pagina di un *Mahazor* del secolo XIV.
Monaco, Biblioteca di Stato (Fot. della Biblioteca).

Pagina di un *Mahazor* del secolo XIV.
Monaco, Biblioteca di Stato (Fot. della Biblioteca).

elenco delle famiglie e dei gruppi ebraici che qui incontrò; ma egli visitò soprattutto, dopo Genova, dove esistevano solo due famiglie israelite, l'Italia centrale e meridionale, allora sede prediletta degli Ebrei.

Così non possiamo controllare se corrisponde a verità la notizia secondo cui, nel 1152, a Venezia vi sarebbero già stati, come residenti, 1300 israeliti, cifra che ci sembra eccessiva anche se in Venezia l'elemento

Scene di vita ebraica in Italia nel secolo XV. Miniatura del Ms. Rothschild n. 24. Gerusalemme, Israel Museum (Fot. del Museo).

ebraico doveva fin d'allora rappresentare un fattore assai importante dato che vi si svolgeva un continuo traffico tra i paesi del Nord Europa e quelli del Levante mediterraneo. A tal proposito ricordiamo che già nel 1090 in un documento del doge Vitale Faliero si trova nominata la « Giudecca ». Questa era evidentemente la zona residenziale degli Ebrei, forse allora non imposta, ma scelta deliberatamente dagli Ebrei stessi, come facevano del resto in ogni città mercantile i diversi gruppi nazionali; simile a quella di Venezia era forse la giudecca di Salerno, dove risiedevano circa 600 famiglie israelite e della quale si ha notizia fin dal 1004.

La situazione degli Ebrei nella società medioevale era caratterizzata soprattutto dalla posizione della Chiesa cattolica di allora, secondo la quale costoro dovevano essere tollerati perchè erano la vivente testimonianza della rivelazione divina, ma dovevano però essere condannati e tenuti isolati, sia perchè colpevoli di deicidio, sia perchè non avevano saputo interpretare la rivelazione stessa, sia perchè non dovevano « infettare » la purezza dei costumi cristiani.

Se per una obbligatoria separazione di abitazione si attese fino alla bolla dell'8 agosto 1412 di papa Eugenio IV, in realtà una separazione si era già fatta precedentemente; a Palermo, per esempio, già nel 1312 gli Ebrei furono costretti a vivere isolati dal resto degli abitanti e fuori dalle mura della città.

Ma un elemento distintivo che entrò purtroppo presto in uso fu il « segno »; infatti nel IV Concilio lateranense del 1215, essendo papa Innocenzo III, fu stabilito che gli Ebrei avrebbero dovuto portare sul loro vestito un segno particolare onde essere facilmente ed immediatamente riconosciuti: era un sistema già adottato nel VII secolo dal califfo Omar verso Ebrei e Cristiani, anzi fu mantenuto dalla Chiesa cristiana perfino il colore giallo già fissato da Omar.

Nelle leggi di Federico II di Svevia del 1221 troviamo l'obbligo per gli Ebrei di portare sul petto un segno di stoffa a forma di palo che dal 1366 fu mutato in altro rotondo rosso; rosso e bianco fu pure il segno imposto a Torino nel 1430. Ma di solito il colore fu il giallo e tale segno doveva essere portato dagli uomini sul petto, mentre per la donna poteva essere un mantelletto, un fazzoletto in testa, un collare.

Le limitazioni imponevano poi che gli Ebrei non avessero schiavi, domestici o balie cristiani, sempre per il timore che gli Ebrei traviassero i Cristiani; evidentemente non si aveva molta fiducia nella fermezza della fede dei Cristiani e non si pensava che avrebbero potuto i Cristiani convertire gli Ebrei.

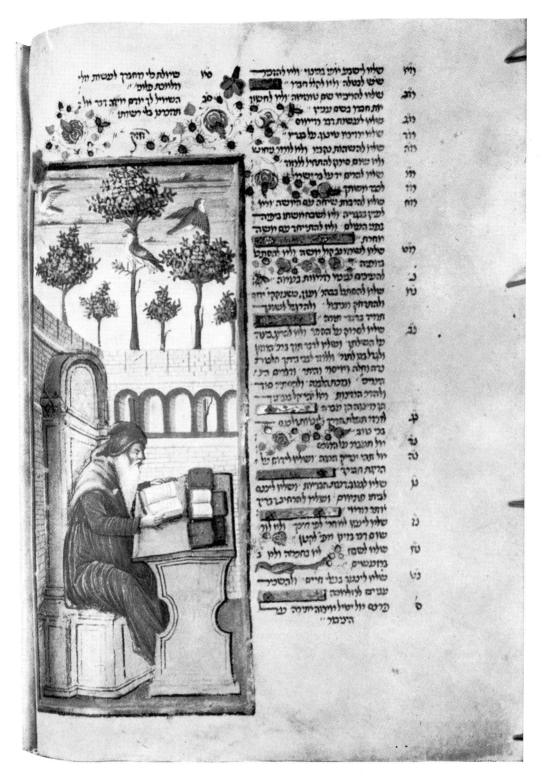

Studioso ebreo in una miniatura del secolo XV.
Ms. Rothschild n. 24. Gerusalemme, Israel Museum (Fot. del Museo).

Personaggio ebraico in trono,
nella corte d'un palazzo.
Miniatura del secolo XV. Ms. Rothschild n. 24.
Gerusalemme, Israel Museum (Fot. del Museo).

Gli Ebrei erano giuridicamente degli stranieri di condizione inferiore agli altri; come tali potevano essere ammessi, tollerati o scacciati dai singoli Stati secondo l'interesse del momento. Un sistema abituale era quello di lasciarli installare in una località, contro il pagamento di un tributo, chiedere loro forti prestiti e poi scacciarli senza pagare nè capitali nè interessi. Talvolta si stabiliva, con una improvvisa decisione, che i Cristiani non dovessero più pagare i debiti anche regolarmente contratti con Ebrei.

Riccio del pastorale di S. Bonifacio; avorio del sec. XI.

Fulda, Tesoro della Cattedrale.
Fot. Marburg.

Viscardi-Barni, *Il medioevo comunale italiano.*

Anche dove erano tollerati, gli Israeliti dovevano però pagare una tassa all'erario dello Stato, di solito annualmente; qualche volta il ricavato di questa tassa veniva usato per scopi di culto cristiano, come avveniva a Genova dove essi pagavano 3 soldi all'anno per ciascuno per mantenere accesa una lampada ad olio nella chiesa di S. Lorenzo, o come a Bologna dove gli Ebrei nella festa di S. Petronio dovevano offrire un palio (1).

Avevano poi gli Ebrei molte altre limitazioni, tra le quali alcune corrispondevano a quelle comuni a tutti gli stranieri, altre erano loro proprie: erano naturalmente esclusi dai diritti politici, non potevano avere pubblici uffici, non potevano assumere la difesa di qualcuno in giudizio, nè tenere scuola, nè professare non solo le arti liberali, ma neppure il commercio di biade, di abiti nuovi, di oreficeria ed in modo particolare di alimentari; in qualche Stato, come a Venezia, era concessa la medicina e la farmacia, ma a condizione che tali attività venissero esercitate solo verso gli Ebrei, il che non escluse che spesso gli archiatri pontifici fossero Ebrei. Non dovevano circolare per le strade nei giorni della Settimana santa. Naturalmente non potevano essere proprietari di immobili, neppure della casa in cui abitavano nel ghetto, sulla quale avevano solo, finchè era loro concesso, un diritto di abitazione.

La posizione dei medici Ebrei non era certamente facile, tanto che uno di essi, medico del segretario di papa Martino IV (1281-84) aveva scritto:

« Noi medici Ebrei, che viviamo sotto la soggezione del Signore, dobbiamo possedere una saggezza tutta speciale, perchè i medici Cristiani ci invidiano e ci provocano. A volte ci occorre spiegare la nostra diagnosi di fronte a loro e quando essi sentono qualche cosa che non sanno, esclamano subito " Costui vuol provocare la morte dei Cristiani! ". Perciò consiglio a qualsiasi medico ebreo di non toccare un cristiano, se non sa mantenersi saldo su ciò che deve essere noto in materia di scienze naturali ».

Isaac ben Mordechai fu, per esempio, il medico di papa Nicolò IV (1288-92) e poi di Bonifacio VIII (1294-1303); Manuele e suo figlio Angelo, medici di Bonifacio IX (1389-1404), vennero dispensati dal pagare qualsiasi tributo e dal portare il segno degli Ebrei, anzi nel 1394 la segreteria pontificia stabiliva che la famiglia di questi medici poteva essere citata e convocata in giudizio solo davanti alla curia papale.

Eppure contro uomini di questo genere, contro gente che aveva dato e dava all'umanità filosofi, pensatori, medici e scienziati si arrivò all'isti-

---

(1) A. PERTILE, *Storia del diritto italiano*, III, pag. 210, n. 23, Torino, 1894.

tuzione del ghetto, alle prediche forzate iniziate da Nicolò III (1277-80) nel 1278 e affidate ai Domenicani, per giungere perfino ai battesimi forzati; si arrivò ad imporre tasse per gli spassi carnevaleschi dei Cristiani, spassi nei quali gli Ebrei stessi erano le vittime di scherzi atroci.

Evidentemente una lunghissima via, non ancora percorsa del tutto, stava davanti all'uomo per arrivare alla civiltà.

Gli studenti.

Per la loro caratteristica si può veramente dire che gli studenti delle università rappresentino una classe a sè stante nella società comunale. Intanto essi non sono, nella grande maggioranza, nè cittadini, nè sudditi della città in cui vivono e studiano; sono dunque degli stranieri, ma degli stranieri particolari che hanno loro privilegi e che conducono una loro vita con leggi particolari.

Qui ricordiamo soltanto che le prime università, e prima fra tutte quella di Bologna, nacquero da associazioni di studenti, da una *universitas scholarium,* la quale sceglieva gli insegnanti, pagava loro gli stipendi e stabiliva i programmi. È dunque una manifestazione di quella attività associativa così diffusa nel Medioevo comunale.

Studenti e professori vennero poi ampiamente tutelati dalla costituzione imperiale *Habita* di Federico I, la quale stabiliva una serie di privilegi tali da assicurare alla *universitas* un'indipendenza di fronte ai poteri locali del Comune. Solo più tardi infatti i Comuni poterono far sentire il loro peso anche politico sulle università e riuscirono, con l'aiuto della Chiesa, a controllare gli studi, finchè Federico II di Svevia non portò a Napoli la prima Università di Stato.

Gli studenti erano di ogni paese: oltre gli italiani vi erano francesi, inglesi, tedeschi, spagnoli, polacchi e via dicendo, divisi spesso in *nationes* frequentemente in urto tra di loro; così gli ultramontani dipingevano sui muri col carbone il disegno di una lumaca quale insulto agli italiani, che rispondevano tracciando il disegno di uno scorpione in vituperio degli ultramontani.

Per l'alloggio era vecchia consuetudine che in ogni casa vivessero assieme almeno quattro studenti con un servo in comune, il quale si occupava, guadagnandovi, anche dell'arredamento dei locali, prendendo i mobili da qualche rigattiere. Ma già alla metà del XIII secolo molti studenti avevano una casa per ciascuno ed un proprio servitore. Questi servitori non erano davvero i migliori elementi in circolazione, tanto che i cittadini delle città universitarie non assumevano mai al loro servizio chi era stato servitore di studenti: al minimo si ritenevano costoro ladri e capaci di sottrarre anche le piccole cose per venderle, capaci perfino di impegnare, a proprio vantaggio, i libri e le cappe da studenti dei loro padroni.

Vi erano anche studenti talmente ricchi da poter avere non solo un servitore, ma un cameriere, un cuoco, nonchè un segretario che si occupava di tutti gli affari del padrone.

Gli studenti che vivevano in comunità finivano per formare delle società nelle quali ciascuno contribuiva con una propria quota; queste società a Bologna si chiamavano *duodena*, perchè ciascuno dei soci pagava un tanto al mese per i dodici mesi dell'anno. Il nome risuona ancora oggi nel termine dozzinante. Non tutte queste società filavano l'idillio e anche quelle che al principio dell'anno scolastico parevano fondate sulla perfetta armonia, alla fine dell'anno sfociavano in liti e perfino in risse.

Per fare economia questi studenti compravano all'ingrosso certi prodotti, come il vino, dai produttori stessi, non senza subire qualche truffa da parte dei contadini. Il vino piaceva del resto anche ai professori, se rimase celebre la solenne ubriacatura presa da Alberico da Rosciate ad un pranzo offertogli da studenti.

Per i locali in cui alloggiava lo studente pagava un affitto, spesso regolato da norme comunali, affinchè i locatori non approfittassero troppo della loro situazione; con tutto questo si trattava di inquilini non sempre puntuali nei loro pagamenti e le lamentele giungevano fino ai professori dell'università, i quali non potevano far altro che dare buoni consigli.

Si veniva alle università per studiare, ma non solo per studiare: si usava dire che lo studente non studiava mai di giorno, ma solo di notte e a lume spento. Quand'erano in aula, seduti ad ascoltar le lezioni dei maestri, spesso le loro menti vagavano lontane, sicchè sentivano le parole di chi stava in cattedra, ma non le intendevano, svagati e smemorati. Finita la lezione si precipitavano a casa, per recarsi poi o ad ammirare le belle signore della città alle funzioni religiose (la chiesa era il punto di ritrovo, aperto anche agli scolari, del mondo bene di allora) o a passeggiare per le vie spesso provocando litigi, o a far lunghe cavalcate con cavalli presi a nolo; vi era chi si perdeva in sogni suonando e cantando, chi si dava ad attività di altro genere accogliendo in casa delle prostitute.

Ma il difetto ed il vizio fondamentale era il gioco: si giocava nelle case, nelle taverne, nelle strade, nei postriboli, di giorno e di notte; si perde-

Scene di vita studentesca nel secolo XIII.
Parigi, portale di Notre-Dame (Fot. Alinari).

vano i danari che dovevano servire per il soggiorno, si perdevano i libri, si perdevano i vestiti e non è detto che i vincitori fossero perfetti gentiluomini osservanti tutte le regole dei giochi. I dadi truccati non sono certamente un'invenzione di oggi.

Si poteva sempre ricorrere agli usurai impegnando presso costoro i libri di studio, talvolta alluminati: anzi l'usuraio doveva poi, per un antico

Scene di vita studentesca nel secolo XIII.
Parigi, portale di Notre-Dame (Fot. Alinari).

privilegio concesso da Federico II imperatore, restituire a titolo di precario i libri stessi allo studente (1), il quale però si doveva impegnare con giuramento, a non partire senza aver prima pagato il debito o riconse-

(1) J. L. A. HUILLARD-BRÉHOLLES, *Historia diplomatica Friderici II*, vol. II, tomo I, pag. 452, Parigi, 1852.

gnato il libro. Qualche studente dovette per questo motivo prolungare la sua permanenza all'università, perchè, se appena avesse accennato a partire, il creditore, che non lo perdeva di vista, poteva farlo arrestare.

E se non c'erano neanche libri o altri oggetti da dare in pegno? Era necessario allora trovare cittadini che garantissero per lo studente, il che non era facile data la fama di cattivi pagatori che si erano fatta questi studenti, tra i quali qualcuno era giunto al punto da imbrogliare quei loro maestri che, commossi, avevano loro prestato del danaro.

I dottori del resto dovevano spesso intervenire anche per cercare di togliere gli studenti di mano agli ufficiali di polizia, quando questi li fermavano o per porto di armi vietate, anche di notte, o per risse, tumulti e duelli che avevano a loro base spesso motivi futili.

È curioso osservare poi come il maestro si preoccupasse non solo di insegnare la sua materia, ma anche di dare quelle norme di educazione, di ben vivere che oggi non riteniamo più di competenza del docente; ma forse così si creava quel rapporto tra docenti e discenti che li faceva sentire tutti legati in una grande repubblica di dotti e forse così il professore comprendeva che il solo insegnare materialmente un argomento era ben poco, se non si cercava di formare anche degli uomini che rispondessero al tipo della loro epoca: quindi il maestro richiamava l'attenzione dell'allievo sul come si dovesse camminare per via con un incesso onesto e dignitoso, sulla necessità di stare bene attenti a salutare i *doctores* con il titolo di *illustres* ad essi spettante e così via. Il maestro dava consigli perfino sull'alzarsi al mattino presto *ante lucem*, cioè prima dell'alba e sull'opportunità di studiare indefessamente anche di domenica, per non esser oziosi in quel giorno.

Una comunione di interessi pratici e culturali legava quindi tra loro gli studenti e ne faceva veramente un gruppo sociale a sè nella comunità cittadina.

Capitolo secondo LA CITTÀ

L'Italia è terra di città. Mentre in altri paesi d'Europa si può parlare di campagne, di villaggi attorno ad un centro, in Italia bisogna parlare di città attorno alle quali gravitano campagne e villaggi. Si può in Francia parlare di una storia della Borgogna, in Gran Bretagna di una storia del Galles, non si può in Italia parlare di una storia della Lombardia o dell'Emilia: si deve parlare di una storia di Milano o di Bologna, di Brescia o di Piacenza e così via.

La città, con le sue mura, aveva rappresentato, nel periodo delle scorrerie ungare, l'elemento di resistenza ed aveva dato agli abitanti, sotto la guida del vescovo, un punto di sicurezza. E la paura in Europa non era stata poca, se si pensa che nelle favole che ancor oggi si raccontano ai bambini, l'orco è l'ungaro e gli stivali dalle sette leghe sono la mitizzazione della velocità che le colonne ungare sapevano raggiungere con i loro cavalli.

La città rappresenta poi, col sorgere del Comune, anche la libertà, contro la servitù, più o meno accentuata, vigente nelle campagne. Perchè si possa avere un'idea richiamiamo che Firenze nel secolo XIV si può ritenere avesse circa 90.000 abitanti con 25.000 uomini tra i 15 e i 70 anni, 110 chiese, 80 cambiavalute, 60 medici, 600 notai: Carcassonne aveva 9500 abitanti con 63 notai, 9 medici, 9 preti e 250 clerici; Milano vien descritta nel 1288 da Bonvesin de la Riva come città con 200.000 abitanti (cifra probabilmente esagerata), con 115 parrocchie, più di 200 chiese, 8 professori di grammatica con ciascuno una numerosa scolaresca, più di 100 fabbricanti di corazze e 30 fonditori di campane, 80 maniscalchi e 150 albergatori e via dicendo. Città dunque vive e attive.

Tuttavia quando pensiamo a « città » bisogna tenersi ben lontani dalla visione di oggi; strade tortuose, piccole, frequentemente non selciate, abitati che spesso non superavano il raggio di 800-1000 metri: a Milano solo con i Visconti si cominciò in qualche via a porre dei mattoni; le case erano in gran parte di legno ed il pericolo dell'incendio era continuo, tanto che erano frequenti le disposizioni per cui si vietava di accendere il fuoco nelle giornate di vento: un racconto dice che a Milano un grave incendio avvenne proprio perchè si disubbidì a quest'ordine in occasione di una festa nuziale, mentre un altro incendio, ancora a Milano, parve dovuto alla vendetta di una cicogna, che lasciò cadere sul tetto di strame di una casa un carbone acceso.

Secondo gli annali di Ottone Scriba, cronista genovese del XII secolo, vediamo incendi nella sua città, per esempio, nel 1174 « *in domo Bellamuti* », nel 1175 « *iuxta S. Victorem* », nel 1181 nella « *vicinia Palazoli* » che

Case medievali nella Piazza Grande ad Arezzo (Fot. Stefani).

fu quasi interamente distrutta, nel 1195 « *in mercato Sancti Georgi* »: e si potrebbe facilmente continuare (1). L'incendio era anche favorito dal fatto che il fuoco veniva acceso al centro della stanza, spesso sotto le travature e i coppi del tetto; solo più avanti si vedranno le *caminate*, che, per essere novità nella tecnica costruttiva della casa, si fanno notare per la loro sporgenza all'esterno: un condotto a muro per il fumo e per il calore diminuì il rischio dell'incendio anche nelle case in cui il legno continuava ad essere l'elemento predominante.

Il rimedio contro il fuoco era l'acqua, ma l'acqua era nei pozzi, bisognava prenderla e portarla sul luogo dell'incendio passandola nei secchi di mano in mano attraverso una lunga catena di persone. A Firenze perciò (*Statuti del podestà*, I, 28) era stabilito che in caso di incendio si sonasse a martello la campana della chiesa del sestiere e quella della torre comunale: a questo appello dovevano accorrere tutti i facchini e i maestri d'ascia, gli uni per il trasporto dell'acqua e gli altri per le eventuali demolizioni: entrambi avrebbero poi ricevuto un compenso secondo il lavoro fatto. Ma nessun altro, esclusi i proprietari di bottega, poteva avvicinarsi al luogo dell'incendio per non creare confusione.

Anche il rifornire la casa d'acqua, sia pure solo per l'uso normale, era, nelle città, abbastanza faticoso: la visione delle donne ciarlanti attorno al pozzo è forse solo un nostro abbellimento di fatiche di un tempo passato. In certi documenti notarili genovesi, nei quali si stabilisce il contratto di apprendistato per dei giovani, si mette in evidenza che il giovane apprendista, tra gli altri lavori doveva anche compiere quello di andare a prendere l'acqua: così il 26 dicembre 1198 Guglielmo del fu Landrisio entrando a servizio come garzone presso Oberto barilaio s'impegna anche di « *deferre aguam* » (2).

Bisognò arrivare al secolo XIII per vedere l'applicazione e la diffusione della convenzione termica con la costruzione dei camini, che sostituiscono l'antico braciere acceso in mezzo alla stanza: a Venezia fin dal 1069 si parla di casa *caminata* e in un'altra carta del 1227 si parla di camini a muro, i quali erano ormai numerosi (3). Questi camini avevano cappa, canna e fumaiolo e ben spesso la cappa era decorata con pitture,

---

(1) *Annali genovesi di Caffaro e suoi continuatori*, vol. II: *Ottone Scriba*, in « Fonti per la storia d'Italia », Roma, 1901.

(2) *Notai liguri del secolo XII*, vol. III: *Notaio Bonvillano*, a cura di J. E. EIERMAN, H. G. KRUGER, P. L. REYNOLDS, n. 197, R. Deputazione di storia patria per la Liguria, Genova, 1939.

(3) P. MOLMENTI, *La storia di Venezia nella vita privata*, vol. I, pag. 297, Bergamo, 1922.

mentre i fumaioli assumevano forme diverse così da farne un elemento decorativo della casa.

Quando noi immaginiamo la città medioevale turrita, in realtà noi la vediamo per gli avanzi che ci sono rimasti: le torri erano prerogativa delle famiglie più potenti in lotta tra loro, sicchè la torre rappresentava il fortilizio da cui si poteva colpire gli assalitori: più la torre era alta più indicava potenza. Non per nulla il Comune cittadino tentò di eliminare le

Fonte pubblica
nel Borgo vecchio di San Severino nelle Marche
(Fot. Stefani).

torri private e di innalzare sopra tutte la torre comunale, quasi simbolo della forza del nuovo ordinamento.

Torri di famiglie in lotta tra di loro vediamo a Genova nel 1194 nelle lotte tra i De Volta e gli Spinola, sinchè nel 1196 il podestà dovette imporre a tutti che si rispettassero le antiche delibere del 1143 per cui tutti i fabbricati non potevano essere più alti, al massimo, di 80 piedi, all'incirca 24 m. (1). E logicamente furono le torri ad essere mozzate, così come nel 1270 furono le torri dei Roggeri ad essere abbattute a Parma anche a conseguenza della lunga lotta tra Guelfi e Ghibellini (2).

Tali torri potevano anche essere requisite dai reggitori dei Comuni, e chi si fosse voluto opporre a tale provvedimento, sarebbe incorso in gravi pene, come sappiamo, per esempio, dagli Statuti del Comune di Treviso (3).

La città era in realtà una fortezza difesa dalle sue mura e lo sviluppo demografico portava di necessità l'affollarsi delle case, sempre più vicine; si trattava però di un affollamento sempre minore di quello che si presentò

---

(1) *Annali genovesi di Caffaro e suoi continuatori*, vol. II: *Ottone Scriba*, in « Fonti per la storia d'Italia », Roma, 1901.

(2) *Chronicon parmense*, a cura di G. Bonazzi, in *RR. II. SS.*, nuova ediz., Città di Castello, 1902.

(3) *Gli statuti del Comune di Treviso*, a cura di G. Liberali, vol. I: *Statuti degli anni 1207-1208*, c. CXLVII, pag. 109, Venezia, 1950.

Nella pagina accanto:
torri medievali
nella Piazza Garibaldi ad Ascoli Piceno
(Fot. Stefani).

Torre di San Biele (1270) Viterbo
(Fot. Brogi).

Le torri di una città.
Iniziale miniata
di un codice del secolo XIV
della Biblioteca Vaticana
(Fot. della Biblioteca).

La città di Arezzo e i demoni cacciati da San Francesco. Affresco di Giotto nella basilica di San Francesco ad Assisi (Fot. Alinari).

nelle città industriali del secolo scorso; talvolta, in caso d'ingrandimento del cerchio delle mura, le vecchie difese venivano usate come pareti di nuove case — come si vede nelle *Consuetudini di Milano* del 1216 — e perfino antichi monumenti si trasformavano in abitazioni come successe specialmente a Roma.

Norme di polizia urbana.

Erano quindi necessarie vere e proprie norme di polizia urbana (1): rientrano in queste i divieti ai tintori di scaricare nell'acqua dei fiumi le

(1) Si veda a titolo informativo: G. P. FRANK, *Sistema compiuto di polizia medica*, Milano, 1826.

loro materie coloranti, così come a tutti era proibito lavare indumenti se non nei luoghi stabiliti, il che portò poi alla costruzione di pubblici lavatoi lungo i corsi d'acqua. Ma il problema più grave era quello della pulizia delle strade, tanto è vero che il giurista del secolo XV, Bartolomeo Cepolla, trattando *De servitutibus urbanis* (1) scriveva che anche coloro i quali avevano il diritto di gettar roba dalle finestre, non dovevano però gettare escrementi o orina: scriveva ancora lo stesso autore che nessuno, il quale conservasse in casa sostanze puzzolenti, poteva lavare in strada le botti o i recipienti che tali materie avevano contenuto o versare nelle strade le acque di risciacquatura (2); soprattutto si insisteva perchè non si buttassero immondizie nei pozzi o nelle fonti col rischio di inquinare le acque; così venne anche ordinato dal parlamento inglese nel 1338.

Si presentava anche il problema della selciatura o pavimentazione delle strade, sia per togliere fango e polvere, sia per facilitare lo scolo delle acque, sia per tenerle più pulite. Pare che la pavimentazione sia stata iniziata già a Parigi nel 1185, mentre a Praga, a Norimberga, a Basilea, a Lubecca, la si eseguì nel secolo XIV e ad Augusta nel secolo XV. A Firenze i primi selciati comparvero nel 1235; a Milano già nel 1272 le strade che dalle porte venivano verso il centro, al Broletto, erano ciottolate e sotto i Visconti qualche strada fu pavimentata con mattoni in costa disposti a spina di pesce; si può dire che una quasi completa selciatura della città fosse portata a termine a Firenze nel 1339 e alla fine dello stesso secolo essa era diffusa anche in molte città inglesi.

A Genova nelle *Regulae patrum communis et salvatorum portus et moduli*, regole che riguardavano l'ordinamento e la conservazione del porto, troviamo un paragrafo che si intitola: «*Quod carrubi teneantur nitidi a iactu et rumenta et de eis arrisolandis*» (Che le strade sian tenute pulite dalla roba gettata e da immondizie e che siano selciate); per quanto questo testo sia del secolo XV esso si richiama a norme precedenti, fino al secolo XII (3). Anche gli Statuti di Biella hanno una serie di disposizioni che riguardano le vie e che in parte ci richiamano a ciò che più sopra abbiamo visto scritto da Bartolomeo Cepolla (4). In altre città,

---

(1) B. CEPOLLA, *De servitutibus urbanis*, quaestio 4, Lione, 1552 (ma la 1ª ediz. è di Milano del 1475).

(2) B. CEPOLLA, *De servitutibus urbanis*, quaestio 5: *De cloacis*.

(3) *Statuto dei padri del Comune della Repubblica Genovese*, a cura di C. DESIMONI, c. VIII, pag. 14, Genova, 1885.

(4) *Statuta Comunis Bugelle*, a cura di P. SELLA, pag. 52 segg. e particolarmente pag. 54, n. 281, Biella, 1904.

Salita medievale.
Corinaldo (Marche)
(Fot. Caragoli).

come Novara, toccava ai proprietari delle case poste sulle contrade di tenere selciate le vie fronteggianti fino alla metà delle vie stesse (1).

Ma la circolazione stradale diventava, anche nel secolo XIV, sempre più complicata e faraginosa, se gli Statuti di Cremona (2) hanno una

(1) *Statuti di Novara (1277-29)*, a cura di CERUTI, c. CLVII (a. 1281), in M. H. P., *Leges*, vol. II.

(2) *Statuta et ordinamenta Comunis Cremonae*, a cura di U. GUALAZZINI, c. LIV, pag. 54, Milano, 1952.

Via medioevale di Certaldo alto.

rubrica dedicata alle pene di coloro che corrono a cavallo per le vie della città, per il che « *multi pueri et homines mortui sunt* », ed alle pene per i conduttori di carri, i quali dovevano camminare davanti agli animali che trainavano il carro e non starsene seduti sui carri stessi; diceva infatti lo Statuto (traduz.): « E che nessun bifolco osi andare per la città di Cremona sul carro, ma stia sempre davanti ai buoi, ai cavalli o alle cavalle o alle altre bestie ». Come si vede il legislatore aveva voluto elencare perfino « cavalli e cavalle » per evitare possibilità di equivoci più o meno volontari. Non basta: lo stesso Statuto stabiliva anche che chi girava di notte per la città senza portare un lume, doveva venir punito con una multa pecuniaria che andava dai 2 soldi se era disarmato e nella sua vicinia, cioè nella sua parrocchia o rione o quartiere, ai 5 soldi se fuori di questa zona, con la specificazione che un lume poteva servire al massimo per tre persone. A questo proposito può esser curioso rammentare che a Siena poteva esser permesso dal podestà di circolare di notte, col lume, dopo il terzo suono della campana, nei mesi di ottobre, novembre, dicembre, gennaio e febbraio, « a chi compra et a chi porta a vendere salsa verde, composta et mostarda » (1). Del resto a Siena stessa, alla fine del XIII secolo, il podestà aveva al suo servizio un « maestro di pietra » per riparare le vie (2) e doveva controllare che nessuno ingombrasse con

Particolari di palazzi. Da: una predica di San Francesco; particolare di una pala d'altare conservata nella chiesa di San Francesco a Pisa (Fot. Alinari).

fieno o paglia il Campo del mercato (3). A Firenze era obbligo invece (4) nelle contrade oscure, di tenere accesa tutta la notte una lanterna *expensis vicinorum*.

C'era anche il problema della tranquillità della città, ed ecco allora lo Statuto del podestà di Firenze (III, 121) vietare che di notte, prima

(1) *Il Costituto del Comune di Siena*, I, c. CDLIV, pag. 302, Siena, 1903.
(2) *Il Costituto del Comune di Siena*, II, c. VIII.
(3) *Il Costituto del Comune di Siena*, II, c. XLIII.
(4) Cfr. A. PERTILE, *Storia del diritto italiano*, IV, pag. 377, nota 37, Torino, 1896.

dell'*Angelus* del mattino, si facciano mattinate con liuto, viola, cetra o con qualunque altro strumento musicale, e prendere provvedimenti (III, 26) per evitare gli scontri tra bande avversarie di ragazzi dai 15 ai 20 anni che si battagliavano a gruppi provocando « scandali e ferite ». Pare proprio che sotto il sole ci sia ben poco di nuovo: rumori notturni e *teddy bois* non sono di oggi.

Particolari di palazzi di una città in un dipinto di Giotto. Assisi, San Francesco (Fot. Alinari).

In città di questo genere sarebbe stato possibile a chiunque di costruire come voleva; se a ciò già si metteva riparo in parte con la limitazione dell'altezza delle torri, come abbiamo sopra visto in Genova, e come ricordiamo ancora per Pisa già ai tempi del vescovo Daiberto (1087), per Pistoia nel 1217, per Firenze nel 1295, qualche volta si voleva che il disegno delle nuove costruzioni venisse preventivamente approvato dalle autorità comunali, sicchè non si occupasse via pubblica, come viene detto nello Statuto di Sassari (1), e non si costruissero fabbricati atti a deturpare la città, come si stabilisce, per esempio, a Moncalieri e a Casale. Ancora a Siena si stabiliva che le case attorno al Campo del mercato dovevano esser fatte con le « finestre a colonnelli e senza alcuni ballatoi »: non sappiamo se ciò fosse per estetica o per ordine pubblico, ma è certo che la piazza, così come la vediamo, è il risultato anche di questa disposizione (2).

Nelle torri e nelle case da nobili, le colombaie davano ospizio, non generoso, a colombi che finivano poi allo spiedo.

La città era spesso dotata, nelle sue vie, di portici, come quelli che ancora si vedono a Bologna, o anche solo di « coperti », ben noti a Venezia e a Milano: in quest'ultima città Bonvesin de la Riva (3) ne contava 60: nel 1470 sul Corso di Porta Ticinese ne esisteva ancora uno di diretto dominio dei parrocchiani di S. Sisto: furono quasi tutti demoliti nel 1500 sia perchè intralciavano la circolazione, sia perchè erano divenuti facili rifugi di persone poco gradite o di ladri notturni. Ma la città medioevale, in paragone alle città del secolo XIX, aveva il vantaggio dell'abbondanza di verde: prati o braide pubblici, giardini tra le case davano quel respiro che venne tolto quando si ridusse la casa a macchina per abitare per facilitare speculazioni edilizie e senza tener conto del benessere della comunità.

La vita nella città.

Nelle vie delle città spesso circolavano animali domestici e specialmente maiali, senza parlare dei cavalli e dei cani per la caccia, che Gal-

---

(1) Cfr. A. PERTILE, *Storia del diritto italiano*, IV, pag. 377, nota 38, Torino, 1896.
(2) *Il Costituto del Comune di Siena*, II, c. XXXVII, Siena, 1903.
(3) BONVESIN DE LA RIVA, *De magnalibus urbis Mediolani*, a cura di F. NOVATI, in « Bollettino dell'Istituto Storico Italiano », XX, 1898. Esiste anche una traduz. in italiano di E. VERGA, *Le meraviglie di Milano*, Milano, 1921.

vano Fiamma, nel secolo XV, vede per Milano, rispettivamente nel numero di 8000 e di 100.000. Una vera cagnara! E tutti insieme questi animali complicavano anche la circolazione stradale; basta pensare che nel secolo XII Filippo, figlio di Luigi VI re di Francia, morì per una caduta da cavallo, a Parigi, perchè il suo destriero s'era spaventato per un porco che aveva improvvisamente tagliato la strada. Ma i maiali disturbavano soprattutto col loro odore: se già nel secolo XV alcune amministrazioni, come quella di Francoforte sul Meno, vietavano addirittura le costruzioni di porcili sul lato della casa fronteggiante la via, a Milano per lungo tempo i maiali del convento di S. Antonio circolarono liberi e rispettati per le vie della città protetti dalla lettera T (tau) di cui erano marchiati a fuoco: qualcosa come le mucche in India, salvo che da noi quei porci finivano poi su ben fornite tavole.

Però tutti questi animali circolanti per le vie avevano un po' anche la funzione degli spazzini: molti rifiuti erano infatti mangiati dai cani, dai maiali e dai polli razzolanti davanti alle case. I rifiuti della città medioevale erano, nell'enorme maggioranza, rifiuti organici e quindi la loro distruzione con mezzi naturali era abbastanza facile. Tuttavia a Treviso ci si accorse non solo del pregiudizio che i porci arrecavano alla salubrità dell'aria, ma anche del pericolo per la circolazione — specialmente per i cavalieri e per i bambini — che i branchi di questi animali rappresentavano e fu vietato dagli Statuti (III, 11) tenere porco o scrofa che di giorno o di notte si aggirasse per le vie.

La vita, quando il tempo era buono, si svolgeva all'aperto in queste piccole, strette e non certo linde vie, di cui ciascuna era, di solito, dedicata ad un'attività particolare, come certi nomi ancora ricordano in molte città italiane, così via dei Fabbri e via di Calimala a Firenze, via Speronari e via Orefici a Milano, via dei Bottari a Bolzano, ed anche a Roma via dei Caprettari, via dei Candelari a Palermo, ecc.

Il che se potrebbe parere oggi folkloristicamente interessante, non lo sarebbe altrettanto dal punto di vista igienico: basta del resto pensare che la stessa attività dei macellai si svolgeva in strada, anche se frequentemente si ordinava che non occupassero le vie, almeno quelle principali, con le carni macellate, imbrattandole col sangue degli animali uccisi, come, per esempio, si stabilisce negli Statuti di Lecco del secolo XIV, mentre in quelli di Treviso si ordina che i mucchi di letame devono essere tolti dalle strade ogni otto giorni.

Qualche lettore arriccerà veramente il naso quasi sentendo gli odori che dovevano permanere in quelle vie medioevali; ma che farebbe un uomo medioevale, abituato a questi odori « naturali », davanti a quelli chimici del petrolio, dello zolfo, dell'asfalto, o a quello di un nostro veicolo pubblico pieno di folla? Non è detto che i nostri odori, perchè moderni, siano migliori e più sani di quelli della città medioevale. Per lo meno la scienza non ha ancora identificato nel letame della campagna un elemento cancerogeno.

Evidentemente non è il caso di parlare di servizi igienici nelle case medioevali: si noti quanto spesso il vaso da notte, che nella forma poi mantenuta compare verso il XIII-XIV secolo, appaia in quadri o miniature in bella vista. Gabinetti (*necessarium*) ci sono solo nei palazzi, di solito ricavati nello spessore delle pareti, con un canale di scarico diretto verticale fino al pozzo nero: per fortuna gli spifferi d'aria producevano un po' di ventilazione: dove era possibile si usava qualche canale o fosso per lo scarico e si arrivò a costruire dei contrafforti sporgenti nei quali inserire il sedile che così poteva avere il suo scarico nel vuoto fino al fossato. Naturalmente non esisteva un sistema di pulizia ad acqua se si esclude qualche secchio: ciò rendeva necessaria e faticosa una frequente pulizia dei pozzi neri; quando in Inghilterra si trattò di pulire i pozzi neri delle prigioni di Newgate, vi lavorarono 13 uomini per 5 notti.

Anche il bagno era limitato, proprio per le difficoltà dell'acqua calda e per la disabitudine creata da insegnamenti che vedevano quasi il pec-

Veduta
della Piazza Grande
ad Arezzo
(Fot. E.P.T.-Arezzo).

Una città;
particolare dell'incontro
di San Gioachino
con Sant'Anna,
dipinto di Taddeo Gaddi.
Firenze, Santa Croce
(Fot. Alinari).

Scena di banchetto con musicanti.
Miniatura francese del secolo XIV.
Parigi, Biblioteca Nazionale (Fot. della Biblioteca).

cato nella cura dedicata alla pulizia e all'igiene della persona, come sembra voglia dimostrare S. Pietro Damiani nella sua *Institutio monialis* (c. XI), quando vede nella morte, probabilmente per cancro, della dogaressa di Venezia, moglie di Orseolo, quasi una punizione divina per la sua raffinatezza nel lavarsi: parrebbe dunque che avesse avuto ragione Epifanio, vescovo di Pavia del secolo V, il quale, secondo Ennodio, considerò suo dovere non lavarsi per non danneggiare con la delicatezza dei bagni la fortezza interiore spirituale. La difficoltà del cambio dell'acqua calda spiega anche l'uso del bagno comune in famiglia, a parte il fatto che il concetto di pudore, nel mondo medioevale, era ben diverso da quello moderno.

Nelle città del nord Europa il bagno pubblico fu anche nel Medioevo assai diffuso e frequentemente comune ai due sessi, provocando la sorpresa di viaggiatori italiani e spagnoli: Riga all'inizio del secolo XIII aveva dei bagni pubblici, 7 ne aveva Würzburg, Ulma 11, Norimberga 12, Francoforte sul Meno 15, Vienna 19. Però spesso questi bagni divennero luogo d'incontro tra donne di malaffare e uomini in cerca di avventure, non per nulla il termine *stew* (stufa) in inglese divenne l'equivalente del postribolo. Proprio per questo motivo nel 1308 a Firenze si dispose che uomini e donne potessero accedere ai bagni a giorni alterni e che nessuno vi potesse andare di notte.

Era uso invece il dar acqua alle mani prima e dopo il pasto, anche perchè la forchetta è un arnese assai tardo. Se essa compariva nel secolo XIII in un inventario di beni di Enrico I d'Inghilterra, e nel secolo XIV in uno di Luigi d'Anjou, era però oggetto di lusso ai tempi di Erasmo da Rotterdam (secoli XV-XVI) tanto che perfino Luigi XIV, il re Sole, riteneva l'uso abituale di essa indice di eccessiva raffinatezza. Come le mani venissero lavate può essere ben compreso anche oggi guardando la lavanda delle mani compiuta dal sacerdote nel momento centrale della messa: ecco del resto la descrizione di una lavanda a tavola fatta da Bonvesin de la Riva nel suo *De quinquaginta curialitatibus ad mensam*:

> La cortesia segonda: se tu sporzi aqua a le man
> aornamente le sporze, guarda, no sij vilan:
> assai ghe 'n sporza, no tropo, quand è lo tempo dra stae,
> d'inverno per lo fregio in picena quantitate.

Se perfino per lavarsi le mani (e in francese *laver* volle significare proprio lavarsi le mani) è consigliata poca acqua durante l'inverno, si può ben immaginare come ci si dovesse comportare con un vero e proprio bagno, con ciò che i Francesi chiamavano *se décrasser* (1).

Tutto ciò avveniva in una casa che non conosceva la divisione funzionale dello spazio: la camera da letto era tale perchè ci si dormiva (e spesso ai piedi del letto nuziale dormiva una cameriera), ma poteva, tolto il letto, essere sala da pranzo: le tende disposte attorno al letto sono un primo tentativo di render isolato un luogo dove si dormiva nudi malgrado il freddo dell'inverno. E il dormire in più persone in un letto ed in camere con più letti non aveva nulla di eccezionale. La vita scorreva così veramente in comune ignorando anche in casa molti dei cosiddetti comodi che a noi paiono indispensabili ed ignorando specialmente quell'isolamento che noi sentiamo necessario per particolari situazioni. Data la disposizione dei letti anche il rapporto sessuale non aveva certamente quella riservatezza che noi oggi desidereremmo.

(1) L. WRIGHT, *La civiltà in bagno*, Milano, 1961.

Gli ospedali.

Nelle città medioevali non mancavano poi gli ospedali: questi erano di solito affidati a religiosi ed i loro redditi derivavano da offerte, da legati che hanno spesso a motivo la *salus animae*, come si vede, per esempio, nei molti lasciti esistenti nei testamenti genovesi, dove non solo si trovano indicati specificatamente determinati ospedali, ma dove si trova anche l'espressione per indicare qualunque Ospedale dal Capo di Faro a S. Fruttuoso di Genova (1). Però già nel 1091, a Milano, Lanfranco della Pila e sua moglie fondavano un ospedale presso S. Simpliciano con l'obbligo di gestione laica; nel 1145, sempre a Milano, Goffredo da Bussero conferiva alla Confraternita laica dei Decani di S. Barnaba l'amministrazione dell'ospedale da lui edificato presso quella chiesa.

Vediamo a Cremona già ospedali o xenodochi (cioè ricovero per pellegrini; si pensi del resto che la parola ospedale è proprio un chiaro riferimento all'ospitalità) nel 1077 presso la chiesa di S. Agata e anche prima, se vogliamo ricordare quell'ospedale *cum laborerio* fondato dall'arciprete Ariberto per accogliere e nutrire i bastardi: nel secolo XIV Reggio Emilia vedeva sorgere l'Ospedale di S. Maria della Carità, nello stesso secolo, nel 1308, a Bassano, Jacopino de Blasi fondava un ospedale con 12 letti... e quindi capace di ospitare 24 ammalati; Parma vedeva nel 1201 sorgere ad opera di Rodolfo Tanzi un ospedale nel quale tutti i servizi ospedalieri erano compiuti da conversi e converse viventi sotto la regola di S. Agostino; a Bitonto nel 1333 la Confraternita di S. Maria de Confratribus curava ed assisteva infermi e pellegrini in un apposito locale; il cardinale Guala Bicchieri fondava a Vercelli nel 1224 l'Ospedale di S. Andrea, mentre a Susa fin dalla seconda metà del secolo esisteva una *domus infirmorum*, tenuta dagli Ospedalieri di S. Antonio; e ospedali sorsero presto a Gattinara, a Verrua, a Biella, ad Alba, a Bra, a Savigliano e via dicendo, oltre che, naturalmente, a Torino, ecc. Anche in altre zone d'Italia sorgono ospedali: l'Ospedale del Girifalco a Fermo è del 1170, mentre Arezzo nel 1213 vede la fondazione dell'Ospedale del Ponte che non è certamente il primo di questa località, e Rieti nel 1337 ha una bolla per l'Ospedale di S. Antonio.

Brindisi può ricordare l'Ospedale annesso alla chiesa di S. Maria dei Teutonici, fatto costruire nel 1191 da Enrico VI, e può ancora richiamare

---

(1) G. BARNI, *Lasciti ad ospedali in testamenti genovesi dei secoli XII e XIII*, in « Atti I Congresso italiano di storia ospitaliera », Reggio Emilia, 1957.

la presenza nel 1312 di un ospedale dell'Ordine di S. Giovanni di Gerusalemme.

E questi non sono che alcuni che qui ricordiamo per tutti gli altri: fossero questi ospedali laici o religiosi, essi erano però tutti guidati da un alto senso di *charitas* intesa proprio nel suo valore spirituale, cristiano ed umano. A questo proposito ricorderemo qui alcune disposizioni che varranno anche ad illuminare il quadro della vita cittadina medioevale sotto questo aspetto.

La visita ad un ammalato.
Incisione del secolo XV.

Secondo l'arcivescovo di Milano S. Galdino, che dava disposizioni per l'Ospedale del Brolo del 1168, cioè durante la ricostruzione della città dopo la completa distruzione del 1162, gli infermieri dovevano essere *servitores pauperum*: coloro che entravano nell'Ordine ospitaliero di S. Spirito, dovevano dichiarare che si offrivano « *Deo et Beatae Mariae et Sancto Spiritui et dominis nostris infirmis ut omnibus diebus vitae meae sim servus illorum...* » (traduz.: « A Dio, allo Spirito Santo e alla Beata Maria e agli infermi nostri signori per essere per tutti i giorni della mia vita loro servo... »); la stessa cosa giuravano i frati della Casa ospedaliera di Altopascio in Valdinievole: « Io cotale rendo me a Dio et a Santa Maria et al Beato Jacopo Apostolo et ai signori infermi acciò che tuti li dì de la mia vita sia loro servo... ». Era la concezione per cui nell'infermo si doveva riconoscere Cristo stesso, il che vediamo chiaramente espresso nelle Regole dell'Ospedale di S. Maria Nuova di Firenze redatte, su di un testo più antico, nel 1374: « I poveri infermi che a detto ospedale rifuggano o arri-

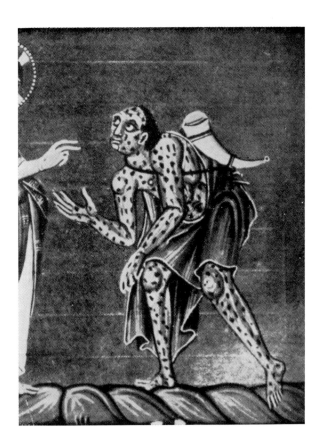

Lebbroso, in una miniatura dell'evangelario di Bamberg (secolo IX).

vino, quasi Cristo nella loro persona, diligentemente visitino e consolino, paschino et nettino et sorveglino a tutte le loro necessità ».

Ma non bastava che i malati chiedessero ospitalità agli ospedali, ve ne sono alcuni (come quello del Brolo di Milano già nel 1158 e come quelli che si riallacciano alla Regola di S. Spirito) le cui regole ordinano che si cerchino per la città gli ammalati poveri e si portino all'ospedale.

Qui, appena giunto, l'ammalato doveva essere lavato, operazione che si ripeteva tutte le settimane: posto a letto, doveva avere lenzuola pulite, lenzuola che venivano cambiate almeno una volta alla settimana e, se necessario, anche una volta al giorno: al mattino il letto doveva essere rifatto dagli infermieri, ma in modo tale che « guardino gli infermi da ogni incomoditate ». A fianco del letto doveva essere sempre una buona vestaglia, per il caso che il malato dovesse alzarsi, dato che nel medioevo si dormiva solitamente nudi.

Anche il cibo veniva servito dagli infermieri e oltre alla pietanza vi era spesso *vinum egregium*. Naturalmente non si poteva pretendere nel medioevo ciò che non rientrava nei sistemi e nella mentalità dei tempi: frequentemente i malati erano a due per letto e bisogna giungere fino all'Ordine dei Fatebenefratelli perchè si pensasse a dividere gli ammalati per categorie di malattie.

A titolo informativo e di paragone con le città moderne notiamo che la Firenze del secolo XIII disponeva di 1000 posti letto su di una popolazione di circa 90.000 persone.

In questi ospedali non potevano però venire accolti i lebbrosi: per essi esistevano case speciali, di solito fuori delle mura e su terre originariamente fiscali, come l'Ospedale di S. Lazzaro di Porta Romana a Milano o, sempre a Milano, quello fuori Porta Ticinese e che ha una parte nella liturgia ambrosiana per la lavanda del lebbroso: del resto anche presso xenodochi, come quello di Disentis presso Coira, è probabile esistesse una cella separata per ospitare eventualmente qualche lebbroso: gli affetti da questa malattia, per quanto dovessero evitare qualunque contatto con altri esseri, non erano impediti però di affrontare viaggi che erano spesso pellegrinaggi a celebri santuari per invocare la guarigione (1). La « torre del lebbroso » è una caratteristica di molte città e di molti castelli.

---

(1) Cfr. « Atti del I Congresso italiano di storia ospitaliera », Reggio Emilia, 1957, ed in particolare gli studi ivi contenuti di G. B. BASILI, P. BERRI, M. CAPRARI, E. COTURRI, L. CREMONINI, D. DE CAPUA, G. DONNA D'OLDENICO, T. FERIOZZI, U. GUALAZZINI, G. MACELLARI, R. MARCHI, V. OTTAZZI, E. POLIMANTI, G. RUSSOTTO, P. P. STRINATI, A. VALENTINI.

La cattedrale di Modena, del secolo XII.
(Fot. Alinari).

Nella pagina accanto: particolare del portico della cattedrale di Cremona (Fot. Anderson).

Le cattedrali.

Ma la vita della città medioevale parve davvero manifestarsi nella chiesa maggiore, anzi nella costruzione della chiesa maggiore, quasi simbolo della *libertas* cittadina e ciò anche se l'effettiva costruzione talvolta cominciò quanto tale *libertas* era ormai solo un nome soppiantato dalla realtà del nuovo signore. Ricorderò le prime pagine degli *Annali* del Duomo di Milano: oltre ad offerte in denaro od oggetti preziosi, arrivarono persino asini presentati all'altare delle chiese in cui si faceva la questua. Una poverella, Caterina de Abiate, offrì il suo mantello, un tale cedette alla Fabbrica una somma che proveniva da un saccheggio, una prostituta offrì un logoro pellicciotto. È veramente, quella della cattedrale, un'opera corale, che dalla città si allargherà alla campagna, simbolo non solo del

Il Duomo di Como (Fot. Fotocelere).

Comune, ma della diocesi e del santo protettore, che a ben vedere si identificano, tanto che il nome del santo era spesso grido di battaglia, quasi invocazione di protezione per la vittoria sperata.

Ma se il nuovo Duomo di Milano sorge quando la Signoria viscontea già si afferma, così non è per Como, per Cremona, per Crema e via dicendo: così non è per Modena dove, secondo una cronaca del XII secolo, essendo crollata l'antica chiesa che conservava le reliquie di S. Geminiano, si decise, d'accordo tra clerici e cittadini di « rinnovare, riedificare, sublimare la chiesa del nostro così grande e così celebre padre », sicchè nel 1099 si posero le nuove fondamenta e si iniziarono i lavori. Fede in Dio e nei santi, ma fede nella città che in Dio e nei santi suoi tutori vedeva la realtà effettiva della vita (1).

(1) *Relatio sive descriptio de aedificatione ecclesiae cathedralis Mutinensis*, in «Monumenti di storia delle provincie modenesi», cronache, tomo XIV, pag. 111 segg., Modena, 1886.

Il villaggio.

E attorno alla città la campagna, in Italia sempre vista come una pertinenza della città: situazione che andò ancor più precisandosi quando furono i ricchi cittadini ad investire i loro danari nelle terre.

Per l'Italia meridionale si sente meno il problema politico del villaggio perchè l'amministrazione abbastanza centralizzata, portava la campagna alla dipendenza di un grosso centro dove, più o meno, esisteva sempre il rappresentante del potere.

Nelle campagne il villaggio è per lungo tempo sottoposto ad un *dominus*, un signore, anche quando le città hanno già ripreso la loro vita e la loro via, e anche quando le città affermeranno la loro supremazia

Un abitato sulla collina: particolare di un affresco di Giotto nella Basilica di San Francesco ad Assisi (Fot. Alinari).

politica che tuttavia per un certo tempo non lederà troppo i diritti dei preesistenti signori. Vi saranno talvolta insieme funzionari del *dominus*, funzionari della città e funzionari del Comune locale.

Se vogliamo pensare all'origine dei Comuni rurali, possiamo non solo ricorrere ai *vici* romani e preromani, ma pensare anche a quelle terre comuni, pascoli e boschi che rappresentavano per gli abitanti di una zona un interesse comune da amministrare e governare insieme. Su questi Comuni però, in base al preesistente sistema feudale, c'era, come s'è detto, un *dominus loci*, al quale per i secoli XI-XIII compete il diritto di investire qualunque ufficiale del luogo, come è detto anche nel *Liber Consuetudinum Mediolani* del 1216:

« *Rustici districtabiles... nec consules, nec camparium seu portinarium vel alios oficiales in eo loco possunt instituere, sed ipsi domini ex ordine hoc faciunt* » (1)

(Traduz.: « I rustici sottoposti ad un potere di comando... non possono stabilire nè consoli, nè camparo, nè portinaio, nè altri ufficiali, ma i signori fanno ciò regolarmente »).

Ciò avveniva anche per Genova, dove l'arcivescovo ordinava i consoli di S. Romolo (2), così nei Comuni della valle della Maira dove il *dominus* era il marchese di Saluzzo (3), così a S. Sepolcro dove l'ordinazione dei consoli si faceva di fronte all'abate del luogo, così avveniva nel luogo di Isola dove i poteri spettavano alla badessa del monastero di S. Maria presso Aquileia. Assai presto, come si sa, il *dominatus loci* passò alle città e queste provvidero alla nomina degli ufficiali locali, che alla città rispondevano. Così sarà per i consoli delle località della Riviera Ligure, così per quelli della terra del Veronese (Statuto di Verona 1228, c. 198), del Pisano, del Padovano, così si trovava Frignano rispetto a Modena e via dicendo. Questi ufficiali nominati dalla città divennero ad un certo momento dei veri rappresentanti della città, come podestà, vicari o capitani, mentre localmente continuarono dei funzionari locali destinati soprattutto alla custodia dei fondi, ad una specie di polizia campestre e con una giurisdizione ristrettissima che di solito non andava di là dai bandi campestri.

Questi minori funzionari venivano nominati sotto il controllo degli ufficiali ormai dipendenti dalla città, sicchè era questa a controllare tutto l'assieme anche localmente. I nomi di queste più piccole autorità furono

---

(1) *Liber Consuetudinum Mediolani*, c. XXIII, 12, Milano, 1949.
(2) *Registrum curiae archiepiscopalis Januae*, II, pag. 120, in « Atti della Società ligure di Storia patria », Genova, 1862.
(3) A. PERTILE, *Storia del diritto italiano*, vol. II-1, pag. 158, n. 401, Torino, 1897.

assai vari: troviamo consoli e podestà che riecheggiano i nomi dei funzionari cittadini, marici o merighi o *maiores* (e da *maior*, derivò il *maire* francese e il *maior* inglese) come a Ravenna ed in Sardegna, decani e gastaldi, come a Limonta e Civenna o nel vicentino, ricollegandosi alla dominazione longobarda, villici quasi ancora si pensasse all'antica *villa* romana.

Se ricordiamo il frammento del *Liber Consuetudinum Mediolani* più sopra citato vediamo che oltre i consoli nei villaggi c'erano anche altri ufficiali come il campario, il saltario addetti alla custodia dei campi e dei boschi, il canepario addetto particolarmente ai magazzini di scorte e talvolta anche alla custodia dei danari della vicinia, silvari e gualdemanni come a Nonantola « che stanno nel bosco e vendono il legname e ricevono un tanto per ciascun carro » (1).

Un parlamento, un'assemblea spesso esisteva composto dai capi fuoco, cioè di un maschio adulto per casa e talvolta eravi anche un più limitato consiglio, come ad Agordo, a Zoldo, a Santhià, ecc. Il parlamento (detto talvolta *vicinia*) deliberava sull'uso dei beni comunali, sul momento in cui si doveva cominciare la vendemmia o la seminagione o sulle spese da affrontare nell'interesse generale. Ecco quanto stabiliva lo Statuto di Dervio e Corenno dell'anno 1379 al c. CLXXXIII (2):

« *De vendemiis ordinandis. Item, quod nemo audeat vel presumat vendemiare nec vendemiari facere in terra et territorio Dervii antequam fuerit ordinatum per consilium communis Dervii...* ».

(Traduz.: « Circa l'ordinare le vendemmie. Parimenti, che nessuno osi o presuma vendemmiare o far vendemmiare nella terra e territorio di Dervio prima che ciò sia ordinato dal Consiglio del Comune di Dervio... »).

Gli statuti comunali provvedevano anche affinchè le acque dei torrenti locali non fossero inquinate (così si vede a Lecco nel secolo XIV) (3) e affinchè le strade fossero conservate in condizioni abbastanza buone, dando perciò disposizioni perchè non si guasti o occupi una via comunale o perchè su di essa non si tengano in permanenza animali o perchè tutti gli uomini capaci dedichino alcuni giorni alla manutenzione delle strade;

---

(1) A. PERTILE, *Storia del diritto italiano*, vol. II-1, pag. 168, n. 441, Torino, 1897.
(2) *Statuto di Dervio e Corenno*, in « Statuti dei laghi di Como e di Lugano », vol. I, a cura di E. ANDERLONI, Roma, 1913, pag. 218.
(3) *Statuti di Lecco del secolo XIV*, in « Statuti dei laghi di Como e di Lugano », vol. II, pag. 7, a cura di E. ANDERLONI, Roma, 1913.

Un monaco dedito ai lavori agricoli
e il monastero della Novalesa
con la chiesa di Santa Maria di Susa.
Cappella di Sant'Eldrado
(Fot. Centro di studi archeol. e art. del Piemonte).

così è stabilito, per esempio, dallo Statuto della Sambuca nel Pistoiese dell'anno 1291 (1):

« *Item ordinamus regimen istius comunis teneatur facere stare totum Comune Sambuce tres dies de madii ad actandum vias comunales et faciat eas optime actare...* ».
(Traduz.: « Parimenti ordiniamo che i Rettori di questo Comune siano obbligati a far stare tutto il Comune di Sambuca per tre giorni di maggio per riattare le vie comunali e le facciano ottimamente riattare... »).

Non sappiamo veramente con un lavoro di tre giorni all'anno in quali effettive condizioni saranno state quelle strade. In altre località, per esempio, nel Ticino, si disponeva che ogni villaggio dovesse curarsi della manutenzione di un tratto di strada che si trovava nel territorio di un altro villaggio: in tal modo ogni abitato controllava il lavoro fatto dagli altri (2).

Lungo queste strade, specialmente ai passi montani, ai guadi dei fiumi, sorgevano spesso ospizi per i pellegrini, come quelli del S. Bernardo, di Dissentis, di Rapallo, di Altopascio e questi ospizi erano sempre più numerosi sulle vie che portavano alle mete più celebri dei pellegrinaggi nel Medioevo, come Roma, Loreto, S. Giacomo di Compostella. In certo qual senso rappresentavano l'elemento contrario ai castelli signorili, che lungo le strade avrebbero dovuto garantire la pace e la sicurezza, ed erano spesso invece punto di taglieggiamenti e di angherie, anche se vantavano spesso giustificazioni legali.

I rustici.

Le terre erano in gran parte fatte coltivare direttamente dai proprietari e in parte date in fitto a coloni (tenendo presente che in Italia, non si può parlare di vera e propria economia curtense): sono costoro in modo speciale i *rustici*. Erano coloro che, non proprietari, lavoravano terre altrui, e guardati perciò con occhio sprezzante per la loro condizione semiservile. Infatti il proprietario aveva spesso su di loro anche poteri coercitivi, nè era facile per i rustici lasciare un fondo, tanto che le Consuetudini di

---

(1) *Statuti dell'Appennino tosco-modenese*, a cura di Q. SANTOLI, A. SORBELLI, F. JACOLI, pag. 40, c. LXXXX, Roma, 1913.
(2) P. SCHAEFER, *Il Sottoceneri nel Medioevo*, Lugano, 1954.

Casa rustica e torre medievale presso Pontassieve (Fot. Stefani).

Milano del 1216 vietavano di locare terra ad un colono che avesse lasciato un precedente fondo *sine ratione*. Eppure il numero dei coloni andò aumentando, forse anche per le nuove tecniche di coltura che sfruttavano terreni sempre nuovi, forse per il frazionamento di grandi proprietà, forse per l'alleggerimento delle *corvées* e delle prestazioni personali, talvolta liquidate in danaro (1).

Il contratto col quale il rustico prendeva in locazione un terreno era solitamente il *livello*, così detto da *libellus*, cioè dai fogli su cui era scritto il contratto stesso, chiamato anche *precaria*, dalla preghiera che l'aspi-

(1) R. GRAND, *L'agriculture au Moyen Age de la fin de l'Empire romain au XVIe siècle*, Parigi, 1950, pag. 218.

rante alla concessione rivolgeva al signore concedente. Questo contratto veniva fatto in due copie, una veniva data all'affittuario e l'altra restava al proprietario. In genere sono state conservate le copie del proprietario e soprattutto quelle di enti religiosi, quali chiese o monasteri, proprio perchè questi avevano archivi, mentre per il colono l'atto scritto — che spesso egli non sapeva leggere — aveva valore solo per la durata fissata e per evitare, se possibile, che il proprietario gli richiedesse prestazioni o servizi non previsti.

Ecco, per esempio, le parti principali di un contratto di livello fiorentino del 3 settembre 1078, tra Rozo preposto della chiesa di S. Giovanni, concedente, e Bonizo del fu Stefano e Pietro figlio di Bonizo, livellari:

« *In nomine Domini Dei eterni. Anno ab incarnatione eius septuagesimo hoctavo post mille, tertio nonus septembris, indictione prima, feliciter. Et ideo ego Rotio prepositus de canonica de ecclesia et domui Sancti Johanni, sito in civitate Florentia... dare previdi vobis Bonitio filius bone memorie Stefani et Petro filius suprascripti Bonitii, id est terra petia una que est posita foris muro de civitate Florentia, non longi de pusterula que dicitur Vicedomni.* (Seguono poi le misure e i confini della terra) ... *Et mihi qui supra Rotio prepositus et a meos successores vos ipsi genitor et filio et vestris filiis, heredibus, dare nobis debeatis pensionem pro ipsa terra et res per omnem annum in ebdomada de nativitate Domini, ad curte nostra ipsius canonice in civitate Florentia, nobis vel ad misso nostro per vos aut misso vestro, argentum denarii inter censo et oblis duodecim boni et spendibili et una spatula de denarii tres valiente eidem monete et non amplius* ».

(Traduz.: « In nome dell'eterno Signore Dio. Nell'anno della sua incarnazione settantottesimo dopo il mille, il terzo giorno delle none di settembre, indizione prima, felicemente. Io Rozo preposto della canonica della chiesa e della casa di S. Giovanni, nella città di Firenze..., stabilii di dare a voi Bonizo figlio del buona memoria Stefano e Pietro figlio del soprascritto Bonizo, un pezzo di terra posta fuori delle mura della città di Firenze, non lungi dalla pusterla detta del Visdomino. (Seguono poi le misure e i confini della terra). E a me sopradetto Rozo preposto e ai miei successori voi padre e figlio, e i vostri figli e i vostri eredi, dovrete darci quale affitto annuale della terra e delle cose nella settimana di Natale, nella nostra corte della canonica nella città di Firenze, dodici danari d'argento buoni e spendibili tra il censo e le oblie (*censo è la prestazione in danaro, oblia in natura*) e una spalla (*probabilmente di maiale*) del valore di tre danari della stessa moneta e nulla più »).

Le due parti stabilirono poi una reciproca pena di 100 soldi se il contratto non fosse stato osservato, e per il locatario tale pena ci sarebbe stata anche nel caso di un peggioramento delle cose locate. Dell'atto furono fatte due copie dello stesso tenore (1).

(1) *Le carte della canonica della cattedrale di Firenze (723-1149)*, a cura di R. PIATTOLI, pag. 248, n. 98, in « Regesta chartarum Italiae », Roma, 1938.

In questo caso gli affittuari dovevano dunque versare una cifra in moneta e una spalla del valore di 3 soldi: una spalla di quale animale? Probabilmente di maiale, come era l'uso.

Un contratto di questo genere dava una situazione di sicurezza al concessionario (anche se talvolta certe prestazioni d'omaggio in natura durarono ancora, specialmente in occasione delle principali solennità dell'anno) anche perchè ai contratti di livello, come ai feudi, si riconosce la capacità di creare, nel concessionario, il diritto ad un dominio utile. Si tratta di una costruzione giuridica medioevale, per la quale il proprietario concedente aveva un dominio diretto e il concessionario un dominio utile: si creò questa teoria prima per tutelare il vassallo feudale e poi si estese, come dicemmo, anche ad altri contratti.

Del resto il contratto livellario (nel quale come dicemmo si comprendeva anche la precaria) era così frequente nel Medioevo che tale rapporto fu detto per antonomasia *pactum*, e si parlò di *tenere per chartam* e i fondi locali in questo modo si dissero *incartati*, come vediamo, ad esempio, in una sentenza del giustiziere di Benevento del 1234:

« *Homines infrascripti, qui tenent possessiones incartatas a quibusdam militibus...* » (traduzione: « I sottoscritti uomini, che tengono possessi in base a carte da alcuni militi... »).

I rapporti però tra coloni e signori non erano sempre pacifici: la situazione tesa è evidente in uno Statuto milanese del 1170, conservato nel *Liber Consuetudinum Mediolani*, che comincia con queste parole:

« *Quoniam inter dominos et colonos crebrae solent oriri iniuriae, contentiones et rixae, ad removendas fraudes et omnes machinationes illicitas...* ».
(Traduz.: « Poichè tra i signori e i coloni sogliono sorgere ingiurie, contese e risse, per rimuovere frodi e tutte le macchinazioni illecite... »).

Lo statuto in questione del resto porta norme che, almeno in parte, val la pena di conoscere, proprio come rappresentazione di ambiente e di società. Si dice infatti che:

« *Nullus dominorum sub obtentu locationis aliquid praeter quod inter eos convenit violenter extorqueat, vel iniuriam praesumat inferre, salvo quod in personis vel rebus eorum solent vel debent iure vel bona consuetudine habere* » (1).
(Traduz.: « Nessun signore col pretesto della locazione, oltre ciò che è stato convenuto tra loro, non estorca alcunchè violentemente, o presuma di portare offesa, salvo per ciò che essi sogliono o debbono avere per diritto o per buona consuetudine in prestazioni personali o reali »).

(1) *Liber Consuetudinum Mediolani*, pag. 7, c. VI, n. 2, Milano, 1949.

Come si vede le prestazioni erano quelle fissate dal contratto salvo ciò che si poteva chiedere ancora per diritto o per consuetudine. D'altra parte il colono non poteva lasciare la terra e si impegnava a coltivare la terra e le vigne del padrone così bene come le sue, mettendo anche il necessario ingrasso (1). Ma il problema fondamentale nel secolo XII era dato dagli uomini che dovevano coltivare la terra; abbiamo già visto il divieto di lasciare la terra e la proibizione ad altri signori di concedere terra a chi ne aveva lasciata altra, senza legittimo motivo. Qui troviamo anche l'obbligo per tutta una comunità di risarcire il danno che il proprietario avrebbe sofferto, nel caso che non trovasse nuovi coloni per locare la terra, e ciò « *propter ipsius loci universitatis tacitam vel expressam conventionem* » (2) (traduz.: « per tacito o espresso accordo della collettività del luogo »). Non siamo alle *jacqueries*, ma siamo ad accordi di abitanti lavoratori di un villaggio per ottenere nuove e migliori condizioni o per lo meno il rispetto di patti e convenzioni. Per questo potremmo ancora vedere un passo del *Liber Consuetudinum Mediolani* del 1216, che è sintomatico: si tratta del riscatto fatto da parte dei rustici,

(1) *Liber Consuetudinum Mediolani*, pag. 7 segg., nn. 4, 8, 10.
(2) *Liber Consuetudinum Mediolani*, pag. 7, n. 5.

Raffigurazioni
dei mesi di Maggio e Giugno,
bassorilievi
nella cattedrale di Modena
(Fot. Orlandini).

Il travaso del vino, bassorilievo della Fonte Maggiore di Perugia (Fot. Alinari).

degli obblighi che avevano verso i signori e che questi ora pretendevano di nuovo:

«... *Unde qui districtum aliquem habent, volentes contra pacta sive conventiones suorum maiorum, qui a rusticis pecunia accepta eos liberarunt vel aliquid de iure suo remiserunt, venire et suos rusticos contra ordinem iuris volunt molestare, in patronos causarum, qui rusticos secundum iustitiam defendunt, suam culpam et suorum maiorum, qui avaritiae caecitate laboraverunt, omnem culpam refundere conantur et eos invidiose nimis accusant qui de bono opere, idest de iustitia defendendo, merito sunt laudandi* » (1).

(1) *Liber Consuetudinum Mediolani*, pag. 65, c. XXI, n. 2.

Bottaio.
Perugia, Fonte Maggiore
(Fot. Alinari).

(Traduz.: «... Onde coloro che hanno potere di *districtus*, volendo andar contro i patti e gli accordi dei loro maggiori, i quali avendo ricevuto del danaro dai loro rustici li liberarono o rinunciarono a qualche loro diritto, e vogliono contro il diritto molestare i loro rustici, cercano di rovesciare la colpa propria e dei loro antenati sugli avvocati che difendono i rustici secondo giustizia e malignamente accusano costoro, i quali invece debbono essere lodati per l'opera buona che compiono, cioè la difesa della giustizia»).

È veramente un quadro d'ambiente: i signori pretendono ancora gli antichi diritti cui i loro maggiori avevano rinunciato per danaro (per avarizia, dice il nostro testo) non solo, ma lanciano accuse

Macellaio.
Perugia, Fonte Maggiore
(Fot. Alinari).

contro coloro che difendendo i coloni, difendono la giustizia. *Nihil novi sub sole.*

Del resto in Italia la grande proprietà tra il XII e XIV secolo, subisce un processo di frazionamento dovuto al sostituirsi di un'economia mobiliare a quella immobiliare: frazionamento che portò poi alla fuga dalla campagna, data l'impossibilità di vivere su piccoli appezzamenti.

Se la casa cittadina era in gran parte in legno, si può ben pensare cosa fosse la casa del rustico, coperta, come ci dice ancora il testo

Cacciatore. Perugia, Fonte Maggiore (Fot. Alinari).

delle *Consuetudini milanesi*, di *longa palea* (1) e costruita in legno, sicchè potevano facilmente essere bruciate, come avvenne durante la guerra tra i Comuni e Federico I di Svevia. Se non erano tutte in legno, queste misere case avevano qualche parete di argilla mista a ciotoli e non era raro che anche la paglia ben compressa fosse inserita in questo complesso.

(1) *Liber Consuetudinum Mediolani*, pag. 9, c. VI, n. 30.

Da noi, in Italia, gli agglomerati d'abitazione in campagna, furono sempre molto numerosi: solo in certe zone infestate dalla malaria o minacciate da incursioni piratesche dal mare, si preferì la concentrazione in cima a colline più salubri e più atte alla difesa: ciò non impedì che dove un villaggio murato sorgeva, un *burgus*, o un castello, più ivi si addensasse la popolazione, proprio in cerca di difesa.

Pascoli, boschi e nuove coltivazioni.

I campi si aprivano a nuove coltivazioni: in Lombardia si creava quel sistema della marcita che permetteva di avere erba fresca per tutto l'anno e quindi facilitava l'allevamento del bestiame: e fu senza dubbio ciò in

La raccolta dei frutti.
Perugia, Fonte Maggiore
(Fot. Alinari).

gran parte per merito di monaci che lavoravano e pregavano in abbazie che portavano il nome di Chiaravalle a ricordo della lontana abbazia di Francia o di Morimondo, quasi a segnare la rinuncia ai beni e alle soddisfazioni mondane.

C'era ancora il problema dei pascoli e dei boschi: un villaggio, villaggio agricolo, era senza dubbio composto da famiglie che avevano bisogno di pascoli per il bestiame, di boschi per la legna da ardere e per la costruzione stessa delle case. Per il pascolo bisognerebbe forse meglio parlare di diritto di pascolo: senza dubbio, nel medioevo, il diritto di pascolo era visto come elemento della proprietà di un fondo, sicchè lo troviamo elencato in atti di vendita o di investiture, come si vede, ad esempio, nel diploma di Berengario II ed Adalberto re, del 961, in favore dell'abate

La raccolta dei frutti.
Perugia, Fonte Maggiore
(Fot. Alinari).

Contadino al lavoro.
Perugia, Fonte Maggiore
(Fot. Alinari).

del monastero di Vangadizza (1). Spesso però vediamo concessioni di pascolo su terre fiscali, come fece Ruggero II nel 1098 al monastero di Montauro; su terre signorili come si conosce, ad esempio, per il marchese di Savona nel 1179, per il marchese Azo d'Este nel 1197, per il conte di Andria nel 1177; per terre comunali come avvenne tra i Savonesi concedenti e gli abitanti di Cairo nel 1080. Anche quando quelle terre diverranno private, su di esse graverà il diritto di pascolo, solo che gli utenti pagheranno una tassa, il *pascatico*, tanto che parve che il diritto di pascolo potesse esser visto a sè, sicchè si trovano atti in cui il venditore di un appezzamento di terra, dichiara di non riservarsi nessun diritto

---

(1) *I diplomi di Ugo e di Lotario, di Berengario II e di Adalberto*, n. 16, Verona, 30 maggio 961, a cura di L. SCHIAPARELLI, Roma, 1924, pag. 336.

Il Seminatore.
Perugia, Fonte Maggiore
(Fot. Alinari).

di pascolo, come fa Monaco il 15 maggio 1112 vendendo terre in Villamaggiore.

Il fatto che si pagasse un tributo per l'uso del pascolo, lo fece considerare come una regalia, cioè come un diritto spettante al fisco regio o imperiale: per quanto non figuri nell'elenco delle regalie rivendicate da Federico I nel novembre 1158, tuttavia lo stesso sovrano donava nel 1162 al conte di Barcellona « *omnia regalia tam in monetis, quam portibus, ripariis, pratis et pascuis...* » (1) (traduz.: «... tutte le regalie tanto riguardo alle monete, che ai porti, alle riviere, ai prati e ai pascoli... »): che tale diritto fosse rivendicato dal Barbarossa appare anche evidente dall'espli-

---

(1) A. PERTILE, *Storia del diritto italiano*, IV, pag. 420, n. 115, Torino, 1893.

cita rinuncia che egli ne fece a favore dei Comuni nella Costituzione del 1183 nota come Pace di Costanza.

Una regalia del pascolo era senza dubbio dannosa all'agricoltura e se anche molte esenzioni venivano concesse, ciò non era sufficiente: molti statuti comunali cominciarono così a regolarla e limitarla, di modo che non si esercitasse sui seminati, negli orti, negli uliveti e frutteti, nei boschi tagliati di fresco, nei prati artificiali che andavano diffondendosi. Anche i signori, laici ed ecclesiastici, dovettero regolare il pascolo e la pastorizia; quella che fu chiamata la « dogana » di Puglia sarà anche la riorganizzazione, specialmente dal punto di vista fiscale, compiuta sotto re Ruggero delle vie di transumanza degli ovini.

Limitazioni esistevano anche per i boschi (vere « miniere » per quei tempi) sui quali venne a gravare assai spesso un diritto di regalia, tanto che nessuno, che non ne fosse il titolare, poteva ivi recarsi a far pascolare animali o a raccogliervi legna, come sosteneva in giudizio il vescovo di Padova nel 1085, aggiungendo che in tali sue foreste egli metteva propri custodi (1). Ma forse in Italia più che a un vero e proprio diritto di regalia bisogna pensare a diritti patrimoniali giunti ai re longobardi e poi agli imperatori e re d'Italia ancora dall'eredità del fisco romano, cui si vennero ad aggiungere i profitti derivanti dalle grandi confische, frequenti in quei periodi. Ciononostante per secoli i boschi furono sede di animali selvaggi, l'orso, il cinghiale, che spesso danneggiava i raccolti, il lupo: eppure questi boschi, specialmente quelli di querce, erano il luogo ideale per l'allevamento di maiali allo stato brado.

Per le leggi venete nei boschi dello Stato non si poteva neppure raccogliere la legna fradicia (2), ma a questo proposito è opportuno tener presente la grande importanza che le selve avevano per Venezia per le costruzioni navali. Ma questo era evidentemente un caso limite, perchè in realtà le foreste di spettanza dei Comuni (anche se concesse dallo Stato) rappresentarono lungamente non solo un elemento di vita col legname, ma spesso anche una fonte di reddito.

Anche piccoli Comuni ponevano limitazioni al tagliar piante nei boschi: per esempio, il Comune di Garessio, sull'Appennino ligure, stabiliva che « *habietes sint banite per totum posse Garessi* » (traduz.: « gli abeti siano posti sotto la difesa di un bando per tutta la giurisdizione di Garessio ») salvo che si dovessero abbattere per farne alberi o antenne di navi « *pro*

---

(1) A. PERTILE, *Storia del diritto italiano*, IV, pag. 403, n. 46.
(2) A. PERTILE, *Storia del diritto italiano*, IV, pag. 403, n. 46.

portis Ecclesie et Comunis ». La norma pareva così importante — e lo era per l'economia di quei tempi — che viene stabilito che non avrebbe potuto mai *in perpetuum* essere cancellata o modificata (1).

Caccia e pesca.

Ma proprio parlando di regalie sui boschi e sui pascoli, si presenta alla mente il problema della caccia e della pesca: attività non soltanto « sportiva », ma che era spesso un vero e proprio mezzo di sussistenza. Per questo motivo, la caccia doveva, in origine, essere stata libera a tutti e forse si doveva poterla esercitare, senza far danni, anche sui fondi altrui. Non per nulla le *Istituzioni di Giustiniano*, II, 1, 13, così vengono commentate da una glossa:

« ... *Amice, ferae bestiae et volucres et pisces et omnia animalia fera, quae in terra et quae in mari et quae in coelo, idest in aere nascuntur, statim cum ab aliquo capta fuerint, iure gentium occupantis fiunt. Mundi enim animalia fera, in nullius bonis esse intelliguntur et quod ante nullius est, id iure gentium occupanti conceditur* ».

(Traduz.: « ... Amico, le bestie selvatiche e gli uccelli e i pesci e tutti gli animali feroci, che nascono in terra, in mare, in cielo, cioè nell'aria, appena sono presi da qualcuno, subito divengono dell'occupante per diritto delle genti. Infatti gli animali selvatici del mondo non sono nel patrimonio di nessuno e quello che prima è di nessuno, ciò per diritto delle genti si concede all'occupante »).

Saremmo dunque in regime di libertà e ciò ci dice anche un giurista di epoca più avanzata, Sebastiano Medici, in un suo trattatello *De venatione, piscatione et aucupio* (2): questi scrive che è logico che sia così perchè « *Deus omnia animalia creavit in hominum usum et cibum* », ciò che è giusto, aggiunge, dato che « le cose imperfette devono essere destinate all'uso delle più perfette », sicchè l'uomo nel suo originario stato di innocenza comandava a tutte le cose e a tutti gli esseri *exceptis angelis*. E si perdoni la superbia dell'uomo che da solo si definì come *sapiens*.

Nella realtà la situazione nòn andava esattamente così e già i sovrani longobardi avevano cominciato a vietare la caccia nelle selve chiuse regie.

---

(1) *Statuti di Garessio, Ormea, Montiglio, e Camino*, in « Biblioteca della Società Storica Subalpina », Pinerolo, 1907, pag. 57.
(2) In *Tractatus universi iuris*, vol. XVII, fol. 396 segg.

Scena di caccia.
Affresco nella sala del consiglio del Palazzo Comunale di San Gimignano
(Fot. Alinari).

Poi anche signori e vescovi ottennero che la caccia fosse vietata sulle loro terre; così fu nel 1000 per il *forestum publicum* concesso da Ottone III al vescovo di Vercelli, nel 1073 per il vescovo di Bressanone, nel 1209 per i canonici di S. Frediano di Lucca, nel 1210 per il monastero di Nonantola, e ciò solo per citare qualche piccolo esempio. Si finì col concepire caccia e pesca come una regalia di cui il sovrano e i signori potevano usare e disporre, sicchè nella Dieta di Roncaglia, già ricordata, la pesca è posta tra i diritti spettanti all'imperatore. Quando poi il titolare del diritto permetteva la caccia o la pesca in genere, pretendeva per sè o una parte speciale dell'animale preso (per esempio, la spalla dell'orso) o una quota della pesca o per lo meno un tributo in danaro, per dimostrare l'esistenza e il valore del diritto del concedente. L'attuale licenza di caccia e di pesca, concessione amministrativa, altro non è che il sopravvivere nel nostro mondo, di usi e privilegi dello Stato medioevale feudale: infatti dal concetto più antico di libertà s'era giunti a ritenere che nessuno poteva cacciare o pescare se non col permesso dell'autorità, come si vede, ad esempio, per Treviso e come pare fosse uso nel Napoletano, se non da sempre, perlomeno da Ferdinando I d'Aragona. Gli avanzi medioevali sono dunque vivi tra di noi come ne fanno fede i dazi comunali.

E furono proprio gli Aragonesi a vietare la coltivazione attorno alla città di Napoli, perchè quei terreni servissero alle cacce dei sovrani: ordine che durò fino al 1505; del resto si possono ricordare i grandi territori di caccia voluti dai Visconti nel Milanese, soprattutto nella zona di Vigevano e del Ticino.

Si aggiunga poi che non sempre il principe faceva quel che fece Galeazzo Maria Sforza nel 1476 quando concesse ai fratelli Borromeo « *liberam licentiam venari et aucupari quoquomodo libuerit, in quibuscumque dominii nostri partibus* » (traduz.: « libera licenza di cacciare e prender uccelli come piaceva, in qualunque parte del nostro dominio »), perchè la caccia era sempre più considerata come un privilegio dei nobili e quindi da non poter essere facilmente estesa: non per nulla il già ricordato Sebastiano Medici scrive che la caccia è « *propria et peculiaris regum et prin-*

Scene di caccia.
Affresco nella sala del Palazzo Comunale di San Gimignano
(Fot. Alinari).

cipum », riportandosi a Senofonte, a Cicerone e a Virgilio per documentare questa sua asserzione. La caccia aveva anche limitazioni nel tempo, e non solo nel periodo della riproduzione e della cova, ma anche durante la quaresima, i giorni di digiuno e i giorni festivi, perchè con la scusa della caccia non solo si rischia di non astenersi dal cibo vietato, ma si poteva anche esser distratti *ab audienda missa*.

A questo proposito è curioso notare che la caccia non era attività adatta ai clerici, mentre si ammetteva la pesca, per motivi, secondo il nostro giurista Medici, che val la pena di ricordare.

La pesca, egli dice, si fa senza rumore, il che è più adatto ai clerici; la caccia arreca un maggior piacere ed il cacciatore non può pensare alle cose di Dio; il cibarsi della carne delle fiere eccita la lussuria, mentre i pesci la acquetano; la caccia ha troppi punti di contatto con la crudeltà; la caccia rappresenta un pericolo per la vita umana; la caccia obbliga l'uomo alla corsa a piedi o a cavallo per inseguire e raggiungere l'animale, comportamento che non si addice alla dignità e compostezza clericale: manca poi l'esempio di santi cacciatori (l'autore non conosceva evidentemente la tradizione di S. Uberto!), mentre pescatori erano alcuni Apostoli, i quali esercitarono la loro attività, anche con l'approvazione di Gesù stesso; con la caccia si arreca danno ai fondi degli altri; spesso avvengono poi liti e risse tra cacciatori e padroni dei fondi danneggiati e non è bello che clerici siano di ciò partecipi. C'erano dunque di mezzo regole igieniche, consigli morali e di opportunità.

Abbiamo dunque visto che la caccia, da libera in origine, diviene controllata ed in certo senso vietata col passar del tempo: mi piace ricordare ancora che si consigliava di non punire troppo gravemente coloro che cacciavano senza permesso o in zone vietate, in particolare si sconsigliavano le pene corporali: la pena avrebbe potuto essere una multa corrispondente al doppio del valore degli animali presi, la confisca della cacciagione stessa, delle armi, delle reti, attrezzi e via dicendo, nonchè, se proprio si voleva, la relegazione « *in insulam seu in certum aliquem locum* », cioè, in parole povere, il carcere. Meno male che si raccomandavano pene lievi!

Per quanto riguarda la pesca, ricorderemo che limitazioni e concessioni avvenivano nelle acque interne, mentre libera era la pesca in mare: ciò non toglie che a Genova, per esempio, si trovi il divieto di pescare nel porto, salvo che si usi la *caneta*, cioè che ci si accontentasse di pescare con la canna a quei pescetti che potevano esserci dentro il molo: il mo-

Nuotatore e pescatori.
Bassorilievo della fonte battesimale dell'Abbazia di Grottaferrata
(Fot. Luce).

tivo di questo divieto pare evidente, era nel fatto che il porre reti, nasse o altro nel porto avrebbe impedito la navigazione.

Invece il diritto riservato di pesca sui mari che bagnavano le coste di feudi, specialmente nell'Italia meridionale, era una vera e propria pretesa dei baroni, neganti la libertà di pesca non solo nelle acque interne, ma anche in quelle marine (1). Ma il già più volte citato giurista Medici, dopo aver affermato nella Quaestio XLIX che «*in mari cuilibet licitum est piscari*» (traduz.: «in mare a chiunque è lecito pescare») e anche sul lido del mare, dato che «*littora maris sunt omnibus communia*», nella Quaestio LIII dice che il principe può concedere a qualcuno il diritto esclusivo di pesca in qualche parte del mare; e con ciò il concetto di libertà di pesca era annullato anche sul mare.

Da questo derivava il diritto signorile di pretendere una *decima maris* o di pretendere prestazioni varie: ricordiamo che nel Regno di Napoli, oltre a prestazioni a favore dei signori per la pesca, esisteva l'obbligo ai pescivendoli di non vendere il pesce, se prima non si fossero serviti i funzionari dello Stato e l'agente del barone; una disposizione simile si trova nel *Liber datii victualium* di Lugano e Val Lugano, dove al cap. XLV si ordina che non si possa vendere pesce in pescheria (e non poteva esser venduto altrove) se prima non era stato presentato «*domino capitaneo et eius vicario*», i quali potevano acquistarlo prima degli altri (2).

In modo particolare nell'Italia meridionale si doveva dare al titolare del diritto di pesca un terzo del pesce spada catturato: era un pesce sempre gradito sulle mense dei signori.

Dove maggiormente pesava questo vincolo era però nei laghi, anche perchè ivi era più facile il controllo: si tenga presente poi che in certi periodi dell'anno i prodotti della pesca diventavano indispensabili: così Como, dalle cui acque pare si estraessero circa 3000 quintali annui di pesce (3), imponeva ai paesi del lago di Lugano un giorno a turno, durante la quaresima, per portare il pesce sul mercato di Como stesso onde facilitare ai cittadini l'osservanza rituale dell'astensione dalle carni di animali a sangue caldo, cioè come si dice, l'osservanza del magro, allora imposta anche dalle leggi civili.

Forse questa necessità dell'osservanza del magro dava tanta importanza alle concessioni ed ai privilegi di pesca nelle acque interne; infatti mentre in mare era sempre possibile rifornirsi di pesce e di varie qualità, nell'interno era necessario garantirsi questo cibo e garantirselo abbastanza vicino data la difficoltà dei mezzi di trasporto. La prescelta che abbiamo

---

(1) D. WINSPEARE, *Storia degli abusi feudali*, Napoli, 1885, pag. 41.
(2) L. MORONI STAMPA, *Gli statuti dei dazi e delle vettovaglie della Comunità di Lugano nel secolo XV*, Lugano, 1951, pag. 90, n. 45.
(3) G. MIRA, *La pesca nel Medioevo nelle acque interne italiane*, Milano, 1937.

visto, a titolo di esempio, a Napoli e a Lugano permetteva alle autorità di scegliere il prodotto migliore e più fresco. Il valore della classe sociale si faceva sentire perfino in questo campo.

Come la caccia era spesso vietata alla gente comune perchè rappresentava uno « sport » nobile, tanto che qualche autore la consiglia nei periodi di pace, per mantenere attivo il corpo e combattivo lo spirito, così la pesca doveva assicurare l'osservanza di norme religiose, senza con ciò imporre troppe limitazioni alle tavole signorili abbondantemente imbandite.

E può essere interessante e curioso vedere una sentenza in una controversia per diritti di pesca: il 13 maggio 1147 Ariprando detto Giudice, console di Milano, insieme con i suoi colleghi, sentenziò nella lite tra Stefano arciprete della canonica della chiesa iemale di S. Maria di Milano da una parte e i capitanei Guglielmo Manaira da Carcano e Manfredo da Parravicino, per avere costoro impedito a uomini della canonica di pescare nelle acque di Monvalle sul Lago Maggiore. I convenuti si opposero alle pretese dell'arciprete sulla piscaria; « anche dicevano che possedevano la peschiera da lungo tempo e di ciò diedero alcuni testi, ai quali non fu data fede ». L'arciprete invece portò una carta dei tempi dell'arcivescovo Ariberto (cioè più di un secolo prima) da cui risultavano i diritti dei canonici, portò anche testimoni e fra costoro alcuni pescatori, cioè Mazone e Alberto Lixia, Domenico col figlio Bonino, e Lellio de Gazari, i quali così passarono alla storia. Dato ciò e dato che i due capitanei s'erano allontanati dal giudizio rendendosi contumaci, Ariprando giudicò che « la stessa peschiera era di diritto della detta canonica di S. Maria » e che i pretendenti capitanei dovevano starsene « taciti et contenti ». Non sappiamo davvero se poi lo furono: ma il pesce di questa zona del Lago Maggiore era così assicurato ai canonici milanesi quando si recavano a visitare i loro feudi nelle Tre Valli, ora Ticinesi e quindi Svizzere.

Per quanto riguarda la pesca, i mezzi più usuali sono sempre le reti, abbiamo la sagena o scorticaria, una specie di rete a strascico di cui però un capo era fissato a terra e l'altro tenuto a bordo di una barca, la barca lentamente veniva a terra chiudendo così un tratto d'acqua, allora l'intera rete veniva salpata: il pesce finiva nella sacca che si trovava al fondo di questa rete. C'era una rete a sbarramento che si usava nei punti più stretti dei fiumi catturando il pesce di passaggio; c'era il negosso, specie di nassa di rete allungata, tenuta in posizione da cerchi di vimini, messo con la barca contro corrente, di modo che il pesce entrato per un'apertura a forma d'imbuto non sarebbe più riuscito a sortire; c'era la bilancia quale si vede ancora in molti porti-canali; la pesca alla lenza era fatta

Scene di caccia.
Capitello di un pilastro del Battistero di Pisa
(Fot. Alinari).

anche con lenze galleggianti che seguivano la corrente. E si potrebbe continuare a ricordare la fiocina e l'arpetta e via dicendo.

La caccia presenta, naturalmente, aspetti più entusiasmanti e pittoreschi, soprattutto quella all'inseguimento. Tra le cacce più importanti era quella al cervo e al cinghiale, caccia anche pericolosa che richiedeva particolare bravura ed un adatto equipaggiamento; ma l'attrezzatura era tale che, secondo quanto scriveva nel secolo XIII Lambert d'Ardres: « Allo spuntar dell'alba con animo più pronto il cacciatore ascolta il corno di caccia, che il sacerdote la campana ».

Si segue l'animale stanato con i cavalli e i cani, incitando e guidando questi col suono del corno: si sa anzi che dal XIV secolo ogni suono di

Scene di caccia.
Capitello di un pilastro del Battistero di Pisa
(Fot. Alinari).

corno aveva un proprio significato: quando l'animale è bloccato bisogna affrontarlo direttamente ed è questo il momento più difficile: il cervo dovrà essere affrontato da dietro un cespuglio; per il cinghiale ci si dovrà avvicinare nel massimo silenzio per poi piombargli addosso improvvisamente. Poi si scuoia l'animale morto e prima che la carne venga toccata, il cacciatore — così si usava in Francia dove il cervo durò lungamente e ancora vive nelle foreste — si fa portare del vino e si brinda al successo della caccia: se ciò non facesse, dice il Du Fouilloux, « *la venaison se pourroit tourner et gaster... Ainsi faisoient les bons et anciens princes de la vénérie* » (1).

Per la caccia al tiro si usavano l'arco e le frecce: dal secolo XII la balestra però sostituisce l'arco: la balestra poteva lanciare frecce, ma anche piccole palle di terracotta o di piombo per la caccia ai piccoli animali. Perfino la cerbottana poteva essere usata per la caccia, come ci mostra una miniatura del manoscritto di Pietro Crescenti conservato alla Biblioteca dell'Arsenale a Parigi.

Si potrebbe ancora ricordare la caccia con le reti e quella fatta con piccoli cani e col furetto agli animali, come il coniglio, che si nascondevano sotto terra.

Per la caccia erano necessari i cani: *canis doctus* è il cane dressato, *canis magister* è il capo muta, *canis ductus* è il segugio che, tenuto al guinzaglio, guidava l'uomo all'identificazione dell'animale. Fra le razze dei cani ricordiamo i *veltres*, cioè dei levrieri che non seguono la pista con l'odorato, ma che si lanciano all'inseguimento dell'animale (di solito lepri o volpi) a vista: i *segusii* (segugi) al contrario sono quelli che si servono anzitutto dell'odorato. I mastini erano usati per la caccia al cinghiale, data la loro taglia e la loro forza, mentre il bracco, dotato di ottimo odorato, veniva spesso usato per trovare e far alzare l'uccellagione nella caccia col falco; sicchè Dante nel *Convivio* poteva scrivere: « Sì come bracco ben odorare e nel veltro ben correre ». Ed è forse curioso notare che il bracconiere... era allora il custode dei cani bracchi, come ricorda il Du Cange (2), richiamando, tra l'altro, il *Roman du Renard*, quel romanzo che cambiò nella lingua francese il nome alla volpe.

Abbiamo qui sopra accennato alla caccia col falcone: era questo un vero e proprio sport già noto a molti popoli fin dall'antichità, ma che

---

(1) J. DU FOUILLOUX, *La vénérie*, Parigi, 1635, pag. 53. L'opera descrive e riporta metodi ed usi molto più antichi.

(2) C. DU FRÉSNE DU CANGE, *Glossarium mediae et infimae latinitatis*, ad vocem.

La caccia al cinghiale, miniatura del Breviario Grimani.
Venezia, Biblioteca Marciana
(Fot. Alinari).

Un cacciatore con falcone
e il servo con la muta.
Incisione del secolo XV.
Pavia, Museo Civico
(Fot. del Museo).

Nella pagina accanto:
dama con falcone e cane.
Miniatura. Louvre
(Fot. Archives Photographiques).

ebbe, per noi, il più ampio sviluppo nel Medioevo. La moda di questa caccia, comune a cristiani e a musulmani, permise più di una volta, lo stabilirsi di rapporti tra gli avversari: si racconta, ad esempio, che Riccardo Cuor di Leone chiese al Saladino della carne per nutrire i suoi falconi, venendo subito accontentato (1); qualcuno si potrà chiedere se si andava in guerra col falcone e dovremo rispondere in senso affermativo, dato che ciò appare in molti elementi iconografici dell'epoca.

(1) R. GRAND, *L'agriculture au Moyen Age de la fin de l'Empire romain au XVIe siècle*, Parigi, 1950, pag. 611.

Caccia col falcone.
Miniatura
del trattato
di falconeria e caccia
per Francesco Sforza.
Chantilly,
Museo Condé
(Fot. del Museo).

Cavaliere e dama con falcone.
Bassorilievo della Fonte Maggiore. Perugia (Fot. Alinari).

E questi uccelli mangiavano assai, se i 25 falconi del duca di Borbone alla fine del 1300 richiedevano circa 1000 polli all'anno, oltre piccioni e una certa quantità di carne da macello (1).

Ma anche presso le corti italiane la caccia col falcone si può dire che fu oggetto di vero culto. Da parecchi manuali, tra cui quello di Federico II e quello francese del Tardif (2), sappiamo che il falcone migliore deve avere la testa rotonda, becco corto e grosso, collo lungo, petto largo, l'ossatura forte, le piume leggere: un falcone simile doveva essere veloce

---

(1) Fréminville, *La fauconnerie du comte de Forez à la fin du XIVe et au commencement du XVe siècle*, Parigi, 1892, pag. 432 segg.

(2) Federico imp., *De arte venandi cum avibus cum Manfredi regis additionibus*, Augustae Vindelicorum, 1596; G. Tardif, *Le livre de l'art de faulconnerie et des chiens de chasse*, a cura di E. Jullien, Parigi, 1881.

Scena di caccia negli affreschi della Torre dell'aquila a Trento (Fot. Rensi).

e forte in modo da affrontare anche le gru, ubbidiente al richiamo e disposto a lasciarsi facilmente incappucciare. Il tipo più apprezzato era il cosiddetto *falcone pellegrino*, che veniva catturato nelle sue passate sull'Italia, essendo probabilmente originario di Cipro e di Rodi. C'era poi il *grifalco* che proveniva dai paesi del nord Europa; il falco *laniere* e il falco *sagro* erano usati lungo i fiumi, mentre gli *altani* erano atti per la caccia ad uccelli di alta quota. Sebbene sia di epoca più avanzata, non possiamo dimenticare che per Francesco Sforza, duca di Milano, venne scritto e miniato da Antonio da Lampugnano un magnifico trattato sugli uccelli, nel quale, in una miniatura è appunto rappresentata una scena di caccia col falcone, alla quale assiste anche un'elegante dama.

Il falco era di tale importanza che anche Brunetto Latini, il maestro di Dante, ne parlava nella sua opera elencandone i diversi tipi: «[I falconi] sono di sette generazioni; el primo lignaggio sono i lanieri..., lo secondo lignaggio sono quelli che l'uomo appella pellegrini..., lo terzo lignaggio sono falconi montanari..., lo quarto lignaggio sono falconi gentili..., lo quinto lignaggio sono gerfalchi..., lo sesto è lo sagro..., lo settimo lignaggio si è falcone randione » (1). Perfino nel trattare dei falconi non si poteva fare a meno di utilizzare il mitico numero sette.

Ma dobbiamo ancora ricordare il *De arte venandi cum avibus* di Federico II di Svevia, opera che è veramente un trattato di ornitologia ancora apprezzabile: nella prima parte si trova la classificazione degli uccelli, la descrizione dei nidi, della cova, del loro vitto: e vien studiata non solo la struttura degli uccelli, ma la loro tecnica del volo specialmente in rapporto alle migrazioni, con osservazioni che sono veramente tali da richiamare Leonardo: l'autore annota, per esempio, che ogni colpo d'ala è in realtà una parte di un moto rotatorio in cui le penne più esterne compiono il cerchio più grande e quindi la maggior fatica, per ciò, egli scrive, queste penne sono le più forti e le più robuste (2). Nel secondo dei sei libri dell'opera, egli tratta dei falconi, del loro addestramento, del loro modo di impiego, con riguardo alla provenienza di essi dalla Spagna, dalla Bulgaria, dalla Britannia, dall'Islanda, facendo notare che gli uccelli provenienti dal nord sono più forti degli altri. L'opera era corredata da illustrazioni, che l'arricchivano non solo, ma che erano fatte con scrupolosa osservanza della realtà. È un'opera di alto valore non solo nel campo specifico, ma perchè mostrò l'importanza dell'osservazione diretta e dell'esperienza, nei limiti delle possibilità del tempo. E forse questa conoscenza diretta delle cose spiega anche quel principio di necessità per la salvezza dello Stato, che porterà Manfredi a dire: « *Si violandum est ius, regnandi gratia violandum est* ».

Il nuovo paesaggio.

Ad ogni modo il paesaggio dei nostri villaggi andava mutandosi e dal borgo arrampicato sui colli a difesa dei nemici e a tutela della salute contro la malaria, si passa ad una visione nuova, come quella

---

(1) BRUNETTO LATINI, *Il tesoro*, V, c. 12.
(2) E. KANTOROWICZ, *Federico II di Svevia*, Milano, 1940, pag. 263.

descritta da Folgore di S. Gimignano nel secolo XIII, nei suoi *Sonetti dei mesi*:

> Di giugno dovvi una montagnetta
> coverta di bellissimi arboscelli
> con trenta ville e dodici castelli
> che sian intorno a una cittadetta.

Il rapporto tra ville e castelli è già il segno di una nuova concezione di vita: il passaggio da 52 castelli feudali nel territorio di Firenze e Fiesole nel secolo XI, a 130 nel secolo XII e a 205 nel XIII non è indice di aumento di potenza dei signori feudali, ma di spezzamento delle signorie e noi sappiamo come molti di questi castelli siano divenuti luoghi di residenza di campagna (1).

(1) E. SERENI, *Storia del paesaggio agrario italiano*, Torino, 1962, pag. 85 segg.

Capitolo terzo   LO STATO

In Italia, in particolare per l'epoca che viene qui considerata, bisogna distinguere almeno tre parti principali, se non quattro, sul piano geografico e bisognerà anche affrontare l'argomento in vari tempi.

Sul piano geografico è infatti opportuno distinguere l'Italia settentrionale dall'Italia meridionale, distinguendo ancora i territori che formano lo Stato della Chiesa e la Repubblica di Venezia per i loro particolari aspetti. Sul piano cronologico non si può dimenticare il sorgere del Comune che in molte zone presenta nuovi problemi — sul piano giuridico-politico specialmente — e che dovunque segna un mutamento della società.

Vediamo dunque questo problema prima dell'affermarsi del Comune e, per ora, nell'*Italia settentrionale*.

Il regno e l'ordinamento centrale.

L'organizzazione politica fondamentale nell'Italia settentrionale e in parte di quella centrale nel Medioevo fu quella del *Regnum Italiae* (Regno d'Italia) i cui confini oltre alla Lombardia, Piemonte, Liguria, Veneto, comprendevano l'Emilia e la Toscana, di quel regno cioè che, attraverso i sovrani franchi, si era sostituito al regno dei Longobardi e di cui Arduino d'Ivrea fu l'ultimo titolare autonomo. Dopo di lui infatti, il titolo e le funzioni di re d'Italia divennero uno stabile attributo della dignità imperiale, anche se le incoronazioni furono tenute lungamente separate e se la Corona ferrea del S. Giovanni di Monza diveniva il simbolo del potere regio.

Capo supremo era naturalmente il re, nominato da un'assemblea di grandi del regno, come ci risulta per Enrico II nel 1002 nell'assemblea convocata da Arnolfo, arcivescovo di Milano a Roncaglia. Con questo metodo l'elemento della successione ereditaria, se anche era normalmente tenuto presente, non era però determinante: non c'era una successione automatica, non si poteva certamente applicare il detto: « Il re è morto, viva il re », che tale continuità senza alcuna interruzione affermava. Si trattava sempre di una elezione da parte dei grandi del regno, anche se, una volta eletto, il sovrano era tale soltanto *gratia Dei*.

All'elezione (che spesso portava con sè da parte del sovrano una contropartita di concessioni a favore dei suoi elettori) seguiva una consacrazione, ricolleganteisi all'unzione dei re Franchi e che può esser vista come un sacramentale diretto a far partecipare il sovrano ai privilegi del clero

L'incoronazione e l'omaggio all'imperatore.
Bassorilievo nella cattedrale di Fidenza (Fot. Alinari).

e a far entrare il nuovo re in quel sistema di rapporti religiosi così propri del mondo medioevale. Tale cerimonia era celebrata solitamente dall'arcivescovo di Milano in S. Ambrogio o dal vescovo di Pavia in S. Michele con un rito particolare di cui riportiamo qui alcune parti da una liturgia pubblicata da Lodovico Antonio Muratori e che può forse riferirsi a Enrico IV (1); è però assai verosimile che un tale rito, sia pure con qualche variante, esistesse e fosse usato da tempo come appare da Landolfo seniore, cronista milanese (2): non possiamo non rimarcare come molti elementi della cerimonia esistano tuttora nell'incoronazione dei re di Gran Bretagna.

Siccome la cerimonia si doveva celebrare in S. Ambrogio, tutto il clero doveva portarsi al palazzo regio:

« La disposizione della processione è la seguente. In primo luogo vengono i vecchioni e le vecchione decentemente vestiti. (*L'ospizio dei vecchi era un'antica istituzione della Chiesa milanese e questi vecchi hanno una rilevante parte nella liturgia ambrosiana*). Poi

---

(1) L. A. MURATORI, *Anedocta quae ex Ambrosianae Bibliothecae codicibus nunc primum eruit notis ac disquisitionibus auget L. A. M.*, tomus II, Mediolani, 1698; *Commentarius de Corona ferrea, qua imperatores in Insubribus coronari solent*, cap. XVII, pag. 328.

(2) LANDULPHI SENIORIS, *Mediolanensis Historia*, in *Rerum Italicarum scriptores*, volume IV, parte II, c. II, pag. 15.

Ingresso in Roma e incoronazione di Enrico VI da parte di Celestino III. Miniatura dal *Liber ad Honorem Augusti* di Pietro da Eboli. Berna, Biblioteca Universitaria. (Fot. della Biblioteca).

vengono i clerici in numero di cento. In terzo luogo il coro dei preti ordinari coi loro officiali. In quarto luogo i vescovi suffraganei. Quando saranno giunti al palazzo dove è il re uno dei vescovi dirà questa preghiera: " Il Signore sia con voi: e collo spirito tuo. Onnipotente, eterno Dio, che ti sei degnato di elevare al fastigio del regno il tuo servo Enrico... ". Poi due vescovi si porranno alla destra e alla sinistra del re, mentre i clerici canteranno il responsorio: " Spezzerò i vincoli del mio popolo, dice il Signore, e disperderò ogni male, che già gli mandai addosso... ".

« Il re viene condotto dagli stessi vescovi in processione fino alla chiesa di S. Ambrogio, mentre i duchi, i marchesi e i nobili col popolo accompagnano vescovi e re, e i chierici cantano: " Benedici la corona della tua benignità... " ».

Arrivati alla porta della chiesa di S. Ambrogio un vescovo recitava nuove preghiere, mentre il coro continuava nel canto di antifone.

« Dopo ciò il re viene condotto per mano dai vescovi al coro fino al gradino dell'altare su di un pavimento tutto coperto di tappeti e di passatoie; qui si portano le insegne regali e si depone sull'altare la corona ».

Si procedeva poi all'interrogatorio del sovrano da parte dell'arcivescovo circa gli impegni che il re doveva assumere:

« " Volete giustamente e religiosamente con regale provvidenza, secondo il costume dei nostri padri difendere e reggere le sante Chiese di Dio e i loro rettori... nonchè tutto il popolo soggetto a Dio e a voi? ". Risposta del re: " Prometto che così io agirò per ogni cosa in quanto sarò capace coll'aiuto di Dio e coll'appoggio di tutti i miei fedeli ".

« L'arcivescovo in cospetto di tutti legge: " Chiediamo che voi ci perdoniate, che conserviate a ciascuno di noi e alle Chiese a noi affidate il privilegio canonico, la debita legge e giustizia e che prestiate difesa come il re deve prestarla nel suo regno ad ogni vescovo e ad ogni chiesa a ciascuno di essi affidata " ».

Dopo la nuova risposta affermativa del sovrano, due vescovi si rivolgevano al popolo presente in chiesa « per chiedere la sua volontà » o meglio fingendo di chiedere tale volontà; se il popolo era d'accordo doveva rispondere *Kyrie eleison* e crediamo che l'invocazione sarà senza dubbio sempre echeggiata sotto le volte della basilica.

« Dopo di ciò il re stia davanti all'altare sdraiato in terra con le braccia aperte in croce con i vescovi, mentre i preti in coro cantano le litanie ».

Per tutto il canto delle litanie il re restava in quella posizione di profondo omaggio davanti all'altare. Finito il canto e dopo alcune orazioni si iniziava la vera e propria consacrazione.

« Allora il metropolita lo consacra con queste parole: " Onnipotente, eterno Dio creatore e governatore del cielo e della terra, formatore e reggitore degli angeli e degli uomini, re dei re e signore dei dominanti, che facesti trionfare sui nemici il tuo fedele servo Abramo, che concedesti numerose vittorie a Mosè e Giosuè, capi del tuo popolo... ascolta propizio le preghiere della nostra umiltà e dona in abbondanza le tue benedizioni sopra questo tuo servo che con supplice devozione eleviamo al regno, circondalo sempre e dovunque con la potenza della tua destra, affinchè, fermo nella fede come Abramo, dotato di mansuetudine come Mosè, munito di fortezza come Giosuè, esaltato dall'umiltà di Davide, ripieno di sapienza come Salomone, in ogni cosa ti compiaccia... e nutra ed ammaestri la Chiesa di tutto il regno coi popoli ad essa legati e amministri lo Stato degli Italici contro i nemici visibili ed invisibili potentemente e regalmente grazie alla forza da te concessa " ».

Incoronazione di Enrico II con i santi Enrico ed Emmerano.
Miniatura del Sacramentario di Enrico II.
Scuola di Reichenau, primo quarto del secolo XI.
Monaco, Biblioteca di Stato
(Fot. della Biblioteca).

Poi l'arcivescovo procedeva all'unzione del re con l'olio esorcizzato, mentre continuava il canto di antifone da parte del clero. Successivamente il metropolita consegnava al sovrano l'anello simbolo della regia dignità, che avrebbe dovuto assicurargli una « trionfale potenza » tale da « respingere i nemici, distruggere le eresie, riunire i sudditi e convertirli alla perseveranza nella fede cattolica, sicchè felice per le sue opere, ricco di fede, tu, o re, sarai glorificato nei secoli col re dei re, grazie a colui cui va, nei secoli dei secoli, onore e gloria ».

Si passava poi alla consegna della spada, colla quale il re avrebbe dovuto, secondo le parole dell'arcivescovo, difendere la Chiesa e i suoi fedeli abbattendone i nemici, proteggere le vedove e gli orfani, vendicare le ingiustizie sostenendo le giuste cause; poi la corona veniva posta sul capo del sovrano, con parole che richiamavano il contrasto tra Chiesa e Stato quale allora esisteva:

« Ricevi la corona del regno, la quale viene posata sul tuo capo da mani indegne sì, ma di vescovi, come simbolo della gloria, della santità e dell'onore e opera di fortezza, sicchè

Mantello ricamato dell'imperatore Enrico II.
Bamberg, Tesoro della Cattedrale
(Fot. Marburg).

tu non ignori per questa corona di essere partecipe del nostro ministero e, come noi siamo pastori e rettori delle anime nel campo spirituale, tu sia vero cultore di Dio nelle cose materiali, difensore della Chiesa di Cristo contro ogni avversità, capace esecutore e perspicuo reggitore del regno datoti da Dio e consegnato a te per mezzo della nostra benedizione a nome degli Apostoli e di tutti i santi, di modo che tu possa essere in gloria ornato di gemme tra i gloriosi atleti della virtù e coronato dal premio dell'eterna felicità col Redentore e Salvatore Gesù Cristo che vive ed impera, Dio con Dio Padre, nell'unità collo Spirito Santo ».

Si procedeva ancora alla consegna dello scettro e della verga, simboli del potere regio; successivamente l'arcivescovo benediceva solennemente il re, che veniva accompagnato al trono; qui ancora una volta il sovrano ascoltava dalla bocca del metropolita milanese l'avvertimento circa la sua missione e gli impegni ai quali avrebbe dovuto manter fede:

« Stai e tieni il luogo che occupasti finora per diritto ereditario in base alla successione paterna, posto a te delegato dall'autorità di Dio onnipotente e per questa nostra consegna, cioè di tutti i vescovi e degli altri servi di Dio, e quanto più vedrai il clero presso agli altari, tanto più ti ricorderai di sollevarlo in grande onore nei luoghi adatti, sicchè Gesù Cristo mediatore tra Dio e gli uomini confermi te, mediatore tra il clero e il popolo, su questo trono regale e ti faccia regnare in eterno con lui, re dei re e signore dei dominanti... ».

Era poi la volta della consegna della sfera d'oro, la quale stava a significare la suprema monarchia su tutti i regni, dopo di che l'arcivescovo rammentava ancora al sovrano i suoi tre obblighi fondamentali: quello di conservare alla Chiesa e al popolo cristiano la vera pace, quello di impedire le rapacità e le iniquità, quello di usare equità e misericordia in tutti i suoi giudizi. Al che il re assentiva dicendo: « *Sic fiat* ». La cerimonia era così finita: si iniziava allora la messa solenne, durante la quale, al Vangelo, il sovrano offriva il pane ed il vino, per poi comunicarsi alla fine di essa.

Per quella spada ricevuta nella cerimonia qui sopra descritta, al re spettava la difesa dello Stato: come tale egli era il comandante supremo dell'esercito, per quanto, per decidere un'impresa militare, come per i problemi più importanti di politica interna ed estera egli dovesse accordarsi con i grandi signori, ai quali spettava in massima parte, per il sistema feudale, il reclutamento diretto delle truppe e la prestazione di un servizio in campo che era di solito ben determinato e limitato nel tempo e nello spazio.

Il re era anche il capo supremo della giustizia ed esecutore quindi delle leggi che egli stesso creava: « *Tu lex viva potes dare, solvere, condere leges* » (traduz.: « Tu legge vivente puoi dare, sciogliere, formare leggi »), scriveva Goffredo da Viterbo nel 1158 (1), senza però dimenticare che dalle

(1) GOFFREDO DA VITERBO, *Gesta Friderici*, in M. G. H., *Scriptores*, XXII, pag. 316, n. 18.

leggi il sovrano era anche limitato, se non altro per il limite che incontrava nel diritto divino e nei campi che interessavano la religione cristiana. Confini non sempre chiari e sicuri e talvolta violati in base al principio del diritto romano, per il quale il principe era *legibus solutus*, cioè sciolto da ogni legge.

Quale giudice egli interveniva nelle cause di maggiore importanza, come vediamo nella sentenza resa da Corrado II l'8 marzo 1034 contro i *Venetici* ed in favore di Popone patriarca di Aquileia che rivendicava la pieve di Grado, sentenza nella quale i *Venetici* venivano definiti « *sempre imperio nostro rebelles* » (1), per i noti contrasti circa la diocesi di Grado negata da Aquileia, che richiedeva un territorio che i Veneziani pretendevano loro: era una lotta che toccava anche i confini tra Venezia ed impero e regno non facili da determinarsi, tanto è vero che spesso si ricorse al principio delle acque dolci o delle acque salse: fin dove l'acqua dei fiumi o dei canali era dolce era regno, dove divenivano salse cominciava il territorio di Venezia. L'appellativo di ribelli dato ai Veneziani ci mostra come il re, al quale pure facevano capo i rapporti più o meno pacifici con l'estero, vedesse il territorio veneziano come proprio.

La capitale, il " palatium " e la cancelleria.

Capitale di questo Regno d'Italia medioevale fu Pavia — cosa assai interessante se si pensa che l'idea di una capitale fissa non era ancora entrata nella mentalità di popoli transalpini — legata alla tradizione longobarda che, a sua volta, tramite il mito di Teodorico, si riportava al sistema romano in cui era necessario un centro, sicchè questa capitale può essere davvero vista come un retaggio del mondo romano a quello medioevale. A Pavia un palazzo ospitava gli organi dell'amministrazione e molti dei vescovi e degli abati più importanti avevano case dove risiedevano per trattare gli affari del regno e tutelare i propri interessi. Bisogna tener sempre presente che, attraverso il sistema feudale, il quale finì con l'essere decentratore nel senso deteriore del termine rispetto allo Stato, molti atti erano ormai prerogativa degli organi periferici, sicchè al principio del secolo XI una gran parte dell'attività si svolgeva fuori del

---

(1) *Die Regesten des Kaiserreiches unter Conrad II (1024-1039)*, a cura di J. F. BÖHMER, Graz, 1951, n. 212, 8 marzo 1034.

Facciata
della basilica romanica
di San Michele
a Pavia
(Fot. Brogi).

palatium, che poteva essere visto come un centro ideale del regno, come il suo simbolo: fu forse anche per questo motivo che contro di esso si scatenò il furore dei Pavesi in rivolta nel 1004 e nel 1024.

E, nel *palatium*, centro animatore era la cancelleria, affidata spesso anche ad elementi laici: ciò dimostra come da noi — in contrasto con quanto abitualmente avveniva in molti altri paesi — la cultura non era un privilegio del clero. La cancelleria nel palazzo si presentava con un vero ordinamento burocratico e quasi con una carriera, per cui si potrebbe dire che partendo da notaio c'era la possibilità di arrivare al cancellierato: l'arcicancelliere aveva invece una fisionomia più specificatamente politica e come tale questa dignità veniva spesso affidata a persona, anche

Ludovico il Pio tra il proto-spatario Cristoforo
e il diacono Gregorio.
Miniatura della *Cronaca di Ademaro di Chabannes*.
Codice del secolo XI. Parigi, Biblioteca Nazionale
(Fot. della Biblioteca).

fuori dell'ordinamento della cancelleria, ma tale da dare affidamento di essere un fedele interprete della volontà e delle intenzioni del sovrano.

La vera e propria cancelleria, di cui una parte con grande probabilità seguiva il re nei suoi spostamenti, esplicava la propria attività soprattutto nella compilazione e spedizione dei diplomi dei sovrani, di quei documenti cioè in cui la volontà regia si concretava. Ecco, ad esempio, le parti principali, tradotte, di un diploma rilasciato a Pavia il 7 maggio 1014 da Enrico II imperatore a favore di Costanzo abate del monastero di Brugnato (1):

« In nome della santa e individua Trinità. Enrico per favore divino augusto imperatore dei Romani. Se ascoltiamo le richieste dei servi di Dio e veniamo incontro alle necessità della Chiesa proteggendola con la potenza imperiale, noi crediamo che ciò ci sia utile durante la temporale vita mortale e per ottenere la felicità eterna.

« Sia dunque noto a tutti i nostri fedeli, presenti e futuri, che il venerabile Costanzio, abbate del monastero dei santi Pietro, Lorenzo e Colombano, detto di Brugnato, si è rivolto alla serenità della nostra altezza chiedendo che i beni del monastero stesso con gli uomini soggetti siano posti sotto la difesa della nostra immunità, liberi da ogni servizio, anche giudiziario, e da ogni esazione... ».

Segue poi la conferma dei beni e l'ordine che nessun giudice pubblico potesse entrare in quelle terre, che nessun funzionario vi potesse percepire imposte o tasse.

« ... E affinchè questa nostra autorità rimanga nei presenti tempi e nei futuri inviolabile e sicuramente ferma, abbiamo firmato di nostra propria mano e abbiamo ordinato che vi sia posto il sigillo del nostro anello; così se qualcuno si arrogherà di violarla sappia che dovrà pagare una multa di cento libbre d'oro puro di cui la metà andranno al monastero al quale ha fatto violenza e metà alla nostra Camera...

« Firma del signore Enrico serenissimo ed invittissimo imperatore augusto.

« Enrico cancellario autenticò in luogo di Everardo vescovo e archicancelliere... ».

Ma presso il *palatium* troviamo pure il conte palatino che aveva non solo l'ufficio di presiedere e dirigere il tribunale regio con la stessa autorità del sovrano ed in suo luogo, ma anche quello di nominare giudici e notai (il che, tra l'altro, mostra l'esistenza a Pavia di una scuola per notai), d'inviare suoi messi a rendere giustizia localmente, di dare avvocati per tutelare gli interessi delle chiese. Vedove e orfani minori ricevevano da questo funzionario protezione e tutori. Anche la pubblicazione dei testamenti era di sua competenza; toccava pure a lui autorizzare il duello giudiziario, così come vediamo nelle più tarde *Consuetudini di Milano*, raccolte nel 1216, ma che rispecchiano un'epoca molto precedente (2).

(1) *Diplomata Heinrici et Arduini*, in M. G. H., *Diplomata*, III-1, n. 298, pag. 367.
(2) E. BESTA, G. BARNI, *Liber consuetudinum Mediolani anni MCCXVI*, Milano, 1949.

Bolla di Enrico IV (III in Italia), e sua firma autografa.
Padova, Museo Civico
(Fot. del Museo).

35 — VISCARDI-BARNI, *Il medioevo comunale italiano.*

La " camera " e le finanze.

Senza dubbio assai interessante anche perchè rispecchia la concretezza di quella centralità amministrativa cui si accennò, è la *Camera*, cioè l'organismo che sotto la direzione di un *magister* o *camerarius* si occupava di tutta l'amministrazione finanziaria dello Stato raccogliendo i redditi, derivanti anche dalle stazioni doganali di confine, regolando le spese, e collaborando con la regina per l'ordine, la normalità e l'andamento del palazzo.

Sottoposti al *magister* v'erano molti funzionari minori che da lui dipendevano; v'erano quelli preposti alle *curtes*, cioè a quegli organismi economici — tenute in campagna, boschi, ecc. — i cui redditi spettavano al palazzo regio e quelli preposti alle fabbriche regie: erano queste fabbriche spesso di tessuti (ma non mancavano, collegandosi ad un'antica tradizione, quelle di mattoni e tegole o le cave di pietra) e poichè in molte di tali tessiture lavoravano donne, per le quali la legge prevedeva, per certi reati, anche la condanna al lavoro forzato, il loro nome era di *ginecenarii*, quasi richiamo all'ordinamento bizantino: si può dunque pensare che anche nelle altre fabbriche controllate dalla *Camera* regia ci si servisse soprattutto del lavoro di condannati.

Però già alla fine del secolo X si era proceduto all'infeudazione di diversi redditi che in tal modo non giungevano più, come prima avveniva, direttamente al centro dell'amministrazione (1). Forse si pensava di porre rimedio alla lentezza e alle spese di esazione, si pensava di legare persone all'amministrazione dello Stato attraverso un loro interesse economico: ma il rimedio fu peggiore del male, come vediamo anche dalle *Honorantiae civitatis Papiae* (2). È questo un testo il cui nucleo più antico, risalente verso il 1010-20, dovuto ad autore anonimo, si proponeva di rivendicare appunto i diritti della *Camera* pavese alienati o dispersi; un'altra parte invece, più recente, è veramente l'esaltazione di Pavia portata quasi su di un piano parallelo con Roma: se in questa si corona l'imperatore, a Pavia spettava l'incoronazione del re d'Italia, asserzione non certo gradita al metropolita milanese:

« *Et sicut Roma coronat imperatorem in ecclesia Sancti Petri cum papa suo, ita Papia cum episcopo suo coronat regem in ecclesia Sancti Michaelis Maioris, ubi est lapis unus rotundus cum quatuor aliis lapidibus rotundis* ».

(1) H. MITTEIS, *Le strutture giuridiche e politiche dell'età feudale*, Brescia, 1962 (traduzione italiana).
(2) A. SOLMI, *L'amministraz. finanziaria del Regno Italico nell'alto Medioevo*, Pavia, 1932.

(Traduz.: « E come Roma corona l'imperatore nella chiesa di S. Pietro col suo papa, così Pavia col suo vescovo corona il re nella chiesa di S. Michele Maggiore, dove vi è una pietra rotonda con altre quattro pietre rotonde »).

Ed ecco, sempre in questo testo, nella parte più antica, l'elenco delle stazioni doganali a cui dovevano presentarsi — e pagare le relative imposte — quegli stranieri che potevano essere ammessi nel regno e che in tal modo venivano posti sotto la protezione del re e dell'ordinamento regio: oltre a tutto noi conosciamo così i confini del territorio del regno, almeno per le zone alpine, e veniamo a sapere che in genere, coloro che entravano nel regno erano dei mercanti, o per lo meno che i mercanti erano, per ragioni comprensibili, gli elementi più interessanti. A questi bisognava aggiungere i pellegrini.

« Intrantes negociatores in Regnum solvebant decimam de omni negocio ad clusas et ad vias, que sunt hec, regi pertinentes: prima est Secusia (Susa), *secuna Bardo* (Bard), *tercia Belinzona* (Bellinzona), *quarta Clavenna* (Chiavenna), *quinta Balzano* (Bolzano), *sexta Volerno* (Volarno? Volargne?), *septima Trevile* (Trevile, nella Marca Trevigiana?), *octava Sanctus Petrus de Julio via de Monte Cruce* (S. Pietro di Zuglio), *nona prope Aquilegiam* (presso Aquileia), *decima Forum Julii* (Cividale del Friuli) ».

Come si vede si tratta di posti di frontiera situati su quelle principali strade che, superando le Alpi, portavano verso le terre italiane: certamente Volargne e Trevile, se così identifichiamo i nomi dateci dalle *Honorantiae*, sono arretrati rispetto agli altri posti (bisognerebbe pensare alla prima *Marca Tridentina* staccata dal Regno Italico nell'888), salvo che si voglia invece vedere Volarno allo sbocco dell'altipiano dei Sette Comuni e Trevile allo sbocco delle chiuse del Brenta: la seconda ipotesi, assai probabile, ci riporta alle strade di grande comunicazione.

Un quadro del mondo e della società di quei lontani secoli appare anche da questi dati sulle dogane quando si vedrà che per i pellegrini diretti a Roma (*Romipeti*) esisteva una completa esenzione doganale e che per gli Angli e i Sassoni si era stabilito un accordo per evitare discussioni e risse ai posti di dogana: il re di quei popoli si era infatti impegnato ad inviare ogni tre anni 50 libbre d'argento, due scudi, due lance e « *duos magnos canes veltrices mirabiles* » con i collari coperti da lamine dorate e smaltate. Evidentemente i cani angli erano almeno apprezzati quanto le armi. Ugualmente il doge dei Veneziani, dei quali l'anonimo autore dice: « *Et ille gens non arat, non seminat, non vindemiat* » (« E quella gente non ara, non semina, non vendemmia »), dava 50 libbre d'argento e un pallio, onde esser liberi di acquistare pane e vino e fare i propri affari in Pavia senza alcuna molestia. Ed oltre ai Veneziani venivano a Pavia mercanti di Salerno, di Gaeta, di Amalfi, *cum magno negocio*, dando così alla città il tono di un centro d'affari assai importante.

Il *magister* della Camera aveva pure la funzione di sopraintendere alla zecca di Milano e Pavia, amministrando il monopolio dell'oro ricavato dalle sabbie del Ticino e degli altri fiumi auriferi: controllava poi i redditi derivanti dalle tasse sui mercati e dai tributi delle diverse corporazioni (*ministeria*).

L'assemblea del regno.

Per quanto riguarda l'*Assemblea* del regno, questa venne fissandosi, per l'Italia, a Roncaglia, sulle rive del Po, probabilmente per la possibilità, data la piana ubertosa, di poter accampare molti uomini, di poter trovare il cibo per costoro e soprattutto di poter trovare il cibo per i cavalli: non per nulla quelli che in Italia erano i campi di marzo, erano al di là delle Alpi i campi di maggio: il clima più freddo rallentava la produzione agricola e quindi ritardava nei paesi nordici queste adunate. E a Roncaglia si tennero le grandi adunate di Federico I nella sua lotta contro i ribelli Comuni.

L'assemblea, cui partecipavano sia i signori laici che quelli ecclesiastici e che era solitamente presieduta dal re, salvo che si trattasse della nomina o della conferma del re stesso, nel qual caso era convocata da un alto esponente della gerarchia politica, aveva varie competenze, che andarono però man mano diminuendo d'importanza nella vita sociale effettiva italiana con le lunghe permanenze dei sovrani in Germania e con lo spostarsi degli interessi — ormai identificati con quelli dell'Impero — dalle nostre terre a quelle transalpine.

Come si sa all'assemblea spettava l'elezione ufficiale del re, toccava il decidere le imprese militari in rapporto alle promesse e agli impegni del sovrano. Più importante, sotto un certo aspetto, l'attività legislativa, in quanto le leggi dei sovrani, anche degli imperatori, per aver valore in Italia dovevano essere approvate da questa assemblea ed essere inserite nella raccolta del *Capitolare Italico*. Sappiamo infatti che alcune costituzioni di Ottone III non entrarono in detto capitolare appunto perchè respinte dall'assemblea.

La *Dieta di Roncaglia* nel racconto di Ottone di Frisinga. Dal *Codex Guelferbytanus* della Biblioteca di Helmstedt.

Enrico VII giunto in Italia ordina la distruzione delle torri di Cremona
e giudica le città sottomesse. Codice miniato (1320-40).
Coblenza, Archivio di Stato (Fot. Marburg).

Non si può invece parlare di vera e propria competenza giurisdizionale: se anche nelle assemblee si potevano svolgere processi — ricordiamo quello per cui l'arcivescovo di Milano Ariberto da Intimiano, venne anche posto in prigione nel 1037 — formalmente le due attività erano pur sempre distinte e l'assemblea poteva soltanto essere l'occasione per svolgere un processo.

L'ordinamento periferico.

Se questa era a grandi linee l'organizzazione centrale del Regno Italico, esisteva logicamente anche un sistema di ordinamenti, locali e periferici; in grosso modo lo possiamo vedere nelle contee e nelle marche.

Per quanto ci interessa e per l'epoca che consideriamo, ricordiamo che le contee (e le marche sono spesso l'unione o il rafforzamento di contee per esigenze belliche motivate anche dalla prossimità di confini) vanno ora man mano perdendo effettivamente importanza dato che esse vengono frequentemente attribuite ai vescovi cittadini; questo metodo avrebbe dovuto impedire il formarsi di funzionari, di vassalli troppo potenti anche per l'ereditarietà dei feudi ormai da tempo ottenuta dai feudatari, ma divenne poi uno degli elementi di contrasto tra lo Stato e la Chiesa in quella che fu appunto detta *lotta delle investiture*.

Anche dove i vescovi non ebbero ufficialmente il titolo comitale, i privilegi loro concessi, specialmente nell'ambito della città, e nell'amministrazione di beni e castelli della campagna, limitavano sempre più i poteri di quei signori feudali che, volere o no, avrebbero dovuto essere i veri funzionari dello Stato. Non per nulla il conte palatino del regno, cioè colui che avrebbe dovuto rappresentare il sovrano durante le sue assenze, lascia Pavia e diviene conte di Lomello.

Tale situazione appare chiaramente in alcune costituzioni di Corrado II; il 19 giugno 1026 il sovrano concedeva a favore del vescovo di Modena, *omnem districtum et placitum* (cioè potere esecutivo e potere giudiziario) fino a 3 miglia dalla città; il 1° maggio 1027 disponeva a favore del vescovo di Reggio in Emilia di giudicare le cause, di pronunciare *legem et iustitiam* (quindi forse non solo di applicare la norma esistente al caso convenuto, ma anche di crear norme, entro i limiti di quelle del sovrano), e di fare tutto ciò che potevano fare i messi regi; il 31 dicembre 1029 concedeva al vescovo di Parma tutto il *comitatus*, così come il 31 maggio 1027 era stato concesso a quello di Trento. E si potrebbe proseguire con altri esempi.

Le città vengono in tal guisa ad avere un loro ordinamento legato sì al sistema feudale, ma tramite quel vescovo che rappresenta la tradizione cittadina e che spesso è ormai il solo vero rappresentante degli interessi della città: la città si identifica con la sua chiesa e se Milano, come dice il cronista Landolfo, rispetterà Roma per S. Pietro, vorrà rispetto alle proprie tradizioni per S. Ambrogio: e attorno al vescovo vi saranno lotte di famiglie, di classi: ma anche nell'urto la città si proietta in quello che sarà il Comune: istituto eminentemente cittadino.

La campagna.

Nella campagna, tramontata la sculdascia o la centena dei tempi precedenti, sentiamo parlare ora di *curtis*, di corte, cioè di un centro economico attorno al quale gravitavano dei fondi e che di questi fondi — lavorati da servi o da liberi in base ad un contratto di livello, così detto perchè le condizioni venivano scritte su di un libretto (*libellus*) — diventava il centro amministrativo. È a proposito di questa forma che si parla di economia curtense per l'alto Medioevo: si sarebbe trattato di un sistema per cui ogni *curtis* sarebbe stata completamente bastante a se stessa, autonoma e autarchica: se ciò può esser stato vero in qualche caso, specialmente al di là delle Alpi, non era certamente la situazione normale delle terre italiane, appunto perchè la città prevaleva sulla campagna ed era l'effettivo centro motore di ciascuna zona.

Naturalmente le zone collegate ad una corte potevano avere condizioni e situazioni particolari: se dipendevano da un conte, da un vescovo, da un abate di qualche monastero erano costoro che facevano amministrare quei territori: ma poteva anche avvenire che la *curtis* si costituisse con un privilegio concesso ad una comunità autonoma. In ogni caso però il privilegio finiva con avere valore territoriale.

Per la prima ipotesi si può ricordare il diploma di Lotario III del 1136 a favore della chiesa di S. Giovanni di Monza (1) col quale venivano confermati a detta chiesa i suoi beni e cioè, in particolare: « la corte di Cremella, insieme col monastero di S. Pietro posto nel medesimo castello con tutte le terre attinenti, Bulciago e Calpuno. La corte Garlinda con le ville ad essa pertinenti... », dove appunto le corti confermate sono indicate con i beni e le terre ad esse collegate e pertinenti; pochi anni dopo, nel 1162, l'imperatore Federico I di Svevia, forse per premiare la fedeltà di Monza nella lotta contro Milano, investiva la chiesa monzese ancora di altri beni e privilegi (2).

Per la seconda ipotesi prospettata, se non vogliamo richiamare la concessione fatta da Ottone II di diritti a uomini di Lazise sul lago di Garda il 7 maggio 983 (3), o quella di Ottone III a cittadini cremonesi del

---

(1) A. F. Frisi, *Memorie storiche di Monza e sua Corte*, tomo II, Milano, 1794, n. 51, pag. 53.

(2) A. F. Frisi, *Memorie storiche di Monza e sua Corte*, tomo II, Milano, 1794, n. 62, pag. 63.

(3) *Diplomata Ottonis II et III*, in M. G. H., n. 291, pag. 343.

L'imperatore Ottone III tra vescovi e cavalieri.
Evangelario di Bamberga.
Scuola di Reichenau (secolo XI).
Monaco, Biblioteca di Stato
(Fot. della Biblioteca).

22 maggio 996 (1) perchè anteriori al 1000, possiamo richiamare la conferma fatta da Enrico II di privilegi e di proprietà agli uomini di Savona nel 1014 (2), dove vi sono limitazioni ai poteri dei marchesi, dei conti e dei visconti locali, o la concessione del vescovo Gregorio di Belluno ai vicini e castellani di Montebelluna nel 1129 (3) con cui si permetteva a costoro di stabilire pene per chi commetteva furti o reati nel castello medesimo.

Circa i castelli e le relative concessioni qui sopra ricordate non possiamo dimenticare che il diritto di incastellare era sempre stato del sovrano: questi però, specialmente nel secolo X, davanti alla minaccia delle incursioni ungare che terrorizzavano l'Europa intera, aveva spesso concesso ai signori, vescovi e comunità di riattare mura e di costruire nuovi *castra*: si formarono così centri che divennero luogo di rifugio per le popolazioni circostanti e dove essi potevano portare le cose più preziose: le famiglie, il bestiame, i viveri.

Ma un castello richiedeva servizi di guardia, di custodia, richiedeva una continua manutenzione, affinchè fosse sempre pronto per quei speciali scopi per i quali era stato costruito: da ciò particolari privilegi ad esso ed ai suoi titolari. Il castello venne quindi quasi ad essere un'unità distinta e separata dal resto della campagna, sicchè coloro che al castello erano legati per quei servizi si sentirono presto ben differenti dai coloni o dai villani, soltanto lavoratori della terra. Le mura del castello rappresentavano qualcosa di nuovo e dentro di esse aleggiava un nuovo spirito: coloro che erano capaci di impugnare le armi per difenderlo combattendo si sentirono legati da un nuovo e più alto vincolo, quasi preannuncio di una nuova libertà.

È vero che il titolare del *castrum* poteva pretendere servizi personali (*angariae*), ma non poteva andare al di là di ciò che era stato a lui concesso o di ciò su cui si era accordato: era in complesso vincolato da condizioni ben fisse, le stesse che vincolavano gli uomini del castello e che per ciò sono talvolta chiamati *condicionales*: il titolare del *castrum* aveva anche un potere giurisdizionale, di solito simile a quello di un comandante militare. Situazione particolare di questo genere creava particolari vincoli che vedremo come e quanto abbiano giocato nel sorgere del Comune.

(1) *Diplomata Ottonis II et III*, in M. G. H., tomo II, n. 198, pag. 606.
(2) *Diplomata Heinrici II*, in M. G. H., n. 303, pag. 377.
(3) P. BREZZI, *I comuni cittadini italiani*, Milano, 1940, pag. 79.

L'ordinamento finanziario.

Se desideriamo, per questo periodo medioevale, che direi precomunale, conoscere quale fosse l'ordinamento finanziario e renderci conto quindi di come i sudditi concorressero ai bisogni, alle spese dello Stato, dei suoi organismi e dei suoi funzionari, bisognerà sempre tener presente che l'imposta reale diretta fu tra quelle accettate con maggior difficoltà, perchè a gran parte della società medioevale, legata alla tradizione dei popoli germanici invasori, tale imposta pareva limitatrice della libera proprietà e quindi, in certo qual senso, limitatrice anche della libertà personale.

Imposte dirette colpivano però il focolare, cioè l'elemento che era preso a simbolo della famiglia (focatico), o la persona (testatico), o la capacità di lavoro del bestiame (giogatico); frequenti erano le imposizioni di prestazioni personali che possono esser viste nel quadro delle imposte dirette anche se non espresse in moneta, ma sempre valutabili sul piano economico. Tra queste notiamo l'*albergaria* o *mansionatico* per cui il suddito doveva fornire vitto, letto ai pubblici funzionari e stallaggio ai loro quadrupedi: tale gravame avrebbe dovuto esser limitato solo a favore di funzionari in viaggio per servizio del signore, ma era in realtà preteso da ogni funzionario per il solo fatto di esser tale; le *angariae*, servizi di trasporto di cose e di persone, specialmente gravose per i trasporti di merci di proprietari dalla campagna alla città, tanto che il nome di questo gravame passò nel linguaggio comune per indicare un peso eccessivo e costante; le *excubiae*, servizio di guardia alle mura della città, castelli, borghi fortificati; vi era poi l'obbligo di contribuire con le proprie forze fisiche alle opere di costruzione, manutenzione, riparazione di fortificazioni, di ponti, di argini, di strade. Bisognava a tutto ciò aggiungere il *fodro*, imposta straordinaria che in origine doveva essere pagata da tutti al sovrano quando scendeva in Italia per compiere il tradizionale viaggio a Roma onde ricevervi la corona, ma che divenne imposizione applicata con una saltuarietà più o meno periodica in occasione di incoronazioni, matrimoni, nascita di prìncipi, riscatti da prigionia di guerra, specialmente durante le Crociate, come insegna l'episodio di Riccardo Cuor di Leone.

Se il fodro colpiva anche i signori feudali — che però potevano, in qualche modo, scaricarlo sui loro sottoposti — le prestazioni personali che abbiamo visto più sopra, colpivano quasi sempre gli uomini della campagna e le categorie più umili della popolazione.

Cattura di Riccardo Cuor di Leone e sua sottomissione a Enrico VI. Miniatura del 1197 dal *Liber ad honorem Augusti* di Pietro da Eboli. Berna, Biblioteca Universitaria (Fot. della Biblioteca).

Molto più importanti e, in certo qual senso, più accettate le imposte indirette, che venivano percepite per ogni manifestazione dell'attività umana. Alcune gravavano sulle comunicazioni e nel loro nome stesso indicavano la provenienza o la destinazione (stradatico, pontatico e simili) o sulla navigazione interna (portatico, ripatico, palifittura); esse non erano generalmente molto pesanti e molto spesso venivano donate, cedute od infeudate a signori, ad enti religiosi o a comunità. C'erano poi le dogane, per le quali si arrivava a pagare fino al 10% del valore della merce, ma per le quali era anche possibile ottenere una franchigia o un accordo globale, come abbiamo visto per gli Angli e per i pellegrini che si recavano a Roma, quando si parlò del camerario del palazzo di Pavia.

Per i *dazi di mercato* — passati poi più o meno legittimamente ai Comuni, i quali si arrogarono anche l'organizzazione di nuovi mercati, il che avrebbe dovuto essere di spettanza del sovrano — si applicava il tributo sulla differenza tra la merce portata al mercato e quella che veniva riportata via invenduta. In rapporto con i mercati era il *bancatico*, il quale rappresentava il corrispettivo che si pagava per poter porre un banco al mercato o alla fiera, mentre il *plateatico* era un tributo che colpiva le contrattazioni compiute nella piazza. Un'altra imposta era il *mensuratico* ed era pagata per poter usare le misure basi ufficiali del luogo, misure basi che erano solitamente affidate alla custodia di un apposito funzionario e che, specialmente per quelle di lunghezza, sono ancora talvolta visibili incise nei muri degli antichi mercati come sotto il portico del palazzo della Magnifica Patria del Garda a Salò, ora palazzo municipale: il poter usare queste misure ufficiali era molto importante, soprattutto se teniamo presente la quantità e i tipi di misure diverse usate un tempo, differenti spesso tra loro da luogo a luogo, il che, se non concedeva al mercante di avere proprie misure, tuttavia avrebbe permesso la possibilità di sotterfugi e anche di truffe. Il riferirsi alle misure ufficiali diveniva pertanto indispensabile a tutela reciproca dei venditori e degli acquirenti.

A tutto ciò si doveva aggiungere la decima, sia dominicale sia ecclesiastica: è vero che quest'ultima non entra nell'amministrazione finanziaria dello Stato, ma osservando i tributi non possiamo noi ignorarla, tanto più che, attraverso le infeudazioni di beni e di redditi ecclesiastici, qualche volta diveniva impossibile distinguere l'una dall'altra. Un decimo dunque dei prodotti lordi, doveva esser dato alla chiesa battesimale per sopperire alle necessità dei loro ministri, secondo quanto insegnava la tradizione che dalla Bibbia, da S. Paolo e S. Agostino arrivava a concre-

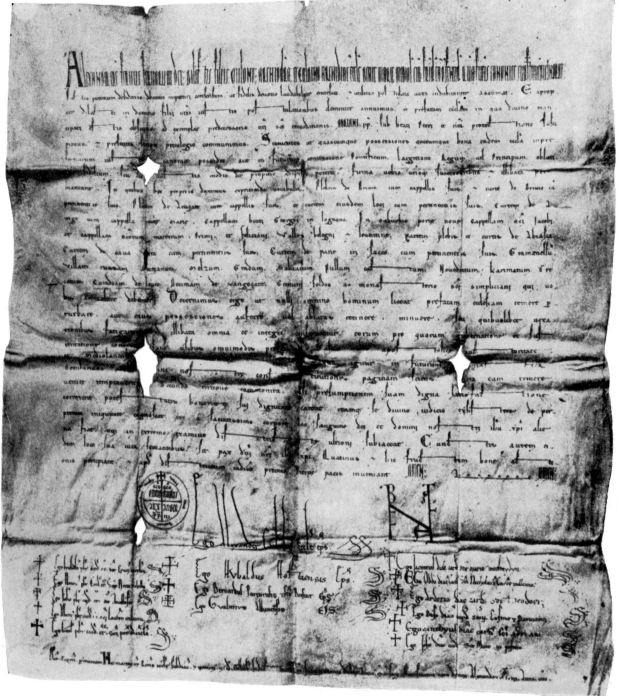

Bolla di Alessandro III
per la conferma dei beni della chiesa milanese (1162).
Milano, Biblioteca Capitolare (Fot. della Biblioteca).

Nella pagina accanto:
diploma di Enrico V
a favore della città di Novara (1116).
Novara, Archivio storico del Comune.

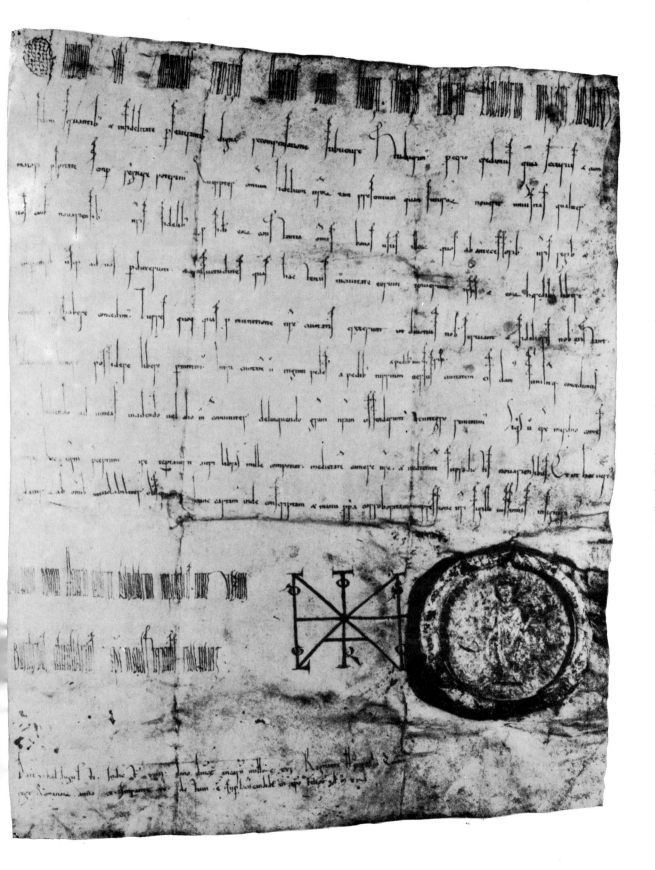

tarsi nel *Decretum* di Graziano, monaco camaldolese che a Bologna a metà del XII secolo raccolse e sistemò il materiale giuridico canonico:

« *Decimae tributa sunt egentium animarum. Quod si decimam dederis non solum habundantiam fructum recipies, sed etiam sanitatem corporis consequeris. Non igitur Dominus Deus premium postulat, sed honorem. Deus enim noster, qui dignatus est totum dare, decimam a nobis dignatus est accipere, non sibi, sed nobis sine dubio profuturam. Sed si tardius dare peccatum est, quanto magis peius est peccatum non dedisse? De milicia, de negocio et de artificio redde decimas* » (1).

(Traduz.: « Le decime sono tributi delle anime bisognose. Chè se avrai dato la decima, riceverai non solo abbondanza di frutti, ma anche la salute del corpo. Il Signore Dio non chiede un premio, ma onore. Il nostro Dio, che si è degnato di dare ogni cosa, si è degnato di ricevere da noi la decima, non a suo vantaggio, ma certamente per il nostro. Ma se è peccato il dare la decima tardi, quanto più grave peccato sarà il non darla? Di ciò che guadagni come milite, come negoziante, come artigiano paga la decima »).

Per Genova si parla di una *decima maris*, dato che i redditi dei Genovesi erano certamente più basati sulle navi e i loro carichi che su quello che poteva dare la terra: così ogni vascello entrando nel porto pagava una percentuale all'arcivescovo secondo il carico e la provenienza (2), e anche questa decima venne poi concessa a laici, tanto è vero che fu una di quelle rivendicate dall'arcivescovo Siro dopo il Concilio Laterano del 1139. Per Venezia troviamo una decima personale sugli utili del traffico e una decima nei testamenti (3). Data la frequenza di investiture di decime ecclesiastiche a laici (anche se ciò era proibito dal diritto canonico), data l'esistenza di decime dominicali, non era facile talvolta distinguere l'una dall'altra (la *decima maris* di Genova è detta concessa *ex consensu civium*) e controversie dureranno fino al secolo scorso, quando lo Stato laico liberale, affermando la sua piena autonoma sovranità, soppresse le decime.

Da tutti questi gravami si potevano ottenere esenzioni: e ciò era più facilmente possibile, naturalmente, per i signori, le città e gli enti religiosi (per questi il problema della decima ecclesiastica non si presentava o si presentava con aspetti diversi): così sappiamo, ad esempio, che Corrado II esentò da ogni gravame, imposte, tributo, prestazione i canonici

---

(1) *Decretum Gratiani*, secunda pars, causa XVI, q. I, c. 66.

(2) *Il registro della curia arcivescovile di Genova*, a cura di L. T. BELGRANO, in « Atti della Società ligure di Storia patria », Genova, 1862.

(3) C. E. BOYD, *Tithes and Parishes in medieval Italy*, Cornell University Press, Ithaca, 1952, pag. 199.

Picchiotto bronzeo del sec. XIII.

Troia, Cattedrale.
Fot. Stuhler.

Viscardi-Barni, *Il medioevo comunale italiano.*

della chiesa di Pistoia il 7 febbraio 1038 e il capitolo del Duomo di Arezzo il 15 marzo dello stesso anno.

Ma non basta ancora: a queste diverse imposizioni che avrebbero dovuto far affluire redditi allo Stato — ma tramite investiture e concessioni le perdite furono enormi — possiamo aggiungere il monopolio del sale, quello dell'oro e della moneta (tra loro collegate e sul cui rapporto si poteva spesso giocare) e tutte quelle regalie — diritti del re — che vediamo elencate nella rivendica di Federico I di Svevia del novembre 1158 verso i Comuni italiani e che in parte richiamano elementi da noi già visti:

« *Regalia sunt hec. Arimannie, vie publice, flumina navigabilia et ex quibus fiunt navigabilia, portus, ripatica, vectigalia, que vulgo dicuntur tholonea, monete, mulctarum penarumque compendia, bona vacantia et que indignis legibus auferrentur, nisi que specialiter quibusdam conceduntur et bona contrahentium incestas nuptias et damnatorum et proscriptorum secundum quod in novis costitutionibus cavetur, angariarum et parangariarum et plaustrorum et navium prestationes et extraordinaria collatio ad felicissimam regalis numinis expeditionem, potestas costituendorum magistratum ad iustitiam expediendam, argentarie et palatia in civitatibus consuetis, piscationum redditus et salinarum et bona committentium crimen maiestatis et dimidium thesauri inventi in loco Cesaris, non data opera, vel in loco religioso; si data opera, totum ad eum pertinet* ».

(Traduz.: « Le regalie sono queste. Arimannie, vie pubbliche, fiumi navigabili e quelli per i quali diventano navigabili, i porti, i ripatici, le vettigalie, che volgarmente si dicono telonei, le monete, il ricavo delle multe e delle pene, i beni vacanti e quelli che per legge sono confiscati agli indegni, salvo quelli che vengono in modo speciale concessi a qualcuno, i beni di coloro che contraggono nozze incestuose e dei condannati e dei proscritti, secondo ciò che dispongono le nuove costituzioni, e le prestazioni di angarie e di parangarie e di carri e di navi, e la raccolta straordinaria per la spedizione felicissima del regale signore, la potestà di stabilire magistrati per render giustizia, le zecche e i palazzi nelle consuete città, i redditi della pesca e delle saline, i beni dei rei di lesa maestà, metà del tesoro trovato per caso in luogo spettante al sovrano o in luogo religioso: se vi sarà stata data opera specifica, tutto spetterà a lui »).

Un simile elenco ci dà l'idea su quali e quante fonti potesse contare il sovrano per le proprie finanze: e ci spiega come Federico I invocasse i propri diritti contro le usurpazioni dei Comuni, i quali si erano appropriati di tutti questi redditi approfittando della situazione di debolezza dell'amministrazione del regno causata in modo particolare dalle lunghe assenze del monarca dall'Italia. D'altra parte il sistema delle concessioni e delle investiture aveva già ridotto, anche legalmente, gli introiti diretti dello Stato.

Le torri
del Castello
di Gioia del Colle
(Fot. W. Stuhler).

L'Italia meridionale.

Dobbiamo ora dare uno sguardo all'*Italia meridionale* che ci offre un quadro assai differente, ma altrettanto interessante. Qui all'inizio del secolo XI esistevano ancora ben nove ordinamenti statali diversi: il catapanato bizantino d'Italia, l'emirato musulmano di Sicilia, il principato di Benevento, il principato di Salerno, il principato di Capua, il ducato di Amalfi, il ducato di Napoli, il ducato di Sorrento, il ducato di Gaeta, ciascuno con una propria organizzazione e tutti (meno naturalmente il catapanato bizantino e l'emirato di Sicilia) oscillanti tra l'Impero d'Oriente che aveva una lunga tradizione nell'Italia meridionale e l'Impero d'Occidente che faceva sentire il suo peso effettivo in Italia. Tra i due mirava a porsi come elemento determinante il papato, sfruttando la falsa donazione di Costantino e le donazioni vere dei sovrani franchi.

Si aggiunga che ciascuno di quegli ordinamenti era frequentemente in lotta con gli altri nel tentativo di imporre un'egemonia, come cercarono di fare, di volta in volta, il duca di Napoli, il principe di Capua e quello di Salerno. Uno spirito ormai solo di difesa era nel catapanato e nell'emirato: le lontane capitali (se di capitale si può parlare per il mondo musulmano) erano impegnate in grossi e gravi problemi per cui non potevano dedicare nè molta attenzione, nè molte forze all'Italia.

In questo gioco di lotte e di intrighi si inseriscono i Normanni, questi guerrieri giunti dalle terre di Francia, già da loro occupate, in cerca di nuove imprese e di nuovi beni, spinti quasi dal medesimo spirito d'avventura che aveva guidato i Vikinghi fino alle terre della Vineland, in quella terra che doveva essere l'America.

Essi si appoggiarono prima all'Impero, tanto che nel 1047 Enrico III investiva Drogone *comes Normannorum et Apuliae* quale *dux et magister Italiae*; successivamente aiutarono la politica del papato ottenendo così il riconoscimento dei loro possessi *ex dono et munimine papae*, anche se per avere ciò dovettero dirsi *fideles*, cioè vassalli del pontefice. In tal modo il pontefice vedeva effettivamente riconosciuto anche quel suo dominio nell'Italia meridionale che egli invocava in base alla donazione di Costantino (1): dominio che veniva riconosciuto sia per il censo di cui il pontefice otteneva il pagamento, sia perchè Roberto il Guiscardo accettava di dirsi, se fosse riuscito a battere i Musulmani, re di Sicilia per grazia di Dio e per volontà di S. Pietro. Una situazione di questo genere portava anche come risultato che le pretese bizantine divenivano illegittime e quasi ingiuriose verso il papa non solo, ma anche verso la memoria dell'imperatore Costantino che a S. Pietro aveva fatto così grandi doni.

Attraverso l'investitura feudale ai Normanni il papato si sostituiva dunque a Bisanzio, permettendo la costituzione di quel *regnum* (Ruggero II si intitolava *rex Siciliae, Calabriae et Italiae* o più semplicemente *rex Siciliae*) che tanta influenza doveva poi avere nello svolgersi della storia d'Italia e nell'affermarsi dell'idea unitaria italiana.

È da tenere poi sempre presente il processo di accentrazione amministrativa che fu a base del sistema che i Normanni instaurarono nelle terre dell'Italia meridionale, non ammettendo diritti che non derivavano dal re: in tal modo essi preparavano il terreno all'opera di Federico II di Svevia. D'altra parte la dipendenza — che diverrà sempre più formale — dal

---

(1) Vedi: L. VALLA, *La falsa donazione di Costantino*, a cura di G. PEPE, Milano, 1952; D. MAFFEI, *La donazione di Costantino nei giuristi medioevali*, Milano, 1964.

pontefice quale signore feudale, non infirmava la posizione assunta, anzi impediva che lo Stato potesse venir concepito dal sovrano come un suo bene patrimoniale.

Anche re Ruggero II, secondo la *Cronaca* di Romualdo Salernitano (1) si fece ungere e coronare re nel 1131 a Palermo *baronum et populo consilio*; egli in realtà non si sentiva molto legato nè alla classe baronale, nè a quella che allora si chiamava popolo, se pochi anni dopo, verso il 1137, a dir dello stesso cronista, per mantenere in tutto il regno quella pace interna che pareva ormai raggiunta, stabilì « camerari e giustizieri in tutte le terre »: pose cioè degli amministratori e dei giudici da lui direttamente dipendenti, saltando tutta quell'organizzazione di frantumazione giuridico che nel sistema feudale si frapponeva tra il re e i sudditi. Ma ciò non bastava ed egli *« leges a se noviter conditas promulgavit, malas consuetudines abstulit »* (2), fece cioè delle leggi nuove e tolse di mezzo le cattive consuetudini: se si tiene presente che spesso le consuetudini stabilivano privilegi, diritti per particolari terre o categorie, si comprende che quelle soppresse erano evidentemente consuetudini in contrasto con lo sviluppo del sistema che il sovrano voleva imporre. E per il nuovo ordinamento Ruggero aveva presente non solo quello dei paesi di provenienza della sua gente, ma anche quello, assai più vicino e assai più interessante, da questo punto di vista, di Costantinopoli: proprio riferendosi forse a questa capitale si poteva giungere al principio per cui al di sopra di tutti — signori o popolari, laici o religiosi — si levava la volontà di quel principe il cui potere derivava direttamente da Dio, come probabilmente vuol indicare il mosaico di Palermo in cui è raffigurato Dio nell'atto di incoronare Ruggero. E a questo proposito si può rammentare l'omelia erroneamente attribuita a Teofane Cerameo, arcivescovo di Taormina, ma pronunziata da un monaco basiliano nella Cappella Palatina di Palermo nel 1140, dove si dice che tutto ciò che è bene deriva in primo luogo da Dio e poi subito dal re, salvatore e benevolo. Lo splendore della Cappella Palatina « grandissima e bellissima, per straordinaria magnificenza nobilissima e splendentissima di luce, per oro corrusca, sfavillantissima di gemme e fiorentissima di pitture » è veramente un po' il simbolo della nuova monarchia (3).

(1) *Romualdi Salernitani chronicon*, in *RR. II. SS.* (nuova ediz.), VII, parte I, pag. 218.
(2) *Romualdi Salernitani chronicon*, in *RR. II. SS.* (nuova ediz.), VII, parte I, pag. 226.
(3) Theophani Ceramei, archiepiscopi Tauromenitani, *Homiliae*, in Migne, *Patrologia greca*, tomo 132, col. 951. Cfr. M. Amari, *Storia dei Musulmani di Sicilia*, vol. I, Catania, 1933, pag. 633.

Particolare dell'Incoronazione
di re Ruggero.

Gesù Cristo incorona re Ruggero.
Mosaico
nella Chiesa della Martorana.
Palermo (Fot. Alinari).

Tuttavia esisteva anche un ordinamento feudale, spesso modellato sulle consuetudini normanne; ma i sovrani creavano una loro burocrazia, di modo che vi fossero funzionari dipendenti esclusivamente da loro e capaci di far applicare direttamente le loro volontà. I feudi concessi restavano poi sempre nel demanio, sicchè il re poteva disporre dei beni già concessi, come dei beni propri. Continuava perciò ad esistere una sudditanza diretta dal sovrano, anche se v'erano contemporaneamente sudditi di signori feudali: ma tutti erano almeno personalmente sottoposti alla giurisdizione regia. Non parlerei quindi per i Normanni in Italia di Stato feudale, ma di uno Stato in cui v'erano dei feudi.

Nel rapporto di sudditanza, che pure ammetteva una serie di gradazioni — basta pensare alle particolari condizioni dei *milites* e dei *clerici*

L'interno
della Cappella Palatina
nel Palazzo Reale di Palermo
(Fot. Alinari).

Particolare del soffitto
della Cappella Palatina di Palermo.
Museo Nazionale (Fot. Alinari).

di fronte alla massa della stessa popolazione libera, senza voler parlare dei servi della gleba e degli schiavi, che sia pur in piccolo numero, esistevano ancora — bisogna tener chiaramente distinta la posizione degli Ebrei e dei Musulmani: i primi erano infatti visti come *servi curiae*, cioè come servi dell'erario in quanto dovevano pagare una particolare tassa per godere la protezione dello Stato, e i secondi, in quanto dei vinti, in condizione di assoluta inferiorità, senza però, per allora, pensare a persecuzioni violente, tanto che gli Ebrei potevano avere fiorenti colonie, come quella di Trani con 200 famiglie, quella di Napoli con 500, di Taranto con 300, quella di Palermo con 1500. A Catania essi venivano giudicati secondo la loro legge; a Bari avevano il monopolio della tintura delle stoffe, a Salerno quello della macellazione. Già sotto i Normanni gli Ebrei vivevano nei ghetti (1) e solo con Carlo d'Angiò vennero allontanati o sterminati.

L'ordinamento amministrativo centralizzato.

Senza dubbio il presentarsi di un sistema giuridico così accentrato può provocare sorprese, ed è più che logico che ci si chieda come mai sia stato qui possibile l'affermarsi di un potere regio svincolato da impacci feudali, quando, proprio in questo periodo noi vediamo i signori degli Stati occidentali subire limitazioni ai poteri regi attraverso il sistema delle concessioni feudali: basta rammentare la Gran Bretagna (e particolarmente l'Inghilterra) e la Francia. Le ragioni possono essere molte: i Normanni non erano molti e molti di essi caddero nelle prime battaglie, così come caddero molti dei signori locali ivi esistenti e legati alla tradizione di diritto pubblico longobardo o franco. C'era un elemento musulmano con un proprio sistema di diritto pubblico che, basato su una concezione teocratica del potere, dava al signore i più alti poteri; c'era l'influenza bizantina che riconosceva nell'imperatore il capo supremo, sotto il quale non esistevano che sudditi.

La nuova monarchia normanna non ha bisogno di concedere infeudazioni per garantirsi il potere: essa può ben presentarsi come tutrice della pace e dell'ordine per la popolazione esistente.

Le limitate infeudazioni — sicchè veramente nell'Italia meridionale, per allora, non si attuò quel principio « *nulle terre sans seigneur* » che vediamo invece in Normandia ed in Inghilterra — lasciavano grandi beni demaniali, tra i quali erano anche città, al sovrano che ne ricavava direttamente forti redditi, così come direttamente percepiva quelli per pedaggi su ponti e strade, per tasse nei porti e nei mercati, tutti contributi che il re aveva riservato a se stesso. Anche se ciò non durò a lungo, permise tuttavia allo Stato nell'Italia meridionale di organizzarsi con carat-

---

(1) A. PERTILE, *Storia del diritto italiano*, III, pag. 211, n. 28, Torino, 1894; F. CHALANDON, *Histoire de la domination Normande en Itale et en Sicile* (ristampa), New York, 1960, vol. II, pag. 563; A. MILANO, *Storia degli Ebrei in Italia*, Torino, 1963.

teristiche sue proprie superando il particolarismo politico-giuridico che dilagava sul resto della Penisola.

Un sistema centralizzatore e burocratico, portava con sè l'esistenza di grandi ufficiali, veri grandi funzionari capi di servizi, la cui riunione può essere vista come un Consiglio regio, anche se non possiamo ritenere che i diversi uffici siano sorti contemporaneamente in base ad un organico piano: soprattutto quando parliamo di Consiglio regio, vogliamo ricordare che in nessun modo questi ufficiali potevano limitare la volontà del principe. Alcuni degli uffici ci riportano al mondo bizantino, altri a quello musulmano, altri a quello franco-germanico donde i Normanni provenivano. Non bisogna quindi pensare che l'ordinamento che troviamo ai tempi degli Svevi e degli Angioini rispecchi esattamente quello normanno anche se vi si vedono tracce di quello più antico.

Possiamo brevemente dire che sotto i Normanni vi erano i seguenti grandi ufficiali, di cui il primo proviene dal sistema musulmano, il secondo da quello bizantino, mentre gli altri sono da porre in rapporto col mondo medioevale germanico.

L'*ammiraglio* (e il primo fu proprio un musulmano, Giorgio d'Antiochia) era a capo della flotta e, per la preponderante politica marinara normanna, dovuta anche alla posizione geografica, anche a capo dell'esercito, almeno fino a quando tale carica non fu abolita, per essere poi ricostituita col solo comando della flotta: indice ciò di come gli interessi terrestri continentali venissero a prevalere su quelli marittimi.

Il *logoteta* (e il nome è greco) era il capo della segreteria del re e la sua importanza risultò anche dal fatto che egli sedeva alla destra del sovrano: in un mondo dove la forma contava moltissimo, questo particolare è di grande rilevanza. Talvolta il logoteta si identificò col protonotario, capo dei notai, sebbene in genere questo fosse funzionario di minor dignità.

Al mondo e alle istituzioni delle corti germaniche ci riporta il *siniscalco*, capo della casa del re: a lui spettava il nominare, sorvegliare, giudicare, pagare e punire tutto il personale della corte, nonchè il sovraintendere sulle cucine e gli annessi servizi: forse per questo motivo era affidata a lui la sorveglianza delle foreste regie e di tutti i luoghi ove si potesse esercitare la caccia: è da ricordare infatti quanto fosse importante la selvaggina per il buon andamento delle cucine. Sotto al siniscalco vi erano altri minori funzionari, i quali coi loro stessi nomi, ci indicano anche le loro particolari attività: *pincernae* addetti ai servizi del vino del re; *dapiferi*, economi della casa regia; *cubiculari*, custodi delle camere d'alloggio; *hostiari*, talvolta veri e propri custodi delle porte, altre volte messaggeri destinati a portare comunicazioni o ai familiari del re o ai potenti del regno.

Se noi teniamo presente qual significato e quale importanza avesse nel Medioevo la vita di corte, anche come elemento indicativo della potenza del sovrano, ci renderemo conto di quanto in alto fosse allora un funzionario come il siniscalco. In origine egli fu anche incaricato della speciale tutela che il re concedeva alle chiese, ai minori, alle vedove, forse perchè,

Nella pagina accanto: alberi e animali raffigurati in un mosaico nella camera di Ruggero. Palermo, Palazzo Reale (Fot. Alinari).

Camera di Ruggero. Palermo, Palazzo Reale (Fot. Alinari).

stabilendosi con questa tutela quasi un rapporto personale tra il sovrano e i protetti, costoro venivano ad essere considerati come facenti parte della famiglia, intesa in senso lato, del re.

In certo qual modo collegato con quello del siniscalco è l'ufficio del *marescalco* (anche qui il nome è di origine germanica): costui in origine era destinato al governo delle stalle del re, al controllo cioè dei cavalli, elementi preziosi per il combattimento e per i viaggi. Da ciò forse gli derivò l'incarico di sorvegliare sulla sicurezza personale del sovrano e della sua famiglia, essendo così a capo di quella *privata masnada* (corpo scelto di fedeli) che stava nel palazzo e che da lui dipendeva.

Come abbiamo visto per il regno che aveva la sua sede a Pavia, anche qui troviamo un *cancelliere*: fu questo per lungo tempo un cappellano (qui dunque l'elemento clericale era allora quello più preparato e più idoneo per questi uffici), finchè ai tempi di Maione di Bari (1) — caduto ucciso poi in una congiura della nobiltà di corte — la carica passò ai laici assumendo una tale importanza da esser vista come la massima dignità del regno, specialmente dopo l'abolizione dell'ammiragliato cui già accennammo. Anzi parve ad un certo momento che il cancelliere avesse assunto troppo potere nei confronti del re, tanto è vero che dal 1168 al 1190 si affidò la cancelleria ad un vice-cancelliere, non nominando un cancelliere.

Un *camerario* (la camera per eccellenza era quella dove stava riposto il tesoro, donde il nome di chi doveva occuparsene) presiedeva all'amministrazione finanziaria fondamentalmente divisa in due sezioni che portavano ancora il nome arabo di *dohanae* (di qui derivò la nostra « dogana »). La prima di esse era la *dohana de secretis* che vigilava sui beni direttamente dipendenti dal fisco (e quindi anche sulle terre possedute a titolo di proprietà) con le relative imposte, prestazioni, redditi dovuti, sui tributi a cui erano tenuti gli Ebrei, alle esazioni di imposte dirette o indirette: date queste competenze alla *dohana de secretis* spettava anche il controllo su tutti i funzionari addetti alle percezioni e agli incassi, funzionari che potevano assumere il generico nome di gabellotti, o quelli più specifici di portolani, forestali e via dicendo secondo la loro particolare attività. L'altra sezione dell'amministrazione si chiamava *dohana baronum* e ci è meno nota: essa controllava le investiture di feudi vegliando alla regolare esazione dei servizi e delle varie prestazioni feudali e tenendo aggiornato l'elenco delle truppe che ciascun feudatario doveva fornire.

A fianco dell'amministrazione finanziaria il rendere giustizia è non solo un elemento di massima importanza, ma una di quelle prerogative cui i sovrani giustamente tenevano assai, anche se nell'ordinamento feudale vero e proprio finivano col perderne la disponibilità effettiva. Per quanto però riguarda il *gran giustiziere*, giudice massimo e sopra a tutti gli altri giudici, non abbiamo elementi sicuri fino al tempo degli Svevi: è vero che nel 1172 i giustizieri (*iustitiarii*) furono portati da due a tre, ma non possiamo dire se questo terzo fosse posto a capo anche degli altri due, e quindi, per dirla alla moderna, a capo di un dicastero della giustizia, o fosse semplicemente aggiunto a quelli già esistenti nelle diverse parti del regno. È certo invece che sotto Federico II di Svevia si può quasi vedere nel gran giustiziere la più alta dignità del regno.

(1) F. CHALANDON, *cit.*, vol. II, pag. 262.

Parlamenti.

Trattando dell'ordinamento dell'Italia meridionale non possiamo trascurare i *parlamenti*, per quanto per l'epoca normanna si debba parlare solo di assemblee di capi, di militi, di esponenti del regno, sul tipo delle diete germaniche, ben lungi quindi dal parlamento non solo attuale, ma anche da quello che si vedrà più tardi nella Sicilia stessa. Si può parlare di parlamento per l'adunanza del 1129 tenuta in Salerno per proclamare re Ruggero II? Ecco quanto scrive Alessandro Telesino:

«[*Rogerius*] *Salernum regreditur, extra quam non longe convocatis ad se aliquibus ecclesiasticis peritissimis atque competentioribus personis nec non quibusdam principibus, comitibus, baronibus, simulque aliis qui sibi sunt visi probatioribus viris, patefecit eis examinandum secretum atque inopinatum negotium: ac illi rem ipsam sollecite perscrutantes unanimiter tandem uno ore laudant, concedunt, decernunt... ut Rogerius dux in regiam dignitatem apud Panormum Siciliae metropolim promoveri debeat*».

(Traduz.: «[Ruggero] torna verso Salerno; fuori e non lungi da questa città chiama a sè alcuni ecclesiastici peritissimi e competenti persone, nonchè alcuni prìncipi, conti, baroni e altri che gli sembrano uomini capaci per palesare un segreto e inaspettato problema da esaminare: costoro studiata sollecitamente la questione all'unanimità approvano, concedono, dichiarano... che Ruggero debba essere elevato alla dignità regia in Palermo, metropoli della Sicilia»).

Di veri parlamenti si può parlare solo quando a fianco dell'elemento feudale aristocratico (laico od ecclesiastico), a fianco degli individui scelti dal sovrano per speciali competenze, vedremo comparire anche i rappresentanti delle città e delle terre libere (direttamente dipendenti dal re), vedremo comparire cioè un terzo elemento che potremmo, forse con non molta esattezza, chiamare popolare o borghese. I primi esempi di convocazioni di questo genere sono del 1191, al tempo di re Tancredi. Sappiamo poi che già nel 1232 le città demaniali mandavano, secondo la loro popolazione, due o tre rappresentanti. Ma ciò avviene quando il fenomeno comunale si è affermato in Italia e, specialmente nell'Italia settentrionale, anche con lotte violente, quando la dinastia normanna sta per finire o quando già è sostituita da quella sveva. Non c'è proprio nessun legame tra questi avvicendamenti? L'intervento dei consoli delle città comunali alle diete imperiali, non può esser stato l'avvio alle rappresentanze delle città demaniali nei parlamenti del regno dell'Italia meridionale?

573

Ordinamenti provinciali.

Per quanto riguarda gli ordinamenti provinciali, anche qui troviamo delle contee, forse riportabili al periodo franco. Ricorderemo, a titolo di esempio, che vi erano contee nei territori capuani e salernitani, ad Aquino, Caiazzo, Calvi, Carinola, Caserta, Pontecorvo, Sessa, Sala, Teano, Vandra, Sicignano, Venafro, Avellino, Baiano, Conza, Marsico, Capaccio, Nocera, Sarno, Saltriano; per il Beneventano possiamo citare Borrello, Boiano, Campomarino, Sangro, Termoli, Larino, Isernia, Alife, Telese, Ariano, Bovino. Ed esempi simili si potrebbero portare per lo Spoletano, per le regioni di Gaeta e di Napoli, per la Capitanata e le Puglie.

Questo breve e solo esemplificativo elenco, può forse, oltre a tutto, togliere illusioni a chi, oggi, pensando a conti e contee feudali se le immagina come grandi territori con imponenti organizzazioni politiche e militari: non so quanti di noi si sentirebbero oggi disposti a vivere nelle condizioni anche materiali di quegli antichi « signori ».

Questi conti avevano, come altri signori feudali, poteri nel campo militare, giudiziario, amministrativo: ma noi troviamo anche dei *magni comites*, come Petronio di Bari, Gerardo di Ariano, il che ci può far pensare che costoro dovevano avere sotto di loro più contee: non so se è il caso di pensare, sempre nell'ordinamento feudale, a qualcosa come le marche. Siamo dunque nel campo del sistema feudale: ma abbiamo già detto come i Normanni, pur riattaccandosi al mondo feudale — che era quello del loro tempo e della loro società — tuttavia riuscirono a dare alla loro sovranità nell'Italia meridionale un'impostazione ben differente da quella verso cui si indirizzavano molti sovrani occidentali.

A questo concetto di sovranità dei Normanni si possono riportare, per gli ordinamenti locali, gli *iustitiarii* (funzionari destinati a rendere giustizia in nome del re), che sarebbero stati istituiti da re Ruggero, secondo la cronaca di Alessandro Telesino (1), « *pro conservanda pace per totam terram* », anche se forse egli non fece che ampliare e rafforzare un istituto già esistente nell'ordinamento bizantino. Da un certo momento (verso il 1136) troviamo questi *iustitiarii* con una competenza territoriale (*iustitiariatus*) determinata dal sovrano. Troviamo così due *iustitiariati* in Sicilia, uno in Calabria, uno in Capitanata, uno in Terra di Lavoro, uno in Terra d'Otranto, uno in Terra di Bari, uno nell'Abruzzo; i giustizieri

---

(1) ALESSANDRO TELESINO, *Rogerii Siciliae regis rerum gestarum libri*, lib. II, c. 2, pag. 102, Ceseraugustae, 1578.

erano due per ogni zona, ed entrambi (insieme o separatamente) presiedevano ai giudizi dando sentenze spesso loro suggerite da assessori competenti in diritto: infatti gli *iustitiarii* erano scelti di solito tra militi e baroni, cioè tra signori feudali, anche se non della terra cui erano proposti. Dato che questi giudici esercitavano però i loro poteri in nome del re, era questo un sistema col quale si poteva ottenere obbedienza anche dai feudatari.

La finanza e l'ordinamento militare.

In un sistema come quello che i sovrani normanni venivano organizzando, e che diede all'Italia meridionale il senso dello Stato, quasi in contrasto con il frammentarismo del Nord, l'amministrazione finanziaria aveva almeno tanta importanza quanto il rendere giustizia.

Per tale amministrazione finanziaria abbiamo dei *camerari* proposti a singoli distretti (almeno dal 1164) con funzioni di amministratori del demanio e anche con poteri di controllo e coercizione sugli altri funzionari minori: procedevano, a nome del signore, ad investire feudali e, conseguentemente, al controllo sulle prestazioni dovute. Ciò forse avvenne dopo la sedizione di Palermo del 1161-63, quando vennero bruciati i *defetari*, ossia i registri nei quali eran segnate le prestazioni gravanti sui feudi e le consuetudini feudali, secondo quanto ci dice Ugo Falcando nel *Liber de Regno Siciliae,* nel quale narra gli avvenimenti dal 1146 al 1169 e che ne ricorda la ricostituzione ad opera di Matteo d'Aiello gran cancelliere del re Guglielmo I e al quale si deve anche la fondazione della Chiesa della Magione a Palermo nel 1150:

«*Cum terrarum feudorumque distinctiones ritusque et instituta curiae prorsus essent incognita neque libri consuetudinum, quos defetarios appellant, potuissent post captum palatium inveniri, placuit regi visumque est necessarium Mattheum notarium, eductum de carcere, in pristinum officium revocare... ad componendos novos defetarios...* ».

(Traduz.: «Essendo quasi sconosciuti le distinzioni delle terre e dei feudi e gli ordinamenti della curia, e non potendosi trovare, dopo l'occupazione del palazzo, i libri delle consuetudini, che si chiamano defetari, piacque al re e sembrò necessario di riporre Matteo notaro, facendolo uscire di carcere, nel suo ufficio... per comporre i nuovi defetari... »).

La lunga esperienza valse dunque al d'Aiello l'uscita dal carcere e la direzione di un'opera di così grande impegno che doveva garantire la possibilità di sopravvivenza al regno, passato attraverso tumulti e crisi economiche, tanto che una leggendaria tradizione parlò perfino di moneta di

575

cuoio ai tempi di Guglielmo I (1). Questi camerari erano anche esattori delle imposte e sorvegliavano la gestione dei monopoli regi. Naturalmente la contabilità era divisa in varie sezioni, per la Sicilia, per la Puglia e via dicendo (2).

Anche l'ordinamento militare aveva una divisione territoriale (*comestabulie*) per la quale possiamo ricordare Tricarico e Montescaglioso nel Principato di Taranto, Lecce nella Terra d'Otranto, Bari e Barletta nella Terra di Bari, Principato nell'odierno Salernitano e via dicendo.

Al di sopra dei funzionari che abbiamo testè veduto, per ogni branca, esistevano dei magistrati, *magistri iustitiarii, magistri camerarii, magistri comestabuli* che, nell'ordinamento gerarchico dello Stato, rappresentavano l'elemento di collegamento tra gli uffici della corte e i centri.

Gli ordinamenti locali.

Per questi ordinamenti dobbiamo rammentare che il territorio del regno normanno è formato da zone che si riattaccano ad ordinamenti bizantini, da altre ad ordinamenti longobardi e da altre ad ordinamenti musulmani: nessuna meraviglia quindi se troviamo ancora catapani e strateghi nelle prime, visconti, gastaldi e sculdasci nelle seconde e *amîr* e *cadî* nelle terze.

Gli *strateghi* si trovavano solitamente nelle città e non conservavano più nulla delle loro origini militari, anche se proprio all'ordinamento militare bizantino è da riportare il loro nome, ad essi spettavano funzioni giurisdizionali ed amministrative: lo stratega era soprattutto il capo del tribunale civile cittadino, in quanto la materia penale era riservata agli *iustitiarii*. Simile allo stratega è il *catapano*, il cui nome ricorre con maggior frequenza nelle Puglie. Anch'egli non aveva funzioni militari, ma solo quelle di capo di una città come giudice nel campo civile. Il catapano, nell'età normanna, poteva esplicare anche altre attività, come quella di amministratore dei beni fiscali; del resto i suoi poteri erano determinati dal documento regio contenente la sua nomina ed in base al quale

---

(1) T. FAZELLO, *De rebus siculis decades duae*, deca II, lib. VIII, cap. III, Palermo, 1558; F. MAUROLICO, *Sicanicarum rerum compendium*, lib. III, 5, Messina, 1562.

(2) P. COLLIVA, «*Magistri camerarii*» e «*camerarii*» *nel Regno di Sicilia nell'età di Federico II*, in «Rivista di Storia del diritto italiano», XXXVI, 1963.

egli diveniva « *catapanus gratia Dei et benevolentia domini regis* »: anche in questi funzionari locali la diretta volontà del sovrano viene dunque messa in risalto.

Si è detto che troviamo il visconte ed esso lo troviamo infatti spesso come funzionario locale anche in subordine allo stratega e al catapano. Se qualche volta troviamo stratega e visconte affiancati, non possiamo fare a meno di pensare al sistema longobardo per il quale spesso a lato del duca era un gastaldo e contemporaneamente di richiamare l'ordinamento franco.

Nelle comunità musulmane troviamo *alcadi*, i quali rendevano anche giustizia, in base al diritto coranico, fin quando questi gruppi ebbero una possibilità di vita e di distinzione autonoma dal resto dei sudditi.

Ma ad un certo momento a questi vari nomi subentra quello di *baiulo* (balì), di derivazione probabilmente francese. I balì furono particolarmente destinati all'amministrazione dei beni del demanio entro zone territoriali definite: potevano quindi dare in affitto terre del fisco, esigere le dovute prestazioni, riscuotere le imposte, fare i pagamenti in nome del re: ma i baiuli erano anche giudici di tutti — liberi o no — i residenti nella loro giurisdizione per quanto riguardava la materia civile.

Da questo rapido cenno vediamo come il regno normanno nell'Italia meridionale, non rinnegando o respingendo certamente il sistema feudale, riesce ad avere però in ogni città e luogo un proprio rappresentante del potere centrale: ciò non vieterà l'esistenza di consigli locali, ma farà sì che il sorgere del Comune assumerà qui caratteristiche proprie e diverse da quelle dell'Italia settentrionale.

Per quanto riguarda Roma e Venezia, che hanno proprie caratteristiche riteniamo che se ne potrà parlare più avanti nel quadro proprio dell'età comunale.

Federico II nell'Italia Meridionale.

Non si può terminare di parlare dell'Italia meridionale senza accennare a Federico II di Svevia, alla sua opera che diede un tono a tutta la regione, alla sua corte ricca di splendore e di scienza. Federico II fu veramente un precursore dello Stato moderno, concepito attraverso organi, uffici e funzionari dipendenti direttamente dal sovrano. Egli, che era stato allevato in Sicilia, si sentiva sempre legato a questa terra, al punto di dire che Dio evidentemente, quando faceva l'elogio al suo popolo della

La sala del Trono di Castel del Monte.
Secolo XIII (Fot. Alinari).

terra d'Israele, non conosceva la bellezza e la ricchezza della Puglia. Federico II, per la sua posizione di imperatore, incoronato in Germania, di re d'Italia e di principe cristiano, che era andato con le sue armi e la sua diplomazia fino a Gerusalemme, si sentiva strettamente legato agli antichi imperatori romani e a quel diritto romano che già con Federico I Barbarossa, aveva trovato motivo di rifioritura. Non per nulla Federico II in testa alle sue leggi, al *Liber Augustalis* pubblicato nel 1231 pose questa sua intitolatura:

Imperator Fridericus secundus
Romanorum Caesar semper Augustus
Italicus Siculus Hierosolymitanus Arelatensis
Felix victor ac triumphator.

Veduta esterna di Castel del Monte nelle Puglie
(Fot. Stuhler).

Augustalis dunque si chiamò la sua raccolta di leggi, ed augustale la moneta d'oro, con la sua effige coronata d'alloro, che egli fece coniare: se le leggi lo riportavano a Giustiniano, egli si sentiva anche vicino ad Augusto, quasi volendo indicare l'unione in lui dell'imperatore del diritto e della pace. Infatti, ricordò Kantorowicz (1), come la grazia divina giungeva al popolo dal papa, attraverso vescovi e sacerdoti, così il diritto e la giustizia scendevano dall'imperatore pel tramite di giudici e funzionari. Ecco in effetti uno dei primi particolari da notare nelle costituzioni di Federico II e quindi nell'ordinamento dello Stato nell'Italia meridionale: i funzionari non sono più organi dell'ordinamento feudale, essi non rice-

---

(1) E. KANTOROWICZ, *Federico II di Svevia*, Milano, 1940, pag. 163.

Augustale, moneta d'oro con l'effigie di Federico II coronato d'alloro (ingrandita circa 4 volte). Firenze, Museo del Bargello (Fot. del Museo).

vono un *beneficium*, ma occupano un *officium* (di cui sono responsabili) in rapporto alle proprie capacità fino a quando ne saranno ritenuti degni dal sovrano, che è la sola sorgente del diritto. Così scompariva l'ereditarietà della carica o la possibilità di vendita o di cessione: solo l'imperatore poteva nominare i giudici e se una città si fosse arrogata di compiere una tale nomina sarebbe incorsa nelle pene più gravi, fino al bando e alla distruzione.

Quando l'imperatore rendeva giustizia (e teoricamente ciò doveva avvenire tre volte alla settimana), la scena che si presentava al pubblico era maestosa, forse ispirata da riti dell'Impero d'Oriente. L'imperatore stava seduto sul trono, in alto, isolato nella sua maestà indicata anche dalla corona che lo sormontava: chi si avvicinava a lui doveva prosternarsi nella *proskynesis* della Corte bizantina. Egli ascoltava le ragioni esposte al *logoteto* che stava in piedi a lui davanti e a questi esponeva poi la sua decisione che veniva proclamata dal logoteto stesso: talvolta il suono delle campane accompagnava la comunicazione della sentenza imperiale.

Federico II di Svevia.
Testa di marmo di artista anonimo
dell'Italia meridionale.
Berlino, Kaiser-Friedrich Museum
(Fot. del Museo).

Federico II in trono.
Miniatura dal codice
De arte venandi cum avibus,
del secolo XIII.
Roma, Biblioteca Vaticana
(Fot. della Biblioteca).

Del resto le leggi di Federico II portavano rispetto al sistema precedente gravi mutamenti: uno di questi rendeva per molti reati inutile l'accusa, necessaria invece per tutto il sistema procedurale di allora: per certi delitti di particolare gravità, come quelli di lesa maestà, si diede ai giudici la facoltà di intervenire senz'altro, per altri (delitti capitali) si tolse al colpevole la possibilità di accordarsi col danneggiato e quindi di interrompere il procedimento: il reo veniva perseguito d'ufficio senza che avesse peso la volontà o meno del danneggiato. A questa innovazione si può far risalire il procedimento d'ufficio che si concretò molto più tardi nella procura del re. Per Federico II lo Stato è fine a se stesso, esso è la giustizia — impersonata dal sovrano — che, dopo il peccato originale, può guidare l'umanità ed impedirne l'annientamento, esso è la necessità nella vita umana e terrena: come tale lo Stato era anche la provvidenza, quasi una provvidenza immanente che poteva esser vista pure diversa e lontana dalla Provvidenza divina. Eppure le leggi di Federico II contro gli eretici sono tra le più dure che si conoscono: ma forse colpire gli eretici e difendere la religione tradizionale rientrava nelle funzioni dell'Impero che era « sacro », come sacre ne diventavano le leggi e perfino le residenze dell'imperatore: si noti però che le norme contro gli eretici sono emanate avendo a base il solo potere imperiale e senza previa consultazione del papa, Gregorio IX, il quale si rivolse per questo con gravi parole a Federico II. Anzi doveva essere proprio Gregorio IX a colpire di nuovo con la scomunica l'imperatore nel 1239: ed è opportuno, per rendersi conto della concezione di Federico II circa i suoi poteri, conoscere, sia pure in traduzione, l'inizio della risposta imperiale al papa in questa occasione:

« Guardatevi attorno, drizzate le orecchie, figli degli uomini! Doletevi per lo scandalo del mondo, per la divisione delle genti, per il generale esilio della giustizia... Sedete, prìncipi, e ascoltate, o popoli, la nostra causa! Il vostro giudizio venga dal volto di Dio e i vostri occhi vedano l'equità » (1).

Altrettanto interessante è la chiusa, sempre tradotta, di un'altra lettera di accuse a Gregorio IX lanciata da Viterbo il 16 marzo 1240:

« Sorga dunque l'invitta Germania, sorgete o popoli Germani! Difendete il nostro impero universale, per il quale ottenete l'invidia di tutte le nazioni, la sovranità su tutte le dignità e sul mondo; eppure l'attuale pontefice vorrebbe rinunciare all'esistenza di un principato di tanta grandezza, e offre lo scettro dell'Impero romano ai singoli re e ne

---

(1) *Encyclica accusatoria contra Gregorium IX*, 25 aprile 1239, in M. G. H., *Leges*, II, n. 215, pag. 290.

dispone come di cosa propria... Se sarà dunque necessario per voi e per l'Impero spargere il nostro sangue e offrire la vita, crediamo che il morire per l'esaltazione del nome romano e per il principato della Germania sia eroico, e glorioso, il vivere » (1).

Non possiamo nasconderci che già una visione nazionalistica germanica cominciava a far capolino.

La legge e la giustizia erano dunque i problemi dello Stato e del sovrano, ma visti in un modo particolare: forse anche per tale motivo Federico II fondò nel 1224 l'università (*Studium generale*) di Napoli, la prima università che ritrovi le sue origini nell'atto di volontà di un sovrano: sebbene infatti l'istituzione di studi generali rientrasse ormai nel concetto delle regalie, di solito il sovrano si limitava ad atti di riconoscimento. Lo studio di Napoli doveva essere esclusivo per il *Regnum Siciliae* e prevalente su tutti gli altri di cui si voleva la soppressione (2). L'invito agli studenti fu steso da Pier delle Vigne (3) con promesse che riguardavano perfino una commissione mista per stabilire l'equo prezzo delle pigioni, ma anche col divieto ai sudditi di studiare o insegnare in altre località fuori del regno. Essendo l'università statale non v'era corporazione studentesca e, per quanto riguardava l'antico privilegio degli studenti di avere un proprio tribunale, si provvide a ciò con un giustiziere nominato dal re: il gran cancelliere del re sopraintendeva all'università, anche se alla fine del secolo XIII compare un Rettore come vice-cancelliere, carica che fu poi sempre di un professore.

Lo Stato assumeva un nuovo aspetto, e anche i funzionari si differenziavano dai vecchi vassalli, benchè presto si manifestassero — forse per l'immaturità dei tempi — degli inconvenienti: il funzionario finì con l'identificarsi col principe e si vide nell'offesa a quello quasi un reato di lesa maestà. Ancora esistevano i giustizieri che soppiantavano ormai quasi dappertutto la giustizia feudale; si aggiunga che se il gran giustiziere si recava in qualche località tacevano non solo le giurisdizioni del luogo, ma anche gli stessi giustizieri della zona. Questi giustizieri non erano sempre giuristi, ma erano però affiancati da giuristi che rappresentavano dei consulenti e, in un certo aspetto, anche una vera corte giudicante. Il sistema era favorito dall'uniformità della legislazione su tutto il terri-

---

(1) *Encyclica accusatoria contra Gregorium IX*, 16 marzo 1240, in M. G. H., *Leges*, II, n. 224, pag. 308.
(2) E. BESTA, *Storia del diritto italiano: fonti*, II, pag. 775, Milano, 1925.
(3) PETRUS DE VINEIS, *Epistolarum libri sex*, lib. III, nn. 10, 11, 12, 13 (particolarmente l'11), Basilea, 1740.

torio del regno, anche ciò in difformità dal particolarismo giuridico di leggi, di privilegi, di statuti, di consuetudini più o meno diverse, che di solito esistevano altrove.

Il sovrano badava a tutto, perfino a fare affari: quando Tunisi fu colpita da una grave carestia, egli fece sbarrare i suoi porti e dopo aver mandato a trattare a Tunisi il suo filosofo Teodoro (perchè parlava arabo), vendette a quella terra 50.000 moggia di grani, prima che i mercanti genovesi, i quali pur avevano avuto la stessa idea, vi potessero giungere: l'operazione portò in cassa un buon reddito.

E denari ce ne volevano sempre, non pur per le spese di guerra (e Federico II passò la sua vita guerreggiando), ma anche per mantenere una corte di grande splendore. Non solo un gran numero di schiavi e schiave erano addetti ai lavori e ai servizi necessari al palazzo e al principe, ma un vero corteo di tipo orientale accompagnava Federico II nei suoi spostamenti, perfino lo seguivano animali feroci a guinzaglio, danzatrici, giocolieri, acrobati. Forse fu proprio questa tendenza orientalizzante non a dare ai cittadini del *Regnum Siciliae* la coscienza dello Stato, ma

Sigillo di Federico II. Londra, British Museum (Fot. del Museo).

Diploma di Federico II con cui viene data facoltà ai Savoia di trattare la pace tra l'imperatore e il Papa (1249). Torino, Archivio di Stato (Fot. Rampazzi).

Sepolcro di Federico II nella Cattedrale di Palermo (Fot. Alinari).

Sigillo della Lega Lombarda.
Milano, Archivio di Stato
(Fot. dell'Archivio).

a vedere lo Stato solo identificato nel sovrano, quasi semi-dio. È vero che il Comune cittadino rappresentava un frammentarismo di fronte all'unità dello Stato di Federico II, ma nel Comune ci si sentiva cittadini, nelle terre del *Regnum Siciliae* sudditi. Ad ogni modo l'esperienza fridericiana doveva lasciare ampia traccia nelle terre dell'Italia meridionale e, in certo qual senso, segnarne l'indirizzo futuro. Non dimentichiamo poi che la Corte di Federico II vide il fiorire della nuova letteratura volgare italiana.

Il Comune.

Il Comune italiano, specialmente dell'Italia settentrionale, così come si presenta nel Medioevo è certamente uno dei fenomeni più interessanti della civiltà europea. Ma le cose si complicano quando ci poniamo una domanda più concreta: cos'è il Comune? e soprattutto, come sorse? Le risposte possono essere molte.

È vero che le città poste sotto la guida del vescovo — e spesso vescovo-conte — furono tra le prime a realizzare un proprio autonomo ordinamento, il quale forse trovò la base nel Consiglio che assisteva il vescovo per molti aspetti mondani della sua attività, soprattutto per ciò che riguardava la vera e propria amministrazione e la direzione delle imprese militari. Così quando il 23 giugno 904 Berengario I concesse al vescovo di Bergamo alcuni diritti e gli affidò la difesa della città e la ricostruzione delle mura per la difesa contro gli Ungari, troviamo che si parla anche dei *concives*:

« *Turres quoque et muri seu portae urbis labore et studio ipsius episcopi et concivium ibidemque confugentium sub potestate et defensione prenominati episcopi suorumque successorum perpetuis consistant temporibus* » (1).
(Traduz.: « Anche le torri e le mura e le porte della città [riattate] con lavoro e studio dello stesso vescovo e dei concittadini ivi rifugiantisi, siano in perpetuo sotto il potere e la tutela del suddetto vescovo e dei suoi successori »).

Alla fine però dello stesso secolo l'imperatore Lotario assegnando al vescovo di Mantova il diritto di batter moneta, lasciava al *conventus civium* di fissare la lega:

« *Volumus tamen ut secundum libitum et conventum civium predictarum urbium constet atque permaneat mixtio argenti et ponderis quantitas* » (2).
(Traduz.: «Vogliamo tuttavia che la lega dell'argento e la quantità del peso sia stabilita e fissata secondo la volontà manifestata nell'assemblea dei cittadini delle predette città»).

Ed è probabile che un'aggiunta di questo genere fosse stata richiesta proprio da quei *cives* che ormai cominciavano a pesare, pur sentendosi ancora a lato del vescovo.

Ai tempi di Enrico III (circa il 1040) il messo imperiale Adalgerio doveva però imporre pene per obbligare i cittadini di Cremona — militi, valvassori *et omnis populus* — a presenziare ai placiti indetti dal vescovo. Evidentemente altri interessi si presentavano ora, che ponevano in contrasto i cittadini col loro presule e se anche l'imperatore interveniva in favore del vescovo, gli abitanti delle città si sentivano ormai fuori tutela di costui.

Infatti la necessità di difendere la città — come si è visto per Bergamo — e la necessità poi di espansione specialmente per la conquista delle strade, portava a formazioni di milizie cittadine che cementavano

---

(1) L. Schiaparelli, *I diplomi di Berengario I*, n. 47, pag. 136, in «Fonti per la storia d'Italia», Roma, 1903.
(2) L. Schiaparelli, *I diplomi di Ugo e Lotario*, n. 1, pag. 252, in «Fonti per la storia d'Italia», Roma, 1924.

sempre più il vincolo già esistente e che si presentavano con aspetti ben diversi dalla tradizione feudale. Non per nulla Ottone di Frisinga, descrivendo le città italiane all'epoca di Federico I di Svevia, annota con una certa sorpresa come nelle milizie cittadine ci fossero giovani delle « arti meccaniche », non accettabili secondo lui dai popoli che egli vedeva come civili. Egli stesso doveva tuttavia ammettere che per questi motivi i Comuni italiani erano divenuti i più importanti nel mondo di allora *divitiis et potentia*; non rammentava evidentemente che più di un secolo prima l'arcivescovo milanese Ariberto, in lotta contro un altro imperatore germanico, aveva chiamato alla difesa della città assediata tutti i cittadini dal povero al ricco, dal rustico al nobile, e cioè popolari e feudali, ricchi e poveri. Ma le armi impugnate in comune portavano necessariamente a una pretesa di comunità di interessi.

È vero anche che non si può dimenticare come lo sviluppo economico, che si manifestò quando si riprese a navigare e quando attraverso le Crociate i commerci verso il Medio Oriente e di là verso l'Oriente, la terra delle spezie e delle sete, rifiorirono, abbia avuto un grande influsso nel formare alcuni tipi di Comuni. Basterebbe a questo proposito ricordare Genova, dove la *compagna cittadina*, derivante da precedenti compagne a carattere rionale, divenne determinante politicamente. Se in essa sono tutti gli abitanti della città, anche le antiche famiglie viscontili residenti in Genova, l'elemento dei mercanti, navigatori, commercianti costituisce il nucleo più numeroso della cittadinanza genovese — come a Pisa — ed entra in tal modo col suo peso nella vita pubblica. Così mentre nel maggio del 1056 il marchese Alberto Malaspina confermava ancora le antiche consuetudini agli *habitantes* di Genova (1), nel 1100 Caffaro segnava nei suoi annali che « *in civitate Januensium compagna trium annorum et sex consulum incepta fuit* » (traduz.: « fu iniziata una compagna di tre anni e di sei consoli nella città di Genova »).

Se si può pensare ad una *coniuratio*, ad un giuramento di cittadini contro un nemico comune, o di un gruppo di cittadini di fronte ad altri, la stessa compagna genovese può essere vista sotto questo aspetto; così nel patto stretto dal duca Sergio di Napoli nel 1030 con i Napoletani, si parla di una *societas* fra i nobili e i cittadini medi della città, ma non possiamo trascurare che a Genova si tratta soprattutto di mercanti e che sarà la *compagna* a determinare la politica.

---

(1) C. IMPERIALE, *Codice diplomatico della Repubblica di Genova*, vol. I, n. 3, pag. 6, in «Fonti per la storia d'Italia», Roma, 1936.

In qualche caso si può pensare anche ad un Comune derivante dallo scindersi di una famiglia feudale: si avrebbe così un vero consorzio di signori. Specialmente nei Comuni rurali, la cura di particolari interessi (pascoli, boschi) ha facilitato un accordo successivo su argomenti diversi.

Ma tutto ciò non spiega il Comune: ne dà delle premesse, non lo illumina nella sua essenza che è, sia pur nel riattaccarsi alla tradizione, qualcosa di nuovo.

Intanto sarà bene ricordare ancora che l'Italia è terra di città, che la storia nostra è quasi sempre storia di città, e che nelle città, anche nei secoli dell'alto Medioevo s'era sempre conservata una certa attività e che sulle mura si vigilava, come rammentano alcuni versi dei *Carmina Mutinensia* del secolo IX (1):

> *O tu, qui servas armis ista moenia*
> *Noli dormire, moneo, sed vigila.*

(Traduz.: « O tu, che in armi difendi queste mura / Non dormire, ti ammonisco, ma vigila »).

Nei seguenti versi il richiamo alla fede in Cristo si affianca a ricordi classici:

> *Dum Hector vigil extitit in Troia*
> *Non eam cepit fraudulenta Grecia...*
> *Vigili voce avis anser candida*
> *Fugavit Gallos ex arce Romulea...*
> *Nos adoremus celsa Christi numina*
> *Illi canora demus nostra iubila.*

(Traduz.: « Finchè Ettore fu vigile in Troia / la fraudolenta Grecia non occupò la città... / L'oca candida con vigile voce / fugò i Galli dall'arce Romulea... / Noi adoriamo i celesti voleri di Cristo / a lui diamo i nostri canti di giubilo »).

Direi che in questo ritmo del secolo IX c'è qualcosa che ci illumina: la guardia sulle mura, lo spirito religioso determinante nel Medioevo per cui la città si identifica col santo patrono, il richiamo al mondo antico ancora vivo nel ricordo. Ma c'è lo sviluppo e il presentarsi sulla scena di nuovi elementi della popolazione: se il Comune, come ente giuridico, fu al suo inizio soprattutto aristocratico, nel senso che i suoi dirigenti furono quasi sempre scelti tra quei nobili (spesso inurbatisi) che avevano interesse allo sviluppo di un sistema cittadino, non possiamo trascurare la presenza di un lievito potente quale era quello rappresentato dall'artigianato, dalla

---

(1) *Carmina Mutinensia*, in *RR. II. SS.*, nuova ediz., VI, pag. 11, a cura di G. BERTONI.

« borghesia » che forniva tra l'altro notai e giudici così necessari nel rifiorire dell'economia e dei traffici nel tempo e nello spazio. Se Dante rimpiangeva i tempi in cui la « gente nova » non aveva, secondo lui, danneggiato l'antico spirito, dimenticava però che era proprio questa « gente nova » che portava una nuova visione del mondo, che dava una nuova spinta alla vita delle città forse anche perchè, per la realtà delle cose, era costretta a puntare sulla ricchezza mobiliare: e fu la ricchezza mobiliare a determinare, sotto certi aspetti, un nuovo corso della città. Del resto questo era — ed è — modo di pensare abituale: ecco come l'inquietudine delle nuove classi sociali si fa sentire attraverso versi del XII secolo:

> *Ut Babylon quondam linguarum se novitate*
> *Addidit antiquis deteriora malis,*
> *Sic et de numero populorum multiplicato,*
> *Exoritur scelerum multiplicanda seges* (1).

(Traduz.: « Come una volta Babilonia con la novità delle diverse lingue / aggiunse peggiori mali agli antichi, / così dall'aumento del popolo / sorge una messe di moltiplicati delitti »).

E questa nostalgia verso un mondo che si trasforma si fa sentire anche attraverso le cronache che rimpiangono sempre i tempi passati, vedendo nei presenti ogni male, cosa che pare capiti da Adamo in poi.

Le Crociate come elemento di sviluppo della società.

Anche le Crociate possono aver contribuito allo sviluppo del movimento comunale: non per nulla abbiamo notato che Caffaro, il cronista genovese, segna la prima *compagna* proprio nel 1100 all'epoca della spedizione di Cesarea. Ma io penso che la Crociata ha fatto sentire i suoi effetti soprattutto perchè ha messo uomini del nostro Medioevo a contatto con una splendida civiltà, quale era quella islamica. Il gusto delle cose belle, il senso di una nuova estetica, di un nuovo piacere di vivere, il suono di una nuova poesia, sono cose che, volere o no, contano, sono cose che contribuiscono a rendere accettabile la vita terrena. È dunque curioso che le Crociate, movimento che avrebbe voluto essere religioso, abbiano portato da noi la valorizzazione della bellezza della vita. Il nostro signore feudale aveva

---

(1) *Sancti Anselmi Lucensis episcopi vita a Rangerio successore suo saeculo XII exeunte scripta*, a cura di V. DE LA FUENTE, Madrid, 1870, pag. 157.

Corrado III di Sassonia, il seguito.
Disegno dal *De passagiis in terra sancta*.
Venezia, Biblioteca Marciana (Fot. Fiorentini).

diritti, ma poca moneta battuta ed il mercante per portare spezie, profumi, sete e selle e schiavi e schiave voleva oro o argento monetato: da qui la necessità di trasformare la ricchezza immobiliare e i suoi modesti proventi in ricchezza mobiliare impiegandola a più alti frutti.

Il gusto di quella vita aveva trattenuto del resto parecchi nell'Asia Minore: e a contatto di quel mondo ne avevano spesso assorbito gli usi. Così racconta Usama ibn Munqidh:

«Ci sono dei Franchi (1) alcuni che, stabilitisi nel paese, han preso a vivere familiarmente coi Musulmani, e costoro son migliori di quelli che sono ancor freschi dei loro luoghi

(1) Franchi venivano detti i Crociati ed in genere i cristiani venuti dall'Europa in quanto la maggioranza dei cavalieri e dei combattenti provenivano appunto dalle terre dell'Ile de France, della Borgogna, dell'Aquitania, ecc.

d'origine: ma quei primi sono un'eccezione, che non può far regola. A questo proposito, mandai una volta un amico per una faccenda ad Antiochia, il cui capo era Todros ibn as-Safi (1), mio amico che aveva laggiù autorità. Questi disse un giorno all'amico mio: " Mi ha invitato un mio amico Franco; tu vieni con me per vedere il loro costume ". Andai con lui, raccontava l'amico, e venimmo alla casa di un cavaliere di quelli antichi, venuti con la prima spedizione dei Franchi. Costui, ritiratosi dall'ufficio e dal servizio, aveva in Antiochia una proprietà del cui reddito viveva. Fece venire una bella tavola, con cibi quanto

Tortosa. La cattedrale costruita dai crociati
(Fot. Mariani).

mai puliti e appetitosi. Visto che mi astenevo dal mangiare, disse: " Mangia pure di buon animo, chè io non mangio del cibo dei Franchi, ma ho delle cuoche egiziane, e mangio solo di quel che cucinano loro: carne di maiale in casa mia non ne entra! ". Mangiai pur stando in guardia e ce ne andammo » (2).

(1) Si tratta del greco Teodoro Sofiano.
(2) USAMA IBN MUNQIDH, *Kitàb al-i'tibàr*, 103-104, da F. GABRIELI, *Storici arabi delle Crociate*, Torino, 1957, pag. 75.

Riccardo Cuor di Leone
e il suo seguito
dal *De passagiis
in terra sancta*.
Disegno secolo XIV.
Venezia,
Biblioteca Marciana
(Fot. Fiorentini).

Presa di Nicea,
disegno dal *De passagiis in terra sancta*.
Venezia, Biblioteca Marciana (Fot. Fiorentini).

38 — VISCARDI-BARNI, *Il medioevo comunale italiano*.

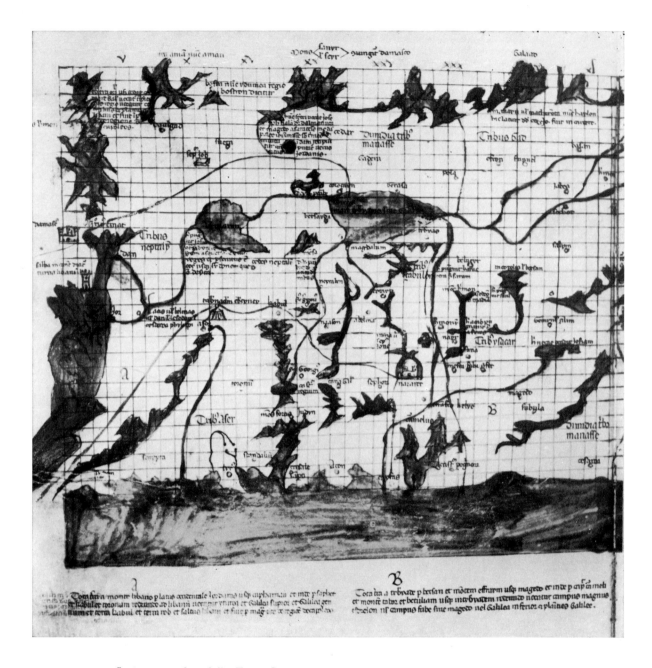

Carta geografica della Terra Santa
dal *Liber secretorum fidelium super Terrae Sanctae recuperationem*
di Marino Sanudo *il Vecchio*.
Manoscritto del secolo XIV.
Firenze, Biblioteca Riccardiana
(Fot. Pineider).

E pensare che per molti dei nostri signori la spalla del maiale era spesso uno dei più importanti tributi percepiti, come sappiamo per Rolando Advocato dei visconti di Carmandino, investito dall'arcivescovo di Milano di beni in Recco presso Genova.

Vale la pena di riportare anche un'altra pagina di Usama sulle impressioni di un medico cristiano, Thabit, ma vivente ed educato nel mondo islamico, sulle capacità dei suoi colleghi « franchi »:

« Il signore di Munàctiva scrisse a mio zio chiedendogli di mandare un medico per curare certi suoi compagni malati: e quegli mandò un medico cristiano a nome Thabit. Questi dopo nemmeno dieci giorni fu di ritorno; noi gli dicemmo: " Hai fatto presto a curare quei malati!" ed egli raccontò: " Mi presentarono un cavaliere che aveva un ascesso alla gamba e una donna afflitta da una consunzione. Feci un empiastro al cavaliere e l'ascesso si aprì e migliorò; prescrissi una dieta alla donna rinfrescandone il temperamento. Quand'ecco arrivare un medico franco, che disse: ' Costui non sa affatto curarli!' e rivolto al cavaliere gli domandò: ' Cosa preferisci, vivere con una gamba sola o morire con due?' e avendo quello risposto che preferiva vivere con una gamba sola, ordinò: ' Conducetemi un cavaliere gagliardo e un'ascia tagliente'. Vennero cavaliere ed ascia, stando lì io presente. Colui adagiò la gamba su di un ceppo di legno e disse al cavaliere: ' Dagli giù un gran colpo d'ascia, che la tronchi netto!'. E quegli, sotto i miei occhi, la colpì d'un primo colpo e, non essendosi troncata, d'un secondo colpo: il midollo della gamba schizzò via e il paziente morì all'istante. Esaminata quindi la donna disse: ' Costei ha un demonio nel capo, che si è innamorato di lei. Tagliatele i capelli'. Glieli tagliarono, e quella tornò a mangiare dei loro cibi, aglio e senape, onde la consunzione le aumentò. ' Il diavolo le è entrato nella sua testa' sentenziò colui, e preso il rasoio le aprì la testa a croce, asportandone il cervello sino a far apparire l'osso del capo che colui strofinò col sale...; e la donna all'istante morì. A questo punto io domandai: ' Avete più bisogno di me?'. Risposero di no, e io me ne venni via, dopo aver imparato dalla loro medicina quel che prima ignoravo" » (1).

Non tutto il mondo occidentale sarà stato composto da uomini di questo genere; ma è certo che i Franchi si trovarono a fare un vero bagno di civiltà. Non per nulla proprio in questi anni vediamo a Milano sorgere dei mercati annuali, nel 1100 e nel 1105, che si riattaccano alla conquista di Gerusalemme o al fortunato ritrovamento in città di reliquie che si ricollegano allo spirito delle Crociate, mentre Genova esulta per aver portato entro le sue mura la verde coppa di cristallo (già supposta di smeraldo) che qui la leggenda volle identificare con quella tradizionale del mitico Graal. Non per nulla Jauffré Rudel cantava *l'amor de lonh*: l'amore

---

(1) USAMA IBN MUNQIDH, *Kitàb al-i'tibàr*, 103-104, da F. GABRIELI, *Storici arabi delle Crociate*, Torino, 1957, pag. 73.

verso la donna lontana, ma forse anche l'amore verso un paese lontano, per raggiungere il quale *assalz hi a pas e camis*, cioè vi sono molti passi e lunghi cammini e l'abate Sugero, entusiasta per le vetrate, voleva trasformare i santuari in un universo trasparente (1).

L'assemblea comunale.

Su tutti questi elementi sorge il Comune: esso ha a sua base l'assemblea del popolo e a suoi capi, i consoli; all'assemblea — che assume il nome di arengo, parlamento, concione e in qualche luogo *parlascium* — partecipano tutti coloro che hanno capacità politica, quindi non le donne, non i servi, non coloro che non prestano servizio militare o non pagano tasse e tributi. Il Comune pare voglia esser indice di libertà, tanto che Ottone di Frisinga poteva scrivere:

« *Denique libertatem tantoque affectant, ut potestatis insolentiam fugiendo consulum potius, quam imperantium regantur arbitrio* ».
(Traduz.: « Desiderano la libertà in maniera così forte, che si reggono piuttosto agli ordini di consoli che di comandanti, per fuggire l'insolenza di un podestà »).

E pare che con quel *consulum* abbia egli quasi l'occhio su un potere di consultazione, piuttosto che su un vero e proprio comando.

Eppure poco tempo prima l'imperatore non aveva visto di mal occhio il sorgere di queste autonomie cittadine, quasi a freno dei signori feudali, come risulta da un diploma di Lotario II del 1136 ai Torinesi, ai quali egli concede « *eamdem libertatem quam ceterae civitates italicae habeant* » (2), confermando però il valore giuridico dei propri conti o vicari.

Abbiamo accennato all'assemblea: essa era, nei primi tempi, facilmente convocabile col suono delle campane, col gracidio dei *tric-trac*, o anche col grido di donne e ragazzi, che, in caso d'urgenza, nelle strade invitavano gli uomini a correre nella piazza, in genere davanti alla cattedrale, o anche nella cattedrale stessa che così diventava veramente il cuore pulsante della vita cittadina, in una fusione in cui tutti i problemi erano visti sotto l'aspetto religioso. Spesso nelle vicinanze della chiesa vi era un campo aperto per tali assemblee, un *brolo*, come il brolo *Sancti Syri*

---

(1) R. Assunto, *La critica d'arte nel pensiero medioevale*, Milano, 1961, pag. 112.
(2) *Chartae*, I, n. 475, in *Historiae patriae monumenta*, Torino, 1852.

di Pavia e qui il popolo si riuniva: dal termine *brolo* derivò poi il *Broletto* per indicare la sede del Comune.

Del resto l'assemblea affrontava spesso problemi anche di carattere religioso, quale la scelta del vescovo, l'istituzione di festività religiose a cui si affiancano solitamente i mercati. L'assemblea riunita poteva approvare o respingere una proposta ad essa presentata, non discuterla per modificarla.

L'assemblea decideva spesso anche le guerre, decideva quelle imprese militari che, se sono il segno del particolarismo medioevale di gran parte d'Italia, sono anche il segno della necessaria espansione, delle maggiori città. Così Milano dovrà battersi con Como, con Lodi, con Pavia per avere il controllo delle strade verso le Alpi, verso i fiumi e il mare; Firenze dovrà lottare lungamente per controllare le valli dell'Appennino e per giungere all'agognato sbocco sul mare, che potrà avere solo sconfiggendo Pisa; Genova dovrà battersi non solo con le città marittime rivali per la conquista delle vie del mare e dei mercati, ma anche con i signori della Riviera e dell'Appennino per garantirsi le comunicazioni col retroterra e un po' di respiro sulle coste ed alle spalle.

La lotta contro i signori e le affrancazioni dei servi.

E in queste lotte tutti i mezzi saranno buoni: anche quelli che possono parere ispirati da senso umanitario o religioso, come la liberazione dei servi della gleba, specialmente con atti diretti precisamente a colpire un determinato avversario. Così vediamo avvenire a Genova nel 1166 contro Guglielmo Gimbo di Carmandino, Boterico Visconti e Guglielmo Monticello per il loro comportamento circa il castello di Parodi:

« *In ecclesia Sancti Laurentii in publico parlamento consules comunis Ansaldus Tauclerio, Ido Gontardus, Symon Aurie, Obertus Recalcatus, Otto de Cafaro et Nicola Roza laudaverunt quod universi servi et ancille Guillielmi Gimbi de Carmandino, Boterici Vicecomitis et Guillielmi Monticelli cuiuscumque sexus vel etatis sint liberi et ab omni servitutis vinculo absoluti ac de cetero honore, comodo et beneficio floride civitatis romane omnifariam perfruantur sine contradicione communis Janue et predictorum quondam dominorum suorum et uxorum eorum... Quod ideo factum est quoniam cum immensum et detestabile scelus patrassent de castro Palodi quod marchioni Montisferrati et nepoti eius Guillielmo Sarraceno prodicionaliter tradiderant...* » (1).

(1) *Liber iurium Reipublicae Genuensis*, 30 novembre 1166, I, in H.P.M., Torino, 1854, n. 249, col. 223.

(Traduz.: « Nella chiesa di S. Lorenzo nel pubblico parlamento i consoli del Comune Ansaldo Tauclerio, Ido Gontardo, Simone Oria, Oberto Recalcato, Otto de Cafaro e Nicola Roza stabilirono che tutti i servi e le ancelle di Guglielmo Gimbo di Carmandino, Boterico Visconti e Guglielmo Monticello, di qualsiasi sesso ed età siano liberi, sciolti da ogni vincolo di schiavitù e d'ora in avanti godano dell'onore, comodo e beneficio della fiorente cittadinanza romana senza contraddizione del Comune di Genova e dei predetti già loro signori e delle loro mogli... Il che vien fatto per l'immenso e detestabile delitto da loro commesso col tradire consegnando al marchese di Monferrato e al nipote Guglielmo Sarraceno il castello di Parodi... »).

I Milanesi guidati dall'arcivescovo
rientrano in Milano
dopo la distruzione ordinata da Barbarossa.
Bassorilievo
della Porta Romana di Milano
ora nel Museo Civico del Castello Sforzesco
(Fot. Perotti).

In basso:
seguito del corteo di Milanesi.
Bassorilievo
già della Porta Romana di Milano.

Anche le grandi affrancazioni collettive dei servi della gleba, come quelle di Assisi del 1210, di Parma del 1234, di Vercelli del 1243, di Bologna del 1257 con la famosa costituzione *Paradisus* e via dicendo, se senza dubbio sono ispirate da un fondamentale senso cristiano di fratellanza, rispecchiano l'espansione della città sulla campagna, il bisogno di nuove braccia per le industrie che nella città avevano la loro sede e la necessità di colpire così quei tradizionali vincoli feudali imposti dai signori nelle loro terre: e tutto ciò avvenne anche se gli atti comunali di questo

genere non ebbero di certo quella generosità e quell'ampiezza, che talvolta noi, con una visione troppo moderna, miriamo ad attribuire (1).

Il Comune dunque, con norme proprie, scioglie e rompe legami che, volere o no, avevano la loro base in un sistema giuridico; arriva, come fa ad esempio il Comune di Vercelli, a fondare borghi franchi verso i quali non doveva più avere alcuna forza l'eventuale potere dei signori feudali, sicchè questi non avrebbero più potuto esigervi alcuna contribuzione; questi borghi franchi però erano logicamente sottoposti, anche dal punto di vista fiscale, al Comune che li aveva costituiti.

I consoli.

A capo del primo Comune sono i consoli, termine che vediamo per la prima volta in un poema pisano diretto a magnificare l'impresa condotta da questa città contro i Musulmani delle Baleari nel 1087; per quanto riguarda il termine « console », possiamo pensare che si volesse riattaccare al nome del magistrato romano, ma non possiamo davvero aver le prove di ciò: tanto più che bisogna considerare che spesso nel Medioevo con *consul* si vuole indicare il consigliere.

I consoli sono generalmente, ma non obbligatoriamente, in rapporto con le porte, con i quartieri o sestieri della città, così ne vediamo quattro, otto, dodici, potendo essercene anche più d'uno per ogni suddivisione: ne troviamo quattro a Piacenza (e qualcuno pensò alla continuazione della magistratura municipale romana dei *quatuorviri iuri dicundo*), otto a Modena e a Parma, dodici a Milano, Ivrea, Guastalla, Como, Bergamo, Ferrara, Padova, Firenze, Pisa, ecc., ne troviamo sei a Verona, dieci a Cremona e Brescia, cinque per qualche tempo a Lucca, Pistoia, Arezzo, Mantova e anche Brescia. I consoli potevano essere eletti dal Consiglio generale, ma spesso, per evitare tentativi di corruzione, si ricorreva ad una elezione indiretta; l'assemblea cioè sceglieva degli elettori i quali, previo giuramento, dovevano indicare i consoli o, ancor più complicato, sceglievano a loro volta altri elettori che nominavano poi i consoli. Era del resto il sistema adottato per l'elezione del doge a Venezia, dove nel 1268, alternando sorteggio con scrutini, si avevano nove passaggi, dai primi 30 elettori si passava a 9, poi a 4, poi a 12, poi a 25, poi a 9, poi a 45, poi a 11, poi ai 41 che finalmente eleggevano il doge.

(1) P. VACCARI, *Le affrancazioni collettive dei servi della gleba*, Milano, 1939; P. S. LEICHT, *Operai, artigiani agricoltori in Italia dal secolo VI al XVI*, Milano, 1946, pag. 130.

I consoli erano spesso scelti tra gli appartenenti alle famiglie più importanti del Comune: così si parla di tre famiglie a Feltre, di quattro a Belluno, di otto a Matelica: è certo che ad un certo momento la scelta fu fatta in modo da rispecchiare le diverse classi della città, come scriveva a metà del secolo XII Ottone di Frisinga trattando di Milano: « *Cumque tres inter eos ordines, id est capitaneorum, vavassorum, plebis, esse noscantur, ad reprimendam superbiam non de uno, sed de singulis predicti consules eliguntur* » (traduz.: « Poichè tra di loro vi sono tre classi, cioè dei capitani, dei valvassori e della plebe, per reprimere la superbia i consoli vengono scelti non da una classe sola, ma da ciascuna delle tre »); e lo stesso Ottone continuava spiegando il perchè la carica era soltanto annuale, « *neve ad dominandi libidinem prorumpant singulis pene annis variantur* » (traduz.: « affinchè non si lascino prendere dalla libidine del potere quasi ogni anno vengono cambiati ») (1). La stessa ragione era del resto addotta dal *Pergaminus*:

> *Tradita cura viris sanctis est hec duodenis*
> *Qui populum iustis urbis moderantur habenis*
> . . . .
> *Annuus hic honor est, quia mens humana tumore*
> *Tollitur assiduo cum sublimatur honore* (2).

(Traduz.: « Questa cura è affidata a dodici santi uomini, i quali reggono il popolo della città con giuste regole... Questo onore è annuo, perchè la mente umana quando viene innalzata da un continuo onore, perde l'equilibrio »).

Il pericolo quindi che qualcuno si facesse base della carica per arrivare ad una posizione di prevalenza, era sempre sentito: non solo per quell'aspetto di democrazia che il Comune poteva mostrare — ben lontano dal nostro — ma anche perchè essendo appunto le famiglie più potenti quelle che arrivavano al consolato, ciascuna mirava a sorvegliare e frenare l'altra. Cosa del resto che non impedì il sorgere di lotte e fazioni le quali, se anche presero fondamentalmente i nomi dai Guelfi e dai Ghibellini, erano in realtà sempre urto di famiglie locali con interessi economici contrastanti. Genova può essere esempio di questo: qui si vedono infatti famiglie passare da una fazione all'altra solo per mantenersi nella fazione contraria a quella di famiglie avversarie.

---

(1) OTTONE DI FRISINGA, *Gesta Friderici imperatoris*, II, pag. 13, in M. G. H., *Scriptores*, XX.
(2) Da: P. BREZZI, *I comuni cittadini italiani*, pag. 139, Milano, 1940.

Il podestà offre a Siena il *Memoriale*.
Miniatura senese del 1222-24
del *Liber census communis senensis et liber memorialis offensarum*.
Siena, Archivio di Stato (Fot. Grassi).

Il podestà.

Si pensò di ricorrere ad un rimedio scegliendo un magistrato comunale unico e normalmente di città diversa da quella che doveva governare: fu il podestà. Così dal Comune consolare si passò, sia pure con alternative, al Comune podestarile.

Il podestà richiamava nel suo nome il funzionario imperiale che amministrava la giustizia nelle città soggette all'imperatore e che Federico I di Svevia avrebbe voluto imporre a tutte le città, ottenendo come risultato una rivolta a Milano nel 1159 contro il cancelliere tedesco Rinaldo di Dassel ed il conte palatino Ottone. Accettare allora un podestà imperiale, pareva — ed era — una limitazione dell'autonomia della città, non solo nel campo politico, ma anche in quello amministrativo e giudiziario.

Ma alla fine del secolo XII e al principio del XIII il podestà si presenta invece come funzionario comunale, anche se non si può trascurare quanto si sia comunalizzato, se così si può dire, proprio l'istituto imperiale attraendo quindi nel Comune quelle funzioni che tale magistrato esercitava prima per il sovrano.

Tutto ciò si può ammettere anche se sappiamo che i Ferraresi nel 1151 per evitare lotte e sanguinosi contrasti, avevano deciso di concedere « *uni soli omnem rempublicam gubernandam* » e che il Villani, scrivendo di Firenze, diceva appunto che il podestà, e forestiero, era stato posto per limitare i contrasti e affinchè « nè per preghi, nè per tema o per consiglio o per altra cagione non mancasse la giustizia ».

Il podestà dunque doveva essere di un'altra città, ma doveva però non essere di città nemica o di città dominate da partiti contrari: in certo qual senso si passava oltre a quel principio di neutralità di cui si parlava; forestiero sì, ma politicamente non contrario alla situazione della città che veniva ad amministrare. E si voleva anche — quasi per prestigio — che fosse nobile o cavaliere: se non lo fosse stato al momento in cui la carica gli veniva offerta, doveva esserlo quando entrava in carica, magari comprando il titolo da qualche vecchio e spiantato signore feudale, se non da qualche conte palatino o magari da un vicario imperiale.

Fare il podestà, in certe famiglie, finì per diventare una professione, dato che spesso i compensi per questa magistratura erano assai buoni e si può talvolta seguire uno di questi « professionisti » nel suo passare da città a città: si ricordano, ad esempio, gli stessi Malatesta di cui Paolo fu capitano del popolo a Firenze e Giovanni podestà a Pesaro; e non è da escludere che qualche volta la carica di podestà fosse assai comoda e utile per chi pensasse in realtà a conquiste e domini.

Siccome nel podestà si ricercavano molte qualità e specialmente quelle militari, egli di solito era affiancato da un assessore per la parte giuridica, così Odofredo Denari (morto nel 1265) fu assessore del podestà di Padova, Rolandino dei Romanci (morto nel 1284) assessore di quello di Brescia e via dicendo. Al termine della sua carica il podestà era sottoposto

a sindacato: doveva così fermarsi nella città che aveva amministrato per un certo tempo fissato, mentre alcuni cittadini appositamente nominati, ascoltavano chiunque avesse da esporre lamentele contro di lui: il podestà poteva esser ritenuto responsabile per sentenze viziate da dolo o anche solo da ignoranza, e punito se si accertava che si fosse appropriato indebitamente di somme del Comune o avesse commesso irregolarità.

Quando una persona accettava la nomina a podestà doveva portarsi nella città qualche tempo prima della scadenza del suo predecessore, onde poter cominciare a conoscere l'ordinamento, l'amministrazione, le leggi. Naturalmente solenni festeggiamenti si facevano per il suo ingresso ed egli, nel prendere possesso della carica, doveva giurare l'osservanza delle leggi cittadine: anzi per impedire qualche restrizione mentale, si chiedeva che egli giurasse sul volume chiuso delle leggi; si temeva infatti che po-

Il podestà di Genova ordina e assiste alla distruzione delle case di una città ribelle. Miniatura degli annali di Caffaro. Parigi, Biblioteca Nazionale (Fot. della Biblioteca).

sando la mano sul volume aperto, egli potesse un giorno obbiettare di aver voluto giurare l'osservanza solo delle pagine su cui aveva posto la mano. In qualche località si voleva che il nuovo podestà venisse a conoscenza degli statuti comunali solo dopo di averne giurato l'osservanza, sempre per evitare riserve mentali.

Ma il podestà non era solo: egli portava con sè una *familia*, composta da giudici, notai, scribi, servitori che erano a suo carico: è evidente quindi che il suo compenso era proporzionato a questa *familia* e quindi all'importanza del Comune.

Ma anche il podestà, il quale durò a lungo, sia pure inquadrato nei successivi ordinamenti, sicchè ad un certo momento divenne un funzionario del signore, non potè risolvere i nuovi problemi che si proponevano nello sviluppo della società.

Residenza dell'Arte dei Linaioli (ora distrutta), a Firenze.

Nella pagina accanto:
i Mestieri:
Sarto, Pastore, Speziale.
Disegni da un codice veneto del secolo XIV.
Venezia, Biblioteca Marciana
(Fot. della Biblioteca).

Le arti nel Comune.

Non si deve infatti dimenticare che di fronte ad un'organizzazione «politica» come quella esaminata, c'è quella economica che si manifesta nelle associazioni di commercianti e artigiani, associazioni che assumono il nome di arti o *ministeria* o *misteria* (da cui deriva il nostro «mestiere»), paratici perchè composte da pari, «fraglie» (specialmente nel Veneto), cioè fratellanze.

Queste associazioni riuniscono i partecipanti ad uno stesso mestiere, molte di esse hanno una cappella presso cui riunirsi e un santo a loro protettore; non sono tuttavia da confondersi con le Confraternite religiose, così come non sono da identificarsi con le società delle armi, anche se, logicamente, il popolo spesso si armasse prendendo a base della propria organizzazione militare queste associazioni d'arti e mestieri. Forse si può pensare in qualche modo a quei *ministeria*, che diventano libere associazioni, come si vede a

Pavia per l'unione dei pescatori, come avvenne a Roma per gli ortolani. È certo però che una fioritura di associazioni di questo genere potè avvenire solo con la ripresa economica del nostro paese, sicchè questi gruppi sentirono l'esigenza d'inserirsi nella lotta politica e poterono fare ciò: direi che il momento determinante è la fine del regno di Federico II di Svevia.

Nelle lotte tra partiti e fazioni, che erano spesso, come abbiamo detto, lotte di grandi famiglie, il popolo di artigiani e commercianti di cui si aveva sempre più necessità per lo sviluppo stesso della società, comprese che non aveva in concreto nessun interesse a seguire gli uni o gli altri: era una lotta che non lo riguardava, e di cui spesso doveva sopportare solo il peso. Cominciò così a distinguere i propri interessi da quelli di

coloro che reggevano il Comune: così nel 1215 troviamo a Piacenza una *societas popularium sive plebeiorum*; nel 1228 a Bologna un *praefectus populi* dimostra l'esistenza di una simile associazione, nel 1213 a Siena troviamo dei *domini populi* e poco dopo un *dominus* solo e sappiamo che *dominus* era sinonimo di *magister*.

Se ci chiedessimo una definizione di questo nuovo popolo che si presenta alla ribalta potremmo dire che era composto da coloro che fino a questo momento avevano sopportato i pesi del Comune non godendone gli onori.

Sotto un capitano del popolo avvenne la nuova organizzazione, quasi un nuovo Comune nel vecchio: furono prima le città della Toscana, dell'Emilia, della Liguria, della Romagna, più tardi furono quelle del Veneto e della Lombardia, e il capitano del popolo — il cui nome di ispirazione militare richiama alla mente le lotte sostenute — fu un po' il simbolo dell'unione di tutte quelle associazioni d'arti e mestieri il cui moltiplicarsi avrebbe anche potuto portare ad una divisione interna del popolo stesso per contrasti di interessi. Un giuramento comune vincolò costoro come sappiamo che avvenne a Piacenza, dove si giurò su di un reliquario (*nuxium*) per cui questo Comune si chiamò appunto *comune nuxii*; a Milano una *credentia S. Ambrosi* riunì tutte le associazioni artigiane e commerciali sicchè nelle *Consuetudini* del 1216 vediamo pienamente vigente la figura dei *consules mercatorum*.

Ma qui ci interessa il fatto che questo nuovo sistema si inserì nel Comune assicurando la possibilità di efficienza e organizzazione del popolo senza uscire dalla legalità: lo stesso tumulto dei Ciompi a Firenze del 1378 non mirava a rovesciare il Comune, ma a farvi entrare nuove classi, quelle del cosiddetto popolo minuto, che erano state sempre escluse, anche dai famosi *Ordinamenti di giustizia* di Giano della Bella a Firenze nel 1293, in base ai quali solo gli iscritti ad un'arte potevano coprire cariche (si rammenti Dante Alighieri iscritto all'arte degli speziali) e tutti i magnati dovevano dare una cauzione; neppure a Bologna le classi più basse ebbero giovamento dal Comune del popolo che sorse dopo la sconfitta subita dai Bolognesi nel 1228 ad opera dei Modenesi e che nel 1255 con gli *Ordinamenti sacrati et sacratissimi* poneva severe norme contro i magnati.

Il podestà continuò a sussistere e continuò ad essere il centro dell'amministrazione comunale, ma ad esso fu affiancato, pari anche nei privilegi, il capitano del popolo, entrambi forestieri, ma scelti da terre diverse onde impedire accordi fra di loro.

La partecipazione di una maggior parte della popolazione alla vita pubblica portò ad una più minuziosa regolamentazione delle assemblee, dalla votazione per acclamazione col grido di *fiat! fiat!*, si passa al voto singolo orale, al voto scritto, scritto e segreto, al voto per palle di vario colore, e finalmente al sorteggio dei magistrati; questo è senza dubbio il sistema più democratico, ma anche quello che richiede una maggior fiducia nella equa distribuzione del buon senso e della capacità fra i cittadini. Ma ciononostante le lotte intestine continuano e più d'una volta la signoria sorgerà proprio dal capitanato del popolo.

Questo Comune popolare non ha più certamente lo spirito combattivo che aveva il primo Comune, dovuto anche al prevalere delle classi nobiliari; guerre se ne fecero ancora e non poche, ma si preferì ricorrere alle compagnie di ventura.

Il Comune popolare continuò la tradizione di quello precedente nella difesa delle leggi e delle consuetudini locali, che parevano ed erano parti integranti della città.

Tazza battesimale di Federico Barbarossa.

Berlino, Museo del Castello.
Fot. Marburg.

Viscardi-Barni, *Il medioevo comunale italiano.*

Roma.

Prima di passare ad osservare il problema del diritto e delle leggi in quest'epoca, è necessario soffermarsi ancora su due città che ebbero un particolare ordinamento: Roma e Venezia.

Roma, per essere la sede della Chiesa cristiana e dell'Impero, si trovava in una posizione eccezionale, essa fu, a ben vedere, la città meno comunale d'Italia, quasi oppressa da una tradizione alla quale non poteva ormai più corrispondere nella realtà. Infatti fino al 1142 essa fu retta da un prefetto nominato da una di quelle due supreme potestà del mondo medioevale secondo il prevalere dell'una o dell'altra; ma per poter arrivare ad una costituzione di tipo comunale bisognava che la città si sottraesse al potere pontificio, il quale, per essere in permanenza in Roma, era il più pesantemente effettivo e concreto. L'occasione fu data dalla guerra contro Tivoli scoppiata verso la metà del 1141: dopo una prima sconfitta subita dai Romani, questi batterono completamente i Tiburtini a Quintiliolo il 7 luglio 1143. A questo punto si videro le divergenze esistenti tra Roma ed il papa: infatti gli sconfitti Tiburtini si rivolsero per trattative ad Innocenzo II, il quale chiese che essi riconoscessero la sua sovranità e quindi lasciassero a lui la conferma del Rettore del Comune di Tivoli, riconoscessero la sua giurisdizione e gli prestassero un giuramento di fedeltà. Non era proprio quello che i Romani volevano: questi chiedevano infatti l'assoggettamento di Tivoli alla città di Roma, ed anzitutto pretendevano l'abbattimento delle mura tiburtine. A questo scopo si costituì un *senato* che aprì di nuovo la guerra contro Tivoli (1). Vi era dunque netta separazione tra il Comune di Roma ed il papato, il quale, con poca soddisfazione dei Romani, continuava a cercare appoggio presso i Normanni, dei quali sappiamo quanto il sistema di governo fosse centralizzato.

Morto Innocenzo II il 24 settembre 1143 e dopo il breve pontificato di Celestino II (il cardinale Guido da Castello), col quale iniziano le cosidette profezie di Malachia, arcivescovo di Armagh in Irlanda, successe il 12 marzo 1144 il bolognese Gherardo Caccianemici col nome di Lucio II; questi si propose di riprendere ed intensificare i contatti con i Normanni, sicchè un incontro venne fissato tra Ruggero ed il papa al confine tra i due Stati, giungendo ad un'intesa in base alla quale, tra l'altro, il re normanno assicurava il suo appoggio al papa contro i cittadini di Roma.

---

(1) Cfr. A. SOLMI, *Il senato romano nell'alto medioevo*, Roma, 1944.

La notizia non era certamente gradita a costoro i quali non erano disposti a rinunciare al Senato: i Romani anzi rafforzarono le loro difese sul Campidoglio ed aggiunsero ai senatori un *patritius* che doveva avere in città ogni potere; a tal carica fu chiamato Giordano, figlio di Pierleone: « *Jordanus... cum senatoribus et parte totius populi minoris contra papam rebellat* », scrivevano gli *Annali Cassinesi* (1) dimostrando come il movimento accentuasse il suo tono popolare ed anticuriale. Contro il Campidoglio marciò il pontefice appoggiato dai suoi signori feudali, ma ne ebbe la peggio, tanto che si disse che la sua morte, avvenuta il 15 febbraio 1145 nel convento di S. Gregorio al Celio, fosse dovuta ad una sassata ricevuta in combattimento.

Intanto si era proceduto al rinnovo del Senato che veniva ormai a corrispondere al Consiglio di credenza degli altri Comuni, sicchè Giovanni di Salisbury, discepolo di Abelardo, poteva scrivere:

« *Senatores, quos populus propria creabat auctoritate, omnem in tota civitate reddendi iuris et exequendi occupaverant potestatem* » (2).
(Traduz.: « I senatori, che il popolo creava di propria autorità, esercitavano in tutta la città i poteri di giurisdizione e di esecuzione »).

Anche la ripresa della formula *Senatus populusque romanus* pareva simboleggiare questo stretto rapporto tra Senato e popolo qualificante il nuovo ordinamento.

I senatori erano eletti ogni anno dal parlamento ed il loro numero variava attorno a quello di 50: i nomi di costoro rivelano la sempre maggiore importanza assunta dalle classi minori e specialmente da quella degli artigiani. Nel 1145 i nobili vengono allontanati dal Senato ed il papa riconosce questa nuova forma di governo, la quale subirà una forte influenza dalla rivoluzionaria predicazione di Arnaldo da Brescia, tanto che sulla città cadrà l'interdetto papale.

Nel Senato era il potere amministrativo, giudiziario e finanziario; il Senato batteva moneta, rendeva giustizia, aveva una cancelleria con proprio sigillo ricordato fin dal 1148. Però anche questo nuovo ordinamento non impedì che continuassero le discordie tra i cittadini: nel 1191 si nominò per un triennio un senatore solo, dal 1194 al 1195 si ripristina il Senato con 56 membri, quasi tutti però signori feudali, finchè si addi-

---

(1) *Annales Cassinenses*, in M. G. H., *Scriptores*, XIX.
(2) Johannes Saresberiensis, *Hist. pontificalis quae supersunt*, a cura di R. L. Poole, Oxford, 1927.

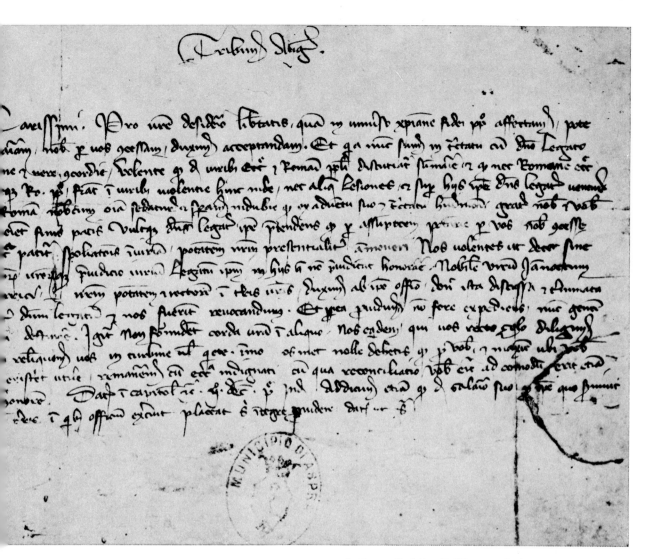

Lettera di Cola di Rienzo ad Aspra.
Aspra, Archivio Comunale
(Fot. dell'Archivio).

venne ad un sistema di senatore unico o di due senatori (spesso rappresentanti i contrasti di partiti o di famiglie) assistiti da *boni homines* presi dai diversi quartieri di Roma.

Il contrasto fra la città ed il pontefice si manifesta nel modo più evidente nella rivoluzione che portò al potere Cola di Rienzo, esponente, al primo momento, della tendenza che potremmo ancora definire comunale.

Eppure proprio per la presenza del pontefice a Roma e per la tradizione che di Roma faceva *caput mundi*, questa città, come abbiamo detto più sopra, fu forse la meno comunale d'Italia; volere o no le lotte dei partiti, le lotte delle fazioni e delle famiglie non erano solo lotte interne, ma spesso contrasti per il raggiungimento di posti di comando che facevano sentire la loro influenza ben al di là dalla città. Questo fenomeno però impedì il formarsi a Roma di una coscienza cittadina che fosse viva e vitale per se stessa, senza bisogno di riattaccarsi a tradizioni o a miti di tempi andati o, peggio, ad una potenza il cui regno non avrebbe dovuto essere di questa terra.

Venezia.

Per quanto riguarda Venezia ci troviamo di fronte ad un ordinamento profondamente caratteristico e che ebbe assai presto piena coscienza di sè. Rammentiamo anzitutto che il *doge* è il continuatore dell'antico *dux* bizantino; si tratta dunque di un ufficiale dello Stato investito di un potere; forse ciò impedì il tentativo di alcune famiglie (i Partecipazio, gli Orseolo, i Candiani) di trasformare il dogado in una carica ereditaria. Infatti nei secoli X-XI, dopo che nel 976 Pietro IV Candiano era stato ucciso per aver tentato di dar forma assoluta al suo governo, vediamo un ripetersi di persone delle stesse famiglie alla più alta carica: Pietro Orseolo (976-78), Pietro Orseolo II (991-1008), Ottone Orseolo (1008-26), Vitale Falier (1084-96), Ordelaffo Falier (1102-18), Vitale I Michiel (1096-1102), Domenico Michiel (1118-29), Vitale II Michiel (1156-72).

Con l'uso la costituzione di Venezia venne a basarsi su alcune istituzioni fondamentali: il doge col suo *Consilium minus* di sei consiglieri cui si aggiunse poi il Consiglio dei Dieci che rappresentavano la Signoria, il Maggior Consiglio, il Senato o Pregadi, gli Avogadori di Comune e via dicendo.

Abbiamo già accennato al complicato sistema per la nomina del doge, sistema diretto ad impedire la possibilità di corruzione, dopo che era cessata l'elezione diretta nell'assemblea del popolo, ancora in uso nel 1070 per Domenico Silvio; la presentazione del nuovo eletto al popolo acclamante ne restò come ricordo.

Il Maggior Consiglio, che divenne effettivamente l'organo direttivo e « sovrano » di Venezia, era costituito col solito sistema originario di tutte queste assemblee, e cioè i consiglieri uscenti nominavano gli elettori che provvedevano alla nomina dei nuovi, scelti tra i « *nobiles et antiqui populares* », cioè tra i proprietari di terra, negozianti ed armatori, costituenti tutti la vera classe dirigente della città: nel Maggior Consiglio entravano però anche membri di diritto, *ratione officii*, per cariche precedentemente ricoperte.

Per il Maggior Consiglio un momento assai importante fu il 1172 quando, pur lasciando al doge i vecchi simboli del potere, furono avocati al Comune beni e redditi di cui il doge aveva fino allora goduto.

Il doge successivamente, pur restando il simbolo di Venezia, vide sempre più ridotti i suoi poteri effettivi: quando egli entrava in carica, giurava la *promissione ducale* (e magnifici esemplari miniati se ne con-

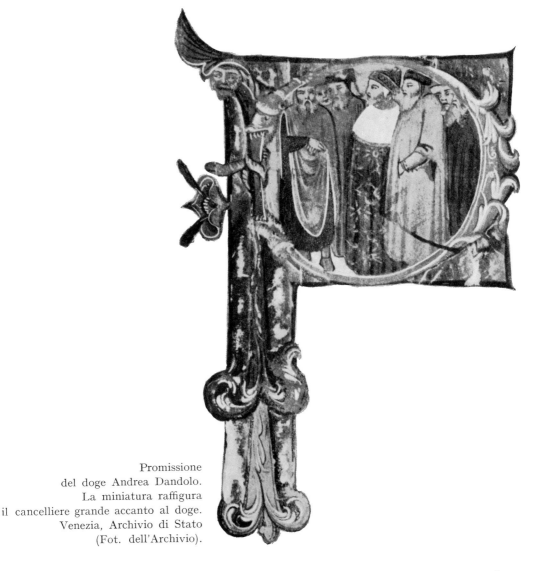

Promissione del doge Andrea Dandolo. La miniatura raffigura il cancelliere grande accanto al doge. Venezia, Archivio di Stato (Fot. dell'Archivio).

servano ancora nei musei veneziani), nella quale tra l'altro prometteva di non trattare affari d'importanza senza la collaborazione del Consiglio Maggiore o del Minore, di non ricevere ambascerie straniere senza la presenza dei suoi consiglieri, di non cercare di portare modifiche alla costituzione. Si giunse al punto che figli e nipoti del doge non potevano aver voto nel Maggior Consiglio ed eran tenuti lontani da ogni carica pubblica. Lo stesso patrimonio del doge era posto sotto controllo alla sua morte, per evitare che, attraverso la carica, egli potesse essere indotto ad arricchirsi.

E non si può non parlare della cosiddetta serrata del Maggior Consiglio, avvenimento al quale spesso ci si riferisce come a gesto impostato ad una politica aristocratica, mentre, in realtà, alle origini, la riforma del 1297 mirava ad impedire che, con l'aumento della popolazione veneziana, troppi elementi nuovi potessero entrare in quell'organo e modificarne lo spirito: per ciò il 28 febbraio 1297 fu proposto dalla Quarantia (una magistratura di 40 membri che rappresentava il supremo tribunale dello Stato) una legge per cui nella rinnovazione del Maggior Consiglio si dovevano scrutinare solo coloro che vi avevano già appartenuto nei quattro anni precedenti o che avessero ottenuto almeno 12 voti. Era una legge annuale, ma attraverso conferme, divenne perpetua, e quindi il Maggior Consiglio finì con l'essere costituito solo da membri di famiglie che già avevano fatto parte di quell'organismo. Quando poi lo stesso principio si applicò a tutti i consigli e le cariche più importanti restarono riserbate ai membri del Maggior Consiglio, allora veramente si potrà parlare di ordinamento oligarchico. Era ancora possibile entrare in questa categoria, ma l'esservi ammessi divenne sempre più difficile.

Una riforma di questo genere non doveva e non poteva esser gradita a tutti, neppure a quei cittadini di vecchie famiglie che si vedevano tuttavia esclusi dalle cariche. Così nel 1310 s'ebbe la congiura che prese nome da Baiamonte Tiepolo e che indusse alla costituzione del Consiglio dei Dieci: si trattò di una magistratura destinata a difendere la sicurezza dello Stato soprattutto sorvegliando il comportamento degli stessi magistrati e delle famiglie appartenenti all'oligarchia veneziana.

Al Consiglio dei Dieci, reso stabile nel 1335, si deve la scoperta del tentativo di rivolgimento che faceva capo al doge Marin Faliero, deposto e decapitato (1355), sicchè il suo ritratto è in Palazzo Ducale sostituito da un velo nero a coprire il luogo dove avrebbe dovuto essere la sua effige. Il Consiglio dei Dieci — sul quale tante leggende dovevano formarsi — era composto da 10 consiglieri nominati dal Maggior Consiglio per un anno e non rieleggibili, ai quali si aggiungevano il doge con i suoi consiglieri e 15 senatori, sicchè il numero complessivo dei suoi membri era di 32: organo di polizia e tribunale, giudicava i delitti dei nobili, le sètte, le congiure, le turbazioni dello Stato, la falsificazione delle monete, il comportamento dei governatori delle provincie, e ad esso era affidato il controllo sulle miniere e sulle foreste. Nel suo seno era nominato un *inquisitore* destinato ad instruire i processi. I vari tentativi fatti dalla nobiltà contro questa magistratura non riuscirono mai a nulla, perchè la stessa massa del popolo veneziano vedeva nel Consiglio dei Dieci una tutela contro l'eventuale eccessivo prevalere dei nobili nello Stato: veramente si può dire che la costituzione veneziana, sia pure a tipo oligarchico, poneva lo *Stato* al di sopra di ogni classe.

Un altro organo sorto nel XIII secolo doveva presto assumere molta importanza, si tratta del *Consiglio dei Pregadi* o *Senato*: costituito in origine da 60 persone (10 per sestiere), elevato poi a 120 membri nominati dal Maggior Consiglio, cui si aggiungevano il doge con i suoi consiglieri, la Quarantia criminale e altre magistrature: con i suoi 200 componenti era sempre un organo più snello del Maggior Consiglio che, dall'originale numero di 480, giunse a quello di 1600. A questo Senato era affidata la materia del commercio e della navigazione, materia assai grave per Venezia, e quindi la fabbricazione delle navi (che avveniva nell'*arsenale* di Stato), il nolo delle navi per i diversi viaggi, il loro armamento. Il campo di competenza venne logicamente estendendosi, non senza qualche attrito col Consiglio dei Dieci, attraverso a commissioni (*Savi del Consiglio*) cui spettavano le deliberazioni circa la condotta di guerra, trattative diplomatiche, il governo delle provincie e perfino la nomina di gran parte dei magistrati. Così il Senato col suo *Consiglio dei Savi* presieduto da un *Savio di settimana* finì col diventare il vero organo direttivo della politica veneziana.

Ricorderemo un particolare che può forse illuminare sullo spirito di questa repubblica che fu perfino ammirata dal Rousseau: quando in un Consiglio veniva messa ai voti una decisione, i voti dati erano definiti nel modo seguente: « de parte » erano i voti favorevoli, « de non » erano i contrari, mentre con « non sinceri » si indicavano gli astenuti. Era una definizione formale che implicava anche un giudizio morale e politico non trascurabile in qualsiasi tempo.

Diritto e legge.

Abbiamo accennato al Comune ed al suo ordinamento, ma soprattutto abbiamo fatto ciò con riguardo all'attività politica ed economica di esso senza finora preoccuparci di vedere dove il Comune trovasse il suo fondamento. Quale legge cioè ne fosse a sua base, su quale sistema giuridico si appoggiasse in quel mondo.

Verso la fine del secolo XI avviene in Italia quello che si chiama rinascimento del diritto romano: si riscoprono cioè, dando al termine riscoprire quello di riconoscere come corrispondenti ai propri interessi culturali, spirituali e pratici, i testi della compilazione di Giustiniano del VI secolo. La tradizione vede in Bologna il luogo e in Irnerio l'uomo di questa rinascita.

Noi pensiamo che il rifiorire di rapporti economici a distanza nel tempo e nello spazio quale si presentò a grosse linee dopo il 1000, fece vedere superate le leggi barbariche, come quelle longobarde o dei capitolari franchi, idonee per una società fondamentalmente agricola e statica. Finchè i rapporti erano per la più gran parte limitati ad acquisti, vendite, affitti di terre, o commercio di animali o prodotti della terra, tra persone del medesimo luogo, finchè la piazza del mercato locale era il centro degli scambi, le vecchie leggi andavano bene, tanto più che gli anziani del paese potevano sempre testimoniare come s'erano svolte le cose. Basterebbe pensare alle inchieste fatte nelle Tre Valli verso i passi alpini sopra Bellinzona, anche per stabilire a chi spettava la giurisdizione e l'amministrazione, per vedere come i ricordi personali degli abitanti fossero determinanti.

Ma quando le navi cominciarono a porre di nuovo in contatto popoli lontani, spesso di usi diversi; quando i rapporti economici dovevano avvenire tra località lontane e completarsi attraverso ampi lassi di tempo, fu necessario trovare nuove norme di legge. Quando si stipulavano a Genova o a Venezia contratti che avrebbero trovato la loro conclusione mesi dopo, attraverso affari che dovevano svolgersi a Bisanzio o ad Arras o a Londra con cambi di monete e conteggi non facili, non poteva più essere sufficiente la *Lex italica*, cioè il diritto longobardo-franco quale era venuto elaborandosi e che era assai limitato e che soprattutto si concretava in norme per singoli e particolari casi e che spesso badava all'avvenimento, al fatto in sè e per sè senza porsi il problema dell'intenzione.

A un'economia immobiliare si sostituiva un'economia mobiliare che richiedeva un ben diverso ordinamento giuridico, tale che superasse il

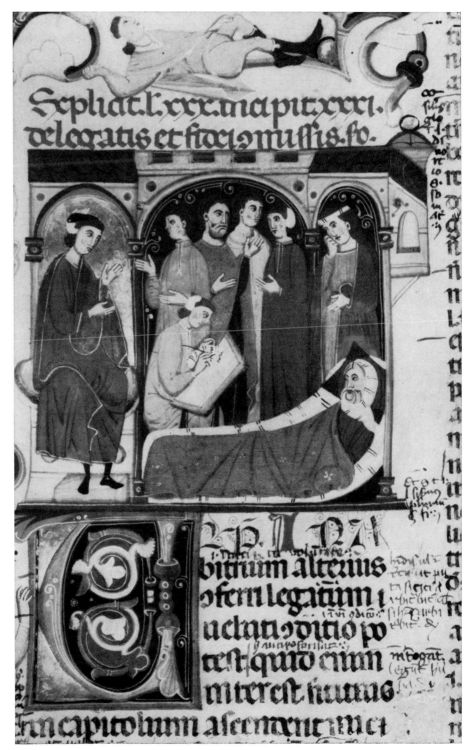

Un ammalato in letto
detta
le sue ultime volontà
al notaio,
alla presenza
di testimoni.
Miniatura del codice
*Infortiatum cum glossa
accursiana*.
Torino,
Biblioteca Nazionale
(Fot. Chomon-Perino).

precedente, anche se per una redazione del secolo XI avanzata dal *Liber papiensis* (raccolta in ordine cronologico degli editti dei re longobardi e dei capitolari dei re franchi per l'Italia) — quella di cui si dice autore un certo Gualcosio, il quale fece passare per leggi le sue glosse ed a priori alterando così lo spirito oltre che il testo della legge — si scriveva:

> *Est error spretus, quo Longobarda iuventus*
> *Errabat. Verum loquitur nunc pagina sensum*
> *Edicti rectis quod strixit Rothar habenis*
> *Walcausus meritus quem laudat scriba disertus* (1).

(Traduz.: « È disprezzato l'errore nel quale errava la gioventù longobarda. Ora la pagina espone il vero senso dell'editto che Rotari legò con retti vincoli, per merito di Gualcosio che il dotto scriba elogia »).

Non per nulla, ci pare, la leggenda parlò del ritrovamento delle Pandette ad Amalfi da parte dei Pisani nel saccheggio del 1135; in realtà le Pandette erano a quell'epoca, già note e studiate dalla prima scuola bolognese, ma l'aver pensato, sia pure a posteriori, ad Amalfi, ci induce quasi a credere che quei nostri lontani antenati abbiano visto nello sviluppo del commercio marittimo, nel fiorire delle città marinare, quasi lo slancio per il risorgere dell'antico diritto romano, che non era mai del tutto morto, se non altro perchè era rimasto sempre, sia pure mal conosciuto e mal compreso, il diritto ufficiale della Chiesa. Del resto già verso il 1000 l'imperatore Ottone III di Sassonia, nella cerimonia d'investitura di un giudice, mentre consegnava il Codice di Giustiniano, pronunciava la formula seguente: « *Cave ne aliqua occasione Justiniani sanctissimi antecessoris nostri leges subvertas* « (traduz.: « Stai attento di non male applicare in alcuna occasione le leggi di Giustiniano nostro santissimo predecessore »), aggiungendo: « *Secundum hunc librum iudica Romam et Leonianam orbemque universum* » (traduz.: « Giudica secondo questo libro Roma, la città Leoniana e tutto il mondo ») (2); nel XII secolo poi l'imperatore Corrado II per dirimere le questioni tra giudici romani e longobardi nei territori di Roma, stabiliva con una sua costituzione che in quella zona si doveva sempre usare il diritto romano (3). In questi casi evidente-

---

(1) F. Calasso, *Medioevo del diritto*, vol. I: *Le fonti*, Milano, 1954, pag. 311.
(2) W. Giesebrecht, *Geschichte der deutschen Kaiserzeit*, vol. I, Braunschweig, 1873, pag. 884.
(3) *Constitutiones et acta publica*, I, n. 37, pag. 82, *Mandatum de lege romana (1027-1039)*, in M. G. H., a cura di L. Weiland, Hannover, 1893.

mente c'era il riflesso della situazione politica dell'Impero per cui gli imperatori si sentivano legittimamente eredi degli imperatori romani, tanto più... che il diritto romano riconosceva al sovrano poteri quali sicuramente non aveva un re nell'ordinamento giuridico feudale. E proprio la lotta per riaffermare il valore giuridico e politico dell'Impero fu un altro elemento che concorse al rifiorire del diritto romano giustinianeo. In questo l'imperatore dell'Impero medioevale trovava la base e il fondamento delle sue pretese e dei suoi diritti.

Ma bisognava che il diritto assumesse una sua fisionomia, se doveva servire alla nuova società, sia nel campo pubblico che in quello privato. In questo senso aveva ragione l'autore della *Expositio ad librum papiensem* (un commento, opera probabilmente di scuola) che a proposito di una legge di Ottone I di non facile interpretazione scriveva: « *Magis enim credere debemus Romanae legis auctoritati quam rhetoricae* » (1) (traduz.: « Dobbiamo più credere all'autorità della legge romana, che alla retorica »).

E possiamo allora vedere ciò che il giurista Odofredo, raccoglitore della tradizione della scuola dei glossatori — la prima scuola di Bologna — racconta circa il nascere di questa scuola:

« *Quidam dominus Pepo coepit auctoritate sua legere in legibus: tamen quicquid fuerit de scientia sua nullius nominis fuit. Sed dominus Yrnerius, dum doceret in artibus in civitate ista, cum fuerunt deportati libri legales, coepit per se studere in libris nostris et studendo coepit docere in legibus, et ipse fuit maximi nominis et fuit primus illuminator scientiae nostrae; et quia primus fuit qui fecit glossas in libris vestris, vocamus eum lucerna iuris* » (2).

(Traduz.: « Un certo Pepo cominciò di spontanea sua volontà a commentare le leggi, tuttavia qualunque fosse la sua scienza, egli fu di nessuna importanza. Ma Irnerio, insegnante alla scuola d'arti liberali in questa città, quando furono portati i libri legali, cominciò a studiare i nostri testi e studiando ad insegnare le leggi: egli fu di grandissima fama e fu il primo luminare della nostra scienza: e poichè fu il primo che fece glosse ai vostri libri, lo chiamiamo lucerna del diritto »).

Così un insegnante di arti liberali stacca il diritto civile dalla retorica e ne fa una scienza ed un insegnamento a sè, come, qualche decennio più tardi, maestro Graziano, frate Camaldolese, avrebbe separato il diritto canonico dalla teologia. Notiamo subito che attorno al maestro, ad Irnerio (di cui del resto sappiamo in realtà pochissimo), si riuniscono i primi scolari spinti dall'esigenza di conoscere questa « nuova » materia. Il partico-

---

(1) *Fontes iuris italici Medii Aevi*, a cura di G. PADELLETTI, Torino, 1877, pag. 445.
(2) ODOFREDI, *Interpretatio in undecim primos pandectarum libros*, Lione, 1550, al passo Digesto, I, 1, 6, pag. 7, *recto*. Cfr. N. TAMASSIA, *Odofredo*, Bologna, 1894, pag. 88.

lare curioso di questi studi, di cui Bologna è il primo, è che essi sorgono per volontà di studenti che formano delle *societates* con particolare riguardo ai paesi di provenienza: quando le varie *societates* si riuniscono, quasi in omaggio allo spirito associativo dei tempi, il nome fu presto trovato proprio nel diritto romano: *universitas*.

Fu dunque anzitutto un'associazione di scolari, che aveva i propri capi, i *rectores* il cui nome si mantiene ancora oggi per i capi delle università — ben diverse da quelle lontane — che aveva proprie divisioni interne basate in modo particolare sulle *nationes* di cui le principali erano in origine, oltre l'italiana, quella francese, quella provenzale, quella tedesca. Successivamente la *natio* italiana si raccolse nell'*universitas* dei Citramontani (Romani, Campani, Toscani, Lombardi), mentre gli stranieri formarono l'*universitas* degli Ultramontani composta da 13 *nationes* e cioè Francesi, Spagnoli, Provenzali, Inglesi, Piccardi, Borgognoni, quelli del Poitou, di Tours, del Maine, Normanni, Catalani, Tedeschi, Ungheresi, Polacchi.

Erano i Rettori, studenti assistiti da un Consiglio, i quali stabilivano chi chiamare come maestro, quali orari stabilire, quale compenso dare non solo, ma che dovevano anche controllare se il docente aveva mantenuto fede seriamente agli impegni presi.

Professori e studenti vennero a trovarsi in una situazione particolare di favore grazie alla costituzione *Habita* concessa il 1158 da Federico I: e questa costituzione fu, in certo qual senso, il compenso dato dall'imperatore ai maestri giuristi che lo avevano assistito e appoggiato durante le Diete di Roncaglia, quasi riconoscendogli il *dominatus mundi*, oltre che tutti gli *iura regalia* già pretesi.

La costituzione concede una vera posizione di privilegio agli studenti che non possono essere sottoposti a rappresaglia e che hanno i loro giudici normali nei loro professori stessi (1) e stabiliva gravi pene per i violatori e per i magistrati che non la facessero applicare.

L'università dunque — anche se il privilegio visto riguardava in origine solo Bologna, fu poi ritenuto valido per le altre sedi — assumeva una propria autonomia di fronte al Comune, che vedeva i propri giudici soppiantati da altri speciali e di fronte ai cittadini stessi del Comune che non potevano più servirsi della diffusa arma della rappresaglia. Era questo un rimedio che veniva usato anche da privati: se uno studente partiva

---

(1) *Constitutiones et acta publica*, I, n. 178, pag. 249, *Privilegium scolasticum (1158)*, in M. G. H., a cura di L. WEILAND, pag. 249, Hannover, 1893.

senza aver pagato i suoi debiti (e ciò riguardava specialmente gli osti, albergatori e simili), si aspettava che giungesse ad alloggiare un altro studente dello stesso paese e gli si bloccavano i suoi beni — bagagli o altro — ottenendo dal Comune di poter far ciò a titolo di « rappresaglia » per l'altro insolvente.

Ma la vita studentesca non era tranquilla ed il sapere che non si doveva rispondere davanti alle autorità comunali, fece spesso sorgere dissensi tra la scuola ed il Comune: dissensi non facili da risolvere, perchè se il Comune desiderava controllare l'università, temeva anche, premendo troppo la mano, che i giovani si allontanassero in massa con i loro maestri per altre città sempre liete di ospitarli, sia per la fama che la città riceveva da uno Studio, sia per il vantaggio economico che ne veniva, dato il forte numero degli studenti che, a Bologna, alla fine del secolo XIII, si calcolavano a migliaia: così per emigrazione erano sorte Modena e Padova ancora esistenti, Vicenza ed Arezzo scomparse. Un mezzo cui il Comune di Bologna e poi gli altri, sedi di scuole, ricorsero, fu quello d'imporre con giuramento ai propri cittadini docenti, di non recarsi ad insegnare altrove: un'altra soluzione fu quella di contribuire sempre più alle spese delle università, sia formando le sedi, sia pagando gli stipendi ai professori. Ma come fare quando in controversie tra studenti e Comune si intrometteva il papa, come fece papa Onorio III, quasi ad affermare che non era il solo imperatore ad essere l'autorità capace di intervenire nello sviluppo degli studi? Forse a questa posizione si deve il sistemarsi del diritto canonico che venne pure insegnato a Bologna.

Ma quasi a dimostrare come l'imperatore medioevale si ritenesse veramente, anche in questo campo, il continuatore degli antichi sovrani romani e l'interprete delle leggi, ecco che Federico II di Svevia, come re di Sicilia, fondò a Napoli nel 1224 uno Studio che fu la prima università di Stato, ritenendo di avere il diritto, e con un suo privilegio, di superare la norma stabilita dalla costituzione di Giustiniano, che aveva vietato l'insegnamento in località che non fossero Roma, Costantinopoli, Berito o in altre che tale privilegio non avessero già avuto *a maioribus*, cioè nelle *urbes regiae*: a Napoli i maestri vennero nominati dal sovrano, che in tal modo li legava a sè.

Qualcuno si chiederà se dunque Bologna era *urbs regia*, era cioè una di quelle città cui faceva riferimento Giustiniano come aventi particolare privilegio. Orbene la necessità di una giustificazione in questo senso fu sentita assai presto, già dai giuristi glossatori: ecco infatti ciò che scriveva il ricordato Odofredo: « ... *et quod ipsa civitas* [Bologna] *regia civitas est non credatis mihi, sed scripturis authenticis* » (1) (traduz.: «... e che questa città [di Bologna] sia città regia non credetelo per le mie parole, ma in base a scritture autentiche »). E le scritture autentiche sarebbero state delle lettere di S. Petronio riportanti che Teodosio II, dietro sua preghiera e quella di S. Ambrogio, aveva fondato lo Studio: come se ciò non bastasse, verso la metà del 1200 nacque una falsa costituzione di quell'imperatore destinata appunto a documentare la leggendaria fondazione, ed in cui compare come notaio... Cicerone. Se ciò dimostra la mancanza di prospettiva storica di quei giuristi, dimostra anche come per essi il senso della giuridicità era talmente insito da dover cercare nel sistema del diritto, la giustificazione di ciò che era invece nella realtà delle cose.

Quale metodo usavano questi primi maestri? Il metodo fu la glossa; l'esegesi testuale è del resto il primo, quasi istintivo metodo per qualsiasi studio. Quando leggendo un libro segniamo in margine la spiegazione di un termine, un richiamo, un nostro giudizio, noi glossiamo. Solo più tardi tutti questi elementi si univano nella mente e poi sulla carta e dalla glossa si passerà al commento. I giuristi erano legati al testo di quelle leggi che vedevano come *sacrae*, tutto il sistema giuridico era in quei volumi, quasi che secoli non fossero passati da quando Giustiniano aveva promulgato la sua opera fino al momento in cui essi l'avevano ripresa. La realtà doveva già essere nel sistema, proprio perchè essi non la negavano in quanto tale, ma volevano ritrovarla a quell'antica fonte. Quando l'ignoto autore delle *Quaestiones de iuris subtilitatibus* (2) (attribuita già ad Irnerio stesso) si pone il problema della molteplicità dei diritti, egli non può negarne l'esistenza, ma deve concludere sulla non validità di sistemi che fossero fuori dal diritto romano, perchè altrimenti si sarebbe negato l'esistenza stessa dell'impero, e ciò per dei giuristi che s'erano schierati come consiglieri di Federico I sarebbe stato un controsenso: il testo delle *Quaestiones* così concretava il pensiero del giurista:

« *Horum igitur alterum concedi necesse est: aut unum esse ius, cum unum sit imperium, aut si multa diversaque iura sunt, multa superesse regna* » (3).

(Trad.: « Bisogna dunque ammettere uno dei due princìpi: o che uno sia il diritto essendo uno l'impero, o se molti e diversi sono i diritti, che esistano molti regni »).

---

(1) N. TAMASSIA, *Odofredo*, Bologna, 1894, pag. 89 segg.

(2) *Quaestiones de iuris subtilitatibus*, a cura di FITTING, Berlino, 1894. Cfr. ora anche l'ediz. a cura di G. ZANETTI, Firenze, 1958. G. ZANETTI, *Echi delle « Quaestiones de iuris subtilitatibus » ne « La Monarchia » di Dante e nella « Divina Commedia »*, in « Rendiconti dell'Ist. Lomb. di scienze e lettere », LXXXIII, 1950.

(3) *Quaestiones de iuris subtilitatibus*, I, 16.

Infatti quando l'imperatore aveva riunita, nel 1158, la Dieta a Roncaglia, attorno a lui furono Bulgaro, Martino, Jacobo e Ugo, i quattro allievi di quell'Irnerio, il quale avendo iniziato l'insegnamento forse con l'appoggio della contessa Matilde, era finito schierato a fianco dell'imperatore Enrico V e colpito da scomunica: la suggestione delle antiche leggi aveva questa potenza. I quattro dottori, consiglieri del sovrano e assertori dei pieni diritti di costui, vedevano nell'imperatore quella stessa dignità che trovavano nei testi legali e che per essi erano realtà presente.

E nelle piane di Roncaglia, lungo gli argini del Po, sarebbe avvenuta la cavalcata dell'imperatore tra Bulgaro e Martino: ad un certo momento il sovrano chiese se *de iure* egli era *dominus mundi*: l'uno dei giuristi rispose in senso affermativo senza esitazioni, l'altro distinse tra l'essere *dominus mundi* riguardo alla giurisdizione e l'esserlo riguardo alla proprietà, escludendo questa seconda ipotesi. Il giurista che rispose nel modo più gradito al sovrano ricevette in dono un cavallo e l'altro commentò: «... *et ego perdidi equum quia dixi aequum*» (traduz.: «... ed io persi un cavallo, perchè dissi il giusto»).

Tutto ciò non contrasta col fatto che la loro cultura filologica (ignoravano i passi in greco con l'annotazione «*graecum est, non potest legi*») o storica fosse di un livello assai basso: basterà ricordare il racconto circa la nascita delle XII tavole (1). Eccola: i Romani dunque, desiderosi di avere una nuova e migliore legislazione, avevano inviato ad Atene una loro commissione per studiare le leggi ivi vigenti, ma giunti colà vennero a sapere che, per poter essere ammessi a conoscerle, dovevano prima sottoporsi ad un esame diretto ad accertare se essi ne erano degni: e qui comincia il bello.

Non sarebbe stato certamente dignitoso per dei Romani essere respinti, e d'altra parte la cultura greca era talmente superiore a quella romana che c'erano ben poche speranze di passare quel difficile esame; allora i Romani pensarono di mandare davanti agli esaminatori un loro servo pazzo, sicchè, anche se la prova fosse andata male, nessun disonore avrebbe potuto ricadere su di loro. E il modo in cui si svolse l'esame è la più palese dimostrazione di come i giuristi glossatori avessero davanti a loro il tempo senza la prospettiva; quasi lo stesso fenomeno che vediamo nell'arte pittorica. Logicamente tra un greco ed un romano non si poteva parlare, l'esame si fa, quasi tra muti, a gesti: il greco alza un dito al cielo, alludendo ad un unico Dio, ma il servo pazzo crede che quello gli voglia togliere un occhio ed alza due dita rispondendo

---

(1) Si veda in: F. CALASSO, *Medioevo del diritto*, vol. I: *Le fonti*, Milano, 1954, pag. 525.

alla minaccia con una sua minaccia di togliere tutti e due gli occhi; meraviglia, poichè anche il pollice si è mosso, il pazzo ha voluto richiamare la Trinità. Il greco continua il muto colloquio presentando la mano aperta, per indicare che davanti a Dio tutto è aperto e palese e lo schiavo ritenendosi ancora minacciato, presenta il pugno chiuso, il che a dir dello scrittore, fu interpretato dal greco nel senso che tutto è chiuso nelle mani di Dio. L'esame aveva così avuto successo, e i Romani poterono usufruire della scienza giuridica greca.

Ben poco dunque avevano di preparazione questi giuristi medioevali, eppure affrontando i testi genuini, per quanto potevano, dell'opera di Giustiniano aprirono al mondo occidentale tutto un nuovo campo e la conquista di un formidabile sistema logico.

Se il movimento economico cittadino aveva aperto all'uomo nuove vie del mondo, lo studio dei testi giuridici, apriva una nuova via che doveva condurre all'Umanesimo e al Rinascimento, anche se dagli umanisti i giuristi subirono le più forti critiche.

Infatti il metodo della glossa si esaurì e il nuovo metodo che successe, in Italia circa ai tempi di Dante, con Cino da Pistoia, si rifaceva alla scolastica insegnata a Parigi e che aveva avuto in S. Tommaso il più alto esponente; in Francia Cino aveva conosciuto il nuovo metodo, quel metodo che era stato applicato da Jacques de Révigny e da Pierre de Belleperche, giuristi i quali, in base ai princìpi della nuova dialettica, avevano portato la scuola giuridica francese in primo piano.

Forse mai come con questi nuovi studiosi si vede la scuola italiana di nuovo assurgere alle più alte vette: e se i tumulti studenteschi non mancano, le incisioni che ci presentano il maestro in cattedra attorniato dagli allievi che prendono appunti, rispecchiano l'interesse per il fenomeno giuridico. Del resto basta pensare che quando Bartolo da Sassoferrato, allievo di Cino, morì a Perugia a 43 anni nel 1357, sulla sua tomba fu scritto solo: « Ossa Bartoli ». Ogni altra parola sarebbe stata inutile.

La società medioevale è una società imbevuta del diritto o, se si vuole, una società legalistica. Abbiamo visto che lo stesso imperatore, il quale sarebbe per se stesso creatore del diritto, vuole al suo fianco i maestri di Bologna che lo consiglino, ma c'è di più. La realtà della società non era data dall'esistenza dell'*unum imperium*, ma dalla molteplicità di ordinamenti politici giuridici, i comuni, i regni, le repubbliche diverse. Se, in Italia, per il Regno dell'Italia meridionale si poteva pensare ad una sua autonomia, come per Venezia, senza parlare della Chiesa, il problema di un contrasto giuridico si poneva proprio tra Impero e Comuni.

Lo statuto, legge comunale.

Il Comune, di cui abbiamo già parlato, aveva infatti stabilito proprie regole che con l'andar del tempo, ebbero nome di « statuti », dalle prime parole con cui di solito cominciavano le singole norme: *statutum est*. Per comprendere che cosa significassero questi statuti per gli uomini della società medioevale, bisogna pensare che molte norme provenivano da consuetudini formatesi nei secoli, di cui le comunità avevano avuto conferma e riconoscimento anche da prìncipi e sovrani come avvenne per Bari nel 1132, per Trani nel 1139 da parte di Ruggero II, per Genova nel 958 da parte di Berengario e Adalberto re d'Italia, consuetudini queste ultime nelle quali si diceva anche come la donna genovese comprasse e vendesse, senza bisogno d'intervento di maschi della famiglia. E le consuetudini vennero spesso messe per iscritto — come a Milano nel 1216 — proprio per impedire che non venissero osservate o che venissero magari disconosciute.

Altro elemento interessante per capire come la società comunale si basasse sempre su di una forma associativa pattuita, è il *breve*: era questo un giuramento che i consoli prestavano al momento di entrare in carica e col quale essi indicavano le norme che avrebbero seguito ed il loro modo di rendere giustizia: al *breve* giurato dai consoli, corrispondeva un *breve* giurato dal popolo che così si impegnava ad obbedire. Ecco, ad esempio, alcuni frammenti del Breve dei consoli di Genova del 1143 (1):

« *In nomine Domini amen. A proxima ventura die purificationis sancte Marie usque ad annum unum, nos consules electi pro communi laudabimus et operabimus honorem nostri archiepiscopatus et nostre matris Ecclesie et nostre civitatis de mobile et immobile cum lamentatione rationabiliter et sine lamentatione ubi de communibus rebus esse cognoverimus... Nos non minuemus iusticiam alicuius nostri concivis pro communi, neque iusticiam communis pro aliquo nostro concive, sed equaliter eam observabimus... Non faciemus communem exercitum banditum, nec incipiemus gueram novam, neque faciemus devetum, neque collectam de terra, nisi cum consilio maioris partis consiliatorum in numero personarum qui fuerint vocati per campanam ad Consilium et fuerint in Consilio...* ».

(Traduz.: « In nome di Dio, amen. Dal prossimo giorno della purificazione di S. Maria per la durata di un anno, noi consoli eletti dalla comunità agiremo per l'onore della nostra archidiocesi, della nostra madre Chiesa e della nostra città riguardo a cose mobili e immobili in base a querela e senza querela se sapremo che si tratta di interessi comuni... Non

---

(1) F. NICCOLAI, *Contributo allo studio dei più antichi brevi della Compagna di Genova*, Milano, 1939, pag. 92; S. MOCHI ONORY, G. BARNI, *La crisi del Sacro Romano Impero*, Milano, 1951, pag. 107.

violeremo la giustizia di un nostro concittadino in favore del Comune, nè la giustizia del Comune in favore di qualche concittadino, ma osserveremo in pari modo la giustizia... Non faremo bando per un esercito generale, nè cominceremo una nuova guerra, nè stabiliremo delle proibizioni, nè tasse nella terra, se non col parere della maggior parte dei consiglieri in rapporto al numero delle persone convocate al Consiglio col suono della campana e che furono in Consiglio... »).

Ogni anno ciascun magistrato giurava il breve, che di solito era quello dell'anno precedente, con aggiunte, con modifiche, finchè tutti questi si riunirono in una sola raccolta, lo *statuto*.

Ma restava sempre il problema del contrasto tra la realtà della vita che aveva portato i Comuni, gli enti particolari, a darsi proprie norme e una teorica giuridica che vedeva invece come unico diritto quel *ius commune* che veniva quasi identificato, nel testo, con le norme giustinianee sia pure glossate o commentate per renderle adatte alla situazione di fatto, norme pur sempre create per una società scomparsa da secoli.

Vediamo il caso pratico: il giudice di un Comune italiano si trova a dover giudicare un caso concreto, ma egli può basarsi sul diritto comune o sulla norma particolare: per esempio, se egli accetta il diritto comune trova che la maggiore età si raggiunge ai 25 anni, ma se, nel caso si riferisce alle consuetudini e agli statuti di Milano, trova che la maggior età è di 20 anni. Non solo, ma il diritto comune (cioè il rinato diritto romano) ignora, tra le prove, i cosiddetti giudizi di Dio, le ordalie, che invece sono spesso previsti nei testi locali proprio perchè derivanti da consuetudini medioevali. Che farà dunque? Attenersi ai rigidi interpreti del diritto e cercare nel testo di Giustiniano la soluzione o accettare magari che i due

Testo del giuramento dei Consoli di Genova.
Genova, Archivio di Stato
(Fot. dall'Archivio).

Firenze. Il cortile del Palazzo del Podestà ora Museo Nazionale
(Fot. Alinari).

che si presentano davanti a lui si battano a duello, e ciò anche se persino per il re longobardo Liutprando, il duello era una prova malfida? (1).

Se si accettava il duello, bisognava preparare il campo, stabilire come si sarebbe combattuto e, con l'aiuto di un giudice imperiale o regio, controllare bene che i combattenti non avessero su di sè qualche amuleto o che le armi fossero state fatturate da qualche strega: proprio per questo si poteva decidere il cambio delle armi, come era previsto nelle consuetudini milanesi del 1216, le quali anche fissavano che ciascuno dei combattenti doveva giurare « *quod se per vim herbarum vel verborum vel alicuius maleficii non venit ad hanc pugnam* » (traduz.: « che egli non viene a questo duello munito di forza di erbe o di formule magiche o di qualche sortilegio »). Se invece si ricorreva a prove del fuoco, anche qui bisognava ben stabilire le norme di attuazione e quali lesioni sarebbero state

(1) *Editto di Liutprando,* c. 117 dell'anno 731.

Statua caricaturale
allusiva a Federico Barbarossa.
Milano, Museo nel Castello Sforzesco
(Fot. Perotti).

ritenute capaci di indicare la riuscita o meno della prova: proprio per questa non chiarezza non si concluse nulla nella prova del fuoco che a Milano prete Liprando aveva affrontato nel 1103 per dimostrare che Grosolano non era legittimamente arcivescovo di Milano: il prete subì infatti, nel passare tra le cataste ardenti, una ferita ad un piede, e ci fu chi disse che era dovuta al fuoco, mentre i suoi partigiani parlarono del calcio di un cavallo.

Il nostro giudice era dunque nell'imbarazzo e ancor più lo era se il caso in questione avesse potuto esser giudicato con norme ancor più particolari, magari con norme riguardanti la navigazione se eravamo a Genova, a Venezia o in altra città marittima, o con lo statuto di determinate associazioni di mercanti, come poteva avvenire a Firenze ed in quasi tutte le città. Eppure bisognava decidere, specialmente sapendo che il giudice era responsabile della sentenza da lui pronunciata, sicchè allo scadere della sua carica colui che si riteneva leso da una sentenza palesemente ingiusta, avrebbe potuto chiedere i danni.

Del resto il giudice, entrando in carica, aveva giurato di far osservare lo statuto; ma il problema esisteva ugualmente: lo statuto doveva essere osservato prima o dopo del diritto comune? E non era un problema solamente teorico, ma era anche pratico e sociale. La lotta stessa dei Comuni contro Federico I Barbarossa era diretta ad ottenere pure il riconoscimento ufficiale di queste particolari loro norme. Vediamo cosa dice lo statuto di un piccolo paese del lago di Como, Dervio, a questo proposito: « *Iure tripartito sive triformi regulamur et regimur, canonico videlicet, civili etiam et municipali* » (1) (traduz.: « Siamo retti e regolati da un diritto tripartito o da un tripartito regolamento, cioè dal canonico, dal civile e dal municipale »); ma in quale graduazione? Ed ecco che a Novara, a Modena e via via si stabilisce che si giudicherà secondo lo statuto « *et statutis deficientibus secundum leges romanas* » (2), cioè il diritto romano sarebbe stato usato solo mancando una norma adatta negli statuti.

Quindi il principio è che lo statuto deve prevalere sulle altre fonti di diritto e che solo quando non si trovi nello statuto la possibilità di risolvere il caso sottoposto ad esame, si possa ricorrere alle norme di diritto romano comune.

E qui si può inserire l'aneddoto del giurista, forse Bartolo, che passeggiando con un suo allievo nella foresta, trovò un animale ferito da un cacciatore, ma abbandonato: l'allievo fece notare che, secondo il diritto romano essi avrebbero potuto raccogliere l'animale e portarlo via, ma il maestro, la cui esperienza pratica era indubbiamente maggiore, osservò che se teoricamente era così, praticamente non avrebbero evitato un fracco di legnate se il cacciatore fosse comparso in quel momento. La realtà di un nuovo diritto si affermava anche in questo modo.

Così la nuova società comunale formava anche il suo nuovo diritto, tanto che lo stesso Federico I nel 1183, nella cosiddetta Pace di Costanza, finiva col riconoscere questa capacità autonormativa dei Comuni, i quali anche attraverso teoriche di giuristi, nel sistema del diritto comune, qualche volta violentemente sforzato, trovavano la giustificazione del nuovo sistema. Un esempio curioso è l'adattamento del frammento *Omnes populi* di Gaio (Dig., I, 1, 9) ad un mondo che Gaio non poteva neppure sognare: questo frammento diceva che tutti i popoli i quali si reggono con delle leggi, si servono parte di diritto proprio, parte di diritto comune di tutti gli uomini: ma per Gaio il diritto comune era il *ius gentium* (quel diritto che era fondamentalmente comune ai popoli civili del Mediterraneo), mentre il diritto proprio era il *ius civile* di Roma; per i giuristi

---

(1) *Statuto di Dervio* (anno 1389), in *Corpus Statutorum italicorum*, III, pag. 87.
(2) *Statuto di Novara* (anno 1277), VII, in H. P. M., *Leges Municipales*, II, 1. Per gli Statuti di Modena v. *Monumenti di storia patria delle province modenesi. Statuti*, vol. I, lib. I, rubr. 1.

Testo della *Pace di Costanza* (1183).
Brescia, Biblioteca Queriniana (Fot. Biblioteca).

medioevali il diritto comune era diventato quello romano e il diritto proprio quello dei singoli organismi politici. C'era stata un'interpretazione che evidentemente aveva tentato di risolvere praticamente una situazione che non era più corrispondente all'antica norma. Restava sempre il problema che soltanto all'imperatore spettava *condere leges*: ma anche questo problema venne superato sul piano della realtà.

Gli ordinamenti comunali e l'economia.

Noi oggi senza dubbio ci porremmo una domanda: il sorgere e lo sviluppo del Comune è soprattutto un rifiorire dovuto ad una ripresa della vita economica, a un riprendere di contatti tra popoli lontani e ben si sa che il mercante può anche essere trasmettitore di idee. Ora questi enti avevano un loro ideale di vita economica? Influivano con una loro politica — e quindi con norme di diritto — sull'economia?

Teniamo presente anche che la società medioevale è una società fondamentalmente religiosa e nella quale quindi anche l'attività economica dovrebbe essere diretta alla conquista della salvezza dell'anima: l'uomo poteva anche agire senza tener conto di ciò — e nella realtà ciò avveniva — ma in tal modo gli sarebbe stato assai difficile raggiungere i fini soprannaturali per cui era stato creato: la ricchezza non era un male, era un male farne scopo e fine della vita non badando ai mezzi per acquistarla.

Il lavoro fu visto come mezzo di acquisto di benessere, perciò pene severissime furono stabilite contro i giochi d'azzardo, come si vede in molti statuti, anche di piccole località come Sirolo nelle Marche (1), tanto che una madre genovese giunse a far giurare il figlio davanti al notaio che non avrebbe più giocato ai dadi. L'odio feroce ai giochi d'azzardo fu limitato quando lo Stato ne divenne gestore e ne ricavò lucro.

Lo Stato intervenne per fissare pesi e misure i cui campioni dovevano essere sempre a disposizione del pubblico: stabilite le misure, il controllo si esercitò sui mezzi tanto da arrivare, come a Firenze, a stabilire che ogni pezza di stoffa doveva portare sulla cimosa un cartellino con le indicazioni di tutte le voci di costo dal primo acquisto al momento della vendita (2); così si pensava di poter mantenere il guadagno entro una certa percentuale, come aveva disposto Venezia per i pescivendoli.

(1) *Gli Statuti del Comune di Sirolo*, a cura di A. CANALETTI GAUDENTI, c. 48, pag. 134, Ancona, 1938.
(2) A. SAPORI, *Il « taccamento » dei panni franceschi a Firenze nel Trecento*, Torino, 1931.

Le Arti non vedevano con simpatia la concorrenza e si trovano disposizioni, come quelle negli Statuti degli albergatori di Firenze, che vietano particolari tipi di propaganda atti a togliere clienti ad altri locali.

La lotta contro l'usura fu sempre aspra e quindi assai controllato il mercato dei capitali: ma lo Stato interveniva non solo contro gli atti illeciti — si pensi alle pene gravissime contro i falsificatori di moneta — ma anche per guidare l'attività economica: del resto giuristi come Bartolo da Sassoferrato e Baldo degli Ubaldi espressero l'opinione che lo Stato doveva intervenire in tempo per evitare l'esportazione di determinati prodotti, specialmente il grano.

E che dire delle leggi suntuarie? Essendo ritenuto dannoso l'eccessivo consumo di beni da parte dei ricchi, si promulgarono leggi che vietavano abiti troppo ricchi (a Genova, per esempio, si impose, entro le mura, l'abito nero e per gli uomini il mantello corto), banchetti troppo solenni anche in occasione di nozze o monacazioni, l'abuso di gioielli: ma tali leggi erano sempre fatte tenendo presente le diverse classi sociali, sicchè la classe più alta poteva avere abiti più ricchi: si ha l'impressione che qualche volta si volesse soprattutto impedire agli appartenenti alle classi inferiori di poter sfoggiare un lusso pari a quello delle classi superiori.

C'era ancora il mezzo d'influire con mutazione di valore della moneta: a Firenze, per esempio, il fiorino nel 1252 valeva 240 danari, ma dopo 25 anni per avere un fiorino ci volevano 396 danari.

Si possono considerare in questo campo anche le concessioni o il ritiro di concessioni di zecche, come fece già Federico I di Svevia quando tolse la zecca ai Milanesi ribelli nel 1155 e quando dispose, sempre nel 1155, di far battere la sua nuova moneta a Como (1).

Un campo nel quale il Comune poteva ampiamente intervenire per controllare e regolare l'economia era il mercato. Se questo, come sappiamo, era stata una regalia del sovrano, sappiamo pure che anche prima della Pace di Costanza (1183) i Comuni avevano stabiliti mercati. Dopo il 1183 si presentò il problema del trapasso dei dazi e delle tasse dal sovrano al Comune. Sarà così a Verona il podestà Turrisenda a proclamare (1176) il *Breve del mercato*, saranno i consoli di Brescia nello stesso anno a stabilire che a Casaloldo si tenesse ogni martedì un mercato libero da tasse, mentre nel 1180 nella chiesa bresciana di S. Pietro *de Dom* decretavano per tutti i cittadini l'esenzione da ogni dazio di origine impe-

---

(1) *Constitutiones et acta publica*, I, a cura di L. WEILAND, pag. 216, n. 154 e pag. 218, n. 156, in M. G. H., Hannover, 1893.

riale (1). Con i vescovi si procede spesso al riscatto dei loro diritti. Se il Comune, come quello di Lecco nei suoi statuti, si preoccupa della distanza che i banchi debbono avere dalle case circondanti la piazza, esso si preoccupa anche di sopprimere i molti pedaggi gravanti sulle strade, magari acquistando concessioni feudali e riinvestendone i vecchi concessionari, ma con diritti limitati.

Quando il Comune impone tasse per proprio conto sul mercato, trova il modo di regolare o controllare l'afflusso maggiore o minore delle merci e quindi di tutelare, a suo modo, la propria economia.

I mezzi a disposizione non erano certamente perfetti sul piano tecnico, ma tentativi d'intervento sull'economia furono dunque fatti, anche tenendo conto dell'impostazione moralistica e religiosa che essa, come fenomeno di società, rispecchiava.

Chiesa e Stato.

Il mondo medioevale era in effetti un mondo profondamente religioso, religioso nel senso che ogni manifestazione di vita, anche quelle che per noi oggi paiono più lontane da questo aspetto erano invece in esso viste: così gli stessi moti ereticali, come è noto, avevano spesso a loro fondo dei problemi sociali.

Quando Ariberto d'Intimiano, arcivescovo di Milano, e i nobili della città marciano contro gli eretici di Monforte, sono indignati sia per la predicazione eretica sul piano religioso, sia da certi insegnamenti, come quello per cui la terra era bene comune di tutti gli uomini, che parevano diretti a sconvolgere una società: non per nulla il cronista Landolfo dice che la predicazione di questi eretici era soprattutto ascoltata dai contadini.

Un rapporto tra Chiesa e Stato (e viceversa) non può quindi esser visto come lo si può pensare nei tempi moderni: era un problema, si può dire, di inscindibilità, tanto inscindibile che un movimento di riforma religiosa come quello di Cluny si manifesta materialmente perfino nel rinnovamento della costruzione delle chiese, come scrive Rodolfo Glaber che qui traduciamo: « Pertanto verso l'anno 1003 si cominciarono a rinnovare le basiliche in tutto il mondo, e specialmente in Italia ed in Gallia, anche se alcune decentemente costruite non avevano bisogno di lavori...

---

(1) F. CARLI, *Il mercato nell'età del Comune*, II, pag. 377, Padova, 1936.

L'Abbazia di Cluny
in un manoscritto
della *Cronaca di Cluny*
dell'abate Pietro il Venerabile.

Urbano II
consacra l'Abbazia di Cluny,
particolare
della miniatura precedente.

Era come se il mondo, ributtato il vecchio, indossasse il candido abito delle chiese... » (1).

Basta pensare all'impossibilità per il mondo laico, quello del sovrano, di concepire un ordinamento senza l'elemento religioso, dirò di più, senza il pontefice: Dio aveva istituito le due potestà, quella dell'imperatore e quella del papa, si poteva discutere sulla legittimità di una persona a coprire tale carica, ma non si discuteva sull'istituto.

Si veda quel che succede tra Enrico IV e Gregorio VII papa: Enrico IV scomunicato nel 1076, deve l'anno successivo, anche sotto la pressione

(1) RODULFUS GLABER, *Historiarum sui temporis libri quinque*, IV, in MIGNE, *Patrologia latina*, tomo 142, col. 651.

Veduta esterna dell'Abbazia di Cluny.

Il vescovo e i fedeli
assistono alla consacrazione dell'Abbazia.
Particolare
della miniatura della pagina accanto.

della rivolta degli Svevi e dei Sassoni, umiliarsi davanti al papa a Canossa: ma questa riconciliazione durò poco e quando, nel 1080, il pontefice scomunicò di nuovo l'imperatore riconoscendo a legittimo sovrano re Rodolfo, Enrico IV reagì non già ponendosi contro o fuori del sistema religioso, ma convocando a Bressanone un concilio di vescovi a lui fedeli, nel quale venne decretata la deposizione di Gregorio VII, accusato di esser stato eletto irregolarmente, e di aver sovvertito l'ordine e la pace: l'attacco è dunque diretto contro la persona del pontefice, in quanto un decreto di Nicolò papa aveva stabilito:

«*Quod si quis sine assensu romani principis papari praesumeret, non papa, sed apostata ab omnibus haberetur*».

Pietra tombale
di Rodolfo di Svevia (1080).
Merseburg, Duomo
(Fot. Marburg).

(Traduz.: « Che se qualcuno ritenesse di poter essere elevato alla dignità di papa senza l'assenso del romano principe, sia tenuto da tutti non papa, ma apostata »).

Il Concilio di Bressanone nominò papa Guiberto, arcivescovo di Ravenna: deposto il papa, non se ne poteva tuttavia fare a meno, bisognava che un altro pontefice ci fosse.

Il fenomeno si ripeterà più volte, anche con Federico I di Svevia nella sua lotta contro il nuovo ordinamento comunale italiano, appoggiato, in certi momenti, dal pontefice: se il sovrano arrivava a deporre un papa, bisognava immediatamente crearne un altro.

Minore urgenza v'era invece dalla parte del pontefice nel sostituire un sovrano scomunicato e quindi deposto: l'ansia dell'al di là portava la necessità di giustificare, sul piano religioso stesso, la presa di posizione contro il papa. Anche la politica e la lotta più aspra era sempre limitata dal problema fondamentale della salvezza dell'anima. E si badi bene che ciò avveniva, secondo noi, in buona fede.

Sotto questo aspetto deve esser visto il problema del rapporto tra Stato e Chiesa nel Medioevo: sono due potestà uguali? o una di esse prevale? e se una di esse prevale, quale ed entro quali limiti?

Da parte papale si sostiene che il papa non può essere giudicato da

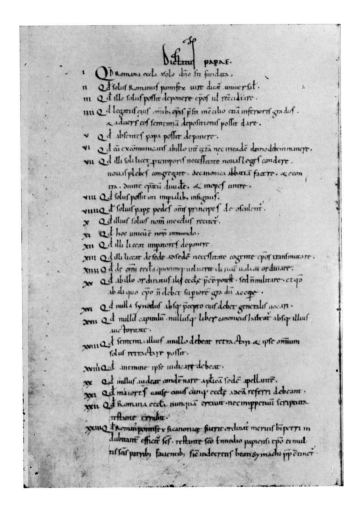

Pagina del Regesto contenente il *Dictatus papae* di Gregorio VII. Biblioteca Apostolica Vaticana (Fot. della Biblioteca).

nessuno, come scrive Gebhardt di Salisburgo (1) e l'autore del *Liber canonum contra Heinricum IV*:

« *Papam vero solius Dei, non hominis subiacere iudicio evangelicae et apostolicae auctoritatis affirmatur testimonio* » (2).

(Traduz.: « Per testimonianza dell'autorità evangelica ed apostolica si afferma che il papa è sottoposto al giudizio del solo Dio, non a quello umano »).

Se il papa non poteva essere giudicato da nessuno, come poteva l'imperatore pretendere di deporlo? Per la parte imperiale è interessante ve-

---

(1) *Libelli de lite imperatorum et pontificum saeculis XI et XII conscripti*, vol. I, pag. 263 segg., in M. G. H., Hannover, 1891.
(2) *Libelli* cit., vol. I: *Liber canonum contra Heinricum quartum*, pag. 498.

dere ciò che scriveva Ugo di Fleury nel suo *Tractatus de regia potestate et sacerdotali dignitate*, il cui titolo è già un programma (1): questo autore dopo aver ricordato, con S. Paolo, che «*non est potestas nisi a Deo*», nota che in un regno il re rispecchia la figura del Padre Eterno, mentre il vescovo quella del Cristo Figlio, «*unde rite regi subiacere videntur omnes regni ipsius episcopi, sicut Patri Filius deprehenditur esse subiectus, non natura, sed ordine, ut universitas regni ad unum redigatur principium*» (traduz.: «onde tutti i vescovi del regno stesso sono soggetti al re, come si sa che il Figlio è soggetto al Padre, non per natura, ma per ordine, affinchè il complesso del regno si riduca ad un solo principio»): se per questo autore si ammette ancora la limitazione del potere sovrano da parte di quello spirituale, ciò cade nel quarto *Tractatus eboracensis* (2), il cui autore finisce col riconoscere al principe il potere delle chiavi, l'autorità di convocare i concili della Chiesa e di presiederli e perfino, quale unto del Signore, il potere di rimettere i peccati.

Ma la controversia non si esplicò solo in trattati; anche la poesia servì per sostenere l'una parte o l'altra: verso il 1084 Pietro Crasso, un giurisperito che scrisse anche una *Defensio Heinrici IV regis* (3), stendeva una poesia di cui riportiamo solo qualche brano:

>*Venite cuncti populi*
>   *qui aulam poli colitis,*
>   *estote semper providi*
>   *complentes iussa Domini.*
>. . . . .
>*Henricus rex terribilis*
>   *Romanos muros circumit*
>   *insidiasque posuit*
>   *Quirites multos perdidit.*
>. . . . .
>*O Hildebrande livide,*
>   *orte draconis semine,*
>   *subisti sedem temere,*
>   *nundum foedasti fervide.*
>*Quid cogitasti lippide*
>
>   *regem e regno pellere?*
>   *Te periurasti cupide*
>   *et nequivisti vincere*
>. . . . .

---

(1) *Libelli* cit., vol. II, pag. 467.
(2) *Libelli* cit., vol. III, pag. 665.
(3) *Libelli* cit., vol. I, pag. 433.

Enrico II sormontato dallo Spirito Santo e circondato
(*agli angoli da sinistra a destra e dall'alto in basso*)
dalla Giustizia, Pietà, Legge e Diritto. Miniatura della scuola di Regensburg del secolo XI.
Roma, Biblioteca Vaticana
(Fot. della Biblioteca).

> *Sed nihil tibi valuit*
> *societas diaboli*
> *recedant adversarii*
> *qui morte regis avidi.*
> *Rex diu victor astitit*
> *et Paterinos subruit,*
> *sed gratia cum Domini*
> *sedem tenet apostoli.*

(Traduz.: « Venite, o popoli tutti, che venerate la reggia del cielo, siate sempre pronti a compiere gli ordini di Dio. – ..... – Enrico re terribile assediò le mura di Roma ponendovi insidie e uccidendo molti Quiriti. – ..... – O livido Ildebrando, nato dal seme del dragone, occupasti temerariamente la sede, insozzandola. – Cosa mai pensasti scioccamente, di cacciare il re dal regno? Cupidamente spergiurasti e non potesti vincere. – ..... – Nulla ti valse l'amicizia del diavolo, recedano gli avversari avidi della morte del re. – Il re fu il vincitore e distrusse i Patarini, e con la grazia di Dio tiene la sede apostolica »).

Ma davanti all'invasione di Roma ed alle violenze commesse dalle truppe dell'imperatore germanico, un poeta nel IIII tra il 12 febbraio e il 12 aprile scriveva i versi che qui riportiamo in parte (1):

> 1) *Dum floret verno tempore*
> *auster quieto equore*
> *ex aquilonis partibus*
> *currens equis velocibus*
> *natus ex adulterio*
> *surrexit quidam scorpio*
>
> 2) *Subiugavit Liguriam*
> *peragravitque Tusciam;*
> *Romam ingressus fraudibus*
> *et fedavit sanguinibus,*
> *ac sanctissimum presulem*
> *a Roma fecit exulem.*
>
> . . . .
>
> 4) *Legat qui vult historias*
> *dicat, si legit talia,*
> *nam Herodis nequicia*
> *ad istius nequiciam*
> *comparata est sanctitas*
> *et Neronis crudelitas.*

(Traduz.: « Mentre in primavera fiorisce l'austro sul quieto mare, sorse dalle parti dell'aquilone, nato da adulterio, uno scorpione che corre su veloci cavalli. – Soggiogò la Liguria, danneggiò la Tuscia; entrato per frode in Roma la insozzò di sangue e fece esule da Roma il santissimo presule. – ..... – Legga chi vuole le storie e dica se ha mai letto cose tali: infatti la nequizia di Erode e la crudeltà di Nerone sono santità paragonate alla nequizia di costui »).

(1) *Libelli* cit., vol. II: *Rhythmus de captivitate Paschalis papae*, pag. 673.

Ma forse i versi che, sia pur più tardi — siamo al 1119 — rispecchiano ormai la situazione come si era venuta concentrando e fissando, sono quelli di Ugo Metello: si tratta di un *certamen*, cioè di un dialogo tra il sovrano e il papa di cui ciascuno mostra le proprie ragioni e cura di fare obbiezioni all'altro: ormai si era vicini a quello che fu il concordato di Worms (1122) e quindi anche l'autore conclude con la proposta di un giudizio di *sapientes*: vediamo questo *certamen* almeno in parte (1):

PAPA: *Rex es, si rectum sequeris, si regia queris*
nec te falsa iuvant, quae sunt contraria veris.
Sed tu nec rectum sequeris nec regia tantum,
affectas coelum quoniam de more gygantum.
Affectas coelum cum pontificalia tractas,
cumque licere tibi dare pontificalia iactas.

REX: *Papa fores, si tu papares more priorum*
predecessorum sectando facta tuorum.
Predecessores Romae leges statuerunt
utque darent investituras sustinuerunt.
Annis centenis istud reges tenuerunt
absque querela, non vi, pontifices posuerunt.
Sed quia tu dampnas, quod sancti costituerunt
vel tu vel sancti patres sensu caruerunt.

PAPA: *Non careo sensu, sed nec caruere priores,*
namque fuere satis nobis illi meliores.
Non careo sensu, quoniam reprobo reprobanda,
laudans, amplectens, venerans quae sunt veneranda.
Olim pontifices rex investire solebat,
et tamen ecclesia, quamvis invita, ferebat.

. . . .

Namque pii reges sese populumque regebant
ecclesiamque Dei sancta sub pace fovebant.
Hii constructores fuerant prius ecclesiarum.
vos destructores penitus nunc estis.

REX: *Quod sancti patres prudenter constituerunt*
hoc insensati subvertere disposuerunt.
Antiqui patres, qui plus nobis voluerunt,
per baculum reges dare regia sustinuerunt.
Significare per hoc, credo, nobis voluerunt
ne laicis dentur, quae pontifices tenuerunt.
Hoc argumentum cognosco probabile multum,
quod si quis reprobat, reprobantem iudico stultum.
Anulus et baculus, quod dico, testificantur,
per quae consulto regalia numera dantur.

(1) *Libelli* cit., vol. III: *Hugonis Metelli certamen papae et regis*, pag. 714.

(Traduz.: « PAPA: Tu sei re se segui il giusto, se cerchi i diritti regi, nè ti aiutano le falsità, che sono contrarie alla verità. Ma tu nè segui il giusto, nè cerchi solo i diritti regi, ma cerchi di scalare il cielo al modo dei giganti. Cerchi di scalare il cielo quando tratti di questioni del pontefice e quando pretendi che ti sia lecito concedere diritti pontificali. – RE: Saresti papa se tu ti comportassi al modo dei tuoi primi predecessori. I predecessori stabilirono leggi in Roma e acconsentirono di dare investiture. Per cent'anni i re si attennero a ciò, e senza lamentela, non per forza, i pontefici stettero. Ma poichè tu condanni ciò che i santi padri stabilirono o tu o i santi padri mancarono di senso. – PAPA: Non manco di senso, nè ne mancarono i miei predecessori, che furono anzi migliori di noi. Non manco di senso perchè condanno ciò che deve essere condannato, lodando, abbracciando, venerando ciò che deve essere venerato. Una volta il re soleva investire i pontefici e la Chiesa, a suo malgrado, lo sopportava... Infatti re pii reggevano se stessi e il popolo e aiutavano la chiesa di Dio sotto una santa pace. Costoro furono costruttori di chiese, voi ora quasi distruttori. – RE: Ciò che i santi padri prudentemente stabilirono, gli insensati disposero di rovesciare. Gli antichi padri, che valsero più di noi, sostennero che i re concedessero i diritti regi col bastone. Vollero farci capire con ciò, credo, che non si dessero ai laici le cose che i pontefici tennero. Questo argomento mi pare molto probabile, tanto che se alcuno lo rifiuta lo ritengo stolto. L'anello e il bastone, dico, sono testimoni del motivo per cui, a ragion veduta, si danno le regalie »).

È dunque la controversia per le investiture che alla fine pone di fronte i due enti dirigenti della società medioevale: la Chiesa e l'Impero. Le due potenze scesero a patti nel 1122 col Concordato di Worms instaurando un sistema che doveva durare fino ai tempi moderni: per quel che qui interessa ricorderemo successivamente i patti tra Alessandro II e Federico I di Svevia (1176-77), i patti di Innocenzo III con Filippo di Svevia (1212-21), di Bonifacio VIII con Alberto d'Absburgo (1303) e con Enrico VII di Lussemburgo, l'imperatore idealizzato da Dante (1310-12) (1), senza ricordare i concordati con i singoli sovrani.

Ma la Chiesa che così aveva impedito che l'ordine ecclesiastico sottostesse a quello dei laici, che aveva ottenuto la sua *libertas*, che aveva ottenuto di poter possedere liberamente i suoi beni, richiedeva che su detti beni non si potesse dallo Stato imporre tasse o gravami.

Ma se il sovrano poteva anche convenire su ciò, di altra idea furono spesso i Comuni, i quali ebbero coscienza dell'autorità civile di fronte alla Chiesa. Se i beni ecclesiastici godevano di immunità tributaria, era facile con qualche tranello giuridico far passare beni di laici alla Chiesa, pretendendone poi l'esenzione dai tributi. Ed ecco, ad esempio, gli Statuti

---

(1) *Raccolta di concordati su materie ecclesiastiche tra la Santa Sede e le autorità civili*, a cura di A. MERCATI, Roma, 1919; S. MOCHI ONORY, *Ecclesiastica libertas e concordati medioevali*, in *Chiesa e Stato*, ed. Vita e Pensiero, Milano, 1939.

di Parma del 1266-1304 (1) stabilire che i beni sottoposti a tributi comunali, non potessero sottrarsi a tali imposizioni nonostante qualsiasi cessione, vera o simulata, a clerici o enti clericali: ciò valeva anche se il proprietario si faceva prete, e ancora a Parma troviamo che in questo caso se il proprietario, ora ecclesiastico, non voleva pagare, pagasse il coltivatore o i suoi coabitanti. Vercelli andava più in là e scriveva nei suoi Statuti del 1241 che tutti i clerici della città e di tutta la giurisdizione pagassero il fodro su tutto il loro patrimonio (2): la conseguenza fu l'interdetto lanciato dal vescovo sul Comune.

I cittadini avevano l'obbligo di pagare i tributi al Comune? Senza dubbio, e allora se i clerici non volevano pagare, facessero pure, ma essi erano da considerare come stranieri: non potevano adire agli uffici pubblici, non ottenevano la tutela da parte del Comune dei loro diritti violati, i loro beni non sarebbero stati protetti, le loro terre vigilate. Così stabilivano statuti di Bologna, di Novara, di Correggio, di Parma, di Firenze e via dicendo.

Tutto questo non vuol dire che i Comuni non sentissero la religione: basta ricordare che gran parte dei duomi vengono eretti proprio in età comunale, ma di fronte alla nuova società che sorgeva, il Comune non poteva ammettere la discriminazione di una parte della popolazione; ugualmente il Comune cercò di opporsi, con minori risultati, all'aumento delle proprietà immobiliari della Chiesa, o a certe immunità di giurisdizione che, attraverso il foro ecclesiastico, durarono fino al secolo scorso e che, per alcune materie, come quella matrimoniale, in Italia durano ancor oggi.

(1) Vol. II, lib. I.
(2) Rubr. CCCXXIV.

Capitolo quarto VITA ASSOCIATIVA

Corporazioni.

L'associazione tra coloro che esercitano lo stesso mestiere è una delle caratteristiche del Medioevo, tanto che il sistema ha in qualche città (per esempio Firenze, Genova, le città della Fiandra e della Hansa) influito anche sugli ordinamenti politici.

È inutile, crediamo, porsi ancora il problema se le corporazioni medioevali possono essere ricollegate a quelle del basso Impero: la frattura delle invasioni barbariche ha senza dubbio fatto sentire i suoi effetti anche in questo campo. Il fatto di ritrovare a Pavia, secondo le *Honorantiae civitatis Papiae*, una serie di associazioni obbligatorie e dipendenti dal *palatium*, cioè dall'amministrazione dello Stato, vuol dire che

ad un certo momento la situazione economica di quella società vide questo sistema come il migliore ed il più adatto per il raggiungimento di determinati scopi. A Pavia infatti troviamo delle *scholae* come quella dei barcaioli o dei cercatori d'oro nei fiumi, le quali ci indicano sicuramente un monopolio da parte dello Stato.

Ma non è di questo che vogliamo parlare, bensì di quelle corporazioni, di quelle *universitates*, che si formarono spontaneamente riunendo individui di eguali interessi.

Il Comune, lo sappiamo, è anche il prodotto di una ripresa della vita economica, e proprio per ciò le corporazioni mercantili (*universitates mercatorum*) presero spesso ad esempio per la loro organizzazione il Comune stesso, ponendosi a capo dei consoli (o priori o rettori) e fecero sentire il loro peso sull'andamento della vita pubblica, al punto da dar l'impressione, qualche volta, che esse rappresentassero quasi un Comune nel Comune: così a Milano, nelle Consuetudini raccolte nel 1216, si parla di una *concordia* — cioè di una pace — avvenuta tra il Comune e i consoli dei negozianti, che doveva restare *firma et illibata* per sempre; una concordia di questo genere indurrebbe a pensare che le due parti si trovassero su di un piano di parità.

Dalle corporazioni vere e proprie possiamo tener distinte le arti, destinate a raggruppare gli artigiani esplicanti la stessa attività.

Tutte queste associazioni hanno in genere ciascuna un proprio santo protettore, una propria cappella nella quale i soci possono ed anzi debbono riunirsi. Nelle arti questa qualificazione religiosa assume un tono

Corteo di cittadini milanesi.
Rilievo di Porta Romana, a Milano.

ancor più alto tanto che esse hanno spesso il nome di *fraternitates*, fraglie, *frataleae* quasi richiamandosi alle confraternite religiose e che tanto valore avevano nel mondo di allora. Qui sarà bene rammentare che non si tratta di associazioni di lavoratori nel senso che noi diamo oggi a questa parola: non tutti i lavoranti di un'arte facevano giuridicamente parte di essa, ma solo gli artigiani capi bottega, solo cioè gli imprenditori economici, sia pure visti in una varia gradazione d'importanza; non si trattava in genere di associazioni dirette ad una lotta di classe e alla conquista di migliori condizioni di vita, ma di mutuo soccorso e di tutela degli interessi economici dell'arte.

Ecco perchè anche in queste associazioni si deve notare un'evoluzione, o meglio, dal nostro punto di vista, un'involuzione; infatti esse da organi di difesa di una determinata attività economica finirono col diventare organi di protezione di coloro che ne facevano parte contro coloro che, fuori di esse, cercavano di entrarvi per godervi i collegati benefici, o anche soltanto per esercitare un'attività, di cui non ci si poteva occupare se non si faceva parte dell'associazione stessa.

Controlli, limitazioni di lavoro, giorni di festa — molti — non pagati, orari pesantissimi, non erano di certo a vantaggio dei lavoratori, ma solo degli imprenditori. Solo così si spiegano tumulti come quello dei Ciompi a Firenze, tumulti coi quali i lavoratori più umili chiedevano di poter essere accettati come partecipanti alle arti e solo così si comprende perchè nel XVIII secolo la Rivoluzione francese abbia soppresso e vietato ogni genere di queste associazioni, sia tra titolari d'aziende, che tra lavoratori.

Che cosa abbia significato una corporazione crediamo si possa facilmente capire rivolgendo il pensiero a Firenze e alla potenza ivi acquistata dalle arti maggiori, tra le quali emergevano in modo particolare quelle della lana.

Ma forse il modo migliore per rendersi veramente conto dell'attività di queste associazioni nella vita della città medioevale è di vederle attraverso i loro statuti, i loro ordinamenti, di vederle vive e attive in quella società.

Riteniamo che le Consuetudini di Milano, già ricordate, proprio per essere del principio del secolo XIII e perchè raccolgono materiale precedente, possano essere una prima fonte utile sotto questo aspetto, per quanto in esse si esaminino specialmente i rapporti tra i *negotiatores* ed il Comune. Vediamo così come questi *negotiatores* avessero una loro particolare autorità sulle strade e sui mercati: anche sulle strade in quanto queste erano viste in funzione dei mercanti che le percorrevano. Con tutto questo però i consoli dei mercanti non dovevano essere considerati quali consoli del Comune, per quanto nulla ostasse che essi potessero coprire tutte le cariche comunali.

Questi consoli dei mercanti dovevano anche controllare che nessuno usasse misure false o pesi di cui si potesse dubitare, perchè non costruite in bronzo, oricalco, rame o ferro. Per le pese val la pena di riportare qui delle disposizioni, tradotte, che ci danno un po' il quadro dei mercati e dei sotterfugi ivi in uso:

« Parimenti ordiniamo con giuramento a tutti coloro che vendono carne secca, olio, pepe e simili a peso o a misura, che da ora in avanti non abbiano da nessuna parte della stadera o della bilancia, qualcosa, sopra la quale una parte della bilancia possa appoggiarsi, ma devono tenere e avere le dette bilance rette, giuste e eguali con i bracci e le corde della bilancia eguali... ».

Il mercato del grano.
Miniatura dal *Biadajolo* (secolo XIV).
Firenze, Biblioteca Laurenziana (Fot. della Biblioteca).

Anzi per evitare qualunque sotterfugio i consoli dei *negotiatores* stabilirono che ad ogni compratore fosse permesso porre la merce da pesare sul piatto della bilancia che preferiva e di farla pesare anche più volte, anche cambiando piatto.

Sono indubbiamente veri poteri di polizia, che spettavano allora ai dirigenti delle corporazioni mercantili in quanto si consideravano sotto questo aspetto, autonomi di fronte al Comune, organo politico.

Dopo le Consuetudini di Milano lo Statuto dei mercanti più vecchio è quello di Pavia del 1295, gli altri sono del secolo XIV e anche più tardi. In genere quando lo statuto viene posto ufficialmente in iscritto è perchè

Mercanti. Miniatura dal *Biadajolo* (secolo XIV).
Firenze, Biblioteca Laurenziana (Fot. della Biblioteca).

la corporazione aveva ormai acquisito un'importanza tale da riten necessario difendere anche così i suoi interessi. In una tarda edizione degli Statuti della mercanzia di Brescia, nella lettera dedicatoria dei consoli dei mercanti al senatore Sebastiano Antonio Crotta troviamo questa espressione: « Il codice è questo dei nostri diritti, dei privilegi nostri » (1). Lo scritto dava garanzia di sicurezza; ma lo scritto fissava usi e consuetudini che già si applicavano da tempo ed è per noi quindi specchio di tempi più antichi di quelli indicati da una data.

Abbiamo più sopra segnalato l'attività dei consoli dei mercanti di Milano nel controllare pesi e misure, ma questa funzione è esercitata dai capi dei mercanti anche in molte altre località.

A Brescia si disponeva che « i consoli della mercanzia debbono controllare ed esaminare misure e pesi » (cap. VII). Ma dove questa attività si vede pienamente è a Firenze; nello Statuto dell'arte della lana (2) si stabilisce che i pesi per la vendita della lana debbono essere « marcati col sigillo dei consoli di questa arte » e che chiunque comprasse o vendesse merci attinenti all'arte della lana al di sopra del valore di 50 fiorini, doveva usare « le stadere del Comune di Firenze »; secondo gli Statuti dell'arte dei rigattieri e linaioli (1296-1340) (3) le bilance dovevano recare il marchio del Comune; per i beccai i Rettori dell'arte dovevano ogni mese controllare *stateras et bilancias* (4); i vinattieri dovevano impegnarsi con

(1) *Statuti della mercanzia di Brescia e suo distretto*, Brescia, 1788.
(2) *Statuto dell'arte della lana di Firenze (1317-19)*, a cura di B. M. AGNOLETTI, Firenze, 1940, lib. III, c. 9-10.
(3) *Statuti dell'arte dei rigattieri e linaioli di Firenze*, a cura di F. SANTINI, Firenze, 1940.
(4) *Statuti delle arti degli oliandoli e pizzicagnoli e dei beccai di Firenze*, Firenze, 1941.

giuramento « di vendere il vino con misure rette e segnate dal Comune di Firenze » e di non tenere in bottega « alcuno orciuolo ovvero misura non segnata e non diritta alla diritta misura del Comune di Firenze » (1); anche gli appartenenti all'arte dei chiavaioli, ferraioli e calderai venivano controllati per quanto riguardava i pesi e le misure dai consoli dell'arte (2). Tutte norme dunque che dovevano garantire la regolarità e l'onestà delle vendite.

Stemma del Tribunale di Mercatanzia.
Firenze,
Palazzo del Tribunale di Mercatanzia
(Fot. Alinari).

Abbiamo detto che queste associazioni di mestiere imponevano con i loro statuti norme che non solo tutelavano la regolarità dell'attività economica, ma anche, e spesso, gli interessi degli imprenditori. Vediamo, ad esempio, il problema delle festività: in un'economia come quella medioevale non v'era l'urgenza di una grande produzione a prezzo basso;

(1) *Statuti delle arti dei fornai e dei vinattieri di Firenze*, a cura di F. MORANDINI, Firenze, 1956.
(2) *Statuti delle arti dei corazzai, dei chiavaioli, ferraioli e calderai e dei fabbri di Firenze*, a cura di G. CAMERANI MARRI, Firenze, 1957.

651

non era conveniente produrre molto guadagnando poco su di ogni pezzo, era preferibile una produzione più lenta con un margine di utile più ampio e ciò forse perchè la circolazione delle merci era, per evidenti ragioni, lenta e faticosa. Dato ciò, le molte festività non rappresentavano un danno per i datori di lavoro, mentre lo erano senza dubbio per i lavoratori che non percepivano alcun salario per quei giorni di riposo.

Ecco, per esempio, cosa scrive a questo riguardo il già ricordato Statuto della mercanzia di Brescia in un passo che qui diamo tradotto:

« Cap. XII. Parimenti è stato stabilito et ordinato che nei giorni di domenica, nelle feste degli Apostoli, nell'Ascensione del Signore, della Beata e gloriosa Vergine Maria, dei santi martiri Faustino e Giovitta e dei santi vescovi Apollonio e Filastro, i mercanti non debbono tenere aperte le loro botteghe per vendere... E affinchè queste disposizioni siano meglio osservate vengano eletti due accusatori e custodi delle feste... i quali dovranno accusare i delinquenti in modo che metà della condanna vada ad essi accusatori e l'altra metà all'Ospedale Domus Dei ».

Si tenga presente che si parlava di festa degli Apostoli e che indicando le feste della Madonna si pensava a tutte le feste con le quali si onorava la Vergine. Ma per chiarire meglio l'argomento ecco l'elenco delle feste secondo lo Statuto dell'arte della lana a Firenze:

Mese di gennaio: Circoncisione di Nostro Signore (1°-I); Conversione di S. Paolo (25-I).

Mese di febbraio: Purificazione di Maria Vergine (2-II); festa di S. Mattia apostolo (24-II).

Mese di marzo: Annunciazione di Maria Vergine (25-III).

Mese di aprile: festa di S. Pietro Martire (29-IV).

Mese di maggio: festa di S. Filippo e S. Giacomo apostoli (1°-V); Invenzione della Santa Croce (3-V); vittoria di S. Michele (8-V); festa di S. Zenobio (25-V).

Mese di giugno: festa di S. Barnaba e S. Bartolo (11-VI); festa di S. Giovanni Battista (24-VI); commemorazione dei Ss. Pietro e Paolo apostoli (29-VI).

Mese di luglio: festa di S. Giacomo apostolo (25-VII).

Mese di agosto: festa di S. Lorenzo (10-VIII); Assunzione della Beata Maria Vergine (15-VIII); festa di S. Bartolomeo apostolo (24-VIII); festa di S. Agostino (28-VIII); festa di S. Giovanni Battista decollato (29-VIII).

Mese di settembre: natività della Beata Maria Vergine (8-IX); esaltazione della Santa Croce (14-IX); festa di S. Matteo apostolo ed evang. (21-IX); dedicazione del tempio sul monte Gargano a S. Michele (29-IX).

Statuti della *Societas Merciariorum* di Bologna.
Bologna, Museo Civico (Fot. M. Salmi).

Mese di ottobre: festa di S. Francesco (4-X); festa di S. Reparata (8-X); festa di S. Luca evangelista (18-X); festa dei Ss. Simeone e Giuda (28-X).

Mese di novembre: festa di Tutti i Santi (1°-XI); festa di S. Salvatore (9-XI); festa di S. Martino (11-XI); festa di S. Andrea (30-XI).

Mese di dicembre: festa di S. Nicola (6-XII); festa di S. Lucia (13-XII); festa di S. Tommaso apostolo (21-XII).

La Natività di Nostro Signore Gesù Cristo per tutta l'ottava; l'Epifania e Pentecoste e la festa di S. Giusto; la Pasqua di Resurrezione fino al giovedì seguente e il giorno di *carnisbrivium* (mercoledì delle ceneri); tutte le domeniche di tutto l'anno.

Fatti i debiti conti e notando che si sospende il lavoro anche il primo giorno di Quaresima, risulta che più di 100 giorni all'anno non erano lavorativi sicchè i lavoratori per circa un terzo dell'anno non percepivano paghe, per quanto dovessero vivere anche in quei giorni. Si pensi che regole di questo genere valevano anche per la macellazione e la vendita delle carni: infatti lo Statuto dei beccai di Firenze del 1346, dopo aver fatto un lungo elenco di festività che comprendeva tra l'altro S. Miniato, S. Anna, S. Maria Maddalena, S. Felicita, S. Cecilia e i Ss. Macabei, scriveva: « Nei quali giorni nessun beccaio osi o presuma di vendere o di far vendere carni o pesci... », salvo che le festività non cadessero in sabato o, per i mesi di giugno, luglio e agosto, in lunedì. Ad ogni modo ogni vendita era sospesa a S. Pietro, Sant'Anna, S. Giovanni Battista e per l'Assunta il 15 agosto.

Per quanto riguarda i beccai vi erano disposizioni particolari che dipendevano dalle regole della Chiesa: così non si poteva vendere carne nei giorni delle quattro Tempora e durante tutta la Quaresima, salvo che si trattasse di carne per gli ammalati; ma in questo caso la vendita doveva avvenire alla presenza dei consoli dei beccai.

Del resto non solo gli statuti delle arti, ma gli stessi statuti comunali fissavano elenchi di festività che dovevano essere rispettate da tutti e nelle quali era vietato « vendere, negoziare, prestare opere servili o mercenarie, tenere banchi o botteghe aperte per vendere o comprare merce », come dice lo Statuto di Vicenza (1), secondo il quale le feste da osservare erano le seguenti: Circoncisione, Epifania, S. Antonio (17-I), S. Vincenzo patrono di Vicenza (22-I), Purificazione di Maria Vergine (2-II), S. Mattia (24-II), Annunciazione (25-III), S. Marco (25-IV), Ss. Filippo e

---

(1) *Statuta Communis Vicentiae*, lib. IV, fol. 146.

Stemma dell'Arte dei Vinattieri.
Firenze, Palazzo del Tribunale
di Mercatanzia (Fot. Alinari).

Stemma dell'Arte dei Beccai.
Firenze, Palazzo del Tribunale
di Mercatanzia (Fot. Alinari).

Giacomo (1°-v), Invenzione della Croce (3-v), S. Floriano (4-v), S. Giovanni Battista (24-vi), Ss. Pietro e Paolo (29-vi), Ss. Giacomo e Cristoforo (25-vii), S. Lorenzo (10-viii), Ss. Felice e Fortunato (14-viii), Assunzione (15-viii), Ss. Leonzio e Carpoforo (20-viii), S. Bartolomeo (24-viii), Natività di Maria (8-ix), S. Matteo evangelista (21-ix), S. Michele (29-ix), S. Luca (18-x), Ss. Simone e Giuda (28-x), Tutti i Santi (1°-xi), S. Martino (11-xi), S. Andrea (30-xi), S. Tommaso (21-xii), Natale, S. Stefano (26-xii), S. Giovanni evangelista (27-xii), Ss. Innocenti (28-xii), S. Silvestro (31-xii); a questo si aggiungano tutte le domeniche, il venerdì santo, il lunedì di Pasqua, l'Ascensione, la Pentecoste, la festa della SS. Trinità. Anche qui andiamo sul centinaio di giorni non lavorativi.

Per comprendere lo spirito di queste associazioni bisogna sempre ricordare che il mondo medioevale è un mondo religioso, un mondo nel quale cioè molti aspetti della vita che a noi sembrano estranei alla religione erano visti in realtà compresi in essa: può sembrare monotono il ripetere questa asserzione, ma è neccessario per entrare nello spirito di quella Società.

Far parte di un'associazione di operatori economici non era solo appartenere ad un gruppo che si poneva il problema della tutela di determinati interessi economici, di rapporti di lavoro, di produzione, di acquisto di materie prime o di vendita di prodotti — tutto ciò corrisponderebbe ad una nostra visione — ma voleva dire stabilire con i compagni dei rapporti che vanno ben al di là di tutto ciò. Partecipare a determinate funzioni religiose, sotto pena di multa in caso di assenza non giustificata, rientrava nettamente in questo quadro: « Parimente che tutti e i singoli di quest'arte e società alla vigilia di S. Giovanni Battista del mese di giugno dovranno radunarsi dove avranno indicato i consoli in carica dell'arte, e ivi ciascuno dovrà essere presente col suo cero e seguire i detti consoli e il vessillo dell'arte fino alla chiesa di S. Giovanni Battista e là offrire il cero; e chi non si presenterà sarà sottoposto a multa di 5 soldi a favore dell'arte » (Statuto dell'arte dei legnaioli di Firenze, c. LXIV) (1). A Feltre per l'arte e i lavoranti dell'arte della lana oltre ad un simile obbligo per la festa di S. Andrea, v'era una messa che si teneva tutte le quarte domeniche di tutti i mesi nella chiesa maggiore di Feltre ed alla quale tutti i *fratres scholae* dovevano devotamente partecipare (2).

---

(1) *Statuti dell'arte dei legnaioli in Firenze*, a cura di F. MORANDINI, Firenze, 1958.
(2) P. RASI, E. ROSSI, *Statuta scholarium artis et laborantium lanae civitatis Feltri*, Milano, 1943.

DOMN'AMBLVLF'
ABS·

ET ELDRADVS

S BENEDICTI CORDE BENIG

Vestizione e consacrazione di un sacerdote.
Scena della vita di S. Eldrado.

Novalesa, Cappella di S. Eldrado.
Fot. Centro di studi arch. e art. del Piemonte.

Viscardi-Barni, *Il medioevo comunale italiano.*

È curioso ciò che vien disposto a Corneto dallo Statuto dell'arte degli ortolani (1), per il quale, come per altri consimili statuti, si può fare l'osservazione che certi obblighi non dovevano più essere molto sentiti, se era necessario rafforzarli con pene e multe:

 « *De far fare il cerio*. — Ad onore et reverentia de Dio onnepotente e de la gloriosa Vergene Maria matre sua, statuimo et ordinamo che onn'anno ne la festa de l'Assuntione d'essa beata Vergene Maria, facciamo uno cerio sufficiente de XXX libre de pura cera e senza papiro. Del quale cerio facendo sia proposto per li rectori infra li compagni del mese de luglio... El quale cerio siano tenuti li rectori al proprio iuramento et a la pena de XX soldi per ciascuno de farlo fare almeno de octo dì inanti la festa predicta. Esso cerio sia portato per la terra ne la vigilia de dicta festa di po' [subito dopo] la immagine del Salvatore, sì come è per costume: dopo il qual cerio vadano i rectori e tutti li compagni per tutta la terra. E si li rectori non ci andassero sieno puniti de pena de X soldi per ciascuno: li compagni vero che non ci andassero sieno puniti in pena de V soldi per ciascuno. E da poi che serrà reportata la immagine dell'altissimo Salvatore per la terra e reducta a la chiesa, possano li rectori la sera fare expendere per lo cammerlengo de la pecunia de la compagnia in bevere per amore di carità fino in XX soldi. Sia portato da poi esso cerio acceso per l'onore della compagnia a le case de li rectori e del cammerlengo et al lato d'esso cammerlengo debbia remanere. Sussequentemente sia portato per la terra ne la vigilia del santo Agapito, dopo el quale vadano li rectori et tutti li compagni, a la sopra dicta pena. Ne la qual sera possa el cammerlengo espendere con volontà de li rectori in bevere con li compagni fino in V soldi. Da poi sia conservato el dicto cerio per lo cammerlengo fino a la festa del corpo de Cristo e che tutti li compagni sieno tenuti de ire col ditto cerio sicome di sopra, a la pena predicta. Da poi infra octo dì prossimi sussequenti esso cerio sia guasto e de essa cera se ne facciano quattro ceri e siano dati a quattro chiese, cioè uno a la chiesa de Santa Maria de Castello, uno a la chiesa de Santa Maria Margarita, uno a la chiesa de Santa Maria Madalena e l'altro a la chiesa de Santo Chimento. Volendo che el cammerlengo a la volontà de li rectori possa spendere de la pecunia nostra per manducare e per bevere fino... in X soldi... ».

Non per nulla si usa dire che tutti i salmi finiscono in gloria.

Un altro argomento, non certo allegro, ma che rientra ancora nel significato fraternale e religioso di queste associazioni, è quello dell'obbligo di partecipare ai funerali dei compagni dell'arte. Già lo statuto qui sopra ricordato scrive che «ciascuno sia tenuto de venir al morto del nostro iurato»; così troviamo in quello dei legnaioli di Firenze del 1301, in quello degli oliandoli e pizzicagnoli di Firenze del 1318 e via via in molti altri statuti, arrivando a Venezia dove nel 1271 l'arte dei pellicciai decise di assegnare una parte dei fondi e dei redditi dell'arte stessa a soccorso dei

---

(1) *Lo statuto dell'arte degli ortolani dell'anno MCCCLXXIX*, a cura di F. GUERRI, Roma, 1909, pag. 15, c. XVI.

Un defunto sul letto funebre.
Avorio del secolo XI.
Firenze, Museo Nazionale (Fot. del Museo).

compagni poveri ed ammalati e per tener accesa una lampada (*luminaria mortuorum*) presso le tombe dei compagni defunti.

Anche a Modena ed a Brescia alcune arti apersero ospedali per i soci malati (1).

Nel quadro di queste disposizioni delle corporazioni a fondo religioso rientra, ci pare, anche la norma dello Statuto dei medici di Venezia del 1258, che stabilisce quanto segue: (traduz.) « Giuro sui Vangeli di Iddio Santo che non mi occuperò della cura di nessun infermo senza prima averlo ammonito che egli deve confessare i suoi peccati ad un sacerdote » (2); una simile disposizione si trova anche nello Statuto dei medici di Firenze del secolo XIV (3).

(1) A. FANFANI, *Storia economica*, parte I, Torino, 1961, pag. 310.
(2) *I capitolari delle arti veneziane*, a cura di G. MONTICOLO, Roma, 1896, vol. I, pag. 146.
(3) Firenze, Arch. di Stato, *Arti, medici e speziali*, I, 3, XXVIII.

Sotto: scena di funerale;
a destra:
un uomo si leva il cappello al passaggio della salma.
Padova, Basilica del Santo;
particolari degli affreschi di Altichiero e Avanzo
nella cappella di S. Felice (Fot. Alinari).

Non vorremmo però che qualcuno pensasse che, in fondo, queste celebri corporazioni medioevali di cui tanto si parla, tutte prese dal problema religioso, ignorassero o trascurassero decisamente quello economico. Ebbene, a titolo di particolare curiosità e di chiarificazione, ricorderemo che a Venezia, ad esempio, dove vi è una notevole fioritura di corporazioni ed associazioni d'arti e mestieri fin dal XII secolo, non esisteva una corporazione dei grossi mercanti o dei banchieri (come avveniva invece a Firenze), proprio perchè costoro, appartenendo in grande maggioranza al vecchio od al nuovo patriziato, avevano già il modo di controllare lo Stato e quindi non avevan bisogno di una particolare associazione a tutela dei propri interessi.

Sul piano economico desideriamo però far notare subito che uno dei punti fondamentali è quello secondo il quale le arti, con le loro norme e con i loro statuti, si preoccupavano di evitare la concorrenza tra i soci, perchè la concorrenza avrebbe fatto abbassare i prezzi di vendita riducendo l'utile dell'imprenditore; questa era la realtà anche se nel mondo medioevale si giustificava tale divieto di concorrenza col principio dell'amore verso il prossimo e col precetto evangelico di non fare agli altri ciò che non si vorrebbe fatto a se stesso.

È un quadro che, evidentemente, non corrisponde pienamente a quello disegnato da un eminente storico dell'economia, secondo il quale nell'epoca che stiamo esaminando avrebbe sempre dominato il senso della fratellanza, della santità del lavoro, della mortificazione, di un'economia che sarebbe anelito di quanti cercano la gloria di Dio e, per amor di Dio, il bene del prossimo (1).

Gli statuti, così chiari per l'obbligo dell'osservanza formale delle pratiche religiose (magari sotto la minaccia di pene pecuniarie, che poco depongono a favore di un'alta spiritualità) ci danno modo di conoscere in concreto un altro tipo di società.

Per quanto riguarda la concorrenza vediamo, ad esempio, lo Statuto degli albergatori di Firenze del 1324; vi sono norme che hanno senza dubbio il loro fondamento nella visione economica di classe del tempo; così al c. XVI si vieta di far propaganda per convincere chi è già ospite di un albergo a lasciarlo per passare in un altro, si vieta di andare per la città incontro a forestieri per invitarli a soffermarsi in un determinato locale, si vieta perfino di mostrare fuori dell'albergo misure di vino permettendone l'assaggio in modo da convincere l'ospite incerto con la qualità del prodotto.

Per evitare poi che qualcuno tenesse albergo non facendo parte dell'arte degli albergatori, era stato stabilito che ciascun albergatore appartenente all'arte dovesse avere nella sua insegna *unam stellectam pictam de colore vermilio*, una stelletta dipinta di color vermiglio e che tale stelletta potesse esser posta soltanto nell'insegna di chi faceva parte dell'arte. Per di più si stabiliva che chiunque nella città e nel contado di Firenze facesse cuocere, per vendere, carni o pesci, o preparasse tavole, perchè altri vi potessero mangiare o bere a pagamento doveva far parte dell'arte: con questo sistema costui doveva accettare lo statuto e sottostare quindi alle limitazioni alla sua libertà di iniziativa e di concorrenza. Disposizioni simili sono nello Statuto degli ortolani di Corneto dove si fissano pene per chi « chiama alcuno ne la piazza acciò che comperi da esso ».

Tutte norme che ponevano il lavoratore alla mercè di organizzazioni che controllavano anche lo Stato; la mancanza di concorrenza era un

---

(1) A. FANFANI, *op. cit.*, pag. 244.

Arti e mestieri. Miniatura del *De Sphaera* estense,
di scuola lombarda del secolo XV.
Modena, Biblioteca Estense (Fot. Orlandini).

evidente vantaggio per l'imprenditore ed un chiaro danno per il lavoratore consumatore.

L'arte diveniva così gelosa dei suoi privilegi; entrare in un'arte, in una corporazione non era facile per chi non fosse già figlio o stretto parente di un socio. D'altra parte l'appartenenza all'arte diveniva necessaria per chi esercitava di fatto un'attività inquadrabile; sembra un circolo senza fine, ma era in realtà un sistema per togliere di mezzo dei noiosi concorrenti. Le tasse di ammissione ad un'arte erano assai gravose per chi non appartenesse già a famiglia dell'arte stessa: così a Firenze verso il 1330 gli immatricolati « ereditariamente » erano circa il 27% del totale, ma nel 1420 costoro erano saliti al 72%: l'arte si chiudeva ed escludeva nuovi elementi, il che tolse vitalità ed energia alle nostre associazioni mercantili.

Chi voleva dunque essere ammesso in una corporazione doveva pagare la tassa, presentare un capolavoro, giurare gli statuti; la tassa andò man mano aumentando restando ridotta solo per chi era di famiglia già dell'arte; nel caso degli albergatori di Firenze, ad esempio, i figli o fratelli di soci pagavano 10 soldi piccoli, mentre gli altri pagavano da 30 soldi fino a 5 libbre, secondo l'importanza dell'azienda.

Un altro problema da tenere qui presente era quello dell'apprendistato; sta bene che c'era la possibilità di continuazione di padre in figlio, ma anche nuovi elementi giovani venivano a far parte delle arti per le sempre maggiori necessità dell'economia specialmente nelle città, nel periodo del loro dinamismo e sviluppo. Essere apprendista voleva dire entrare nella famiglia del datore di lavoro, infatti la bottega era unita di solito alla casa e la stessa impostazione aziendale artigiana imponeva una continua collaborazione e convivenza. Non fanno quindi meraviglia alcuni divieti o alcune clausole leggibili in contratti di apprendistato e che a noi potrebbero parere non attinenti alla fattispecie.

Ecco un atto genovese del 7 settembre 1198 col quale Armanno di Guglielmo di Chiavari si obbligava come apprendista con Martino fabbro ferraio per otto anni, impegnandosi non solo a (traduz.) « lavorare per la sua utilità e fargli i servizi in casa e a non derubarlo per più di 12 soldi all'anno » (la saggezza di quegli antichi reggitori liguri ammetteva qualche sottrazione o qualche trucchetto perchè il giovane si mettesse qualche soldo in tasca, cosa che una rigida ed assoluta morale non avrebbe dovuto permettere), ma anche a « non prender moglie senza la licenza del padrone » (1). In

---

(1) *Notai liguri del secolo XII: Bonvillano*, a cura di J. E. EIERMAN, H. G. KRUEGER, R. L. REYNOLDS, n. 20, pag. 10, Genova, 1939.

un altro simile atto del 29 marzo 1192 Vasallo da Zanego prometteva di stare per tre anni a servizio presso Martino fabbricante di drappi, giurando che finchè fosse rimasto con costui non avrebbe avuto rapporti con alcuna donna abitante nella casa di Martino (1).

Clausole di questo genere si spiegano proprio con la soggezione, quasi ad un nuovo *paterfamilias*, che l'apprendista accettava col contratto di *locatio operarum*, contratto che portava con sè appunto la necessità di stare ed abitare presso il datore di lavoro. Il giovane lavoratore apprendista veniva così a trovarsi nella stessa situazione in cui si trovavano i figli del suo principale, il quale poteva esercitare poteri ed autorità che certamente esulerebbero da una stretta concezione di rapporti di lavoro, ma che vi entrano invece se teniamo conto dell'organizzazione non solo del lavoro, ma dell'arte o corporazione stessa, che sappiamo unita da vincoli fraterni, religiosi oltre che economici.

Questi contratti di lavoro sono anche interessanti perchè per quei casi nei quali l'apprendista non era ancora entrato nel diciottesimo anno di età era qualche suo parente, e spesso la madre, ad impegnarsi per lui, come avviene il 23 gennaio 1191 per Giacomino del fu Gionata di Portofino (2).

Qualche volta il datore di lavoro-maestro promette di dare, al termine del periodo fissato nel contratto, al giovane i ferri del mestiere perchè possa continuare dove vuole la sua attività; ciò vediamo, per esempio, il 21 giugno 1191 da parte di Guido Reja verso Ubertino da Miseja: (traduz.) « E che alla fine del termine stabilito darà un martello, quattro ferri grossi, una cazzuola, due scalpelli e due asce » (3). In un certo qual senso si può quindi anche parlare dell'arte come di una scuola.

Ma la corporazione aveva spesso anche poteri giurisdizionali per le questioni sorte tra i suoi membri; questi specialmente per divergenze di carattere professionale dovevano ricorrere ai loro capi che applicavano le norme contenute negli statuti dando anche multe che andavano alla cassa dell'arte o corporazione.

Proprio per questa autonomia le comunità dei mercanti, fuori della propria città, avevano dei consoli, dei capi non solo per armonizzare eventuali contrasti e per rendere giustizia, ma anche per mantenere rapporti

---

(1) *Notai liguri del secolo XII: Guglielmo Cassinese*, a cura di M. W. HALL, H. G. KRUEGER, R. L. REYNOLDS, vol. II, n. 1811, pag. 272, Genova, 1938.

(2) *Notai liguri* cit., *Guglielmo Cassinese*, vol. I, n. 111, pag. 46.

(3) *Notai liguri* cit., *Guglielmo Cassinese*, vol. I, n. 763, pag. 305. - C. G. MOR, *Gli incunaboli del contratto di apprendistato*, in "Archivio Giuridico", vol. 156, 1964.

Arti e mestieri. Miniatura veneta del secolo XIV.
Venezia, Biblioteca Marciana
(Fot. della Biblioteca).

con le autorità delle città che li ospitavano; da capi di mercanti all'estero questi consoli divennero capi di comunità all'estero (si pensi alle colonie delle nostre repubbliche marinare nei paesi del Medio Oriente) e sono i progenitori degli attuali consoli, riconosciuti dal diritto internazionale.

Alle associazioni dei mercanti erano spesso affidate le strade e la loro manutenzione; è da segnalare, per esempio, che per Milano alla *Universitas Mercatorum* era affidata anche la sicurezza delle strade stesse, sicchè il mercante che percorreva quelle vie, dopo aver pagato un tanto per cento sulle merci trasportate e dichiarate, aveva diritto ad essere rimborsato per il danno che avesse subìto nel caso che fosse stato assalito e depredato da ladri; si trattava dunque di una vera e propria assicurazione che aveva però riflesso nel campo del diritto pubblico.

È bene rammentare che se nella maggior parte delle città le associazioni d'arti e le corporazioni sorgono per necessità di cose e mantengono poi una loro autonoma organizzazione esercitando spesso anche un peso politico nella vita pubblica, come si è già ricordato per Genova e per Firenze, in altri casi esse sono strettamente controllate dallo Stato, come avviene in modo particolare a Venezia, dove dei giustizieri, nominati dal doge, fissano regole e norme. Vediamo a questo proposito l'inizio dello Statuto dei giubbettieri, come fu fissato nel marzo 1219:

(Traduz.) «Nel nome del Signor nostro Gesù Cristo, amen. Noi tutti giustizieri, cioè D. Pestello, M. Romano, A. Marino, Guglielmo Marino e Giacomo Trino, che siamo stati nominati dal nostro signore Pietro Ziani inclito doge di Venezia e dal suo Consiglio per regolare la giustizia, nell'anno 1219, nel mese di marzo facemmo giurare tutti i maestri dell'arte delle giubbe e dei fabbricanti di coperte... » (1).

Frequente è poi a Venezia il fatto che la singola norma statutaria cominci con le parole: « *Statutum est per dominum nostrum ducem et suum Consilium* » — cioè è stato stabilito dal doge e dal suo Consiglio — il che toglie evidentemente ogni autonomia all'arte e al suo potere autonormativo, come si vede, per esempio, nello Statuto dei pescivendoli del 1227; in questo statuto si pone anche il problema di impedire da parte dei pescatori stessi, l'incetta e quindi l'aumento dei prezzi; si stabiliva infatti che nessun pescatore avente banco « *in Rivoalto vel in Plathea Sancti Marci* » potesse comprare pesce per rivenderlo: si trattava di una norma che il doge Sebastiano Ziani aveva già stabilito per la frutta nel 1173. Poteva però il pescatore vendere per conto di terzi, nel qual caso egli aveva diritto di trattenere per la sua prestazione il 10%.

Ma gli statuti davano perfino disposizioni ai medici con norme che a noi possono parere un po' strane, come quella di informare il malato sul costo della cura e quella di non prolungare *per fraudem* l'infermità del paziente (2).

Abbiamo già visto che anche gli studenti erano riuniti in associazioni ed anzi la prima scuola di Bologna è proprio nata da un'associazione di studenti; del resto il termine « università » che noi ancora usiamo è il ricordo di quella antica *universitas*, cioè associazione. Associazione di studenti a Bologna, associazione di docenti a Parigi, si trattava sempre di una manifestazione di quel fenomeno associativo così proprio del mondo medioevale e che, come dicemmo, doveva essere completamente abbattuto dalla Rivoluzione francese.

(1) *I capitolari delle arti veneziane*, cit., vol. I, pag. 24.
(2) *I capitolari delle arti veneziane*, cit., vol. I, pag. 146. - A. PADOA SCHIOPPA, *Giurisdizione e statuti delle arti nella dottrina del diritto comune*, in " Studia et documenta historiae et iuris ", XXX, Roma, 1964.

Capitolo quinto   I VIAGGI

Viaggi e pellegrinaggi.

Il viaggio medioevale era generalmente provocato da due motivi: il commercio e il pellegrinaggio religioso. Si potrebbero considerare anche le spedizioni militari, ma con queste si entrerebbe in un campo che non è qui il luogo di trattare. Viaggio infatti vuol dire spostarsi da un luogo all'altro senza combattimenti, senza scontri armati; ecco perchè ci pare che le spedizioni militari, siano pure le Crociate, non possano rientrare nel vero e proprio campo dei viaggi. Dato poi che il turismo, in quanto tale, ancora non era neppure pensabile, ne viene come necessaria conseguenza che nel Medioevo si era indotti a viaggiare per i due motivi sopra menzionati.

V'erano indubbiamente tra i viaggiatori dei curiosi, delle persone che avevano interesse per uomini, cose e problemi al di fuori dello scopo immediato del loro viaggio, ma erano non molti.

Possiamo ricordare tra questi pochi Benjamin di Jona, ebreo di Tudela, nel Regno di Navarra, che tra il 1159 e il 1167 compì un lungo viaggio visitando gran parte del mondo civile di allora, Francia meridionale, Italia, Grecia, Costantinopoli, Siria, Palestina, Mesopotamia, giungendo in Persia ed arrivando fino ai confini dell'India. Viaggio turistico? Può darsi, ma in Benjamin vi era un forte interessamento ai problemi commerciali, come risulta dalle annotazioni sull'attività economica dei paesi visitati conservateci nel *Massaòt Binjamìn* (1).

Le strade dei pellegrini.

Le vie dei pellegrini avevano nel mondo medioevale fondamentalmente tre mete: Gerusalemme, Roma, S. Giacomo di Compostella, celebre santuario in Galizia, che raggiunse il suo apogeo nel secolo XII.

A Gerusalemme si arrivava per via di mare, dai porti del Mediterraneo, specialmente da Genova, Venezia e dai porti della Provenza; ma Roma e S. Giacomo di Compostella richiedevano lunghe marce a piedi col passaggio delle Alpi e dei Pirenei.

---

(1) Questo *Itinerario* fu edito in ebraico a Costantinopoli nel 1543. Ora v'è una traduzione in inglese di M. N. ADLER, *Itinerary of Beniamin of Tudela*, in « The Jewish quarterly Review », Londra-Filadelfia, 1904-06.

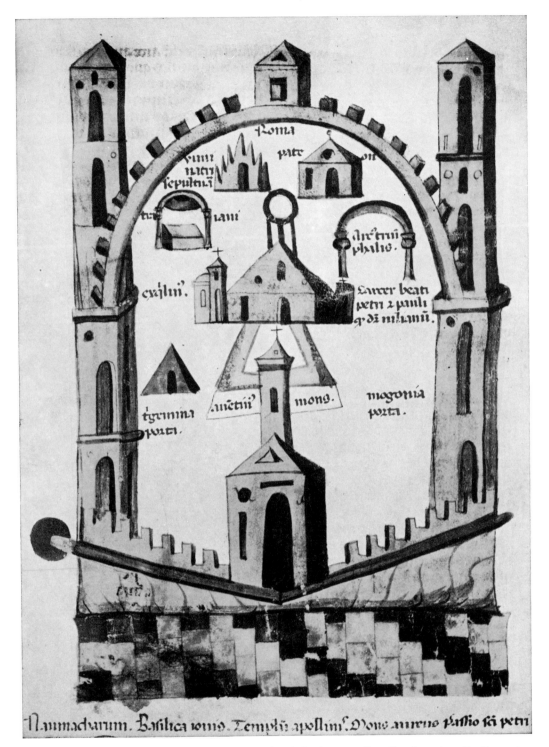

Figurazioni topografiche relative ai monumenti cristiani, meta di pellegrinaggi, nella Roma imperiale del secolo V d. C. Miniatura di un codice del secolo XIII e XIV della *Corografia* del Solino, derivato da un originale dell'età imperiale. C. Ambrosiano 246, Inf., f. 3 v. Milano, Biblioteca Ambrosiana (Fot. della Biblioteca).

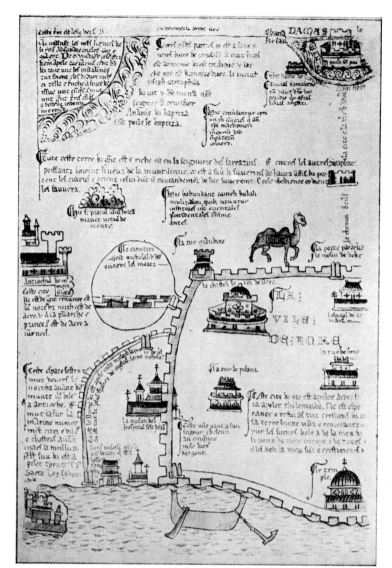

Particolare della carta dell'itinerario da Londra a Gerusalemme, dalla *Chronique* di Mathieu del secolo XIII: Damasco, Antiochia, Acri.

A sinistra in basso: veduta di Roma, dalla bolla d'oro usata da Ludovico il Bavaro durante la sua permanenza a Roma. Monaco, Bayerische Staatsbibliothek (Fot. della Biblioteca).

Nelle Alpi occidentali una strada veramente importante esisteva, quella del Moncenisio, che metteva in comunicazione il bacino superiore del Po col medio Rodano; più a levante il passo del Gran S. Bernardo — dove nel 1086 S. Bernardo di Menthon erigeva il celebre ospizio — collegava il bacino superiore del Po con quello superiore del Rodano e fu questo senza dubbio il più celebre dei passi

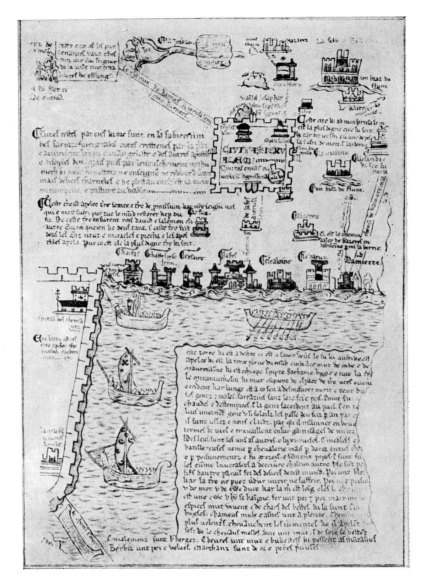

Particolare della stessa carta della pagina accanto: il Giordano, Gerusalemme, Damietta.

alpini per i secoli X, XI, XII. Quasi al centro dell'arco alpino il Settimo, il Lucomagno, il S. Bernardino collegavano la valle Padana col bacino superiore del Reno, da dove era facile raggiungere i paesi germanici. Il Brennero univa la valle dell'Adige e quindi la valle Padana col medio Inn e col bacino del Danubio.

Per quanto riguardava i Pirenei bisognava passare o usando le depressioni esistenti verso il Mediterraneo e verso l'Atlantico, oppure servendosi dei passi di Somport e di Roncisvalle.

Il movimento verso Roma era veramente notevole e già nelle *Honorantiae civitatis Papiae*, più volte ricordate, vediamo come ai posti doganali della frontiera si facessero particolari agevolazioni a coloro che vennero

Planisfero nel Codice Add. Ms. 27376 del British Museum,
contenente il *Liber Secretorum Fidelium Crucis*
di Marino Sanudo.
Londra, British Museum (Fot. del Museo).

poi chiamati i *Romei*; anzi questo nome si diffuse tanto, che alcune strade, percorse di preferenza da quei pellegrini, vennero dette *vie Romee* e che divenne perfino cognome di famiglie.

I pellegrini che da Roma tornavano ai loro paesi portavano il ricordo di ciò che avevano visto e magari non capito: così in molte città della

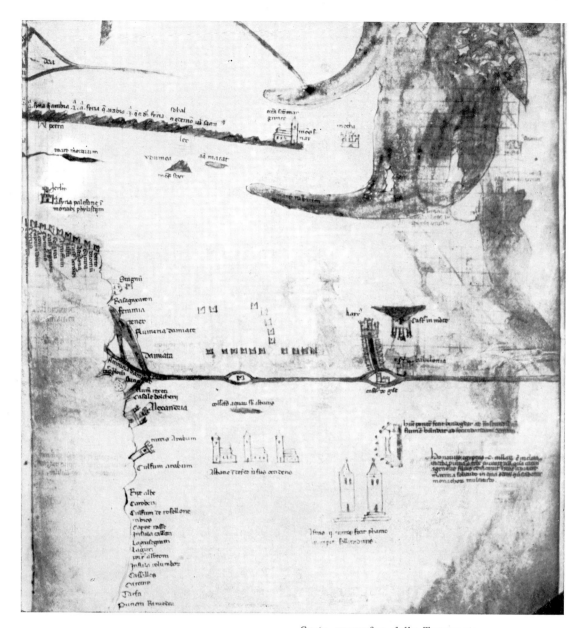

Carta geografica della Terrasanta.
Dal *Liber Secretorum Fidelium Crucis* di Marino Sanudo.
Manoscritto del secolo XIV.
Firenze, Biblioteca Riccardiana (Fot. della Biblioteca).

Francia la statua di Marco Aurelio venne riprodotta, in modi diversi, sulle facciate delle cattedrali che stavano sorgendo, perchè... i pellegrini avevano ritenuto che si trattasse della statua di Costantino, colui che aveva concesso la tolleranza in favore del cristianesimo. Lungo queste vie sorgevano ospizi, gli *xenodochi* che si trovano non solo presso i passi alpini,

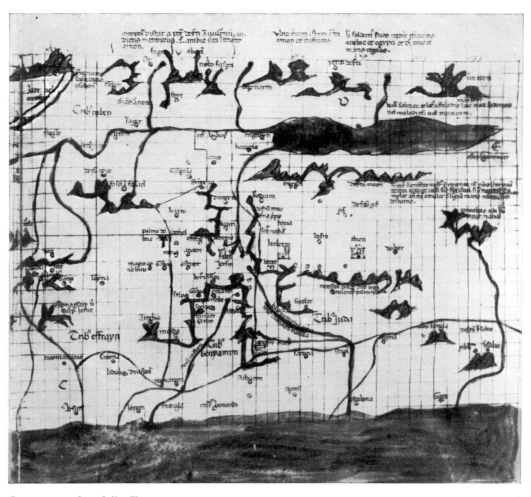

Carta geografica della Terrasanta.
Dal *Liber Secretorum Fidelium Crucis* di Marino Sanudo.
Manoscritto del secolo XIV.
Firenze, Biblioteca Riccardiana (Fot. della Biblioteca).

come quello già ricordato del S. Bernardo, o come quello di Disentis o del Settimo, ma anche presso i guadi dei fiumi — e sono allora spesso dedicati a S. Cristoforo quasi a ricordare la leggenda del buon gigante traghettatore — presso più piccoli santuari che potevano essere ed erano tappe lungo la via.

Ospizi troviamo ad Antiochia per chi si recava a Gerusalemme, a Somport col nome di S. Cristina per chi puntava a S. Giacomo, senza voler qui ricordare l'ospizio dedicato proprio a S. Giacomo a Parigi ed il cui ricordo vive ancora nella rue St.-Jacques. I pellegrinaggi potevano perfino far sorgere dei nuovi centri abitati come avvenne per Bayonne.

I commercianti viaggiatori.

Se per i pellegrini v'erano norme di tutela, se perfino il papa si muoveva in favore di costoro come fece Innocenzo III nel luglio 1209 intervenendo presso Ottone, re dei Romani, per ottenere, come ottenne, la liberazione di alcuni reduci dalla Terrasanta fermati dal patriarca di Aquileia (1), le cose non procedevano altrettanto bene per i commercianti.

Non possiamo tuttavia dimenticare che per i pellegrini che dovano affrontare la navigazione per mare c'era sempre il pericolo di essere dirottati e sbarcati in luoghi diversi da quelli pattuiti; fu appunto questo il motivo per cui nel febbraio 1179 il papa Alessandro III intervenne presso « il doge ed il popolo veneto » affinchè i pellegrini di Terrasanta non fossero abbandonati, come avveniva, in Creta, in Grecia o in altre terre (2).

Se navigare era proprio necessario, certamente non era facile neppure per dei pellegrini su navi cristiane.

Oltre a tutto era spesso difficile distinguere il commerciante dal pellegrino, distinguere chi viaggiava solo per scopo di lucro da chi vi univa anche uno spirito religioso.

Vediamo cosa avvenne a certi Pisani capitati, dopo una burrasca, tra il 1070 ed il 1075, tra le mani di Gisulfo II, principe longobardo di Salerno. Questi Pisani dunque, si trattava di commercianti, erano stati investiti da un fortunale durante la navigazione ed avevano fatto voto, se si fossero salvati, di recarsi a rendere omaggio alle reliquie di S. Matteo a Salerno; essi però non erano tranquilli circa le disposizioni d'animo di Gisulfo, signore del luogo, forse in posizione ostile contro Pisani e Genovesi che in quel momento appoggiavano i Normanni: « *Li Pisain* — scriveva Aimé, vescovo e monaco di Monte Cassino — *avoiens paor de la malice de lo prince Gisolfe* », e perciò essi mandarono avanti dei messaggeri per spiegare al principe di Salerno come « *avoient en tem-*

---

(1) G. BALLADORE-PALLIERI, G. VISMARA, *Acta pontificia iuris gentium*, Milano, 1946, pag. 201, n. 171.

(2) G. BALLADORE-PALLIERI, G. VISMARA, *op. cit.*, Milano, 1946, pag. 201, n. 169.

Una galera genovese del secolo XII. Miniatura degli *Annali Genovesi* di Caffaro. Parigi, Bibliothèque Nationale (Fot. della Biblioteca).

peste et coment il avoient esté delivré par la merite de Saint Mathie de Salerne »; chiedevano quindi che fosse loro concessa sicurezza per poter entrare nel porto di Salerno onde visitare il corpo di S. Matteo. Il principe accolse la loro richiesta e promise appoggio ed aiuto. « *Et li Pisain pour ceste securité vindrent au port...* »; ma la fine dell'avventura non fu lieta: Gisulfo li mise tutti in prigione e « *nous a privez de nostre bonne marchandise* » (1).

Appelli e lamentele in questo senso venivano al pontefice e all'imperatore da ogni parte.

Negli annali del cronista genovese Caffaro troviamo come i Genovesi, *in extraneis terris*, nelle quali si recavano per i loro affari, pagassero innume-

(1) AIMÉ, *Histoire de li Normant*, Rouen, 1892, pag. 323.

revoli dazi e dovessero acquistare a suon di danaro la libertà di commerciare i propri beni, dovendo qualche volta anche riscattarli (1); si rivolgevano quindi all'imperatore, come aveva fatto nel 1027 il sovrano inglese Canuto, il quale aveva chiesto a Corrado che ai suoi sudditi, mercanti e romei, si concedesse, sulla via di Roma, una legge più giusta ed una pace più sicura, di modo che non fossero angariati da dazi ed imposte da pagare per mille motivi e ad ogni piè sospinto (2).

Permessi e salvacondotti.

Bisognava dunque trovare la maniera perchè i mercanti potessero frequentare mercati in paesi diversi senza essere troppo tormentati da barriere doganali (*clausurae*), da dazi e da pedaggi, confusi, incerti, esorbitanti e spesso arbitrari.

In questo campo della protezione verso i mercanti viaggiatori possono entrare il diploma dell'imperatore Enrico III del 1° maggio 1047 in favore degli abitanti di Scalve concedente loro *facultatem et largitionem* di negoziare e di vendere il loro ferro e ciò che avessero voluto per tutta l'ampiezza dell'impero fino a Monte Croce e a Monte Bardone (3), e quello, del medesimo sovrano, del 24 agosto 1055, in favore dei Ferraresi, col quale veniva accordato a costoro di frequentare *omnem mercatum italicum* senza esser sottoposti ad esazioni, meno alcune piccole imposte da pagare a Pavia, Cremona, Ravenna, Venezia (4).

Naturalmente queste concessioni, gradite a chi le riceveva, non lo erano per chi doveva subirle; i cittadini che si collegavano con un giuramento in difesa dell'*honor* e degli interessi della città, vedevano mal volentieri i mercanti viaggiatori stranieri, tanto che i più antichi consoli genovesi, nell'entrare in carica, giuravano che non avrebbero coscientemente condotto per mare dei mercanti stranieri, nè trasportate delle merci straniere che potessero danneggiare le merci genovesi (5).

Viaggiare diventava anche per i mercanti sempre più difficile.

Eppure limitare l'accesso agli stranieri era un impedire a se stessi di poter recarsi in terre forestiere; sorse allora un accordo di reciprocità

---

(1) *Annales Cafari*, in *Fonti per la storia d'Italia*, vol. I, pag. 50, Roma, 1890.
(2) G. D. Mansi, *Sacrorum Conciliorum collectio*, XIX, pag. 499.
(3) *Diplomata Heinrici III*, n. 199, pag. 256, in M. G. H.
(4) *Diplomata Heinrici III*, n. 351, pag. 478, in M. G. H.
(5) *Leges genuenses*, col. 9, in H. P. M.

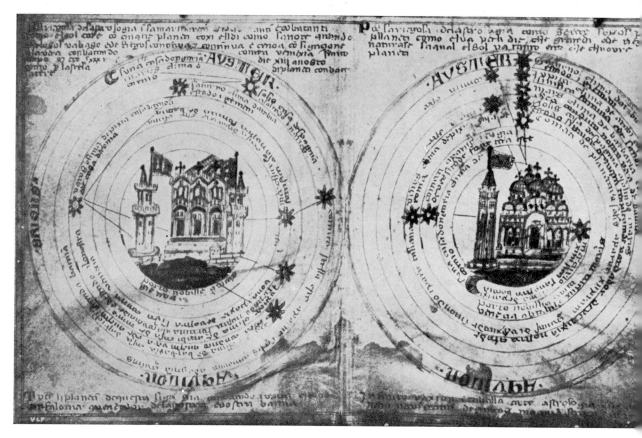

Genova e Venezia.
Carta di Francesco Pizigani del secolo XIV.
Milano, Biblioteca Ambrosiana (Fot. della Biblioteca).

(che veniva materializzato in un accordo generale ed in salvacondotti particolari) che spesso è provocato dagli stessi organi dirigenti delle associazioni mercantili. Così nell'aprile 1166 i consoli dei mercanti e marinai di Roma, a conclusione di lunghe trattative, promettevano ai Genovesi ed agli uomini del distretto da Portovenere a Noli, libero commercio e piena sicurezza e pace per tutto il territorio da Terracina a Corneto; la stessa e reciproca concessione fecero i Genovesi per il loro territorio (1).

Si trattava del pagamento di dazi, ma si trattava anche di controllare quali fossero le persone che chiedevano di entrare in un paese e di controllarne la loro nazionalità, per evitare di lasciar entrare dei nemici.

Se, come sappiamo, vi potevano essere accordi speciali tra paesi e paesi, come quello visto poco sopra o come quello tra Genova e Mont-

(1) *Codice diplomatico della Repubblica di Genova,* a cura di C. IMPERIALE, vol. II, n. 13, pag. 34, Roma, 1938.

pellier, per cui le navi di una città entrando nel porto dell'altra non dovevano chiedere *securitatem*, cioè non dovevano ottenere una garanzia di non essere molestate, v'erano altri paesi nei quali la nazionalità di una persona doveva essere dimostrata di volta in volta per poter ottenere un *sigillum* ufficiale, cioè un salvacondotto.

Ciò avveniva, ad esempio, per i Pisani che si recavano in Egitto, come conosciamo attraverso il salvacondotto del 1215: « Et ciascuna persona che venisse alla terra d'Alixandria, verranno mercanti pisani con mercantia, sieno due uomini mercanti conoscenti et faccino fede che sia Pisano et giurerà proprio esser Pisano... » (1).

Così si otteneva un salvacondotto che permetteva di trafficare; col tempo tale salvacondotto venne rilasciato dai consoli che all'estero tutelavano gli interessi dei propri cittadini e che in questo modo si rendevano garanti per essi.

È da ricordare anche che il passaporto strettamente individuale come quello di oggi era assai raro, in quanto di solito si prendeva in considerazione l'interessato con i suoi familiari, gli inservienti, gli scudieri e via dicendo. Il Bognetti (2) ricorda un passaporto rilasciato ancora nel 1445 da Filippo Maria Visconti, duca di Milano, per una nave diretta in Sardegna e Barberia al comando di Rolino Cusella e Battista Giordano, entrambi di Portofino, nel qual passaporto il re d'Aragona veniva pregato di permettere il passaggio e di concedere aiuto ai due con la loro *comitiva* di 60 persone.

In complesso dunque si trattava di salvacondotti concessi in base a patti tra Stati; salvacondotti che potevano estendersi anche a coloro che fossero nella compagnia di quelli che erano direttamente e principalmente considerati. In questo modo è detto nell'accordo stabilito tra Pisa e l'Egitto nel 1208, dove si parla di tutti i mercanti pisani e di tutte le persone che fossero state con loro (3), per quanto in altri accordi si trovino anche particolari esclusioni. Così nel trattato tra re Manfredi e Genova del 1257 il re promette di trattare come Genovesi quelli che viaggiavano con i Genovesi stessi, ma escludeva da questa situazione di favore i Romani, i Toscani, i Veneti, i Pisani e gli abitanti del Regno di Sicilia (4).

---

(1) M. AMARI, *Diplomi arabi del R. Arch. fiorentino*, serie II, doc. XXIV, pag. 285, Firenze, 1863.

(2) G. P. BOGNETTI, *Note per la storia del passaporto e del salvacondotto*, Pavia, 1933, pag. 296, n. 2.

(3) M. AMARI, *op. cit.*, serie II, doc. XXII, pag 279.

(4) G. P. BOGNETTI, *op. cit.*, pag. 315.

Navi, nazionalità e bandiera.

Le cose si complicavano per la navigazione quando si trattava di stabilire la nazionalità di una nave, dato che gli imbarcati potevano essere di vari e diversi paesi, come avvenne per una nave di Franchi presa dai Saraceni d'Egitto nel 1153, sulla quale oltre ai Franchi, vi erano 10 Genovesi, 25 Pisani e 13 altre persone di varie ed incerte nazionalità (1).

Si sarebbe potuto far ricorso al concetto di proprietà della nave per determinarne la nazionalità, ma questo è un criterio valido agli effetti interni di uno Stato, meno valido nei rapporti esterni. Si aggiunga che a Genova si vedevano stranieri comprare, anche non in società di cittadini, quote e carati di nave; nel 1174 si parla di una nave che era *venetorum et longobardorum*: qual era la sua nazionalità?

Ma forse, proprio per questi motivi, l'uso della bandiera quale indice di nazionalità era già stato introdotto da tempo se gli Statuti di Marsiglia del XIII secolo stabilivano che le navi di queste città dovevano portare un vessillo *cum cruce communis Massilie*; se a questa bandiera si univa la nazionalità del *patronus navis*, cioè del comandante ed eventualmente degli armatori, si potevano avere almeno alcuni elementi atti a dare un'indicazione sulla nazionalità.

Viaggiare era dunque complicato prima ancora di affrontare il vero e proprio cammino; non erano solo i rischi naturali e bellici che consigliavano di far testamento, ma anche le intramontabili difficoltà burocratiche che si moltiplicavano con l'aumentare del traffico e degli ordinamenti politici autonomi.

Le strade.

Per quanto riguarda i mezzi di trasporto per terra l'animale più usato non era il cavallo, animale nobile e guerriero, come è ricordato anche dalle Consuetudini milanesi del 1216, ma il mulo. Per le non facili vie dell'Appennino e delle Alpi questa bestia era il mezzo ideale, tanto più che la sua capacità di sopportare carichi pesanti lo rendevano gradito ai viaggiatori; si rammenti che perfino la *soma* finì col diventare un'unità di misura ponderale.

(1) G. P. BOGNETTI, *op. cit.*, pag. 340, n. 4.

Solo più tardi e per viaggi non lunghi venne in uso il carro e la carretta; questi mezzi non erano però usabili nei paesi di montagna e trovavano forti ostacoli nei guadi dei fiumi.

L'animale era tanto importante in quella società e così economicamente prezioso che si poteva anche averne la locazione; e non doveva

Nicolò e Matteo Polo partono per l'Oriente con il giovane Marco.
Miniatura del *Livre des Merveilles*.
Parigi, Biblioteca Nazionale (Fot. della Biblioteca).

Marco Polo alle porte di una città cinese. Miniatura del *Livre des Merveilles*. Parigi, Biblioteca Nazionale (Fot. della Biblioteca).

trattarsi di cosa rara se perfino in un formulario notarile del 1200 si trova lo schema per un contratto del genere. Nella *Summa notariae Aretii composita* (1) troviamo una *carta locationis* per cavalli o altri animali per trasporto. Secondo questo contratto colui che prendeva a nolo il ronzino lo noleggiava a suo rischio e pericolo impegnandosi ad usare un'esattissima diligenza; il suo rischio arrivava fino al punto da dover restituire la somma di stima dell'animale, anche se la morte di questo fosse avvenuta senza sua colpa, anzi per caso fortuito, quale un incendio o un naufragio.

(1) *Summa notariae Aretii composita annis MCCXL-MCCLIII*, a cura di C. CICOGNANI, in *Scripta anedocta glossatorum*, III, pag. 307, Bologna, 1901.

Viaggiare per via di terra voleva dire incontrare una molteplicità di titolari di diritti che complicavano i trasporti: è vero che le vie pubbliche sarebbero dovuto essere dell'imperatore, ma ogni concessione feudale portava con sè anche la concessione dei diritti su di un tronco di strada: il concessionario aveva, almeno teoricamente, l'obbligo di mantenere in ordine la strada servendosi dei suoi dipendenti e potendo esigere una tassa di transito da chi passava a titolo di compenso per i lavori che... avrebbe dovuto fare. Era troppo agevole percepire la tassa e non fare i lavori...!

Bisognò arrivare fino alla Pace di Costanza (1183) perchè ogni Comune affermasse direttamente il suo potere sulle strade, almeno su quelle di grande comunicazione, e perchè si potesse addivenire ad accordi tra Comune e Comune per il transito intercomunale, il che voleva alla fin fine dire transito interstatale; trattati di questo genere furono fatti tra Brescia e Cremona (1184), tra Brescia e Bergamo (1219), tra Milano ed Alessandria (1209) e via dicendo.

Ad ogni modo viaggiare per via di terra era sempre scomodo anche per le condizioni delle strade; ben poco s'era fatto per la manutenzione di esse, che suppergiù erano ancora quelle tracciate da Roma; pedaggi e taglie venivano imposti con una legalità frequentemente discutibile ai ponti ed ai passi obbligati; la sicurezza non era mai troppa e spesso non era facile distinguere il ladrone dal legittimo esattore. Proprio queste imposte sulle strade furono uno dei motivi che spinsero gli uomini liberi dei Cantoni originari svizzeri, sotto la guida del leggendario Guglielmo Tell, alla lotta contro gli Absburgo e a conquistarsi quella splendida e serena libertà che, consolidatasi non senza attriti e scosse attraverso i secoli, dura ancora oggi.

Il prezzo del trasporto era poi assai caro anche perchè il quantitativo di merce caricabile su di un mulo era sempre non eccessivo, il che spiega perchè, nel limite del possibile, si preferivano i viaggi per via d'acqua.

Ricorderemo che ancora negli Statuti di Milano è fatto obbligo ai Comuni ed alle comunità dipendenti di riattare le strade soprattutto badando a che l'acqua corresse nei regolari fossati e non invadesse le vie impedendo il traffico (1); una disposizione di questo genere fa facilmente vedere in quali condizioni si dovesse circolare.

Gli Statuti di Roma, che, per quanto più avanti nel tempo, rispecchiano spesso situazioni precedenti, dopo aver stabilito che le condizioni delle strade dovevano essere tali da renderle percorribili facilmente, ordina

---

(1) *Statuta Mediolani*, lib. II, c. CCLI-CCLII, ecc.

che le comunità e gli uomini del distretto dovessero tener libere dette strade dai ladroni, addossando agli abitanti della zona nella quale fosse avvenuto un ladrocinio una responsabilità collettiva per il risarcimento del danno subito dal viaggiatore, salvo che il colpevole o i colpevoli venissero da detti abitanti consegnati nelle mani dell'autorità (1).

Per Como il sistema era diverso: possediamo infatti l'elenco del 1335 delle strade e dei ponti la cui manutenzione incombeva ai Comuni dipendenti da Como; ciascuno di essi doveva tener in ordine un tratto di strada assegnato però in modo che ogni Comune potesse controllare l'operato dell'altro; ecco, per esempio, qui tradotto, ciò che toccava a Mendrisio, ora nel Canton Ticino:

« Parimenti il comune del borgo di Mendrisio deve tenere sistemata la strada dalla via ovvero stretta di Assodosso, per la quale si va a Mendrisio, fino al termine che è presso il ponte di Cornice, verso Riva S. Vitale » (2).

Ma se vogliamo dare uno sguardo d'assieme possiamo dire che, dopo il disfacimento del basso Medioevo, già nel XII secolo abbiamo strade che sono riportate alla larghezza media di 20 piedi, cioè circa 6 m.: il ponte sul Brembo distrutto nel 1493 era infatti largo m. 5,91 e ciò vuol dire che questa all'incirca doveva essere la larghezza della strada.

D'altra parte la rete stradale doveva essere di nuovo almeno sufficiente ai traffici e ai movimenti se permetteva lo spostamento rapido di truppe a piedi, come vediamo, per esempio, durante il periodo di lotta tra Federico I di Svevia ed i Comuni.

Se pensiamo alle grandi Diete, come quelle di Roncaglia, dove intervenivano anche mercanti e operai, dobbiamo ammettere che simili assemblee si potevano fare solo con una rete stradale che, sia pur corrispondente alle necessità di allora, permettesse il trasferimento ed il rifornimento di tante persone e di numerosissimi animali.

I fiumi.

Oltre le strade bisogna considerare anche i fiumi, perchè la navigazione lungo i loro corsi era molto più diffusa un tempo che oggi, almeno in Italia, sia per la maggior portata d'acqua dato il minor numero di derivazioni, sia

(1) *Statuta almae urbis Romae*, III, c. LX.
(2) L. BRENTANI, *Codice diplomatico ticinese*, vol. I, pagg. 208-209, Como, 1929.

perchè ci si poteva economicamente accontentare anche di piccole imbarcazioni: si ricordi che il Lambro era navigabile fino al porto di Lodi. Ampiamente navigabili erano non solo il Po ed il Ticino, ma l'Adda, l'Olona e l'Oglio; nell'Italia centrale lo erano l'Arno e il Tevere, che già ai tempi della guerra gotica era stato via importantissima per i rifornimenti annonari di Roma. Si aggiungano quei canali navigabili che proprio nel XII secolo cominciarono a venir scavati.

Fuori d'Italia i grandi fiumi europei divennero le vere linee di comunicazione; il Reno, il Danubio, l'Elba, i fiumi della Francia erano le vie più seguite dai mercanti per il trasporto delle merci: appena era possibile si utilizzavano le vie d'acqua, anche per brevi tratti, come avveniva per le merci che, scese dalle Alpi, proseguivano verso le pianure italiane percorrendo i laghi per poi riprendere alla fine di essi la via di terra, e su questi laghi si utilizzava il regolare variare quotidiano del vento per facilitare la navigazione delle barche da trasporto.

Infatti l'energia motrice fondamentale per la navigazione era data dagli uomini; sui fiumi e sui canali circolavano barche di piccola portata capaci anche di risalire la corrente trainate da uomini lungo l'alzaia; così nel 1349 si fece un contratto per trasporto di merci da Venezia a Milano attraverso il Po ed il porto di Lodi; orbene in esso si dice che i due proprietari delle barche sarebbero stati coadiuvati da quattro compagni da Venezia a Borgoforte, da cinque da Borgoforte a Cremona e da sette da Cremona al porto di Lodi; l'aumento del numero degli uomini deve essere evidentemente collegato con l'aumento della forza della corrente dei fiumi (1) e con la necessità di avere più energia umana per trainare la barca: qualcuno può chiedere perchè non si usasse il cavallo per il traino: la risposta è facile, perchè l'uomo costava meno.

I viaggi all'Oriente ed al Catai.

Viaggiare verso le lontane terre d'Oriente, verso il Catai, cioè verso l'attuale Cina, era il desiderio d'ogni mercante, perchè voleva dire arrivare personalmente sui grandi mercati di produzione delle merci più pregiate e più preziose. Ma non era facile: alle difficoltà ben facilmente immaginabili della strada, si aggiungevano quelle di usi e costumi diversi, quelle del calcolo di monete diverse, di cibi non abituali, della lontananza, di popoli con religioni che nulla avevano a che fare col cristianesimo.

(1) F. CARLI, *Il mercato nell'età del comune*, Padova, 1936, pag. 125.

I fratelli Polo si presentano al Gran Can Kublai.
Miniatura del *Livre des Merveilles*.
Parigi, Biblioteca Nazionale (Fot. della Biblioteca).

Ecco come Francesco Balducci Pegolotti (1) fornisce un *Avisamento del viaggio del Gattaio*:

« Primieramente dalla Tana [Azov] in Gintarcan [Astrakhan] si ha venticinque giornate di carro di buoi e con carro di cavalli pure da dieci a dodici giornate; per cammino si trovano moccoli assai, cioè genti d'arme. E da Gintarcan in Sara [Sarai] si ha una giornata per fiumana d'acqua. E da Sara in Saracanco [Saraichuk] si ha otto giornate per una fiumana d'acqua e puotesi andare per terra e per acqua, ma vassi per acqua per meno spesa della mercatantia. E da Saracanco infino in Organci [Urgenj] si ha venti giornate di carro di cammello e chi va con mercantia gli conviene che vada in Organci perchè là è spacciativa terra di mercatantia. E da Organci a Oltrarre [Oltrar] (2)... E di Oltrarre in

(1) F. BALDUCCI PEGOLOTTI, *La pratica della mercatura*, Cambridge (U.S.A.), 1936, pag. 21.
(2) Era un importante luogo sulla strada dal Turkestan a Semirietchie.

Armalecco [Almalik] (1) si ha quarantacinque giornate di soma d'asino e ogni die truovi moccoli. E d'Armalecco insino a Camesu [Kanchow] si ha settanta giornate d'asino e da Camesu infine che vieni ad una fiumana si ha quarantacinque giornate di cavallo. E dalla fiumana te ne puoi andare in Cassai [King-sze, ora Hangchow] e là vendere i sommi dell'argento che avessi. E di Cassai si va colla moneta che si trae de' sommi dell'argento venduti in Cassai, ch'è moneta di carta che s'appella la detta moneta balisci, che gli quattro di quella moneta valgono un sommo d'argento per le contrade del Gattaio. E di Cassai a Gamalecco [Khanbalick, ora Pechino], che è la mastra città del Gattaio, si va in trenta giornate ».

Erano dunque necessarie più di 250 giornate di viaggio effettivo; calcolando incidenti, soste per riposare o per trattare affari, se tutto andava bene, era necessario un anno per portarsi da Azov a Pechino, il che significa anche che il raggiungere Azov dalla città originaria era calcolata cosa normale. I mercanti dovevano poi adattarsi alle usanze dei paesi

(1) Da identificare probabilmente con Mazar a nordovest di Kulja, nella vallata dell'Ili, alla frontiera nord del Turkestan cinese.

Carovana che va nel Catai.
Atlante catalano.
Parigi, Biblioteca Nazionale (Fot. della Biblioteca).

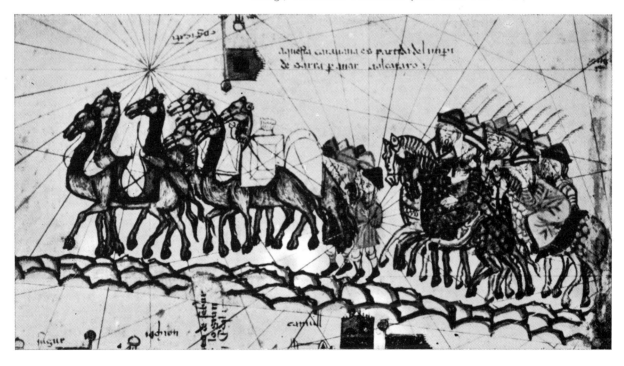

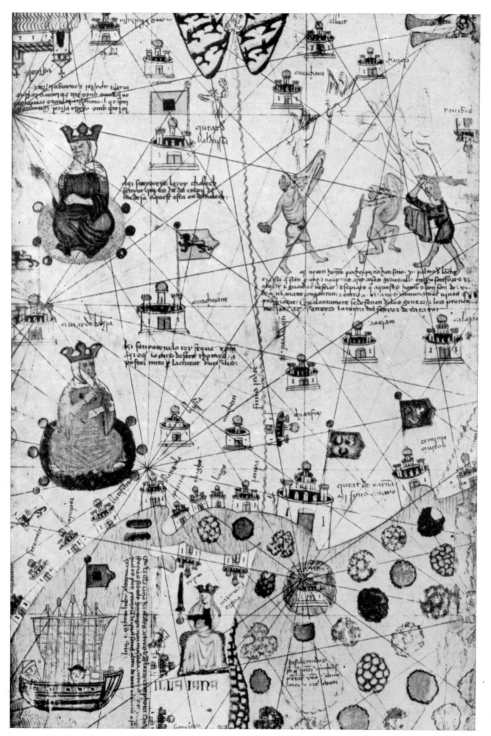

Frammento
della carta catalana
dell'Asia,
di Abramo Cresquez
del 1375.
Parigi,
Biblioteca Nazionale
(Fot. della
Biblioteca).

che avrebbero attraversato e superare il problema della lingua. Così infatti continua il Balducci Pegolotti:

« Primieramente conviene che [il mercante viaggiatore] si lasci crescere la barba grande e non si rada. E vuolsi fornire alla Tana [Azov] di turcimanni [interpreti] e non si vuole guardare a risparmio dal cattivo al buono... e oltre a turcimanni si conviene menare per lo meno due fanti buoni che sappiano bene la lingua cumanesca (1). E se il mercante vuole menare dalla Tana niuna femmina con seco si puote e se non la vuol menare non fa forza, ma pure se la menasse sarà tenuto di migliore condizione che se non la menasse ».

C'è dunque una valutazione degli affari che va al di là di quelle norme morali-religiose che parrebbero dominanti in questo periodo; prendersi una compagna di viaggio non era un gran male se ciò portava a fare affari migliori; e non è detto che anche le mogli lasciate a casa in fondo non fossero della stessa opinione. È però per lo meno curioso, o forse indice di un mondo aperto ed onesto, il fatto che di ciò si potesse parlare e scrivere liberamente, senza provocare reazione da parte di moralisti o di pseudomoralisti.

Pare poi che in complesso il cammino fosse sicuro e che non vi fossero grandi rischi, « salvo che il mercatante che va o che viene morisse in cammino » perchè in questo caso i suoi beni, con una norma che aveva avuto valore lungamente anche in Occidente, sarebbero passati al principe del paese. Un altro pericolo era proprio dato dalla morte di un principe:

« E ancora v'è un altro pericolo, cioè da quando lo signore morisse, infine che non fusse chiamato l'altro signore che doveva signoreggiare, in quello mezzo alcuna volta v'è stata fatta novitade ai Franchi (i Franchi appellano eglino tutti i cristiani dalle parti di Romania innanzi verso il ponente) e allora non corre sicuro il cammino infino che non è chiamato l'altro signore... ».

Indubbiamente c'è un certo eufemismo in quelle « novitadi » fatte verso i Franchi in queste occasioni e noi non sappiamo quanti di questi viaggiatori commercianti abbiano perso la vita in quei tumulti per la successione, evidentemente non facile, di un principe.

(1) I Comani o Cumaniani invasero la regione del Volga nell'XI secolo; due secoli più tardi il loro nome veniva applicato ai popoli tra il Dnieper e l'Ural.

I viaggi per mare.

I viaggi per terra erano dunque scomodi e costosi anche per le molte spese di carico e di scarico delle merci che si dovevano pagare.

Trasportare del sale via terra da Pisa a Firenze costava più del 60% del prezzo originale della merce e sul grano gravava un 50% di aumento. Logicamente era in proporzione meno caro il trasporto di merci preziose anche da paesi lontani; tappeti e seta del Medio Oriente erano gravati di spese di trasporto solo per il 15% del loro valore (1).

Ecco perchè, appena si poteva, si preferiva la via del mare.

Essa offriva ampie possibilità di contatti con popoli lontani e, sotto molti aspetti, dei mezzi di trasporto molto meno costosi di quelli usati sulle vie terrestri. Una nave portava un carico assai grosso e se correva il rischio delle tempeste e dei pirati, questo rischio equivaleva a quello delle burrasche sui passi alpini e dei banditi di strada.

Se nel Mediterraneo v'era stato un momento di sosta quando i Maomettani si erano in esso affermati, già prima dell'erroneamente famoso anno 1000 le repubbliche marinare italiane e specialmente Amalfi avevano ripreso contatto con l'Oriente mediterraneo dove continuava a fiorire una splendida civiltà, sia nel mondo bizantino che in quello islamico.

Le navi del Nord e quelle del Mediterraneo.

Ma per navigare ci vogliono le navi: quali furono i mezzi usati nel Medioevo?

Il Medioevo usò come navi fondamentalmente quelle che erano già state le navi dell'antichità. Bisanzio aveva avuto il dromone, nel Mediterraneo dominava la galea, nei mari del Nord la barca vichinga solcava le onde.

La nave del Nord si distingueva decisamente da quella mediterranea anche se essa venne poi modificata proprio per i contatti avuti con costruzioni dei paesi mediterranei. Le imbarcazioni nordiche, dette *drakkars* (dragoni) o *snekkars* (serpenti), avevano prua e poppa molto rialzate ed erano fornite di un solo timone laterale a poppa; raggiungevano misure di più di 20 m. di lunghezza e larghezze maggiori dei 5 m., come sappiamo dai ritrovamenti di navi sepolcrali avvenuti a Oseberg e a Gokstad;

---

(1) C. M. CIPOLLA, *In tema di trasporti medioevali*, in «Bollettino storico pavese», 1944, pag. 21.

Imbarcazione vichinga
da un graffito trovato nell'isola di Gotland (Svezia).

la nave rinvenuta in quest'ultima località è lunga fuori tutto m. 23,75, alla chiglia m. 19,80 ed ha una larghezza di m. 5,05.

Il movimento era dato dai remi e da una piccola vela quadrata portata da un albero che poteva venir abbattuto in coperta quando la vela non veniva usata. Il numero dei remi poteva variare; la nave di Gokstad ne aveva 16 per lato, ma da una cronaca anglosassone sappiamo che già ai tempi di re Alfredo (871-901) esistevano navi con 30 e più remi per lato (1). Il fasciame era fatto da tavole sovrapposte ed unite tra loro da forti legature, mentre la calafatura era eseguita con trecce di pelo di ruminanti. A bordo di queste navi potevano trovar posto fino a 60 persone, naviganti combattenti; i loro scudi appesi esternamente al bordo della nave facevano da pavesata di protezione, per quanto però spesso la parte prodiera, più esposta, fosse protetta con lamiere di ferro o di rame; delle pelli tese da bordo a bordo davano una qualche copertura in caso di cattivo tempo.

(1) T. C. LETHBRIDGE, *Costruzioni navali*, in *Storia della tecnologia*, vol. II, pag. 587, Torino, 1962.

I viveri erano composti in gran parte da carne o pesce salati ed essiccati e l'acqua dolce era contenuta in botticelle di legno; sotto questo aspetto non c'era molta differenza rispetto alle navi dei paesi meridionali.

Si resta veramente meravigliati al pensare che i Vichinghi con navi del tipo di quelle qui sopra descritte abbiano battuto tutti i mari, terrorizzando le popolazioni costiere e giungendo ad assediare per ben due volte Parigi.

Miglia e miglia vennero così percorse: la distanza tra la Norvegia e l'Islanda è di circa 600 miglia (circa 1100 km.) e quella tra la Norvegia e la Groenlandia, dove verso la fine del secolo X era giunto Erik il Rosso, è di 1500 miglia (circa 2800 km.), eppure tali traversate venivano compiute nella breve estate nordica.

Modello di battello dei Vichinghi.
Parigi,
Museo della Marina
(Fot. del Museo).

Nave vichinga ritrovata a Oseberg.
Oslo, Museo
(Fot. del Museo).

692

È ormai accettato che dalla Groenlandia, nei primi anni del nostro millennio, Lief, figlio di Erik, raggiunse con i fratelli Thornwald e Thorstein l'attuale Massachusetts, chiamando la futura America col nome di Vineland, data l'abbondanza della vite selvatica.

Del resto i *drakkars* e gli *snekkars* avevano buone doti per serrare il vento e si calcola che potessero raggiungere velocità di 10-11 nodi; questa è ancora oggi una rispettabile velocità per mare, specialmente per imbarcazioni a vela. I rischi erano certamente forti e non era per nulla straordinario che spedizioni vichinghe ritornassero alle basi di partenza ridotte a metà; si sa anche di spedizioni che non fecero mai più ritorno.

Drakkar funerario. Scavi di Oseberg.

Per rendersi conto delle condizioni di vita su quelle navi si pensi che, secondo il libro VIII (*Farmanna-Log*) dell'*Jons-Bog* dell'Islanda, si riteneva perfettamente idonea a navigare un'imbarcazione che non richiedesse d'esser vuotata d'acqua più di tre volte al giorno (1).

Le navi vichinghe fecero parte ancora della spedizione di Guglielmo il Conquistatore contro l'Inghilterra nel 1066 ed esse sono rappresentate

(1) J. M. PARDESSUS, *Collection de lois maritimes*, III, pag. 68, Parigi, 1834.

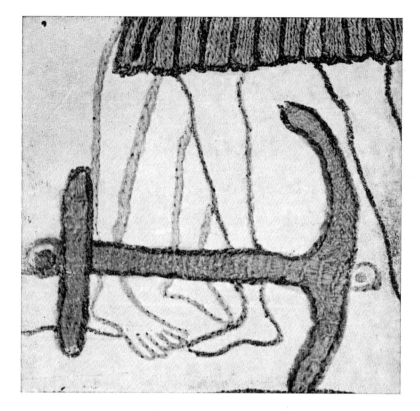

La nuova e moderna àncora rappresentata nella tappezzeria della cattedrale di Bayeux.

nella celebre tappezzeria della cattedrale di Bayeux, dove si può anche notare la nuova e moderna àncora.

Intanto nel mare Mediterraneo e nei mari dell'Europa meridionale dromoni e galere, molto simili tra loro, si affermano.

Il dromone è l'imbarcazione tipica di Bisanzio, la cui flotta, verso il secolo X, disponeva di più di 30.000 vogatori; questa imbarcazione era

assai adatta per la guerra, lunga circa 50 m., larga 8 m., portava in media 50 vogatori, era dotata anche di una vela quadrata, che venne però presto sostituita da quella triangolare latina, dato che questa permetteva un migliore sfruttamento del vento.

La galera, il cui nome richiama quello greco del pesce spada, era un po' più sottile e bassa del dromone, ma con una lunghezza all'incirca simile a quella della nave bizantina; su di una lunghezza di 41 m. aveva una larghezza di 6. Si può calcolare che una galera non sporgesse più di m. 1,50 dal pelo dell'acqua; e, come abbiamo detto, la sua vera energia motrice era data dai remi lunghi dai 9 ai 12 m. e manovrati da più uomini; il ritmo della battuta della remata veniva dato da un tamburo, mentre aguzzini servivano a mantenere gli uomini sotto lo sforzo.

Il rematore, in origine, non fu un condannato, poteva essere un

A sinistra e in alto:
navi rappresentate
nella tappezzeria
della cattedrale di Bayeux.

Navi rappresentate nella tappezzeria della cattedrale di Bayeux.

A sinistra e a destra: prore di navi vichinghe rappresentate nella tappezzeria della cattedrale di Bayeux.

volontario, un « buonavoglia », eppure la vita del rematore di galera era tale che oggi difficilmente può essere concepita; il suo alloggio a bordo era il suo posto sul banco di voga: qui egli remava, qui dormiva, qui egli moriva tra i suoi escrementi, se la nave affondava in combattimento. Durante la battaglia egli doveva stringere tra i denti un pezzo di legno o di sughero per non urlare o far rumori capaci di disturbare le manovre. La frusta era il mezzo per richiedere da questi uomini sforzi superiori al normale e se la cosa può fare effetto su di noi si pensi ai cosiddetti sportivi odierni che ricorrono ad eccitanti fisiologicamente deleteri per dare rendimenti superiori appunto al normale; c'è sempre di mezzo, purtroppo, un interesse economico.

Non sarebbero sembrate navi adatte per la navigazione da trasporto, eppure furono lungamente usate in questo servizio sia perchè era sempre difficile distinguere la nave da guerra dalla nave da trasporto, sia perchè l'uso dei remi garantiva una certa regolarità di navigazione data da una costante disposizione di forza motrice, per quanto la galera fosse aiutata anche dalla vela latina portata da uno o due alberi, di cui quello di prua era il più alto.

Allegoria della nautica.
Firenze, particolare del campanile di Giotto (Fot. Brogi).

Sigillo di Douvre
raffigurante una nave del 1281
(Fot. Larousse).

697

Sigillo di Dam raffigurante una nave da guerra, con castello a prua e a poppa, del 1340 (Fot. Larousse).

Per quanto tempo una galera poteva mantenere una forte velocità sui mari coi suoi remi? Pare per parecchio tempo, se dobbiamo credere che nel 1241 le galere genovesi inseguirono il più veloce Ansaldo de Mari per un giorno ed una notte (1). È facile immaginare le condizioni dei rematori dopo un simile sforzo e si comprende quindi come il mare fosse frequentemente la loro tomba, ancora in età giovanile.

Eppure fu su navi di questo genere, due galere, che nel 1291 alcuni Genovesi partirono per raggiungere le Indie, impresa di cui non si ebbe mai più notizia.

Ma la galera, nave lunga e sottile, mal reggeva alle onde oceaniche, ben differenti da quelle del piccolo Mediterraneo, e che richiedevano piuttosto delle navi tonde e pesanti. La scomparsa della galera, sia pure lenta, fu poi anche dovuta all'introduzione delle armi da fuoco per le quali questa nave era troppo piccola e bassa, e tale quindi da fornire uno scarso rendimento.

(1) *Annali di Caffaro e suoi continuatori*, a cura di C. IMPERIALE, III, pag. 117, Roma, 1923.

Sigilli di Edoardo III (*a destra*) e dell'ammiraglio Conte di Rutland (*in basso*) raffiguranti navi da guerra (Fot. Larousse).

Lo sviluppo tecnico nell'arte del navigare.

L'arte della navigazione (e diciamo arte perchè il saper navigare comprendendo, amando, ma temendo il mare è veramente tale e non solo fredda tecnica) e quindi l'attività dei trasporti marittimi deve il suo sviluppo alla nave pesante e tonda dei paesi oceanici. Questa poteva parere alle origini forse più lenta della galera, ma dalla vecchia nave oneraria, attraverso i vascelli tondi, si doveva sfociare ai veloci *clippers* del secolo

scorso, che furono una delle creazioni più perfette della scienza e dell'estetica dell'uomo.

Ma le navi del XIII secolo non avevano certamente questa snellezza di linea: la lunghezza raggiungeva a mala pena tre volte la larghezza e la prua e la poppa rialzate con castelli muniti di parapetti da usare per difesa in combattimento aumentavano l'impressione della linea tozza.

La nave mediterranea veniva costruita con un sistema che possiamo dire moderno, in quanto si costruiva prima lo scheletro della nave e poi vi si sovrapponeva il fasciame, mentre al nord si usava il sistema contrario; può parere quest'ultima una tecnica strana, ma in realtà si otteneva, per necessità, un fasciame molto robusto, tanto che questa tecnica durò assai a lungo, specialmente tra i costruttori olandesi.

È certo che la tecnica mediterranea dava buoni risultati anche per ciò che riguardava la velocità di costruzione; infatti Bartolomeo Scriba negli *Annales Januenses* per l'anno 1242 annota che furono impostate 40 galee nuove, le quali in pochi giorni furono completate (1); è vero che in caso d'urgenza si lavorava anche di notte alla luce delle fiaccole e che non si badava tanto per il sottile per le rifiniture, ma si tratta sempre di tempi di lavorazione che possono destare in noi qualche sorpresa, dato che tutto ciò che riguardava l'armamento e l'attrezzamento per navigare e per combattere ci doveva pur essere.

Un tema assai importante è quello della vela: inizialmente era usata la vela quadrata (la più istintiva) in tela od anche in pelle, con manovre (mataffioli) per poterla ridurre in caso di cattivo tempo, ma già nel VII secolo si introdusse la vela triangolare nota col nome di *vela latina*; si tratta di un tipo di vela che è però scoperta comune a tutti i paesi marinari in quanto la si trova perfino tra i popoli navigatori dell'Oceano Indiano.

Gli alberi erano in origine due: maestro e mezzana; anzi si può ricordare che l'albero di mezzana era a prua della maestra e che solo con l'avvento di un terzo albero il nome di mezzana passò all'albero di poppa e restò a tale albero anche quando gli alberi furono soltanto due. Un notevole progresso in questo campo si ottenne poi con la vela di prua appoggiata al bompresso ancora assai rialzato; questa vela facilitò molto le manovre dei velieri, specialmente nelle virate di bordo, in quanto pigliando il vento al lasco fa poggiare la nave, mentre la fa orzare se il vento vien preso di bolina.

(1) *Annali di Caffaro* cit., pag. 127.

Il timone.

Ma un altro progresso e fondamentale fu quello del nuovo timone; la nave mediterranea era manovrata da due grossi remi laterali a poppa, talvolta collegati tra di loro e sui quali arrivavano ad agire, in caso di cattivo tempo e di manovre pesanti, anche 12 uomini; sulle navi del Nord il timone era generalmente unico, ma sempre laterale a poppa sul fianco e sempre fissato al bordo della nave per mezzo di robuste strisce di cuoio.

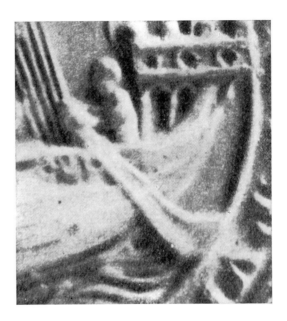

Timone laterale a poppa dal sigillo di Douvre del 1281.

La grande innovazione fu quella del timone unico centrale, quel timone che attraverso modifiche e perfezionamenti vediamo in uso ancora oggi.

Però questa innovazione fu resa possibile soltanto dall'introduzione, in metallurgia, dei grossi mantici funzionanti con la forza dei mulini ad acqua. Infatti il ferro fuso con la temperatura che poteva essere procurata da un getto d'aria di mantici a mano sul carbone ardente, non poteva fornire un prodotto talmente libero da scorie da essere utilizzato per costruire agugliotti su cui imperniare il timone di grosse navi (grosse per allora) senza il rischio di rotture. Solo quando i mantici delle fornaci vennero fatti funzionare da mulini ad acqua si poterono raggiungere quei 1530 gradi centigradi che rappresentano il limite necessario per una buona

Timone laterale a poppa, dal sigillo di Nieuport del secolo XIII.

fusione del ferro. Da allora si potè avere la possibilità del timone centrale, il che permise una più facile manovra attraverso la barra ed un migliore sfruttamento del filo del vento.

Anche se questa innovazione cominciò ad avvenire al principio del secolo XIII, l'introduzione non fu immediata e non fu accolta facilmente, forse anche perchè, volere o no, il perno del timone restava sempre un punto debole della nave. Ancora Luigi IX, re di Francia, nei suoi *Etablissements* del 1248 stabiliva che le navi dovevano essere fornite di un timone su ogni lato. Nel secolo XIV ormai quasi tutte le navi erano dotate di timone centrale, eppure fino al secolo XVIII il timone laterale fu sempre tenuto di riserva, soprattutto durante il tempo cattivo, malgrado che la manovra ne divenisse sempre più pesante con l'aumentare della stazza delle navi.

La bussola.

Se vele e nuovo timone davano alle navi possibilità nuove di navigazione, la grande novità per i viaggi in mare fu la bussola.

Questa non è certamente *invenzione* del nostro Medioevo; un ago magnetico posto su di una festuca galleggiante nell'acqua per riconoscere un punto cardinale era usato dagli Arabi da tempo, ma era un metodo senza dubbio più adatto per le lunghe marce delle carovane nel deserto, che per navi soggette a violento rullio e beccheggio sulle onde del mare. È curioso poi notare che per gli Arabi l'ago magnetico veniva usato per conoscere dove fosse il sud: a ben pensare infatti la cosa non è strana: fintanto che non ci si rese conto del motivo del movimento dell'ago, cercare il nord o cercare il sud dava lo stesso risultato.

Cosa bisognava fare prima dell'uso della bussola in caso di navigazione in mare aperto? Era necessario che il timoniere tenesse l'asse della nave fisso in un determinato angolo rispetto ad un astro, sole o stella, a lui indicato dal pilota: era costui infatti il tecnico responsabile della navigazione. Ma tenere così la nave in rotta non era certamente facile; si pensi

Navigazione notturna sotto li cielo stellato; un marinaio consulta la bussola. Miniatura del *Livre des Merveilles* di M. Polo.

all'oscillazione della nave, alla difficoltà di osservare costantemente l'astro indicato spesso nascosto dalle vele, al movimento dell'astro stesso, movimento che portava ad una continua variazione dell'angolo da considerare.

In caso di cielo coperto occorreva orizzontarsi in base alla direzione del vento o delle onde, ma in realtà si correva il rischio, non infrequente, di navigare alla ventura.

Del resto la stessa bussola poteva soltanto dare la direzione, ma non il punto della nave, dato che mancava il modo di calcolare la differenza in gradi di longitudine, non potendosi a bordo conservare l'ora del luogo di partenza e dato che il ricorso ad efemeridi astronomiche come le *Tavole Alfonsine* (pubblicate in Spagna da Alfonso X) non era facile finchè non s'introdusse l'uso dell'astrolabio o della più semplice balestra per misurare l'altezza di un astro sull'orizzonte. La balestra era composta da un'asta graduata lungo la quale poteva scorrere una tavoletta di legno: tenendo l'estremità dell'asta davanti all'occhio si spostava la tavoletta fino a quando sfiorando con lo sguardo il bordo inferiore si vedeva l'orizzonte e al bordo superiore si vedeva l'astro di cui si voleva determinare l'altezza, altezza che veniva letta sull'asta stessa.

Ad ogni modo nel 1269 la bussola appare già fornita di un anello diviso in 360 gradi e di un traguardo per fissare un punto: poco dopo si introdusse la rosa dei venti solidale con l'ago e questa innovazione fu probabilmente dovuta davvero agli Amalfitani come stanno ad indicare i nomi dei venti che hanno un significato solo se considerati in rapporto ad Amalfi. Solo più tardi ancora si arriverà all'introduzione della sospensione ad anello o cardanica (in quanto attribuita al medico matematico milanese Gerolamo Cardano) che sottrarrà, per quanto è possibile, la bussola all'influenza delle oscillazioni della nave. Ricorderemo ancora che il nome di bussola deriva da *buxula*, la cassetta di legno entro cui veniva conservato l'apparecchio.

La bussola ebbe una tale importanza ed un tale successo che su di essa e sulla sua diffusione si formarono anche delle leggende. Ecco una di esse raccolta da Francesco Rocchi (1):

« *La leggenda della bussola*. — Esiste una poetica leggenda sulla bussola, secondo la quale una bellissima fanciulla provenzale riuscì ad imbarcarsi, sotto mentite spoglie di mozzo, su di una nave amalfitana. Durante la navigazione l'ardimentosa ragazza svelò la sua qualità di donna al comandante, facendogli credere di aver preso il mare per amor suo. Naturalmente l'uomo si sentì lusingato e pose tutto se stesso, la sua nave ed i suoi averi ai piedi della bella provenzale.

(1) F. Rocchi, *Leggende del mare*, Bologna, 1962, pag. 61.

Carta 254 A del codice di Paolo Dal Pozzo Toscanelli.
Firenze, Biblioteca Nazionale Centrale.

« Allorchè la nave rivide i lidi della Provenza, la donna piantò in asso il credulo capitano e portò trionfante ai suoi conterranei il segreto che faceva sicure, anche fra la più densa foschia e nelle tenebre delle notti illuni, le navi amalfitane.

« Lo scornato ed infelice comandante, appena tornato in patria, pagò con la vita il suo errore, ma ormai non c'era più nulla da fare ».

Così una donna avrebbe tolto agli Amalfitani il monopolio del nuovo istrumento nautico diffondendolo per tutto il Mediterraneo. La leggenda rientra in quella serie di mitizzazioni che paiono quasi necessarie anche nel campo delle scoperte scientifiche. Del resto per spiegare l'orientamento fisso dell'ago si inventò una misteriosa isola Calamita, la quale avrebbe dovuto essere al di là delle isole Fortunate (le attuali Canarie), cioè lungo le rotte del misterioso mare Oceano, pieno di mostri e di mille cose strane: su quell'isola le navi che passavano nelle vicinanze finivano per sfasciarsi attratte dalla misteriosa forza magnetica che agiva sugli oggetti di ferro e, secondo la leggenda, non se ne sarebbe mai saputo nulla se quasi per miracolo, un capitano ivi naufragato, non avesse avuto l'accortezza di costruire, per partirsene, una zattera legata con funi e senza l'uso di alcunchè di metallico (1).

Le carte nautiche.

Intanto però andavano realmente e seriamente sviluppandosi e migliorando anche i portolani e le carte nautiche, nelle quali non figurava certamente l'isola Calamita, ma venivano delineandosi sempre più con esattezza le coste man mano scoperte e conosciute. Queste carte usavano la rosa dei venti proprio come elemento di riferimento, in quanto da ogni punto di un vento partiva una retta verso il bordo della carta, l'intrecciarsi di tutte queste linee formava un reticolato utile al pilota per dirigersi anche in zone mal note.

La più antica carta da noi posseduta è la cosiddetta *Carta pisana*, perchè posseduta da una famiglia di Pisa, ma opera di un genovese della fine del XIII secolo: genovese è pure quella del 1311 di Pietro Vesconte, come quella di Angelino Dalorto del 1325 che ci dà la prima rappresentazione reale di tutto il mondo allora conosciuto.

È necessario correggere qui una di quelle tradizionali convinzioni errate che si continuano a ripetere: non è vero che il mondo colto medioe-

(1) F. ROCCHI, *op. cit.*, pag. 204.

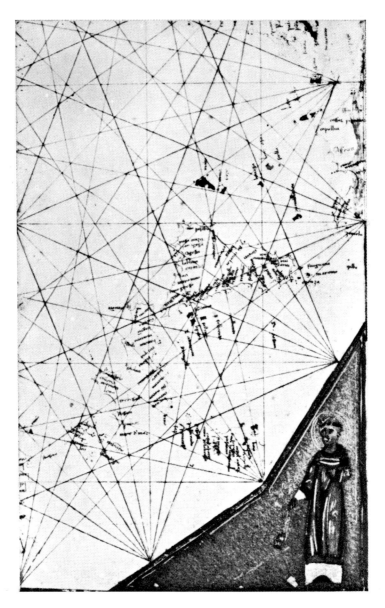

Carta di Pietro Visconte del 1320. Lione, Biblioteca Civica (Fot. della Biblioteca).

vale ritenesse la Terra piana, la concepiva invece come una sfera al centro dell'universo proprio seguendo l'opinione di Aristotele, accettata dal cristianesimo, per cui l'universo era composto da una serie di sfere perfette concentriche al cui centro stava, come si è detto, la Terra. Cosa ben diversa sono le cosiddette *mappae mundi*, che non erano altro che delle carte le quali intendevano rappresentare il mondo non secondo la realtà,

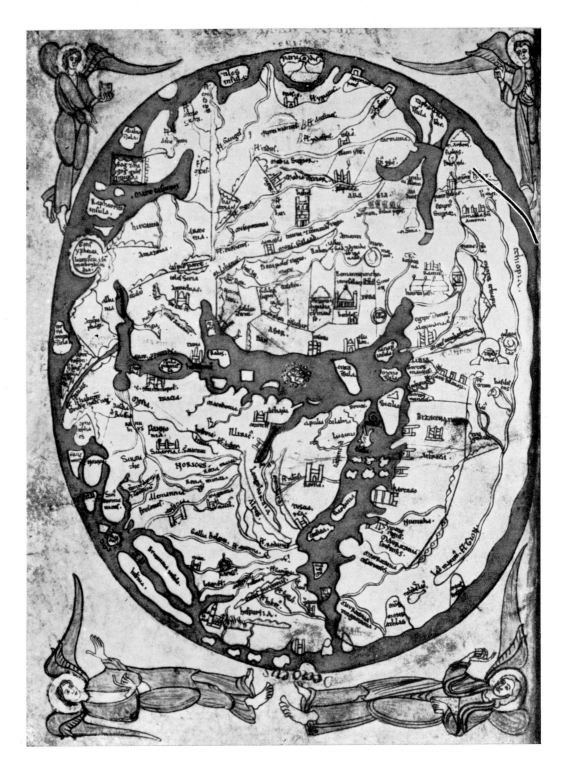

Mappamondo annesso al manoscritto
della relazione di viaggio di Guglielmo Rubruk del secolo XIII.
Cambridge, Corpus Christi College.

ma secondo una mitica suggestione religiosa: si tracciava un cerchio e al centro si poneva Gerusalemme, centro del mondo, sopra era l'Asia e più su il Paradiso; Gerusalemme e l'Asia erano divisi dalla parte inferiore della mappa contenente l'Europa e l'Africa dal mare Mediterraneo che separava anche questi due ultimi continenti formando quasi una croce: più in basso era l'inferno e tutto attorno correva l'oceano misterioso (1).

(1) CH. SINGER, *Breve storia del pensiero scientifico*, Torino, 1961, pag. 169.

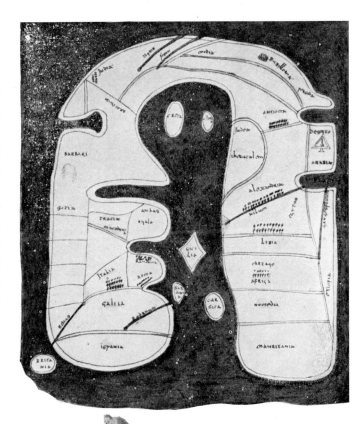

In alto: mappamondo del secolo VIII. Estratto da un manoscritto della biblioteca di Albi.
A destra: planisfero del secolo XIV da un manoscritto del *Polichronicon* di Ranulphus Hygeden.

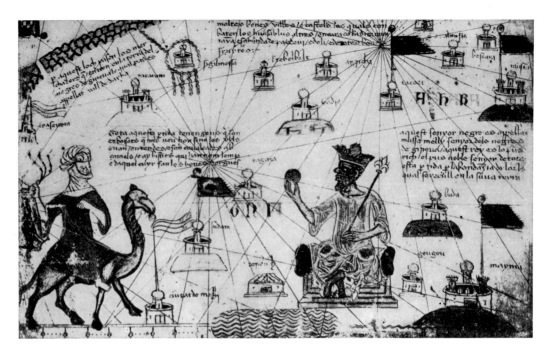

In alto: il Sahara e il Niger nell'atlante catalano del 1375 opera di Abraham Cresques. Parigi, Biblioteca Nazionale.
In basso: imbarcazione del secolo XII. Particolare della Pala d'Oro. Venezia, Biblioteca di S. Marco (Fot. Böhm).

Norme di sicurezza per le navi.

Le navi su cui mercanti e crociati affrontarono non facili viaggi giungevano anche fino a 600 tonnellate di carico, ma si può ritenere che una media sia quella di 400 tonnellate, carico certamente non indifferente (1).

Logicamente quando la nave partiva bisognava osservare alcune norme per la sua sicurezza: c'erano due pericoli fondamentali da affrontare lungo il viaggio, il mare e l'incontro con nemici. Per il mare la nave doveva essere bene attrezzata e doveva essere caricata non al di là di un certo limite.

Lo Statuto marittimo di Venezia del 1255 stabiliva che, secondo la

(1) E. H. BYRNE, *Genoese shipping in the twelfth and thirteenth centuries*, Cambridge (U.S.A.), 1930, pag. 10.

grandezza, le navi dovevano avere da 7 a 20 ancore con relativi cavi e gavitelli, dovevano avere vele complete e di rispetto e non potevano essere caricate *supra crucem*, cioè non dovevano essere caricate in modo che questa croce marcata sul fianco scomparisse sotto l'acqua, cioè la croce segnava la linea di galleggiamento; si sa però che per navi nuove e perfettamente attrezzate si concedeva talvolta un sopraccarico (1). Anche

Navi in un porto, dalla Leggenda di San Nicola di Bari del Beato Angelico.
Roma, Pinacoteca Vaticana (Fot. Alinari).

a Genova si imponeva l'obbligo di avere attrezzature di scorta, remi, alberi, vele e àncore: per controllare il carico ogni nave portava infissi sul fianco dei grossi chiodi e questi dovevano essere sempre sopra il livello dell'acqua, anzi, per evitare trucchi, le navi dovevano presentarsi al controllo non solo all'uscita del porto di Genova, ma anche a Portovenere o a Monaco, cioè ai confini del territorio genovese, secondo la direzione del viaggio (2). Per questo problema si potevano usare anche altri sistemi: in

(1) J. M. Pardessus, *op. cit.*, V, c. VII, VIII, ecc., XVIII, XLIX, LXXII.
(2) J. M. Pardessus, *op. cit.*, IV, pag. 411 segg.

Imbarcazione del secolo XIII con pellegrini. Novalesa, Cappella di Sant'Eldrado (Fot. Centro ricerche arch. del Piemonte).

Islanda ci si rivolgeva a due padroni di altre navi perchè essi giudicassero se un'imbarcazione era troppo carica o no (1): era un metodo forse un po' troppo semplice e soprattutto troppo sottoposto a valutazioni personali.

È poi interessante conoscere l'armamento bellico di queste navi, perchè esso ci dimostra come veramente non ci fosse molta differenza tra marinai, mercanti e combattenti e come un viaggio per mare rappresentasse sempre un'avventura pericolosa.

(1) J. M. PARDESSUS, *op. cit.*, III, da *Jons-Bog*, lib. VIII, c. 2, pag. 68.

Per esempio, secondo le disposizioni genovesi del 1330, una nave che si preparasse a portarsi al di là della Sicilia doveva avere 176 persone tra vogatori e marinai, tra le quali ci dovevano essere 12 buoni balestrieri; a bordo, conservate in casse apposite situate verso la poppa della nave, dovevano trovarsi 160 corazze, 160 collari, 170 pavesi (scudi), 170 cervelliere (caschetti di ferro), 12 roncole ferrate, 12 balestre con due corde, 20 crocchi (rampini per tendere le balestre), 5000 verettoni (frecce per balestre), 6 lance corte con manico di legno, 24 lance buone lunghe, 2 rampini con catena di ferro. Per di più ogni mercante doveva portare armi per sè e per un suo servitore e ogni marinaio doveva avere in proprio un caschetto, un pettorale di ferro, una spada ed un pugnale. Se qualcosa mancava si pagavano pesanti multe (1). La nave che partiva era dunque in pieno assetto di guerra e la cosa risaltava ancor di più in quanto per

Pellegrini in barca si avvicinano ad una città. Frontespizio della parte poliana del Ms. Royal 19 D. I. Londra, British Museum.

viaggi specialmente pericolosi si andava in convoglio; in questo caso ogni comandante di nave doveva, soltanto dopo la partenza, aprire un pacco che gli veniva consegnato e nel quale era una bandiera di riconoscimento uguale per tutte le navi del convoglio ed alzare tale bandiera all'albero; in tal modo si cercava di evitare che navi sconosciute o magari nemiche si intrufolassero tra quelle del convoglio, le quali dovevano obbedire tutte al comandante del convoglio imbarcato in genere sulla nave più armata e più veloce.

(1) V. VITALE, *Le fonti del diritto marittimo ligure*, Genova, 1931, pagg. 91-92.

Costo e condizioni di viaggio.

Ma come si viaggiava su queste navi? Se è vero che qualche volta il mercante passeggero pagando profumatamente otteneva la promessa di avere una camera sua *munitam et furnitam de bombax*, cioè dotata di materasso, non dobbiamo farci illusioni e dobbiamo ricordare che lo spazio per dormire per tutte le diverse... classi (la prima classe era nei castelli di poppa o di prua, l'ultima nella parte più bassa della nave e talvolta insieme ai cavalli) era di m. 1,85 per cm. 80 per due persone, per cui costoro dovevano dormire con i piedi dell'uno all'altezza della testa dell'altro.

Il prezzo del viaggio comprendeva il vitto, è vero, ma a parte che il costo del viaggio era, come vedremo, abbastanza alto, il vitto non era molto allettante se si pensa che la carne, in genere secca, veniva data tre volte per settimana, mentre negli altri giorni si dava una minestra di

verdura e pane: secondo gli ordini del 1258 di Giacomo, re d'Aragona, le scorte a bordo dovevano essere sufficienti per 15 giorni, dopo di che non c'era che da sperare nel buon Dio (1). L'acqua per bere scarseggiava sempre, nè era il caso di parlare di acqua dolce per lavarsi; per i viaggi nel Mediterraneo non si era ancor giunti a quella razione di 2 litri d'acqua da bere per persona per settimana (ma c'era a compenso quasi un litro di vino al giorno), che sarà la misura adottata per le lunghe navigazioni oceaniche; allora la sete aumenterà ancora perchè per la fame i marinai arriveranno a rosicchiare il cuoio. Il vitto di carne o di pesce secco favoriva poi, per la mancanza di vitamine, forme scorbutiche che si tentava di prevenire portando a bordo, conservati nell'acqua che si beveva e che diventava presto verminosa, limoni più o meno freschi.

(1) J. M. PARDESSUS, *op. cit.*, V, pag. 340.

Cavalieri che si imbarcano per la Crociata. Miniatura dallo statuto dell'Ordine del Santo Spirito di Napoli. Parigi, Biblioteca Nazionale, Ms. fr. 4274 f. 6 (Fot. Giraudon).

Il prezzo di un viaggio: il notaio Lanfranco al principio del secolo XIII registra un atto in base al quale Giovanni Fornario prometteva a Girardo de Mornalexi, Peire Lombardo, Elia Rogerio e Stefano Castagna di trasportarli con le loro merci da Genova a Barcellona dietro compenso di 200 libbre: si può all'incirca valutare la libbra genovese dell'epoca (1) a 5500 lire attuali (sempre tenendo presente però che questi ragguagli sono semplicemente indicativi e che non possono essere presi come seri elementi di rapporto), e ne viene quindi che i quattro passeggeri per un viaggio non certo comodo da Genova a Barcellona pagavano in complesso circa 1.100.000 lire attuali, cioè 275.000 lire a testa. Non si può davvero dire che simile trasporto costasse poco, tanto più che ciascuno doveva portarsi una lanterna e munirsi di un recipiente per i propri bisogni corporali.

Crediamo che il vento del mare aveva certamente un bel lavoro per disperdere gli odori che emanavano da queste navi sulle quali venivano caricati anche i cavalli, attraverso portelloni laterali, come avvenne regolarmente per le Crociate e come avvenne nel 1241 quando i Genovesi tentarono di portare a Roma i cardinali con i loro cavalli e le loro robe, affinchè potessero partecipare al Concilio convocato dal pontefice.

Per quanto riguarda i cavalli, per meglio utilizzare lo spazio nelle navi e per evitare disturbi, questi animali erano legati nei ponti inferiori e tenuti leggermente sospesi con cinturoni che si agganciavano al soffitto in modo da poterli stivare ben stretti l'uno a fianco dell'altro.

Si comprende allora come su due navi si potessero nel 1234 imbarcare 600 uomini bene armati (2) e come con 55 navi a due ponti e altre più piccole, ma atte a navigare e a combattere, più di 10.000 Genovesi partecipassero alla Crociata bandita da Luigi IX, re di Francia (3).

Non era davvero il caso di pensare ad assistenza sanitaria a bordo (del resto non ce n'era molta neppure a terra), e se qualcuno si ammalava doveva sperare nella sua buona stella e nel suo santo protettore; se poi fosse venuto a morte, secondo il *Consolato del mare* (cap. 77) il suo abito migliore doveva spettare al contromastro, mentre al padrone della nave spettava un altro abito ed il suo letto. La mancanza di igiene facilitava senza dubbio le malattie, che negli insetti e nei topi trovavano i più efficaci collaboratori per la diffusione di epidemie, sicchè contromastri e padroni di nave potevano sperare di farsi un buon guardaroba.

(1) C. M. CIPOLLA, *Le avventure della lira*, Milano, 1958, pag. 49.
(2) *Annali di Caffaro e suoi continuatori*, III, pag. 73, Roma, 1923.
(3) *Annali di Caffaro* cit., IV, pag. 131, a. 1270, Roma, 1926.

Venezia. Frontespizio del Ms. Bodleiano 264
del *Livre des Merveilles*.
Oxford, Biblioteca Bodleiana (Fot. della Biblioteca).

Soltanto molto più avanti (per esempio, nel diritto svedese del secolo XVII) vi sono norme per i marinai ammalati e per il chirurgo di bordo che doveva anche saper tagliare i capelli (1). È curiosa invece una disposizione del secolo XIII degli Statuti di Amburgo riguardanti il ma-

(1) J. M. PARDESSUS, *op. cit.*, III, pagg. 141-43.

rinaio che soffrisse il mal di mare: costui era obbligato a restituire tutto ciò che avesse già eventualmente percepito e tale somma doveva essere divisa tra gli altri marinai (1).

In fondo molti di questi problemi non preoccupavano eccessivamente quei viaggiatori, forse perchè, a ben vedere, non esisteva viaggio se non per necessità ed in fondo le scomodità del viaggio per mare erano soltanto quelle abituali un po' aggravate. È vero che a bordo non ci si poteva lavare, ma ci si lavava molto a casa?

Quello che invece preoccupava era la maggior sicurezza possibile del viaggio: i viaggiatori erano mercanti e gran parte di essi conoscevano bene il mare ed i suoi pericoli, volevano dunque essere garantiti che avrebbero viaggiato su mezzi sicuri.

Se leggiamo un antico contratto la nostra mente ricorre alla moderna presentazione di un'agenzia di navigazione: il 16 luglio 1253 davanti al notaio Bartolomeo de Fornari di Genova, Matteo Ceba e Andriolo Masea si impegnavano a trasportare con la loro nave « S. Gabriele » in Asia Minore i mercanti Guglielmino de Camilla, Filippo de Stacione, Grimaldino Picamilio, Nicoloso Grillo, Lorencio di Guglielmo, Bertolino Dentuto, Amigeto Reco, assicurando che la nave era *paratam et expeditam* (si ricordi che ancor oggi si dice *spedire una nave* per indicare che essa è autorizzata a partire) con 70 marinai, tra i quali ci dovevano essere 20 balestrieri con le loro balestre e tutti gli altri armati regolarmente, con due alberi robusti muniti di paranchi e di sartiame, con antenne sane e due timoni: le vele, di cotone, dovevano essere sei, di cui due nuove; vi dovevano essere poi gomene e cavi nuovi a sufficienza oltre a quelli usati e la nave doveva essere munita di 20 àncore, nonchè di barche e *barcheta*, cioè, diremmo noi, di lance di salvataggio (2).

Fondaci e alberghi.

Viaggiare dunque non era facile, tanto più che una volta che si era in viaggio (e spesso prima di partire si faceva testamento) c'era sempre il problema dell'albergo, problema che era più facile da risolvere all'arrivo di un viaggio per mare che non lungo un percorso per terra. Partendo

---

(1) J. M. PARDESSUS, *op. cit.*, III, pag. 339.
(2) E. H. BYRNE, *op. cit.*, pag. 119, n. 34.

via mare infatti si aveva solitamente una destinazione fissa e noi sappiamo come quasi tutte le città marinare avessero punti di appoggio nelle città lontane per i loro cittadini e anche per coloro che si ponevano sotto la loro protezione. Potevano essere quartieri interi come quelli posseduti da Veneziani e Genovesi nelle città del Medio Oriente, potevano essere solo dei fondaci come quelli che ancor riconosciamo a Venezia.

Chi arrivava in una di queste città trovava solitamente appoggio nel suo console, l'ufficiale ormai specificatamente destinato ai rapporti economici internazionali e all'assistenza dei commercianti.

Nelle città del Medio Oriente, anche se passate ai Musulmani, si era in gran parte conservata l'antica organizzazione dell'Impero bizantino il quale aveva provveduto, per i commercianti in viaggio, ad alberghi dotati di stalle e di depositi per le merci, nonchè assai spesso di bagni: il fondaco quindi che si otteneva in Levante era in genere costruito proprio su questa vecchia tradizione, tanto che frequentemente nella concessione appaiono e la cisterna, dove non era permesso lavarsi o far abbeverare gli animali, ed il bagno (1). Nel verbale di consegna ai Genovesi di un quartiere di Costantinopoli da parte dei funzionari dell'imperatore d'Oriente (siamo nell'aprile-maggio 1192) troviamo la descrizione dei confini, l'indicazione degli scali per l'accesso al mare, le chiese decorate con mosaici aurei, con statue e colonne di marmo, con ben fatte cancellate, troviamo delle camere *caminatae* (cioè con camino addossato alla parete), nonchè pozzi con vera di marmo, cisterne ed un bagno decorato con lastre di marmo e con due colonne sottili adorne di mosaici (2). Certamente a quest'epoca in Occidente non si pensava neppure a bagni in marmo con mosaici e ciò spiega la grande influenza che il mondo del Medio Oriente ha avuto sullo sviluppo della civiltà mediterranea.

Il fondaco nato con lo scopo di deposito e di ricovero delle merci, contribuì già nel secolo XIV al sorgere del sistema dei titoli rappresentativi delle merci depositate, titoli che potevano essere commerciati senza muovere le merci dal fondaco.

Abbiamo ricordato sopra i fondaci di Venezia e ricordiamo in modo particolare quello dei Tedeschi, amministrato da *visdomini*, funzionari veneziani; ma a Venezia presso la chiesa di S. Giovanni Elimosinario era anche una calle toscana e presso Rialto vi era una *ruga Mediolanensium*;

---

(1) *Codice diplomatico della Repubblica di Genova*, a cura di C. IMPERIALE, *Aprile 1192*, pag. 47, n. 19; *Aprile 1192*, pag. 51, n. 21, Roma, 1942.

(2) *Codice diplomatico della Repubblica di Genova*, cit., pag. 62, n. 22.

a Genova fin dal 1219 i mercanti fiorentini avevano una propria *universitas*, mentre quelli milanesi in questa stessa città avevano consoli e chiese, come quella di S. Ambrogio presso il Palazzo Ducale.

Questo sistema era reso necessario dal fatto che il Comune, come i precedenti ordinamenti, diffidava sempre dello straniero vedendo in lui un potenziale nemico.

Ospitare i pellegrini era un precetto della Chiesa e proprio in base a questo precetto lungo le strade di traffico sorgevano *xenodochia* e *hospitia*, in genere tenuti da religiosi. Ciò andò bene fin quando la maggior parte di coloro che percorrevano le strade erano appunto dei pellegrini, ma allorchè il numero dei commercianti viaggiatori venne a superare quello dei pellegrini, allorchè le correnti di traffico si fecero regolari, anche sul piano continentale, i vecchi ospizi non furono più sufficienti nè materialmente, nè per le esigenze collegate al nuovo tipo di movimento. I nuovi clienti non corrispondevano più allo spirito che aveva cercato di dare dei punti d'appoggio a chi percorreva le strade per devozione.

L'ospitalità viene così passando a quei cittadini i quali anche davano garanzia per lo straniero: essi saranno anche i mediatori, anzi, in un primo tempo, saranno questi ospitanti a trattare gli affari alla presenza dello straniero che però non interveniva nei rapporti con l'altra parte: così il cittadino avrebbe trattato i suoi affari con un concittadino, anche se si trattava di comprare o di vendere da o a uno straniero, cosa che pareva desse maggior sicurezza.

Ma l'aumento dei traffici portò ad una specializzazione dell'attività dell'albergatore: l'*hosterius*, l'*albergator* prendeva così il posto degli antichi *hospitia* ottenendo garanzie e privilegi, per cui ad un certo momento l'albergo (usiamo pure il termine moderno) divenne il centro legalmente riconosciuto e tutelato degli affari. Nel 1111 cambiatori e speziari di Lucca promettono di non frodare o truffare nelle case in cui sogliono essere ospitati gli stranieri; nel 1116 nel *Liber Consuetudinum* di Milano troviamo (traduz.): « Parimenti sia lecito a chiunque comprare panni e fare affari nelle case degli ospiti di Milano, senza pena di colui nella cui casa si vende e di colui che vende; e il Comune di Milano li deve difendere da ogni danno ». Le case degli ospiti sono evidentemente degli alberghi e la difesa assicurata dal Comune di Milano è un vero e proprio intervento pubblico per impedire che i mercanti locali usassero metodi un po' troppo pesanti per battere la concorrenza.

Gli albergatori svolgevano probabilmente anche un'attività da mediatori e in questo caso percepivano una percentuale sul prezzo delle merci

La fuga in Egitto; capitello del sec. XIII.
Aosta, Chiesa di S. Orso.
Fot. Rast.

Viscardi-Barni, *Il medioevo comunale italiano.*

vendute nei loro locali (1), se non si vuol pensare che essi funzionassero pure da esattori dei dazi imposti dai Comuni sulle merci trattate nei loro esercizi, come risulta per Verona (2).

L'albergatore ha talvolta verso i suoi ospiti non soltanto le solite responsabilità — come quella per le merci a lui consegnate — ma perfino quella di far conoscere le consuetudini commerciali della città (3).

Venezia, come una delle città nella quale gli stranieri confluivano più numerosi, può dare l'esempio di come l'ospitalità era organizzata: per i ricchi vi erano le *albergariae* che, nel senso moderno, si affermarono nel secolo XIII. In queste vi era abbondante lusso di marmi e di tappeti sulle scale e nei pavimenti, ma mancavano quei servizi che oggi riteniamo indispensabili, non esistevano neppure latrine, scarsi i vasi da notte, assenti le stufe per l'inverno, il letto era di miseri pagliericci, anche se Volger von Ellenbrechtskirchen, vescovo di Passau, ai primi del 1200 notava la gentile consuetudine di adornare le camere con fiori (4). I poveri venivano accolti negli *hospicii*, uno dei quali era l'ospedale Orseolo a S. Marco o in caneve o taverne, dove è facile immaginare qual razza di sistemazione essi trovavano.

Tra gli alberghi veneziani se ne possono ricordare parecchi di cui sono noti i nomi e tra i quali qualcuno è ancora esistente col nome antico: il Cavalletto, il Luna, demolito quando si costruì, ad opera del Sansovino, la biblioteca, il Cappello e il Selvadego che erano in Piazza S. Marco, le osterie del Bò, della Torre, della Cicogna, della Donzella, dell'Angelo, dello Sturion, tutte presso il ponte di Rialto. Ospiti illustri passarono in quegli anni lontani in questi alberghi, come Henry of Derby poi Enrico IV d'Inghilterra, quando fu a Venezia nel 1393, ospite del Floetten, dove tutto era tedesco, dal proprietario al cane da guardia.

Quasi tutti gli alberghi avevano stalle e cavalli e spesso vi si appoggiavano i servizi di posta esistenti.

Secondo lo Statuto degli albergatori di Firenze l'albergatore era colui che vendeva pane, carne, pesci cotti e che poteva anche dare alloggio. Gli albergatori erano più o meno noti per la loro ospitalità e per la bontà della loro cucina, tuttavia non si dovevano passare certi limiti nel far

(1) A. LATTES, *Il diritto commerciale nella legislazione statutaria delle città italiane*, Milano, 1884, pag. 93.
(2) F. CARLI, *Il mercato nell'età del Comune*, Padova, 1931, pag. 255.
(3) *Gli antichi Statuti delle arti veronesi*, a cura di L. SIMEONI, Venezia, 1914; *Statuta mercatorum*, III, pag. 24.
(4) P. MOLMENTI, *La storia di Venezia nella vita privata*, I, pag. 475, Bergamo, 1922.

propaganda portando via clienti ad altri colleghi, così come non si doveva portar via ai colleghi i cuochi o altro personale.

Naturalmente vi erano norme a tutela della moralità: negli alberghi non si doveva giocare d'azzardo e non dovevano essere ospitate donne di malaffare. Era però abbastanza frequente il caso che un cliente non pagasse il suo conto traslocando in un altro albergo; in questo caso l'albergatore creditore poteva far sequestrare i beni del suo debitore presso il nuovo alloggio, eventualmente trattenendo ciò che fosse rimasto nella sua casa: a sua volta l'albergatore rispondeva però delle cose che costui gli aveva consegnato (1).

Se si ha l'impressione che in origine l'attività commerciale per gli stranieri fosse ristretta soprattutto agli alberghi, in realtà questi erano dei punti di riferimento, ma la bottega dominava nelle strade delle città medioevali. Molte botteghe e molti magazzini erano di proprietà comunale, specialmente quelli che si trovavano situati nelle vecchie mura o sui moli delle città marittime: a Genova il Comune affittava *apotheche* sul molo e ogni magazzino era contraddistinto da un numero. Sulla bottega, se non era di proprietà comunale, si pagava un'imposta che variava in rapporto alla grandezza e alla strada in cui essa era situata, essa aveva nomi diversi secondo i diversi paesi:

« Fondaco e bottega in Toscana; volta in genovesco; stazione in francesco; magazzino in più linguaggi; celliere in fiammingo. Questi nomi sono e vogliono dire luoghi dove si mette a guardia la mercatantia e dove stanno e riparano i mercatanti e gente a guadagnare e a salvare le loro mercatantie ».

Così scriveva, al principio del XIV secolo, Francesco Balducci Pegolotti (2) il quale indicava anche i termini usati per il mercato:

« Mercato in Toscana e piazza in più lingue, bazarra e raba in genovesco, fondaco in più lingue, fonda in Cipro, alla in fiammingo, sugo in saracinesco, fiera in Toscana e in più linguaggi, panichiero in grechesco. Questi nomi vogliono dire luoghi dove le mercatantie si vendono nelle cittadi e nelle castella e nelle ville ».

Con spirito d'avventura il mercante affrontava viaggi per recarsi alle fiere più celebri anche se lontane, come quelle di Champagne e di Fiandra che erano veramente il centro degli affari europei. In Champagne ricor-

---

(1) *Statuti dell'arte degli albergatori della città e contado di Firenze*, a cura di F. SANTINI, Firenze, 1953.
(2) F. BALDUCCI PEGOLOTTI, *op. cit.*, pagg. 17-20.

La raccolta del pepe. Miniatura del *Livre des Merveilles*.
Parigi, Biblioteca Nazionale (Fot. Fiorentini).

diamo la fiera di Lagny che si svolgeva in gennaio, quella di Bar-sur-Aube che cominciava al martedì di mezza Quaresima, quella di Provins che si svolgeva in maggio, quella di Troyes che era aperta in giugno ed in novembre. In Fiandra vi erano poi le fiere di Ypres che si apriva il primo giorno di Quaresima, quella di Bruges otto giorni dopo Pasqua, quella di Thourout dal 29 giugno, quella di Lilla dal 15 agosto, quella di Messines dal 1° ottobre e via dicendo.

Alle fiere di Champagne partecipavano numerosi, come sappiamo, i mercanti italiani e se dobbiamo credere al cronista lombardo Galvano Fiamma i primi mercanti che vi andarono per acquistar panni furono, nel 1172, Pietro de la Blava e Giordano de la Flamma (1); mentre nel 1190 Genova ottiene un privilegio dal duca di Borgogna per il passaggio in quelle terre dei suoi mercanti (2). Però una lettera di Gregorio VII del 1074

(1) G. FIAMMA, *Chronicon maius*, in *Miscellanea di storia italiana*, VII, 1869, pag. 716.
(2) *Codice diplomatico della Repubblica di Genova*, a cura di C. IMPERIALE, vol. II, pag. 363, n. 190, Roma, 1938.

di protesta contro il re di Francia Filippo I per violenze commesse a danno di mercanti italiani, ci segnala che già nel XII secolo costoro erano in terra di Francia e forse nell'Île-de-France stessa (1).

Quasi tutte queste fiere concedevano un'immunità da dazi per le merci ivi portate otto giorni prima della fiera (una specie di temporanea importazione) e fino ad otto giorni dopo; secondo gli usi i conti dovevano essere regolati entro 15 giorni dalla chiusura della fiera stessa; se i pagamenti dovevano essere fatti o ricevuti su piazze lontane esistevano termini vari, così, ad esempio, il termine per Genova era di un mese. Se però allo scadere del termine dei 15 giorni o di quello particolarmente pattuito un mercante non avesse regolato i conti sarebbe stato ritenuto fallito e non sarebbe più stato ammesso ad alcuna fiera, e nessuno gli avrebbe fatto credito sia pur per la minima moneta.

Ma che cosa si commerciava? Per le fiere di Fiandra e di Champagne merce fondamentale erano i panni, per quanto in esse si trattasse anche pepe, mandorle, cera, olio, grasso e sego, vino, miele, pelle di vaio e di agnellino, allume, stagno, formaggio, rame, ferro, fichi secchi e uva passa, sapone, grano e orzo; per ogni merce c'era una misura particolare.

Se queste però erano le merci trattate nell'Europa occidentale non dimentichiamo ciò che avveniva a Costantinopoli e a Pera, il mercato che apriva le porte dell'Oriente: qui troviamo indaco, cera, allume, « erba da vermini », cioè l'*artemisia apsinthium*, usata nel Medioevo come vermifugo, cuoio di bue, cuoio di bufalo, cuoio di cavallo, cuoio di montone, sego, ferro, stagno di ogni tipo, piombo di varia purezza, zibibbo (e si vendeva fin d'allora tara per merce), sapone di Venezia, di Ancona e di Puglia in casse, sapone di Cipro e di Rodi in sacchi, mandorle schiacciate ed insaccate, miele, cotone greggio e filato, riso, pimento, cannella, pistacchi, confetti, senna, senape, zolfo, pece, litargirio, carne salata, formaggi, lino d'Alessandria e di Romania, lana greggia e lavata, castagne, lacca, pepe, incenso, zucchero, aloe, mercurio, cinabro, mastice, resina di ládano (resina di *cistus creticus*, prodotto di Cipro, Creta e Asia Minore) rame, ambra lavorata e non lavorata, corallo greggio e pulito, seta, zafferano, chiodi di garofano, rabarbaro, caffè, noce moscata, valeriana, manna, gomma arabica, borace, perle medicinali (cioè perle assai piccole che venivano poi pestate nel mortaio ed usate nella medicina medioevale), sangue di drago (cioè gomma rossa di *dracoena ombet*), oro e argento filato di

---

(1) R. H. BAUTIER, *Les foires de Champagne*, in « Recueils de la Société J. Bodin », V, *La foire*, Bruxelles, 1953, pag. 106.

A destra: figurazione fantastica della origine delle perle. Codice del secolo XV nella Biblioteca di Asti.
In basso: la raccolta delle perle. Miniatura del *Livre des Merveilles*. Parigi, Biblioteca Nazionale (Fot. Fiorentini).

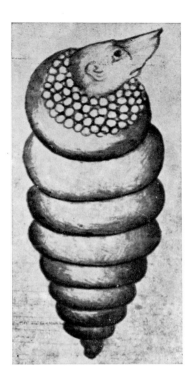

Lucca, di Genova e Provenza, bucherani di Cipro (tessuti sottilissimi), velluti di seta, drappi d'oro, tele, canovacci, panni nostrani e oltremontani, vaio e pance di vaio, martore e faine, noci e nocciole, storione salato, olio chiaro di Venezia, olio di Puglia e di Gaeta in botti o in giare, vino greco, vino di Creta, vino di Patti di Sicilia, vino di Cotrone di Calabria.

A Venezia si commerciava inoltre oro e argento in verghe o in piatti, perle forate e non forate, canape, stoppa e carta di papiro.

Come si vede un mercante aveva modo di esplicare la sua attività nei campi più diversi, ma mentre trafficava, mentre pensava alla casa lontana e si preparava a nuovi viaggi ancor più rischiosi spinto forse non solo e non tanto dal desiderio di guadagno, quanto da sete di avventura e di conoscere paesi e genti nuove egli doveva aver sempre presente quella che secondo il Pegolotti doveva essere la norma di vita da osservare:

> Dirittura sempre usando gli conviene
> Lunga provedenza gli sta bene,
> E ciò che promette non venga mancante;
> E sia se può di bella e onesta contenenza
> Secondo che mestieri o ragione intenda.
> E scarso comperare e largo venda,
> Fuori di rampogna con bella raccoglienza,
> La chiesa usare e per Dio donare,
> Cresce il pregio e vendere a uno motto.
> Usura e giuoco di zara vietare
> E torre via al tutto,
> Scrivere bene la ragione e non errare.
> *Amen* (1).

---

(1) F. BALDUCCI PEGOLOTTI, *op. cit.*, pag. 20.

Capitolo sesto SCIENZA E TECNICA

Agricoltura.

Il primo argomento che si presenta alla nostra mente è senza dubbio quello dell'agricoltura: da questa attività deriva l'alimentazione fondamentale dell'uomo: essa ha potuto forse essere il primo modo per cui popoli erranti come i Germani dell'alto Medioevo si fissarono alla terra di un determinato paese. Parrebbe forse strano parlare di conquiste tecniche nell'agricoltura nel Medioevo, quando si è soliti vedere l'agricoltura come un campo nel quale lo sviluppo è lentissimo e nel quale le tradizioni, spesso errate, sono difficilmente sradicabili. C'è poi la convinzione che il Medioevo non abbia nulla innovato sul piano tecnico: unendo quindi l'ipotetica non capacità tecnica del Medioevo, col conservatorismo agricolo, parrebbe che poco ci fosse da dire.

Eppure si può cominciare col ricordare la coltivazione a rotazione triennale (in luogo di quella biennale) che ci è nota per la prima volta nei pressi di Treviri e che poi andò diffondendosi nelle terre del nord della Francia e nell'Europa tutta. Si sapeva infatti che il raccolto replicato di cereali sullo stesso appezzamento impoveriva il terreno e si cercava di porre rimedio a ciò con la coltivazione di leguminose, rifacendosi ad un insegnamento che, secondo l'arabo Ibn-al-Arvam, sarebbe addirittura risalito a Democrito. Nel sistema della rotazione triennale o nel sistema dei tre campi, la coltura è divisa in tre turni: un campo sarà arato a frumento, un campo sarà ad avena, orzo o fagioli (cioè una coltura estiva ed una invernale), un campo verrà arato e lasciato riposare a maggese. L'anno successivo si faceva uno spostamento, di modo che ogni campo cambiasse coltura e un anno su tre riposasse.

Si rammenti, fuori d'Italia, il passaggio, come avvenne in Inghilterra, dai campi aperti ai campi chiusi, passaggio che provocò un vero sconvolgimento nell'agricoltura dell'isola.

È da tener poi presente l'« innovazione » delle marcite: per chi conosce le terre coltivate dell'Italia settentrionale, le marcite fanno parte del paesaggio, ma esse, che sono probabilmente dovute ai monaci cistercensi e chiaravallesi coltivatori, risolsero il problema di avere erba verde per il bestiame anche durante i gelidi inverni lombardi. Il sistema è quello dell'acqua corrente: il prato è suddiviso in strisce e tra l'una e l'altra in un piccolo solco scorre l'acqua, che attraverso condotti successivi a varie pendenze, dà umidità ed impedisce il gelo: è un vero e proprio scambiatore di calore che provoca anche lo sciogliersi della neve. Così per gli animali era garantito il foraggio fresco in un'epoca in cui la con-

Contadini che guidano un carro pieno di ortaggi. Particolare di una miniatura del Breviario Grimani. Venezia, Biblioteca Marciana (Fot. Alinari).

servazione del fieno era ancora (e lo sarebbe stato per secoli) quella tradizionale.

Il sistema della marcita era però stato possibile grazie all'opera di canalizzazione che s'era venuta formando già nei primi secoli del nostro millennio: non possiamo dimenticare che il Naviglio Grande di Milano fu una delle opere che i Milanesi affrontarono e condussero a termine dopo il loro rientro nel 1167 nella città distrutta dall'imperatore Federico I di Svevia. Fu una grande opera di tecnica idraulica, affrontata con coraggio quando ancora esisteva il pericolo di guerra.

È anche questa l'epoca in cui si ricominciano i lavori — non ancora terminati — per l'arginatura e la sistemazione del Po. Si trattava di lavori di bonifica che non potevano più essere fatti da singoli, ma che richiedevano non solo un'organizzazione collettiva, ma anche l'appoggio delle autorità: signore feudale o Comune. Ricordiamo come fondamentale esempio le concessioni *ad meliorandum* (il che portava anche alla regolarizzazione delle acque) dei beni dell'abbazia di Nonantola a quei gruppi di famiglie, dalle quali derivarono le ancora esistenti partecipanze emiliane della zona.

Prati coltivati, suddivisi in strisce. Particolare di un affresco di Ambrogio Lorenzetti. Siena, Palazzo Comunale, Sala dei Nove (Fot. Alinari).

Contadini al lavoro.
Disegno della Scuola di Hans von Judenburg.
Firenze, Uffizi (Fot. del Museo).

Ricordiamo l'episodio della fondazione di Villafranca di Verona, avvenuta in base alla decisione del Consiglio di Verona stessa del 9 marzo 1185, per cui si stabilì lo scavo di un fossato e la costruzione di un luogo abitato esente da oneri e gravami da parte del Comune dominante: da qui appunto il nome di Villafranca. A ciascuno di coloro che qui si portarono ad abitare fu dato un manso di 33 campi veronesi (ogni campo corrisponde ad are 38,625), dei quali 32 dovevano essere coltivati, trasformandoli da terreno ghiaioso e sassoso a buona campagna e uno doveva servire per la costruzione della casa: in più si diedero 656 campi in comune al paese per bosco e pascolo. È da notare che ancora oggi la regolarità della concessione e dei suoi confini risulta sul terreno e quindi su carte topografiche un po' dettagliate (1).

In questa stessa epoca Bergamo (1186) deriva due canali irrigui dal Serio, Mantova (1188) conquista terreno sulle paludi, Cremona (1150) alza argini contro la minaccia delle piene del Po.

L'uso delle acque portava alla necessità anche di regole giuridiche: ecco cosa scrivono, per quel che ci interessa, le Consuetudini milanesi raccolte nel 1216, ma risalenti ad anni anteriori:

«*Restat ut de aqua et iure aquae ducendae videamus, quam quidem unicuique ducere licet ex flumine publico vel privato ad irriganda sua prata vetera vel nova et praecipue vetera, si absque aliorum incommodo fiat et praecipue molandinorum, quorum usus favorabilis est...*» (2).

(Traduz.: «Resta da vedere l'acqua e il diritto di derivare acqua, la quale ciascuno può derivare da fiume pubblico o privato per irrigare i suoi prati vecchi e nuovi e specialmente i vecchi, se ciò può avvenire senza incomodo degli altri e specialmente dei molini il cui uso deve essere favorito...»).

L'irrigazione era infatti divenuta ormai tanto importante da dover essere regolata da norme di diritto consuetudinario o, più tardi, statutarie, anche se queste seconde limitarono la libertà di derivare acqua, ciò permettendo soltanto a chi ne aveva una regolare concessione, come si vede negli Statuti di Milano (vol. II, cap. 247). Tutto questo non impediva il sorgere di liti proprio per l'irrigazione, come quella avvenuta nel 1174 tra Squarciavilla de Oldanis di Milano e suo fratello Revegiato, il quale fu poi condannato (3).

Il mulino.

Ma la consuetudine sopra ricordata tratta anche dei mulini esistenti nei fiumi e norme del genere si trovano, limitative spesso, in tutte le località dove il decorso di acque ne permetteva lo sfruttamento. Il mulino ad acqua non è certo un'invenzione medioevale, se conosciamo l'esistenza almeno di uno nell'epoca romana, nell'anno 18 a. C., a Cabira nel Ponto e se già Vitruvio lo descrive dettagliatamente, ma senza dubbio

---

(1) E. SERENI, *Storia del paesaggio agrario italiano*, pag. 77, Bari, 1962.
(2) *Liber consuetudinum Mediolani*, a cura di E. BESTA e G. BARNI, c. 19, pag. 107, Milano, 1949.
(3) *Gli atti del Comune di Milano*, a cura di C. MANARESI, n. 93, pag. 130, Milano, 1919.

medioevale è la sua ampia diffusione nell'Europa occidentale: alla frantumazione dei grani nel mortaio (e il nome di *pistor* dato in latino ai fornai richiama questo antico sistema), alla fatica degli schiavi o degli animali per far funzionare le mole girevoli (e ciò era già un progresso), si sostituisce l'energia naturale dell'acqua. Ma l'affermarsi del mulino ad acqua richiese presto la disposizione verticale della ruota, il che portò la necessità di risolvere il problema del trasferimento del moto dal piano verticale a quello orizzontale, cioè la costruzione d'ingranaggi che erano, come si vede ancora in molti disegni leonardeschi, in legno. Però il mulino ad acqua non si affermò subito: c'era sempre il timore della mancanza dell'acqua, c'era il timore, specialmente nelle città, che il nemico in caso di assedio chiudesse i canali e quindi arrestasse i mulini aggravando la situazione annonaria. Aveva dunque ragione, per allora, l'abate del monastero di Saint-Alban, che nel XIII secolo, riattando i mulini ad acqua, ne faceva però costruire uno a cavalli.

Ma lo sviluppo del mulino ad acqua si ricollega anche allo sviluppo della trazione animale — di cui dovremo parlare — che permetteva trasporti da zone più lontane e con pesi più gravi: così il frumento che ormai veniva battuto col correggiato a cerniera, sistema che sostituiva il più

Mulino del XII secolo.
Una donna frange il grano
in una pietra dura
incavata a cilindro,
entro cui ruota un cilindro
anch'esso in pietra.
Particolare di un capitello
di Vézelay
(Fot. Giraudon).

A sinistra: mulino a vento con sollevatore di sacchi;
da un manoscritto tedesco, circa del 1430.
A destra: meccanismo interno di un mulino a vento del tipo a cavalletto;
da un manoscritto anonimo tedesco, circa verso il 1430
(da: U. Forti, *Storia della tecnica*, Firenze, Sansoni, 1957).

antico del far calpestare le spighe dai cavalli, poteva esser recato al nuovo mezzo di macinazione.

Studi sui mulini, per migliorarli, renderli più facili da usare, continuarono. I Veneti crearono gli *acquimoli*: si trattava di mulini posti su isole della Laguna e sfruttanti le maree: in tal modo il flusso ed il riflusso avrebbero fatto funzionare le mole, in un senso o nell'altro, e nel 1044 sappiamo che il monastero di S. Giorgio della Pigneda possedeva due di questi *acquimoli* (1) anche se si può logicamente ritenere che essi dovevano già esistere da tempo.

Anche il mulino a cavalli, quello più tradizionale, era oggetto di studio, se un certo fra' Giovanni le Charpentier, secondo il cronista di Dunstable, fece costruire un mulino a cavalli secondo un suo nuovo progetto, mulino che avrebbe dovuto funzionare agevolmente con un solo cavallo: in realtà soltanto quattro cavalli, ed assai forti, riuscirono a muoverlo (2). L'insuc-

(1) G. ZANETTI, *Dell'origine di alcune arti principali appresso i Veneziani*, Venezia, 1758.
(2) M. BLOCH, *Lavoro e tecnica nel Medioevo*, pag. 183, Bari, 1959.

Pianta dei mulini di Corbeil
al tempo di Luigi XI (Parigi, Arch. Nat., S. 2116).

cesso di questo esperimento ci testimonia però come ricerche in questo campo continuassero, cercando di utilizzare nuove tecniche.

Non possiamo però procedere in questo nostro discorso se non ci soffermiamo un momento sull'opera di Pietro de' Crescenzi, un bolognese nato verso il 1233 e morto verso il 1320 nella sua proprietà di Villa D'Olmo: egli, a richiesta di Emerico da Piacenza, padre generale dei Domenicani, scrisse *Ruralium commodorum opus*, che fu dedicato a Carlo d'Angiò. Si tratta di un'opera che per quasi due secoli dominò il campo suo: scritta in latino, già nel 1300 se ne ebbe una prima traduzione in italiano passata poi alle stampe nel 1478 a Firenze e nel 1495 a Venezia. Ma nel 1373 l'opera era stata tradotta in francese per il re Carlo V, mentre poco dopo era pure tradotta in tedesco e nel 1501 di nuovo in italiano da Francesco Sansovino. Un manoscritto miniato è conservato a Parigi alla Bibliothèque de l'Arsenal col titolo di *Livre des Prouffitz champêtres*. In complesso l'opera ebbe 32 edizioni.

Il Crescenzi non si accontentò di ripetere gli antichi insegnamenti classici, quelli che si trovano in Catone, Palladio, Varrone, Columella, Plinio e via dicendo, ma vi aggiunse le esperienze che s'erano venute facendo e le nuove conoscenze che s'erano acquistate. Anch'egli insegnava la coltivazione in tre turni, cioè col sistema dei tre campi sopra ricordato, ma entrò in veri e propri particolari di tecnica agraria. Insegnò, per esempio, che per fare i fori nella terra dove dovevano poi essere trapiantate le viti, non si doveva usare un palo acuminato, in quanto con questo non sarebbe stato possibile esser certi della giusta profondità non solo, ma si sarebbe compressa la terra contro le pareti del foro non lasciando così la morbidezza e la porosità necessaria; proponeva perciò l'uso di un apparecchio appuntito detto *fora terra* a succhiello, il quale avrebbe evitato quegli inconvenienti. Propugnò per la frutta la cimatura delle piante in modo da ottenere le spalliere che poi arricchirono molti dei nostri giardini e frutteti; sempre per le piante da frutta consigliò la potatura, anche del pesco, facendo osservare che il potare rami mal nati irrobustiva la pianta.

Il cavallo come mezzo di lavoro.

Abbiamo più sopra accennato allo sviluppo della trazione a cavallo come uno degli elementi che influirono sulla vita sociale e agricola. Come premessa diremo che la staffa venne a noi forse dai cavalieri delle steppe: se ne ebbe conoscenza sia per il contatto con queste popolazioni stabilite sul *limes* dell'Impero romano, sia per l'insediarsi in Europa dei Goti e poi per i dolorosi scontri con gli Ungari durante le violente scorrerie di costoro; ma la sua diffusione vera avvenne probabilmente a mezzo degli Arabi.

Bisogna ricordare, infatti, che la prima riproduzione nota della staffa è un pezzo del gioco degli scacchi che, secondo la tradizione, sarebbe stato donato da Haroun-el-Raschid a Carlo Magno.

Nella pagina accanto:
cavalli attaccati col sistema del collare a spalla.
Miniatura del Breviario Grimani (Ottobre).
Venezia, Biblioteca Marciana
(Fot. Alinari).

Particolare del collare a spalla.

È opportuno anche tener presente l'importanza che il cavallo va assumendo come animale da combattimento: saranno gli Svevi a diffondere nell'Italia meridionale grandi allevamenti di cavalli, al punto che Federico II potè prelevare in una sola volta 800 stalloni dagli allevamenti calabresi per portarli ad un nuovo deposito in Capitanata (1).

Ma per i trasporti di pesi sono altri avvenimenti che più ci interessano: il passaggio dal collare a gola al collare a spalla, l'attaccatura in fila, la ferratura dell'animale.

Contrariamente a quanto si può pensare l'attacco attuale del cavallo è una conquista dell'età media: il vecchio sistema del collare in cuoio incravattava il cavallo proprio alla trachea; tale collare veniva poi legato al giogo, fatto da una barra di legno fissata in croce alla parte anteriore del timone, quasi tentando di sfruttare il primitivo giogo dei buoi, sicchè

---

(1) E. SERENI, *Storia del paesaggio agrario italiano*, pag. 80, Bari, 1962.

tutto lo sforzo di trazione passava dal collare al giogo. Ma così il collare, specialmente nel caso che il cavallo per fare più sforzo abbassasse la testa, veniva a premere direttamente sulla trachea; il cavallo era quindi obbligato a tenere la testa alta, irrigidendo i muscoli del collo, per proteggere la trachea, non rendendo tutta la forza utile di cui era capace (1). Così si spiega la posizione del cavallo a testa alta, quale si vede in riproduzioni del mondo antico: non era una elegante posizione del nobile animale, ma una difesa contro il soffocamento. Con questo vecchio sistema un cavallo poteva esercitare una capacità di traino di circa 62 chilogrammi, cioè un quarto del rendimento che si ottiene subito coll'adozione del collare a spalla.

(1) R. J. LEFEBVRE DES NOËTTES, *L'attelage et le cheval de selle à travers les âges. Contribution à l'histoire de l'esclavage*, Parigi, 1931; U. FORTI, *Storia della tecnica dal Medioevo al Rinascimento*, pag. 82 segg., Firenze, 1957; M. BLOCH, *Lavoro e tecnica nel Medioevo. Le invenzioni medioevali*, pag. 190, Bari, 1959.

Il nuovo collare ad armatura rigida, quello tuttora in uso, appoggia invece sulle scapole ed è unito a stanghe laterali, sicchè il cavallo può esercitare tutto il suo sforzo (ed il suo peso anche) nel traino. Non solo, ma un sistema del genere (di cui abbiamo una prima documentazione iconografica nel manoscritto 8085 della Bibliothèque Nationale di Parigi) dava anche la possibilità dell'attacco dei cavalli in fila: infatti, come è noto, l'antichità conosceva invece l'attacco frontale, il quale, sebbene spettacolare, era per forza assai limitato per quanto riguardava il numero degli animali e dava uno scarso rendimento per la necessità di combinare forze talvolta oblique e certamente indipendenti l'una dall'altra.

Ci si può chiedere da dove provenga il nuovo attacco a spalla; lasciando da parte la Cina dell'epoca Han (200-300 d. C.) a cui spesso si fa richiamo, si constata che la diffusione del nuovo sistema avviene in Europa dopo l'insediamento dei Normanni in Francia e le incursioni dei Danesi nelle isole Britanniche. Orbene nel Museo di Bygdoy, vicino ad Oslo, è stato ricostruito (in base ai ritrovamenti avvenuti nelle tombe dei capi vichinghi) un attacco originario che è appunto quello a spalla,

Cavalli
che tirano l'aratro.
Particolare
di una miniatura.
Parigi,
Biblioteca Nazionale
(Fot. della Biblioteca).

forse dovuto alla necessità di usare per il traino anche la renna. È probabile che circa dal IX-X secolo e dai popoli nordici stabilitisi nell'Europa centro-meridionale parta la diffusione di una scoperta come questa di grandissima importanza e che valse a rendere meno economicamente utile la schiavitù (1).

Si aggiunga la ferratura degli zoccoli dei cavalli: in realtà non c'è traccia di ferratura degli zoccoli prima del secolo IX, momento in cui essa compare, secondo i testi, quasi contemporaneamente in Occidente e

Ferratura degli zoccoli di un cavallo. Incisione dal *De re militari* di Flavio Vegezio.

a Bisanzio (2): la prima notizia l'abbiamo da un passo dello *Strategicon* dell'imperatore d'Oriente Leone VI (866-911): il museo di Grenoble possiede dei ferri ondulati del IX secolo provenienti dal lago di Paladin, un ferro del XII secolo è conservato a Epinal, parecchi esemplari del XIII se-

(1) R. GRAND, *L'agriculture au Moyen Âge*, pag. 447, Parigi, 1950.
(2) E. SALIN, A. FRANCE-LANORD, *Rhin et Orient*, vol. II: *Le fer à l'époque mérovingienne. Etude technique et archéologique*, Parigi, 1943.

colo sono a Colmar. Fino al secolo XIV il ferro era leggero, ondulato, con fori assai lunghi: solo più tardi il foro si fisserà nella forma quadrata.

La ferratura del cavallo si estese anche al bue che divenne in tal modo anch'esso capace di trainare pesi considerevoli su strada.

Queste nuove « invenzioni » trasformano completamente le possibilità di sfruttamento dell'animale da traino: se ci riportiamo al codice di Teodosio, *De cursu publico angariis et parangariis* (VIII, 5, 8) troviamo una costituzione del 357 data dall'imperatore Costanzo da Milano in cui si fissano i pesi che si potevano caricare sul *veredo*, mezzo veloce medio, sulla *birota*, carro medio, sulla *reda*, carro pesante. La *reda* poteva portare 1000 libbre, cioè 350 kg. circa, la *birota* 200 libbre, cioè 70 kg. circa, e il *veredo*, mezzo eminentemente veloce, 30 libbre, cioè kg. 10,5 circa. Se si tiene presente che la *reda* pesava a vuoto circa 250 kg., si ha che la possibilità di traino era in complesso di circa 600 chilogrammi.

Nel secolo scorso vi furono diligenze trainate fino da otto cavalli, che potevano portare ad una discreta velocità 20-25 passeggeri: i nostri carri da traino, per una coppia di cavalli, possono portare fino a 30 quintali. L'« invenzione » del Medioevo aveva dunque permesso di moltiplicare per dieci il rendimento del cavallo.

In alto: scena di aratura e di semina. Particolare della tappezzeria di Bayeux.
In basso: aratro tirato da buoi. Miniatura del Codice Urbinate Latino 350. Roma, Biblioteca Vaticana
(Fot. della Biblioteca).

L'aratura.
Particolare dei rilievi del campanile di Giotto a Firenze
(Fot. Alinari).

L'aratro.

Nello stesso periodo compare nelle nostre terre un nuovo tipo di aratro: l'antico non aveva ruota d'appoggio e non aveva una lama precedente al vomere atta a rompere la terra: si trattava in complesso di un attrezzo a lama diritta, a pungolo, atta a segnare il terreno, più che a romperlo e rivoltarlo: solo verso il XIII secolo l'aratro assumerà una forma simile a quella dei tempi moderni. Anzi la vera innovazione sarà il versoio, di cui abbiamo notizia da versi anonimi veronesi della fine del secolo VIII o principio del IX: il versoio era una lama di legno ricurva che aveva lo scopo di aprire il terreno prima che la lama lo incidesse: era fatta di solito con legni a superficie assai liscia per evitare l'aderenza. È curioso ricordare che il calcolo dell'esatta curvatura del versoio venne compiuto solo il secolo scorso da Jefferson, presidente degli Stati Uniti.

Le nuove colture.

Ma non sono soltanto questi nuovi mezzi le novità del mondo agricolo medioevale: vi sono nuove colture e nuove tecniche di colture. L'Italia è, nella tradizione dei paesi nordici, il paese ove fiorisce l'arancio e molti pensano che gli agrumeti abbiano sempre fatto parte del paesaggio delle zone più tepide della nostra terra; in realtà la diffusione di tale coltura in Italia è dovuta alla conquista araba in Sicilia e in alcune terre dell'Italia meridionale. Da lì aranci e limoni si diffusero in tutte quelle zone che presentavano clima adatto. L'invasione araba portò anche la diffusione della sericoltura: se i filari di gelsi divennero più tardi elemento

Contadini che mietono.
A sinistra: Parma, Battistero (Fot. Tosi).
A destra: dal Breviario Grimani.
Venezia, Biblioteca Marciana (Fot. Alinari).

dominante del paesaggio di alcune zone dell'Italia settentrionale, in realtà questa pianta era ben nota nell'Italia meridionale proprio per opera degli Arabi.

Ancora altre coltivazioni come il riso e la canna da zucchero, il cotone, il carrubo, il pistacchio, le melanzane, sono dovute all'apporto della civiltà araba, molto superiore a quella europea contemporanea. Dal mondo arabo di Spagna ci venne lo spinace, coltivato a Siviglia già nell'XI secolo, citato e descritto da Alberto Magno e da Pietro de' Crescenzi. Perfino la scorzonera verrebbe dalla Spagna ed è stata lungamente usata come prodotto medicinale contro il veleno delle vipere: solo nel 1600 fu usata come cibo. Anche il carciofo è di tarda introduzione, se si deve credere che esso fu prodotto, nel secolo XIV, da abili giardinieri italiani.

Per quanto riguarda i cereali già noti, ricorderemo che il frumento è visto come un prodotto di lusso, come di lusso è il pane bianco, forse anche perchè si stimava il rendimento della segale molto superiore a quello del frumento: 7 a 1 di fronte a 5 a 1. Forse proprio al consumo di pane di segale si deve la diffusione, nel Medioevo, del male degli ardenti o fuoco di S. Antonio. Seguivano poi, tra i cereali, orzo e avena: quest'ultima anche se fu usata per l'alimentazione dei cavalli, veniva pure fatta fermentare per ottenere della birra.

A Milano, per esempio, ancora nel secolo XIV si mangiava pane di mistura, tanto che nel 1355 v'era in tutta la città un solo forno per il pane bianco, quello chiamato *Prestino de' Rosti*, vicino alla Piazza Mercanti e ciò anche se fin dal secolo precedente si usava il pane bianco per pranzi di particolare importanza, come ricorda una sentenza del 1248 in favore dei canonici di Varese: in questa sentenza infatti Azzone Zeppo, vicario dell'arcivescovo milanese, condannò Ambrogio Pozzobonelli, a causa del feudo da lui tenuto, ad offrire ogni anno al capitolo di Varese un pranzo assai lauto, dove si parla anche di pane bianco:

« *Videlicet panis frumentini boni et bene cocti et albi, et vini boni et puri ad sufficiendum; et caponorum, videlicet unum inter duos plenum, et carnium bovis et porci cum bonis piperatis videlicet frustum unum, sive petiam bovis competentem et bonam inter duos; et aliud frustum seu petiam porci cum bonis piperatis inter duos; et frustum sive petiam unam carnis porcine assate sive rostite cum paniciis inter duos, et hec omnia ad sufficentiam secundum quod decet...* ».

(Traduz.: « Cioè pane di frumento buono e ben cotto e bianco, e vino buono e puro a sufficienza, e capponi, uno su due ripieno, e carne di bue e di porco con contorni ricchi di pepe e cioè un pezzo di bue adatto e buono ogni due e un pezzo di maiale con contorni con pepe ogni due; e un pezzo di carne di maiale ai ferri o arrostita con panizza ogni due, e tutte queste cose a sufficienza e secondo il decoro... »).

Scena di vendemmia.
La vite è piantata di traverso al terreno collinare.
Dal Breviario Grimani.
Venezia, Biblioteca Marciana (Fot. Alinari).

Ed auguriamoci che quei canonici non avessero poi disturbi di stomaco. Ancora alla fine del 1400 il dono di sei « miche » di pan bianco alla duchessa di Milano provocava un ringraziamento personale da parte di costei.

Anche la coltivazione della collina subisce in Italia in questi secoli ampie modifiche: il Boccaccio nella sesta giornata del *Decamerone*, descrivendo la sua « Valle delle donne », forse identificabile con la zona del Fiesolano, così diceva: « Le piagge delle quali montagnette così digradando giù verso il piano discendevano, come ne' teatri veggiamo dalla sommità i gradi infino all'infimo venire successivamente ordinati... ». È quella disposizione a gradone, a terrazze, a « fasce » che siamo ormai usi vedere nelle zone collinose ben coltivate e che Pietro de' Crescenzi già aveva consigliato quando raccomandava la lavorazione di traverso del terreno collinare per evitare che la terra fosse portata via dalla pioggia. Infatti era stato fino ad allora normale il lavorare la terra e coltivarla secondo le linee di massima pendenza.

Frati intenti ai lavori agricoli. Da un dipinto di Spinello Aretino. Firenze, Basilica di S. Miniato al Monte (Fot. Alinari).

Ancora una volta Pietro de' Crescenzi ci descrive anche il paesaggio agricolo quale viene ora presentandosi con la piantata di alberi vitati: la vite infatti lascia i piccoli appezzamenti a filari ravvicinati e viene allevata appoggiata a regolari filari di alberi, disposti in una misura di lunghezza di 200 piedi o più: il sistema si sviluppò prima nelle vicinanze della città che nelle zone più lontane, in danno del vigneto puro; così per Mantova le terre vitate sono nel suburbio circa il 25% (contro il 31% di solo seminativo e il 35% di vigneto specializzato), mentre in parti più lontane si ha 59% di seminativo, le terre vitate sono il 12% e il vigneto è ancora il 22%.

La sistemazione attuale della valle Padana a grandi appezzamenti limitati da fossi e cavedagne e segnati da filari regolari di piante è già visibile nei suoi inizi nell'età comunale, anche se avrà sviluppo solo nel XVI secolo; tuttavia per lungo tempo si preferirono appunto filari lungo i fossati o le vie per non occupar terra e sottrarla così alla coltivazione. La presenza poi di filari di gelsi nei campi dimostrerà che ad un certo momento il reddito della sericoltura prevale su quello del normale e abituale raccolto da seminativo.

Gli animali nelle campagne.

Su queste terre troviamo cavalli, asini, muli, buoi: animali da lavoro. Il cavallo è l'animale nobile per eccellenza e non per nulla il trattato del secolo XIII, *Mulomedicina* di Thierey de Cambrai, ma conservato solo in una traduzione catalana (1), comincia con queste parole: « *Quor cavals es la plus nobla bestia de totas las bestias* ». Il cavallo è, nei racconti medioevali, uno dei tre amori del cavaliere (gli altri due sono la dama e la spada) ed ha un alto valore economico.

Ma sappiamo che il cavallo divenne, dopo il secolo XI, anche animale da lavoro nelle campagne, sicchè spesso il signore riservava a sè il diritto di possedere gli stalloni per la riproduzione, obbligando i paesani a pagargli un tanto per la monta delle fattrici. Il cavallo era tanto importante per i lavori agricoli che quando Urbano II indisse la crociata al Concilio di Clermont nel 1095, stabilendo una tregua alle lotte tra prìncipi e tra

---

(1) Il manoscritto è nella Bibliothèque Nationale di Parigi, *nouv. acq.*, fr. 11 151, e fu pubblicato in « Romania », 1911, pag. 353 e 1912, pag. 612, da A. THOMAS.

Gruppo di animali da cortile
e un asino che trasporta il suo carico,
in una miniatura del Breviario Grimani.
Venezia, Biblioteca Marciana (Fot. Alinari).

signori, ordinò la pace non solo per i lavoratori delle campagne, ma anche per *equi arantes*, per i cavalli che lavoravano al traino degli aratri. I diversi tipi di cavalli sono bene indicati nel *Tesoro* di Brunetto Latini, che scriveva nella lingua allora comune ai colti: « *Il y a chevaux de plusieurs manières, à ce que li un sont destrier grant pour le combat; li autre sont palefroy pour chevaucher a l'aise de son cors; li autres sont roucis pour somme porter* » (1). Ci son dunque destrieri da combattimento (cosiddetti perchè prima della battaglia venivano trattenuti con la mano destra), palafreni che servivano per i viaggi e ronzini per lavoro o per servizio degli scudieri.

L'asino era l'animale diffuso soprattutto nella zona del Mediterraneo, impiegato per il trasporto di piccoli pesi e anche per la piccola coltura, sicchè l'espressione « *terra unius asini* » venne ad indicare una misura di superficie e cioè la terra che poteva essere lavorata da un asino in una giornata (2). Il suo prezzo, inferiore a quello del cavallo (circa la metà), la sua resistenza, il suo piede sicuro lo resero particolarmente adatto alla coltivazione in collina e specialmente per la coltura delle vigne, sicchè l'espressione *asinata vini* significò una misura e cioè la quantità di vino che un asino poteva portare. Eppure un animale così paziente e utile divenne simbolo, tra gli uomini, di persona ignorante, pigra, senza senso, forse perchè le sproporzionate orecchie e lo sgraziato raglio lo rendevano ridicolo. Certe punizioni per determinati delitti comportavano una cavalcata su di un asino, col viso verso l'indietro e tenendo tra le mani la coda dell'animale, mentre il popolaccio poteva scagliare i suoi insulti (e non solo insulti) su quel colpevole, molto spesso disgraziato: siccome poi venivan lanciati non solo insulti, ma anche oggetti, il povero asino, che proprio non aveva alcuna colpa, ci andava di mezzo. E poi si parla di giustizia! sarebbe stato interessante poter sentire l'opinione dell'asino.

Ma l'animale predominante nelle campagne del Medioevo è senza dubbio il mulo: nato da un incrocio tra l'asino e una giumenta o tra un cavallo e un'asina (bardotto), unisce qualità di robustezza e di forza a quelle di rusticità e di resistenza. Fu l'animale dei paesi a ripide salite, o strade pericolose: a lui si deve il traffico che potè per secoli passare attraverso le Alpi, i Pirenei, gli Appennini e che collegò paesi e terre lontane permettendo scambi culturali e commerciali altrimenti impossibili. Ma fu anche animale da lavoro agricolo, come si vede nella celebre tappezzeria di

---

(1) Parte I, c. 155.
(2) Du Cange, vol. I, *ad vocem*.

Bayeux, dove un mulo traina un aratro. Ma il mulo fu anche animale da sella, non solo per le dame, ma pure per gli uomini in caso di lunghi viaggi per strade faticose, senza mancar di ricordare che la mula bianca era la cavalcatura ufficiale del papa e dei prelati della Corte pontificia.

L'animale però più antico per il lavoro delle campagne fu sempre il bovino: al lavoro erano impiegati sia i buoi che le vacche, sottoposte al medesimo giogo che poteva essere sia quello frontale, che quello appoggiato alla nuca. Questi animali erano usati anche per il traino di carri particolarmente pesanti, come quelli dei trasporti di pietre da costruzione o anche per il traino del Carroccio comunale nei combattimenti: forse ne fu motivo la stessa lentezza del bue che era anche quasi segno di tranquillità nell'infuriare della battaglia. La coppia di buoi divenne elemento di riferimento per imposizione di tasse e il loro lavoro in una giornata, come per l'asino, divenne misura di superficie.

Naturalmente questi animali avevano anche un valore sia per la produzione casearia (già organizzata con forme associative nel XII secolo nella zona del Giura per la produzione del gruera), che per la loro carne, per quanto il mondo medioevale dimostrasse sempre una spiccata simpatia per la carne di maiale, di più facile e rapido allevamento: quando nel 1304 Filippo il Bello dispose per i viveri del suo esercito in Normandia, provvide a 2000 maiali vivi, 4000 prosciutti e 500 bovini (1). E ancor dopo morti i bovini, col cuoio, contribuivano alla vita dell'uomo sia per il vestiario, che per gli attrezzi dell'agricoltura, l'arredamento, le armi, la navigazione e un'infinità di altri usi.

La pastorizia.

Per ciò che riguarda la pastorizia lo scritto di Pietro de' Crescenzi e l'opuscolo francese di Jean de Brie, *Le traité de l'estat, science et pratique de l'art de bergerie et de garder oeilles et brebis à laine* (2) (offerto dall'autore al re di Francia nel 1379), ci danno ancora notizie.

Val la pena di vedere qualcosa dell'opera di Jean de Brie, anche se il testo non fu probabilmente steso materialmente da lui, ma da qualcuno dell'ambiente vicino al re. Jean de Brie nacque a Villiers-sur-Rognon

---

(1) R. GRAND, *L'agriculture au Moyen Âge*, pag. 479, Parigi, 1950.
(2) L'opera originale è persa e noi conosciamo questo lavoro attraverso un sunto del secolo XVI stampato a Parigi nel 1879 a cura di PAUL LACROIX.

verso il 1349, da famiglia di contadini; a 8 anni faceva il guardiano di oche, poi custode di maiali, divenne pastore a 11 anni, a 16 era intendente per la pastorizia dei possedimenti di Messy appartenenti a Matteo de Pommolain, signore di Teuil, membro del Parlamento di Parigi. Portato a Parigi dove ricevette una buona istruzione, passò al servizio di Jean de Hatomesnil, consigliere del re e canonico della Sainte-Chapelle; fu costui a farlo conoscere al re e fu così che venne invitato a stendere la sua opera nella quale, con molti consigli, raccolse le sue esperienze e le vecchie usanze. Ecco la figura di un buon pastore secondo Jean de Brie: deve essere di buoni costumi, deve stare lontano dalla taverna e dal bordello, lontano dai giochi, specialmente da quello dei dadi; dovrà essere

Donna che munge le pecore.
Particolare
da una miniatura
delle *Grandes Heures de Rohan*.
Parigi, Biblioteca Nazionale
(Fot. della Biblioteca).

onesto e leale nella cura del bestiame a lui affidato. Avrà anche un suo caratteristico abito (quello del resto che compare in molte iconografie), forti scarpe di cuoio con uose, cappello di feltro rotondo, corsetto e pan-

Pastore accanto al suo gregge. Particolare da una miniatura delle *Grandes Heures de Rohan*. Parigi, Biblioteca Nazionale (Fot. della Biblioteca).

Pastori in mezzo al gregge.
Particolare da un quadrittico in legno scolpito, dipinto e dorato.
Arte aostana, seconda metà del XIV secolo.
Torino, Museo Civico (Fot. del Museo).

taloni di lana filata e tessuta in casa e, per l'inverno, un giaccone di pelo tratto dalle sue stesse pecore: porterà sempre con sè una scatola con unguenti e medicamenti (e così il pastore creerà attorno a sè il racconto di conoscere erbe curative e di essere a conoscenza, in questo campo, dei segreti della natura), un coltello da lavoro ed un coltello per tagliare il pane, forbici, aghi per cucire, un lungo bastone ferrato ed una frusta: sarà accompagnato da un robusto cane, « *un grand mastin fort et quarré à grosse teste* » il quale avrà un grosso collare a punte di ferro per combattere contro i lupi e i ladri. Ma è importante, secondo Jean de Brie, che il pastore abbia coscienza della sua importanza nella società:

« *Le berger est aussi noblement paré de sa houlette comme seroit ung evesque ou ung abbé de sa croce et comme ung bon homme d'arme est bien acésiné et asseuré quand il a ung bon glaive pour la guerre... La croce, le glaive et la houlette représent troys estatz en ce monde... pour soutenir le bien publique chascun en son degré. Et si les troys veullent faire chascun son devoir, tout est bon et en tous estatz: car aux champs, à la ville, au moustier se entreaydent de leur mestier* ».

(Traduz.: « Il pastore munito della sua verga è tanto nobile quanto un vescovo o un abate col loro pastorale o come un buon uomo d'arme è ben attrezzato e impavido quando ha una buona spada per la guerra... Il pastorale, la spada, la verga rappresentano tre stati in questo mondo... ciascuno destinato, secondo il proprio grado, a sostenere il bene pubblico. E se i tre vogliono fare ciascuno il loro dovere, tutto è bene in tutti gli stati: perchè sui campi, nella città, nel monastero si aiutano tra di loro »).

E là, nelle ampie e libere campagne, il pastore viveva solo, col suo cane e spesso con un istrumento musicale: « *fretel, estyve, donçaine, musette d'Alemagne, ou autre musette que l'on nomme chevrette, chascun selon son engin et subtilité* ». Il pastore si ricoverava in una capannuccia su ruote che egli stesso, giorno per giorno, spostava per guidare e seguire il suo gregge.

Nello scritto di Jean de Brie è indicato mese per mese cosa deve fare il pastore sia per quanto riguarda il vitto delle sue pecore, sia per difenderle, specialmente in ottobre e novembre, dagli attacchi dei lupi: ma è soprattutto il mese di maggio quello che dà al pastore il senso della bellezza del suo mestiere; il maggio è:

« *Le temps doulx et serain et tout est flory sur terre; elle a lors vestu sa belle robe qui est aornée de plusieurs belles florettes de diverses couleurs ès bois et ès prez, et sont lors les pasturages pleins de belles herbes et tendres* ».

(Traduz.: « Il tempo dolce e sereno e tutto è fiorito sulla terra: questa ha allora indossato il suo bell'abito che è adorno di molti bei fiori di diversi colori di bosco e di prato, e allora i prati di pastura sono pieni di erbe belle e tenere »).

Dovremmo dunque dire che la visione idilliaca del pastore e della pastorella, quale si presenterà nei secoli successivi, sia in qualche modo fondata? Direi che quando tale visione si concreta, la pastorizia aveva perso l'importanza avuta nei secoli precedenti, soprattutto per l'alimentazione e, come di tutte le cose passate, si ricordavano solo gli aspetti piacevoli e non le fatiche delle mani, le ore sotto il sole cocente o sotto la pioggia nelle tristi giornate del tardo autunno e dell'inverno: non si ricordavano i lunghi periodi di isolamento che potevano sì portare all'osservazione della natura e ad una pur modesta meditazione, ma potevano anche portare a forme di abbruttimento, proprio per la mancanza di scambi di idee con altri esseri umani. Del resto la pastorizia descritta da Jean de Brie aveva bisogno del sistema dei campi aperti, cioè della possibilità per i greggi di poter pascolare su tutte le terre una volta raccolti i prodotti e noi sappiamo che questo sistema andava man mano scomparendo per la chiusura delle proprietà, fenomeno dovuto al cambiamento di sistema agricolo. Se in Jean de Brie c'è passione per il proprio mestiere e amore per la natura, c'è anche una chiara visione della realtà. La pastorizia di Jean de Brie è attività economica e non divertimento o sola immagine poetica di fantasia.

L'acqua, nuova fonte di energia.

Trattando dell'agricoltura abbiamo accennato al mulino ad acqua per quanto riguardava proprio la sua specifica funzione in questo campo: quella di macinare i grani. Ma il mulino ad acqua venne in realtà impiegato in molti altri modi nel Medioevo, sfruttando l'energia così prodotta: anzi proprio questi vari impieghi portarono all'introduzione del mulino ad ingranaggi in modo da poter ottenere due o più velocità, indipendentemente dalla velocità della corrente e solo in rapporto con lo sforzo da affrontare: verso il secolo XIII questo sistema era introdotto dovunque, nello stesso secolo vediamo funzionare torcitoi idraulici come quello di Francesco Borghesano. Il mulino fu presto usato per l'industria tessile; per triturare scorze od altro; per la concia il mulino è già in uso nel secolo XII, e nello stesso secolo conosciamo mulini a gualchiera, mentre nel secolo XIV troviamo pure mulini per la macinazione dei colori. Ma fin qui siamo sempre nel campo della macinazione, della triturazione, della

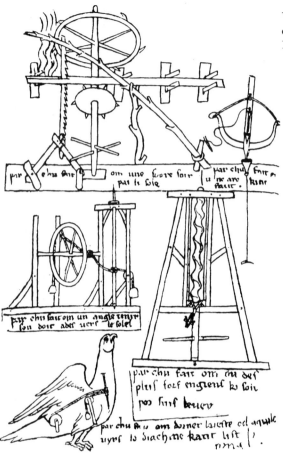

Una sega idraulica del secolo XIII, dal *Taccuino* di Villard de Honnecourt. Parigi, Bibl. Nazionale, ms. franc., 19093.

frantumazione o simili, cioè vediamo sempre il mulino applicato a lavori che sono la derivazione del suo originario impiego.

Però già nel XIII secolo, secondo alcuni schizzi di Villard de Honnecourt (1) si era pensato ad una sega idraulica, forse, da quel che compare dal disegno, troppo complessa per poter effettivamente funzionare; ma nel secolo XIV le segherie a forza idraulica si diffusero e si affermarono tanto che durarono poi per molti e molti secoli, superando, per le località di montagna, anche la concorrenza della macchina a vapore, solo battute dall'avvento dell'energia elettrica, spesso fornita da quella stessa acqua che per secoli aveva già fatto funzionare quella sega.

(1) U. Forte, *Storia della tecnica dal Medioevo al Rinascimento*, pag. 117, Firenze, 1957.

Corazze e cappucci formati da lame di ferro ribattute,
indossate da cavalieri medioevali.
Clermont-Ferrand, Église de Notre Dame du Port
(Fot. Arch. Photogr.).

La metallurgia.

Il mulino ad acqua ebbe un influsso grandissimo per ciò che riguarda la fusione dei metalli.

Rammentiamo che la fusione del ferro avviene a circa 1530 °C, cioè ad una temperatura molto più alta di quella del rame: la difficoltà di fondere il ferro superava quindi l'arte del bronzo. Il mantice manovrato a forza d'uomo, che lanciava sul fuoco una corrente d'aria, non aveva

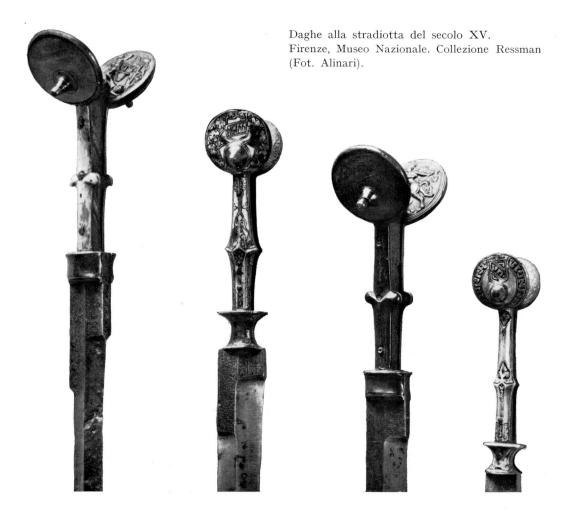

Daghe alla stradiotta del secolo XV.
Firenze, Museo Nazionale. Collezione Ressman
(Fot. Alinari).

permesso per secoli (e cioè dall'avvento dell'età del ferro per più di due millenni) di ottenere una vera fusione del ferro, di ottenere cioè del ferro puro. Si riusciva ad avere una massa spugnosa e non liquida, che doveva essere, a caldo, battuta lungamente per avere un prodotto corrispondente alle necessità del tempo: la martellatura, la forgiatura dava certamente buoni prodotti per le armi, ma non permetteva la fabbricazione di molti di quegli oggetti che siamo oggi abituati a vedere in ferro. Si aggiunga che molto materiale andava disperso in scorie: a titolo d'esempio si pensi che in anni a noi vicini, si ripresero a scavare e poi a rifondere le scorie lasciate dai fonditori etruschi nella zona di Piombino e vicinanze: e la tecnica dei fonditori etruschi non era molto differente da quella del primo Medioevo.

Del resto anche per le armi di difesa sarà opportuno ricordare che nei secoli XII-XIII era usata l'antica cotta a maglia composta da un intreccio di anelli di ferro, ad essa si aggiungevano un cappuccio, guantoni e lunghe calze della stessa specie. Quando ancora all'inizio del secolo XIV si parla di corazze, esse sono in realtà lame o piastre di ferro applicate con ribattiture alla tunica; già però nel 1350 l'armatura si perfeziona come si vede bene nei monumenti funebri di Can Signorio della Scala a Verona (1370-74) e di Barnabò Visconti a Milano (circa 1370). Galvano Fiamma, scrivendo del secolo XIV e precisamente nell'età di Giovanni Visconti, signore di Milano, lodava le armature fatte in questa città dicendole « *speculorum claritatem excedentes* » e ricordava che « *soli enim fabri lori-*

Particolare della cancellata di ferro battuto della tomba di Can Signorio, a Verona (Fot. Alinari).

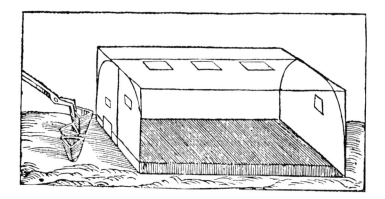

Dal trattato *De la Pirotechnia* di Vannoccio Biringuccio: forno a riverbero e crogioli per la fabbricazione dell'ottone.

carum sunt plures centum, exceptis innumerabilibus subiectis operariis » (traduzione: « soltanto i fabbri di loriche sono più di cento, senza tener conto degli innumerevoli operai sottoposti ») : un'attività non indifferente per l'economia di allora, che a Milano cominciava ad affermarsi fino ad arrivare ai trionfi tecnici e artistici dei Missaglia.

Solo alla fine del secolo XIV e all'inizio del XV vediamo pesanti armature che trasformano i combattenti in macchine d'urto, in veri mezzi corazzati: ma per ottenere ciò era stato appunto necessario uno sviluppo della metallurgia.

Fino al secolo XIII fondendo i minerali di ferro con carbone vegetale, all'aria aperta, o appena circondati da un muretto, soffiando aria con mantici a mano, il risultato non è molto lontano da quello ricordato dell'antico fonditore etrusco. Anche i forni tedeschi (*Stückofen*) a forma di tino rovesciato non davano prodotti molto migliori.

La scoperta della ghisa (elemento essenziale nella metallurgia del ferro) poteva provenire solo da forni che potessero arrivare a tenere la temperatura necessaria per la vera fusione del ferro, e cioè i ricordati 1530 °C.

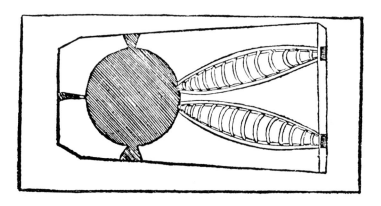

Pianta di un forno a riverbero.

Forni «a cazza».

Orbene dalla fine del secolo XII l'energia prodotta dal mulino ad acqua venne usata per muovere in continuità dei grossi mantici che iniettavano correnti d'aria sempre più forti dando quindi, con l'ossigeno, una potenza calorifica prima impensabile: anzi per questo motivo le ferriere andarono avvicinandosi ai corsi d'acqua, sia pure in prossimità delle miniere e dei boschi, per sfruttare questa nuova energia.

I tipi di forni furono vari per raggiungere alla fine quello dell'altoforno: si ebbero forni a suola aperta di blumiera cui già accennammo, che davano però uno scarso rendimento (circa il 12,5% su di un minerale che conteneva il 25% di ferro). Si ebbe poi il metodo della fucina corsa dove per l'estrazione del ferro dal minerale, si procedeva in due tempi: arrostimento con parziale riduzione, fusione, riduzione e carburazione; vi sono qui due pareti fisse che servono di protezione agli operai e che permettono l'immissione dell'aria fornita dai mantici. La fucina catalana invece serviva soprattutto per le limoniti di tipo poroso: in questa fucina (che dava un rendimento di circa il 31,5%) si ottenevano fusioni di circa 500 kg. di minerale per volta.

Forni a crogiolo.

I forni a tino, di cui si hanno notizie fino dall'età preistorica, si sviluppano nello *Stückofen* tedesco da cui derivò poi l'altoforno, il cui pieno sviluppo avvenne però soltanto nel XVI secolo. Forni di questo genere raggiungevano i 3 e i 4 m. d'altezza. L'introduzione e l'uso dei mantici a forza idraulica, permise una più perfetta fusione e l'ottenimento di grossi blocchi di ferro greggio che potevano poi essere lavorati con grossi magli ancora manovrati dalla forza idraulica.

Nel XIII secolo la tecnica fu migliorata con la completa liquefazione del ferro e col far passare il ferro fuso attraverso il carbone ardente in

Trafila ad altalena.
Dal trattato *De la Pirotechnia* di Vannoccio Biringuccio.

modo da far sciogliere nel ferro una parte di carbonio onde ottenere una ghisa di qualità abbastanza buona. I pani di ghisa, di peso non eccessivo, davano un materiale facilmente lavorabile a quei fonditori che, trasportandosi di luogo in luogo, venivano incontro ai bisogni delle popolazioni.

Le palle da cannone in ferro venivano costruite presso gli altiforni stessi e di uno di questi abbiamo notizia, nel 1486, a La Pente (1) in Francia, mentre già alla fine del XIV secolo si iniziavano i primi tentativi di fabbricare armi da fuoco in ferro fuso.

(1) R. J. FORBES, *Metallurgia*, in *Storia della tecnologia*, vol. II, pag. 74, Torino, 1962.

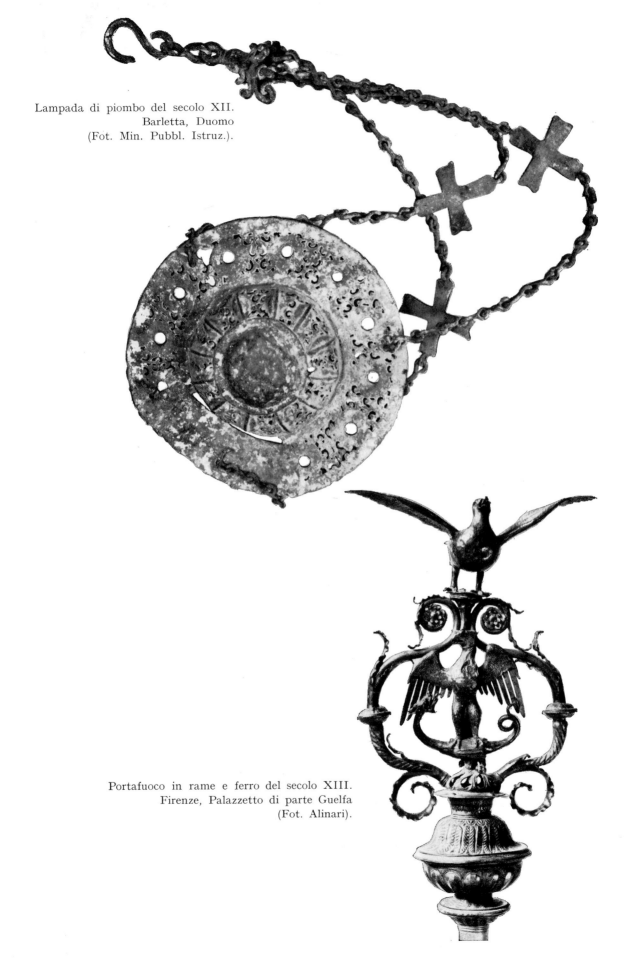

Lampada di piombo del secolo XII.
Barletta, Duomo
(Fot. Min. Pubbl. Istruz.).

Portafuoco in rame e ferro del secolo XIII.
Firenze, Palazzetto di parte Guelfa
(Fot. Alinari).

Ma il ferro, per fortuna, non serviva solo per le armi: potrà essere curioso sapere che il filo di ferro veniva ottenuto, fino al X secolo, con la fucinatura da parte di magli di 70-80 kg., capaci di battere dai 120 ai 180 colpi al minuto: per quanto la capacità tecnica dell'operaio fosse assai alta, era però difficile ottenere un prodotto di misura e qualità costante. Solo nei secoli X-XI venne inventata la trafila: questa era una lastra a fori di diametro progressivamente decrescente attraverso i quali il ferro incandescente doveva passare: e fin qui nulla di diverso da una trafila attuale; più interessante vedere come anche qui fu utile l'energia idraulica che venne applicata nel XIV secolo. Vi era, come scrive il Forbes, una ruota idraulica che faceva girare un albero a gomito al quale era attaccata una fune collegata ad una grossa tenaglia, cui veniva così impresso un moto alternativo avanti e indietro: l'uomo addetto al lavoro, stando seduto su di una specie di altalena, abbrancava il filo con quella tenaglia ed usando il traino della fune forzava il ferro attraverso la filiera, poi tornava in avanti quando l'albero a gomito si portava in posizione di non fare più forza per riprendere il metallo più avanti e così via, con un ritmo che doveva essere ben regolato tra l'uomo oscillante e l'albero rotante. Se si pensa alla durata della giornata di lavoro di allora, crediamo che davvero non vi sia rimpianto per le condizioni di quell'operaio.

A proposito di questi lavori di assottigliamento del ferro, sarà interessante notare che solo tardi, nel XV secolo, si cominciarono a fabbricare aghi con la cruna; ciò avvenne in Olanda: prima di tale epoca gli aghi in luogo della cruna avevano un uncino chiuso.

Non si può trascurare che lo sviluppo di questa tecnica per la fusione del ferro fu dovuta anche all'uso del carbon fossile in luogo del carbone di legna, combustibile questo che dava minori calorie: ciò spiega anche perchè lo sviluppo dell'industria del ferro si sia poi fissata in zone particolari e con prevalenza transalpine, per quanto già nel XIII secolo in Toscana e nell'Italia settentrionale si facesse uso di carbon fossile.

Le miniere.

Naturalmente collegato col problema della metallurgia, ed in particolare del ferro, è quello delle miniere. Era necessario abbandonare il sistema veramente primitivo di sfruttare solo i filoni che si trovavano in superficie per addentrarsi con gallerie e pozzi sotto terra: ciò avvenne in

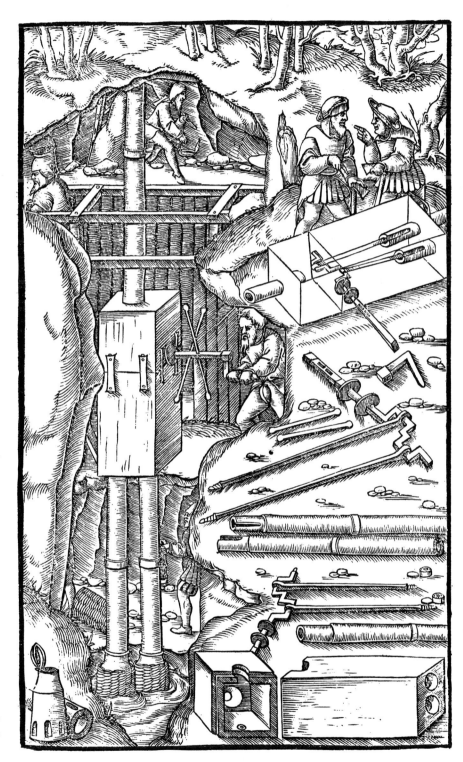

Operazioni in miniera. Incisione dal *De re metallica* di Giorgio Agricola.

un primo tempo specialmente in Boemia e in Sassonia tanto che per un certo periodo il termine « sassone » e quello « minatore » divennero quasi sinonimi. Furono questi uomini che iniziarono lo sfruttamento delle miniere di Chemnitz, di Goslar, di Freibey, di Joachimsthal in Boemia; furono ancora essi che insegnarono il mestiere, tra l'altro, nelle miniere spagnole di Guadalcanal o in quelle di Kongsbey in Norvegia.

Scavando pozzi che raggiungevano anche i 400 m., come dice l'Agricola — autore fondamentale in materia insieme a Vannoccio Biringuccio (1), entrambi i quali pur esponendo la tecnica dei loro tempi, non ignorano i secoli ad essi vicini e precedenti — un problema di immediata urgenza era quello di togliere l'acqua che si trovava nei pozzi stessi e nelle gallerie puntellate anche allora con travature in legno. Per molto tempo si continuò nella catena di uomini che si passavano di mano in mano secchi, ma quando la peste nera della metà del secolo XIV rese scarsa la mano d'opera si tornò alla noria, azionata a mano o se possibile da una ruota idraulica.

Più tardi sarebbero entrate in uso vere e proprie pompe, tra le quali l'Agricola ne descrive una funzionante a tre altezze successive, azionata da uno stesso comando; si trattava di una macchina inventata circa un decennio prima che egli scrivesse. La ruota azionata a forza idraulica muoveva un albero munito al fondo di una grossa manovella; da questa partiva un braccio metallico che si snodava alle tre diverse altezze manovrando dei bracci di leva: dal cilindro più basso l'acqua veniva fatta fluire in una vasca più in alto, da qui il secondo cilindro la portava più su, finchè il cilindro più alto finalmente rovesciava l'acqua all'aperto in modo che in un primo canaletto di legno potesse essere allontanata dal punto di pompaggio.

Anche per portare in superficie il materiale si usavano argani manovrati a mano, o con l'avvento della ruota dentata, da cavalli, senza trascurare l'aiuto che poteva dare la carriuola, il più semplice mezzo di trasporto di merci, ma anch'essa probabilmente invenzione medioevale.

Le tecniche descritte per la ventilazione, assolutamente indispensabile in tutte le miniere, sono, si può dire, le stesse che descriveva a suo tempo

(1) Agricola è la traduzione latina umanistica del nome di Giorgio Bauer (1494-1555), medico sassone, laureato a Bologna e Padova, stabilitosi poi a Joachimsthal: la sua opera fondamentale in argomento fu *De re metallica*, di cui esiste anche una traduzione italiana di M. FLORIO, edita a Basilea nel 1563. L'opera del senese VANNOCCIO BIRINGUCCIO (1480-1539), *De la Pirotechnia*, ebbe per oltre tre secoli numerose edizioni in italiano, latino, francese e tedesco.

Plinio (1): si usavano mantici a semplice o doppio effetto, manovrati da uomini o, dove si poteva, da mulini; si usavano anche veri e propri ventilatori a pale manovrati con manovelle a mano, situati in casse di legno con condotti pure in legno, in modo da forzare così l'aria nella galleria: talvolta dei teli venivano ritmicamente agitati in modo da formare delle correnti d'aria atte a vincere i « vapori velenosi » od anche « i demoni feroci e sanguinari » che, a dir dell'Agricola, si trovavano sotto terra. Se i sistemi erano primitivi, ricordiamo che erano tutto quello che la tecnica di allora offriva, e non era poco, tenuto conto dei tempi precedenti.

È da notare che l'orario di lavoro dei minatori è tra i più brevi del Medioevo, 8 ore contro una giornata media di lavoro che poteva arrivare anche alle 14 ore, dato che si lavorava in genere per tutto il tempo in cui la luce del sole lo permetteva, cioè dal sorgere del sole al suo tramonto; spesso l'inizio e la cessazione della faticosa giornata era annunciata dal suono della campana che invitava gli uomini ad innalzare la preghiera dell'*Angelus*. Alla sera una campana annunciava anche il « coprifuoco », l'ora cioè di spegnere i fuochi per evitare incendi.

Lo sfruttamento delle miniere non era molto tenuto in valore, anzi aveva molti detrattori, perchè in un'epoca in cui si vedeva ancora l'agricoltura come l'attività base per ogni manifestazione economica, un lavoro che per necessità doveva interferire con l'agricoltura, anche distruggendo colture di superficie per aprire pozzi o gallerie, pareva qualcosa che recava più danno che utile. Non sarà poi da dimenticare che lo stesso addentrarsi di uomini nelle viscere della terra dava luogo a paure superstiziose, in quanto il mondo sotterraneo era pur sempre il mondo dei demoni e degli spiriti cattivi.

Il vetro.

Ai tempi di Ottone II, l'abate Gosberto dell'abbazia di Tegernsee scriveva nella sua *Cronaca* (2) che le finestre fino ad allora chiuse da tele, lasciavano finalmente passare il sole attraverso i vetri dipinti. Si trattava dell'invenzione dei vetri a smalto, colorati a varie gradazioni prima con uno smalto bluastro, che preparato in recipienti di ferro poteva assumere un colore bruno e poi con altre tinte, vari colori, che veniva a diffondersi

---

(1) PLINIO, *Nat. hist.*, XXXI, 28, 49.
(2) GOSBERTO, abate di Tegernsee, *Chronicon*, 24.

Fornace da vetro di Theophilus del secolo XII.
Ricostruzione nelle Science Museum, Londra
(Fot. del Museo).

nel mondo occidentale; l'impasto serviva per dipingere la lastra di vetro, che veniva poi cotta in appositi forni. Tutto questo dà dunque per esistente la capacità di fare vetri per finestre, cosa del resto che ci risulta in quanto già nel secolo VII l'abate Benedetto di Wearmonth nell'Inghilterra aveva richiesto dalla Francia l'invio di artigiani capaci di lavorare appunto vetri per finestre (1). Tuttavia in Italia solo nel XIII secolo troviamo pitture su vetro nella cattedrale di Orvieto.

In Italia non si può dire che l'arte vetraria fosse completamente cessata dopo esser stata in piena fioritura nel secolo IV: infatti alcune tombe longobarde ci hanno dato oggetti che non sono di provenienza extra-italiana e che quindi debbono essere visti come prodotti locali (2). Tuttavia il fiorire dell'arte vetraria in Italia deve essere portata al secolo XIII e a Venezia; esso fu evidentemente dovuto al nuovo contatto che i crociati ebbero con popoli di civiltà superiore, quali erano quelli islamici del Medio Oriente, popoli che si trovavano a godere anche della cultura del

---

(1) M. L. TROWBRIDGE, *Philological studies in ancient glass*, Urbana University of Illinois Press, 1930, pagg. 113-14.

(2) D. P. HARDEN, *Vetro ed invetriatura*, in *Storia della tecnologia*, vol. II, pag. 332, Torino, 1962.

Forno da vetro del secolo XV.
Ricostruzione da un disegno dell'Agricola.
Londra, Science Museum
(Fot. del Museo).

mondo orientale vero e proprio. Forse veramente a rapporti con questo mondo può essere dovuto il manoscritto cassinese nel quale vediamo il disegno di una fornace da vetro ed un operaio che sta lavorando col metodo della soffiatura (1).

Furono i maestri vetrai veneziani a diffondere tale arte, anche se presso Genova se ne stabilirono di provenienti dalla Normandia (2). Tuttavia dobbiamo arrivare fino al secolo XIII per avere particolari notizie sull'attività veneziana anche se in un documento del 1090 noi troviamo un *Petrus Flabianus phiolarius*, cioè fabbricante di fiale (3); anzi questi *fioleri* o *fiolari* sono già riuniti in una corporazione, come risulta dalla *mariegola* (cioè regola fondamentale, statuto) del 4 febbraio 1271 (4), da cui vediamo anche che essi erano per la maggior parte stabiliti a Murano, avendo S. Donato a loro protettore: del resto, poco dopo, fra il 1289 e il 1293, quasi tutte le fornaci da vetro furono portate a Murano, per una disposizione del Maggior Consiglio, onde evitare incendi nel centro della città e nelle isole maggiormente abitate.

Già nel secolo XIII stesso si falsificavano a Venezia gli occhiali di cristallo di rocca o di quarzo ialino con un vetro che doveva essere evidentemente trasparentissimo e limpidissimo (« *ogliari vitrei ab oculis ad legendum* ») (5), il che prova l'alta tecnica raggiunta.

Nel terzo decennio del secolo XIV a Murano c'è un Giovanni *fioler*, che viene detto « *melior in dicta arte aliquo alio* »; nel 1335 maestro Marco decorava una cappella nella chiesa dei Frari; nel 1400 Tomasino Axandri era chiamato a Milano per decorare le vetrate del Duomo che stava sorgendo. Secondo Francesco Sansovino nel secolo XIV, verso il 1365, forme per lettere di vetro vengono create da un certo Natali: si può vedere in ciò uno tra i primi tentativi verso l'arte della stampa a caratteri mobili.

Se non possiamo qui parlare dei successivi vetri lattesini, dei vetri filati, dei vasi a « retortoli », dobbiamo però dire qualcosa degli specchi che erano stati fabbricati dai Veneti con una tecnica che proveniva probabilmente dai Bizantini: si rivestivano cioè le lastre di vetro con un

---

(1) Manoscritto 132 (*Rabanus Maurus*), f. 437 della libreria del Monastero di Montecassino.

(2) W. B. HONEY, *Glass*, in « Victoria and Albert Museum handbook », pagg. 55-56, H. M. Stationery Office, Londra, 1946.

(3) P. MOLMENTI, *Storia di Venezia nella vita privata*, vol. I, pag. 315, Bergamo, 1922.

(4) *Capitulare de fiolariis*, in *I capitolari delle arti veneziane*, a cura di G. MONTICOLO, vol. II, pag. 63, Roma, 1905.

(5) *Capitulare de fiolariis*, cit., pag. 317.

sottilissimo strato di piombo, ottenendosi però specchi con poco potere riflettente, sicchè nell'uso pratico si continuavano ad usare gli specchi metallici, fino a quando all'inizio del secolo XVI si riuscì a sostituire la stagnatura alla piombatura, forse ad opera di Matteo Reder, ricordato per ciò. Degli specchi a piombo parla anche Dante Alighieri nel *Convivio*, dove scrive:

« E ne l'acqua ch'è nella pupilla dell'occhio, questo discorso che fa la forma visibile per lo mezzo, sì si compie, perchè quell'acqua è terminata — quasi come specchio, che è vetro terminato con piombo — sì che passar più non può, ma quivi a modo di una palla, percossa si ferma, sì che la forma, che nel mezzo trasparente non pare, [ne la parte pare] lucida e terminata. E questo è quello per che nel vetro piombato la imagine appare e non altro » (1).

A Genova al principio del XIII secolo l'attività degli specchiai dava abbastanza utili se Beneveni *specularius* poteva, il 1° maggio 1203, dare a Guglielmo Porcellana di Portovenere 25 libbre e 18 soldi genovesi per commerciare a Brencagnano, il quale Guglielmo prometteva oltre alla restituzione del capitale i due terzi dell'utile (2).

La tecnica dei vetrai non era mutata da quando, forse nel I secolo dopo Cristo, si introdusse anche da noi la soffiatura sia in forme che libera. Anche gli attrezzi non mutarono, fra questi i più importanti furono la canna da soffio in ferro, il puntello anch'esso in ferro da applicare rovente all'oggetto appena abbozzato per facilitarne la manipolazione, forbici, pinze, cucchiaioni per estrarre il vetro fuso, pale per sollevare i recipienti caldi, riavolo uncinato per mescolare il vetro nei crogiuoli, rastrelli per rimuovere dai crogiuli stessi le incrostazioni, forca per trasportare i vetri nel forno di cottura.

Il sistema della soffiatura era usato anche per fare lastre da finestra, sia per i cosiddetti *occhi di bue* — i piccoli vetri circolari a colori che si vedono ancora montati con giunture di piombo e che ebbero un periodo di rifiorimento al principio di questo secolo — che si ottenevano facendo ruotare rapidamente un po' di vetro soffiato di modo che per la forza centrifuga il vetro si appiattiva in un disco, sia per vere lastre di cui i Veneziani sapevano produrne di assai ampie: solo nel XVII secolo si giunse alla fabbricazione di lastre di vetro per colatura.

---

(1) DANTE ALIGHIERI, *Convivio*, III, 9.
(2) *Notai liguri dei secoli XII e XIII*, vol. VI: *Lanfranco*, parte I, pag. 133, n. 288, Genova, 1951.

Per quanto riguarda il combustibile ricordiamo che lo Statuto già ricordato dei « fioleri » veneziani, al cap. VII sanciva l'uso di « *lignis de honario et de salicis* », cioè di ontano (pianta che dà, bruciando, una fiamma molto viva) e di salice: questa è una pianta che, crescendo in luoghi umidi, si poteva avere facilmente a Venezia.

La vita in queste fornaci non era delle più facili: per i lavori meno importanti si usavano, come in molte altre attività, i bambini, ed il passaggio da alte temperature alla temperatura esterna che, specialmente nei mesi invernali, era bassa dava luogo a frequenti malattie; la soffiatura del vetro a bocca fu poi una delle professioni che diede nei secoli una delle percentuali più alte di malattie polmonari e dove la tubercolosi mieteva abbondanti vittime.

La ceramica.

Anche la ceramica ha una tradizione che risale ben più addietro del periodo del quale stiamo occupandoci.

Per quanto già in uso nell'antichità, dobbiamo tuttavia ricordare, per il Medioevo, la diffusione dell'uso del tornio, benchè in certi paesi, come l'Irlanda, durasse lungamente la lavorazione a mano del vasellame.

Le forme del tornio furono assai varie, tanto che si trova in Francia, nel XIII secolo, anche un tornio con ruota orizzontale fatta girare dal vasaio con un bastone, sistema che lasciava all'operaio solo una mano libera per modellare il vasellame. Sappiamo che il tornio normalmente usato era quello mosso con i piedi: esso aveva un perno d'acciaio temperato che rotava su di una pietra focaia o su di una lastra d'acciaio, come dice il Piccolpasso (1): « Tutti gli torni per tutti gli luochi che ho veduto io si sonno di una maniera, et il simile intendo da coloro che hanno veduto più di me. Tutti dico sono di legnio, abene che molti si faccino con la gamba di ferro... ». Ecco cosa poi scriveva per il perno d'acciaio che permetteva la rotazione del tornio: « ... quel puntello che si vede disotto va di acciai ben duro e questo si ferma sopra una pietra focaia. Molti ho veduto io che vi han sotto una lastra di acciaio medesmamente temperata durissima con un piccolo accenamento in mezzo di un foro, là dove si deve fermare il puntello ».

---

(1) C. PICCOLPASSO, *Li tre libri dell'arte del vasaio*, a cura di B. RACKAM e VAN DE PUT, Londra, 1934, pag. 14.

La parte più difficile del lavoro era quella del passaggio da un corpo panciuto ad un collo più stretto, tanto è vero che talvolta i due pezzi venivano fabbricati separatamente e poi uniti mentre la terra era ancora umida.

Per dare una forma esatta ad oggetti come i piatti, si poneva l'argilla su di uno stampo convesso applicato al tornio. Si procedeva alla rifinitura usando barchette di legno di tipo diverso, che incidendo o togliendo la creta, potevano dare forme particolarmente desiderate, specialmente agli oggetti usati nella casa. Naturalmente fatti a parte e fissati sull'argilla umida erano i manici, spesso ornati con teste di animali, quasi ad imitazione degli oggetti metallici: a parte erano pure talvolta fatti i becchi « a pappagallo », e sempre quelli tubolari che venivano fissati rovesciando un po' di argilla nell'interno della bocca nella quale si era fatto un apposito foro.

Fabbricato il pezzo, si poneva il problema dell'essiccazione e della cottura: infatti prima che il vaso potesse essere posto in un forno di cottura bisognava portarlo ad un grado di essiccazione che gli desse una consistenza simile a quella del cuoio, il che normalmente si otteneva mettendo gli oggetti formati sotto tettoie e lasciandoli così all'aperto per il tempo necessario.

Per la cottura, nell'Italia medioevale, secondo la descrizione di Cipriano Piccolpasso (1), si fece uso, specialmente per il vasellame pregiato, di forni costruiti in mattoni a forma rettangolare, mentre per il vasellame più corrente, si continuò l'uso della cottura in fornaci aperte o in cataste. Per quanto riguarda il forno orizzontale, il materiale da cuocere veniva posto sul pavimento della camera ed al di sopra di questa si costruiva una volta provvisoria in terra sostenuta da un'intelaiatura di vimini. Si usavano anche forni verticali dove, naturalmente, il materiale doveva essere sistemato ponendo i pezzi a strati sovrapposti, correndo il rischio, già messo in luce dal Piccolpasso, che i diversi pezzi si saldassero tra loro durante la cottura: ecco perchè il forno verticale — in uso tuttavia in Grecia, in Gran Bretagna, in Renania — da noi era usato solo per materiale di poco valore o qualità.

Nel forno medioevale si potevano cuocere circa 200 vasi di misura media per volta: siccome la cottura era almeno di 11 ore, si può fare il calcolo della produzione, tenendo presente che il fuoco veniva spento e riacceso ogni volta, contrariamente a quel che si fa oggi, quando si può

(1). G. PICCOLPASSO, *cit.*, p. 23.

Ceramica del secolo XIII.
Palermo, Museo (Fot. Gabrìci).

mantenere un fuoco acceso deviando opportunamente il calore diretto: con l'accensione continua si utilizza effettivamente il 30-40% del calore prodotto, mentre con un forno che veniva acceso ad intermittenza, tale utilizzazione scendeva al 10% ed anche al 5%. La temperatura dei forni medioevali poteva variare di molto: si andava dai 700-800 °C delle fornaci aperte o a catasta, ai 1050-1200 °C dei forni chiusi, tenendo presente che quelli orizzontali davano la più alta temperatura. Dove si manifestava particolarmente l'abilità dei fornaciai era nel fare in modo che la temperatura aumentasse gradualmente, specialmente in quel momento (tra i 350° e i 500°) in cui l'umidità contenuta nel vasellame si trasforma in vapore: un rapido passaggio avrebbe senza dubbio danneggiato gli oggetti.

Il raffreddamento poi doveva essere assai lento, almeno di 24 ore e ciò si otteneva spegnendo il forno e turandone ogni apertura. Siccome noi sappiamo che durante il ciclo essiccazione-cottura l'argilla si contrae da un ottavo a un sesto e vediamo che recipienti di misure prefissate (quelli, ad esempio, per misurare liquidi) sono normalmente esatti, dobbiamo ammettere che i fornaciai medioevali non solo conoscevano questa contrazione, ma la sapevano prevedere e calcolare in modo da avere, a lavoro compiuto, gli oggetti come si desideravano anche per quanto riguardava la loro capacità.

Dopo queste osservazioni tecniche pensiamo che si possono qui riportare gli ultimi consigli dati da Cipriano Piccolpasso, consigli i quali richeggiano tempi e secoli più addietro dei suoi e che quindi possono interessare l'epoca di cui stiamo occupandoci:

« Modo de cociare di fenito.
« Fatto tutto questo porgonsi preghiere a Dio con tutto il core ringratiandolo sempre di tutto ciò ch'egli ci dà. Pigliasi del fuoco, havertendo però al far della luna perchè questo è di grandissima importanza e ho inteso da quegli che son vecchi nel arte e di qualche esperienza che cogliendosi avere il fuoco sul combusto della luna, manca la chiarezza del fuoco in quel modo che manca lo splendore ad essa. Nel fare imperò habiasegli avvertenza, massime facendo ne segni aquatici che sarebbe molto periculoso, il che lassasi passare, raccordandosi far sempre tutte le cose col nome di Jesu Christe ».

Le fasi lunari e i segni dello Zodiaco avevano dunque allora molta importanza: se si toglie il periodo della luna nuova, se si sospendeva ogni attività durante i periodi dei segni « acquatici » come i Pesci o l'Acquario, si constata che quasi per un terzo dell'anno le fornaci non lavoravano... per motivi astrologici.

Ceramica del secolo XIII
con raffigurazione di pesci.
Roma, Museo di Palazzo Venezia.

Ceramiche dei secoli XIII e XIV.
A sinistra: Firenze, Museo Horne.
A destra: Roma, Museo di Palazzo Venezia.

Naturalmente molte di queste ceramiche erano colorate, e anche per questo credo che una ricetta data dallo stesso autore possa essere più interessante che molte disquisizioni

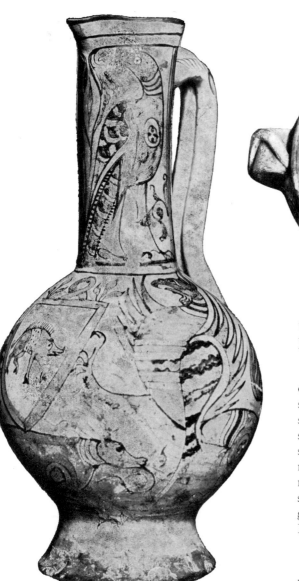

tecniche: ecco la ricetta per il colore verde:

« *Verde*. — Pigliasi pezzi di rame vecchio e questo mettasi in un mezzo o altro vaso e si cuocia fin che nel vaso troverassi rame brusciato. Il miglior rame abrusciato, recita Dioscoride, è quello che è rosso e che tritandolo si rasemba al cinapro. Questo così abrusciato macinasi e dipingasi che verà verde. Chiami nel arte *ramina*, altri *rame adusto*: di questo se ne fa il verde accordato, come a dire pigliasi: Antimacia libbre 1; Ramina libbre 4; Piombo libbre 1 ».

Non si può qui non accennare almeno ai mattoni e alle tegole, elementi non certamente nuovi, ma preziosi per il momento in cui l'edilizia riprende la sua più viva ed intensa attività. Sappiamo che se in molte parti d'Europa, dopo la caduta dell'Impero d'Occidente, si ebbe un arresto nella fabbricazione di questi laterizi, nell'Italia settentrionale invece si continuò, anche se le costruzioni in muratura e specialmente i tetti in tegole

Ceramiche del secolo XIV.
Roma, Museo di Palazzo Venezia.

furono solo per i palazzi più importanti e per le più importanti chiese; ne è prova il bollo con i nomi dei re longobardi Agilulfo e Adaloaldo del secolo VII su di un embrice della restaurata basilica di S. Simpliciano di Milano. Dall'Italia (e forse anche dalla Spagna) l'uso dei mattoni si diffuse di nuovo nella Francia e nel resto d'Europa: specialmente nelle zone

Ceramiche del secolo XIV. Montalcino, Museo Civico.

in cui mancava la pietra e scarseggiava anche il grosso legname (come l'Olanda), il mattone divenne la base della nuova edilizia di una certa importanza, così come si diffusero le tegole per i tetti in sostituzione del tetto di ramaglia di legno o di paglia ben legata ed attorcigliata in modo da facilitare il deflusso delle acque, quei tetti che ancora si possono vedere in Irlanda. L'argilla che si adoperava per le tegole e per i mattoni veniva di solito lasciata all'aperto per tutto un inverno e poi impastata: una volta formati i mattoni (in forme di legno), venivano anch'essi lasciati asciugare sotto tettoie per più di un mese, dopo di che passavano alla cottura nei forni rettangolari, forni che arrivavano anche alla capacità di 10.000 mattoni per volta (1).

Nel secolo XIII troviamo a Genova un contratto di locazione per 10 anni di una terra per fare una fornace di laterizi, che può darci alcune indicazioni:

Ceramiche dei secoli XIV e XV. Montalcino, Museo Civico.

« Ego Paulus de Bondonno loco vobis Vivaldo de Cunio et Loisio de Murtedo a Sancta Maria medii augusti proximi usque ad annos X terram meam quam habeo in Cunio loco ubi dicitur Aqua Pendens infra has coherencias silicet usque ad terminos alterius fornacis et usque ad buscum... Quam terram vobis loco usque ad dictum terminum causa feciendi ibi fornacem, dans vobis potestatem operandi et accipiendi predictam terram in faciendis lateres et cupos et

(1) E. M. JOPE, *La ceramica durante il Medioevo*, in *Storia della tecnologia*, vol. II, Torino, 1962, pag. 398.

Fondo di maiolica bizantina del secolo XIII,
di modello anche importato in Italia.
Torino, Collezione privata (Fot. P. G. S.).

alia opera... Que fatio pro sol. 4 quos annuatim ad Sanctum Michaelem pro eius conductione mihi dare debetis... » (1).

(Traduz.: « Io Paolo da Bondonno loco a voi Vivaldo di Conio e Loisio di Multedo, dal prossimo giorno di S. Maria di mezzo agosto per dieci anni la mia terra che ho in Conio nel luogo detto Acquapendente fra queste coerenze e cioè fino ai confini dell'altra fornace e fino al bosco... E tale terra vi loco per il detto periodo per fare ivi una fornace, dandovi potestà di lavorare e di prendere la terra per fare laterizi e coppi e altri prodotti... Il che faccio per 4 soldi che ogni anno dovrete darmi il giorno di S. Michele per la conduzione di quella terra... »).

Vediamo dunque che le fornaci venivano a porsi una vicina all'altra evidentemente per sfruttare l'argilla e il legname che i boschi — e qui proprio un confine è un bosco — potevano fornire con facilità di trasporto.

(1) *Notai liguri dei secoli XII e XIII*, vol. VI: *Lanfranco*, parte I, pag. 279, n. 626, 10 luglio 1210, Genova, 1951.

Industrie tessili.

Trattando questo argomento bisogna anzitutto distinguere le diverse fibre anche in rapporto ai procedimenti necessari per renderle adatte alla tessitura.

La seta.

La *sericoltura* inizia il suo sviluppo dall'Italia meridionale fin dal secolo XII. La seta era già nota a Venezia al principio del secolo XI, ma forse più che altro come merce di traffico; forse giungeva anche lavorata, come appare per quei *pallia* di seta che secondo un'inchiesta di Ottone Orseolo si potevano vendere solo a S. Martino in Strada, ad Olivolo ed a Pavia.

Simile è forse anche la posizione di Catanzaro, che per esser stata lungamente territorio bizantino diventò uno dei primi centri dell'arte della seta.

La grande diffusione per tutta Italia del setificio si ebbe però soprattutto nel secolo XIV per opera di quei Lucchesi che lasciavano la loro città a causa dei tumulti e delle lotte delle diverse fazioni: quasi tutte le città poi vietarono ai loro artigiani setaioli di trasferirsi altrove e usarono una politica protezionistica per quest'arte, per impedire non solo la fuga di operai preziosi, ma anche la diffusione di particolari accorgimenti tecnici, che potevano avere allora il valore di segreti industriali.

Suppergiù i sistemi di coltura e di lavoro si mantennero invariati per secoli: una volta ottenuto il bozzolo bisognava con la trattura ottenere il filo della seta, il che si faceva immergendo i bozzoli in bacinelle con acqua calda (dai 55° ai 65°) per sciogliere il materiale legante; trovato il capo del filo del bozzolo lo si avvolgeva su di un aspo; però, siccome il filo di un bozzolo sarebbe stato troppo sottile e delicato, si univano i fili di vari bozzoli, da tre a otto. Era questo un lavoro cui erano particolarmente dedite donne e bambine, costrette ad affaticarsi per giornate intere che giungevano anche a 16 ore: e fu un lavoro che ancora fin verso la metà del secolo scorso si svolgeva in molte cascine dell'alto Milanese.

Per dare maggior robustezza al filo si faceva subire alla seta in matasse il procedimento della *torcitura*, preceduto da quello dell'*incannaggio*. Proprio la *torcitura* fu la prima operazione che diede luogo all'uso di una macchina. Si tratta del *torcitoio* che Francesco Borghesano ed il figlio

Tessitore del 1387.
Da *Geschichte der Textil Industrie*.

Bolognino, mercanti lucchesi, impiantarono a Bologna fuori di Porta Castiglione, come risulta dalla richiesta di autorizzazione avanzata nel 1341 al magistrato di Bologna. Secondo l'Alidosi (1) le macchine del Borghesano erano mosse da un canale derivato dal fiume Reno e « fanno ciascuna

(1) ALIDOSI, *Istruttione delle cose notabili in Bologna*, Bologna, 1621.

di loro cum molta prontezza filare, tezzere et addoppiare 4000 fila di seta, operando in un istante quel che farebbero 400 filatrici e lavorano ogn'anno 180.000 libbre di seta, cioè 100.000 di forestiera e 80.000 di nostrana ». Purtroppo non abbiamo elementi diretti per dire come era fatta questa macchina, perchè parve tanto importante che il Comune di Bologna vietò sotto pene severissime, di svelarne i segreti tecnici. Forse essa corrispon-

Frammento di una pianeta di stoffa lucchese della seconda metà del secolo XIV. Danzica, Marienkirche.

deva a quella che lo Zonca illustra al principio del secolo XVII, dato che si ha l'impressione che egli descriva macchine in uso da tempo assai remoto (1).

Dallo Zonca sappiamo che il moto passava dalla ruota mossa anche qui da forza idraulica ad un complesso verticale detto *ghirlanda*, costituito da traverse in legno di cui una parte faceva girare i rocchetti su cui era stato incannato il filo e una parte invece gli arcolai: ad ogni arcolaio corrispondevano sei rocchetti tenuti in posizione da pesi sottostanti.

Il lino.

Meno importante fu l'industria tessile del lino, anche perchè il clima poco si prestava per questa pianta coltivata in alcune zone del Cremonese ed in alcune altre terre della bassa lombarda e piemontese: in Italia il lino era generalmente impiegato per rinforzare l'ordito di tessuti misti di cotone, di quel cotone di cui la Sicilia forniva una limitata produzione, ma di cui si faceva ampia importazione dalla Siria e da Cipro, soprattutto da parte di Venezia: questa infatti dal principio del XIV secolo aveva stabilito un viaggio annuale proprio per l'importazione del cotone. L'industria dei tessuti misti sopra ricordati e detti *pignolati* aveva il suo centro specialmente a Cremona, dove ogni anno si esportavano decine di migliaia di pezze.

La lana.

Ma nel campo tessile l'industria più importante è senza dubbio quella della *lana*, per la quale — specialmente per tessuti di qualità — il primato spettava alle zone delle Fiandre, del Brabante, della Francia del Nord, dell'Olanda meridionale e dell'Inghilterra. L'Italia si afferma invece per quanto riguarda l'attività commerciale di questi panni, specialmente a Genova e Venezia, centri di esportazione, attività commerciale che venne però assai presto integrata, specialmente nelle città dell'interno, da una propria attività produttiva, favorita anche dalla possibilità di avere — grazie ai più perfezionati trasporti marittimi — le lane pregiate della Spagna e dell'Inghilterra.

(1) V. ZONCA, *Novo theatro di machine et edifici*, Padova, 1607.

Tunica di lino ornata di croce a ricamo, del secolo XIV. Dal Santuario di Belmonte Canavese. Torino, Museo Civico (Fot. del Museo).

Firenze, secondo Giovanni Villani, arrivava a produrre da 70.000 a 80.000 pezze di lana per un valore di 1.200.000 fiorini, mentre Venezia poneva delle norme protezionistiche contro i prodotti delle città industriali della Toscana, del Veneto, della Lombardia, escludendone però i « panni francischi et de Anglia », i quali evidentemente per le loro qualità particolari non rappresentavano un pericolo. Stoffe straniere o stoffe locali avevano nel secolo XIII raggiunto un tale splendore ed erano tanto desiderate che il legato pontificio Gerardo da Sessa nel 1213 nel suo editto sulla riforma dei costumi del clero scriveva: « *Clerici honestis vestibus et non pretiosis, quae feminis prohibentur, utantur* » (1) (traduz.: « I clerici usino abiti onesti e non preziosi, i quali sono vietati perfino alle donne »): esempio del lusso dilagante, ma anche dell'abilità tecnica dei fabbricanti e dell'iniziativa dei commercianti.

(1) N. SORMANI, *Le glorie dei santi milanesi*, Milano, 1761.

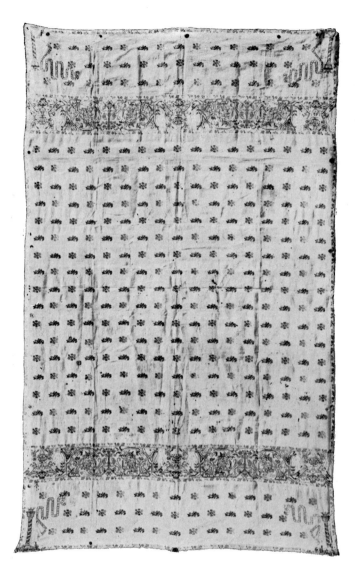

Tovaglia di lino
ricamata a punto scritto
con versetti e simboli d'amore.
Lavoro piemontese
della fine del secolo XV.
Torino, Museo Civico
(Fot. del Museo).

Per quanto riguarda le operazioni di lavoro della lana, vediamo che meglio non si potrebbero seguirle se non grazie all'aiuto che ci viene dal manoscritto della Biblioteca Ambrosiana (1) che porta la cronaca dell'ordine dei frati Umiliati, frati che s'erano appunto dati in modo particolare alla lavorazione di questo prodotto, tanto che un certo tipo di panno

(1) Bibl. Ambrosiana, Milano, cod. G. 301 inf. e cod. G. 302 inf.; L. ZANONI, *Gli Umiliati nei loro rapporti con l'eresia; L'industria della lana ed i Comuni nei secoli XII e XIII*, Milano, 1911, pag. 168 segg.

veniva definito come « *panni qui dicentur humiliati* ». Così vediamo a Genova dove Giacomo Alberico di Milano promette di pagare prima di Pasqua a frate Folco lanaiolo 20 lire, quale prezzo di due pezze di *humiliati*.

La prima operazione era evidentemente l'acquisto della lana sucida e di boldroni, cioè pelli di pecora con ancora la relativa lana: così il 27 luglio 1268 si stipulava a Genova un atto tra fra' Giovanni, ministro della casa umiliata di S. Germano all'Aquasola e Simone Rondano:

« *Ego frater Johannes, minister ecclesiae Sancti Germani de Aquasola ad emendum pro dicto monasterio et conventu quicquid sibi videbitur, ut continetur in carta sindicatus facti manu Oberti Stizole notarii MCCLXVIII die XXIII iulii, tanquam sindicus dicti monasterii et pro eo nomine dicti monasterii confiteor tibi Simoni Rondane me emisse et habuisse a te tantam lanam sucidam... et pro pretio eius tibi nomine dicti monasterii dare et solvere promitto libras LIV sold. XIX Janue usque ad nativitatem Domini proximam...* ».

(Traduz.: « Io frate Giovanni, ministro della chiesa di S. Germano all'Acquasola per gli acquisti di ciò che pare opportuno per detto monastero e convento, come è contenuto nella carta di sindacato fatta per mano del notaio Oberto Stizola il 23 luglio 1268, nella qualità di sindaco di detto monastero e a nome di detto monastero confesso a te Simone Rondana di aver comprato e ricevuto da te tanta lana sucida... e per il prezzo di detta lana a nome di detto monastero prometto di dare e pagare 54 libbre e 19 soldi di Genova entro la prossima Natività del Signore... »).

Ma pochi mesi dopo, il 2 novembre 1268, erano i frati di S. Marta, sempre di Genova, che vendevano a Tamo di Firenze sette boldroni: « *budronos lanatos faxios VII* ».

Sballata la lana — che veniva valutata e apprezzata secondo la zona di provenienza, sicchè tra le migliori pare fossero quelle dello Shropshire, del Herefordshire, del Cortswolds — bisognava affidarla ad operai che ne facevano la cernita secondo la finezza, spesso dipendente dalle diverse parti del corpo dell'animale. Si passava alla lavatura nella lisciva per togliere il grasso, lasciando poi il vello in appositi panieri nell'acqua fredda, il che ci spiega anche perchè spesso i monasteri degli Umiliati fossero presso corsi d'acqua. La lana doveva poi essere asciugata, ma non al sole, e battuta da vergheggiatori, dopo di che passava ai divettatori i quali dovevano aprire i fiocchi grossi di lana e togliere quelle lappole o fuscelli che ancora ci fossero. Veniva poi la cardatura, operazione che deriva il suo nome dall'uso antichissimo del cardo selvatico, tanto che ancora nel secolo XIII, in Francia, si usavano attrezzi a forma di cardo, muniti però di punte metalliche; in realtà il sistema più usato fu quello di due assicelle fornite anch'esse di punte metalliche che venivano fatte scorrere l'una sull'altra. Lo stesso risultato si otteneva con la pettinatura

La tosatura delle pecore.
Miniatura delle *Très riches heures du duc de Berry* (luglio).
Chantilly, Museo Condé (Fot. Arch. Phot.).

Uomini che tosano le pecore.
Miniatura del Breviario Grimani.
Venezia, Biblioteca Marciana (Fot. Alinari).

fatta con pettini, spesso scaldati per facilitare il lavoro, fino ad ottenere fibre lunghe e adatte alla filatura. Così la pettinatura è descritta nel *Trattato dell'arte della lana* del XV secolo, ma che, come al solito, espone tecniche da tempo in uso (1):

« Di poi il pettinatore la parte a pezzi come si fa del pastello quando si mozza per fare il pane, ma pigliasi il roccho della detta lana e in mano se l'addoppia, e così doppio il pone su un pettine, tanto l'empie e tiello in sulla coscia e con l'altro pettine vi da su e rischonstra sì l'un pettine con l'altro per contrario come usanza, e davvi su circha dieci colpi e volgendo il pettine la ne trae e quando è così raffierata e ne distesa questa falda come una falda cioè a faldelle come fascie distese, et queste sono le stame, cioè il chalamo della lana che è come il lino lungo e collo stame detto s'ordisce. E quando la pettinano, come detto è, la lana che n'esce, cioè la palmella che è la lana corta, gettano col pettine in terra... ».

Un risultato simile alla cardatura si otteneva con l'*archettatura*: in questo caso si usava un lungo arco di legno sotteso da un pezzo di corda o da un budello, pizzicando la corda se ne sfruttavano le vibrazioni. Questo sistema era in uso a Venezia tanto che i mercanti di questa città ancora nel secolo XVI, avevano tale attrezzo nell'emblema dell'arte. Ricorderemo che a Venezia per parecchio tempo, dal 1272, fu stabilito che tutti i lavori inerenti alla lana dovevano svolgersi a Torcello o nelle isole di quella podesteria: solo nel 1306 si permise l'esercizio dell'arte della lana anche nella città.

Si passava poi alla filatura, operazione spettante in genere alle donne, come si vede anche nel citato scritto sugli Umiliati: l'operazione del filare era talmente nota che ben pochi ne parlano: il *Trattato dell'arte della lana* ci dice: « Di poi el lanino la porta a filare ad pesa con le scritte e segnali delle regioni loro facciendola filare ».

Ricordiamo però che la conocchia corta — già conosciuta nella Grecia e a Roma — fu usata lungamente nell'Italia meridionale come sappiamo da un manoscritto di Montecassino (2), per quanto essa venisse poi sostituita da una conocchia più lunga che poteva esser tenuta sotto braccio o infilata nella cintura in modo da lasciar libere entrambe le braccia: le dimensioni ed il peso del fuso e del girello che si infilava nel fuso, dipendevano dalla resistenza del filo desiderato e dai vari tipi di fibre. La filatura col fuso permetteva di ottenere fili sottilissimi e robusti: è questo

---

(1) *Trattato dell'arte della lana*, Cod. Riccardiano n. 2580: cfr. A. DOREN, *Die Florentiner Wollentuchindustrie vom Vierzehenten bis zum Sechzehnten Jahrhundert*, Stoccarda, 1901, pag. 484 segg.

(2) Biblioteca di Montecassino, ms. 132. Cfr. A. M. AMELLI, *Miniature sacre e profane... illustranti l'enciclopedia... di Rabano Mauro*, fig. XCVI, Montecassino, 1896.

probabilmente il motivo per cui il lavoro con fuso e girelli era spesso obbligatorio per la produzione dei fili per l'ordito, come si usò lungamente a Firenze, anche dopo l'introduzione della filatura col mulinello detto a filatoio; del resto anche la « ghilda » dei lanieri di Spezia nel 1298 proibiva l'uso del filo da mulinello per l'ordito. Il sistema del mulinello corrisponde al fuso e al girello: lo si può vedere come una meccanizzazione di questi due, trasportando il fuso in posizione orizzontale e riducendo il girello, con scanellature, ad una puleggia; durante il lavoro di questo attrezzo la mano destra mantiene in movimento la ruota, mentre la sinistra regge le fibre già preparate: si giunse più tardi anche all'introduzione di un pedale per muovere la ruota.

Dopo la filatura bisogna svolgere il filo dal fuso e portarlo su di un aspo a bastone, o a croce o su un aspo rotante, che nato nell'Estremo Oriente per le necessità dell'arte della seta, giunse in Europa tra il XII ed il XIII secolo; successivamente il filo veniva trasferito sulla spola (1).

Dopo la sistemazione dei fili da ordito si arrivava all'operazione essenziale della tessitura, cioè « l'intrecciatura di una serie di fili chiamati ordito, con un'altra serie chiamata trama » (2).

Nel XIII secolo in Europa comparve il telaio a struttura orizzontale, il quale, tra l'altro, permetteva al tessitore di lavorare stando in posizione più comoda ed usando pedali, per far sollevare ed abbassare alternativamente i fili dell'ordito, in modo da lasciar regolarmente passare la navetta con la spola, naturalmente lanciata a mano; per lavori più complicati o raffinati si arrivò a telai a quattro pedali e di tale ampiezza da richiedere due tessitori per il lancio della navetta da una parte all'altra.

« La spola è largha quattro dita e buchi sono nel mezzo de' fianchi della spola dond'esce il filo per tessere: e ponsi alle rasse che tengono il pettine due pietre per dare più sodo colpo, dando due colpi l'uno maggior chell'altro, e anno a piedi quattro calcole e di sopra quattro carrucole, et il contrapeso del panno si è il subbio annotolato in su' denti d'una rotella che volge da l'un de' lati, cioè da man ritta, e contrapesi delle vivagne sono scarpette dentrovi uno ciottolo di presso a lb. che fanno quattro, perchè aconsenta al vivagno ad ciò vengha crespo. Sono a tessere due persone, chell'una getta la spuola in là e l'altra in qua e tesseno insino che viene circha 14 canne il panno ».

Così leggiamo nel *Trattato dell'arte della lana* (3).

---

(1) *Trattato dell'arte della lana*, cit., pag. 491.
(2) R. PATTERSON, *Filatura e tessitura*, in *Storia della tecnologia*, vol. II, pag. 213, Torino, 1962.
(3) *Trattato dell'arte della lana*, cit., pag. 491.

Spesso ai telai erano donne, come avveniva nelle Case delle Umiliate di S. Marcellino a Milano, per le quali, nel 1288, sappiamo che suor Tedeschina, *ministra domus S. Marcellini*, prende in affitto da prete Rolando, un pezzetto di terra dell'orto di detto prete su cui far appoggiare un pilastro destinato a sorreggere il muro della *textoria*, cioè del locale dei telai di quel monastero.

Ma terminata la tessitura bisognava poi ripulire il tessuto togliendo con pinze le particelle estranee che potevano esservi entrate, eliminando

Lavoratrici della lana
in una miniatura del secolo XV.
Londra, British Museum
(Fot. del Museo).

Gomitolo di lana.
Particolare di un affresco
della volta della cappella
di S. Eldrado a Novalesa
(Fot. Soprint. alle Belle Arti
di Torino).

789

Donna che fila
nella bottega
di un artigiano.
Miniatura del secolo XV.
Già Amiens,
Collezione Jean Masson.

i nodi e i falli, dopo di che il panno subiva una lavatura con acqua calda, sapone, urina fermentata e lisciva: « Quando si vegghono su bene la schiuma, allora è purgato il panno ».

Si passava poi all'operazione di follatura fatta nelle gualchiere. Queste erano generalmente lungo corsi d'acqua e spesso fuori città: in esse dall'XI secolo almeno la follatura era eseguita con macchine idrauliche che, facendo alzare ed abbassare pesanti mazzuole di legno sul tessuto contenuto in vasche o tinozze scavate entro tronchi di legno, riproducevano l'effetto della più antica operazione eseguita battendo la stoffa con i piedi in vasche o mastelli. Siamo a conoscenza che una gualchiera di questo genere esisteva a Prato nel 1107, presso il castello e forse altre ne esistevano già nel secolo X.

« E due uomini la rocchiano, cioè avolgono per le gualchiere. Di poi el gualcheraio el porta alle gualchiere e istà nelle gualchiere una notte, ghovernalo con l'acqua calda; e poi con dando due ramaiolini di burro » (1).

Siccome lo scopo della follatura era quello di rendere il tessuto più forte e compatto, a Firenze si avevano tre tipi di lavorazione in gualchiera di modo da ottenere panni diversi che assumevano i nomi di *sodati*, *gualcati*, *gualciti*.

Dopo una abbondante risciacquatura si passava all'asciugatura dei panni: il manoscritto citato riguardante gli Umiliati, in una illustrazione ci mostra un frate mentre sulla cima di un colle stende il panno su larghi telai di legno, dove esso si asciuga lentamente e riacquista la sua giusta misura: infatti ogni tipo di panno aveva la sua misura che doveva essere osservata: così vediamo negli Statuti di Genova per i « *panni qui dicentur humiliati* » dove si dice « *panni qui dicentur humiliati et sage large fiant ad quattuor liceos et in centem. XVIII et non minus* » (2).

Ma il lavoro non era ancora finito: era necessaria ancora la garzatura, che avrebbe dato una rifinitura più morbida, e la collegata cimatura: la garzatura si faceva spazzolando energicamente la stoffa appesa con teste di cardo, più o meno ruvide, fissate su tavolette di legno, mentre la cimatura serviva per togliere la parte finale delle fibre e così dare una superficie omogenea. Ciò si otteneva con cesoie da lana, le quali, sia pure perfezionate, furono usate fino al secolo scorso. Se necessario si procedeva alla tintura dei panni, operazione che richiedeva conoscenza tecnica, e per la quale vediamo già nel 1190 formarsi a Genova una piccola società tra due lucchesi, Pinello e Guidotto (3).

A questo punto se era necessario, si apponeva sulla stoffa il marchio del commerciante e la stoffa veniva posta in commercio, spesso in località assai lontane dal luogo di fabbricazione, servendosi di una rete di diffusione e di trasporto assai organizzata.

(1) *Trattato dell'arte della lana*, cit., pag. 492.
(2) *Leges Genuenses*, in H. P. M., col. 689-90.
(3) *Notai liguri dei secoli XII e XIII*, vol. I: *Oberto Scriba da Mercato*, pag. 175, n. 444, 27 aprile 1190, Genova, 1938.

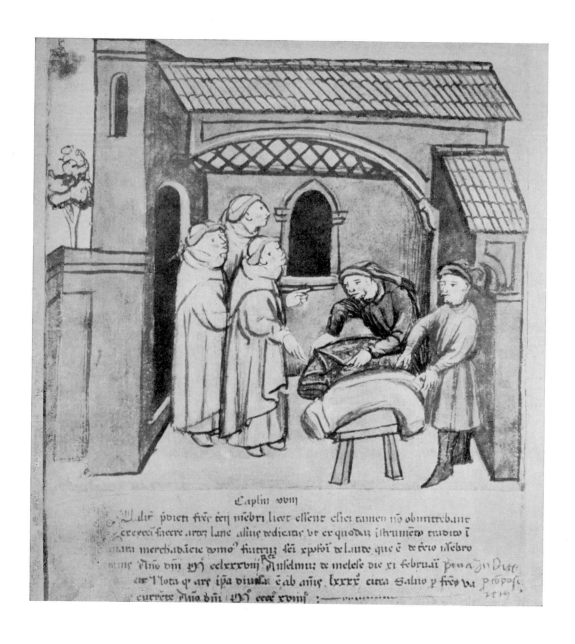

Gli Umiliati commerciano la lana.
Miniatura del *Codice degli Umiliati*.
Milano, Biblioteca Ambrosiana
(Fot. della Biblioteca).

Edilizia.

È bene rammentare che una tecnica edilizia non era mai cessata del tutto, neppure nei secoli più bui dell'alto Medioevo; basterebbe richiamare l'attività dei maestri Comacini, per i quali il legislatore longobardo ritenne perfino opportuno pubblicare apposite disposizioni. Ma soprattutto per il periodo che ci interessa hanno significato vivo gli Antelami; sono costoro gli originari della Val d'Intelvi, abitanti cioè di una zona che aveva una vecchia tradizione di tecnici.

Costoro, costruttori e carpentieri, furono al fianco di Como nella lunga guerra che questa città dovette sostenere dal 1118 al 1128, contro Milano, quando questa città aveva chiamato in proprio aiuto, specialmente per la costruzione di navi, tecnici genovesi. Forse proprio a causa di questa guerra le maestranze genovesi e della Val d'Intelvi, sia pure schierate in campi avversi, ebbero modo di conoscersi e di apprezzarsi. Il fatto è che, pochi anni più tardi, troviamo questi Antelami a Genova affermati in modo tale che il nome *antelamus* venne ad indicare genericamente il maestro costruttore in pietra. Eppure essi restarono sempre legati alla loro lontana terra d'origine, come si vede, ad esempio, in un atto rogato a Genova dal notaio Oberto Scriba da Mercato il 16 dicembre 1186 e dove troviamo che Benenca de Scufis, *magister Antelami*, si richiamava agli usi e alle consuetudini della terra d'Intelvi (1).

Potevano capitare discussioni sui lavori fatti, e allora si ricorreva a degli arbitri, come nel caso che vediamo qui in un atto ancora di Oberto Scriba da Mercato del 16 dicembre 1186:

(Traduz.) « A Genova in terra di S. Donato nella casa di maestro Ambrogio. Ambrogio maestro e Otto de Uracio maestri Antelami eletti arbitri dalle sottoscritte parti decisero che Uprando *magister Antelami*, Lorenzo de Vidijano *magister Antelami* abbiano e lavorino a tutta l'opera della chiesa del monastero di S. Tomaso senza alcuna opposizione da parte di Domenico *magister Antelami*... Ciò fatto Uprando e Lorenzo provarono con buoni testi e con istrumento pubblico che l'opera della predetta chiesa era stata affidata a loro prima che a Domenico dalla badessa e dal convento del monastero. Perciò gli arbitri, col consiglio di sapienti, decisero come sopra aggiungendo che Uprando e Lorenzo non debbano intromettersi in altri lavori del monastero... » (2).

(1) *Notai liguri del secolo XII*, vol. IV: *Oberto Scriba da Mercato*, a cura di M. CHIAUDANO, Genova, 1940, pag. 123, n. 325.
(2) *Notai liguri del secolo XII*, vol. IV: *Oberto Scriba da Mercato*, a cura di M. CHIAUDANO, Genova, 1940, pag. 124, n. 327, 16 dicembre 1186.

Allegoria della costruzione di una basilica.
Miniatura dal *Chronicon S. Sophiae*.
Roma, Biblioteca Vaticana
(Fot. della Biblioteca).

Dalla Val d'Intelvi a Como, da Como a Genova e poi per tutta l'Europa questi maestri portarono la loro tecnica e la loro capacità che si ricollegava alla tradizione dei ricordati Comacini

A questo proposito si può rammentare che esiste un'ipotesi per cui si può ritenere che i maestri Comacini derivassero il loro nome non da Como, ma dalla *machina* che essi usavano per i loro lavori e allora possiamo chiederci qual mai fosse questa macchina. Noi sappiamo però che per tutto il Medioevo l'edilizia non presenta un carattere scientifico, ma che i problemi, soprattutto quelli di statica, sono risolti pragmaticamente di volta in volta.

Esempio di teleferica del 1405
applicata per l'edilizia.
Miniatura del secolo XV.
Monaco, Deutsches Museum (Fot. del Museo).

Noi riteniamo che la macchina caratteristica fosse la gru e soprattutto la gru girevole che compare assai presto, mentre restava sempre diffuso l'argano e specialmente l'argano che sfruttava la forza animale. Abbiamo già ricordato la carriola, invenzione medioevale, che permetteva il trasporto del materiale in modo più facile e comodo del vecchio cesto in spalla. Nella tecnica medioevale e soprattutto in queste maestranze specializzate si continua ad usare l'argano, la leva, la puleggia, combinandole in modo da ottenere i risultati più vari, quasi seguendo ancora, forse per pura prassi, gli insegnamenti di Vitruvio e di Erone.

Ma l'esperienza dei costruttori si manifesta anche nell'adozione dell'arco a sesto acuto, preannuncio dello stile che verrà detto gotico; ma a noi qui non interessa l'argomento stile, quanto piuttosto il problema pratico della costruzione e dell'adozione di una nuova tecnica. Il passaggio al nuovo sistema fu forse anche dovuto ad un'esperienza diretta e non lieta, al constatare cioè nel XII secolo che molte chiese (erano queste allora le costruzioni più importanti) crollavano o davano manifesti segni di pericolosità sotto l'azione delle spinte laterali degli archi a tutto sesto o a sesto ribassato; nè, d'altra parte, per le nuove condizioni sociali ed economiche, si poteva pensare di costruire di nuovo con quella sovrabbondanza di materiale — che richiedeva una sovrabbondanza di lavoro propria di una società schiavista — che caratterizzava gli edifici romani, non a torto definiti dal Forte come monolitici (1).

Se le prime manifestazioni del nuovo sistema si ebbero in Francia nella chiesa di S. Dionigi presso Parigi, cominciata nel 1140, nella chiesa di Vézelay, nella cattedrale di Autun ed in Inghilterra nella ricostruzione della cattedrale di Canterbury (opera però di un architetto francese) nel 1174, in Italia pure non tardarono esempi anche in costruzioni in cui senza dubbio intervennero i già ricordati Antelami, come il S. Lorenzo di Genova.

La nuova tecnica portava che il peso della volta, ormai in pietra e non più in legno — troppo spesso soggetto ad incendio — si decomponesse in azioni orizzontali agenti sugli archi rampanti e verticali gravanti su pilastri, colonne e mura, che così potevano venire alleggeriti.

Con tutto questo il legno veniva ancora usato anche per il tetto, spesso ricoperto con piombo o con stagno come fu fatto per la celebre chiesa di S. Martino di Tours; a proposito di legno ricorderemo qui le

---

(1) U. FORTE, *Storia della tecnica dal Medioevo al Rinascimento*, Sansoni, Firenze, 1957, pag. 368.

Operai costruttori in una miniatura di Jean Fouquet (La costruzione del tempio). Parigi, Biblioteca Nazionale (Fot. della Biblioteca).

Muratori al lavoro (costruzione della Torre di Babele).
Vienne, chiesa di Saint-Savin-sur-Gartempe
(Fot. Dumas-Satigny).

otto travi di quercia usate in Inghilterra per la lanterna della cattedrale di Ely, aventi una lunghezza di m. 15,20 con uno spessore di cm. 83,80 per cm. 53,31.

Abbiamo detto che, per il Medioevo, non si può parlare di scienza in questo campo, ma non possiamo trascurare Giordano da Nemore, identificabile con Giordano di Sassonia o con un Giordano da Nemi. Giordano da Nemore fu dunque, nel secolo XIII, autore di vari trattati di matematica, ma scrisse anche un lavoro, *De ponderibus*, che si occupa di problemi di statica, arrivando anche ad affrontare il problema del peso nella traiettoria di un grave in rapporto alla sua posizione: *gravitatis secundum situm*. Ma fondamentalmente i problemi che Giordano si pone sono quelli che riguardano i gravi rispetto ad archi di cerchio sottostanti; ma sono proprio questi i problemi che interessavano i costruttori, i quali, forse, trovavano la soluzione in un'altra opera che egli stesso ricorda quando scrive: *Sicut declaravimus in Filotegno* (1); se dovessimo tradurre il titolo dello scritto lo potremmo chiamare *Il filotecnico,* rendendo così anche il contenuto pratico dell'opera. Sotto molti aspetti si può quasi pensare a questo Giordano da Nemore come ad un precursore di Leonardo da Vinci, come uno di quegli uomini che rompe la barriera tra dotti e tecnici.

Matematica.

I tentativi, le scoperte, le iniziative nel campo tecnico sono, lo dicemmo, soprattutto pragmatici e non dobbiamo dimenticare che la stessa matematica, se fa dei progressi notevoli, li fa specialmente per le applicazioni pratiche e per merito di uomini che ritengono di venire in aiuto a costruttori, agronomi, mercanti e navigatori. Vi è dunque uno sviluppo che deriva da incontri tra dottrine e dati positivi della realtà.

Già Gerberto di Cesi, il futuro papa Silvestro II (morto nel 1003), dopo aver studiato anche in Spagna, aveva descritto un abaco che si ricollega al modo di calcolo arabo; un'attività simile svolse Ermanno da Reichenau (morto nel 1054) che, stando nella celebre abbazia, scrisse alcune opere di matematica divulgando conoscenze ed influenze orientali giunte a lui, quasi certamente, attraverso monaci o viaggiatori i quali avevano percorso le zone di influenza araba.

Ma vi sono anche opere di traduttori dall'arabo in latino, che non debbono essere dimenticate; così Adelardo di Bath (XI-XII secolo), dopo aver vissuto in Spagna ed in Sicilia, tradusse la *Arithmetica* di Al-Kwarizmi introducendo in Occidente la conoscenza dei cosiddetti numeri arabi; ancora ad Adelardo si deve la traduzione in latino di Euclide, che entrò a far parte delle conoscenze del mondo occidentale medioevale. Un'altra opera di Al-Kwarizmi, l'*Algebra,* fu tradotta verso la metà del XII secolo da Roberto da Chester (morto nel 1160).

Si trattava dunque di tutta un'opera preparatoria che doveva aprire la strada a studiosi come Gherardo da Cremona, il Savasorda, Leonardo Pisano.

Gherardo da Cremona (1114-87) desideroso di studiare l'*Almagesto* di Tolomeo, si portò a Toledo per apprendervi l'arabo onde tradurre in latino l'opera tolemaica conosciuta appunto attraverso la cultura araba,

---

(1) Cfr. ediz. di Norimberga, 1533, a cura di Pietro Appiano.

L'uso dell'abaco.
Dal frontespizio dell'*Aritmetica*
di Jakob Köbel.

servendosi dell'aiuto di Galippo Mozarabo. Oltre a questo lavoro tradusse l'*Algebra* di Mohammed ben Musa, il *Liber Karastonis* (Libro sulla bilancia) di Thabit-ibn-Qurra, nonchè opere di Euclide, di Teodosio di Tripoli e di Menelao da Alessandria (1). Non possiamo tuttavia dimenticare che l'*Almagesto* di Tolomeo era stato in precedenza tradotto in latino dal greco per opera di un anonimo siciliano, che conosceva assai bene anche l'arabo (2).

Proprio in modo particolare ai tecnici pratici si rivolgeva al principio del secolo XII Abraam Bar Hyia detto il Savasorda, che visse a Barcellona ed in Provenza, col suo *Liber Embadorum*, cioè libro delle aree, dove per la prima volta per il mondo occidentale, si indica il procedimento per risolvere le equazioni di secondo grado.

(1) B. BONCOMPAGNI, *Della vita e delle opere di Gherardo cremonese traduttore del secolo XII e di Gherardo da Sabbioneta astronomo del secolo XIII*, in « Atti dell'Accademia pontificia dei Nuovi Lincei », tomo IV, 1850-51, pag. 387. L. TENCA, *Gherardo cremonese celebre traduttore dall'arabo*, in « Periodico di matematiche », XXX, 1952, pag. 4.
(2) HASKINS, LOCKWOOD, *The sicilian translators of the twelfth century*, in « Harvard studies in classical philology », XXI, 1910, pag. 99.

Leonardo Fibonacci, noto come Leonardo Pisano (nato verso il 1170 e morto dopo il 1240) (1) è persona che si forma nel mondo dei commerci e, a causa anche di questi, ma soprattutto per la sua innata curiosità, ebbe modo di venire a contatto col mondo del Mediterraneo orientale ed occidentale, ebbe modo cioè di conoscere la cultura araba, allora certamente superiore alla nostra. Da queste sue esperienze nacque il *Liber abaci* (1202 e poi in una nuova redazione nel 1228) che contribuì decisamente alla diffusione della conoscenza e ancor più dell'applicazione dei numeri arabi e del nuovo sistema di calcolo. Infatti, questa numerazione, per quanto già conosciuta, non incontrava il favore del mondo occidentale, che continuava ad usare, anche nella pratica contabile del commercio, i numeri romani con tutte le complicazioni derivanti da quel sistema nel quale, se ancora la somma e la sottrazione scritta si presentavano abbastanza facili da eseguire, gravi difficoltà offrivano invece la moltiplicazione e la divisione.

Quali erano i motivi che si opponevano all'accettazione della nuova numerazione? V'era per primo un motivo religioso (ricordiamo sempre che il mondo medioevale è un mondo religioso, un mondo in cui tutto è visto *sub specie religionis*); si pensava che l'adottare un sistema di scrittura di cifre derivante dal mondo degli infedeli — il mondo maomettano — sarebbe stata un'offesa non solo alla religione cristiana, ma a Dio stesso, il quale, se avesse voluto quel tipo di numerazione, avrebbe fatto in modo che già esistesse nel mondo in cui egli si incarnò o, per lo meno, avrebbe fatto sì che ad inventarlo fosse un cristiano: a ben vedere è un po' il motivo per il quale la Chiesa continuò per secoli ad usare il latino, essendo questa la lingua che era in uso nella gran parte del mondo civile occidentale al momento della nascita di Gesù.

A questo motivo se ne aggiungeva un altro di carattere più pratico: si temeva da parte dei commercianti che l'uso delle cifre arabe avrebbe permesso frodi e contraffazioni più facilmente; questo timore è palese, ad esempio, nello Statuto dell'arte del cambio di Firenze del 1299, in una disposizione che si ritrova ancora identica negli Statuti del 1316 e dove, tradotto, leggiamo:

«Cap. CII. Nessuno della nostra arte deve scrivere nei suoi libri col sistema dell'abaco.

«Pertanto è stabilito ed ordinato che nessuno di quest'arte osi o permetta, direttamente o per altra persona, scrivere o far scrivere in un suo libro o quaderno o in qualsiasi

---

(1) B. BONCOMPAGNI, *Della vita e delle opere di Leonardo Pisano*, in «Atti dell'Accademia pontificia dei Nuovi Lincei», tomo V, 1851-52; G. LORIA, *Leonardo e le matematiche nel secolo di Dante*, in «Periodico di matematiche», IV, 1924.

parte di esso, nel quale o nei quali si pongono il dare e l'avere, alcunchè che si possa interpretare come espresso secondo il metodo dell'abaco, ma scriva apertamente e estesamente con le lettere. Contro chi non ubbidirà i consoli dovranno imporre una multa di venti soldi di fiorino per ogni volta e per ogni scrittura... » (1).

Le disposizioni di questo statuto durarono quindi più di un secolo dopo la pubblicazione del *Liber abaci* di Leonardo Pisano; eppure costui aveva mostrato la possibilità, anzi l'utilità di usare il nuovo sistema anche nella vita pratica specialmente in rapporto alla regola del tre, utilissima per tutta l'attività commerciale, per i calcoli di interesse, di cambio, di società.

Naturalmente Leonardo Pisano indulgeva anche a problemi di pura teoria e probabilmente di origine orientale, come quello dei due serpenti in una torre di cui l'uno ogni giorno sale dalla base mezzo palmo e scende un quarto, mentre l'altro dalla cima scende di un quinto di palmo e risale di un sesto. Egli studiò anche le equazioni di secondo grado, mostrando originalità nell'affrontare il calcolo delle radici di equazioni di ordine superiore. A lui si deve la serie numerica 1, 2, 3, 5, 8, 13, 21, ecc., detta serie di Fibonacci (anche se per lungo tempo detta serie di Lamé), nella quale ogni termine è uguale alla somma dei due precedenti e che offrì molte applicazioni nella geometria.

Proprio affrontando un problema pratico di ordine finanziario, nella sua opera *Flos super solutionibus quarundam quaestionum ad numerum et ad geometriam vel utrumque pertinentium* (2), egli dà la nozione dei numeri negativi visti come debiti, mentre nella *Practica geometriae* (1220) portò in Europa la conoscenza della trigonometria che doveva tanto contribuire al miglioramento della tecnica della navigazione; come se ciò non bastasse egli nel *Liber quadratorum* impostò problemi di analisi matematica. La sua opera fu fondamentale ed in essa vi sono segni precorritori dei metodi futuri e delle scoperte che dovevano venir fatte da Viète, da Newton, da Bachet, da Cauchy.

Al già ricordato Giordano da Nemore, nato nella seconda metà del XII secolo e morto in mare, durante un pellegrinaggio in Terra Santa, nel 1237 si debbono due opere matematiche, *Demonstratio de algorismo* e *Arithmetica decem libris demonstrata*, nelle quali, in contrasto col Fibo-

---

(1) *Statuti dell'arte del cambio a Firenze*, a cura di G. CAMERANI MARRI, Firenze, 1955, pagg. 72, 229.

(2) *Flos Leonardi Pisani super solutionibus quarundam quaestionum ad numerum*, ecc., a cura di B. BONCOMPAGNI, Roma, 1862.

nacci, si continua l'uso dell'antica numerazione romana, rifiutando ogni influenza araba; se si accetta che Giordano sia della Sassonia la cosa potrebbe spiegarsi con una formazione avvenuta in territori lontani dal Mediterraneo. A lui si deve anche un trattato di algebra (*Tractatus de numeris datis*) e un'opera di geometria (*De triangulis*) (1).

Possiamo ancora ricordare l'*Algoritmo* del Beldomandi, il *De arte numerandi* e il *De sphaera mundi* dell'Holywood detto il Sacrobosco, morto verso il 1250.

Non si trattava di studi isolati o di puri trattati teorici che restassero senza diffusione e senza conseguenze pratiche.

Dobbiamo ricordare in modo particolare due nomi, quello del provenzale Lewi ben Gereshon (1288-1344) e quello del francese Nicola de Oresme, così detto dal luogo di nascita (circa 1325-Lisieux, 1382).

Al primo si deve nella sua opera, *Ma'ăsēh Hōshēb* (2), la scoperta che i lati di un triangolo sono proporzionali ai seni degli angoli opposti: era un teorema che poteva avere, ed ebbe, grandissima importanza sul piano pratico, perchè permetteva al geometra, al navigatore, al costruttore, all'astronomo di calcolare tutti gli elementi di un triangolo conoscendo solo due angoli e il lato ad essi comune: si pensi di quale utilità fu questo teorema con lo sviluppo delle armi da fuoco e come servì ai naviganti che potevano con maggior sicurezza tentare di seguire una rotta prefissata e determinare con migliore approssimazione il loro punto in mare anche fuor di vista dalla terra.

A Nicola de Oresme, maestro del collegio di Navarra nel 1356, canonico a Rouen e a Parigi, vescovo di Lisieux, si può riportare una prima scoperta di quelli che noi diciamo assi cartesiani e che vengono usati per la rappresentazione classica di funzioni. Egli nel suo *De uniformitate et difformitate qualitatum* del 1361 indicò con il termine *forma* un fenomeno collegato ad una variabile: egli vede infatti in ogni fenomeno una *longitudo* ed una *latitudo*, usando così termini corrispondenti agli analoghi geografici ed astronomici. Si arriva in tal modo ad una visione prospettica del tempo e ad una concezione dello spazio quale sarà quella del Rinascimento, capace di superare l'immobilismo temporale e spesso verticale del Medioevo; una variabile offre infinite possibilità di vedere un oggetto, in rapporto ad infinite sue possibilità di variazione: si poteva arrivare a delle vere e proprie astrazioni.

---

(1) G. SARTON, *Introduction to history of science*, vol. II, Baltimora, 1931, pag. 613.
(2) L'opera fu edita a cura di G. LANGE, Francoforte sul Meno, 1909.

Una lezione di matematica. Dal frontespizio dell'*Aritmetica* di Filippo Calandri.

Diciamo subito che la scoperta di Nicola de Oresme ebbe importanza non solo per il suo valore nel campo matematico, ma per le prospettive che pareva aprire perfino nel campo magico.

Ricordando l'opera di Nicola de Oresme non possiamo dimenticare quella di Biagio Pelacani da Parma, laureato a Pavia nel 1364, dove insegnò come primo luogo, passando poi a Bologna e Padova e morendo a Parma nel 1416; tra le sue opere sono soprattutto da ricordare le *Quaestiones super tractatu de latitudinibus formarum* (1) che sviluppano problemi riguardanti la dinamica, il *Tractatus de ponderibus* che riguarda la statica (2), le *Quaestiones prospectivae* nelle quali sono affrontati problemi di ottica attraverso la matematica (3).

Ricorderemo ancora Paolo dell'Abbaco Dagomari (1281-circa 1365), toscano, il quale nel *Trattato d'abbaco, d'astronomia et di segreti naturali*

---

(1) Venezia, 1482.

(2) *Tractatus Blasii de Parma de ponderibus*, annotato e tradotto in inglese da MARSHALL CLAGETT, in *The medieval science of weight*, Madison, 1959.

(3) F. ALESSIO, *Questioni inedite di ottica di Biagio Pelacani di Parma*, in « Rivista critica di storia della filosofia », XVI, 1961, pag. 79.

et medicinali dedica una parte del lavoro ad alcune *regholuzze* matematiche (1) che, con altre di astronomia riguardanti le maree dei porti, dovevano essere assai gradite ai commercianti navigatori.

Si potrebbero ancora aggiungere altri nomi come quelli di Giovanni Campano di Novara, vivente ancora nel 1292, di Giovanni di Sicilia (circa 1290), ma cadremmo nel campo dell'astronomia invece di restare in quello della matematica.

Chimica.

Parlare di chimica nel Medioevo significa parlare di alchimia; ed è bene, a questo proposito, tener presente che l'alchimia non è davvero, come spesso si pensa, solo un'accozzaglia di superstizioni o una tecnica sfruttata da imbroglioni. L'alchimia è la precorritrice della moderna chimica, anche se essa partiva da premesse che possono forse a noi parere strane; in realtà non erano più strane di altre teorie che si succedettero nei secoli con apparenza più o meno scientifica. I punti base dell'alchimia possono essere riassunti nel modo seguente:

tutte le materie sono composte dai noti quattro elementi base combinati in rapporti diversi tra di loro;

l'oro è il metallo più nobile ed il più puro; a questo segue l'argento; gli altri, come il ferro, il rame, il piombo, ecc. sono forme impure od immature;

il passaggio da un metallo in un altro doveva essere possibile attraverso il mutare del rapporto degli elementi base;

doveva poi essere possibile purificare qualsiasi metallo in modo da trasformarlo in oro, così come la purificazione dell'anima umana portava questa più vicina a Dio, cioè alla nobiltà e alla purezza assoluta.

Per ottenere queste trasmutazioni era però necessario trovare un quinto elemento che proiettato o versato sul metallo sottoposto all'esperimento, doveva provocare la mutazione desiderata. Si trattava dunque di trovare la famosa pietra filosofale o l'elisir; anzi il termine elisir passò più tardi ad indicare un prodotto che avrebbe dovuto prolungare la vita umana. Si ricercava anche il cosiddetto *alkahest*, cioè un solvente universale e la

---

(1) G. LIBRI, *Histoire des sciences mathématique en Italie*, Halle, 1865, III, pagg. 283-88.

ricerca continuò con passione ed entusiasmo sino a quando qualcuno non si pose la domanda dove mai conservare un prodotto che avrebbe sciolto anche il recipiente destinato a contenerlo.

L'alchimia, come dimostra il suo stesso nome, giunse a noi dal mondo arabo-islamico. Il primo alchimista musulmano degno di ricordo fu Jabir-ibn-Hayyan (circa 760-circa 815), noto al mondo latino col nome di Geber: egli lavorò alla Corte del califfo Harun el-Rascid, divenendone anche un funzionario. Egli vedeva nei numeri delle entità reali e riconosceva nel quadrato magico un simbolismo concreto in quanto tra le cose, le idee, i numeri correva uno stretto e continuo rapporto. A Geber si deve una

Alchimisti accanto ad una stufa di distillazione. Dal *Liber de arte distillandi de compositis*. Strasburgo, secolo XV.

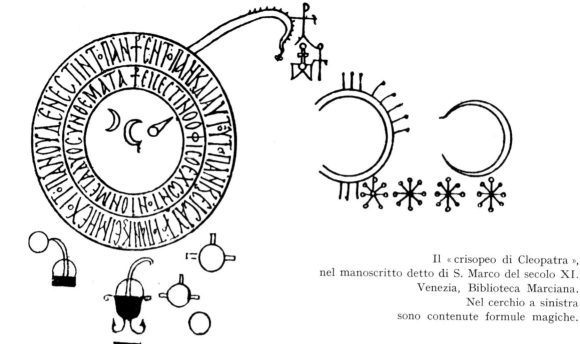

Il « crisopeo di Cleopatra »,
nel manoscritto detto di S. Marco del secolo XI.
Venezia, Biblioteca Marciana.
Nel cerchio a sinistra
sono contenute formule magiche.

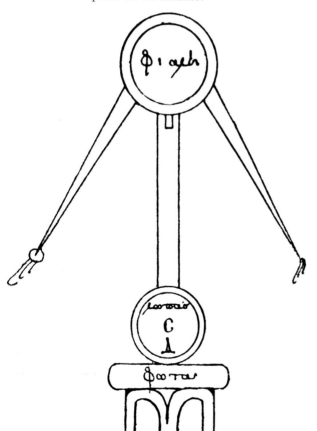

Alambicco a due punte
posto su un fornello.

classificazione dei minerali divisi in *spiriti* che volatizzano col calore, come lo zolfo, il mercurio, la canfora, ecc., *metalli* di cui ne elencava sette quasi in corrispondenza con i sette pianeti e cioè oro, argento, piombo, stagno, rame, ferro e forse lo zinco, detto però ferro cinese; sostanze *polverizzabili* e cioè non malleabili.

Geber trovò il carbonato di piombo col seguente procedimento da lui descritto nel suo *Libro delle proprietà*:

« Prendete una libbra di litargirio, polverizzatelo bene e scaldatelo con quattro libbre di aceto di vino finchè quest'ultimo non sia ridotto alla metà del suo volume originario. Prendete poi una libbra di soda e scaldatela con quattro libbre d'acqua, finchè il volume di questa non sia ridotto a metà. Filtrate le due soluzioni fino a che divengano limpide e poi aggiungete gradualmente la soluzione sodica a quella di litargirio; si otterrà una so-

Il serpente Ouroboros,
simbolo alchemico della continuità del tempo.
Dal manoscritto detto di S. Marco del secolo XI.
Venezia, Biblioteca Marciana.

Vasi e alambicchi da un manoscritto arabo.
Parigi, Biblioteca Nazionale (Fot. della Biblioteca).

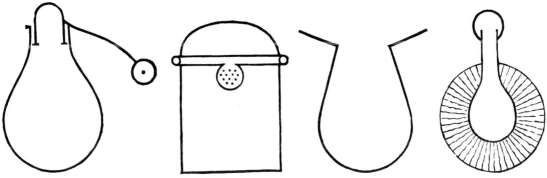

stanza bianca che precipita sul fondo. Togliete l'acqua sovrabbondante e lasciate seccare il residuo che diverrà un sale bianco come la neve » (1).

Un altro studioso arabo fu Abu Bakr Muhammad ibn Zakariyya al-Razi, il quale, pur essendo medico, si occupò anche di alchimia scrivendo 21 trattati dei quali però uno solo è giunto a noi, *Il libro del segreto dei segreti*, in cui tra l'altro leggiamo elencati gli apparecchi e le sostanze necessarie per un laboratorio chimico dei suoi tempi: vi troviamo distillatori, bicchieri, palloni di vetro, fiale, bacini, piatti per cristallizzazione, caraffe, pentole, giare porose per cottura, lampade a candela, lampade a nafta, atanor per la sublimazione, forni fusori e forni a vento con mantici di cuoio, alambicchi, lime, spatole, martelli di legno e metallici, forbici, pinze, mestoli, crogiuoli, stampi e vasi per il riscaldamento a bagnomaria. A questo proposito rammentiamo che il procedimento del riscaldamento a bagnomaria veniva attribuito ad una Maria ebrea che, secondo una leggenda sarebbe stata Miriam, sorella di Mosè.

Soltanto Alì-ibn-Sina (980-1037), noto sotto il nome di Avicenna, negò la possibilità di trasmutazione di un metallo in un altro, accettando invece la possibilità di nuove leghe che assomigliassero al metallo che si desiderava ottenere.

---

(1) CH. SINGER, *Breve storia del pensiero scientifico*, Torino, 1961, pag. 140.

Alberto Magno nel suo studio.
Affresco di Tommaso da Modena.
Treviso, S. Niccolò (Fot. Alinari).

L'alchimia passò poi al mondo occidentale: qui Alberto Magno (1193-1280) riuscì a preparare la potassa caustica, descrivendo anche la composizione della biacca, del minio e del cinabro; Raimondo Lullo (1235-1315) scoprì il bicarbonato di potassio; Teofrasto Paracelso (1493-1541) descrisse lo zinco fino e usò i composti chimici in medicina.

Le operazioni dell'alchimista erano lente, quasi che nella ricerca della perfezione dell'esperimento giocasse anche un'aspirazione ad una sempre maggior perfezione dello spirito dell'uomo.

Bisognava anzitutto preparare in un mortaio una miscela di pirite, di

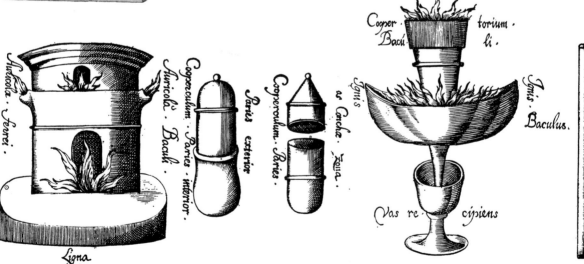

metallo puro e di acido di origine organica. Nel mortaio questi elementi venivano frantumati e ridotti in polvere e miscelati con un lavoro che poteva continuare anche per mesi: poi quando l'alchimista aveva l'impressione di aver raggiunto il limite giusto di polverizzazione e di miscelazione passava a scaldare il tutto su di un crogiuolo aumentando la temperatura lentamente attraverso un periodo di tempo di otto, dieci giorni e prendendo quelle misure che l'esperienza aveva insegnato per difendersi dagli eventuali gas tossici. Poi il tutto veniva fatto raffreddare e sciolto con un acido, meglio se al chiaro di luna o con una luce solare riflessa da uno specchio. Pauwels e Bergier fanno notare che in tal modo gli alchimisti usavano una luce polarizzata e cioè vibrante in una sola direzione, mentre la luce solare normale vibra in tutte le direzioni attorno ad un asse (1): incoscientemente gli alchimisti erano arrivati già a comprendere l'importanza che la luce poteva avere per la riuscita di un esperimento, anche se per essi c'era forse più che altro un collegamento al mondo magico.

L'alchimista faceva poi evaporare la soluzione ottenuta sottoponendo il solido residuo di nuovo a temperatura altissima e così via, per migliaia di volte, senza nulla variare, sempre attendendo che da questo raffinamento si creasse una situazione nuova che doveva dar luogo alla formazione della famosa pietra filosofale. Forse l'idea dell'alchimista era che

(1) L. PAUWELS, J. BERGIER, *Il mattino dei maghi*, Milano, 1963, pag. 129.

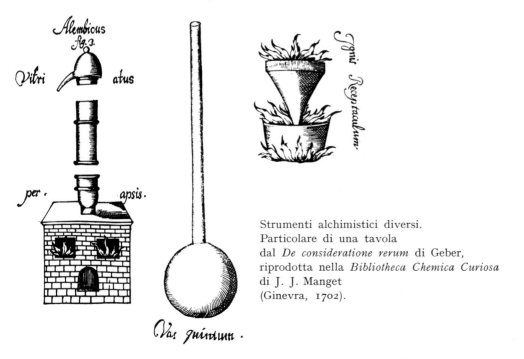

Strumenti alchimistici diversi.
Particolare di una tavola
dal *De consideratione rerum* di Geber,
riprodotta nella *Bibliotheca Chemica Curiosa*
di J. J. Manget
(Ginevra, 1702).

ogni esperimento non può mai essere identico ad un altro, anche se tutti i componenti ed i procedimenti restano uguali: se non altro varia la posizione delle stelle, varia l'influenza dei pianeti.

Se nulla succedeva, nella miscela si poteva aggiungere un ossidante e proprio nel corso di questo lavoro fu scoperta (o riscoperta?) la polvere da sparo per l'incontro di zolfo, carbone e nitrato.

Poi si ricominciava a scaldare, evaporare, sciogliere, riscaldare e via via in attesa di un segno che poteva essere, secondo alcuni, la formazione di cristalli a forma di stella in superficie, secondo altri un velo di ossido che lacerandosi mostrava la pulitezza del metallo in cui si riflettevano le stelle.

La miscela allora doveva esser tolta dal crogiuolo e lasciata riposare fino al primo giorno della primavera seguente: allora doveva venir posta in un vaso di cristallo limpido a chiusura ermetica dove, con grande attenzione, veniva riscaldata evitando l'esplosione; ripetendo l'operazione per mesi e mesi si sarebbero dovute ottenere, secondo gli alchimisti, delle sostanze nuove e sconosciute; per di più le scorie rimaste nel vaso, lavate e rilavate con acqua distillata, avrebbero dovuto fornire o il famoso dissolvente universale o l'elisir di lunga vita.

Se quei nuovi prodotti venivano mescolati in un mortaio e poi fusi con l'uso di speciali catalizzatori (e qui ogni alchimista aveva il suo segreto che non svelava), avrebbero dovuto nascere dei metalli simili a quelli esistenti in natura, ma con caratteristiche diverse, ma soprattutto si sarebbe ottenuta quella « polvere di proiezione » la quale si identificava con la pietra filosofale. Così l'alchimista era sicuro di poter arrivare un giorno ad avere la chiave di tutte le trasmutazioni della natura e forse anche dell'uomo.

È curioso che in tutti questi procedimenti non si parla di pesi o di bilance: in realtà la bilancia era usata soltanto per pesare le sostanze così come al mercato si pesava qualsiasi merce: la chimica quantitativa era ancora da scoprire, anche se bilance di precisione erano già note specialmente tra gli zecchieri e i cambiavalute.

L'alchimista, date le lunghe manipolazioni che doveva compiere, non si allontanava quasi mai dal suo laboratorio, anche perchè temeva di essere derubato dei suoi pseudo-segreti, che per lui erano in realtà veri segreti e di alto valore; egli viveva dunque nel laboratorio, impregnato da esalazioni di acidi, da fumo e da fuliggine. Nulla di strano quindi se alla fine del secolo XV l'alchimista francese Denis Zachaire morì « per una febbre cronica che l'aveva colpito durante l'estate a causa della fuli-

Vaso di cristallo nella mano di una strega. Particolare di un dipinto di Hans Baldung Grien (1523). Francoforte, Städel-Institut (Fot. del Museo).

gine che respirava »; pare infatti che nel laboratorio di costui vi fosse più fuligine che in tutto l'arsenale di Venezia (1).

I forni, quali erano stati descritti da Geber, erano di parecchi tipi e soltanto con Glauber nel XVIII secolo si arrivò all'applicazione di lunghi camini per favorire il tiraggio; si comprende dunque come il fumo dovesse essere dominante nel laboratorio dell'antico alchimista. I forni usati potevano essere di sette tipi secondo la loro destinazione: per la calcinazione, per la sublimazione, per la distillazione, per la fusione, per la soluzione, per il fissaggio e vi era poi il forno discensorio in cui si otteneva l'alimentazione continua.

(1) E. J. HOLMYARD, *Gli apparecchi dell'alchimia*, in *Storia della tecnologia*, vol. II, Torino, 1962, pag. 755.

Vediamo, ad esempio, quello per la calcinazione: si trattava di un parallelepipedo di circa m. 1,20 per m. 0,90 con pareti dello spessore di cm. 15; le sostanze da calcinare venivano introdotte nel forno in padelle di argilla forte, tali da poter resistere anche ad un alto calore. Il forno di fissaggio (detto atanor dall'arabo *al-tannur*) era uguale a quello per calcinare, ma il recipiente con le sostanze da fissare, recipiente ben chiuso, doveva essere messo nella cenere di modo che almeno quattro dita di essa vi fossero sopra, sotto ed attorno al recipiente stesso. A proposito di questo forno Geber, dopo averlo descritto, annotava: « Se poi qualcuno potesse inventare qualcosa di più ingegnoso, non impediremo di certo la realizzazione ».

Nel laboratorio l'alchimista spesso recitava misteriose filastrocche magiche, che forse avevano in realtà solo lo scopo di misurare il tempo nel buio del locale, come ancora usavano, fino a pochi anni or sono, i nostri fotografi per lo sviluppo in camera oscura.

Ma le ricerche alchimistiche costavano parecchio, sia per il tempo necessario per le manipolazioni, sia per i materiali e le attrezzature necessarie: ecco perchè, specialmente nel Rinascimento, noi troveremo gli alchimisti presso le corti dei prìncipi, i quali erano interessati alle ricerche in quanto speravano sempre in quella famosa pietra filosofale che avrebbe permesso di trasformare ogni cosa in oro e di mettere quindi a posto i bilanci sempre dissestati.

Dal lavoro di E. J. Holmyard riportiamo alcuni versi dei *Canterbury tales*, che si riferiscono proprio ad un alchimista e alle sue spese:

> Questa scienza misteriosa mi ha reso così misero,
> che non ho pace dovunque mai mi trovi
> e già sono indebitato così, in conseguenza
> dell'oro che ho preso a prestito, veramente,
> che finchè vivrò, mai cesserò di esserlo;
> fate che ogni uomo sia ammonito da me per sempre!

Si aggiunga che la vita di questi alchimisti non era facile; se vivevano indipendenti e non erano molto ricchi finivano con l'indebitarsi come quello che ci hanno presentato i versi qui sopra, se erano alle dipendenze di un signore la situazione non era per loro molto migliore. Alberto Magno scriveva infatti nel suo *De alchimia*:

« Se per caso ti troverai presso re e signori questi non la smetteranno di chiederti come vada il tuo lavoro nella speranza di veder presto qualcosa di buono: anzi diranno che sei un furfante ed un imbroglione e ti tratteranno male. Se non riuscirai a nulla ti puniranno e ti cacceranno in prigione, ma se riuscirai ti metteranno ugualmente in prigione, affinchè tu lavori soltanto per loro e non possa divulgare alcun segreto ».

L'alchimia non era certamente la chimica, dato il suo sogno della trasmutazione dei metalli, ma è la premessa della chimica, e del resto non tocca a noi, viventi nell'età dell'energia atomica e della ricerca di un principio (chiamiamolo pure formula, se volete) che spieghi macrocosmo e microcosmo, sorridere delle ricerche dei nostri antenati; il sogno dell'alchimista era per lui reale e possibile, così come sono le aspirazioni del moderno chimico-fisico. Il desiderio della *reductio ad unum*, di ridurre cioè il molteplice ad unità è dunque insito nell'uomo?.

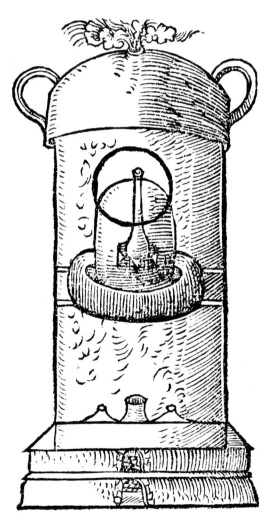

Forno per cottura.
Incisione dal *De secretis naturae* di R. Lullo.
Colonia, 1567.

Medicina.

Parlare di medicina nel Medioevo comunale significa parlare della Scuola di Salerno, di quella scuola che seppe far rifiorire le antiche tradizioni anche attraverso la scienza araba.

Non sappiamo con esattezza quando sorse: una leggenda racconta che le origini della Scuola di Salerno si dovettero all'incontro, avvenuto nel secolo IX, di quattro sapienti, un latino, un greco, un ebreo, un arabo che stavano studiando le erbe medicali della zona ed i loro effetti: forse il racconto vuole soltanto rammentare che la scuola salernitana rappresentava l'incontro del sapere medico di tutti i popoli civili di allora; ad ogni modo essa era già detta antica da Alfano poeta, medico e arcivescovo di Salerno nel secolo XI.

Qui furono curati tra gli altri, Desiderio abate di Montecassino che fu poi papa col nome di Vittore III (1086), Boemondo, figlio di Roberto il Guiscardo, e Roberto, figlio di Guglielmo il Conquistatore. La fama di Salerno si diffondeva dovunque, tanto che il maestro cantore tedesco Hartmann von Aue faceva viaggiare uno degli eroi dei suoi canti, Enrico il Lebbroso, fino a Salerno per recuperare la salute.

A metà del secolo XII la scuola era celeberrima e gli allievi vi venivano da ogni parte senza distinzione di nazionalità o di religione.

Tra le opere della scuola salernitana possiamo ricordare il *Passionarius Galeni* di Guarimporto (1050) di cui si fecero più tardi anche edizioni a stampa: a ben vedere si tratta di un'opera di compilazione contenente testi di Ippocrate, quali il *Delle arie, delle acque, dei luoghi* e il *Della dieta nelle malattie acute*, testi terapeutici e fisiologici di Galeno, Celso, Aureliano, Prisciano. Ad una donna, certa Trotula, medica o levatrice, sono attribuiti il *De compositione medicamentorum*, che è un lavoro che riguarda soprattutto la dermoiatria, e il *De mulierum passionibus ante, in et post partum*, che affronta argomenti di ginecologia, anche se si occupa perfino del vitto adatto alle nutrici: anche in quest'opera non troviamo nulla che non ci fosse già in testi di precedenti autori e ciò proprio a causa di mancanza d'interesse verso l'esperienza diretta e per quel rispetto verso l'opinione dei precedenti che è tipico dei secoli nei quali manca il senso di critica individuale e quindi il desiderio di progresso concreto.

Nello scritto di Arcimatteo (secolo XII) *De instructione medici*, viene detto come doveva essere un medico e come doveva comportarsi nell'esercizio della professione: il medico doveva anzitutto essere uomo pio e retto, e doveva curare assai il suo abito e la sua cavalcatura, perchè « soltanto un medico dall'abito sfarzoso può chiedere un onorario elevato ». Quando il medico si recava per la prima volta a visitare un ammalato doveva subito e per prima cosa invitare costui a fare la confessione dei suoi peccati ad un sacerdote: se tale invito infatti egli lo avesse fatto dopo la visita il malato si sarebbe certamente spaventato, mentre così poteva pensare che fosse prassi comune, come lo era effettivamente. Proseguiva poi nella visita tastando il polso, esaminando con attenzione le orine specialmente con riguardo al colore e alla limpidezza, dopo di che assicurava

Una lezione di medicina.
Incisione dal *Fasciculus Medicinae*
di Jo. de Castelliono.
Milano, 1509.

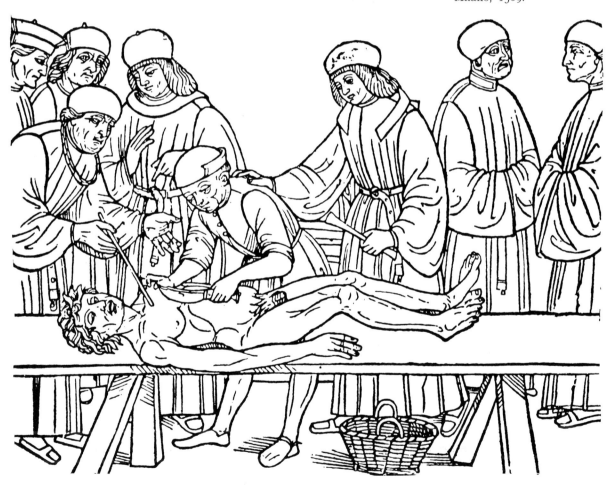

Pietro da Montagnana in cattedra a Padova. In primo piano tre malati che attendono ed hanno portato l'orina per l'esame. Incisione dal *Fasciculus Medicinae* di Jo. de Castelliono. Venezia, 1500.

al malato, con l'aiuto di Dio, la guarigione; alla famiglia del paziente doveva invece sempre dire che si trattava di un caso gravissimo, così se il malato fosse guarito si sarebbe dimostrata la sua capacità di medico mentre se fosse morto nulla gli sarebbe potuto imputare date le sue precedenti prudenziali dichiarazioni. Se poi il medico si fosse accorto che in realtà l'ammalato non aveva nulla, doveva ugualmente dargli una cura, altrimenti il malato e i suoi familiari non avrebbero più avuto stima in lui.

Erano dunque consigli pratici che in realtà nascondevano la situazione in cui si trovavano i medici fino al tempo di Federico II di Svevia: la

Visita ad un malato di peste. Il medico tiene al naso una spugna imbevuta di sostanze odorose mentre i due famuli che lo accompagnano fanno bruciare i profumi. Incisione dal *Fasciculus Medicinae*. Venezia, 1500.

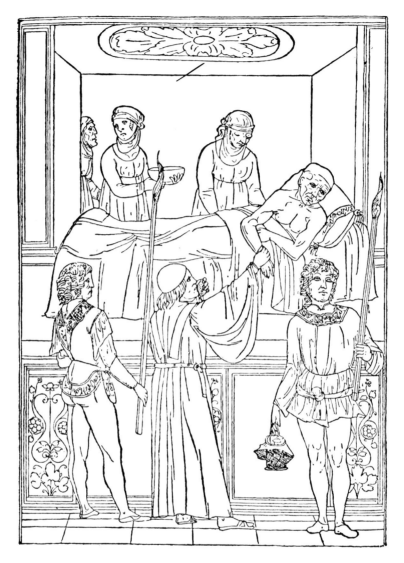

professione medica non aveva allora tutte quelle garanzie, sia per i medici che per i loro clienti, che pur avevano altre attività come, ad esempio, quella legale. Federico II stabilì allora che chi voleva studiar medicina doveva aver fatto prima tre anni di logica: era un sistema che presentava i suoi vantaggi perché indubbiamente insegnava un metodo di ragionamento, ma che offriva l'inconveniente di legare la medicina alla filosofia e, dati i tempi, alla metafisica. Una volta terminati i cinque anni di studi in medicina il candidato doveva sottoporsi ad un esame davanti ad una commissione di medici già da tempo praticanti, i quali ne accertavano

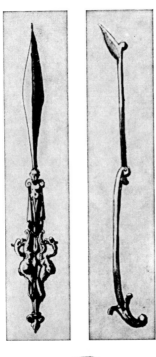

la preparazione e la capacità professionale, dopo ciò il giovane poteva esercitare la sua professione, previo un giuramento col quale egli si impegnava a curare gratuitamente i poveri. La posizione del medico andò così migliorando: venne esentato da tasse e fu concesso a lui e alla moglie di indossare abiti come quelli dei nobili.

A scuola a Salerno, lo studente di medicina avrà senza dubbio soffermata la sua attenzione sul *Regimen sanitatis salernitanum*: si tratta di una serie di precetti, espressi in latino in versi leonini, che venivano dati ai pazienti che volevano avere una guida per la loro salute; non è

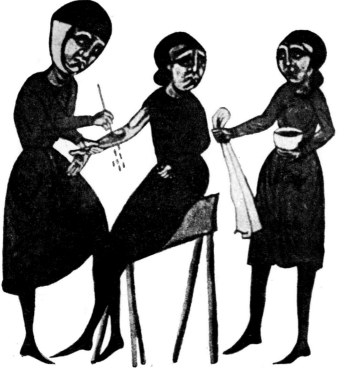

In alto: strumenti di chirurgia. Da un albo di disegni del secolo XVI. Venezia, Raccolta Guggenheim.

Il maestro Rolando pratica un'incisione al braccio. Miniatura della *Chirurgia* del maestro Rolando. Roma, Biblioteca Casanatense, Cod. 1382, c. 20 *a* (Fot. Rampazzi).

dunque tanto un ricettario con osservazioni sul valore terapeutico di cibi, bevande, ecc., quanto una raccolta di norme igieniche che venivano osservate nella vita reale.

Ecco qualche passo, tradotto in italiano da Fulvio Gherli nel 1733 (1), per mostrare l'intrecciarsi tra precetti medici e vita del tempo. Il nucleo originale era stato composto per un ignoto re d'Inghilterra e a costui si rivolgono i primi versi con consigli di carattere generale:

> Di Salerno la scuola al re Britanno
> scrive: Se vuoi tua sanità perfetta
> ed immune serbar da tutti i mali,
> scaccia le gravi cure e non dar luogo
> all'ira passion truce e profana;
> a' calici di Bacco il labbro accosta
> sobrio e di rado, ad una parca cena
> siediti e sorgi in piè dopo la mensa,
> su l'ore del meriggio al pigro sonno
> non ti donar, non ritener l'orina,
> e la parte nemmen posteriore
> comprimere tu dei, nè farle forza.
> Così osservando ben questi precetti
> lungamente godrai vita felice.

Bisognava però tener conto delle varie stagioni:

> Nella bella stagion di primavera
> fa che i tuoi prandi sien parchi e frugali,
> e sappi ancor che nella calda state
> nocivi sono cibi immoderati,
> ma più nocivi ti saran quei frutti
> co' quali ti lusinga autunno adulto;
> allora poi che giugne il pigro verno
> siedi senza timore a lauta mensa.

Sul tema delle stagioni si torna ancora più avanti con consigli che non riguardano più soltanto i cibi, ma anche ciò che viene normalmente espresso col vecchio proverbio: « Luglio e agosto, moglie mia non ti conosco »:

> Inverno, autunno, primavera e state
> regolan l'anno: un aer caldo ed umido
> porta la primavera e questo tempo
> per la flebotomia meglio è d'ogni altro,

(1) *Regola sanitaria salernitana* (*Regimen sanitatis salernitanum*), versione di F. GHERLI, Salerno, 1954.

> in cui la soluzion del ventre e il moto
> e Venere e il sudore e i bagni denno
> essere moderati e in cui pur deesi
> purgare i corpi colla medicina.
> La state poi assai riscalda e dissecca,
> e fa che in noi la flava bile domini;
> il cibo, in un tal tempo, umido e freddo
> esser dee e da noi Venere lontana
> stassi, ne allora a noi giovano i bagni,
> ma sol la quiete ed un moderato bere.

Abbiamo visto qui sopra un richiamo alla flebotomia ed è a tutti noto come la tecnica del salasso sia rimasta in uso per secoli, fino all'abuso, fino forse a far morire per dissanguamento qualche paziente. Ecco sull'argomento quel che scriveva il *Regimen sanitatis salernitanum* per stabilire a quale età ed in quali mesi poteva essere applicato, e quali ne fossero gli inconvenienti:

> L'uomo esser dee d'anni diciasette
> per esser atto alla flebotomia
> per cui lo spirito più copioso parte,
> il vin però moltiplica gli spiriti,
> e il cibo ancor, ma è assai pigro e tardo.
> Il taglio della vena assai fa chiari
> i lumi e purga il celabro e la mente
> e in un purga le viscere e reprime
> gl'incomodi del ventre e dello stomaco,
> fa i sensi puri e calde le midolle,
> chiaro l'udito, e le vigilie e i tedii
> toglie, e le forze in un produce e accresce.

Ma bisognava stare anche attenti, perchè era pericoloso cavar sangue quando ci si trovava davanti a:

> ... una fredda natura e un clima freddo
> e un dolor grande e dopo il coito i bagni,
> e la tenera etade e la senile...

Per quanto riguardava i tempi opportuni per questa cura era necessario rammentare che:

> ... maggio, aprile e settembre son lunari
> nel primo dì del primo e nel dì ultimo
> degli altri il cavar sangue è cosa pessima,
> come pure il mangiar le carni d'oca.

Figurazione della mandragola in un erbario del secolo XV.
Pavia, Biblioteca Universitaria
(Fot. della Biblioteca).

Questo accenno alle carni d'oca ci richiama a vedere consigli d'altro genere, quelli che riguardano dove vivere, cosa mangiare o bere. Dove vivere? Par proprio di sentire i pareri dei moderni igienisti, salvo che ai tempi della scuola salernitana consigli come il seguente erano forse più facilmente osservabili:

> Scegli per abitar l'aere che sia
> lucido, non di nebbia oscuro intorno
> non di vapori impuro e non infetto
> da pestiferi effluvi e da mal nati
> aliti di materie atre e fetenti.

Sembra veramente che l'antico medico si rivolga agli odierni abitatori delle città industriali, i quali sembrano guardare e godere con gioia ed orgoglio e la nebbia e il fumo e il puzzo.

Tra i cibi vi sono quelli « ben nutrienti » come le uova fresche, il brodo grasso misto col fior di farina, il vino rosso; quelli « melanconici » come la pesca, la mela, la pera, il latte, il cacio, la carne salata, la lepre, il bue e la capra che eccitano la bile; quelli « nutrienti ed ingrassanti » come il pane di frumento, il latte, il cacio appena formato, i testicoli, la carne di maiale, la cervella, il midollo, le uova cotte, i fichi maturi, l'uva fresca, i vini dolci. I vini hanno vantaggi e svantaggi, infatti se:

> ... il bianco e dolce vino ha più d'ogni altro
> facoltà d'impinguare il nostro corpo...

anche quello rosso ha i suoi inconvenienti:

> ... se si beve talor troppo vino rosso
> il ventre si restringe, e si conturba
> la voce chiusa tra le rauche fauci.

È curioso il consiglio per il caso in cui alla sera si sia bevuto troppo vino con conseguente cattiva notte:

> Ritorna nel mattino susseguente
> a bere e quel liquor fia medicina.

Per quanto riguarda l'acqua essa serve per lavarsi le mani dopo i pasti per rendere più acuta la vista, mentre per quanto riguarda il bere essa è « di pregiudizio alla salute ». Gran saggezza, almeno per questa seconda parte, dei nostri vecchi!

Un'ampia parte del *Regimen sanitatis salernitanum* è dedicata alla frutta ed alla verdura (non per nulla i consigli eran stesi in quel delizioso giardino che è la terra salernitana): così veniamo a sapere che le ghiandole infiammate e i tumori si guariscono con impacchi di fichi, che le nespole sono diuretiche, che l'uva passa fa male alla milza mentre cura i reni, che le noci sono assai pesanti da digerire pur essendo un buon contravveleno, che la rapa è utile per lo stomaco, ma nociva per i denti, mentre la menta uccide i vermi intestinali.

> La salvia era poi il vero toccasano
> morir non dovria l'uom ch'ave la salvia,
> balsamo ai mali, ognor nell'orticello.

Infatti quest'erba calma i nervi, fuga le febbri, toglie il tremore alle mani. La ruta invece giova agli occhi, calma l'uomo ed eccita la donna e:

> ... acciò che non vi dian le pulci tedio
> ella, o donne, è un ottimo rimedio.

E si potrebbe proseguire ricordando l'ortica, l'isopo, il nasturzio che rallenta la crescita dei peli, il porro che dona fecondità alle donne, il finocchio e la verbena che giovano agli occhi e così via. Si potrebbe continuare a lungo richiamando anche la distinzione dei tipi umani in sanguigni, collerici, flemmatici, malinconici, ma preferiamo chiudere l'accenno a questa interessante operetta ricordando che:

> L'uomo d'ossa dugento e diciannove
> e di trentadue denti, e di trecento
> sessantacinque vene egli è composto.

Questi insegnamenti si diffondevano in ogni paese attraverso coloro che a Salerno venivano a studiare: tra costoro possiamo ricordare Benvenuto Grafeo di Gerusalemme, che insegnò in Salerno stessa e poi a Montpellier lasciandoci una *Practica oculorum* che è un vero testo di oculistica; il francese Pierre Gilles de Corbeil (1180), docente a Parigi, che in esametri latini espose quanto aveva appreso a Salerno, con speciale attenzione all'esame delle orine, tanto che il suo testo per questa parte rimase in auge ed in uso fino quasi al termine del secolo XVI; Ruggero di Frugardo (1220), chirurgo, il quale si occupò di ferite alla testa esponendo una sua tecnica per la trapanazione del cranio e di ferite al ventre con fuoriuscita dell'intestino, anzi per questo caso egli consigliava di sventrare un animale

Una visita medica.
Incisione dal *Pillularium* di Pantaleone da Confienza.
Pavia, 1516.

appoggiando poi gli intestini di questo su quelli dell'uomo in modo da scaldarli; dopo una leggera lavatura gli intestini fuoriusciti dovevano essere rimessi nel ventre del ferito, sperando nella bontà di Dio. Ruggero insegnò a Bologna dove ebbe a successore Rolando di Parma (1250).

Ma il più celebre fu Pietro d'Abano (1230-1318) che sapeva anche il greco avendolo appreso a Costantinopoli: egli insegnò a Parigi e a Padova e tentò una conciliazione tra la vecchia scuola di origine araba e la nuova che guardava direttamente ai testi greci; a lui è dovuta l'affermazione che il cervello è il centro d'origine dei nervi e il cuore quello dei vasi sanguigni, idee che in quei lontani tempi non dovevano essere facilmente accettabili da tutti, specialmente quando venivano da un averroista come il nostro Pietro.

A Bologna intanto Taddeo Alderotti (1223) citato anche da Dante, seguiva Ippocrate ed anch'egli dava consigli sul come mantenersi in salute: « Quando t'appressi all'ora del mangiare è utilissimo invitare il ventre di votare le superfluità, perchè l'appetito se ne aghuzza e lo stomaco se ne alevia... ».

Nel secolo XIV Magnino da Milano redigeva anch'egli un *Regimen sanitatis* (1) che val la pena di rammentare. Dando consigli per il cervello scriveva:

« *De cerebro. - Sanitas cerebri conservatur cum fumigationibus et odoramentis specierum aromaticarum, cuiusmodi sunt ligni aloes, et ambra et herbae odorifarae, punta maiorana, balsamita, balsamum, viola sarracanica et lilia...* (fol. XIII v.). (Trad.: « Sul cervello. – La salute del cervello si conserva con fumigazioni e coll'odorare specie aromatiche, fra le quali il legno d'aloe, l'ambra, erbe odorifere, come la maiorana, la balsamita, il balsamo, la viola sarracena, il gilio... »).

« *De oculis – ... Sanitas oculorum conservatur si quis abstinent a coena nocturna et ne statium stomacho pleno...* (fol. XIV 2). (Trad.: « Sugli occhi. – ... La salute degli occhi si conserva astenendosi da cene notturne e non andando a dormire subito a stomaco pieno »).

« *De pulmone. – De conservantibus et confortantibus pulmonem sciendum quod cicera in alba zuccara fracta mundata a cortice exteriori decocta cum lacte caprino vel cum butyrro recenti pulmonem nutriunt et confortant...* ». (fol. XV 2). (Trad.: « Sul polmone. – Circa i prodotti atti a conservare ed aiutare il polmone bisogna sapere che i ceci rotti in zucchero bianco, puliti della loro corteccia esterna, cotti con latte caprino o con recente burro nutrono e aiutano il polmone... »).

« *De regimine pregnantis. – ... Debet enim mulier pregnans omnia evitare quod abortum possunt inducere et specialiter in principio impregnationis: tunc enim fetus in matrice est sicut flos in arbore quod ex levi causa cadit ab arbore... Oportet igitur quod mulier pregnans evitet motum superfluum, saltum, percussionem et coitum et repletionem cibi et iram et tristiciam et timorem. Amplius evitare debet balneum...* (fol. XXIII r-v). (Trad.: « Sul regime di vita della donna gravida. – ... La donna gravida deve evitare tutto ciò che può provocare l'aborto e specialmente in principio della gravidanza, allora infatti il feto nella matrice è come un fiore su di un albero, fiore che può cadere per la causa più lieve... Bisogna dunque che la donna gravida eviti il moto superfluo, il salto, gli urti, il coito, l'eccessivo caricarsi di cibo e l'ira e la tristezza e il timore. Per di più deve evitare il bagno... »).

A parte l'antipatia per i bagni, non è detto che la saggezza e la scienza antica fossero molto inferiori coi loro consigli di vita alla prosopopea e alle

---

(1) Excellentissimi Magnini Mediolanensis, *Regimen Sanitatis*, Basilea, R. Rekler, 1494.

sicure affermazioni di quella odierna, della quale poi sorrideranno i cosiddetti dotti dell'anno tremila.

È forse poi curioso notare che avvenivano anche veri e propri contratti tra l'ammalato ed il medico, contratti nei quali si stabiliva il pagamento soltanto a guarigione avvenuta: uno di questi è quello tra Rogerio de Brucha di Bergamo, medico, e Bosso lanaiolo di Genova (in «Atti della Soc. Ligure di storia Patria», Genova, 1964); tale atto, qui tradotto, leggiamo: «In nome di Dio amen. Io Rogerio de Brucha de Bergamo prometto e mi accordo con te Bosso lanaiolo di guarirti e di migliorarti per la infermità che hai nella tua persona, cioè nella mano, nel piede e nella bocca in buona fede e coll'aiuto di Dio entro un mese e mezzo, in tal modo che con la mano potrai portare il cibo alla bocca e tagliare il pane, potrai muovere il piede e meglio camminare, e parlare in modo migliore di ciò che fai oggi; io devo fare ogni spesa per ciò che sarà necessario e tu mi dovrai dare e pagare sette libbre di moneta genovese; e non dovrai darmi da mangiare frutta né carne bovina, né carne secca, né pasta bollita, e se non otterrò il risultato promesso non dovrai darmi nulla. E io Bosso predetto prometto a te Rogerio di dare sette libbre di moneta genovese entro tre giorni dopo che sarò guarito e migliorato...».

Non si trattava evidentemente di mancanza di fiducia nella scienza medica, ma piuttosto del concepire la prestazione del medico come un vero e proprio contratto d'opera, per il quale si prevedeva il pagamento soltanto a risultato ottenuto.

Capitolo settimo   MONETA

La monetazione dell'argento. La lira.

La grande riforma monetaria dell'Occidente, riforma di cui sotto vari e diversi aspetti risentiamo ancora le conseguenze, fu quella dovuta a Carlo Magno e da lui poi estesa ai paesi sui quali man mano portò il suo dominio: anzi la figura di questo sovrano e la fama del suo impero — fama che si trasformò presto in leggenda — fece sì che altri paesi adottassero poi la riforma monetaria carolingia.

La monetazione fondamentale romana era stata aurea e aurea era stata ancora, anche se limitatissima, quella longobarda, come ci mostrano i ritrovamenti fatti ad Ilanz e a Mezzomerico di monete auree longobarde delle zecche di Seprio, di Pombia, di Castel Novate, Treviso, Vicenza, Vercelli, Milano, Pavia (1). E così da noi si sarebbe forse continuato (ma l'oro in realtà scarseggiava, anche se un'economia assai depressa richiedeva poco metallo prezioso dato il suo alto valore per ogni singolo pezzo) senza la su ricordata riforma carolingia che, tra il 780 e il 790 venne estesa anche all'Italia (2).

Egli adottò come unità monetaria la libbra, quella che noi chiamiamo ancora *lira*.

Per quanto anche per i Romani la libbra fosse stata un'unità di misura ponderale corrispondente a circa gr. 325-326, ad essa si faceva spesso riferimento per determinare il peso legale delle varie specie monetarie.

Con Carlo Magno la libbra diventò l'unità base del nuovo sistema monetario, anche se in pratica restò una moneta fantasma in quanto non coniata; ad ogni modo la libbra carolingia doveva corrispondere a circa 408-410 gr. d'argento e la sua divisione fu stabilita in 20 soldi corrispondenti a 240 danari. È la suddivisione ancora conservata nei paesi che usano la lira sterlina.

La sola moneta effettivamente coniata fu però il danaro, il cui peso si può calcolare a circa gr. 1,76 d'argento a lega di 950 millesimi. L'argento aveva allora un potere d'acquisto assai elevato e ad ogni modo molto maggiore di quello attuale, tanto che nel secolo IX in Francia con 4 danari, cioè con meno di 6 gr. d'argento, si comprava un intero montone.

---

(1) G. B. BOGNETTI, *S. Maria foris portas e la storia religiosa dei Longobardi*, Milano, 1948, pag. 260.

(2) PH. GRIERSON, *Cronologia delle riforme monetarie di Carlo Magno*, in «Riv. Ital. di Numismatica», tomo 56, 1954, pag. 65.

Sopra: Denaro pavese di Carlo Magno, 774-800, *recto e verso*
(Fot. Rampazzi).

A destra: Denaro milanese di Guido da Spoleto, 889-894 *recto e verso*
(Fot. Rampazzi).

Potevano però capitare occasioni in cui era necessario calcolare con cifre molto alte e la monetazione carolingia non prevedeva una moneta reale multipla del danaro. Ci si riferiva allora alla *lira* come ad una moneta di conto; così invece di dire 14.412 danari si poteva dire 60 lire e 20 danari o, meglio ancora, 60 lire ed 1 soldo (1).

Eppure questa lira che non c'era, questa lira che era, come dice il Cipolla, una moneta fantasma, era diffusa però in tutta Europa, almeno finchè non incontrava le zone in cui prevaleva la moneta bizantina o quella araba.

(1) C. M. CIPOLLA, *Moneta e civiltà mediterranea*, Venezia, 1957, pag. 54.

Denaro milanese di re Lamberto, 894-898, *recto e verso*
(Fot. Rampazzi).

La svalutazione.

Tutto questo sistema però andava bene fino a quando il rapporto tra la lira ed i danari rimaneva costante, fino a quando cioè 240 danari, col loro contenuto d'argento, davano quella lira carolingia che era calcolata a 410 gr. di tale metallo. Ma tutti oggi sappiamo che nessuna moneta può evitare una certa svalutazione, più o meno veloce nel tempo, secondo i momenti.

Ecco che i danari di Berengario I (secolo X) erano ormai battuti con una lega dove l'argento aveva un titolo di 746 millesimi, sicchè 240 danari non davano più il peso legale della lira; se pensiamo all'argento fino vediamo che la lira carolingia ne conteneva 390 gr., mentre nell'età degli Ottoni (fine secolo X) in base alla monetazione del danaro, l'argento fino di 240 danari dava 275 grammi.

Tuttavia si continuava a parlare di lira e a calcolarla come equivalente di 240 danari.

Sempre secondo il Cipolla il danaro pavese passò, dal 1000 al 1150, da un contenuto d'argento fino di gr. 1-1,1 ad un contenuto di gr. 0,4, mentre nello stesso periodo l'argento fino contenuto nel danaro veronese passava da gr. 0,3 a gr. 0,1. Si può dunque dire che verso il 1150 la lira pavese corrispondeva a poco meno di 50 gr. d'argento fino e la lira veronese a gr. 25 circa; rispetto dunque alla lira ottoniana, già svalutata rispetto a quella carolingia, la lira pavese aveva subito una perdita di metallo fino dell'80% e quella veronese dell'85%.

Denaro milanese di Berengario I, 888-924, *recto e verso*
(Fot. Rampazzi).

Quali possono essere state le cause di questo svilimento? Vi poteva essere senza dubbio una causa politica quando si pensi che le zecche anche se private, erano di concessione regia e che qualche volta lo Stato richiedeva che i tributi fossero pagati con riferimento alla valuta buona, cioè senza tener conto della svalutazione; ma lo svilimento della moneta si ricollega soprattutto allo sviluppo economico iniziatosi con il secolo XI.

Una ripresa dell'economia portava con sè una sempre maggiore richiesta di danaro, cioè una sempre maggiore richiesta di quel metallo prezioso che invece scarseggiava.

In qualche caso si poterono usare prodotti che sostituivano la moneta, quale il pepe che era veramente prezioso; sono questi i tempi in cui anche vediamo sorgere i primi istituti creditizi (il banchiere), i quali rendevano possibile il trasferimento di danaro senza il materiale passaggio del metallo monetato; ma tutto ciò non bastava. Ci volevano vere e proprie monete per sopperire alla carestia di esse.

Il sistema idoneo parve proprio quello di ridurre la quantità d'argento contenuto in ogni pezzo: forse ciò ad un primo momento provocò anche un'illusione ottimistica. Ricordiamo ancora che la monetazione non avveniva solitamente in zecche di Stato come oggi, ma ad opera di monetieri che avevano la concessione di batter moneta da parte delle autorità a ciò legittimate; i monetieri possedevano per conto loro l'attrezzatura e ben conoscevano la tecnica per la coniazione. A questi monetieri il privato portava il metallo da trasformare in moneta ed essi traevano il loro compenso o da una percentuale del metallo stesso o da un certo numero di monete che essi trattenevano in rapporto a quelle coniate: più monete battevano e più monete trattenevano. Però sui monetieri, gente tecnica, la svalutazione fatta con la riduzione di metallo buono non produceva certamente alcuna suggestione, perchè essi ben sapevano quanto argento od oro veniva messo in ogni pezzo, ma quel privato che aveva portato argento alla zecca riportava a casa un maggior numero di pezzi monetati ed aveva quindi l'impressione di una maggior ricchezza; in realtà le leggi dell'economia non si potevano eludere neppure allora e all'aumento numerico di moneta svilita seguiva subito l'aumento dei prezzi dei prodotti.

Per di più le vecchie tradizionali zecche vennero presto affiancate da molte altre, le quali rispecchiavano sia l'effettivo bisogno di moneta, sia il trionfo del particolarismo politico-giuridico: così vediamo zecche ad Ascoli, Parma, Susa, Genova (1138), Asti, Piacenza (1140), Pisa (prima del 1151), Cremona (1155), Volterra, Ancona (prima del 1170), Siena (1180), Brescia (1184), Bologna (circa 1191), Arezzo, Ferrara, Mantova (fine del

Bolla di Federico Barbarossa,
confermante i privilegi del vescovo di Tarantasia.
Torino, Archivio di Stato (Fot. dell'Archivio).

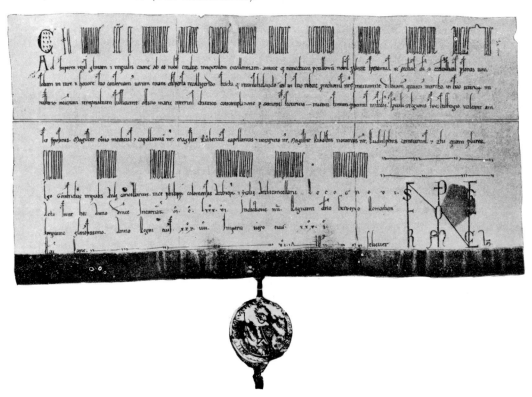

Federico Barbarossa. Reliquiario bronzeo. Kappenberg, Tesoro della Cattedrale.

secolo XII), Firenze, Acqui, Fermo (1220), Reggio Emilia (1233), Bergamo, Modena (1242), Vercelli (1255), Torino, ecc. E non tutte le zecche offrivano le stesse garanzie in un periodo in cui il valore effettivo dell'argento da coniare si manteneva suppergiù costante.

La svalutazione ed il peggioramento della moneta indussero l'imperatore Federico I di Svevia, il Barbarossa, ad una riforma monetaria che doveva avere anche il significato di un'affermazione politica della potenza imperiale contro la confusa monetazione delle zecche comunali. In un anno imprecisato, ma probabilmente verso il 1155, egli cominciò a far coniare una sua nuova moneta, dopo aver messo al bando Milano e vietando tra l'altro a questa città di continuare ad avere una zecca. Così disponeva il sovrano dunque in una sua costituzione del 1155 che qui riportiamo in parte, tradotta:

« Federico per grazia di Dio imperatore e sempre Augusto a tutti i Comensi e a tutti gli uomini dell'episcopato di Como, nonchè a quelli del contado di Lecco, della Martesana e del Seprio invia la sua grazia e la sua buona volontà.

« Alle vostre comunità a noi fedeli vogliamo che sia noto che noi abbiamo ordinato di far fare e far battere una nostra nuova moneta presso la nostra città di Como, moneta la quale deve portare il nostro segno e il nostro nome. Poichè piace all'Eccellenza Nostra che questa nuova moneta duri e si mantenga stabile ad onore dell'impero, in base alla nostra imperiale autorità ordiniamo che in tutti i predetti luoghi e contadi riceviate e teniate detta nostra nuova moneta senza opposizioni e che la facciate ricevere e tenere da tutti, come si teneva e riceveva la moneta dei nuovi soldi milanesi » (1).

La nuova moneta doveva contenere circa mezzo grammo d'argento fino per ogni pezzo e quindi circa il doppio rispetto al danaro contemporaneo di Milano e Pavia, motivo per cui il cambio si fissò sulla base di 2 danari milanesi o pavesi contro uno dei nuovi danari imperiali. Il successo, se pure non immediato, della nuova moneta imperiale indusse anzitutto Milano e Pavia a far battere nelle loro zecche danari di questo tipo; per Milano sappiamo che ciò avvenne nell'anno 1175.

La moneta grossa.

Alla fine del secolo XII o al principio del XIII Venezia e Genova cominciarono a battere buone monete che dovevano staccarsi dalle precedenti. A Venezia il nuovo pezzo aveva un peso di gr. 2,2 con argento al 965 per mille e, col nome di danaro grosso o matapan, corrispose a 26 danari locali detti d'ora in avanti piccoli; a Genova la nuova moneta fu di gr. 1,50 con lega d'argento di 960 millesimi e corrispose a 4 danari del tempo.

La riforma di Venezia e di Genova, città fondamentalmente mercantili e che quindi badavano ai problemi concreti dell'economia, fu molto importante, perchè, senza lasciarsi sviare da preoccupazioni di ordine politico, esse puntavano sulla creazione di una nuova moneta effettiva che fosse un multiplo dell'ormai svilito antico danaro; queste città volevano non la deflazione, ma un più razionale sistema di pagamento (2).

Forse quei cittadini mercanti pensavano che una buona politica si fa più sicuramente con una solida economia e che una solida economia ha bisogno di una moneta degna di fiducia da parte di tutti e particolarmente

---

(1) M. G. H., *Constitutiones*, I, n. 156, pag. 218. Cfr. S. Mochi Onorj, G. Barni, *La crisi del Sacro Romano Impero*, Milano, 1951, pag. 64.

(2) C. M. Cipolla, *Le avventure della lira*, Milano, 1958, pag. 38.

Una città, particolare di affresco di Ambrogio Lorenzetti.
Siena, Accademia (Fot. Anderson).

da parte di quegli stranieri e forestieri che di quella moneta si servivano per i loro traffici.

Città come Pisa e Volterra e Siena seguirono l'esempio di Federico I imperatore, altre come Pisa e Siena stessa più tardi batterono monete grosse. Ormai non restava che fare ancora un passo: tornare alla monetazione aurea.

La monetazione aurea.

Nel 1252 Genova coniava il genovino d'oro, mentre a Firenze si batteva il fiorino d'oro; nel 1284 era Venezia a seguire questa stessa strada col ducato. Erano tutte monete d'oro purissimo e del peso di gr. 3,5 (1).

Con questa monetazione il vecchio danaro restò per le piccole spese, per le contrattazioni al minuto, per tutto ciò che riguardava la vita abituale e giornaliera; per le grandi operazioni economiche, per quelle che richiedevano grosse somme e che spesso si svolgevano su piano internazionale dominavano ormai i grossi e le monete d'oro.

Ma anche così il rapporto tra *moneta grossa* e *moneta piccola* non restò costante; mentre la moneta d'oro, anche per il fatto di essere usata negli scambi internazionali, manteneva il suo valore, il fenomeno dell'inflazione si faceva sentire pesantemente nella moneta piccola, che, appunto per essere la moneta di uso interno, era quella sulla quale si poteva più facilmente giocare anche per ragioni politiche.

Il fiorino coniato a Firenze nel 1252 avrebbe dovuto corrispondere a 240 danari correnti e rappresentare in tal modo la lira, in realtà nel 1277 il fiorino valeva già 396 danari (2); il ducato d'oro di Venezia passò da 576 danari nel 1284, a 1484 al principio del secolo XVI e a 5280 nell'anno 1750.

Dato questo possiamo dire che la moneta grossa e la moneta d'oro ebbero vita a sè e non rappresentarono mai un determinato e stabile multiplo rispetto alla moneta piccola, mancando un rapporto fisso al quale riferirsi.

Calcolare dunque rapporti tra monete non era facile, il che spiega sia perchè negli atti si indicasse sempre il tipo di moneta cui ci si riferiva, sia il diffondersi come indispensabili dei cambiavalute, i quali erano dei veri e propri tecnici specialisti in moneta, capaci di calcolare con la massima rapidità ed esattezza rapporti tra monete grosse e piccole e tra monete dei vari tipi dei più diversi paesi.

Esempi possono essere dati da quei cambi marittimi che sono assai frequenti sul finire del secolo XII e poi ancora sempre di più nel secolo XIII; un contratto di questo genere viene fatto il 9 luglio 1216 da

---

(1) R. S. Lopez, *Back to gold 1252*, in « The economic History Review », t. 9, 1956, pag. 219 segg.
(2) C. M. Cipolla, *Studi di storia della moneta: i movimenti dei cambi in Italia dal secolo XIII al XV*, Pavia, 1948, pag. 41.

Enrico Painaro di Como e dal prevosto di Como con Lanfranco banchiere, in base al quale, avendo i due comaschi ricevuto 150 lire imperiali, si impegnano a restituire per le calende di settembre 228 lire e 15 soldi genovesi (1); in un altro contratto del 22 settembre dello stesso anno vediamo Guglielmo da Fossatello, il quale, avendo ricevuto in Genova da Guglielmo di Piedifaro 3 lire genovesi, si impegnava a consegnare ad Acri 3 bisanzi meno 3 carati saraceni per ogni lira (2). Calcoli non facili e quasi impossibili da ricostruire oggi anche per la variabilità cui erano sottoposti.

Il sigillo di Genova, secolo XIII.
Parigi, Biblioteca Nazionale
(Fot. della Biblioteca).

Potere d'acquisto e costo del danaro.

Visto quanto abbiamo esposto qui sopra sui tipi fondamentali di moneta — e senza entrare nei particolari — bisognerebbe esaminare qual era il potere d'acquisto della moneta, o meglio il potere d'acquisto di una moneta in un determinato momento. Non dobbiamo infatti dimenticare che ogni prodotto ha un proprio valore, espresso in moneta, variabile secondo il momento in cui lo prendiamo in considerazione. Il Cipolla ricorda che in Spagna, nell'VIII secolo, un libro di preghiere costava 2 soldi e che nello stesso tempo una mucca costava 1 soldo ed un terzo: possiamo dedurne che le mucche costavano assai poco? È forse più esatto dire che i libri costavano molto cari; nel XIV secolo nel Suffolk (Gran Bretagna)

---

(1) *Notai liguri del secolo XII e XIII*, vol. VI: *Lanfranco*, parte II, a cura di H. C. K. KRUEGER, R. L. REYNOLDS, Genova, 1952, n. 1015.

(2) *Notai liguri del secolo XII e XIII*, cit., 22 settembre 1216, n. 1126.

il grano costava 5 scellini al *quarter* e l'acciaio 50 sterline alla tonnellata, cioè ci volevano 4500 quintali di grano per una tonnellata di acciaio. Bisogna dunque anche tener conto delle difficoltà di produzione di un oggetto, difficoltà che evidentemente non è stata sempre costante.

È necessario tener presente anche il costo del danaro. Il danaro liquido per tutto il Medioevo non fu mai a buon mercato; ciò si doveva alla carestia del danaro cui abbiamo accennato, alle difficoltà del trasporto materiale del danaro stesso esposto ai rischi dei viaggi, alle difficoltà di cambio di una valuta in un'altra.

Se città come Genova o Firenze passavano ai loro creditori interessi non eccessivi, variabili dal 5 al 15%, Federico II di Svevia, forse perchè sul piano economico offriva minori garanzie, dovette arrivare a pagare fino al 40% di interesse e Roberto d'Angiò venne ad un concordato con i suoi creditori sulla base di un interesse annuo del 30% e parve al re ancora un buon affare (1).

Per quanto riguarda i privati bisogna distinguere i prestiti fatti a commercianti che, per breve tempo, pagavano dal 10 al 15% e per successive proroghe il 18-20%, da quelli fatti a consumatori bisognosi; in questo secondo caso si poteva raggiungere in città anche interessi del 50%, mentre per la campagna, specialmente in periodi di carestia, si poteva andare anche più in su (2).

Per ciò che riguarda il reddito dei beni immobili, esso non era molto alto: se è vero che vi fu uno sviluppo economico e demografico dopo il 1000, non bisogna anche trascurare che molti canoni in natura vennero trasformati in danaro, in un danaro che, come sappiamo, continuava a svalutarsi, e ciò senza tener conto della politica annonaria e calmieratrice delle autorità cittadine.

Forse non si concepiva una previsione della svalutazione ed è curioso quindi vedere contratti di affitto di immobili fatti per periodi lunghissimi con un canone fisso; ma non si deve dimenticare il concetto cristiano medioevale per cui il danaro non dava frutto, ma era visto come qualcosa di immutabile e di valido in se stesso. Era della gente, sotto questo aspetto, ottimista, il che però non mutava la realtà delle cose.

Poi si deve aggiungere a ciò anche il problema dello sminuzzarsi della proprietà: nel 1253 a Chieri, in Piemonte, 2067 ettari erano divisi in

---

(1) R. CAGGESE, *Roberto d'Angiò e i suoi tempi*, I, pag. 595, Firenze, 1922.
(2) T. ZERBI, *Studi e problemi di storia economica: credito e interesse in Lombardia nei secoli XIV e XV*, Milano, 1955, pag. 68.

458 proprietà; situazione la quale non permetteva sicuramente ai proprietari di ricavarne grosse rendite (1). Anche questo disintegrarsi delle proprietà immobiliari private (non di quelle delle chiese o di enti religiosi) serve forse a disilludere su uno dei tanti miti economici del Medioevo.

Per le case sappiamo che a Milano nel 1259 gli affitti furono calcolati, in quanto reddito, sulla base del 7-8% del capitale, il che sarebbe già un ottimo reddito oggi, ma tale non era in un periodo nel quale, come sappiamo, il danaro era assai caro. Si ricordi però che le condizioni di vita, specialmente nelle case d'affitto, erano molto basse, e che grosse famiglie, composte magari da parecchi nuclei familiari, continuavano per anni ed anni a vivere insieme. Anche in Francia, nel XIII secolo, si calcolava, nella zona di Tolosa (2) il reddito di un immobile sull'8-10%; un po' più alto era a Venezia, il che si doveva alla particolare situazione della città adriatica nella quale il terreno edificabile era assai limitato.

Per quanto riguarda i prezzi può essere curioso ed interessante cominciare a vedere cosa costavano i libri; questi, logicamente scritti a mano, erano assai dispendiosi, il che anche spiega come soltanto con l'invenzione della stampa si potè ottenere una più rapida diffusione della cultura ed una riduzione dell'analfabetismo anche tra le classi più abbienti, con tutti gli sviluppi, perfino sul piano religioso e politico, conseguenti.

Nel secolo XIV a Pavia troviamo gli inventari di tre biblioteche: una di un medico professore dell'università, Sylanus Niger, una di un avvocato, Giacomo de Ascheriis, una terza di un leguleio con cariche politiche, Pinotto de' Pinotti (3). La prima composta di 30 volumi di materia medica venne valutata 133 fiorini e mezzo d'oro, con volumi che raggiungevano anche la stima di 12 fiorini; si raggiungeva quindi una media (per quel che una media può valere in questo campo) di 4 fiorini e mezzo.

Per la seconda biblioteca, quella del De Ascheriis, abbiamo solo notizia di 14 volumi, naturalmente di materia giuridica, stimati 385 fiorini, con una media di 14 fiorini e mezzo per volume.

La biblioteca del de' Pinotti era composta di 46 volumi, di cui 36 stimati economicamente 569 fiorini.

---

(1) G. DONNA, *Aspetti della proprietà fondiaria nel Comune di Chieri durante il XIII secolo*, in « Annali R. Accademia di agricoltura di Torino », 1942.
(2) P. WOLFF, *Commerce et marchandise de Toulouse*, Parigi, 1954.
(3) C. M. CIPOLLA, *Il valore di alcune biblioteche del Trecento*, in « Bollettino storico Pavese », VII, 1944, pagg. 5-20; ID., *Moneta e civiltà mediterranea*, Venezia, 1957, pag. 72.

Un istante significativo nella storia del libro:
San Girolamo consegna la Bibbia ai monaci che la portano ai loro monasteri.
Miniatura tratta dalla Bibbia di Carlo il Calvo.
Parigi, Biblioteca Nazionale (Fot. della Biblioteca).

Per poter renderci conto del valore effettivo di queste biblioteche e poter fare qualche riferimento — sempre però tenendo presente le difficoltà di rapporti di questo genere fuori del loro tempo e del loro ambiente — ricordiamo, come abbiamo già detto, che il fiorino era una moneta d'oro puro del peso di gr. 3,5; una media di 14 fiorini e mezzo darebbe dunque per i libri stimati del De Ascheriis una valutazione di gr. 50,75 d'oro per libro e se si volesse sviluppare questo calcolo per rapportarlo ai nostri giorni si otterrebbe un valore di lire 35.500 circa. È indispensabile però tener presente che l'oro aveva nel XIII secolo un valore effettivo assai più alto di oggi e che un libro, manoscritto per necessità, richiedeva per la sua preparazione un tempo molto più lungo di quello che poi sarebbe stato necessario dopo l'invenzione della stampa a caratteri mobili, e aveva una diffusione immensamente minore; era poi spesso opportuno, secondo la materia, ricorrere ad amanuensi specializzati che si facevano pagare bene. Se poi il libro aveva disegni o decorazioni, senza parlar di miniature, il suo prezzo era ancor più alto. Si pensi solo al tempo necessario per trascrivere una pagina ed al compenso che si doveva dare a chi compiva questo lavoro. Non si può dunque dire che un libro fosse caro, si può soltanto dire quanto grande fosse la rarità di un libro allora e cercare di comprenderne il perchè. Dato questo non proveremo più meraviglia quando vediamo libri dati in pegno ad usurai e disposizioni testamentarie per cui determinati volumi venivano vincolati in famiglia: si trattava in realtà di valori non indifferenti proprio sul piano economico.

Dagli inventari delle tre biblioteche su ricordate possiamo dedurne che i libri consultati ed usati non erano mai molti: il motivo non era soltanto quello economico, ma anche quello del rispetto alle autorità degli autori più antichi: non esisteva un continuo aggiornamento delle scienze attraverso la ricerca, ma soltanto dei tentativi di chiarificazione o di spiegazione di ciò che gli autori più antichi, ed indiscussi, avessero detto. La saggezza era nel passato e non nello sforzo di conoscere e quindi comprendere.

Costo della vita.

Dovremmo ora renderci conto di quale fosse il costo effettivo della vita: anche qui le difficoltà non mancano; non si può fare tale calcolo sotto forma di media, come si fa oggi, in quanto la differenza era altissima tra la città e la campagna e tra le varie classi dei cittadini proprio per le diverse esigenze di vita.

Vediamo qualche dato: dal Sapori (1) veniamo a sapere che per il mantenimento a Firenze di due giovani orfani della famiglia Ammanati dal gennaio 1290 al dicembre 1293 si spesero 87 lire, 8 soldi e 11 danari, di cui 48 lire, 13 soldi e 6 danari per il vitto, contro 4 soldi e 5 danari per l'istruzione; il pane del corpo evidentemente costava molto di più che il pane dello spirito o forse questo secondo era meno ricercato e quotato.

A Pavia nel 1366 sappiamo che il costo della vita per una persona di classe media si aggirava sui 20 fiorini all'anno, cioè l'equivalente di gr. 70 d'oro: si tenga presente che il valore di questo metallo scese molto e si portò su di un piano corrispondente all'attuale solo dopo la scoperta delle grandi miniere dell'America.

Dai *Libri di commercio* dei Peruzzi studiati dal Fanfani (2) si può vedere la spesa per un anno, dal 1314 al 1315, per la famiglia di Giotto e Tommaso Peruzzi tenendo però presente quel che scriveva Giotto Peruzzi stesso e cioè che le spese riguardavano il « vestire e calzare e mangiare e bere e salario di fanti e fanticielle e balia e cameriera e per fazion di Co-

---

(1) A. SAPORI, *Un bilancio domestico a Firenze alla fine del Ducento*, in « Bibliofilo », 1928.
(2) A. FANFANI, *Note sull'economia domestica dei Peruzzi e dei loro compagni*, in « Saggi di storia economica italiana », Milano, 1936.

Da Colle Val d'Elsa
i somieri escono carichi di grano verso Pisa e vuoti verso Firenze.
Miniatura dal *Biadajolo*.
Firenze, Biblioteca Laurenziana (Fot. Ciacchi).

mune per ispese di due cavalli e per donare borsinghi e per altre spese che la famiglia richiede ». Ecco come erano divise le spese:

82 moggia di grano	libbre 580	
92 cognia di vino	» 310	
34 centinaia di carne	» 65	soldi 12
34 orci di olio	» 47	
23½ staia di sale	» 18	
53 cataste di legna	» 87	» 10
47 staia di orzo e spelta	» 158	
spese vivande	» 650	
cavallo regalato	» 87	
a uomini di Corte e amici	» 36	
salario di fanti e fancielle e cameriere	» 153	
fazione di Comune e imposte e prestanze	» 598	
per ispese d'oste e cavalcate	» 113	

libbre 2903 soldi 2

Queste però sono le spese per una famiglia di grossi mercanti, sul tipo di quei Baroncelli soci dei Peruzzi, i quali diedero al sensale che aveva combinato il matrimonio di una loro sorella una mediazione di libbre 37 e soldi 14, una cifra che rappresentava poco meno di quella occorrente per una famiglia di due persone di classe media per vivere un anno.

Anche i funerali di queste ricche famiglie erano occasioni di grosse spese: tra addobbi e distribuzioni e spese per la cera e per il clero si poteva arrivare a 50 libbre.

Per avere ancora qualche altro elemento di raffronto ricorderemo che nel XIII secolo a Siena un moggio di grano costava dalle 2 lire alle 2 lire e 8 soldi, un bue da 6 a 7 lire; nel Milanese una pertica di terra poteva costare, come nel Lodigiano, circa 2 lire; a Genova il pepe veniva pagato 6 soldi e 10 danari per centenario; a Bolzano una carrata di vino nel 1242 valeva 10 libbre di danari veronesi (1).

Salari e costi.

Ma qual era la condizione del lavoratore salariato? È troppo facile fare dei tempi passati un quadro idilliaco, quasi di una scomparsa età

---

(1) H. VON VOLTELINI, F. HUTER, *Die Südtiroler Notariats-Imbreviaturen*, parte II, Innsbruch, 1951, n. 99, 26 marzo 1242.

dell'oro, o tingere il quadro a tinte più fosche di quel che forse era in realtà.

Secondo il citato Fanfani (1), noto studioso di storia economica, veniamo a conoscere che gli artigiani (artigiani non proprietari) riuscivano ad avere un reddito discreto, naturalmente diverso secondo il mestiere e secondo la capacità tecnica individuale, qualità questa che aveva allora molta più importanza di oggi: tale reddito deve essere considerato però sia sotto l'aspetto della quasi totale assenza di disoccupazione sia sotto quello della sua variabilità, il lavoratore cioè veniva pagato secondo le giornate e le ore di lavoro effettivamente prestate e quindi percepiva un maggior compenso in estate che in inverno dato che per il lavoro si sfruttavano le ore della luce del sole. Il Fanfani nota che nella Francia settentrionale col salario di un anno di un operaio si potevano acquistare da 19 a 30 ettolitri di grano, il che, dato il prezzo ufficiale odierno del grano, ci porta a calcolare la retribuzione giornaliera da 400 a 630 lire per delle giornate di lavoro che raggiungevano le 12-14 ore di prestazione (il suono di certe campane, come la Marangona del campanile di Venezia, ricorda ancora oggi quel pesante orario), ciò che darebbe un compenso orario da lire 30,75 a lire 48,45 della nostra moneta attuale. Ammettiamo pure che le esigenze di vita fossero allora molto più ridotte di oggi, che le condizioni di tutti fossero in genere assai più modeste, tuttavia non crediamo che con paghe di questo genere ci fosse realmente da scialare, anche non dimenticando che spesso i *laborantes* vivevano col principale. Del resto proprio nella Francia settentrionale si ebbero frequenti rivolte di operai contro i proprietari di industrie e di botteghe.

Vediamo qualche altro dato. A Verona i salari degli operai erano, nel 1228, di 3-4 e $^1/_2$ soldi al giorno d'inverno e di 5 soldi e 2 danari d'estate, nel 1300 li troviamo a 5-6 soldi d'estate e a 4-5 soldi d'inverno; nel Padovano riscontriamo che nel 1236 falegnami e muratori prendevano d'estate 4 soldi e 6 danari al giorno senza vitto, oppure 3 soldi se ricevevano anche il vitto: la differenza era data evidentemente dal prezzo del pasto. In quell'anno a Padova il frumento costava 10 soldi e 6 danari allo staio, sicchè la paga di un operaio era all'incirca corrispondente a mezzo staio di frumento.

In Piemonte nel 1295, in occasione di un pranzo offerto a Pinerolo al principe Filippo d'Acaia-Savoia, il legnaiuolo che aveva lavorato 5 giorni per preparare le tavole prese un compenso totale di 8 soldi e 2 danari,

---

(1) A. FANFANI, *Storia economica*, parte I, Torino, 1961, pag. 302.

Ambrosino della Repubblica Ambrosiana, 1250.

Massa di popolo, da una miniatura francese del XII secolo. Chartres, Archivio della Cattedrale, Manoscritto 104, foglio 32 (Fot. dell'Archivio).

cioè 1 soldo e 6 danari al giorno. Un cuoco per servire su di una nave per un viaggio da Genova ad Acri e ritorno prendeva 20 bisanti e 20 mine di grano (1), compenso non certamente eccessivo tenendo conto della lunghezza del viaggio che durava mesi e mesi e delle scomodità e rischi da affrontare.

(1) *Notai liguri del secolo XII: Oberto Scriba da Mercato*, a cura di M. CHIAUDANO e R. MOROZZO DELLA ROCCA, Genova, 1938, n. 50, 25 gennaio 1190.

C'erano naturalmente anche degli specialisti: tra questi possiamo mettere senza dubbio quei mastri d'ascia liguri che furono abilissimi costruttori di navi: orbene, nel febbraio 1190 Giovanni di Guilione prometteva a Pulcio di Nizza di costruirgli entro agosto un *bucium* (piccola imbarcazione) lungo 40 godi e largo 17 palmi, completo di cavi, mettendovi anche il legno necessario, il tutto per 100 libbre genovesi pagabili in tre rate; se togliamo da questa cifra le spese del materiale e il probabile compenso a coloro che avrebbero aiutato Giovanni nel suo lavoro, si constata che il guadagno non era davvero opulento, tenendo conto, a modo di paragone, che nel medesimo anno un centenaro di pepe costava 8 libbre (1).

Del resto i prezzi dovevano essere tra loro in rapporto anche secondo la richiesta o l'offerta di un prodotto; così i prezzi degli schiavi non ci paiono tra i più alti, forse per l'abbondanza che proprio nelle città marittime doveva esserci di questa merce e la scarsa domanda che doveva essere limitata ai più ricchi: alla fine del XII secolo uno schiavo sano, buono e robusto variava da 6 a 8 libbre (2), cioè equivaleva ad un centenaro di pepe, come abbiamo visto sopra.

Per quanto riguarda discepoli ed apprendisti i compensi sono bassi anche considerando che il giovane veniva solitamente ospitato nelle casa del maestro padrone. Un discepolo dei Peruzzi nel secolo XIV prendeva circa 30 libbre all'anno per i primi due anni (3), ma era già una situazione buona in confronto a quel che sappiamo della fine del secolo XII. Infatti quando il 27 febbraio 1190 Alda Bargaglina vedova di Giovanni Treza di Genova stipulò con Vivaldo zoccolaio il contratto di apprendistato per suo figlio Marzollio, apprendistato che doveva durare 5 anni, Vivaldo si impegnò di dare al giovane « vitto e vestito conveniente e 2 soldi all'anno per compenso » (4). Anche per questi apprendisti il compenso variava evidentemente secondo il tipo di lavoro, dato che Lombardo, nello stesso anno, riceveva dal ferraio Jenoardo 14 danari all'anno oltre il vitto e l'alloggio (5).

---

(1) *Notai liguri del secolo XII: Oberto Scriba da Mercato*, Genova, 1938, n. 112, 11 febbraio 1190, e n. 130, 13 febbraio 1190.

(2) *Notai liguri del secolo XII: Oberto Scriba da Mercato*, Genova, 1938, nn. 53, 121, 126, 164, 208.

(3) A. SAPORI, *Studi di storia economica medioevale*, Firenze, 1940, pag. 459.

(4) *Notai liguri del secolo XII: Oberto Scriba da Mercato*, Genova, 1938, n. 198.

(5) *Notai liguri del secolo XII: Oberto Scriba da Mercato*, Genova, 1938, n. 471, 7 maggio 1190.

Compensi ben differenti avevano gli impiegati di grosse aziende, quelli che noi chiameremmo oggi funzionari o dirigenti e che venivano indicati col nome di *fattori*; questi potevano arrivare a compensi di 150-200 fiorini d'oro all'anno. Il compenso era anche in rapporto alla necessità pratica di una prestazione, nessuna meraviglia dunque che nel 1300 a Firenze un commesso prendesse 6 fiorini all'anno e un muratore 2 fiorini al mese, cioè il doppio (1), vuol dire che c'erano più commessi disponibili che muratori e che i commessi non si sentivano o non erano capaci di fare il muratore.

Non dimentichiamo che un dirigente della Banca Medici a Milano, Pigello Portinari, guadagnava tanto da poter far edificare nella basilica di S. Eustorgio quella magnifica cappella che trasmise ai posteri il nome suo e quello della sua famiglia.

I compensi aumentarono dopo la mortalità provocata dalla peste nera nel XIV secolo che ridusse assai le forze di lavoro di ogni genere disponibili.

Anche i testamenti possono fornirci indicazioni, se non altro perchè ci dicono qual era il rapporto di valore tra i singoli lasciti e il complesso totale: ecco, tradotto, il testamento di Giordano Richerio di Genova, del 17 ottobre 1198:

« Io Giordano Richerio, desiderando disporre dei miei beni quale ultima volontà, dispongo per la salvezza della mia anima 2000 lire di denari genovesi, di cui un decimo per l'opera di S. Lorenzo, lire 200 al monastero di S. Stefano per l'acquisto di terra onde quei monaci dovranno in perpetuo celebrare ogni anno un ufficio funebre in suffragio dell'anima mia e di quelle di mio padre e mia madre. Alla chiesa di S. Maria di Quarto 50 lire per l'acquisto di terra; all'ospedale del monastero di S. Stefano 100 lire per l'acquisto di terra; all'ospedale di S. Giovanni di Genova di Capo d'Arena lire 300 per l'acquisto di terra; all'opera del ponte di Setanno in Val Polcevera lire 100... ».

Così c'erano poi altri lasciti ad altre chiese finchè venivano i parenti:

« A Richerio e al suo erede lego tanto dei miei beni in Nizza fino al valore di lire 1000... di ciò che ho in Genova lego alla mia nipote Alda, figlia della defunta mia sorella, tanto per un valore di lire 400... » (2).

È soltanto un esempio di un testamento di una persona non al di sopra della ricchezza media di un borghese dell'epoca, eppure vediamo che le libbre lasciate si possono calcolare a migliaia.

(1) A. FANFANI, *Un mercante del Trecento*, Milano, 1935, pag. 68.
(2) *Notai liguri sec. XII: Bonvillano (1198)*, a cura di J. E. EIERMAN, H. G. KRUEGER, R. L. REYNOLDS, Genova, 1939, n. 148, 17 ottobre 1198.

Una pagina del Giulini, storico milanese della seconda metà del secolo XVIII è sotto questo aspetto assai interessante per noi. Egli infatti osserva le disposizioni testamentarie stese da un cittadino di Milano assai ricco per tale città, Guerenzo di Cairate, nel giugno 1152 e ne trae considerazioni, sia pure da uomo del 1700, sulla svalutazione della moneta: Guerenzo aveva tre figlie ed a ciascuna di esse lasciò 100 libbre di moneta milanese in vista di un eventuale matrimonio. Il Giulini nota che si trattava di una somma cospicua dato che la loro madre aveva avuto a suo tempo dal padre solo 10 lire e qualche mobile. Guerenzo lasciava poi 3 moggia di segale e panico alla canonica di S. Ambrogio, 2 a S. Calimero, 5 al clero decumano della metropolitana, 100 soldi al monastero di Chiaravalle, 3 lire a S. Simpliciano e a S. Vittore al Corpo, 40 soldi alla chiesa di S. Primo e via dicendo. Il Giulini attira l'attenzione sul lascito che questo Guerenzo fece a Pietro prete perchè dicesse messa per tutto l'anno a suffragio della sua anima, lascito di 40 soldi:

« Sotto l'anno 1095 ho mostrato che un danaro era allora la consueta limosina per una messa. Con tal regola la limosina assegnata dal nostro Guerenzo a prete Pietro per le sue messe di un anno sarebbe stata abbondante, perchè 40 soldi son composti da 480 danari, e le messe di un anno, secondo il rito ambrosiano, sono circa 360, onde toccava un danaro e un terzo circa per ogni messa. Ma d'altra parte considerando che una tal limosina, per l'avvilimento della moneta, non corrispondeva nè anche al valore di un paolo de' tempi nostri, bisogna confessare che la limosina per una messa era a proporzione allora minore in Milano almeno di un quarto che non è al presente, perchè ora si dà una lira di questa moneta per la limosina di una messa » (1).

Ad ogni modo al di fuori delle considerazioni del Giulini i due testamenti, quello genovese e quello milanese ci presentano chiaramente due ambienti economici ben differenti, tanto più che in quello milanese notiamo non solo dei lasciti in danaro più ridotti, ma dei lasciti in prodotti agricoli che stanno proprio a dimostrare come siamo davanti ancora ad una economia fondamentalmente di tipo agricolo ed immobiliare.

Per concludere ricorderemo ancora qualche voce di compensi: a Perugia nel 1260 il capitano del castello prendeva 36 lire all'anno e il custode del castello stesso 24 lire. Sempre a Perugia nel 1277 un maestro ammattonatore di strade (le strade erano spesso selciate con i mattoni) prendeva 73 lire all'anno ed un suo manovale 45 lire e 12 soldi; a Ma-

---

(1) G. GIULINI, *Memorie spettanti alla storia, al governo ed alla descrizione della città e campagna di Milano ne' secoli bassi*, vol. III, 2ª ediz., pagg. 396-400, Milano, 1855.

cerata un muratore nel 1280 guadagnava da 18 a 45 lire all'anno, e con 45 lire si potevano comprare 18.200 mattoni oppure 3050 tegole (1).

Anche gli estimi per le tassazioni sono utili per vedere i guadagni medi delle diverse categorie: ecco il quadro che ci presenta Perugia nel 1285. Per i medici si può calcolare un reddito medio annuo di lire 400, per i notai di 346, per i barbieri che esercitavano anche la chirurgia di 182, per i macellai di 176, per gli speziali 141, per i fabbri 139, per i pollaioli 125, per i lavaioli 114, per i pettinatori 102, per i fornai 94, per i calzolai 92, per i sarti 77, per gli osti 75, per i mugnai 70, per i muratori 53, per i pizzicagnoli 65, per i gualchierai 28, per i lavoranti non qualificati 16 (2).

Fare un rapporto tra questi dati ed il valore attuale della moneta è cosa quasi impossibile sia per il variare dell'utilità dei diversi prodotti, sia per il variare del valore dei metalli preziosi, sia per la molteplicità di monete allora in corso: in complesso i salari non erano alti, ma i nostri antenati avevano forse poche esigenze. Viene però spontaneo anche il chiedere se per caso le poche esigenze di gran parte della popolazione non fossero così poche proprio perchè i salari e i redditi erano generalmente bassi, mentre le ricchezze erano accentrate nelle mani di pochi.

Monete, pesi e misure.

L'elenco che qui segue di alcune monete, oltre che di alcuni pesi e misure, presenta all'uomo d'oggi il problema non facile del cambio nel mondo medioevale: è vero che anche attualmente esiste un problema di cambio di valuta tra un paese e l'altro, ma esistono delle quotazioni ufficiali delle singole monete, anche se talvolta quotazioni più politiche che economiche, cui riferirsi. Nel mondo medioevale ciò non avveniva anche perchè tutte le monete coniate continuavano a circolare fino a quando il cambiavalute le accettava. Pietro Verri, nella seconda metà del 1700, trovava ancora nel danaro che a Milano veniva versato per tasse e tributi monete di Barnabò Visconti, cioè di quattro secoli prima. Il cambiavalute doveva quindi cono-

---

(1) A. FANFANI, *Storia economica*, Torino, 1961, pag. 379.
(2) G. MIRA, *L'estimo di Perugia dell'anno 1285*, in « Annali della facoltà di Scienze politiche », Perugia, 1955.

scere le diverse coniazioni ed il valore intrinseco della moneta: peso e prova del fino erano dunque misure abituali.

Per quanto riguarda il trasporto della moneta da luogo a luogo, la lettera di cambio era già conosciuta in Italia alla fine del secolo XII ed i mercanti che da Genova, da Venezia, da Milano, da Firenze, da Piacenza, da Bari, da Napoli, da Palermo andavano verso le città dell'Asia Minore o dell'Africa o ai mercati di Fiandra e di Francia spesso portavano con sè soltanto una lettera del loro banchiere per il suo corrispondente nella località lontana. La moneta in quanto tale, in quanto pezzo di metallo, in tal modo non correva rischi di viaggio sia per cause naturali, sia per cause di assalti di banditi, di pirati o di corsari.

Monete.

Ambrogino d'argento: moneta milanese della fine del secolo XIII, del valore di soldi imperiali $1^1/_2$; gr. 2,800 d'argento a 968 millesimi.

Ambrogino d'oro: moneta milanese della fine del secolo XIII; gr. 3,500 d'oro fino.

Apuliense: moneta d'argento coniata nella zecca di Brindisi nella seconda metà del secolo XII; gr. 2,10, ma di bassa lega.

Aspro: moneta d'argento coniata nella colonia genovese di Caffa nel sec. XIII; gr. 0,85-0,90.

Augustale: moneta fatta coniare nel secolo XIII da Federico II di Svevia; gr. 5 d'oro fino.

Bisante: moneta d'oro che ebbe origine in Bisanzio, ma che fu battuta anche nei regni dell'Asia Minore e dai Veneziani in Acri, Tripoli e Tiro; fu la moneta più diffusa nell'Asia Minore; gr. 2,80-3,70.

Bissone: moneta d'argento milanese coniata nel secolo XIV da Barnabò Visconti; gr. 0,765 al titolo d'argento di 122 millesimi.

Bolognino: moneta d'argento di Bologna del secolo XII, in origine gr. 0,688. Moneta d'oro, coniata nel 1380; gr. 3,54 d'oro fino.

Danaro fiorentino: nel 1275 conteneva gr. 2,25 d'argento.

Danaro genovese: d'argento, nel 1139 gr. 1,060 al titolo di 333 millesimi.

Danaro imperiale: moneta d'argento coniata inizialmente da Federico I: peso gr. 0,82, al titolo di 242-236 millesimi.

Danaro pavese: moneta d'argento, in origine conteneva gr. 1,155.

Danaro pavese bruno: moneta con pochissimo argento di lega assai scadente dopo il 1100.

Danaro provisino: moneta d'argento dei conti di Champagne, coniata a Provins, con argento fino per gr. 0,490: divenne moneta di grande importanza per le fiere e i mercati.

Danaro provisino del Senato: moneta d'argento coniata a Roma nel XII secolo, conteneva argento per gr. 0,356.

Dinar: nome arabo della moneta d'oro. V. *Marabotino*.

Ducato: moneta d'oro di Venezia coniata nel 1284: gr. 3,559 di oro fino. Moneta d'argento di Venezia coniata verso il 1202: gr. 2,178 al titolo di 915 millesimi.

Ducato romano: moneta d'oro coniata nel 1350: gr. 3,55 di oro fino.

Estrelingus: moneta inglese d'argento del secolo XII, pari a 1/20 di oncia, gr. 1,333 (da cui deriva la *sterlina*).

Farthing: moneta scozzese, poi inglese di rame o di bronzo del secolo XIII del peso di gr. 2,8349.

Fiorino: moneta d'oro di Firenze coniata nel 1252: gr. 3,54 di oro fino.

Fiorino al S. Martino: moneta d'oro di Lucca del 1340: gr. 3,54 di oro fino.

Fiorino grosso: moneta d'argento di Firenze del valore di 2 soldi di fiorini piccoli.

Fiorino di Milano: moneta d'oro coniata da Luchino e Giovanni Visconti nella prima metà del secolo XIV: gr. 3,50 di oro fino. Dal 1395 prese il nome di ducato.

Fiorino piccolo: nome dato al danaro fiorentino (12 per un soldo).

Fiorino di Savoia: moneta d'oro coniata in origine nella zecca di Ponte d'Ain da Amedeo VI nel 1352: gr. 3,45, di carati 23,12.

Franco: moneta d'oro francese di gr. 3,884 di oro fino.

Genovino: moneta d'oro di Genova coniata nel 1252: gr. 3,535 di oro fino.

Genuino: v. *Danaro genovese*.

Gigliato: moneta d'argento coniata da Carlo II d'Angiò a Napoli verso il 1300: gr. 4 circa al titolo di 930 millesimi.

Gigliato di Rodi: coniato dal Gran maestro Helion de Villeneuve nel 1320: peso gr. 3,900.

Grano: 1/576 di oncia d'oro secondo Federico II di Svevia. Nelle diverse città italiane il peso di un grano in milligrammi variava: Belluno 7,40; Bergamo 4,64; Firenze 9,63; Genova 4,53; Massa 9,70; Milano 4,70; Napoli 5,12; Parma 4,67; Perugia 4,82; Reggio Emilia 4,31; Roma 4,86; Torino 5,40, ecc.

Grosso aquilino: moneta d'argento del secolo XIII dei conti del Tirolo: peso gr. 1,2-1,5 al titolo di 900 millesimi.

Grosso di Cipro: moneta d'argento coniata da Enrico II, re di Cipro (1283-1324): gr. 4,65.

Grosso del Piemonte: moneta d'argento coniata da Amedeo V (1285-1323): gr. 1,94-2,30.

Grosso di Savoia: moneta d'argento coniata da Amedeo V nelle zecche di Chambery, Avigliana, Susa, ecc.: peso gr. 1,93-2,26.

Grosso di Siena: moneta d'argento del secolo XII: peso gr. 1,76 al titolo di 950 millesimi.

Grosso di Venezia: moneta d'argento coniata sotto il dogato di Enrico Dandolo (1192-1205): peso gr. 2,178 al titolo di 965 millesimi.

Grosso papalino: moneta d'argento coniata nelle zecche papali: peso gr. 1,250-1,700.

Imperiale: v. *Danaro imperiale*.

Imperiale nuovo: v. *Bissone*.

Iperpero: v. *Bisante*.

Januino: v. *Danaro genovese*.

Libbra carolingia: è la base della riforma monetaria di Carlo Magno e corrisponde a gr. 408-410 d'argento, divisa in 20 soldi e in 240 danari.

Mancoso: moneta d'oro corrispondente al *solidus* d'oro: con la riforma carolingia corrispose a 30 danari, cioè un ottavo di libbra.

Marabotino: moneta d'oro degli Almoravidi di Spagna, poi copiata dai re cristiani spagnoli fin dall'XI secolo: peso medio gr. 3,86 a carati 21$^{1}/_{2}$.

Maravedi: v. *Marabotino*.

Marco: moneta di conto corrispondente a due terzi di libbra.

Massamutino: nome dato al bisante nel XII-XIII secolo.

Matapane: nome dato al *grosso di Venezia* (v.).
Media tercenaria: moneta d'argento di basso titolo coniata probabilmente in Sicilia da Guglielmo il Buono (1166-89): gr. 0,45.
Mezzanino imperiale: moneta d'argento battuta a Cremona nel 1254, corrisponde a mezzo grosso imperiale: gr. 0,548.
Mezzano: moneta d'argento di bassa lega, milanese, della metà del secolo XII, valeva mezzo danaro e il suo peso variò da gr. 0,561 a gr. 0,300.
Miliarese: moneta il cui nome è diffuso nelle carte riguardanti il Mediterraneo: ogni marco valeva 237 miliaresi.
Mithkal: nome dato nei paesi arabi allo zecchino o ducato veneto.
Mithkal d'oro: moneta orientale di gr. 4,54 di oro fino.
Mouton d'or: moneta d'oro francese coniata da Filippo il Bello: corrisponde a 11/8 di fiorino.
Novene: moneta spagnola di rame coniata da Alfonso X nel secolo XIII: peso gr. 0,71-1.
Obols d'or: moneta francese d'oro del secolo XIII corrispondente a mezzo fiorino.
Papiensis: v. *Danaro pavese*.
Perpero: moneta equivalente ad un bisante.
Pfennig-denarius: moneta d'argento tedesca, in origine corrispondente al danaro (240 per libbra); al principio del XII secolo da un marco si ricavavano 320 pfennig; alla metà del secolo XIII si ricavavano 600 pfennig.
Pogesia: moneta francese del secolo XIII equivalente ad 1/4 di danaro.
Populini: moneta d'argento di Firenze del secolo XIII pari ad 1/20 di fiorino.
Provisino: v. *Danaro provisino*.
Quartaro: piccola moneta genovese di rame del secolo XII del valore di 1/3 di danaro.
Quartarolo: piccola moneta veneziana in rame con pochissimo argento, coniata da Enrico Dandolo: gr. 0,776 al titolo di 0,003 millesimi.
Regale: moneta d'oro del periodo della dominazione Sveva nell'Italia meridionale: quello coniato da Federico II pesava gr. 3,60-4,10.
Romanato: soldo d'oro degli imperatori bizantini aventi nome romano: v. *Bisante*.
Romesino: moneta di rame che aveva corso nell'Italia meridionale a metà del XII secolo; 8 romesini corrispondevano ad un ducato d'argento.
Scudo d'oro: moneta emessa in Francia nel 1336 da Filippo IV di Valois e poi coniata in parecchi paesi d'Europa: il suo peso si aggirava sui gr. 4.
Soldino: moneta d'argento veneziana del secolo XIV; gr. 0,957 al titolo di 0,670 millesimi.
Soldo: Bologna, moneta d'argento coniata nel 1326 col valore di 20 soldi per libbra.
Soldo: Firenze, moneta d'argento che alla metà del secolo XIII conteneva grani 38½ di argento fino.
Soldo: Milano, moneta coniata alla fine del secolo XII con valore circa corrispondente alla metà di un imperiale.
Soldo: Reggio, moneta coniata dai vescovi di Reggio Emilia, valeva 1/3 dell'imperiale.
Soldo regale: v. *Regale*.
Tarì d'argento: coniato dagli Aragonesi in Sicilia nel secolo XIII: si calcola che 6 tarì di questo genere valessero un fiorino.
Tarì d'oro: moneta d'origine saracena che dalla Sicilia ebbe poi corso in tutta l'Italia meridionale. Come moneta saracena d'oro rappresentava 1/4 del dinar e il suo peso era di circa gr. 1. Il tarì fu poi coniato ad Amalfi ed a Salerno: il tarì amalfitano equivaleva ad 1/4 del soldo d'oro di Bisanzio. Anche i Normanni batterono tarì a Pa-

lermo e a Salerno. Nel XII secolo Ruggero duca di Puglia coniò ad Amalfi un tarì d'oro di bassa lega del peso di gr. 0,88-0,89; Ruggero I come conte di Calabria emise un tarì a 691 millesimi. Il tarì di Tancredi (1189-94) è di gr. 0,65-0,80. Federico II coniò dei tarì con l'impresa dell'aquila sveva: 5 tarì facevano un augustale d'oro. In media si può calcolare il tarì gr. 0,90 con gr. 0,61 d'oro.

Tenar: nome dato in Armenia al bisante nei secoli XII-XIII.

Tercia ducalis: moneta d'argento coniata da Ruggero II in Palermo nel secolo XII: gr. 1,30 al titolo di 500 millesimi.

Terzarolo: moneta milanese di lega d'argento del secolo XII del valore di 1/24 di soldo: peso gr. 0,561-0,350 al titolo di 0,050 millesimi.

Tornese: danaro d'argento francese coniato nella zecca di Tours.

Tremisse: moneta d'oro coniata ancora in Italia sotto i Carolingi nelle zecche di Lucca, Benevento, Castelseprio, ecc.: peso gr. 0,961-1,048.

Zecchino: nome assunto più tardi dal ducato d'oro veneziano.

Pesi, misure.

Per quanto riguarda i pesi e le misure elenchiamo qui in ordine alfabetico i principali, in quanto sarebbe impossibile ricercarli e pubblicarli tutti con i rapporti rispetto ai valori attuali, non sempre facili da stabilire; per ciascuno cercheremo di indicare a quale tipo di misura si riferisce (superficie, peso, liquidi, volume, ecc.), per quale merce veniva di preferenza usato e, quando possibile, la località di identificazione del dato. Abbiamo cercato di fornire indicazioni anche per alcuni pesi e misure fuori d'Italia, ma interessanti località centri di affari.

Acro	(superficie) mq. 4046,87.
Anfora	(liquidi, vino): l. 518,4.
Barile	(liquidi): Firenze l. 45,58; Genova l. 64,647; Napoli l. 41,67; Roma l. 58,341.
Bigonzo	(liquidi, vino): Venezia l. 129,8.
Braccio	(misura di lunghezza): Ancona m. 0,643; Bergamo m. 0,6553; Berna m. 0,5433; Bologna m. 0,6350; Bolzano m. 0,5497; Ferrara m. 0,6380; Firenze m. 0,5836; Francoforte sul Meno m. 0,539; Genova m. 0,577; Mantova m. 0,6175; Milano m. 0,594; Modena m. 0,634; Napoli m. 0,542; Padova (seta) m. 0,6429, (lana, tela) m. 0,6812; Parma (seta) m. 0,5865, (lana, tela) m. 0,6377, (terreno) m. 0,5420; Trento m. 0,549; Venezia (seta) m. 0,630, (lana, tela) m. 0,676; Verona (seta) m. 0,640, (lana, tela) m. 0,649.
Brenta	(liquidi, specialmente vino): Bergamo l. 71,863; Milano l. 71,38-75,55; Torino l. 49,28; Verona l. 72,31.

Canna	(misura di lunghezza): Marsiglia m. 2,0126; Nizza m. 2,0902; Roma m. 1,99; Sicilia m. 1,936.
Cantaro	(peso): Genova kg. 47,65; Malta kg. 79,37; Napoli (grosso) kg. 89,1, (piccolo) kg. 48; Palermo kg. 79,34; Sicilia in genere (piccolo) kg. 79,37, (grosso) kg. 87,3.
Carrato	(liquidi, vino): Brescia l. 597; Napoli l. 1047; Piemonte l. 495. (superficie): Napoli mq. 4221. (volume, legna): Milano mc. 3,37.
Carro	(capacità, grano): Napoli l. 51,15. (liquidi, vino): Napoli l. 41,67.
Centenario	(peso, pepe): kg. 45,559.
Charge	(capacità, grano): Marsiglia l. 160.
Corba	(capacità, grano): Bologna l. 73,78.
Giornata	(superficie): Piemonte mq. 3801.
Godo	(misura di lunghezza): circa cm. 70,18.
Grano	(peso, metalli preziosi): Belluno mg. 7,40; Bergamo mg. 4,64; Firenze mg. 9,63; Genova mg. 4,53; Massa mg. 9,70; Milano mg. 4,70; Napoli mg. 5,12; Parma mg. 4,67; Perugia mg. 4,82; Reggio Emilia mg. 4,31; Roma mg. 4,86; Torino mg. 5,40.
Jugero	(superficie): mq. 2518,88.
Libbra	(peso): Acqui gr. 325,38; Alessandria gr. 316; Ancona gr. 329,58; Aosta gr. 384,600; Ascoli Piceno gr. 352,63; Belluno (grossa) gr. 516,74, (piccola) gr. 301,23; Berceto gr. 328; Bergamo gr. 325; Bobbio gr. 316,38; Bologna gr. 361,85; Borgotaro gr. 330; Brescia gr. 320,81; Cagliari gr. 406,56; Carrara gr. 325; Cesena gr. 329,72; Comacchio (grossa) gr. 477,29, (picc.) gr. 345,13; Como (grossa) gr. 791,65, (picc.) gr. 316,66; Crema (grossa) gr. 813,68, (piccola) gr. 325,47: Cremona gr. 309,48; Fermo gr. 320,97; Ferrara gr. 345,13; Firenze gr. 339,50; Forlì gr. 329,44; Genova gr. 317,66; Guastalla gr. 325; Imola gr. 362,58; Lodi gr. 320,73; Lucca gr. 335; Lugo gr. 360,83; Mantova gr. 314,76; Massa gr. 329,72; Milano (grossa) 762,51, (picc.) gr. 326,79; Modena gr. 340,45; Monferrato gr. 325,38; Monza (grossa) gr. 816,98, (piccola) gr. 368,11; Napoli gr. 320,75; Novara gr. 325,47; Orvieto gr. 339,07; Ossola gr. 326,79; Padova gr. 388,88; Palermo gr. 317,36; Parma gr. 328; Pavia (grossa) gr. 743,69. (piccola) gr. 318,72; Perugia gr. 337,81; Piacenza gr. 317,51; Pistoia gr. 323,50; Pontremoli gr. 333,33; Porto Maurizio gr. 316,75; Ravenna gr. 347,83; Rimini gr. 345,51; Roma gr. 339,07; Rovereto gr.332; Salò gr. 320,81; Sarzana gr. 330; Sicilia gr. 317; Torino gr. 368,84; Trento gr. 336; Treviso gr. 338,88; Udine gr. 301,23; Urbino gr. 325,50; Venezia (grossa) gr. 476,99, (piccola) gr. 301,23; Verona gr. 333,28; Vicenza gr. 338,88; Voghera gr. 319,38.
Maas	(liquidi): Berna l. 167,1.
Marco	(peso, metalli preziosi): Milano gr. 235,063; Modena gr. 235,033; Norimberga gr. 329; Piemonte gr. 245,935; Spagna gr. 229,5; Trieste gr. 238,531; Venezia gr. 238,531.

Marco di Troyes	(peso): Francia gr. 244,75.
Mastello	(liquidi, vino): Ferrara l. 55,378.
Mezzarola	(liquidi, vino): Genova l. 148.
Millerolle	(liquidi, vino): Marsiglia l. 64,33.
Mina	(capacità, grano): Genova l. 120,7.
	(capacità, liquidi): Firenze l. 12,12; Genova l. 118,34; Milano l. 10; Parma l. 24.
Minello	(capacità, grano): Verona l. 3639.
Moggio	(capacità, grano): Ferrara l. 625,7; Firenze l. 584,7.
	(capacità, liquidi): Mantova l. 111,48; Milano l. 146,26.
	(superficie): Napoli mq. 3364.
Mutt	(capacità, grano): Berna l. 168,1.
	(peso, olio): Bolzano kg. 58.
Ohm	(liquidi, vino): Cassel l. 161,52; Strasburgo l. 46.
Oncia	(peso): mezza libbra.
	(misura di lunghezza): mezzo piede.
Orna	(liquidi, olio): Venezia l. 64,34.
Palmo	(misura di lungh.): Genova m. 0,247; Napoli m 0,264; Nizza m. 0,2615; Roma m. 0,249; Sardegna m. 0,2483; Venezia m. 0,249.
Pertica	(superficie): mq. 654.
Pertica censuaria	(superficie): mq. 1000.
Pertica lineare	(misura di lunghezza): Francia, media m. 6; Italia, media m. 2,74.
Piede	(misura lineare): Berna m. 0,29325; Bologna m. 0,3805; Bordeaux m. 0,3567; Ferrara m. 0,4011; Firenze m. 0,3832; Francoforte sul Meno m. 0,2860; Ginevra m. 0,4879; Norimberga m. 0,3036; Padova m. 0,3536; Piemonte m. 0,3127; Roma m. 0,2978; Strasburgo m. 0,2894; Venezia m. 0,3473; Vienna m. 0,3160.
	(superficie): mq. 2,27.
Rotolo	(peso): Acqui gr. 488; Catania gr. 793; Genova gr. 475; Malta gr. 792; Napoli gr. 890; Palermo gr. 793; Tunisi gr. 504.
Rubbio	(peso): media kg. 7,918.
	(peso, olio): Nizza kg. 7,791.
	(capacità, grano): Piemonte l. 9,39; Roma l. 294,46.
	(superficie): mq. 18.400.
Saccata	(superficie): Firenze mq. 4695.
Sacco	(capacità, grano): Piemonte l. 114,9.
	(peso, lana): da kg. 71,7 a kg. 167,7.
Salma	(peso, olio): Napoli kg. 147,2.
	(capacità, grano): Sicilia l. 276.
Soma	(capacità, grano): Bergamo l. 164,19.
	(capacità, vino): Firenze l. 91,168.
Staio	(capacità, litri): Firenze l. 24,36; Mantova l. 35,10; Trieste l. 82,61; Venezia l. 80.
Starello	(capacità, grano): Sardegna l. 48,95.
Tavola	(superficie): mq. 27,24.
Trabucco	(misura di lunghezza): Nizza m. 3,138.

Una massa simile di monete, di pesi, di misure richiedeva evidentemente da parte del mercante una elasticità mentale ed una rapidità di calcolo quale difficilmente noi, abituati al sistema decimale, possiamo immaginarci. Comprare merce con un tipo di valuta e con pesi che pur avendo gli stessi nomi erano in realtà differenti da quelli sulla piazza dove si sarebbe venduto e dove correva un altro tipo di moneta non doveva essere facile.

Capitolo ottavo ESERCITI, FLOTTE E BATTAGLIE

Eserciti, flotte e battaglie.

Se la cavalleria fu la tipica formazione militare dell'età feudale, la fanteria fu quella dell'età comunale. La prima era stata anche resa necessaria dagli scontri con gli Arabi musulmani, abili e perfetti cavalieri; a questi cavalieri era opportuno opporre altri cavalieri. L'armamento dell'uomo a cavallo costava molto ed il feudo fu uno dei mezzi escogitati per sopperire a queste spese. Tutto così si lega; la formazione del Comune, basata su classi sociali anche diverse da quelle feudali avrà la sua manifestazione militare, come abbiamo detto, nella fanteria, la quale richiedeva anche minore addestramento ed anche un armamento meno costoso.

Infatti, bene o male, le città avevano continuato ad avere mura da difendere, ed in molte di esse, sotto la minaccia delle incursioni ungare, si era proceduto alla ricostruzione dei bastioni, con torri e parapetti.

Sulle mura il cittadino soldato fece le sue prime prove come combattente, erede di quelle truppe territoriali che non erano mai cessate di esistere in nessun momento, mentre nelle campagne i castelli dei signori feudali rappresentavano non solo i punti di appoggio per il potere di costoro, ma anche quelli per la difesa degli abitanti del territorio. Ciò non tolse che spesso, come sappiamo, città e campagne fossero in urto.

Nella città si sentiva meno la necessità della cavalleria: la difesa ed anche eventuali spedizioni offensive contro città vicine o nemiche erano affidate alle fanterie comunali. La poca cavalleria disponibile veniva usata in funzione esplorante o per proteggere le ali dell'esercito durante le marce.

Si trattava di truppe non molto ordinate e con armamento spesso individualmente diseguale. Dalla descrizione fatta da Bonvesin de la Riva per Milano conosciamo lance, spade, pugnali, mazze e cavalieri « splendidamente armati »; ma Bonvesin de la Riva è sempre un po' troppo entusiasta della sua città e scriveva quando ormai il periodo eroico delle truppe comunali era sorpassato (1).

Soltanto dopo qualche tempo si videro sorgere gruppi armati specializzati, come quei balestrieri genovesi che divennero celebri almeno quanto gli arcieri inglesi, o come quei reparti armati di lunga lancia che avevano proprio lo scopo di fare il quadrato con le lance appoggiate a terra obliquamente onde fermare le cariche della cavalleria.

---

(1) BONVESIN DE LA RIVA, *De magnalibus Urbis Mediolani*, V, 21, a cura di F. NOVATI, Roma, 1898.

Duello rusticano
e torneo di cavalieri.
Affreschi del Broletto di Novara
(Fot. del Centro di studi
archeologici ed artistici
del Piemonte).

Ma la picca, la spada, il pugnale erano le armi fondamentali dell'attacco, mentre non sempre questi soldati portavano lo scudo... per il suo costo. Erano però truppe veloci, truppe che con il loro armamento leggero potevano affrontare rapidi trasferimenti.

Del resto erano truppe che avevano dovuto adattare la loro organizzazione all'ordinamento cittadino e alle personali necessità economiche e di lavoro. Se per il signore feudale e per il suo vassallo la guerra era una

Guerrieri combattenti. Mosaico pavimentale del secolo XII.
Vercelli, Museo Leone (Fot. Alinari)

attività normale, quasi un'impresa economicamente utile anche dal punto di vista patrimoniale, ciò non era invece per l'uomo della città, per il borghese il quale nei traffici e nel lavoro vedeva la sua fonte di ricchezza.

Tutti gli uomini capaci di portare le armi dovevano partecipare all'esercito: i limiti di età variavano da città a città, ma erano sempre assai ampi, proprio per il bisogno di avere molti uomini adatti ai vari servizi: a Pisa si era tenuti all'obbligo del servizio militare dai 20 ai

60 anni, a Genova dai 18 ai 70, a Milano dai 17 ai 65, a Modena dai 14 ai 60.

L'esercito comunale era normalmente diviso in reparti che facevano riferimento alle porte della città, alle parrocchie, o alle associazioni anche di arti e mestieri: ciascuno conosceva il suo punto di adunata ed in caso di chiamata sapeva dove recarsi.

In tal modo non esisteva un vero e proprio problema della mobilitazione quale abbiamo nel mondo moderno e quale, sotto altro aspetto, esisteva nel periodo feudale. In questo infatti il sovrano doveva indire una spedizione con parecchio tempo di anticipo, affinchè le truppe potessero essere avvertite, raccolte e condotte dai loro capi ai luoghi di concentramento; nel Comune bastava il suono a martello della campana comunale o il correre per le vie di banditori annuncianti la chiamata. Anzi

La presa di una città. Heidelberg, Biblioteca Universitaria.
Illustrazione dal *Codice Palatino Germanico*.

Orlando.
Verona, Duomo
(Fot. Anderson).

talvolta, per accelerare la riunione dell'esercito comunale, si usava un curioso sistema: nel punto prefissato per la riunione dei reparti veniva accesa una candela e gli armati dovevano raggiungere tale luogo prima che la candela fosse completamente consumata; chi fosse arrivato in ritardo pagava una multa, che veniva aumentata in caso di recidiva.

Chi erano i comandanti di questi reparti? Spesso erano i « custodi » delle porte, custodi nel senso che essi avevano la responsabilità della guardia delle porte; molti attuali cognomi *Porta* si richiamano proprio a questi antichi custodi che spesso aggiungevano al loro nome l'attributo di *da Porta* con l'indicazione specifica della porta di cui erano custodi.

Questi capi erano normalmente eletti dai componenti i reparti stessi per le loro capacità specifiche e non è difficile identificare, dai nomi di questi comandanti, gli appartenenti a famiglie nobili inurbatesi, per le quali l'attività militare era tradizionale.

Almeno fino al XIII secolo il servizio militare era gratuito e ogni cittadino doveva anche provvedere a proprie spese al suo corredo, alle sue armi e al suo mantenimento; tutto ciò aveva però una contropartita in quanto era abitualmente ammesso il saccheggio e quindi la successiva divisione del bottino fatto. A Milano solo nel 1228 si cominciò a dare uno stipendio alla cavalleria, quando era in servizio, proprio per il peso rappresentato dal mantenimento del cavallo, mentre è curioso che un compenso già veniva concesso in precedenza al sacerdote, al chierico del Carroccio e al fabbro che si occupava della manutenzione e delle riparazioni di questo.

Vedremo ora, a modo di esempio, l'organizzazione e la suddivisione dell'esercito in qualche città.

A Milano la divisione fondamentale era basata sulle sei porte della città e pare che ogni reparto assumesse il nome dalla propria porta: ognuna di queste unità comprendeva circa 2000 uomini: infatti per tutta la città, in tempo di pace, si parla di 30 reparti di cavalleria e di 94 di pedoni; se calcoliamo che ogni reparto, in base alla vecchia tradizione longobarda ancora viva nell'ambiente militare, fosse composto da 100 uomini, vediamo che siamo vicini al numero di 12.000. In caso di guerra molto impegnativa si ricorreva ad una vera e propria mobilitazione generale e allora si poteva arrivare anche ad un numero doppio di soldati.

Però, salvo casi gravissimi, si cercava di non mobilitare tutte le porte, proprio per non interrompere il lavoro e l'attività commerciale e industriale che rappresentavano il modo per vivere della città. Sappiamo che nel 1155 contro i Pavesi andarono prima le truppe di Porta Ticinese e Porta Vercellina e poi, dando il cambio, quelle di Porta Orientale e Porta Romana; ciò si ripetè anche nel 1160 per quella che fu la battaglia di Carcano contro Federico I, prima intervennero le truppe delle porte Vercellina, Comasina e Nuova, successivamente vennero in aiuto quelle di Porta Ticinese e della Pusterla che prendeva nome da S. Eufemia. Ecco che in questo caso compare, come riferimento, il nome di una chiesa: si trattava di una suddivisione della porta, suddivisione che era in vicinie o parrocchie, spesso identificantesi le une con le altre: in tal modo era possibile mobilitare anche soltanto una parte delle milizie di una porta, bastava indicare quali parrocchie o vicinie dovevano presentarsi alla chiamata.

Quando l'esercito milanese scendeva in campo aveva due oggetti a propri simboli: l'insegna con la vipera ed il Carroccio. La vipera è quello stesso biscione visconteo che fa ancora oggi parte dello stemma milanese, ma che senza dubbio è precedente ai Visconti stessi; esso è, con ogni probabilità, il simbolo totemico di un gruppo arimannico longobardo, passato a simbolo militare della città. Sappiamo infatti che l'esercito non poteva porre i propri accampamenti se prima l'insegna con la vipera azzurra che divora un bimbo non era stata posta ben in alto su di una pianta o in cima ad un'asta. Come mai tale insegna passò a stemma dei Visconti? Proprio per un motivo militare: il visconte era infatti colui che sostituiva il conte e a Milano i poteri comitali (non il titolo) erano passati all'arcivescovo, che per la sua dignità ecclesiastica non avrebbe potuto comandare direttamente delle truppe; ciò spettò dunque al visconte, il quale fece sua quell'insegna che era in realtà dell'esercito cittadino.

E probabilmente di tradizione longobarda è anche il Carroccio. Esso ad un certo momento rappresenta veramente il simbolo della città; perderlo in combattimento era disonorevole e i combattenti lottavano disperatamente fino all'ultimo in sua difesa, anzi spesso attorno al Carroccio erano disposte le truppe migliori, le più decise e testarde. Si trattava di

Caschetti a camaglie del secolo XIII. Torino, Armeria Reale (Fot. Rampazzi).

un vero e proprio grosso carro costruito assai robustamente con travi ben fissate tra di loro, spesso coperto sui lati da piastre di ferro o da scudi appesi, trainato da parecchie coppie di buoi; sul carro si elevava un'alta antenna con l'insegna comunale e frequentemente con una campana. Sul carro stava solitamente un sacerdote ed un chierico. Ma non è accettabile l'ipotesi che durante l'infuriare della battaglia ivi si celebrasse la messa, perchè la liturgia stessa non lo avrebbe permesso; il sacerdote innalzava preghiere a Dio per la vittoria della sua città; ma il Carroccio poteva servire per l'assistenza spirituale ai feriti ed ai morenti, ed anche forse

Impresa dell'arcivescovo Ottone Visconti contro i Torriani. Napoleone della Torre con i familiari accompagnato al luogo della prigionia. Affreschi nella Rocca d'Angera (Fot. Martinotti).

per permettere un primo intervento medico. Sul Carroccio v'era dunque quel che diremmo oggi il cappellano militare e probabilmente un accenno di... Croce Rossa.

Ma il Carroccio aveva anche e soprattutto un'altra funzione: era un vero e proprio ponte di comando da cui si potevano dare ordini per le manovre dei reparti. Abbiamo detto che si trattava spesso di truppe non molto allenate; anche se a Cremona una volta al mese le truppe dovevano fare esercizi, se a Pisa e a Genova i balestrieri si allenavano con gare periodiche, se a Pavia si facevano regolari esercitazioni sotto le mura, tuttavia non doveva esser facile guidare in combattimento truppe di questo genere. La cosa diventava meno difficile se sul pennone del Carroccio si potevano alzare bandiere significanti i vari ordini ai diversi reparti; il Carroccio, alto sulla folla dei combattenti, permetteva di vedere il campo di battaglia nel suo insieme ed era un evidente punto di riferimento. Perdere il Carroccio significava praticamente anche perdere il centro di comando del combattimento.

Una leggendaria tradizione attribuisce l'invenzione del Carroccio all'arcivescovo milanese Ariberto da Intimiano: in realtà l'arcivescovo utilizzò nel nuovo senso un carro, conservato allora in Duomo, che serviva per la raccolta delle decime e che, in base alla descrizione che ne abbiamo, richiama i carri su cui i Longobardi vivevano nel loro continuo errare di terra in terra e con i quali erano scesi in Italia nel 568. Per costoro difendere e salvare il carro era un combattere per salvare la casa, era quasi un lottare *pro aris et focis*: in tal modo ciò che era stato il simbolo della casa per i Germani longobardi, diveniva simbolo di una casa più grande, della città, per i nuovi uomini del Comune.

Ma per comandare bisognava anche poter identificare i reparti: per Milano sappiamo che ogni porta aveva una propria insegna, non solo, ma sappiamo pure che quando la città nel 1162 dovette arrendersi all'imperatore Federico I di Svevia consegnò tra l'altro 36 *vexilla* dei *milites* e 100 del popolo, ivi compresi i 6 delle porte. Queste bandiere erano evidentemente le insegne che i diversi reparti (ancora divisi tra quelli del popolo e quelli dei signori) portavano in combattimento.

Nell'esercito della città lombarda compaiono anche i carri falcati creati da quel maestro Guintellino che fu un vero e completo tecnico militare: secondo la descrizione che ci lasciò Sire Raul (1), tali carri erano fatti con una fronte a forma di scudo mentre attorno erano circondati da falci. Il fatto poi che Bonvesin de la Riva ricordi anche i due trombettieri, ai quali venivano assegnati due cavalli per ciascuno ed un particolare stipendio, si spiega ricordando come costoro avessero grande importanza sia come messaggeri, sia per dare ordini nei combattimenti.

Per questo ordinamento dell'esercito milanese riportiamo qui quanto nell'avanzato secolo XVII scriveva il cronista Giacomo Filippo Besta (2) nel cap. XVI del suo studio: *Della origine et meraviglia della città di Milano*:

---

(1) Sire Raul, *Gesta Friderici I imperatoris in Lombardia*, in M. G. H. (edit. in usum schol.), a cura di O. Holder-Egger, Hannover, 1892, pag. 40.

(2) Da A. Colombo, *Milano sotto l'egida del Carroccio*, Milano, 1935, pag. 57.

« L'ordine che teneva la militia milanese nella guerra era che prima di ogni cosa precedeva lo stendardo generale della città, nè si fermava il campo mai se prima non si piantava sopra qualche eccelso et eminente arbore. Seguiva poi il campo cento carrette tirate da sei cavalli ciascheduna: sopra di queste carrette vi era una fabbrica di tavole, in forma quasi di nave triangolare, et da basso con le stesse tavole venivano coperti li cavalli ancora: sopra poi vi erano uomini con falci in mano che, correndo li cavalli, tiravano della falce, come si usa a segare l'erba e facevano con questo atto tanta rotta nelli inimici, che era uno stupore. Dopo queste carrette seguivano sei trombette della città, poi il podestà et dietro a lui la militia delle sei porte, che erano sei compagnie ciascuna con il particolare stendardo; et precedeva la compagnia di Porta Romana, dopo quella di Porta Ticinese, Porta Vercellina, Porta Orientale, Porta Nuova e l'ultima Porta Comasina ».

Si può fare l'osservazione che le falci delle carrette non potevano essere manovrate da uomini su quella specie di ponti, sia perchè l'ineguaglianza del terreno avrebbe impedito la manovra, sia perchè sarebbe stato materialmente impossibile vincere la resistenza di qualsiasi ostacolo; la velocità della carretta avrebbe fatto cadere l'uomo con la falce anche se questi avesse soltanto colpito un guerriero avversario.

A Firenze la milizia era divisa per i sesti della città e aveva anche lo scopo di mantenere l'ordine e la tranquillità interna della città. Nel sesto « Ultrarni » v'erano quattro *societates* e la popolazione atta alle armi (con esclusione dei magnati e degli esponenti Ghibellini) era divisa tra queste secondo le parrocchie: ciascuna *societas* aveva la propria bandiera, spesso con simboli di animali. Nel sesto « Sancti Petri Scheradii » le società erano tre e tre erano nel sesto « Burgi », nel sesto « Sancti Pancratii », nel sesto « Porte Domus », nel sesto « Porte Sancti Petri ». Per quanto riguardava l'armamento nel cap. 86 del libro V dello Statuto del Capitano del Popolo (1322-25) (1) troviamo che si disponeva che in ogni *societas* vi fossero almeno 20 uomini con palvesi, cioè con grandi scudi di vimini intrecciati coperti di pelle e bordati di ferro, di misura tale da proteggere anche due persone, 20 uomini con balestra, 20 con lance lunghe e 20 con mannaie aretine: tutti costoro dovevano avere anche una pancera con corazza di ferro, elmo e gorgera: « Gli altri poi di ogni società siano armati e forniti il meglio possibile secondo la loro qualità e condizione ».

Grossi problemi non esistevano ancora ed il concetto del popolo in armi era abbastanza semplice da realizzare: ciò non avverrà più già col passare di pochi decenni, con l'introduzione di nuove tattiche e soprattutto con l'introduzione delle armi da fuoco.

---

(1) *Statuto del capitano del popolo (1322-25)*, vol. I, pag. 297, a cura di R. CAGGESE, Firenze, 1910.

Ogni *societas* doveva avere un magazzino al cui ingresso stava dipinta l'insegna della società e nel quale si tenevano le armi di scorta e cioè almeno 10 palvesi, 10 mannaie aretine, 10 lance, 4 balestre grosse, 10 elmi di ferro recanti dipinta l'insegna della società, 10 raffi di ferro, 104 scuri, e via dicendo. Queste armi dovevano essere comperate col danaro comune della *societas* stessa; al magazzino doveva essere preposto un custode al quale veniva concesso un conveniente compenso.

Quando nel 1260 si bandì la guerra contro Siena venne fatta suonare la campana sull'arco della Porta di S. Maria, cioè della porta sulla strada verso Siena; nel 1288 nel bandire la guerra contro Arezzo, vennero esposte le bandiere dei reparti dell'esercito chiamati in servizio alla Badia di Ri-

Impresa dell'arcivescovo Ottone Visconti contro i Torriani. L'esercito espone le bandiere dei propri reparti. Affreschi nella Rocca d'Angera (Fot. Martinotti).

poli, sulla strada cioè verso Arezzo. In tal modo si dava già l'indicazione della direzione che l'esercito avrebbe dovuto prendere.

A queste truppe di fanteria bisognava aggiungere anche le *cavallate*, cioè i reparti di cavalleria nei quali doveva militare ogni cittadino che potesse disporre di un proprio cavallo: nel secolo XIII si può calcolare che ogni cavallata raggiunse

Impresa dell'arcivescovo Ottone Visconti contro i Torriani.
Affreschi nella Rocca d'Angera.

In alto: la fanteria precede la cavalleria

A sinistra: fanti a piedi.
(Fot. Martinotti).

Impresa dell'arcivescovo Ottone Visconti
contro i Torriani. Gruppo di armati.
Affreschi nella Rocca d'Angera
(Fot. Martinotti).

Arcieri a cavallo.

anche un numero di 2000 cavalieri, a questi poi bisognava aggiungere i contingenti che le città dipendenti da Firenze fornivano. È opportuno poi rammentare che la *cavallata* diventò ad un certo momento una imposta sostitutiva del vero e proprio servizio.

Il più numeroso esercito raccolto da Firenze fu quello per la spedizione contro Castruccio Castracane nel 1325, esercito che ammontò a circa 15.000 uomini di fanteria più 2500 cavalieri: in questa occasione comparvero già truppe assoldate fuori dal territorio come cavalieri friulani e francesi.

Per Siena la milizia comunale può essere calcolata sui 3000 uomini e cioè 1000 per terzo (Camollia, Duomo, S. Martino): ogni terzo aveva un proprio gonfaloniere che era il comandante del reparto: a sua volta il terzo era diviso nelle contrade le quali davano ciascuna una compagnia, col totale di 17 compagnie. A capo di tutti fu ad un certo momento il capitano del popolo, al quale incombeva anche la responsabilità di control-

Cavalieri armati di picca. Tela stampata.
Basilea, Museo (Fot. del Museo).

lare che le compagnie avessero tutte le armi stabilite e che le tenessero in perfetto ordine. Il Carroccio rappresentava il centro dell'esercito in combattimento e davanti ad esso, anche in tempo di pace, doveva restare accesa giorno e notte una lampada « *ad honorem Dei et Beatae Mariae Virginis* ».

Il Carroccio, tirato da buoi, era anche il centro dell'esercito di Pisa, dove le compagnie, basate sulle chiese, erano divise secondo i quartieri della città (quartiere di Porta, di Mezzo, di Forisporta, di Cinzica) e prendevano nome dal loro segno distintivo, così nel secolo XIII troviamo la Compagnia della Spada, quella della Rosa, della Lancia, del Ponte Nuovo, del Cervo, della Luna, del Ponte a Mare, di S. Paolo e via dicendo; v'era poi una compagnia di truppe scelte che portava il nome di « Compagnia della Croce Bianca » in quanto aveva a segno distintivo la croce bianca in campo rosso propria della città di Pisa.

Le armi.

Arma fondamentale della fanteria comunale fu la picca: era questa una lunga asta di legno ben stagionato, di solito di frassino, munita di una punta di ferro: era assai più lunga della lancia normale e serviva ottimamente contro gli attacchi della cavalleria; in stato di riposo la picca veniva tenuta dritta col calciolo a terra presso il piede destro, mentre veniva alzata, impugnata con le due mani e puntata obliquamente per il combattimento. Naturalmente una corta spada ed un pugnale erano spesso al fianco del milite.

È curioso invece notare come l'arco non abbia avuto nel Medioevo quella posizione importante che pure aveva già tenuto nel mondo antico; si può dire che la sua rivalutazione cominci dopo la battaglia di Hastings (14 ottobre 1066) tra gli Inglesi guidati da re Aroldo e i Normanni comandati da Guglielmo il Conquistatore: l'abilità degli arcieri inglesi era nota, essi riuscivano a lanciare fino a 12 frecce al minuto a più di 200 m. di distanza con una forza di penetrazione notevole.

Nelle nostre truppe comunali gli arcieri divennero una specie di fanteria leggera che combatteva con corazza leggera ed elmo al riparo dei palvesi piantati in terra. L'arco di legno era spesso rinforzato da una sottile lamina d'acciaio e la balestra ne fu uno sviluppo potenziato: si giunse a balestre con l'arco di metallo tanto robusto che fu necessario un arganetto per ottenere la tensione della corda; questa apparecchiatura richiese

Mazza da battaglia inglese del secolo XIV.
Rovereto, Museo della Guerra
(Fot. del Museo).

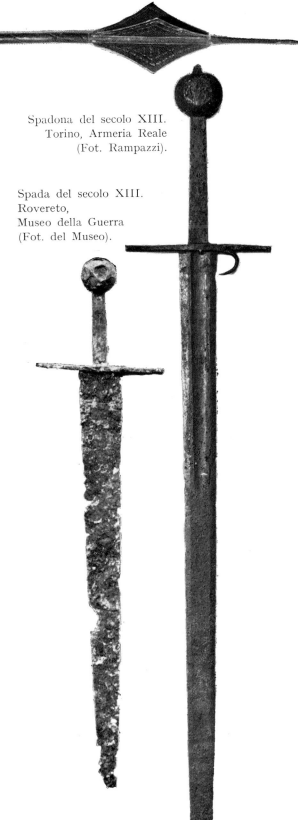

Spadona del secolo XIII.
Torino, Armeria Reale
(Fot. Rampazzi).

Spada del secolo XIII.
Rovereto,
Museo della Guerra
(Fot. del Museo).

a sua volta un punto di appoggio a terra: si fecero anche balestre da assedio, veri pezzi di artiglieria da affiancare ai mangani lancia pietre.

I più celebri tra i balestrieri italiani furono allora quelli genovesi, forse anche perchè la loro tecnica si era affinata nella difesa delle coste dalle incursioni nemiche e nei combattimenti tra nave e nave: un gruppo di questi balestrieri parteciparono in Francia alla battaglia di Crecy (1346). Anche quando le armi da fuoco si andarono man mano affermando, la balestra durò ancora lungamente, tanto che negli Statuti genovesi del 1414 si trovano ancora disposizioni circa le esercitazioni che i balestrieri dovevano continuare a fare.

Sia pure brevemente dobbiamo fare un accenno alle armi da assedio, a quelle macchine che permettevano spesso di superare la resistenza opposta dalle mura delle città. Ricorderemo la catapulta e la balista, atte a lanciare pietre ed armi: il dardo veniva messo in un canaletto guida ed era proiettato dall'azione di un subbio il quale tendeva un cavo cui si appoggiava la cocca del dardo.

Onagri, scorpioni, arieti erano usati per battere e sfondare le porte e le mura: spesso la pesante trave con testa di ferro era sospesa sotto una tettoia che veniva spinta fin presso le mura ed acquistava forza attraverso l'oscillazione ad essa imposta con cavi e paranchi.

Il gatto era una specie di galleria coperta di pelli fresche, tali da permettere ai guastatori di scalzare le muraglie e di scavar trincee anche sotto il tiro del nemico.

Le manganelle e le petriere lanciavano carichi di pietre dentro la città assediata per mezzo di grossi contrappesi facenti funzionare delle travi a modo di leva.

I graffi erano armi da difesa durante gli assedi e servivano a deviare i colpi degli arieti. Ma la macchina più grossa fu sempre la torre; costruita con grosse travi e rinforzata e protetta con corde intrecciate poteva contenere 300 e più combattenti: con gli argani veniva spinta verso le mura della città assediata in modo da poter calare un ponte volante e permettere agli assedianti di por piede sulle mura. Sono queste le torri descritte dal cronista Caffaro come meravigliose costruzioni dei Genovesi all'assedio di Antiochia e di Gerusalemme durante la prima Crociata, sono queste le torri di cui continuamente ricorre menzione nelle cronache di guerre medioevali.

La battaglia.

Per conoscere la tecnica di combattimento di questi eserciti comunali riteniamo opportuno esporre come si sono svolte alcune battaglie.

Nell'estate del 1160 avvenne tra Milano e l'imperatore Federico I uno scontro che assunse poi il nome di battaglia di Carcano: i Milanesi con le truppe di tre porte erano entrati in Brianza ed avevano occupato i paesi di Cornate, Erba, Parravicino ponendo l'assedio al castello di Carcano dove erano asserragliati alcuni signori feudali della zona fedeli all'imperatore. Intanto però l'imperatore portava le sue truppe a Vighizzolo presso Cantù per aiutare i suoi amici assediati; passando poi con le truppe presso Orsenigo e Tassera si schierava fino al lago d'Alserio: così i Milanesi assedianti diventavano a loro volta assediati e dovevano ad ogni costo aprirsi una via d'uscita. Si può calcolare che l'imperatore disponesse di circa 200 cavalieri tedeschi, di 500 italiani e di circa 1500 fanti italiani: le forze comunali opposte dovevano essere almeno pari se non superiori.

L'attacco probabilmente avvenne nel modo seguente: la fanteria milanese puntò sulla sinistra nemica, vicinissima, portando con sè un Carroccio

Vittoria di Enrico VII presso Milano e giudizio contro la città ribelle. Miniatura del *Codex Balduini Trevirensis*. Coblenza, Biblioteca Civica (Fot. della Biblioteca).

costruito rapidamente nella notte precedente (il che conferma il valore del Carroccio come punto di comando e di riferimento in battaglia), a destra erano i cavalieri di Milano e quelli di Brescia giunti da poco in soccorso. Contro la fanteria lombarda stava Federico I con i 200 tedeschi e un gruppo di cavalieri italiani, contro gli altri tutto il resto. La fanteria comunale attacca, entra nell'accampamento imperiale e si dà al saccheggio; a questo punto il sovrano con i suoi piomba su di essi e li batte e li disperde facendo cadere il Carroccio in un fossato e prendendo i buoi che lo tiravano; ma l'altra parte dell'esercito comunale riusciva nel frattempo a battere le restanti truppe imperiali mettendole in fuga e facendo molti prigionieri, tanto che quando l'imperatore riuscì a riprendere il suo accam-

Battaglia sotto le mura di una città.
Miniatura di un manoscritto francese del secolo XV.
Parigi, Biblioteca Nazionale (Fot. della Biblioteca).

Scontro tra cavalieri.
Particolare della battaglia di S. Efisio di Spinello Aretino.
Pisa, Camposanto (Fot. Anderson).

pamento si accorse di essere rimasto al massimo con 200 uomini. Solo la condizione del terreno aspro ed un violento acquazzone che si scatenò improvvisamente lo salvò da una sconfitta più grave e gli permise di ritirarsi.

L'episodio dei fanti che subito si buttarono a saccheggiare gli accampamenti è sintomatico e dimostra la poca disciplina e la mancanza di vero spirito militare in truppe spesso raccolte d'urgenza e senza un allenamento che le preparasse all'obbedienza.

Nel 1176 abbiamo la battaglia di Legnano tra la Lega Lombarda ed ancora Federico I. Questi aveva ottenuto soccorsi dalle sue terre transalpine ed era andato ad incontrarle; da Como si avviava verso Pavia, dove avrebbe voluto raccogliere ed organizzare tutte le truppe.

Per impedire questa manovra l'esercito della Lega tentò di tagliargli la strada e lo scontro avvenne nei pressi di Legnano. Il primo contatto fu quello di un corpo di cavalleria della Lega, che si precipitò indietro ad avvertire il grosso dell'esercito; Federico I attaccò subito con decisione ed il cuneo formato dai pesanti cavalieri tedeschi parve aver ragione sulle fanterie: era lo scontro tra professionisti del combattimento e uomini che sapevano ormai, per esperienza, cosa volesse dire essere sconfitti. Le truppe a piedi dei Comuni si serrarono allora attorno al Carroccio, che pure parve più di una volta essere travolto, e riuscirono ad imporre la loro tattica

Assalto di un castello. Scuola Senese del secolo XV.
Firenze, Museo Nazionale (Fot. Alinari).

di combattimento; la cavalleria nemica perse il suo potere di penetrazione e la fanteria comunale potè contrattaccare. Un colpo fortunato fece sbalzare di sella l'imperatore e cadere l'insegna imperiale: fu il segno della ritirata, durante la quale molti uomini dell'esercito federiciano trovarono la morte nel Ticino.

Lo scontro era stato fondamentalmente tra la cavalleria imperiale, che rappresentava il mondo feudale, e le fanterie comunali, che rappresentavano il popolo borghese delle città; questa gente aveva già più d'una volta subìto dure lezioni da parte di Federico I e quindi combatteva per quelle *libertates* cittadine, che significavano soprattutto autonomia amministrativa, con la decisione di chi sa che solo in una vittoria poteva essere speranza di salvezza.

Il 4 settembre 1260, nei pressi di Monteaperti, si svolse una battaglia tra Senesi e Fiorentini: si può calcolare che ciascuna delle due parti disponesse di circa 12.000 uomini, di cui un decimo cavalieri; se v'era un divario questo si trovava nella superiorità di Firenze per le fanterie, mentre Siena era meglio fornita di cavalleria. Lo schieramento fu quello abituale, avanti la cavalleria ed indietro la fanteria: lo scontro incominciò tra i cavalieri e fu subito favorevole ai Senesi, anche perchè una parte dei Fiorentini passò con Siena, dato che oltre che scontro di città, si trattava di uno scontro di fazioni politiche, Guelfi i Fiorentini, Ghibellini i Senesi. Sotto l'attacco della cavalleria senese parte dei fanti fiorentini ammassati attorno al Carroccio si sbandarono, parte cedettero solo dopo un'eroica resistenza. A Monteaperti Lucchesi e Orvietani che là erano attestati, si batterono bene, ma alla fine furono anch'essi sconfitti dai Senesi.

Probabilmente la fanteria fiorentina era composta da truppa raccolta all'ultimo momento dai capi della città, forse convinti che l'entusiasmo per il partito e le idee democratiche potessero efficacemente sostituire la tradizione bellica e la pratica dei cavalieri ghibellini.

La battaglia di Campaldino del 1281 è una delle prime in cui si vide comparire — nella parte guelfa che ha a capo Firenze — un corpo di cavalieri professionisti, non italiani, mercenari, in numero di circa 800. Erano in campo per la parte guelfa circa 1300 cavalieri e 10.000 pedoni e per la parte ghibellina 800 cavalieri e 8000 fanti. La cosa notevole è data dalla nuova disposizione assunta dall'esercito fiorentino: infatti la fanteria fiorentina venne schierata ai fianchi della cavalleria (invece di essere dietro ad essa) un po' in avanti anzi, come i corni di una mezzaluna, con i palvesi avanti, i balestrieri e i picchieri: tra l'altro si otteneva così la possibilità di un tiro incrociato da parte delle balestre. Si noti poi che i cariaggi in questa battaglia furono disposti dietro l'esercito in modo da formare una barriera capace sia di arrestare le truppe eventualmente in fuga, sia di servire anche da trincea. Dietro alle truppe fiorentine schierate stava un gruppo di 150 cavalieri con fanti di Lucca e di Pistoia pronti ad intervenire per prendere sul fianco il nemico. Questa battaglia può essere riassunta nelle parole che Dino Compagni fa dire a Barone di Mangiodori di S. Miniato: « Signori, le guerre di Toscana si sogliono vincere per bene assalire... Ora è mutato modo e vinconsi per stare bene fermi » (1).

---

(1) P. PIERI, *Alcune questioni sopra la fanteria in Italia nel periodo comunale*, in « Rivista storica italiana », 1933.

A destra e nella pagina accanto: lo scontro all'isola del Giglio. Miniatura dalla *Chronica maior* di Matteo di Parigi del secolo XIII. Cambridge, Corpus Christi College (Fot. del Corpus Christi Coll.).

Scontri navali.

Durante l'età comunale non si può parlare di battaglie navali se non raramente, di solito lo scontro avviene tra nave e nave o tra gruppi di navi in caccia di altre navi nemiche: spesso si tratta anche di operazioni di difesa costiera. Le lotte tra galere consistevano solitamente nell'attacco a massima velocità in modo da speronare la nave nemica in un punto vulnerabile o da immobilizzarla spezzando i remi, poi avveniva l'abbordaggio ed il combattimento corpo a corpo tra gli equipaggi. Ciò spiega i robusti speroni di cui erano dotate le galere e le navi da combattimento in genere.

Gli *Annali genovesi* sono ricchi di notizie di scontri navali, e proprio così possiamo vedere come i combattimenti fossero più che altro inseguimenti, rapidi attacchi, fughe e alla fine lotte corpo a corpo.

Siamo nel 1170 e continua l'esasperante guerra sul mare tra Pisa e Genova: ecco una pagina di Oberto Cancelliere, cronista genovese:

« I predetti consoli seppero, per relazione di cursori, che una certa galea di Pisa era per andar in Provenza con consoli pisani e molti nobili uomini. Dissero a Trepedicino che con tre galee si ponesse agli agguati ed ingente e grande danaro dal Comune avrebbe avuto se quella potesse prendere. Il quale, fattosi lieto, con sue galee e una dei rapallini presso l'isola d'Elba mettendosi a guardia, quella galea presero dei pisani, nella quale due consoli erano, uno del presente e un altro del passato anno, i quali con lor compagni misero

in prigione. E di nuovo la galee di Riccio di Passano e un'altra di Rapallo ancor una galea presero dei pisani; e, mentre quella guidavano a Genova, ecco lo stuolo del re di Sicilia, che nel tempo dell'allora in Spagna era andato, quella togliere ai nostri nelle parti dell'isola del Gilio. E due galee di Portovenere ed una di Vernazza e un'altra di Passano e una quinta di Sestri e tre dei rapallini in quest'anno fecero guerra gagliardamente ai pisani. E i consoli l'animo e il cuore fortemente alla guerra intendendo, otto galee armarono di bel nuovo le quali in Provenza mandarono... » (1).

Il medesimo sistema di guerra leggiamo in Ottobono Scriba per il 1175:

« I predetti consoli ressero egregiamente la città genovese e fecero grandissima persecuzione avverso i pisani. Il console Rogerone fu lor dietro con sei galee: trovò invero una certa nave grandissima dei pisani che tornava di Sardegna da Porto Torres e a quella nave assai diè battaglia e le tenne dietro infino al Porto Pisano, dove fu discaricata. Ma impertanto egli l'arrembò e così a lungo oppugnolla che fu presa a forza » (2).

Il 3 maggio 1241 Genova veniva battuta da Pisa presso l'isola del Giglio mentre con le sue navi cercava di portare a Roma quei prelati che volevano raggiungere il Concilio ivi convocato da Gregorio IX e non voluto dall'imperatore Federico II; pare che i morti e i feriti abbiano supe-

---

(1) OBERTO CANCELLIERE, in *Annali genovesi di Caffaro e dei suoi continuatori* (traduz. di G. MONLEONE), vol. II, pagg. 141-42, Genova, 1924.
(2) OTTOBONO SCRIBA, in *Annali genovesi di Caffaro e dei suoi continuatori* (traduz. di G. MONLEONE), vol. II, pag. 186, Genova, 1924.

rato il numero di 2000, mentre 4000 furono i prigionieri; eppure, stando a maestro Bartolomeo le galee genovesi erano soltanto 27 (1). Evidentemente i passeggeri stipati sulle navi che cercavano di raggiungere Roma non dovettero facilitare la battaglia, ma ad ogni modo la superiorità delle navi pisane-imperiali fu senza dubbio sicura e completa.

Una battaglia navale nella quale vediamo l'uso di strattagemmi fu invece quella del 1284 detta della Meloria e che concluse la lunga rivalità tra Pisani e Genovesi: nel maggio di quell'anno i Genovesi, agli ordini di Benedetto Zaccaria bloccarono il porto di Pisa, ma l'armata pisana, approfittando di una momentanea assenza della squadra genovese potè uscire con 72 galee agli ordini del podestà, il veneziano Albertino Morosini e presentarsi il 31 luglio davanti a Genova, minacciando questa città. L'arrivo dello Zaccaria ed il rapido armamento di nuove galee fatto in Genova costrinsero però i Pisani a tornare nella loro città, tallonati dalla flotta della Superba agli ordini di Alberto Doria. Questi ad un certo momento comandò allo Zaccaria di ammainare le vele e di far abbattere in coperta gli alberi delle sue navi nascondendosi, forse a ridosso del promontorio di Montenero. Il Morosini ebbe allora l'impressione di una propria netta superiorità numerica e il 6 agosto uscì a combattimento presso le secche della Meloria: al primo momento parve che la lotta si svolgesse in favore dei Pisani, quando improvvisamente comparvero le navi dello Zaccaria; anzi costui ricorse anche allo strattagemma di far legare tra loro, con una pesante catena, due galee, con le quali si avventò sulla capitana nemica abbattendone l'insegna di comando. La linea pisana si spezzò, mentre l'ala dello schieramento veniva avvolta dai Genovesi; fu la fine dello scontro che, come sempre, si risolse poi nel duello, corpo a corpo, di navi avversarie.

Compagnie di ventura.

Il secolo XIV vede in Italia le prime compagnie di ventura, cioè l'affermarsi del soldato professionista e mercenario. Lo sviluppo di queste truppe è quindi al di là dal limite cronologico del nostro studio. Riteniamo però necessaria qualche osservazione perchè si possano comprendere i motivi di questo nuovo sistema militare.

---

(1) MAESTRO BARTOLOMEO, in *Annali genovesi di Caffaro e dei suoi continuatori* (traduz. di G. MONLEONE), vol. V, pagg. 22-23, Genova, 1928.

Sala d'Armi del secolo XIII.
Firenze, Palazzo Vecchio (Fot. Alinari).

Si è soliti infatti attribuire alla cosiddetta decadenza dei valori morali, politici, patriottici il minor entusiasmo dei cittadini per il servire nell'esercito comunale. Può darsi: ma forse vi sono anche altri elementi che val la pena di mettere in evidenza.

Abbiamo più volte fatto notare il disordine, l'indisciplina degli eserciti comunali raccolti rapidamente a suono di campana. Di fronte a combattenti capaci e preparati quelle truppe difficilmente potevano tenere il campo: erano abbastanza idonee per l'attacco ma poco per la resistenza e per la manovra in battaglia. La stessa balestra, le stesse macchine d'as-

883

sedio richiedevano dei tecnici: combattere seriamente domandava sempre più un allenamento che i buoni borghesi non potevano ottenere con qualche esercizio domenicale in piazza.

Quando poi le armi da fuoco imposero una tattica completamente nuova, il vecchio cittadino combattente venne completamente sorpassato; a complicare le cose vi fu anche una ripresa della cavalleria, di quella cavalleria completamente corazzata che, scatenata alla carica su di un campo di battaglia, travolgeva con facilità truppe raffazzonate e non addestrate seriamente ad opporre un'organica resistenza.

Le guerre diventavano sempre più lunghe: non bastavano più le piccole spedizioni di pochi giorni e di poche centinaia di uomini di alcune parrocchie: le guerre potevano ormai svolgersi anche lontano dalla città. Non erano più soltanto battaglie tra Comuni vicini, quasi scaramucce fuori porta, ma si trattava di vere e proprie spedizioni militari, nelle quali i cittadini non vedevano più il loro diretto ed immediato interesse. Se

Corazza e elmo con camaglio del secolo XIV.
Firenze, Museo Stibbert (Fot. Alinari).

questo era infatti facilmente comprensibile da tutti quando si trattava di lottare contro vicini per ottenere il controllo di ponti, di passi, di strade o magari di lottare contro l'imperatore per conquistare definitivamente l'autonomia, il potere di giurisdizione, di percepire tasse, di batter moneta, diventava più difficile da capire quando la guerra si svolgeva lontano e legata a sottili trame di alleanze spesso scomponibili e rovesciabili.

Lasciare i propri affari, il proprio lavoro per lungo tempo e per terre lontane diventava sempre più difficile, specialmente quando la guerra era una forma... di malattia endemica. Si aggiungano a tutto ciò le lotte di fazioni abituali in Italia. Il podestà come organo comunale, parve adatto a superare questi dissensi in quanto forestiero e si pensò che l'affidargli truppe che fossero estranee alle lotte interne potesse rappresentare ancora maggior garanzia.

Quando poi il signore potè affermare il suo potere personale sulla città — spesso derivandolo da quello di capitano del popolo — l'avere a disposizione truppe stipendiate gli garantì una maggior sicurezza.

Non tanto dunque decadenza dei valori morali dei cittadini, ma mutarsi della situazione di fatto, specialmente sotto l'aspetto tecnico, tattico ed economico portarono alla scomparsa delle vecchie truppe comunali dai campi di battaglia, anche se talvolta esse compaiono ancora nella difesa diretta della propria città attaccata ed assediata.

INDICE DEI NOMI

I numeri con asterisco indicano le pagine con illustrazioni.
I numeri in neretto indicano le pagine più particolarmente dedicate all'argomento.

A

Aaliz, contessa di Blois, 234.
Abbigliamento - Acconciatura - Gioielli, 216, **274-286*-287*-289*-290*-291*-292*-293*-295*-296*-297*-299*-300*-301*-302*-304*-306*-307*-309*-317,** 632.
Abbone di St. Germain des Prés, poeta latino, 150.
Abelardo (Pietro —), teologo e poeta latino medievale, **610**.
Abu Bakr Muhammad ibn Zakariyya al-Razi, medico e alchimista arabo, **807**.
Achinaldo, notaio, 100.
Acta Sanctorum Ordinis S. Benedicti, **103**.
Adalardo, arcicancelliere, 150.
Adalberto, re d'Italia, **511, 625**.
Adalgerio, messo imperiale, **587**.
Adaloaldo, re longobardo, **776**.
Adelardo, diacono, **424-425**.
— di Bath, traduttore, **798**.
Ademaro di Chabannes, teologo, 251.
Adenet li Rois, giullare, **384-386**.
Adeodato, vescovo di Pavia, 125.
Adriano I, papa, 130.
— II, papa, 123.
Africa, 76, 709, 710*.
Agilulfo, re longobardo, **123, 776**.
Agobardo, arcivescovo di Lione, **355**.
Agricola (Giorgio Bauer), medico sassone, **764-765**.
Agricoltura: Coltivazioni, Animali, Aratri, Mulini ad acqua, 30*, 61*, **728-729*-730*-732*-733*-734*-735, 741*-742*-744*-745*-747*-749, 754**.
Aimé (Amato) di Monte Cassino, vescovo, storico, **675-676**.
Aimeric, de Pegulhan, trovatore, **176, 365**.
Alano di Lilla, poeta latino medievale, **253**.
Alberghi e Fondaci, **718-726**.
Alberico da Rosciate, giurista, 467.
— di Montecassino, grammatico, 122.

Alberico Giacomo di Milano, 785.
Alberto d'Absburgo, **642**.
— di Morra, v. Gregorio VIII.
— Magno, filosofo latino medievale, 743, 808*, 812.
Albricus Bonutii, console, 34.
Alcuino, poeta e poligrafo, **248-249, 355**.
Aldobrandini Gilberto, 43.
Aldobrandino da Siena, medico trattatista, **200-213**.
Alessandreide, **150-151*-152***.
Alessandria, **683**.
Alessandro II, papa, **154, 642**.
— III, papa, **324, 558*, 675**.
— IV, papa, 301.
— di Tralles, medico, 197.
— Jatrosofista, medico, 194.
— Magno, 132.
— Telesino, storico latino medievale, **573**.
Alfano, poeta, medico e arcivescovo di Salerno, **198, 814**.
Alfieri Ogerio, annalista piemontese, **324**.
Alfonso X l'Astronomo, **704**.
Alfredo, re degli Anglo-Sassoni, **691**.
Algebra, **798-799**.
Algoritmo, **802**.
Alì Abas, medico arabo, 202.
Alidosi, **780**.
Alimentazione, v. Vitto.
Al-Kwarizmi, matematico arabo, **798**.
Almagesto, **798-799**.
Alpi - Appennini, 322, **668, 680, 685**, 748.
Altichiero, pittore, 328, **330**.
Amalfi, 79, 109, 442, **618**, 690, **704-706**.
Amalfi, Ducato di —, **562**.
Anastasio, bibliotecario e cancelliere della Chiesa Romana, **123**, 125, 296.
Anastasius di Lodi, negoziatore, 92.
Anathomia, **189**.
Ancona, Marca di —, **33, 832**.
Angelo di Manuele, medico ebreo, 465.
Annali astigiani, **324**.

Annali cassinesi, **610**.
— genovesi (*Annales Januenses*), **588, 676, 700, 880**.
Anonimo Valesiano, 344.
Ansaldo de Mari, ammiraglio, **698**.
Anselmo di Lucca, 154.
Ansperto, arcivescovo, 100.
Antapódosis, 82.
Antelami, costruttori, **793-795**.
Antonio da Lampugnano, **530**.
Apuleio (Lucio —), scrittore romano, 194.
Aquileia, 123, 403, **541**, 675.
Aquisgrana, 87, 372.
Aratro, L'—, v. Agricoltura.
Arcadio, imperatore, 457.
Arcimatteo, medico, **814**.
Arduino d'Ivrea, re d'Italia, **534**.
Arezzo, **411**, 473*, 478*, 487*, **490, 600, 832, 868**.
Ariberto, arciprete di Cremona, **490**.
— da Intimiano, arcivescovo di Milano, 88, **422, 521, 550, 588, 633, 866**.
Arigiso V, duca, 123.
Arioaldo, *notarius Sacri Palatii*, 93.
Ariosto Ludovico, poeta, 227.
Ariprando (detto *Giudice*), console di Milano, **521**.
Aristocrazia: Magnati, Nobili, *Boni homines, Consules, Milites*, 4, **15-31*-43, 80-81**, 88, 100, **216-272, 420-423, 498, 573, 589, 611**.
Aristotele, filosofo greco, 132, 202, 707.
Arithmetica, **798**.
— *decem libris demonstrata*, **801**.
Armanno di Guglielmo, apprendista-fabbro, **662**.
Arnaldo da Brescia, teologo latino medievale, **610**.
— Daniello, poeta provenzale, **178**.
Arnolfo, arcivescovo di Milano, **534**.
— di Germania, imperatore, 148, 150.
Aroldo, re d'Inghilterra, **872**.
Arrigo VII, imperatore, 66, 271, 272.
Ars dictandi, **119-128, 130-136, 146-150, 164-178, 252**.
Arti e Mestieri (*Ministeria* o *Misteria*):
  Albergatori, 99, 621, 632, 660, 720-722;
  Armaioli, 11*;
  Barbieri, 99;
  Beccai e Macellai, 99, 485, 508*, 650, 654-655*;
  Bottai e Barilai, 98*, 474, 485, 507*;
  Calderai, 99;
  Calimala, 6, 68, 70, 485;
  Calzolai e Ciabattini, 6, 102*, 105*;
  Cambiatori, 6, 99, 659, 720, 800;
  Candelari, 485;
  Caprettari, 485;
  Carradori, 58;
  Cavatori d'oro, 109;
  Chiavaioli, 99;
  Corazzai, 99;

Arti e Mestieri (*Ministeria* o *Misteria*):
  Coreggiai, 99;
  Cuoiai, 109;
  Fabbri, 96, 97*, 99, 105*, 485, 758;
  Fabbricanti di drappi d'oro e porpora, 99;
  Farsettari, 99;
  Ferraioli e Ferrari, 99, 101;
  Fornaciai e Fornai, 99, 772;
  Giudici, 6, 38, 81, 153-178;
  Lanaioli, 6, 14, 58, 65-66, 99, 650, 784-792;
  Legnaioli, 99, 656-657;
  Lignari, 101;
  Linaioli, 99, 606*, 650;
  Maestri di legname e di pietra, 6, 14, 96, 101*, 103*, 107*, 342, 482;
  Medici e Speziali, 6, 98*, 99, 114, 180-213, 465, 607*, 608, 658, 665;
  Murari, 101;
  Nauteri, 110, 699;
  Notai, 6, 14, 38, 76, 114-115*-119, 157-159, 164, 177-178, 357, 617*;
  Oliandoli, 99, 657;
  Orafi, 99, 485;
  Ortolani, 657, 660;
  Pastori, 607*;
  Pescatori e Pescivendoli, 97*, 109, 631, 665;
  Pellicciai, 96, 99, 657;
  Pizzicagnoli, 99, 657;
  Rigattieri, 99, 650;
  Saponari, 110;
  Sarti, 99, 607*;
  Scudieri, 99;
  Setaioli, 13*, 779;
  Speronari, 485;
  Tavolacciai, 99;
  Tessitori, 53*, 55, 99, 304, 780*;
  Tintori, 99, 305, 791;
  Vaiai, 99;
  Vetrai, 99, 766-770;
  Vinattieri, 99, 506*, 650, 654*.
Arti liberali, **114**, 123, **154, 197, 619**.
Artigiani, **96-112, 606-608, 646-665**.
Ascoli Piceno, 476*, 832.
Assisi, 46, 405, **599**.
Asti, 85, 88, 89*, 832.
Astolfo, re dei Longobardi, **80**.
Atlantico, oceano, 671.
Aue, von —, Hartmann, poeta tedesco, **814**.
Aureliano (Celio —), medico romano, **814**.
Aurelio, medico, **194**, 197.
Avicenna (Alì-ibn-Sina), filosofo arabo, 180, 202, **807**.
Axandri Tomasino, fiolero, **768**.
Azzo VI d'Este, **176, 512**.
— VIII d'Este, 350.
Azzone Zeppo, vicario arcivescovile, **743**.

B

Bacchelli Riccardo, scrittore, 46, 55-59, 70.
Baldi Zaccaria di S. Agata, 457.
Banchi di cambio e prestito: Banchieri, 6, 48, **55-58, 71, 428, 831, 847, 849-850.**
Bandi lucchesi, **71.**
Baone, consorzio comitale di —, **38.**
Bari (e Terra di —), **568, 574, 576,** 850.
Bariberto, negoziante, 82.
Barone di Mangiodori di S. Miniato, **879.**
Bartolo da Sassoferrato, giurista, **624, 629, 632.**
Bartolomeo, maestro salernitano, 198.
— da S. Concordio, fra' —, 314.
— de Fornari, notaio genovese, 718.
— Scriba, cronista, **700.**
Bassano, **490.**
Beatrice d'Este, 176.
— di Lorena, 284, **350.**
— di Provenza, 202.
— di Toscana, marchesa, 441.
Beccaria Alfonso, 105.
Beck, 375.
Beldomandi, matematico, **802.**
Belgio, **436-440.**
Bellini Giovanni, pittore, **412.**
Bellum parisiacae urbis, **150.**
Belluno (e Bellunese), 36, **601.**
Bencivenni Bene, 59, **61-62.**
— Cisti, 61.
— da Norcia, 114.
Bene di Firenze, 122.
Benedetto di S. Andrea del Soratte, monaco, **381.**
— di Wearmonth, abate inglese, **766.**
Benenca de Scufis, *magister Antelami*, **793.**
Beneveni, *specularius*, **769.**
Benevento, **504.**
Benevento, Principato di —, 562.
Benjamin di Jona da Tudela, **458-461,** 668.
Benvenuto da Imola, **347.**
— Grafeo, medico oculista, **823.**
Berengario I, imperatore, 148, **150-153,** 587, 830.
— II, imperatore, **511, 625.**
Bergamo, 359, 405, **587, 600,** 683, 731, **833.**
Bergier J., 809.
Bernardo di Maestro Antonio, 398.
— di Ventadour, trovatore, 176, **252.**
—, re d'Italia, 300.
Bernardone Pietro, mercante, **46-59.**
Berta da li gran piè, **384.**
Bertran de Born, trovatore, **242,** 253.
Besta Enrico, 154, 155.
— Giacomo Filippo, cronista, **866.**
Bezzola, 165, 166, 167, 220, 226, 248-251.
Bianca di Castiglia, madre di S. Luigi, 202.
— di Champagne, 441.

Biblioteche medievali, v. Cultura.
Biringuccio Vannoccio, ingegnere senese, **764.**
Bisanzio (o Costantinopoli), 82, 323, **563-564, 694, 719, 724, 739.**
Bitonto, **490.**
Bobbio, **252.**
Boccaccio Giovanni, 180, 190, 272, 294, 337, 745.
Boemia, **764.**
Boemondo, figlio di Roberto il Guiscardo, **814.**
Boggio Orestina, studiosa, 72-76.
Bognetti G. P., 679.
Bologna, 43, 114, 117*, **118,** 119*, 121*, 155, **174, 176,** 180, 351, 405, 450, **457, 472, 484, 599, 608, 620-622, 780-781, 832.**
Bolvinus, *faber*, 101.
Bolzano, **485, 843.**
Bonassola, **324.**
Boncompagno da Signa, maestro dettatore, 122, **175-176,** 270.
Boncompagnus, **175-176.**
Bonfiglio, giudice, 153.
Bonifacio VIII, papa, 79, 300, **465, 642.**
— IX, papa, **465.**
Bonifazio del Monferrato, 365.
—, marchese di Toscana, 284, **350, 352.**
Boninsegna Duccio, pittore, 412.
Bonizo del fu Stefano, e Pietro di Bonizo, livellari, **503.**
Bonvesin de la Riva, poeta, **472, 484, 489, 858, 866.**
Borghesano Francesco e Bolognino, setaioli, **753, 780-781.**
Borghesia, Alta — mercantile e industriale: *negotiatores, monetarii, artifices,* **21-26, 46-93,** 96, **100-101, 107-112, 258, 425.**
Bosone, conte, 100.
Bosso, lanaiolo di Genova, **826.**
Bovo d'Antona, **384.**
Brescia, 450, 472, **600, 632,** 683, **832, 876.**
Breviarium de dictamine, **121.**
Brindisi, **490.**
Brunetto Latini, maestro e notaio, 171*, **177-178, 530, 748.**
Bulgaro, giurista, **623.**
Buonarroti Michelangelo, 57.
Buondelmonti Buondelmonte, gentiluomo, 16.
Burgundione da Pisa, traduttore, 200.
Bussola, La —, **702-703*-706.**
Buvalelli Rambertino, trovatore, **176, 253-254.**

C

Caccia e Pesca, 216, 247*, 262*, 263*, 509*, **515-516*-517*-519*-522*-523*-525*-526*-527*-528*-529*-530*-531.**
Caccianemici Gherardo, v. Lucio II.

Caffaro, cronista genovese, **588, 676, 874.**
Cairo Montenotte, **512.**
Calabria, 442, 574, 726.
Calcaterra Carlo, 114, 115, 183, 186, 187, 188, 189, 190, 200.
Callistene, pseudo —, scrittore greco, 238.
Calvo Bonifazio, trovatore, 253.
Campagna, La —, **552-554.**
Campaldino, Battaglia di —, **879.**
Candiano Pietro, doge, 351.
— — IV, doge, **612.**
Cangrande della Scala, 347, **350-351.**
Can Signorio della Scala, 757.
Canosa, **284.**
Canossa, **635.**
Cantore Pietro, chierico, **377.**
Canuto, re d'Inghilterra, **677.**
Capitolare di Tionville, 80.
— *Italico*, **548.**
Capitolari de exercitu, **80, 144.**
Capitulare de disciplina palatii aquisgranensis, **85,** 87.
— *di Cresconio*, **140*-141.**
— *nauticum*, **77*.**
Capitularia regum Francorum, **144*-145*, 618.**
Capua, **174.**
Capua, Principato di —, **562, 563.**
Carcano, Battaglia di —, **874-877.**
Cardano Gerolamo, scienziato, **704.**
Carducci Giosuè, poeta, 177, 348.
Carleto, **384.**
Carli F., 83, 111.
Carlo I, conte di Provenza, **346-347.**
— I, d'Angiò, **568.**
— II d'Angiò, **735.**
— V, re di Francia, **735.**
— il Calvo, imperatore, **123.**
— Magno, imperatore, 27, 80, 84, 122, 130, 139, 144, 146, 228*, **248-249,** 296, 302, 353, 371, **381-383, 736, 828.**
— Martello, 130.
Carmina Mutinensia, **589.**
Carpaccio Vittore, pittore, **412.**
Carros, **365.**
Carta pisana, **706.**
Cartae libertatis, **32.**
Carte nautiche, **706-707*-708*-709*-710.**
Casa e Arredo, 57*, 58*, 313, **320-323*-325*-326*-327*-329*-334*-338*-339*-340*-341*-342,** 486, 488.
Casale, **484.**
Casa pisana e i suoi annessi, **337.**
Casate, Famiglie:
 Acciaioli, 25;
 Adinari, 21, 23, 332;
 Ammanati, 841;

Casate, Famiglie:
 Andria, 512;
 Aragona, 7, 517, 679;
 Barcellona, 513;
 Bardi, 25, 55;
 Baroncelli, 843;
 Borbone, 529;
 Borgogna, 172, 723;
 Borromeo, 517;
 Buondelmonti, 21, 23;
 Candiano, 612;
 Carrara, 38;
 Cavalcanti, 21,23;
 Dal Verme, 105;
 Da Romano, 253;
 Della Tosa, 23;
 De Volta 476;
 Este D'—, 253;
 Farolfi, 59;
 Gianfigliazzi, 63;
 Lamberti, 23;
 Lambertazzi, 351;
 Malaspina, 253;
 Malatesta, 603;
 Monferrato, 253;
 Orseolo, 612;
 Ottoni, 34, 42, 830;
 Partecipazio, 612;
 Peruzzi, 25, 55, 841-843, 846;
 Roggeri, 476;
 Saluzzo, 498;
 Savoia, 253, 585*;
 Savona, 512;
 Spinola, 476;
 Torriani, 17*;
 Tosinghi, 21;
 Uberti, 16;
 Visconti, 180, 472, 479, 517, 863;
 Visdomini, 21, 23.
Casella da Pistoia, musico, **414.**
Cassiodoro (Flavio Magno Aurelio —), cancelliere, **125-127,** 344.
Castellani Arrigo, 46, 59, 63, 65, 68, 70, 114.
Castelli e Torri:
 Ascoli Piceno, 476*;
 Asti, S. Secondo, 89*;
 Carcano, 874;
 Castel del Monte, 578*, 579*;
 Civitella, 34;
 Falerone, 32*;
 Gioia del Colle, Normanno, 562*;
 Manta, della —, 222*, 223*, 224*, 225*;
 Matelica, 34;
 Milano, Sforzesco, 421*;
 Parodi, 598;
 Pavia, 26*;

Castelli e Torri:
  Pontassieve, 502;
  Roma, Rienzi, 325*;
  Rotondo, 34;
  Salerno, 437;
  S. Gimignano, 24*;
  S. Maria, 34;
  Tolentino, della Rancia, 36*, 37*;
  Trento, dell'Aquila, 530*;
  —, Roncolo, 218*, 219*;
  Viterbo, S. Biele, 477*.
Castracane Castruccio, Signore di Lucca, **871**.
Catania, **568**.
Catanzaro, **779**.
Catone (Marco Porcio —), scrittore romano, 245, 735.
Cauchy A., matematico francese, 801.
Cavalcanti de' —, Cavalcante, 10*-11.
—, — —, Filippo, mercante, 59.
—, — —, Francesco, mercante, 63.
Cavallo, Il —, come mezzo di lavoro, **735-736*-737*-738*-739*-740**.
Cecchi Gian Maria, commediografo, 57.
Cecco d'Ascoli, astrologo e poeta, **190**.
Celestino II, papa, **609**.
— III, papa, 536*.
Celso (Aulo Cornelio —), medico romano, **814**.
Cenne della Chitarra, giullare, **274-281**.
Cepolla Bartolomeo, giurista, 479.
Ceramica, La —, 770-772*-773*-774*-775*-776*-777*-778*.
Cerchi, de' —, Consiglio, mercante, **68**.
Certaldo, 481*.
Chadolfo, vescovo di Novara, **123**.
Chanson de Roland, **165-169**, **238**, **379**.
Chieri, **450, 838**.
Chiesa - Papato - Vaticano, 56, 73, **110-112**, 119, **122-123**, 134, 146, 163, 190, 229, **371, 375, 391-394**, 397, **400**, 429, 432, 447, 462, 466, 540, 551, 562-563, 609, 618, 633-643, 749, 800.
Chiese, Cattedrali, Monasteri, Oratori, Santuari:
  Anagni, Cattedrale, 289*;
  Aquileia, S. Maria, 498;
  Arezzo, Duomo, 561;
  —, S. Maria della Misericordia, 411;
  —, S. Maria della Pieve, 279*;
  Assisi, S. Francesco, 338*, 341, 478*, 483*, 497*;
  —, S. Maria Maggiore, 50;
  Asti, Battistero di S. Pietro, 90*;
  Bayeux, 694;
  Bologna, S. Francesco, 121*;
  —, S. Petronio, 445*;
  Brescia, S. Giulia, 88;
  —, S. Pietro, 632;
  Brindisi, S. Maria dei Teutonici, 490;
  Brugnato, Abbazia, 544;

Chiese, Cattedrali, Monasteri, Oratori, Santuari:
  Chiaravalle, Abbazia, 17*, 848;
  Cluny, Abbazia, 633, 634*, 635*;
  Como, Duomo, 496*;
  Conversano, Cistercense, 432;
  Cremona, Duomo, 426*, 495*;
  —, S. Agata, 490;
  Ferrara, Duomo, 275*, 276*, 278*;
  Fidenza, Cattedrale, 535*;
  Firenze, Duomo, 416;
  —, Or S. Michele, 411-412;
  —, S. Anna, 411;
  —, S. Croce, 283*, 337, 487*;
  —, S. Giovanni, 656;
  —, S. Maria del Carmine, 412;
  —, S. Maria Novella, 412, 492;
  —, S. Spirito, 412;
  Genova, S. Ambrogio, 720;
  —, S. Lorenzo, 465, 795;
  —, S. Marta, 785;
  Grottaferrata, Abbazia, 519*;
  Lucca, S. Frediano, 516;
  Milano, Duomo, 768;
  —, S. Ambrogio, 81, 89, 91, 92, 100, 102, 284, 535, 848;
  —, S. Antonio, 485;
  —, S. Barnaba, 490;
  —, S. Calimero, 848;
  —, S. Eustorgio, 847;
  —, S. Marcellino, 789;
  —, S. Maria, 521;
  —, S. Paolo, 453;
  —, S. Primo, 848;
  —, S. Simpliciano, 490, 776, 848;
  —, S. Sisto, 484;
  —, S. Vittore al Corpo, 848;
  —, S. Zeno, 453;
  Modena, Cattedrale, 388, 494*, 505*;
  Montauro, Abbazia, 512;
  Montecassino, 33*, 164, 195, 198, 252, 787;
  Monza, S. Giovanni, 534, 552;
  Napoli, S. Anna dei Lombardi, 411;
  Nonantola, Abbazia, 516, 729;
  Novalesa, Cappella S. Eldrado, 440*, 500*, 712*, 789*;
  Orvieto, Cattedrale, 766;
  Padova, S. Antonio, 659*;
  —, S. Giorgio, 330;
  —, S. Giustina, 403;
  Palermo, Cappella Palatina, 566*, 567*;
  —, Cattedrale, 585*;
  —, Martorana, 564*;
  Parma, Battistero, 428*;
  Pavia, S. Martino, 108;
  —, S. Michele, 535, 542*;
  —, S. Salvatore, 105-106;

Chiese, Cattedrali, Monasteri, Oratori, Santuari:
Pisa, Battistero, 522*, 523*;
—, S. Francesco, 482;
Ravello, Duomo Vecchio, 430*;
Roma, S. Giovanni Decollato, 411;
—, S. Gregorio al Celio, 610;
—, S. Maria della Porta, 398;
S. Galgano, Abbazia, 264;
S. Gallo, Abbazia, 193;
S. Giorgio della Pigneda, Abbazia, 733;
Siena, S. Bernardo, 411;
—, S. Caterina, 411;
Tortosa, Cattedrale, 592*;
Vangadizza, Abbazia, 512;
Venezia, dei Frari, 768;
—, S. Giorgio degli Schiavoni, 412;
—, S. Giovanni Elimosinario, 719;
—, S. Marco, 412;
—, S. Orsola, 412;
—, S. Rocco, 412;
—, S. Stefano, 412;
Vercelli, S. Andrea, 490;
Verona, Canonicato, 149*.
Chimica, La —: Alchimisti, 804-805*-806*-807*-808*-809*-811*-813*.
Chiri, 165, 169.
Chirurgia, 200.
Chrétien de Troyes, poeta francese, 226, 228, 234, 238-239, 258.
Chronicon di Gosberto, 765.
— *novalicense*, 353.
— *piacentino*, 337.
— (*Romualdi Salernitani* —), 564.
Cicerone (Marco Tullio —), oratore romano, 518.
Cielo d'Alcamo, poeta, 360-361.
Cigala Lanfranco, trovatore, 253-154.
Cina (Catai), 685-686*-687*-688*, 738.
Cino da Pistoia, giurista e poeta, 173*, 278, 624.
Ciompi, Sommossa dei —, 608, 648.
Cipolla C. M., 829-830, 837.
Città, La —: Case, Cattedrali, Ospedali, Polizia urbana, Vita cittadina, 472-473*-475*-476*-477*-478*-479*-480*-481*-482*-483*-486*-487*-488*-491*-492*-494*-495*-496*, 835*.
Claro G., giurista, 446.
Classi sociali, v. Società comunale italiana.
Codex carolinus, 112, 130, 135.
Coena Cypriani, 371.
Cofone *junior*, maestro salernitano, 198.
Cola di Rienzo, tribuno, 611.
Collectio canonum, 144.
Colle Val d'Elsa, 842*.
Cologno, 91, 100.
Columella (Lucio Giunio Moderato —), scrittore romano, 735.

Comacchio, 80.
Comacini, I maestri —, 793-794.
Commerci: Botteghe, Mercanti, Mercati, 6, 14, 21, 38-43, 46-47*-48*-49*-50*-51*-54*-60*-64*-65*-93, 96, 103, 108-111, 584, 588, 595, 607-608, 618, 632, 647-649*-650*, 663-664, 675-679, 685-689, 718-723*-725*-726, 850.
Como, 520, 597, 600, 632, 684, 793-794, 834.
Compagni Dino, poeta, 66, 75, 271, 879.
Comparetti, 139.
Comune, Il —: Origine, Ordinamento, Statuto, Assemblea, Consoli, Podestà; Comuni di Castello, Rurali, Urbani, 16-43, 472-496, 534, 586-590, 596-608, 625-626*-633.
Concili di:
Aquisgrana, 354;
Bressanone, 635-636;
Cabillonum (Châlon-sur-Saône) II, 355;
Clermont, 746;
Lateranense II, 346, 560; IV, 462;
Lione, 286;
Reims, 346;
Tours III, 354.
Concorezzo (*Vico Concorecio*), 92.
Confraternite, v. Religiosità popolare.
Consorterie, 16-19, 59, 388.
Constitutio de regalibus, 111-112.
Consuetudini di Milano, v. *Liber Consuetudinum Mediolani*.
— *di Normandia*, 437.
Convivio, 183, 768.
Corinaldo (Marche), 480*.
Corporazioni, 110-112, 646-647*-653*-661*-664*-665.
Corrado II il Salico, imperatore d'Occidente, 85-86*, 88, 422, 541, 551, 560-561, 618, 677.
— III di Sassonia, imperatore, 591*.
Corsica, 447.
Cortesia, La —, 216-217*-218*-219*-220*-221*-222*-223*-224*-225*-227*-228*-230*-231*-233*-234*-236*-240*-241*-243*-245*-247*-254*-255*-256*-257*-260*-262*-263*-264*-265*-267*-269*-272*, 348*, 373*, 432*, 488*.
Costantino, imperatore, 562-563, 673.
— II, papa, 130.
— Africano, medico, 197-198, 200, 202.
Costanza, imperatrice, 438*.
Costanza, Pace di —, 514, 629-630*, 632, 683.
Costanzo, abate di Brugnato, 544.
—, imperatore, 740.
Crasso Pietro, giurisperito, 638.
Cremona, 38, 80, 405, 490, 550*, 587, 600, 683, 685, 731, 782, 832, 865.
Crescenzi, de' —, Pietro, agronomo bolognese, 534, 735, 743, 745-746.
Crescenzio, attore alla Corte pontificia, 371.

Crispo Benedetto, maestro di arti liberali, 123, **190-192**.
Cristiani, 21, 23, 25.
Crociate, Le —, 426, 555, 588, **590-591*-592*-593*-594*-596, 715*, 716, 874**.
Cronaca estense, **350**.
— *parmense*, **350**.
Cronachetta, **340**.
Cronica cassinese, **296**.
— *domestica*, **70**.
— *fiorentina*, **4-14, 285, 287**.
Crotta Sebastiano Antonio, senatore, **650**.
Crusca, Accademia della —, 46, 56-57.
Cultura: Scuole, Biblioteche, Libri, Maestri, Studenti, Tradizione letteraria, scolastica, giuridica, scientifica, 7, **46-93**, 96, **114-121*-124*-126*-129*-131*-137*-140*-141*-142*-143*-144*-145*-147*-151*-152*-159*-160*-161*-162*-173*-178**, **180-181*-182*-185*-187*-192*-199*-209*-210***, 213, **216-272, 344-386, 411-412, 466-468*-469*-470, 619-624, 814, 817-818, 839-840***.
Curia vassallorum, 37, 38, **423**.
Cusella Rolino di Portofino, **679**.
Cyrurgia, **188**.

D

D'Achéry, 102.
Daiberto, vescovo, **484**.
Dalorto Angelino, cartografo, **706**.
D'Ancona Alessandro, 272.
Dandolo Andrea, doge, **351**, 613*.
Dante (Alighieri —), 14, 19, 76, 127, 175, 177, 178, **183-186, 226, 238, 242**, 270, 272, 374, 395, 524, 530, **590, 608, 624, 642, 769**, 824.
Darete Frigio, scrittore greco, 238.
Dati Giuliano, 398.
— Goro, mercante e poeta, **70, 72-73, 75-76**.
Davidsohn, 391.
De alchimia, **812**.
De animae exilio et patria, **194**.
De arte numerandi, **802**.
— — *venandi cum avibus*, **531**.
De Ascheriis Giacomo, avvocato, **839**.
De Bartholomaeis, **359-360**, 363.
Decamerone, **180, 359, 745**.
De canonibus, **144**.
De compositione medicamentorum, **814**.
De corpore et sanguine Domini, **154**.
Decretum Gratiani, **433, 560**.
De cursu publico angariis et parangariis, **740**.
Defensio Heinrici IV regis, **638**.
De gestis Friderici Augusti, **346**.
Deghi Noffo e Vese, mercanti, **59, 67**.
De institutione clericorum, **246**.
— *instructione medici*, **814**.

Della origine et meraviglia della città di Milano, **866**.
Della Torre Napoleone, 865*.
Del Lungo Isidoro, 407.
De mercatore, **373-374**.
Democrito di Abdera, filosofo greco, **193**, 728.
Demonstratio de algorismo, **801**.
De mulierum passionibus ante, in et post partum, **814**.
Denari Odofredo, assessore a Padova, **603**.
De natura et gratia, **150**.
Deotto, 189.
De ponderibus, **797**.
De Porta Emanuele Nicola, notaio, **447**.
De proprietatibus rerum, **195**.
De quinquaginta curialitatibus ad mensam, **489**.
De Renzi Serafino, storico, 198.
Deroldo, medico e vescovo, **195-196**.
De servitutibus urbanis, **479**.
Desiderio, abate di Montecassino, v. Vittore III.
De sphaera mundi, **802**.
De triangulis, **802**.
De uniformitate et difformitate qualitatum, **802**.
De venatione, piscatione et aucupio, **515**.
De virtutibus herbarum, **123, 190-193**.
Dhuoda, **251**.
Dictamen, **122**.
Diete, **202**.
Diogene d'Apollonia, filosofo greco, 202.
Diomede, grammatico, 132.
Diritto Canonico, **433-434, 449, 560, 619**.
Diritto Romano, **435**, 436, 445, **541, 616, 618, 622, 626, 629**.
Distica Catonis, **244**, 248.
Doctrinal de cortoisie, **246-247**.
Ditti Cretese, scrittore greco, 238.
Donatello, scultore, 411.
Donati Corso, capo dei Neri, 189.
Donato Elio, grammatico latino, 73, 139.
Donizone di Canossa, cappellano, **283**, 350.
Donna, La —: Matrimonio, Prostituzione, **428*-430*-431*-432*-433*-434*-435*-438*-439*-440*-444*-445*-448*-450*-451*-452*-455*-457**,
Doria Alberto, ammiraglio genovese, **882**.
— Percivalle, trovatore, 253.
— Simone, trovatore, 253.
Drogone, *dux et magister Italiae*, **563**.
D'Ovidio Francesco, filologo e critico, 374.
Du Cange (Du Frésne —) C., 298, 300, 301, **524**.
Du Fouilloux J., **524**.
Du Moulin, giurista francese, 437.

E

Ebrei, Gli —, 49, 56, **458*-459*-460*-461*-463*-466, 567-568, 572**.
Eccardo, conte, 194, **250**.

Edilizia, **486**, **775-776**, **793-794*-796*-797*-798**.
Editti dei re longobardi, **139**, **144**, 147*, **435**, **618**.
Egberto, vescovo, 137*.
Eginardo, storico latino medievale, 381.
Egino, monaco, 125, **141-142**.
Egitto, **679-680**.
Eleonora d'Aquitania, regina di Francia, **233-234**, 441.
Emerico da Piacenza, padre generale dei Domenicani, **735**.
Emilia, 39, 403, 405, 442, 472, **534**, **607**.
Empoli, Lega di —, 11*.
Eneas, **238-239**.
Ennodio (Magno Felice —), vescovo di Pavia, **345**, 488.
Enrico I, re d'Inghilterra, 489.
— II di Germania, imperatore, **534**, 538*, 539*, **544**, **554**, 639*.
— III di Germania, imperatore, **563**, **587**, **677**.
— IV di Germania, imperatore, **535**, 545*, **634-635**.
— IV d'Inghilterra, **721**.
— V di Germania, imperatore, 559*, **623**.
— VI di Germania, imperatore, **490**, 536*, 556*.
— VII di Lussemburgo, imperatore, 550*, **642**.
— da Milano, frate minore, **450**.
— da Susa, cardinale Ostiense, **185-186**.
Enzo, re, **118-119***.
Epifanio, vescovo di Pavia, **488**.
Erasmo da Rotterdam, filosofo, 489.
Erik il Rosso (e figli: Lief, Thornwald e Thorstein), navigatori, **692-693**.
Ermanno da Reichenau, matematico, **798**.
Ermengarda di Narbona, 441.
Ermoldo Nigello, poeta latino medievale, **371**.
Ernoldo, *magister negotiatorum*, **87**.
Erone, ingegnere greco, 795.
Esculapio, pseudo —, 197.
Eserciti - Flotte: Armi, Battaglie, Compagnie di ventura, **424**, **569**, **576**, **712-713**, 755*-756*-757, 857-859*-860*-861*-862*-864*-865*-868*-869*-870*-871*-873*-875*-876*-877*-878*-880*-881*-883*-884*-885.
Euclide, scienziato greco, **798**, 799.
Eugenio IV, papa, **462**.
— Toletano, 150.
Europa, 26, 59, 82, 189, 199, 200, 202, 226, 258, 322, 462, 472, 488, 530, 554, 724, 728, **738-739**, **775-776**, **788**, 794.
Eutropio, storico romano, 132.
Everardo, margravio del Friuli, 194, **250**.
Exordia regni Assyriorum, Amazonum, Scytarum, 132.
Expositio ad librum papiensem, **619**.
Expositiones in arduum Aphorismorum Hippocratis volumen, **186**.
Ezzelino da Romano, 350.

F

Faba Guido, retore e dettatore, **169-172**.
Fabriano, 33, 35*.
Facetus, **246**.
Faenza, **351**.
Falco, **36**.
Faliero Marin, doge, **337**, **614**.
— Ordelaffo, doge, **612**.
— Vitale, doge, **462**, **612**.
Fanfani A., storico dell'economia, **841**, **844**.
Faral Edmond, **357**, **363**, **377**.
Farolfi Giovanni e Tommasino, mercanti, **63**.
Fasani Ranieri, **401-405**.
Fava Guido, 120.
Federico I «Barbarossa», imperatore, 111, 322, **420**, **423**, **426**, **466**, **509**, **513**, **548**, **552**, **561**, **589**, **603**, **620**, **622-623**, 628*, **629**, **632**, **636**, **642**, **684**, **729**, 833*, **863**, **866**, **874-878**.
— II, imperatore, 174, 202, 281, 284, 288, 438*, 445, **462**, **466**, 469, **529**, **531**, **563**, **572**, **577-580***-581*-584*-585*-586, **607**, **621**, **736**, **816-817**, **838**, **881**.
Feltre, **601**, **656**.
Ferdinando I d'Aragona, **517**.
Fermo, **490**, **833**.
Ferrara (e Ferraresi), **350**, 405, 457, **600**, 603, **832**.
Festo Pompeo, grammatico, 149.
Feudalesimo: Feudi, Signori feudali, Vassalli, **16-32**, **35-43**, **82-87**, **228-234**, **249**, **420-421**, **516-517**, **532**, **541**, **563-564**, **566**, **568**, **572-574**, **610**, **858**, **878**.
Fiamma Galvano, cronista lombardo, **485**, **723**.
Fibonacci Leonardo, v. Leonardo Pisano.
Fiere: di Champagne e di Fiandra, 50, **722-724**, 850.
Filippo I, re di Francia, **724**.
— d'Acaia-Savoia, duca, **844**.
— di Svevia, **642**.
—, figlio di Luigi VI, **485**.
— il Bello, re di Francia, **749**.
Filotegno (Il filotecnico), **798**.
Finanze e Tributi: Camera, Dazi, Decime, Dogane, Imposte, Monopoli, Regalie, Tasse, Vita economica, **6-12**, **23-26**, **46-93**, **96-112**, **154**, **332**, **427-428**, **447**, **454**, **464-465**, **508**, **512-515**, **546-548**, **552**, **555-561**, **566**, **568**, **572**, **575-577**, **588-590**, **607**, **616**, **621**, **624**, **631-633**, **643**, **662**, **677**, **683**, **724**, **749**, **831**.
Fini Baldo, mercante e ambasciatore, **65-66**.
— Renieri, mercante, **64-67**.
— Schiattino, mercante, **65-66**.
Finoli Anna Maria, 344.
Firenze, 4-5*-8*-13*-14, 16, 23, 43, 55, 59, 66, 72, 79, 96, 99, 114, 190, 254, 268, **285**, **288**, 325, 328, 331, 342, 352, 405, 426, 450, **455-456**, 472,

479, 482, 484-485, 489, 493, 532, 597, 600, 603, 608, 631, 648, 650-651, 783, 788, 791, 833, 836, 841, 847, 867, 871, 879.
Fiumi Enrico, critico, 4, 21, 23.
Flach, 232.
Flavia Papia sacra, 106.
Flos super solutionibus quarundam quaestionum ad numerum et ad geometriam, 801.
— *ultimarum voluntatum*, 116.
Folco, frate lanaiolo, 785.
Folcone II, conte d'Anjou e signore d'Angoulême, 251.
Folgore di S. Gimignano, poeta, 258-272, 274-280, 532.
Fontana Domenico, architetto, 411.
Forbes R. J., 762.
Forma dictandi, 122.
Formulae imperiales e curia Ludovici Pii, 85, 87.
Formularis di Marcolfo, 136, 146, 154, 158.
Formularium, 114.
— *tabellionum*, 118.
Forte U., 795.
Frammenti cronistorici dell'Agro pavese, 106.
Franceschini Enzo, 200.
Francesco da Barberino, poeta, 56, 314-315.
Francesco da Carrara, signore di Padova, 338-340.
Franchi, I —, 591-595, 680, 689.
Francia, 25, 28, 50, 65-66, 83, 172, 202, 216-226, 233-234, 237-239, 380, 432, 437, 472, 524, 563, 568, 673, 728, 766, 770, 782, 785, 795, 828, 839, 844.
Franzesi Biccio e Musciatto, mercanti, 65.
Friuli, 403, 405.
Fulberto di Chartres, teologo e poeta, 130.
Fulgenzio Planciade, grammatico, 149.

G

Gabotto Ferdinando, 35-36.
Gaddi Taddeo, architetto, 411.
Gaeta, 109, 726.
Gaeta, Ducato di —, 562.
Gaio, giurista romano, 629.
Galeno di Pergamo, medico greco, 180, 183, 187, 189, 193, 194, 197, 198, 200, 202, 814.
Galvano Fiamma, 346, 757.
Gandolfi, 413.
Gandulfus, ruffiano, 457.
Garzo, ser —, poeta laudese, 395.
Gataro, cronista, 338.
Gattilusio Luchetto, trovatore, 253.
Gaufrido de Vinosalvo, maestro dettatore, 174.
Geber (Jabir-ibn-Hayyan), alchimista, 805-806, 811-812.
Gebhardt di Salisburgo, 637-638.
Gelasio II, papa, 122.

Gemma purpurea, 170-172.
Genova, 60, 253, 324-325, 331-332, 342, 403, 420, 436, 453-454, 461, 476, 479, 518, 560, 588, 595, 597, 601, 625, 678*-680, 698, 711, 716, 719-720, 722-726, 769, 777, 785, 793-794, 832, 834-837*-838, 843, 861, 865, 880-882.
Gerardo da Sessa, legato pontificio, 783.
— di Ariano, *magnus comes*, 574.
Gerberto di Cesi, v. Silvestro II.
Geri del Bello, 19.
Germania, 25, 405, 446.
Gerusalemme (e Terra Santa), 668, 670*, 671*, 673*, 674*, 675, 709, 874.
Gervasio Tilbanense, scrittore latino medievale, 297.
Gesta Berengarii imperatoris, 148, 150-153, 284.
Gherardo da Camino, signore di Treviso, 350.
— da Cremona, traduttore, 200, 798-799.
Gherli Fulvio, 819.
Ghibellini, I —, 391, 425, 476, 601, 867, 879.
Ghiberti Lorenzo, scultore, 411-412.
Ghisoni Romualdo, 106.
Giacomino del fu Donato di Portofino, 663.
—, fra' —, predicatore, 457.
Giacomo di Certaldo, mercante, 66.
—, re d'Aragona, 715.
Giano della Bella, cavaliere del popolo, 21, 608.
Giglio, Isola del —, Battaglia navale, 880*, 881*.
Gioielli, v. Abbigliamento.
Giordano Battista di Portofino, 679.
— da Nemore (o — da Neni, o — di Sassonia), matematico, 797-798, 801-802.
— da Rivalta, fra' —, 285, 314.
— de la Flamma, mercante, 723.
— di Pierleone, *patritius*, 610.
Giorgio d'Antiochia, ammiraglio, 569.
Giotto, pittore, 328, 337.
Giovanna di Hainaut, contessa, 441.
Giovanni VIII, papa, 123.
— X, papa, 148.
— Campano di Novara, astrologo, 804.
— di Antonio da Uzzano, mercante, 75.
— di Gaeta, v. Gelasio II.
— di Garlandia, scolastico, 122, 164, 248.
— di Giano, setaiolo, 73.
— di Guilione, maestro d'ascia, 846.
— di Holywood (detto il Sacrobosco), 802.
— di Murano, *fioler*, 768.
— di Salisbury, teologo e poeta, 284, 610.
— di Sicilia, matematico e astronomo, 804.
— di Verona, arcicancelliere, 152-153.
— frate lanaiolo, 785.
— Imonide, scrittore latino medievale, 371.
— le Charpentier, fra' —, 733.
— Plateario II, maestro salernitano, 198.
Giovanniccio (Honein ben Isac), medico arabo, 202.

Gisederius, *faber*, 101.
Gisempertus, ferario, 100.
Gisulfo II, principe di Salerno, **675-676**.
Giulini G., storico milanese, **848**.
Giulio Valerio, scrittore latino, 238.
Giustiniano, imperatore, **155, 515, 616, 618-626**.
Giustizia: Diritto e Legge, **540, 544, 550-551, 561, 564, 572, 574-576, 580-583, 603, 616-624, 626-631, 663-665**.
Glauber Giovanni, chimico tedesco, **811**.
Goffredo da Bussero, **490**.
— da Viterbo, **540**.
Gorra Egidio, 232.
Gosberto, abate di Tegernsee, **765**.
Grabman, 188.
Grado, **541**.
Graziano Francesco, canonista, **433, 560, 619**.
Gregorio III, papa, 130.
— VII, papa, **634-635**, 637*, **723**.
— VIII, papa, 122.
— IX, papa, **582, 881**.
— X, papa, 286.
— di Belluno, vescovo, **554**.
— Magno, papa, **138**.
Grillo Giacomo, trovatore, **253**.
Grimaldi Luca, trovatore, **253**.
Grosolano, arcivesco di Milano, **422, 628**.
Guala Bicchieri, cardinale, **490**.
Gualcosio, **618**.
Gualdo Jacopo, 105.
Gualfredo, maestro di fisica, 200.
Gualtieri della Calcinaia, podestà, **320**.
Gualtiero di Châtillon, poeta latino, **150-151*-152***.
Guarimpoto (o Garioponto), medico, **197, 814**.
Guastalla, 405, **600**.
Guelfi, I — (Bianchi e Neri), 11*, 18*, **476**, 601, **879**.
Guerenzo di Cairate, possidente, **848**.
Guerrini Olindo, 316.
Guglielmo I, re di Sicilia, **575-576**.
— III, conte di Poitiers e duca d'Aquitania, **250-251**.
— IX, conte di Poitiers e duca d'Aquitania, trovatore, 233.
— di Saliceto, medico, 188.
— il Conquistatore, re d'Inghilterra, **437, 693, 814, 872**.
— il Rosso, re d'Inghilterra, 199.
— Manaira da Carcano, capitaneo, **521**.
— Porcellana di Portovenere, **769**.
Guiberto, arcivescovo di Ravenna, **636**.
Guido da Baisio, **432**.
— da Castello, v. Celestino II.
— del Duca, 226.
— Reja, maestro d'arte, **663**.
Guilhelm de la Tor, trovatore, **365**.

Guilhelm de Montanhgol, trovatore, 254.
Guittone d'Arezzo, poeta e prosatore, 166*, 168*, 170*, **172-174**.

H

Habita, costituzione imperiale, **466, 620**.
Haroun-el-Raschid, califfo, **736, 805**.
Haskins, 200.
Herapione, 202.
Historia Alexandri Magni, 238.
— *Apollonii regis Tyri*, **132**.
— *Francorum*, **132**.
— *Langobardorum*, **132**.
Historiarum libri, **195**.
Honorantiae civitatis Papiae, v. *Instituta regalia et ministeria...*
Hugo le Noir, buffone, **368**.
Huon d'Oisy, troviero, **365**.

I

Ibn-al-Arvam, scrittore arabo, **728**.
Igiene e Dietetica, **180-201*-203*-208*-209*-210*-213**.
Impero Carolingio, **80-81**, 163, 249, **828**.
— d'Occidente, **562, 582, 609**, 775.
— d'Oriente, **562**, 580, 719.
— Germanico, 33, 163, 249, 548, **618-619, 640**.
— Romano, 29, 163, 249, 619, 736.
Industrialismo capitalistico, **45-93, 546, 762**.
Industrie tessili: Lana, Lino, Seta, **779-780*-781*-783*-784*-786*-789*-790*-792***.
Inghilterra (e Gran Bretagna), 26, 55, 68, 154, 226, **437, 472, 568, 693, 728, 738, 782, 795, 797, 837-838**.
Inguanez, padre —, 397.
Innocenzo II, papa, **609**.
— III, papa, 122, 130, 174, 176, 301, **433**, 462, **642, 675**.
In praeclarum regiminis auctorum Hippocratis opus, **186**.
Instituta regalia et ministeria camerae regum Langobardorum et honorantiae civitatis Papiae, 87, **104-112, 546, 646, 671**.
Institutio monialis, **488**.
In subtilissimum Johannitii Isagogarum libellum, **186**.
Invectiva in medicum, **180**.
Ippocrate di Coo, medico greco, **180-184*-187**, 194, 195, 198, 200, 202, 814, 824.
Irnerio, giurista medievale, **118, 616, 619, 622-623**.
Isaac ben Mordechai, medico ebreo, **465**.
Isac l'Israelita, medico egiziano, 202.
Istituzioni di Giustiniano, **515**.
Istoria, **76**.

Italia, 26, **28-29**, 31, 39, 65, 83, 111, 123, 164, 195, 202, 226, 253, **258, 284, 288, 345**, 379, **397**, 426, 441, 458, **472**, 510, 514, 766, **795, 828**.
— Centrale, 32, 43, 324, 330, 461, 685.
— Meridionale, 23, 32, 106, 442, 461, 497, 519-520, **561-586, 736, 742, 743**, 779, 787.
— Settentrionale, 43, 46, 176, 324, 330, 336, **534-561, 586**, 685, **728, 762**, 775.
Italia, Catapanato bizantino d'—, 562.
—, Regno d'— (*Regnum Italiae*), 87, **146-148**, 153, 163, **534-561**.
Itinerario (*Massaòt Binjamin*), **458, 668**.
Ivone di Chartres, giurista, 154.
Ivrea, **600**.

J

Jacobo, giurista, **623**.
Jacopino de Blasi, **490**.
Jacopo, cardinale, **300-301**.
— di Bertinoro, maestro di fisica, 200.
Jacopone da Todi, poeta, **395, 397**.
Jacques de Révigny, giurista francese, **624**.
Jaffé, 130.
Januarius, negoziatore, 88.
Jean de Brie, **749-753**.
— de Hatomesnil, canonico e consigliere, **750**.
Jefferson, presidente degli U.S.A., **741**.
Jenoardo, ferraio, **846**.
Journaux du trésor de Philippe IV le Bel, **65**.

L

Lambert d'Ardres, **522**.
Landini (o Landino) Francesco, il Cieco degli Organi, **414**.
Landolfo *Juniore*, cronista medioevale milanese, 284.
— Sagace, storico, 132.
— *Seniore*, cronista medioevale milanese, **535**, 551, 633.
Lanfranco, banchiere, **837**.
— della Pila, benefattore, **490**.
— di Pavia, *magister*, **153-154**.
—, notaio, **716**.
Langobardia, v. Lombardia.
Lapo di Certaldo, 66.
La Spezia, **788**.
Laterculum imperatorum, **132**.
Lattanzio Placido, 149.
Lazio, **405**.
Lecce, **576**.
Legenda, **125**.
Leggi antimagnatizie, **16**, **21**, 43.
— (*Leges*) Astolfine, **80**.
— del Parlamento di Parigi per l'esportazione di lane, **65-66**.

Legnano, Battaglia di —, **877-878**.
Leicht P. S., 80, 108.
Leonardo da Vinci, 531, 798.
— Pisano, matematico, 798, **800-801**.
Leone VI, imperatore d'Oriente, **739**.
—, argentario, 100.
— di Vercelli, 155.
— Marsicano, cronista, **296**.
Leopardi Giacomo, 227.
Le traité de l'estat, science et pratique de l'art de bergerie et de garder oeilles et brebis à laine, **749-753**.
Levy, 244, 246.
Lex italica, **616**.
— *romana Wisigothorum*, **139**.
— *salica e ripuaria*, **144**.
— *theodosiana*, **144**, 300.
Lewi ben Gereshon, matematico provenzale, **802**.
Libellus de ordine iudiciorum, **116**.
— *de servanda sanitate*, **188**.
— *sacrosyllabus contra Elipandum*, **123**.
— *virorum illustrium cassinensium*, **197**.
Liber abaci, **800-801**.
— *Apollonii regis Thyri*, **250**.
— *canonum contra Heinricum IV*, **637**.
— *Consuetudinum Mediolani*, **478, 498-499, 502, 504-506, 509, 544, 608, 625-626, 647-649, 720, 731**.
— *datii victualium*, **520**.
— *de agricultura*, **250**.
— *de Regno Siciliae*, **575**.
— *diurnus pontificum romanorum*, **135-136**.
— *Embadorum*, **799**.
— *Karastonis*, **799**.
— *legis Langobardorum*, **144**.
— *Maiolichinus*, **346**.
— *medicinalis*, **193**.
— *pandectarum*, **144**.
— *papiensis*, **154-155**, **618**.
— *pontificalis*, 250, 294, 371.
— *prognosticorum*, **194**, 250.
— *quadratorum*, **801**.
— *regius*, **202**.
Libriccioli di credito, 59, 61.
Libri di commercio, **841**.
— *e Mastri del dare e dell'avere*, **63-64, 67-72**.
Libro dei Bardi, **71**.
— *dei benefici di Siena*, **56**.
— *delle fiere di Champagna*, **71**.
— *delle proprietà*, **806**.
— *del segreto dei segreti*, **807**.
— *Frescobaldi*, **71**.
— *segreto*, **70**, **72**.
Liguria, 442, **534**, 607.
Liprando, prete di Milano, **422-423, 628**.
Litefredo, ambasciatore, 82.

Liutprando di Cremona, storico latino medievale, 82.
—, re longobardo, **627**.
Liuzzi, de' — Mondino, anatomista, **189-190**, 200.
Livre du Trésor, 171*, **177**.
Livres des métiers, 426.
— *pour la santé garder* o *Le régime du corps*, **200-213**.
Lodi (e Lodigiano), 92, 405, 597, **685**, **843**.
Lombarda, Lega —, 27*, 586*, **877-878**.
Lombardia, 12, 39, **48**, 50, 53, 58, **79-93**, 108, 271, 345, 365, 405, 442, 472, **510**, **534**, **607**, 783, **843**.
Lombardo, apprendista, **846**.
Londra, 670*.
Longobardo, Regno —, 27, 28, 106, **534**, **863-864**, **866**.
Lorenzetti Ambrogio, pittore, **328**.
— Pietro, pittore, **340**.
Lotario, imperatore, **112**, 123, **158**, **587**.
— II, imperatore, **596**.
— III, imperatore, **552**.
Lucania, 125.
Lucano (Marco Anneo —), poeta romano, 149.
Lucca, 38, 159, 254, 277, **388**, 450, **600**, **720**, **726**, **779**.
Lucio II, papa, **609-610**.
Ludovico II, **88**, 345.
— III, 148.
— il Pio, imperatore, 84*, **85**, 87, 123, 144, 542*.
Luigi VI, re di Francia, 485.
— VII, re di Francia, 233.
— IX, re di Francia, **702**, **716**.
— XIV, il re Sole, 489.
— d'Anjou, 489.
— d'Oltremare, 195.
Lullo Raimondo, filosofo latino medievale, **808**.
Lupi C., **337**.
Luzzatto Gino, 25, 26, 29, 32, 33, 39, 42, 43.

M

Ma'áséh Hōshēb, **802**.
Mabillon, 102, 300.
Macario, **384**.
Maches, des —, Matteo, mercante, 66.
Maganza (e Maganzesi), **384**.
Magistrature, **34-35**, 39.
Magnefredus de Alebio, 100.
Magnino da Milano, medico, **825**.
Mai Angelo, cardinale e paleografo, 194, 227.
Maione di Bari, cancelliere, **572**.
Malachia, arcivescovo di Armagh, **609**.
Malaspina Alberto, marchese, **588**.
Malaspina Corrado, 365.
— Ricordano, **286**, 352.
Malatesta Giovanni podestà di Pesaro, **603**.

Malatesta Paolo, capitano del popolo, **603**.
Manfredi, re, **531**, **679**.
Manfredo da Parravicino, capitaneo, **521**.
Manitius M., filologo tedesco, 250.
Mannucci Matino, mercante, 59, **63**.
Mantova, 36, **352**, **587**, **600**, **731**, **746**, **832**.
Manuele, medico ebreo, 465.
Marche, 35, 39, 442.
Marchione di Negrone, **331**.
Marciano Capella, grammatico, 149.
Marco Aurelio, imperatore, **673**.
Marco, maestro —, fiolero, **768**.
Margherita di Brabante, 431*.
— di Costantinopoli, 441.
Maria, contessa di Champagne, **234**, 441.
— de Ventadour, poetessa provenzale, 441.
Marot Clément, poeta francese, 172.
Marsiglia, 63, **680**.
Martène, 376.
Martino IV, papa, **465**.
— da Canale, 96.
—, fabbricante di drappi, **663**.
—, fabbro ferraio, **662**.
—, giurista, **623**.
Masaccio, pittore, **328**.
Matelica (*Castrum novum Mathelicae*), **33-34**, 42, **601**.
Matematica, La —, **798-799*-803*-804**.
Matilde di Canossa, contessa, 23, 284, 441, 623.
Matteo d'Aiello, gran cancelliere, **575**.
— de Pommolain, signore di Teuil, **750**.
Maurizio, conte d'Anjou e signore d'Angoulême, 251.
Mazzoni, 174.
Medici, de' —, Lorenzo, il Magnifico, **398**.
— Sebastiano, giurista, **515**, **517-518**, **520**.
Medicina, La —, **180-181*-182*-184*-185*-187*-191*-192*-193*-198*-199*-213**, **814-815*-816*-817*-818*-821*-824*-826**.
Mediterraneo, mare, **668**, 671, 698, 706, **709**, 715, 748.
Meloria, Battaglia navale della —, **882**.
Menelao di Alessandria, 799.
Mengozzi, 153, 157.
Mesclanza e batalha, **365**.
Metallurgia, La —, **755*-756*-757*-758*-759*-760*-761*-762**.
Michiel Domenico, doge, **612**.
— Vitale I, doge, **612**.
— — II, doge, **612**.
Milano, 79, 81-82, 91-93, 100, 180, **322**, 346, **352**, 405, **422**, 425, **450-453**, 472, 479, **484-485**, **490-496**, 498, **552**, 595, **597-598*-599*-601**, **603**, 608, 632, 683, **685**, **720**, 729, **743**, **757-758**, 793, 828, **833-834**, 839, 858, **861-866**, **874-876**.
Milon e Berta, **384**.

Miniere, Le —, **762-763*-765**.
Missaglia, I —, armaioli milanesi, **758**.
Modena, 388, 450, **496, 600, 608, 833, 861**.
Mohammed ben Musa, matematico arabo, **799**.
Molmenti P., 388.
Monaco, **513**, 711.
Monaldo, maestro di fisica, 200.
Moncalieri, **484**.
Monete: Prezzi, Salari, Valore, Zecche, **6-9*-12**, 53, **66-70**, 92, 103, 109, **291-294, 324, 442, 446, 453, 456, 482, 503-504, 548**, 561, **580*, 632, 690**, 716, 769, 785, **828-829*-830*-831*-832*-833*-845*-856**.
Monneret de Villard, 101-102.
Monteaperti, Battaglia di —, **879**.
Montebelluna, 405, **554**.
Monti Gennaro Maria, 391, 395, 402, 403, 411, 413, 416.
Monumenta Germaniae historica, **135**.
Monza, **552**.
Morale scholarium, **247-248**.
Morosini Albertino, podestà di Pisa, **882**.
Mozarabo Galippo, 799.
Mulino, Il —, v. Agricoltura.
Mulomedicina, **746**.
Murano, **768**.
Muratori Ludovico Antonio, storico, **281-303, 344-356, 363, 379, 388**, 535.
Musso Giovanni, cronista, **290**, 311, 313, 314, 337, 338.
Musulmani, I —, **562-563, 567, 591, 600**, 719, **858**.

N

Napoli, 442, **517**, 521, **567**, 850.
Napoli, Ducato di, **562-563, 588**.
— e Sicilia, Regno di —, **347, 520**
Nardi, 188.
— Tilde, 175.
Natali, vetraio, **768**.
Newton Isacco, scienziato inglese, 801.
Nicola de Oresme, matematico francese, **802-803**.
Nicolò I, papa, **635**.
— III, papa, **466**.
— IV, papa, 122, **465**.
Normanni, I —, **563**, 566, **568-569, 574-575, 609**, 675, 738, **872**.
Novara, 123, 346, **480**.
Novati, 198.
Novellino, **182**.

O

Oberto Cancelliere, cronista genovese, **880**.
— Scriba da Mercato, notaio genovese, **793**.
Odofredo, giurista glossatore, **176, 424, 619, 621**.

Olanda, **762**.
Oldanis, de —, Squarciavilla e Revegiato, agricoltori, **731**.
Omar, califfo, 462.
Ongaro, **150-153**.
Onomastica, L' —, **258, 386, 862**.
Onorio III, papa, **130, 621**.
— di Autun, poligrafo, **194-195**.
Orcagna Andrea, architetto, pittore, scultore, **411**.
Orderico Vitale, storico latino medievale, **252**, 259.
Ordinamenti di giustizia, **608**.
— *sacrati et sacratissimi*, **608**.
Ordini cavallereschi e monastici, **6, 288, 298, 391-392, 457, 466, 490-493, 715***, **728, 784**.
Orseolo Ottone, doge, **612**, 779.
— Pietro, doge, **612**.
— II, doge, **612**.
Orvieto, **346**.
Ospedali, Gli —, **490-493**.
Otranto, Terra d'—, **574, 576**.
Ottobono di Solario, costruttore genovese, **324**.
— Scriba, cronista, **881**.
Ottone I, imperatore, **102**, 155, **619**.
— II, imperatore, **82, 552, 765**.
— III, imperatore, **516, 548, 552, 553*, 618**.
— IV, re dei Romani, **675**.
—, conte palatino, **603**.
— di Frisinga, cronista, **420-423, 588, 596, 601**.
— Scriba, cronista, **472**.
Ovidio (Publio — Nasone), poeta romano, 239.

P

Padova, **37-38, 347**, 350, 403, 450, **600**, 844.
Padovano Giovanni, fisico, 180.
Palazzi e Logge:
  Bologna, re Enzo, 119*;
  Fabriano, Comunale, 35*;
  Firenze, Arte della Seta, 13*;
  —, Bigallo, 332;
  —, Davanzati, 217*, 220*, 221*, 327*, 329*, 331, 333, 334*, 335*, 337, 339*, 340*, 341*, 342;
  —, Guadagni, 333;
  —, Lanzi, 332;
  —, Mercatanzia, 651*;
  —, Podestà, 627*;
  —, Strinati, 340;
  —, Strozzi, 331;
  —, Vecchio, 883*;
  Genova, Bianco, 431*;
  —, Ducale, 720;
  Macerata, 69*;
  Milano, Figini, 332;
  Montalcino, Comunale, 57*;
  Montecassino, Comunale, 33*;
  Palermo, Reale, 566*, 570*, 571*;

Palazzi e Logge:
  Palermo, Steri, 444*;
  Piacenza, Comunale, 40*, 41*;
  S. Gimignano, Comunale, 31*, 516*, 517*;
  Siena, Pubblico, 49*, 328;
  —, Tolomei, 22*;
  Todi, Comunali, 29*;
  Venezia, Ducale, 97*, 98*, 102*, 103*, 104*, 105*, 107*, 108*, 115*;
  Volterra, dei Priori, 20*.
Palermo, 450, **462, 485, 564, 568, 575,** 850.
Palladio (Rutilio Tauro Quintiliano), scrittore romano, 735.
Palmieri Arturo, 116.
Panegirico di Berengario, v. *Gesta Berengarii imperatoris*.
— *di Teodorico*, **345**.
— *in lode di re Roberto di Napoli*, 5*.
Panzano Calega, trovatore, 253.
Paolino, patriarca di Aquileia, 123.
Paolo I, papa, **122-123**, 130, 135.
— II, papa, 194.
— Diacono, poligrafo, 132, 149.
— Egineta, 197.
Papiae sanctuarium, **105**.
Papias, lessicografo, **154,** 355.
Paracelso (Teofrasto Bombast di Hohenheim, detto —), medico e alchimista, **808**.
Paradisus, Costituzione —, **599**.
Parigi, 185, 426, **479,** 524, **624, 665, 692**.
Paris da Cereta, cronista, 350.
— Matteo, 298.
Parlamenti ed epistole, **170-171**.
Parma, 405, **476, 490, 599, 600,** 832.
Parodi, 175.
Particappa Marciano, 398.
Passionarius de aegritudinibus a capite usque ad pedes, **197**.
Passionarius Galeni, **814**.
Pastorizia, La —, **749-750*-751*-753**.
Patarini, I —, eretici, 53, 58, 640.
Patetta F., 36.
Pauwels, L., 809.
Pavia, 38, 82, **87,** 89, 100, **105-111, 153-155,** 345, **541, 546-548, 571, 597,** 646, 779, **828, 834, 839, 841, 863, 865**.
Pegolotti (Balducci Francesco), mercante, **75, 686-689, 722, 726**.
Pelacani Biagio da Parma, matematico, **803**.
Penne S. Giovanni, **42-43**.
Perugia, 54*, **402-405,** 506*-513*, 529*, **848-849**.
Peruzzi Giotto, mercante, **71, 841**.
— Pacino, mercante, **70**.
— Tommaso, mercante, **841**.
Pesi e Misure, **853-856**.
Peste, La —, **416**.

Petrarca Francesco, poeta, **180-182**.
Petriolo, bagni di —, 262.
Petronio di Bari, *magnus comes*, **574**.
Petrus di Milano, negoziante, **92**.
— Flabianus, *phiolarius*, **768**.
Phisiognomia Lopi medici, **194**.
Piacenza, 38, **155-157,** 290-294, **314, 338,** 405, 472, **600, 608, 832**.
Piccolpasso Cipriano, **770-773**.
Piemonte, 403, 405, 442, **534, 844**.
Pier delle Vigne, protonotaro, **174-176, 583**.
— Lombardo, canonista, **433-434**.
Pierre de Belleperche, giurista francese, **624**.
— Gilles de Corbeil, medico e poeta francese, **823**.
Pietro d'Abano, medico, **824**.
— da Merate, notaio, **116**.
— da Vercelli, maestro d'arte medica, **200**.
— dei Buattieri, notaio, **116**.
— de la Blava, mercante, **723**.
— Diacono, 197-198.
—, vescovo di Padova, 150.
Portinari Pigello, banchiere, **847**.
Pinello e Guidotto di Lucca, tintori, **791**.
Pinotti, de' —, Pinotto, leguleio, **839**.
Pinturicchio, pittore, 412.
Pipino il Breve, re d'Italia, 130, 135, 371.
Pippino Francesco, predicatore, **288**.
Pirenne H., 81, 83, 101.
Pirson, 136.
Pisa, 254, **325,** 328, **333, 342,** 405, 450, 484, 588, **597, 600, 675, 679, 706, 832, 835, 860, 865, 872, 880-882**.
Pistoia, 176, **484,** 561, **600**.
Pivano S., 232.
Planctus naturae, **253**.
Plinio Valerio, scienziato romano, 192, 193, 735, 765.
Poetria, **164**.
Polo Marco, viaggiatore veneziano, 681*, 682*, 686*.
— Matteo, viaggiatore veneziano, 681*, 686*.
— Nicolò, viaggiatore veneziano, 681*, 686*.
Popolani: Operai, Rustici, Schiavi, Servi, 51*, 54*, 275*, 276*, 321*, 420-421*, 424-425*-426*-427*, 447, 467, 501-505*-506*-507*-508*-509*-510*-511*-512*-513*-515, 567, 584, **597-599,** 729*, 730*, 732*, 742*, 796*, 797*, **844-845*-846**.
Popone, patriarca di Aquileia, **541**.
Pozzobonelli Ambrogio, feudatario, **743**.
Practica geometriae, **801**.
— *medicinalis*, **197**.
— *oculorum*, **823**.
Pramatica del vestire, **310**.
Pratiche di mercatura, **73-74*-75, 78*,** 686.
Prato, **791**.
Prefecto, de —, Tebaldo, 10*-11.

Prisciano, grammatico, 149.
Provenza, 63, 176, 178, 237, 403, 726.
Proverbi, 57.
Pucci Ristoro, pizzicagnolo, 337.
Puglia, 284, **514**, **577-578**, 726.
Puricelli, 284, 300.

Q

Quaresimale, **407**.
Quaestiones de iuris subtilitatibus, **622**.
— *prospectivae*, **803**.
— *super tractatu de latitudinibus formarum*, **803**.
Quintiliolo, Battaglia di —, **609**.

R

Rabano Mauro, poeta e teologo, 246.
Rachefrit, pellegrario, 100.
Rajna, 384.
Rambaldo di Vaqueiras, trovatore, 364*, **365**.
Ranieri da Perugia, maestro di arte notaria, **114**.
— Guilla, marchesa, 429.
Rasis, 202.
Raul, Sire —, storico, **866**.
Ravenna, **346**, 372, **499**.
Reali di Francia, **384**.
Reder Matteo, specchiaio, **769**.
Reggimento e costumi di donna, **314**.
Reggio (Emilia), **155-157**, **456**, **490**, **833**.
Regimen sanitatis (*Magnini Mediolanensis* — —), **825**.
— — *salernitanum* (o *Flos medicinae*), **197**, **199**, 248, **818-823**.
Registrum Thomae I, **397**.
Religiosità popolare: Carità, Confraternite, Feste, Funerali, Laude, Ospizi, Pellegrinaggi, Processioni, Sacre rappresentazioni, 6-7, 37, 54, 56, **86-92**, 96, 111, 130, **388-389*-390*-393*-396*-399*-400*-402*-403*-404*-406*-407*-408*-409*-410*-413*-415*-416**, **490-496**, **501**, **547**, **654-658*-659*-660**, **668-669*-670**, 673, **712*-713***, 720.
Riccardo Cuor di Leone, **526**, **555-556***, **593***.
Riccobono, storico ferrarese, **281-288**.
Riccomanni Lapo, mercante, 59.
— Pannocchio, mercante, 59.
Richerio Giordano di Genova, **847**.
Richero di Reims, 195.
Ricognizioni clementine, **142*-143*-144**.
Rieti, **490**.
Rinaldo di Dassel, cancelliere dell'imperatore, **603**.
Rinucci Giacchetto, mercante, **68**.
Ritmo cassinese, **377**.
Roberto da Chester, traduttore, **798**.
Roberto d'Angiò, re di Napoli, 5, 7, **838**.
—, duca di Normandia, 199.

Roberto, figlio di Guglielmo il Conquistatore, **814**.
— il Guiscardo, duca di Puglia, 197, **296**, **563**, **814**.
Rocchi Francesco, **704**.
Rodolfo di Borgogna, 148.
— di Rheinfeld, duca di Svevia, **635**, **636***.
Rodulfus Glaber, storico latino medievale, **633-634**.
Rogerio de Brucha, medico di Bergamo, **826**.
Rolandin, **384**.
Rolandino da Padova, cronista, **294**, 298, 347, 350.
— dei Passeggeri, notaio e trattatista, **114-118**.
— dei Romanci, assessore a Brescia, **117***, **603**.
Rolando Advocato dei visconti di Carmandino, **595**.
— da Parma, medico, **200**, **824**.
Roma, 14, 38, **322-323**, **352**, 403, 405, **478**, **485**, **546**, **609-612**, **640**, **668-669*-670*-672**, 678, 716.
Romagne, 442, 607.
Roman du Renard, **524**.
Romei, I —, **672**.
Romualdo Salernitano, cronista, **564**.
Roncaglia, Dieta di —, **516**, **534**, **548**, **549***, **620**, **623**, **684**.
Rondano Simone, lanaiolo, **785**.
Rossi Vittorio, 270-272.
Rotari, re dei Longobardi, 139, 154, 435.
Rousseau Jean-Jacques, filosofo francese, 615.
Rozo, preposto di S. Giovanni (Firenze), **503**.
Rudel Jauffré, poeta provenzale, **595**.
Ruggero II, *rex Siciliae*, **512**, **514**, **563-565***, **573**, **609**, **625**.
— da Salerno, medico, **200**.
— di Frugardo, chirurgo, **823-824**.
Ruralium commodorum opus, **735**.

S

Sabbe, 82.
Sacchetti Franco, novelliere, 56, 57, 70, 75, 336, **407**.
Saint-Alban, abate di —, **732**.
Salatiele, 114.
Sale - Saline, 80, **561**.
Salerno, 109, **195-200**, **462**, **568**, **675-676**, **814**.
Salerno, Principato di —, **562-563**.
Salterio, **73**.
Salutati Coluccio, cancelliere, 414.
Sangallo Antonio, il Giovane, architetto, **326**.
San Gallo, **252**, **372**.
San Severino (Marche), **475***.
Sansovino Francesco, cronista, **351**, **735**, **768**.
— (Jacopo Tatti, detto —), architetto, **721**.
Santi, I — (nella vita e nel culto):
 Agnese, 412;
 Agostino, 150, 490, 557, 652;
 Ambrogio, 622;
 Andrea, 654, 656;
 Anna, 412, 487*, 654;

Santi, I — (nella vita e nel culto):
Anselmo d'Aosta, 154;
Ansovino, 125;
Antonio, 654;
Barbara, 652;
Barbato, 125;
Bartolo, 652;
Bartolomeo, 351, 652, 656;
Bernardo, 429, 670;
— degli Uberti, 295*;
Bonifazio, 296;
Caterina, 412;
Cecilia, 654;
Cipriano, 371;
Cristina, 674;
Cristoforo, 656, 674;
Domenico, 184;
Donato, 768;
Egidio, 412;
Emmerano, 538*;
Enrico, 538*;
Ermagora, 125;
Eufemia, 125, 863;
Eulalia, 394;
Felice, 656;
Felicita, 654;
Filippo, 652, 654;
Floriano, 656;
Fortunato, 125, 656;
Francesco d'Assisi, 46, 394, 404*, 654;
Galdino, 492;
Gaudenzio, 125;
Geminiano, 388, 496;
Gerolamo, 429, 840*;
Giacomo, 652, 656, 675;
Gioachino, 487*;
Giorgio, 412;
Giovanni Battista, 652, 654, 656;
— Evangelista, 398, 656;
Giuda, 654, 656;
Giusto, 654;
Gregorio, 250;
Isidoro di Siviglia, 144, 149;
Leonzio, 656;
Lorenzo, 652, 656;
Luca Evangelista, 654, 656;
Lucia, 654;
Maccabei, 654;
Maria Maddalena, 654;
Martino, 251, 400*, 654, 656;
Matteo, 652, 656, 675, 676;
Mattia, 654;
Michele, 652, 656;
Miniato, 654;
Nicola, 654, 711*;
Orsola, 412;

Santi, I — (nella vita e nel culto):
Paolo, 398, 557, 638, 652, 656;
Petronio, 125, 465, 622;
Pier Damiani, 197, 283, 297, 402, 429, 488;
Pietro Martire, 652, 654, 656;
Reparata, 654;
Salvatore, 654;
Silvestro, 656;
Simeone, 654;
Simone, 302, 656;
Siro, 125;
Stefano, 412, 656;
Tommaso Apostolo, 654, 656;
— d'Aquino, 429, 430, 624;
Uberto, 518;
Vincenzo, 654;
Vitale, 125;
Zenobio, 652.
Sanudó Marin, cronista, 351.
Sapegno, 258.
Sapori Armando, 62, 73, 75, 841.
Saraceni, I —, **32, 680**.
Sardegna, **445, 499**.
Sassetti, de' —, Gentile, mercante, 59, **67**.
—, —, Sassetto Azzi, mercante, 59.
Sassonia, **764**.
Savasorda (Abraam Bar Hyia, detto il —), matematico arabo, **798-799**.
Schiaffini Alfredo, 46, 120, 122, 164, 169, 171, 172.
Schiaparelli Luigi, storiografo, 147, 159.
Scienza e Tecnica, **728-826**.
Scochetto, musico, 414.
Scuole, v. Cultura.
Sedulio, 150.
Senofonte, poligrafo greco, 518.
Sensali, **71**.
Sereno (Quinto —) Samonico, poeta latino, **192-193**.
Sergio di Napoli, duca, **588**.
Sessa, cardinale legato, 176.
Sestan Ernesto, storico, 38.
Sfera, **76**.
Sforza Francesco, duca di Milano, **530**.
— Galeazzo Maria, duca di Milano, **517**.
Sichêfredo, maestro di fisica, 200.
Sicilia, Emirato musulmano di —, 562.
—, Regno di —, 7, **347, 563, 573-574, 583-586, 679**, 713, 726.
Siena, 18*, 38, 261, **270-272, 320-322, 324, 346, 405, 411, 426, 482, 484,** 602*, **832, 835, 843, 868, 871, 879**.
Sigefrido (o Sigifredo), *iudex Sacri Palatii*, **153**, 154.
Sigilli, 10*, 11*, 18*, 19*, 413*, 414*, 584*, 586*, 697*, 698*, 699*, 701*, 702*, 837*.
Signigardo d'Arezzo, maestro d'arte medica, 200.

Silvestro II, papa, **798**.
Silvio Domenico, Doge, 612.
Società comunale italiana: Classi sociali, **4-14, 16-43, 216-272, 274-317, 420-470**.
Soisson, **376**.
Solmi Arrigo, 106, 111.
Sombart W., 4, 21, 23.
Somma delle decretali, **185**, 186.
Sonetti dei mesi, **258, 532**.
Soriga, 106.
Sorrento, Ducato di —, 562.
Spagna, 226, 432, **743, 764, 782, 837**.
Spettacoli: Feste, Giochi, Giullari, Musica, **132**, 216, 260*, 267*, 277, 283*, **344-345*-348*-352*-353*-354*-355*-356*-357*-366*-372*-378*-380*-381*-384*-386**.
Stato, Lo —, Ordinamenti, Parlamenti, Funzionari laici ed ecclesiastici, Uffici centrali e periferici, **11-12**, 42, **118-120, 122-123, 130-132, 135-136**, 147, **153-154, 157-163, 174-176, 454-456, 465, 470, 498-499, 511-514, 516-521, 534-551, 562-574, 577-586, 633-643**.
Statuti di:
  Adria, 446;
  Asti, 446;
  Aviano, 457;
  Bari, 625;
  Belluno, 446, 457;
  Biella, 479;
  Bologna, 379, 457, 643, 653*;
  Brescia, 445, 650, 652;
  Ceneda, 457;
  Collalto, 457;
  Concordia, 457;
  Corenno, 499;
  Corneto, 657, 660;
  Correggio, 643;
  Corsica, 445, 447;
  Cremona, 480;
  Dervio, 499, 629;
  Ferrara, 457;
  Firenze, 331, 333, 455-456, 474, 482, 643, 650, 652-662, 800, 867;
  Garessio, 514-515;
  Genova, 625, 711, 791;
  Lecco, 485, 499, 633;
  Lucca, 447;
  Lugano, 520;
  Milano, 443, 457, 504, 683, 731;
  Modena, 286, 446, 457, 629;
  Novara, 480, 629, 643;
  Origgio, 446;
  Orta, Isola d'—, 442;
  Osimo, 457;
  Parma, 446, 643;
  Pavia, 445;

Statuti di:
  Piacenza, 445;
  Roma, 457, 683;
  Reggio Emilia, 442, 456;
  Sambuca, 501;
  Sardegna (*Carta de Logu*), 445;
  Sassari, 484;
  Sicilia (*Costituzioni*), 444;
  Siena, 333, 482, 484;
  Sirolo, 631;
  Torino, 442;
  Trani, 625;
  Treviso, 442, 476, 485;
  Trieste, 457;
  Venezia, 514, 710, 768;
  Vercelli, 446, 449, 450, 643;
  Verona, 498;
  Vicenza, 654.
Stazio (Publio Papinio —), poeta romano, 149.
Stefano II, papa, 130, 135.
— III, papa, 130.
—, arciprete della canonica di S. Maria (Milano), **521**.
Storia di Piacenza, 290.
Strategicon, **739**.
Strecker, 138.
Stricca, podestà di Bologna, **270-272**.
Strinati, degli —, Neri, cronista, **340**.
Strozzi Filippo, banchiere, **331**.
Studio, v. Università.
Sugero, abate di Saint-Denis, **596**.
Summa artis notariae (Rolandina o Orlandina), **114-116**.
— *conservationis et curationis corporis*, **188**.
— *dictaminis*, **120**.
— *notariae Aretii composita*, **682**.
Susa, **490**, 832.
Sylanus Niger, medico e professore, **839**.

T

Tacuina Sanitatis, **336**.
Taddeo d'Alderotto, medico, **182-188**, 200, **824**.
Tamburini Marco, 16.
Tamo di Firenze, lanaiolo, **785**.
Tancredi, re, **573**.
Tanzi Rodolfo, **490**.
Taranto, **567-568**.
Taranto, Principato di —, **576**.
Tardif G., **529**.
Tavole Alfonsine, **704**.
Tedeschina, suor — delle Umiliate, **789**.
Tell Guglielmo, eroe svizzero, **683**.
Teobaldo, vescovo, 166*.

Teodorico, re degli Ostrogoti, 125, **344-345**, 371, 541.
Teodoro, filosofo, **584**.
— Prisciano, medico romano, **197, 814**.
Teodosio, imperatore, 457.
— II, imperatore, **622, 740**.
— di Tripoli, 799.
Teofane Cerameo, arcivescovo di Taormina, **564**.
Thabit, medico, **595**.
Thabir-ibn-Qurra, matematico arabo, **799**.
Thierey de Cambrai, **746**.
Tiepolo Baiamonte, congiura di —, **614**.
— Lorenzo, doge, 96.
Tintoretto, pittore, 412.
Tivoli, **609**.
Tolomeo (Claudio —), astronomo e geografo greco, **798-799**.
Torelli, 36.
Torino, 322, 450, **462**, 490, 833.
Tortona, 405, **420**.
Toscana, 39, 46, 79, **270-271**, 322, **332-333**, 403, 405, **534, 607**, 762, 783, **879**.
Tractatus de numeris datis, **802**.
— *de ponderibus*, **803**.
— *de regia potestate et sacerdotali dignitate*, **638**.
— *eboracensis*, **638**.
Trani, **567**.
Trasmondo, notaio, 122.
Trattato d'abbaco, d'astronomia et di segreti naturali et medicinali, **803**.
— *dell'arte della lana*, **787-788**.
Trento, **453**.
Trésor, **177, 748**.
Treva, **365**.
Treviso, 347, 405, **456, 485, 517, 828**.
Treza Marzollio di Giovanni, apprendista, **846**.
Tridentina, Marca —, **547**.
Trotula, medica o levatrice, **814**.
Tunisi, **584**.
Turrisenda, podestà di Verona, **632**.

U

Ubaldi, degli —, Baldo, giurista, **632**.
Ubertino da Miseja, apprendista, **663**.
Ugo Borgognone da Lucca, maestro d'arte medica, **200**.
— di Bologna, giurista, **119, 623**.
— di Fleury, storico latino medievale, **638**.
— Falcando, storico latino medievale, **575**.
— Metello, **641**.
Ugolini Gentile, mercante, 71.
Ugolino di Salomone, podestà, **320**.
Ulderico, patriarca di Aquileia, 351.
Umbria, 35, 39, 442.
Ungari, Gli —, **32, 472, 554, 587, 736, 858**.

Università o Studio di:
Arezzo, 621;
Bologna, 114, 119, 135, 174-176, 183, 187-190, 200, 466-467, 619-624, 665;
Firenze, 416;
Modena, 621;
Napoli, 466, 583, 621;
Padova, 189, 429, 621;
Perugia, 624;
Pavia, 106, 544;
Vicenza, 621.
Universitas mercatorum (Milano), 664;
Urbain li cortois, **246-247**.
Urbano II, papa, **122**, 634*, **746**.
— III, papa, 294.
Usama-ibn-Munqidh, scrittore arabo, **591-595**.

V

Valentiniano, imperatore, 457.
Valerio Massimo, storico romano, 76.
Varchi Benedetto, storico, 56.
Varese, **743**.
Variarum libri, **125**.
Varrone (Marco Terenzio —), poligrafo romano, 195, 735.
Vasallo da Zanego, apprendista drappiere, **663**.
Vegezio, scrittore latino, 250.
Velluti Donato, mercante, **70, 73**.
Venanzio Fortunato, poeta latino, 150, 248.
Veneto, 39, 405, 442, **534, 607**, 783.
Venezia, 79, **97-99**, 108, 259, **324-325**, 330, 333, **350-351**, 365, **411-412**, 420, **461-462**, 465, 474, 484, 541, 560, 600, **612-615, 664-665, 678***, 685, 717*, 719, 721, 726, 766, 770, 779, 782, 787, 834, 836, 839, 844**.
Vercelli, 123, 490, **599-600**, 833.
Verona, 150, 252, **325**, 347, **351**, 600, 721, 730, **757, 844**.
Verri Pietro, letterato ed economista, **849**.
Verrocchio, del —, Andrea, scultore, **411**.
Vesconte Pietro, cartografo, **706**, 707*.
Vetro, Il —: Occhiali, Specchi, **765-766*-767***-770.
Viaggi, I —, **668-726**.
Vichinghi, I —, **692-693, 738**.
Vidali, 106.
Vie di comunicazioni terrestri, fluviali, marittime. Porti. Valichi. Mezzi di trasporto di merci e persone. Viaggiatori, **47*-48*-49*-52, 58, 668-669*-670*-671*-672*-673*-674*-676*-678*-681*-682*-686*-687*-688*-691*-692*-693*-694*-695*-696*-697*-698*-699*-701*-702*-703*-705*-707*-708*-709*-710*-711*-712*-713*-714*-715*-717*-726**.

Viète François, matematico, 801.
Villafranca di Verona, 730.
Villaggio, Il —: Case rustiche, Pascoli e Boschi, Paesaggio, **497*-499*-500*-502*-514, 531-532, 731.**
Villani Filippo, storico, 186.
— Giovanni, storico, 4-14, 16, 19, 63, 72, 75, 96, 114, 177, 180, 285, 287-288, 314, 336, 352, 416, 603, 783.
Villard de Honnecourt, **754.**
Villari Pasquale, storico, 14, 43, 79, 96.
Villon François, poeta francese, 172.
Violante Cinzio, 38, 79, 81, 82, 83, 85, 87, 88, 89, 91, 92, 93, 99, 103, 110-112.
Virgilio (Publio — Marone), poeta romano, 76, 518.
Visconti Barnabò, signore di Milano, **757,** 849.
— Filippo Maria, duca di Milano, **679.**
— Giovanni, signore di Milano, **757.**
— Ottone, arcivescovo, 865*, 868*, 869*, 870*.
Vita associativa, v. Corporazioni.
— cittadina, v. Città.
— cortese, v. Cortesia.
— culturale, v. Cultura.
Vita di Cola di Rienzo, **352.**
Vita economica, v. Finanze e Tributi.
Vita Karoli imperatoris, **381.**
— *Matildis,* **350,** 352.
Vita religiosa, v. Religiosità popolare.
Vitale di Concorezzo, negoziante, **92.**
— Maurizio, 259, 262, 269, 270, 274.
Viterbo, 405, 477*, **583.**

Vitruvio Pollione, architetto romano, **731,** 795.
Vitry, de —, Filippo, 414.
Vitto: Alimentazione, Banchetti, Vino, 53, 201*, **202,** 264*, 265*, 274-275*-276*-278*-279*-282*-283*-284, 311*, 312*, 349*, 383*, 385*, **467,** 488*, **714-715,** 743, 822.
Vittore III, papa, **814.**
Vittorino Mario, poligrafo, 149.
Vivaldo, zoccolaio, **846.**
Volger von Ellenbrechtskirchen, vescovo di Passau, **721.**
Volterra, 405, 832, **835.**

W

Walafrid Strabone, poeta latino medievale, 371.
Walcauso, negoziatore, **91.**
Wechssler Eduard, filologo-storico tedesco, **234, 244-245, 248, 252.**
Weiss, 402.
Worms, Concordato di —, **641-642.**

Z

Zaccaria, papa, **130.**
— Benedetto, **882.**
Zachaire Denis, alchimista francese, **810-811.**
Ziani Sebastiano, doge, **665.**
Zonca V., **782.**
Zorzi Elda, 37-38.